Jude

EDWIN BLACK

HAAVARA

O ACORDO DE TRANSFERÊNCIA

A Dramática História do Pacto entre a

PALESTINA JUDAICA E O TERCEIRO REICH

idea@ EDITORA

dp Dialog Press

Os livros de Edwin Black

Financing the Flames
How Tax-Exempt and Public Money Fuel a Culture of Confrontation and Terrorism in Israel
O financiamento das Chamas
Como a isenção de impostos e o dinheiro público alimentam uma cultura de confronto e terrorismo em Israel
financingtheflames.com
2013

British Petroleum and the Redline Agreement
The West's Secret Pact to Get Mideast Oil
British Petroleum e o Acordo da Linha Vermelha
O pacto secreto para obter petróleo no Oriente Médio
redlineagreement.com
2011

The Farhud
Roots of the Arab-Nazi Alliance in The Holocaust
O Farhud (Expropriação Violenta)
As raízes da aliança árabe-nazista no Holocausto
farhudbook.com
2010

Nazi Nexus
America's Corporate Connections to Hitler's Holocaust
Conexão Nazista
A história revelada da colaboração de grandes corporações americanas com o Holocausto e a Alemanha de Hitler
nazinexus.com
2009
(disponível em português)

The Plan
How to Rescue Society When the Oil Stops—Or the Day Before
O Plano
Como resgatar a sociedade quando o petróleo acabar - ou um dia antes
planforoilcrisis.com
2008

Internal Combustion
How Corporations and Governments Addicted the World to Oil and Derailed the Alternatives
Combustão Interna
Como corporações e governos viciaram o mundo em petróleo e boicotaram as alternativas
internalcombustionbook.com
2006

Banking on Baghdad
Inside Iraq's 7,000 Year History of War, Profit, and Conflict
Os Bancos em Bagdá
Por dentro da história de 7.000 anos de guerra, lucro e conflito do Iraque
bankingonbaghdad.com
2004

War Against the Weak
Eugenics and America's Campaign to Create a Master Race
A Guerra contra os Fracos
A eugenia e a campanha americana para criar uma raça superior
waragainsttheweak.com
2003 and 2012

IBM and the Holocaust
The Strategic Alliance Between Nazi Germany and America's Most Powerful Corporation
IBM e o Holocausto
A aliança estratégica entre a Alemanha nazista e a mais ponderosa empresa americana
ibmandtheholocaust.com
2001, 2012, and 2021

The Transfer Agreement
The Dramatic Story of the Pact Between the Third Reich and Jewish Palestine
Haavara: O Acordo de Transferência
A dramática história do pacto entre a Palestina judaica e o Terceiro Reich
transferagreement.com
1984, 2001, and 2009
(disponível em português)

Format C:
A Novel
Formato C:
A novela
formatnovel.com
1999

Resenhas

Erudito e brilhante! Edwin Black está entre os MELHORES! Excelente trabalho acadêmico e rigorosamente bem pesquisado. Seus livros são surpreendentes, como o best-seller *IBM e o Holocausto*.
– Resenha de cinco estrelas na Amazon.com

Reportagem jornalística/histórica em sua melhor forma! Black é autor de um trabalho exaustivo, atraente, bem escrito e bem editado. Ele é o melhor em obras de jornalismo histórico.
– Alexander Zvielli, *Jerusalem Post*

Black ... dá detalhes sobre ... o grande dilema de 1933: concentrar-se em derrubar o regime nazista através de boicote ou libertar os judeus alemães antes que fosse tarde demais.
– *Publishers Weekly*

Edwin Black superou minhas esperanças e expectativas de fazer justiça aos protagonistas judeus desta história horrível e deprimente. Ele não se esquivou de sua dolorosa tarefa, mas a realizou de forma convincente, esclarecedora e simpática.
– Robert Wolfe, National Archives

Em 1984, quando o livro *Haavara – O Acordo de Transferência* foi publicado, Edwin Black contou sua história completa pela primeira vez, descrevendo com vivacidade, estilo primoroso e rigor historiográfico as negociações dos sionistas minuto a minuto, enquanto corriam para salvar o que podiam diante de um futuro obscurecido pelo regime nazista e seu ferrenho antissemitismo.

Os inimigos do povo judeu e da nação judaica sempre afirmarão que os sionistas usaram o Acordo Haavara somente para promover a emigração. Somente para construir um Estado. Esse é o pretexto fácil para aqueles que não viram a cor do sangue judeu sendo derramado. Mas nós vimos. As pessoas que estiveram lá sabem muito bem o que aconteceu. E graças a esta obra de referência as gerações futuras também saberão o que as vítimas daqueles dias, por fim, descobriram de um modo tão doloroso.
– Abraham H. Foxman, do posfácio.

Diretor Editorial e Publisher, Idea Editora: Rodrigo Coube
Scout, Coordenação, e Consultoria Editorial: Adilson Silva Ramachandra
Tradução: Antônio Leite e Kátia Esposito
Edição de Texto: Bárbara Parente
Preparação de originais: Marina Santiago
Revisão técnica: Adilson Silva Ramachandra
Revisão: Luciane H. Gomide
Capa, Projeto Gráfico, e Diagramação: Indie 6 – Produção Editorial
Imagens de capa: © Depositphotos
Equipe de Dialog Press: Eduardo Szklarz, Daniel Santos, E. M. Jones

1º edição 2021

Dados Internacionais de Catalogação na Publicação (CIP)
(Câmara Brasileira do Livro, SP, Brasil)

Black, Edwin
Haavara : o acordo de transferência : a dramática história do pacto entre a Palestina judaica e o terceiro reich / Edwin Black ; tradução Antônio Leite, Kátia Esposito. Bauru, SP : Idea Editora, 2021.
Título original: The Transfer Agreement: The Dramatic Story of the Pact Between the Third Reich and Jewish Palestine
ISBNs: 978-65-88325-04-9; 978-0-914153-83-2;
978-0-914153-84-9; 978-0-914153-85-6;
978-0-914153-86-3; 978-0-914153-90-0;
978-0-914153-89-4

1. Israel - História 2. Nazismo - Alemanha - História 3. Palestina - História 4. Segunda Guerra Mundial, 1942–1945 5. Sionismo - Alemanha I. Título.

21-76585 CDD-
940.5318

Índice para catálogo sistemático:
1. Segunda Guerra Mundial : Holocausto judeu : História940.5318
Aline Graziele Benitez - Bibliotecária - CRB-1/3129

ideaeditora.com.br

dialogpress.com

Para os seis milhões ...
Para os meus pais, que sobreviveram ...
Para os meus avós, que não ...
Para a minha mãe, que não chegou a ver esta edição.

SUMÁRIO

FOR HUMANITY'S SAKE
DO NOT BUY NAZI-MADE GOODS
SELF-SERVICE
FOOD CO.
GEO. BARKER
QUALITY MEATS LOW PRICES
PORK Roasts

APRESENTAÇÃO DA EDIÇÃO DE 2009

CONFRONTANDO O ACORDO DE TRANSFERÊNCIA

Durante os primeiros meses do regime de Hitler, os líderes do movimento sionista firmaram um pacto polêmico, secreto e controverso com o governo do Terceiro Reich em 7 de agosto de 1933, que transferiu, em suas diversas formas, cerca de 60 mil judeus e 100 milhões de dólares – quase 1 bilhão e 700 milhões de dólares pelo câmbio de 2009 – para a Palestina judaica. Em retribuição, os sionistas cessariam o boicote mundial contra o regime nazista, liderado pelos judeus, que ameaçava derrubar o regime de Hitler em seu primeiro ano. Por fim, o Acordo Haavara (Acordo de Transferência) salvou vidas, resgatou recursos e se tornou a base para a infraestrutura do que viria a ser o Estado judeu de Israel em 1948.

Debates inflamados se espalharam de imediato por todo o mundo judaico do pré-guerra, quando os rumores do pacto se disseminaram.

Com a publicação original deste livro, em 1984, toda a amargura por trás desse evento despertou – e não parou mais. Por quê?

Para compreender todo o doloroso processo e as decisões angustiantes tomadas pela liderança judaica, é necessário seguir um longo percurso, que será pouco confortável para qualquer leitor, pois não oferece conceitos e pontos precisos. À medida que se revelam, os fatos desafiarão seu conhecimento sobre o período, o decepcionarão e provarão sua ética... assim como fizeram, em 1933, com aqueles que lutaram para identificar o caminho correto através de um campo minado fascista e distante do confronto que aguardava o judaísmo europeu.

Por quê? De forma simplificada, o Acordo Haavara surgiu uma década à frente de seu tempo. E em 1984, ano da primeira edição deste livro, o mundo ainda estava preocupado com a gravidade do genocídio nazista. A atenção do planeta estava voltada para os eventos criminosos dos anos de guerra. O apelo da comunidade judaica era "nunca esquecer". As memórias formadas lutavam coletivamente contra um movimento revisionista antissemita que tentava negar ou minimizar o Holocausto como uma pseudo-história violenta.

Em perspectiva, deve-se levar em consideração que a primeira tentativa de tratar do Holocausto na televisão foi uma série chamada *Holocausto*, transmitida em 1978, período em que neonazistas marcharam por Skokie, no estado americano de Illinois, uma cidade predominantemente judia. Nesse mesmo ano, comecei minhas pesquisas para este livro. Na época, o movimento Segunda Geração, formado por filhos de sobreviventes, estava apenas se formando. O Primeiro Encontro Mundial de Sobreviventes do Holocausto encontrava-se em fase de planejamento. O Museu Memorial do Holocausto dos Estados Unidos, que teve seus estatutos aprovados em 1980, ainda estava longe de ser inaugurado e havia muitas controvérsias sobre sua abertura. O ensino organizado sobre o Holocausto era praticamente inexistente. Para a sociedade e para os sobreviventes, a prioridade era enfrentar o genocídio.

Há vinte e cinco anos, o mundo não estava preparado para compreender a teoria de que sionistas e nazistas negociaram pactos comerciais nos gabinetes econômicos do Terceiro Reich, envolvendo contas bancárias bloqueadas de judeus e volume de vendas de mercadorias alemãs. As feridas do extermínio ainda estavam muito recentes, muito expostas, ainda não cicatrizadas. Mas eu tinha que entrar nesse universo para recapturar essa história. Eu não estava preparado.

Tampouco o público estava. Quando o livro foi lançado na Páscoa Judaica de 1984 como um volume expressivo mantido em segredo, a história ali revelada foi manchete na imprensa de todos os cantos, inclusive com matéria de capa quase que simultânea na revista de domingo do *Chicago Tribune*, um anúncio de página central no *Chicago Sun-Times*, matérias de capa em todos os jornais e revistas judaicos importantes, um especial estendido na afiliada da NBC, aparições em programas matinais, entrevistas de rádio, citações de trechos da obra e uma excursão de autógrafos com o livro por várias cidades. Isso aconteceu uma década antes do advento da internet. Um líder comunitário judeu comentou jamais ter visto tanta publicidade a respeito de um livro sobre a Questão Judaica durante o nazismo nos últimos tempos.

Haavara – O Acordo de Transferência entrou em conflito, de modo compreensível, com leitores que lutavam para reconciliar as consequências do genocídio. Apesar de minhas palestras e meus artigos explicativos sobre o assunto, muitos não estavam preparados para os detalhes. Anos depois, *este livro* continuou sendo debatido sem parar, como uma fonte de conflito e emoção, todos os dias. Na internet, em artigos, em livros e em conversas pessoais, poucos conseguem ficar imparciais diante desse pacto surpreendente.

Em 1984, a obra ganhou o prestigiado prêmio Carl Sandburg de melhor obra de não ficção do ano. O trabalho conduzido pela minha coluna semanal investigativa, "The Cutting Edge" (*A Liderança*), foi apresentado durante cerca de dois anos em aproximadamente quarenta periódicos judaicos.

Em 1998, em uma cerimônia especial no Instituto Spertus de Estudos Judaicos, em Chicago, recebi uma homenagem pela contribuição de *Haavara – O Acordo de Transferência* para uma melhor compreensão do Holocausto. O evento celebrou também a doação dos 30 mil documentos que eu havia adquirido durante a minha pesquisa para a obra. Na cerimônia, uma mulher na plateia tentou se apresentar, mas foi impedida pelas lágrimas. Compreendi a emoção que ela sentia, a mesma que experimentei todos os dias desde que comecei a escrever este livro, emoção que estou vivendo neste momento, enquanto digito estas palavras.

No último aniversário da *Kristallnacht* (*Noite dos Cristais*), eu falei sobre o assunto em uma sinagoga em Roslyn, em Nova York. Muitos dos presentes na congregação eram sobreviventes da Alemanha Nazista. Uma senhora idosa, sobrevivente do genocídio, aproximou-se de mim depois de minhas observações e sorriu. "Eu estava lá, apenas uma menina – mas nunca compreendi", começou ela. Um pouco trêmula, respirou fundo, pronta para dizer algo mais – muito mais –, preparada para defender ou condenar, como as pessoas sempre fazem ao se deparar com esse assunto. No entanto, ela se conteve, retomou o sorriso e simplesmente disse: "Obrigada por me explicar". Enquanto se afastava, balançava a cabeça.

Eu conheço sua angústia.

Em 1978, para um impetuoso e jovem jornalista de Chicago, que pesquisava sobre o Holocausto, a possibilidade de um pacto sionista para o bem de Israel era algo inconcebível. Agora, vinte e cinco anos após a publicação do livro, as coisas mudaram. A comunidade judaica foi bem-sucedida ao expor ao mundo as atrocidades sangrentas do Holocausto. O Museu Memorial do Holocausto está entre os mais visitados nos Estados Unidos, atraindo todos os anos milhares de visitantes americanos e estrangeiros. Outros memoriais foram construídos em várias outras cidades também. O ensino sobre o Holocausto se consolidou em todo o país. O Dia Internacional em Memória das Vítimas do Holocausto é solenemente comemorado. Filmes como *A lista de Schindler* – e na verdade dezenas de outros – transformaram esse terrível pesadelo em um drama obrigatório para todos. Até a liderança propagandista americana de Hitler, a Ford Motor Company, sentiu-se coagida a patrocinar o filme na TV a cabo e sem anúncios publicitários.

O mais importante: instaurou-se um período de preocupações, a partir da década de 1990, com os bens da era do Holocausto. Questões complicadas – principalmente perguntas fiscais intrincadas – estão agora sendo propostas sobre os confiscos, explorações e expropriações que vitimizaram os judeus. Os bancos suíços roubavam as contas, companhias seguradoras italianas tomavam parte do roubo, empresas alemãs empregavam o trabalho escravo, embargos russos confiscavam coleções religiosas de valor incalculável, vendedores de arte comercializavam peças roubadas – tudo isso levou os governos e os gigantes do comércio a observarem com atenção o passado distante e a confessarem os crimes financeiros cometidos contra os judeus. Crimes esses que tornaram o Holocausto tão economicamente aceitável, tão lucrativo, que era fácil ignorar, ou até participar.

Agora que o mundo enfrentou o problema do Holocausto – da apropriação ilícita do ouro, das obras de arte, das apólices de seguro e o trabalho escravo dos judeus –, o Acordo Haavara se destaca como o único exemplo de resgate dos bens judeus que ocorreu antes do período do genocídio. Foi uma vitória única – e audaciosa em seu objetivo. As terríveis escolhas que seus negociadores empreenderam podem, agora, ser vistas sob uma nova perspectiva. E é por isso que esta nova edição foi publicada. Eu questionei o Holocausto fiscal décadas antes de a maioria sequer pensar em fazer perguntas sobre isso.

Mas a etapa final da jornada que comecei com *Haavara – O Acordo de Transferência* não está completa. Ainda não. A dor daquele projeto me deu forças para perseguir esses vilões especiais, não os do Holocausto físico, mas aqueles do Holocausto fiscal – Ford e General Motors, Instituto Carnegie e Fundação Rockefeller, e a British Petroleum. Esses ícones do mundo corporativo tiveram, todos eles, papéis indispensáveis a desempenhar. A IBM, que coarquitetou o Holocausto com o Terceiro Reich, encabeçava a lista de colaboradores e conspiradores não acusados em virtude de sua grande arma: a tecnologia da informação. Das dolorosas páginas de *Haavara – O Acordo de Transferência* nasceu a determinação para escrever *IBM e o Holocausto, A Guerra Contra os Fracos* [*Wae Against the Weak*], *Banking on Baghdad, Internal Combustion, The Plan* e *Conexão Nazista* [*Nazi Nexus*], além de incontáveis artigos sobre o tema. Também não terminei ainda de escrever tudo sobre essa história.

Garanto ao mundo que o baluarte da conspiração comercial com o Holocausto de Hitler será exposto por completo nos próximos cinco anos. Os gigantes empresariais americanos aguardam do outro lado da última fronteira a responsabilidade pelo Holocausto, contratando historiadores de prestígio e advogados de fama internacional, com medo de que a história bata a sua porta. Seus nomes são conhecidos. São organizações presentes nas listas ligadas ao Holocausto, que chegam aos três dígitos de corporações norte-americanas suspeitas de, conscientemente, cooperarem com o regime de Hitler, ajudando-o a rearmá-lo, fortalecendo as campanhas antissemitas, restaurando seus lucrativos planos de conquista, bem como a subjugação do povo judeu. Foram essas poderosas corporações que se uniram ao nazismo, com frequência por meio de subsidiárias no exterior e parceiros estrangeiros especiais. Foram os magos econômicos e tecnológicos da meteórica recuperação alemã e da rápida destruição dos judeus. Hitler só poderia oprimir o povo judeu com o apoio do poder econômico dos Estados Unidos, confrontando os sionistas com a dolorosa necessidade de engendrar os mecanismos comerciais dilacerantes com o demônio.

O tempo de se esconder por trás de arquivistas corporativos, de historiadores apadrinhados, de publicitários extremamente bem pagos e da névoa distante que encobre o comércio global da época nazista logo chegará ao fim.

Na verdade, eu estou fazendo isso. O mundo quer que isso se encerre. A humanidade agora viu as alianças corporativas e esquemas subsidiários que viabilizaram Hitler e que foram aperfeiçoados pelo Yahoo e pelo Google na China, pela Corporação Nacional de Petróleo da China, pela companhia francesa Total S.A., no Sudão, assim como pela Nokia Siemens e por milhares de outras empresas alemãs no Irã.

As pessoas hoje – ainda mais neste novo século – podem compreender o que muito no passado foi considerado confuso. O ódio não funciona no vácuo. Ele precisa de dinheiro para prosperar.

Todos fizemos uma viagem coletiva ao confrontar o Holocausto e sua sucessão de atos incompreensíveis. Agora, enquanto se prepara para a leitura desta obra, façamos mais uma viagem pessoal, para além do genocídio, antes da expansão territorial, para as primeiras semanas do regime de doze anos de Hitler. Asseguro que essa jornada trará lágrimas e confusão, e tudo o que se sabe sobre o período pode ser reescrito. Mas, no final, você também entenderá que, apesar de o boicote contra Hitler não ter sido bem-sucedido, ele tampouco fracassou. Pois, sem o esforço mundial para derrubar o Terceiro Reich, Hitler nunca teria concordado com o Acordo Haavara. E, sem ele, uma parte do capital humano e financeiro não teria sido salva – um vestígio indispensável para a construção do Estado judeu.

A mensagem de *Haavara – O Acordo de Transferência* era, na verdade, a crônica da angústia da escolha – em si mesma a noção fundamental do histórico obrigatório do sionismo. Este livro e sua documentação colocam uma questão: quando o povo judeu não será mais coagido a fazer tais escolhas? Na verdade, quando todas as pessoas confrontadas da mesma forma ficarão livres do desespero de tais decisões?

A resposta se estende além do inerente mal dos homens. E confronta a ganância cúmplice das corporações. Somente quando o último níquel e pfennig* de confissão e prestação de contas tiverem sido registrados – das chaminés da Alemanha até as majestosas salas de reunião dos Estados Unidos –, as poderosas empresas globais perceberão que os piores instintos da

* Centavo alemão utilizado entre os anos de 1924 e 1948. (N.T.)

humanidade não podem ser os melhores investimentos. Apenas nesse caso, a missão deste livro estará completa. Então, eu poderei parar.

Em 2009, com a entrega da nova edição desta obra para a imprensa, continuo o mesmo autor que a publicou em 1984 ou 2001, anos das edições anteriores. Apesar de milhares de livros impressos, depois de todo o estardalhaço de minhas muitas investigações corporativas que tanto interesse despertaram, *Haavara – O Acordo de Transferência* continua sendo minha empreitada mais árdua. Não passa uma hora sem que o livro e o tema sejam contestados, mal empregados e erroneamente citados pelos inimigos de Israel e negacionistas do Holocausto. Não passa um dia sem que os mais convictos defensores de Israel e da história do Holocausto se vejam, ainda hoje, incapazes de combater as realidades enfrentadas nos anos de Hitler pelas vítimas e seus aguerridos líderes. Raras são as vezes em que, numa palestra ou sessão de autógrafos, um leitor meu de longa data não balance no ar sua edição original Macmillan de capa verde, de 1984, em sinal de solidariedade. Fazem isso para demonstrar que, há vinte e cinco anos, compreendem uma verdade e um dilema que muitos sequer conseguem abordar: o Acordo Haavara.

Os que conhecem minhas obras sabem que, em todo livro meu, insisto que os leitores só o escolham se for para lê-lo de cabo a rabo, sem pular nada. Se isso não for possível, então nem leiam. Insisto nisso em todas as edições. Essa regra assume seu imperativo mais enérgico em *Haavara – O Acordo de Transferência*. No entanto, neste volume, acrescento outro pedido. Dentre minhas obras sobre o Holocausto, leia esta por último. Este livro foi o meu primeiro volume, que acendeu a chama para os que vieram depois. Mas sugiro aos meus leitores que, primeiro, se aprofundem em meu trabalho subsequente e só então se dediquem ao meu projeto inicial em fusão. Por quê? Porque, vinte e cinco anos depois, poucos conseguiram responder com segurança à pergunta final originalmente postulada no fim da edição de 1984: "Foi loucura ou genialidade?". Eu levei vinte e cinco anos para descobrir a resposta.

EDWIN BLACK, *Washington D.C., 4 de julho de 2009.*

AGRADECIMENTOS DA EDIÇÃO DE 1984

Grandes projetos dependem de dois fatores: dinheiro e pessoas. Eu não tinha dinheiro, mas fui abençoado com pessoas maravilhosas e generosas. E muitas se tornaram amigos queridos.

Em primeiro lugar, meus tradutores e pesquisadores: Gerald Bichunsky, que trabalhou ao meu lado em Nova York, Chicago e Jerusalém, nos idiomas hebraico, iídiche e inglês; George Zinnemann, que trabalhou em francês, alemão e inglês em Washington, Boston, Nova York, Miami e Londres, e que me acompanhou a Munique, Bonn, Koblenz e Berlim; Danuta Dombrowska, que trabalhou com documentos alemães, ingleses e poloneses em Jerusalém; Gali Gur, que auxiliou nas entrevistas, estudou documentos e jornais hebreus e alemães, além de gerenciar uma equipe de doze pessoas em Israel; Dan Niederland em Munique e Manfred Seyfried em Frankfurt, que trabalharam com materiais alemães; e Nathan Snyder, de Austin, Texas, que traduziu centenas de páginas de livros em hebreu e em alemão.

Agradecimentos especiais a meus assistentes de pesquisa: Kathy Maass e Bradley Kliewer, em Chicago.

Uma parte vital do projeto foi identificar fontes e checar detalhes. Essa tarefa monumental coube a Beryl Satter e outros, que conferiram três vezes a precisão de milhares de fontes. Isso demorou catorze exaustivos meses de trabalho com um baixo salário.

Além dessas pessoas que recrutei, houve várias outras que fizeram muito, cuja cooperação generosa e sensível foi essencial para a realização do projeto. Falo agora dos arquivistas e bibliotecários: Fannie Zelcer e Abraham Peck, dos Arquivos Judaicos Americanos em Cincinnati; Richard Marcus, da Biblioteca Asher no Spertus College em Chicago; Robert Wolfe e George Wagner, dos Arquivos Nacionais em Washington; Sybil Milton, do Instituto Leo Baeck em Nova York; Sylvia Landress, dos Arquivos Sionistas em Nova York; Feiga Zilberminc, da Biblioteca do Congresso em Washington; Helen Ritter e Ruth Rauch, dos Arquivos do Comitê Judaico Americano em Nova York; Martha Katz-Hyman, da Sociedade Histórica Americana em Waltham; David Massel, do Arquivo do Grupo de Representantes em Londres; Klaus Weinandy, do Escritório de Política Exterior alemão e do Politische Archiv em Bonn; Shmuel Krakovsky, nos Arquivos do Museu Yad Vashem em Jerusalém; e Michael Heymann, dos Arquivos Centrais Sionistas em Jerusalém. Essas pessoas me ajudaram e muitas delas me deram inspiração e compreensão pessoais.

É claro que há muitos outros arquivistas bastante generosos para serem listados aqui que também merecem um agradecimento especial. Bibliotecas também foram vitais para o meu trabalho, uma vez que cada uma é distinta em suas coleções e seleções únicas de publicações do período. Além disso, sem o programa de empréstimos entre bibliotecas, eu não poderia ter trabalhado com volumes esquecidos subitamente descobertos em cidades distantes, mas necessários com urgência. Então, agradeço sinceramente às equipes da Spertus College; das universidades Northwestern, Harvard, Columbia e Roosevelt; ao Hebrew College Union; à Universidade de Bonn; à Universidade de Frankfurt; à Biblioteca Nacional de Israel, na Universidade Hebraica; à Universidade do Texas, em Austin; às bibliotecas públicas de Chicago, Boston e Nova York; ao American Jewish Periodical Center (Centro de Jornais Judaicos Americanos) em Cincinnati; ao Centro para Pesquisas de Bibliotecas em Chicago; e à Biblioteca Britânica em Londres.

Portas de todo o mundo se abriram para mim por meio da amável ajuda de muitas pessoas. No topo da lista daqueles que colaboraram estão Rosemary Krensky, seguida de Byron Sherwin, Sybil Milton, Robert Wolfe, Fannie Zelcer, David Kahn, Maynard Wishner, Carol Voss e amigos no governo israelense. Uma vez lá dentro, precisei de ajuda, e ela me foi concedida por muitos que me dedicaram seu tempo e experiência, incluindo os já mencionados, bem como Shaul Arlosoroff, Yehuda Bauer, Jack Boas, Ehud Evriel, Werner Feilchenfeld, Morris Frommer, Yoav Gelber, Moshe Gottleib, Ben Halpern, John L. Heineman, Yehiel Kudaschai, Abraham Margoliot, Dolf Michaelis, Justine Wise Polier, Arthur Schweitzer, David Yisraeli e muitos outros.

O desafio colossal deste livro teria sido impossível de enfrentar sem o apoio de meus amigos, incluindo Robert Tamarkin, Max Pastin, Richard Kimmel, membros de minha equipe de pesquisa, meus adorados pais, Harry e Ethel Black, e Elizabeth Black, além do homem que me pressionou de forma incansável, mas que, sem ele, este livro nunca teria sido concluído: Edward T. Chase.

APRESENTAÇÃO DA EDIÇÃO DE 1984

Em 7 de agosto de 1933, os líderes do movimento sionista concluíram um pacto secreto e controverso com o Terceiro Reich que, em suas várias formas, transferiu cerca de 60 mil judeus e 100 milhões de dólares para a Palestina judaica. Em troca, os sionistas cessariam o boicote mundial antinazista liderado pelos judeus, que ameaçava derrubar o regime de Hitler em seu primeiro ano. Enfim, o Acordo Haavara salvou vidas, resgatou bens e foi a base para a infraestrutura do Estado judeu.

Instantaneamente, debates furiosos inflamaram todo o mundo judeu do pré-guerra quando os rumores do pacto se espalharam. A amargura foi reavivada em 1984 com a publicação original de *Haavara – O Acordo de Transferência* e não parou mais. Compreender o processo doloroso e as decisões angustiantes tomadas pela liderança judaica exige uma peregrinação. E esse longo percurso será pouco confortável, com conceitos e pontos bem definidos. À medida que se revelam, os fatos desafiarão seu conhecimento sobre o período, o decepcionarão e provarão sua ética... assim como fizeram, em 1933, com aqueles que lutaram para identificar o caminho correto através de um campo minado fascista e distante do confronto que aguardava o judaísmo europeu.

Para revelar *Haavara – O Acordo de Transferência*, eu suportei esse percurso.

Minha jornada começou em 1978 quando um pequeno bando de desajustados pregando o nazismo e carregando suásticas decidiu marchar através de Skokie, um subúrbio de Chicago predominantemente judeu. De repente, um grupo irrelevante de fanáticos provocou uma controvérsia importante. A comunidade indignada estava determinada a evitar a marcha ou a confrontar os neonazistas no caminho. Muitos residentes de Skokie eram sobreviventes do Holocausto e lembravam bem que, apenas cinquenta anos antes, o círculo de Hitler também tinha começado como um pequeno bando de desajustados sociais. A comunidade judaica não ignoraria uma tentativa de reintroduzir o conceito nazista – não importa a fragilidade da fonte.

Mas os líderes judeus estabelecidos aconselharam todos a fechar as janelas e não prestar atenção. E um advogado judeu da União Americana pelas Liberdades Civis (ACLU) levantou-se relutante para defender o direito dos neonazistas à liberdade de expressão – acima do direito dos sobreviventes de serem deixados em paz. Ao cobrir a questão como um jovem jornalista e reagir à crise como judeu e filho de sobreviventes do Holocausto, fiquei confuso com a resposta dos líderes judeus.

Para me preparar para uma entrevista para o jornal semanal *Chicago Reader* com o advogado judeu da ACLU representando os neonazistas, conversei com o acadêmico judeu, o rabino Byron Sherwin. Ele me falou que havia muitos enigmas em relação à resposta judaica ao nazismo, um dos quais era o rumor de um acordo entre o Terceiro Reich e a Organização Sionista envolvendo a transferência dos bens dos judeus alemães para a Palestina. Ele acrescentou que pouco se sabia sobre o acordo, se é que de fato tinha existido.

Não pude acreditar no que ouvi. A possibilidade de um pacto sionista para o bem de Israel era algo inconcebível para uma pessoa com as minhas origens. Minha mãe, ainda garota, tinha sido jogada por sua mãe por um duto de ventilação do trem a caminho do campo de extermínio de Treblinka. Ela foi alvejada por soldados nazistas e enterrada em uma vala superficial. Meu pai tinha saído da fila durante uma longa marcha até o trem que seguiria para o campo da morte. Enquanto se escondia na floresta, ele encontrou uma perna sobressaindo-se na neve. Era minha mãe. Juntos, à noite e com coragem, esses dois jovens poloneses sobreviveram na floresta por dois anos. Quando a guerra chegou ao fim, eles saíram com cuidado acreditando que todos os judeus tinham sido exterminados – exceto eles. A pergunta que se faziam é se ainda valia a pena ser "judeu". E, mesmo assim – acreditando que eram os últimos representantes de seu povo –, eles decidiram continuar a viver, como judeus, e nunca esquecer o que viram e passaram.

Sem demora, meus pais descobriram que outros tinham sobrevivido, apesar de que quase ninguém pertencia as suas famílias. Eles se estabeleceram nos Estados Unidos. Eu nasci em Chicago, fui criado em bairros judeus e meus pais tentaram nunca falar de suas experiências. Assim como os outros filhos de sobreviventes do Holocausto, minha vida foi marcada pela tragédia da minha família. E, como outros judeus, eu via o Estado de Israel como a salvação e a redenção do que havia restado do povo judeu. Passei um período em um *kibutz* israelense e retornei várias vezes depois disso. Por muito tempo, considerei emigrar para Israel. O próprio significado de Israel foi uma motivação profunda em minha vida.

Contudo, havia incongruências que nunca consegui entender. Em todo lugar em Israel eu via equipamentos alemães. Os ícones do comércio nazista – Mercedes, Grundig, Siemens, Krupp – estavam espalhados pelo Estado judeu, mesmo que a proibição da música de Wagner fosse estritamente cumprida. E muitas famílias que tinham vindo a Israel durante a era de Hitler eram judaico-alemãs.

Por um ano, coloquei a informação passada pelo rabino Sherwin em uma caixa mental de coisas imponderáveis. Ele tinha me dito muitas vezes que a regra mais importante ao se estudar o Holocausto é que nada faz sentido. Assim mesmo, era preciso que eu encontrasse algum sentido em tudo isso. Caso eu conseguisse, então talvez houvesse uma razão para a sobrevivência de minha mãe e de meu pai, enquanto seis milhões haviam sido dizimados.

Trabalhando com a equipe e os recursos do Spertus College of Judaica, consegui alguns materiais hebraicos e alemães raros, que documentavam de forma básica que o acordo havia realmente existido. Depois de uma grande angústia pessoal, tomei minha decisão.

Quando contei a meus pais o que havia descoberto, minha mãe ameaçou me abandonar e meu pai ameaçou me estrangular se eu ousasse dar qualquer crédito à ideia de cooperação entre nazistas e sionistas. Isso acontecia em um momento de tentativas antissemitas e anti-israelenses de ligar, de alguma forma, o regime nazista ao sionismo.

Mais tarde, quando mostrei a meus pais um resumo de cem páginas, que era a proposta do livro, minha mãe chorou e disse: "Agora entendo o que nunca consegui entender. Escreva o livro". Meu pai, que lutara na guerra como um partidário sionista do Movimento Betar, também me deu sua bênção com as palavras simples: "Vá escrever o livro".

Meu agente disse que achava que só havia um editor com coragem para publicar este livro. Era Edward T. Chase, editor-chefe do *New York Times Books*, um homem com preeminentes credenciais em livros sobre a Segunda Guerra Mundial e o Holocausto. Chase leu a proposta e respondeu afirmativamente.

Passei os anos seguintes viajando pela Alemanha, Israel, Inglaterra e Estados Unidos, localizando arquivos esquecidos, vasculhando jornais da época, entrevistando diretores e pesquisando papéis do governo. Milhões de microfilmes de documentos nazistas capturados nunca foram analisados. Caixas de papéis sobre o boicote nunca foram organizadas. O pior é que descobri que pouco tinha sido escrito sobre o primeiro ano da ascensão de Hitler – 1933. Por meses, a informação me confundiu. Nada fazia sentido. Havia tantas contradições. Os nazistas promovendo o nacionalismo judeu. Os líderes judeus americanos recusando-se até mesmo a criticar o Terceiro Reich. Personagens principais que diziam uma coisa em público e faziam o oposto no privado. Tudo estava de cabeça para baixo. E historiadores do período disseram-me que estavam igualmente confusos sobre o que tinha de fato ocorrido.

Finalmente, fui capaz de reunir as informações e reconstruir os eventos. Para fazer isso, tive de limpar minha mente de noções preconcebidas e olhar para a situação através dos olhos daqueles que a viveram. E assim, depois de toda a pesquisa, leitura e redação, minha forte conexão interior com o conceito sionista, o nacionalismo judeu e o Estado de Israel só se aprofundou. É por isso que tudo finalmente fez sentido. E qualquer um que fizer isso entenderá o sionismo pelo que ele é: um movimento nacional, com acertos e erros, ética e conveniências, encontrados em qualquer outro movimento nacional.

Os judeus foram os primeiros a reconhecer a ameaça de Hitler, e os primeiros a reagir a ela. O fato de terem sido frustrados por sua própria desunião simplesmente os coloca junto a toda a humanidade. Quem não enfrentou a ameaça de Hitler com hesitação? Quem não selou pactos de conveniência com o Terceiro Reich? A Igreja Católica, a Igreja Luterana e o Conselho Supremo Muçulmano endossaram o regime de Hitler. Os Estados Unidos, a Inglaterra, a França, a Itália, a Rússia, a Argentina, o Japão, a

Irlanda, a Polônia e dezenas de outros países assinaram tratados de amizade e comerciais com o Terceiro Reich e conscientemente contribuíram com a recuperação econômica e militar alemã. A comunidade bancária e comercial mundial – não menos do que os sionistas – via a Alemanha como indispensável para sua salvação. Os sionistas estavam, na verdade, em companhia de toda a humanidade – com esta exceção: os judeus eram os únicos com uma arma apontada para a cabeça.

Hitler não estava sozinho; ele era organizado. Mas, entre os inimigos de Hitler, nenhum estava organizado – exceto os sionistas. O mundo reconheceu a ameaça de Hitler e esperava que ela não os alcançasse. Os sionistas reconheceram a ameaça de Hitler e sempre a esperaram. Os acontecimentos da era de Hitler e o Acordo Haavara foram, no final, determinados por esses fatores.

Minha crença no povo judeu, nas organizações judaicas americanas, no sionismo, no Estado de Israel e nos pais e mães que o fundaram nunca foi abalada. Aqueles que sentem indignação ou raiva em minhas palavras estão ouvindo somente o eco da própria agonia.

PARTE

I

APROXIMANDO-SE DO PRIMEIRO DIA

1

OS PODERES PRESENTES

Em 30 de janeiro de 1933, ondas de choque ressoaram pelo mundo. De repente, o líder de um bando de "*hooligans* políticos" havia se tornado o chefe de um Estado europeu. Antes de 30 de janeiro de 1933, a ideologia repressora do Partido Nacional-Socialista dos Trabalhadores Alemães – PNSTA – sofria resistência dentro do governo alemão. Isso tudo mudaria agora.

Hitler havia se tornado chanceler da Alemanha – um choque, mas não uma surpresa. As eleições gerais de novembro de 1932 foram realizadas em meio a um histeria pública com relação à depressão econômica da Alemanha. Apesar de caros programas de trabalho emergenciais, mais de 5 milhões de pessoas ainda estavam desempregadas às vésperas das eleições. Em algumas regiões, a taxa de desemprego era de 75%. Mais de 17 milhões de pessoas – por volta de um terço de toda a população – dependiam de um seguro-desemprego que equivalia a alguns poucos dólares mensais por família. Muitas iam dormir com fome uma ou duas vezes por semana. Pessoas necessitadas dormiam nas ruas. A memória de bancos fechados ou falidos ainda era recente. Os nazistas culpavam os judeus e buscavam o apoio nas urnas por meio da violência nas ruas contra os membros judeus da classe média urbana da Alemanha.

Mas a eleição de novembro de 1932 não foi decisiva. O partido de Hitler recebeu somente um terço dos votos, cerca de 12 milhões. E uma coalizão governamental foi bloqueada por causa da recusa de Hitler em dividir o poder com os socialistas, que controlavam 20% dos votos, e os comunistas, que tiveram 17%. Por fim, exasperado, em 30 de janeiro de 1933, o presidente Paul von Hindenburg exerceu seus poderes emergenciais e indicou *Herr* Adolf Hitler como chanceler interino.

Os nazistas haviam prometido que, ao assumirem o poder, reconstruiriam a economia alemã, desmantelariam a democracia, destruiriam o judaísmo alemão e estabeleceriam os arianos como a raça superior – nessa ordem. Contudo, muitos líderes ocidentais só viram o valor econômico do nazismo. Hitler parecia a única alternativa a um Estado comunista, um homem que poderia reconstruir a economia alemã e pagar as dívidas. Isso seria bom para todas as economias ocidentais. Em relação às ameaças contra os judeus da Alemanha, era uma questão interna deles.[1]

Assim, se os governos do mundo não agissem, a tarefa de salvar seus irmãos na Alemanha recairia sobre os influentes judeus dos Estados Unidos. Com a capacidade de serem ouvidos, os judeus dos Estados Unidos, principalmente os de Nova York, conseguiriam mobilizar a pressão econômica e política contra a Alemanha que tornaria a guerra contra os judeus uma campanha de suicídio nacional.

A força judaica americana não era um poder que surgia de forma repentina. Por quase um século, esses judeus usavam a pressão econômica e os protestos para rechaçar as atrocidades antissemitas em todo o mundo. Mas, dessa vez, a comunidade judaica americana seria vencida. O fracasso estava ligado aos grupos de defesa chamados Três Grandes: o Comitê Judaico Americano, a B'nai B'rith e o Congresso Judaico Americano.

Tanto o Comitê Judaico Americano quanto a B'nai B'rith foram fundados por judeus alemães ricos com uma perspectiva especial. Como outros judeus europeus, os alemães imigraram em massa depois dos levantes políticos da metade do século XIX. Mas, ao contrário de seus pares do Leste Europeu, os alemães aferraram-se à identidade nacional original e permaneceram mais estáveis economicamente. Além disso, muitos judeus alemães acreditavam que eram os chamados *Hofjuden*, ou judeus refinados, e que seus correligionários da Polônia e da Rússia eram "não civilizados" e causavam embaraços desagradáveis para a comunidade judaica internacional. O preconceito foi melhor resumido em um jornal judeu germano-americano de junho de 1894, o *Hebrew Standard*, que afirmava que o judeu americano totalmente adaptado está mais perto do "sentimento cristão ao seu redor do que do judaísmo desses miseráveis hebreus enlutados".[2]

Tendo alcançado uma posição segura nos Estados Unidos, os judeus alemães organizaram-se essencialmente para proteger suas posições de quaisquer "problemas judaicos" que poderiam aparecer. Em 1843, em um pequeno café no Lower East Side de Nova York, doze líderes judeus alemães fundaram a B'nai B'rith como uma organização fraternal benevolente. Ao ajudar os judeus pobres, eles esperavam remover qualquer necessidade de políticas de bem-estar que pudessem despertar o antissemitismo cristão. Na década de 1880, depois de multidões de judeus empobrecidos do Leste Europeu invadirem os Estados Unidos, a B'nai B'rith aceitou esses recém-chegados como membros, mas com o claro objetivo de "administrar" a presença dos judeus do Leste Europeu nos Estados Unidos.[3]

Em 1906, enquanto o czar Nicolau prosseguia com seus *pogroms* antissemitas, homens como Jacob Schiff, Louis Marshall e Cyrus Adler foram além da filantropia e constituíram o Comitê Judaico Americano. Esses homens poderosos agora funcionavam como um *lobby* especial preocupado com os problemas políticos importantes para os judeus. O Comitê inicialmente limitou o número de membros a uns sessenta homens proeminentes, liderados por umas doze personalidades centrais das áreas editorial, financeira, diplomática e jurídica.[4] Como indivíduos, eles já tinham provado seu valor ao combaterem hotéis e outras instituições que discriminavam os judeus. Uma vez unidos na forma do Comitê Judaico Americano, eles iniciaram uma efetiva guerra privada econômica contra a monarquia russa. Seus motivos não estavam relacionados à situação dos judeus do Leste Europeu, mas com uma sólida oposição ao ódio organizado contra judeus em qualquer parte do mundo.

Mas, em 1933, as coisas seriam diferentes. Por mais rápida que fosse para se opor ao antissemitismo em terras estrangeiras, a Alemanha ocupava um lugar especial no coração dos líderes do Comitê. Um presságio de quão emocionalmente paralisado o Comitê ficaria no caso de uma crise envolvendo seu lar ancestral ficou evidente durante os primeiros anos da Segunda Guerra Mundial. Os fiéis membros do Comitê dividiram-se entre a lealdade à pátria alemã e o apoio dos Estados Unidos à França e à Grã-Bretanha. Em 1915, o cofundador do Comitê, Jacob Schiff, articulou seu conflito em uma nota ao banqueiro alemão Max Warburg: "Ainda nutro o sentimento de devoção filial ao país no qual meus pais e antepassados viveram e onde nasci – uma devoção que me impregna com a esperança de que a Alemanha não seja derrotada nessa temível luta".[5] O apoio explícito dos cinco membros do Comitê a favor da Alemanha contra a Rússia não se alterou até os Estados Unidos entrarem de fato na guerra.

A desilusão popular dos judeus com as políticas do Comitê e o conhecido preconceito *Hofjuden* contra as multidões judias haviam alienado a comunidade judaica do Leste Europeu nos Estados Unidos. Cada vez mais, a maioria judaica via os cavalheiros do Comitê Judaico Americano como déspotas benevolentes, sem direito de falar por eles.[6] Em resposta, um grande número de organizações judaicas nacionais e regionais reuniu-se na Filadélfia em junho de 1917 e organizou-se no Congresso Judaico Americano. Provando seu caráter democrático, foram contados 335 mil votos de judeus do país inteiro. Trezentos delegados foram eleitos e mais cem foram indicados, representando trinta organizações judaicas nacionais.[7]

Depois da guerra, a questão de quem representaria os interesses judaicos na Conferência de Paz foi fortemente contestada. Uma delegação que juntava o Comitê e o Congresso finalmente se reuniu em Versalhes. Mas o Comitê se separou dos outros grupos que negociavam os direitos judaicos porque – na visão do Comitê – os direitos propostos iam "longe demais". Especificamente, quando os cartógrafos de Versalhes estavam redesenhando as fronteiras com base em afinidades religiosas, linguísticas e étnicas, o sentimento popular judaico exigia ser considerado entre os grupos minoritários voltados à autodeterminação. Isso significava uma pátria judaica na Palestina – sionismo.[8]

Os líderes do Comitê repudiavam o sionismo. Na visão deles, um refúgio na Palestina promoveria a expulsão de judeus dos países onde viviam e tinham raízes. Regimes antissemitas poderiam apontar para a Palestina e afirmar: "Você pertence *àquele lugar,* a sua própria nação".[9] No entanto, os sentimentos da maioria judaica venceram em Versalhes, garantindo um lar para os judeus na Palestina, com acordos sobre a preservação dos direitos judaicos em outros países.

Os líderes do Congresso Judaico Americano voltaram de Versalhes triunfantes. Eles haviam ajudado a criar uma pátria judaica, bem como garantido a segurança internacional para as minorias na Europa. No começo da década de 1920, o Congresso solidificou seu apoio popular aos judeus, tornando-se, assim, o terceiro dos chamados Três Grandes.

Em 1933, o Congresso aparecia como a organização de defesa judaica mais representativa e direta. Em contraste, a B'nai B'rith funcionava mais como uma ordem fraternal (exceto por sua Liga Antidifamação, que era autônoma). E o Comitê, em 1933, basicamente representava os interesses de 350 membros proeminentes. Mesmo assim, o Comitê e a B'nai B'rith – que geralmente agiam como um *lobby* conjunto – eram respeitados, influentes e adequadamente financiados, com acesso aos círculos mais poderosos do governo e do empresariado dos Estados Unidos. Em comparação, o Congresso, apesar de seu vasto número de membros, tinha de lutar com frequência por fundos e reconhecimento. Enquanto o Comitê e a B'nai B'rith em geral escolhiam métodos silenciosos e nos bastidores, os membros do Congresso – predominantemente do Leste Europeu – estavam acostumados a organizar protestos para chamar a atenção.[10]

No entanto, eram todos judeus, vindos de uma herança comum. E, em 30 de janeiro de 1933, multiplicou-se uma necessidade evidente de se unir para combater a maior ameaça antijudaica já constituída. Hitler prometia não só livrar a Alemanha dos judeus, mas limpar o mundo também. Era necessária uma ação rápida dos judeus americanos.

Enquanto o Partido Nazista tomava o poder na Alemanha e os judeus alemães de Nova York dominavam a cena política judaico-americana, os alemães e a Alemanha, da mesma forma, agora determinavam as realidades em uma pequena e subdesenvolvida faixa de deserto à beira-mar conhecida como Palestina. Por centenas de anos, a área foi o reino dos judeus. Depois da dispersão dos israelitas no século II d.C., os romanos mudaram o nome da região para Síria Palestina para varrer a nação judaica para sempre. Pequenos grupos de judeus permaneceram por séculos no que se tornou conhecida simplesmente como Palestina, mas foi só no final do século XIX, seguindo ondas de antissemitismo na Europa, que um grande número de judeus começou um retorno experimental para o lar ancestral. Assentamentos agrícolas fracassaram várias vezes na Palestina conforme judeus idealistas e sonhadores tentavam plantar em terras arenosas e pantanosas. Porém, com o apoio firme de judeus filantropos europeus e americanos, a revitalização agrícola judaica finalmente começou a triunfar sobre a negligenciada terra palestina.[11]

Quando os aviões voavam sobre o Oriente Médio, o futuro dos judeus na Palestina podia ser visto como trechos verdejantes em um cenário desbotado. Os trechos verdes marcavam as plantações de laranja, a base econômica para a sobrevivência dos judeus na Terra Santa. Quando os jovens trabalhadores vinham da Rússia, da Polônia e até dos Estados Unidos, frequentemente se assentavam em plantações de laranja e outros cítricos para exportação.[12] As caixas de laranja tornaram-se os blocos construtores do sionismo.

Em 1933, por mais promissora que fosse, a Palestina judaica era pouco mais do que um grupo de enclaves desconexos entre o rio Jordão e o Mar Mediterrâneo. Os quase 200 mil judeus que viviam na Palestina representavam apenas 19% da população. Se os enclaves crescessem e se transformassem em uma pátria de verdade para cumprir a promessa de Deus, Abraão e Balfour, as caixas de laranja deveriam prosperar. Para isso, mais mãos e mais terras eram necessárias.

Mas, em 1933, a prosperidade judaica na Palestina corria risco de acabar. Em um mundo tenso, os britânicos faziam, mais uma vez, planos estratégicos para o Oriente Médio. Esses planos dependiam dos potentados árabes, que a Inglaterra vinha enganando por uma década, com falsas e conflituosas promessas de nacionalismo árabe na Palestina. Assim, as regulamentações de imigração haviam sido revistas alguns anos antes. Cotas severas agora se aplicavam a todas as categorias de imigrantes judeus, exceto os chamados colonos *capitalistas* com comprovadas mil libras (por volta de 5 mil dólares) na mão.[13]

Poucos judeus a caminho da Palestina possuíam tanto dinheiro. A maioria eram trabalhadores europeus pobres. Além do mais, a própria cota de "trabalhadores imigrantes" era limitada pela "capacidade de absorção" ou pela capacidade de expansão da economia palestina e criação de novos empregos. Dessa forma, os empregos árabes já existentes não poderiam, teoricamente, ser ameaçados pela chegada de novos judeus. Os ingleses não esperavam realmente que a economia palestina crescesse, porque as cotas restringiam a imigração para todos, à exceção de judeus ricos, e a grande maioria destes não tinha interesse em emigrar para a Palestina. Com pouco ou nenhum capital novo, a economia judaica na Palestina estagnaria.

Ao mesmo tempo, a mensagem para o mundo era clara. O que começou como uma campanha particular de violência contra judeus era agora, sob Hitler, a política não oficial do dia. Judeus eram assassinados em seus lares, as filhas de judeus eram violentadas na frente dos pais, rabinos eram humilhados na rua, líderes proeminentes foram encontrados flutuando em canais e rios. Já nos primeiros dias da surpreendente nomeação de Hitler como chanceler interino, a mensagem era muito clara para aqueles que estivessem prestando atenção: os judeus da Alemanha enfrentavam uma séria ameaça e o tempo escapava por entre os dedos.

2

A LUTA IDEOLÓGICA

As reações ao antissemitismo nazista foram imediatas, principalmente nos Estados Unidos, refletindo o ódio de todas as pessoas comuns. Naturalmente, os judeus americanos estavam na vanguarda. Esse era um problema para muitos dos líderes judeus que consideravam o protesto seu campo particular de ação.

Em 22 de fevereiro de 1933, Alfred Cohen, presidente da B'nai B'rith, organizou uma conferência especial com quinze líderes judaicos, cinco de cada um dos Três Grandes. Reunidos em Nova York, os líderes analisaram a situação.[1] Até o momento, Hitler não era mais do que um chanceler interino nomeado até a próxima eleição geral marcada para 5 de março. Nessa data, ele poderia sair. Mas se as eleições aumentassem o apoio de Hitler, de uma minoria de 33% para uma maioria real, ele controlaria todo o governo alemão.

A conferência ficou dividida. Dois dos representantes do Congresso Judaico Americano haviam discutido uma série de protestos públicos, ali e em outros lugares, para mostrar ao povo alemão que o mundo estava atento e a violência dos camisas-pardas, milícia nazista conhecida como *SA* (*Sturmabteilung*, ou *Tropas de Assalto*), contra os judeus deveria parar. Os homens da B'nai B'rith e do Comitê Judaico Americano rejeitaram isso. A B'nai B'rith não queria colocar em perigo sua organização alemã que contava com 13 mil membros e 103 lojas fraternais ao entrar em choque abertamente com Hitler e os nazistas. A liderança do Comitê contava com amigos e parentes na Alemanha que haviam avisado que os protestos públicos certamente provocariam uma contrarreação nazista muito mais forte. Por fim, os líderes concordaram em estabelecer um "Comitê Conjunto da Conferência" com o intuito apenas de "acompanhar com cuidado os desenvolvimentos na Alemanha" e esperar pelo melhor.[2]

Mas quando a reunião acabou, com um aparente acordo trilateral para não fazer barulho, os dirigentes do Congresso tinham outros planos. Eles não contaram aos representantes da B'nai B'rith ou do Comitê, mas duas semanas antes haviam decidido secretamente seguir o caminho dos protestos.[3]

Em 27 de fevereiro de 1933, a ascensão de Hitler começou. Ele mesmo estava participando de uma festa no apartamento do ministro da Propaganda, Paul Joseph Goebbels, em Berlim. Um telefonema exaltado para o dono da casa espalhou a notícia: "O Reichstag está pegando fogo!". Os nazistas entraram em ação. Durante aquela noite, Hitler e Goebbels prepararam uma campanha de propaganda. Na manhã seguinte, o público alemão foi convencido de que o fogo – provavelmente iniciado pelos homens do próprio Hitler – era, na verdade, o começo de um levante comunista apoiado pelos judeus. Hitler exigiu e recebeu poderes temporários suspendendo todas as liberdades constitucionais.

Os nazistas conduziam uma onda de histeria antijudaica e anticomunista. Em nome da defesa da nação contra a revolução comunista, a milícia privada de Hitler – as Tropas de Assalto, ou as *SA*, os camisas-pardas das fileiras do partido – destruiu redações de jornais e brutalizou oponentes políticos, aumentando, assim, as atrocidades contra os judeus. Enquanto isso, as forças policiais, dominadas pelos nazistas, ignoravam tudo. O aparato da lei e da ordem na Alemanha havia, de repente, parado de funcionar.

Uma semana antes do incêndio no Reichstag, Hitler se reuniu com vários líderes industriais para garantir que nada era mais importante para os nazistas do que reconstruir a economia alemã. Essa seria a base de uma Alemanha forte e rearmada que, liderada por Hitler, se prepararia para a guerra e a dominação racial. Tudo que Hitler queria desses industriais era o apoio financeiro nos dias anteriores à eleição geral de 5 de março. Antes do final da reunião, quase 1 milhão de dólares foi prometido para estabelecer uma incomparável caixa de campanha destinada à propaganda, tudo para ser gasto nas duas semanas seguintes. Com essa soma prodigiosa, os nazistas foram capazes de saturar todos os jornais e estações de rádio, enviar panfletos para todas as cidades e inundar as ruas da Alemanha com caminhões de som que esbravejavam propaganda eleitoral. Com os poderes emergenciais de Hitler, somente os nazistas tinham permissão para realizar comícios e obter apoio.

Ainda assim, quando os votos de 5 de março foram contados, os nazistas ainda não haviam conseguido a maioria. Apesar da maior campanha da história, Hitler só conseguiu 43,9% dos votos. Somente depois de selar alianças com outros partidos de direita é que Hitler conseguiu uma pequena maioria. Todavia, ele chamou isso de "mandato" e prometeu erradicar rápido os inimigos da Alemanha: o comunismo, a democracia e os judeus.

Enquanto as urnas eram abertas em 5 de março, a maior organização judaica na Alemanha, a Central Verein de Berlim, divulgou uma nota: "A violência contra os judeus é propagada em reuniões e em certos jornais [...] O espírito de ódio agora dirigido contra os judeus não vai parar. Irá se espalhar e envenenar a alma do povo alemão". Quando os ativistas do Partido Nazista souberam da declaração, Tropas de Assalto vandalizaram o escritório da Central Verein. Preocupado com o impacto dessas notícias entre os círculos antinazistas em Nova York, o líder Hermann Goering chamou os líderes da Central Verein a seu escritório para pedir desculpas formais e garantir que o incidente seria o último.[4]

Mas, em poucos dias, o futuro sombrio da Alemanha tornou-se evidente. Em 8 e 9 de março, as Tropas de Assalto de Hitler esmagaram províncias e cidades. Em 48 horas, a autoridade provincial foi praticamente destruída e substituída por pessoas escolhidas a dedo por Hitler. Ao mesmo tempo, os nazistas começaram a incluir observadores do partido, ou *kommissars*, em todos os principais jornais, empresas e organizações. Ações antijudaicas foram cuidadosamente orquestradas em Essen, Magdeburg e Berlim acompanhando a tomada de poder. Em alguns casos, bandeiras nazistas foram colocadas nas entrada de comércios de judeus enquanto seus donos fechavam as portas "voluntariamente". Em outros casos, janelas foram quebradas, bombas fétidas eram jogadas, clientes expulsos e proprietários maltratados.[5]

Nesse momento, os nazistas controlavam não só o governo federal, mas os estaduais e locais também. Praticamente toda instituição estava submetida ao controle do partido e preparada para a realização das aspirações sociais, políticas e econômicas nazistas – incluindo a eliminação do judaísmo alemão. Em 9 de março, os líderes da Central Verein voltaram ao escritório de Goering em Berlim. Ele, mais uma vez, usou palavras tranquilizadoras para minimizar os incidentes antijudaicos.[6] E a Central Verein queria acreditar nisso.

Em Nova York, no entanto, os judeus eram mais realistas. Em 12 de março, a direção do Congresso Judaico Americano realizou uma sessão de três horas e votou pelo início de um projeto nacional de protestos, marchas e manifestações altamente visíveis. O centro do protesto seria um gigantesco ato antinazista em 27 de março, no Madison Square Garden. Uma reunião de emergência das organizações judaicas regionais e nacionais foi marcada para 19 de março a fim de discutir detalhes.[7]

Antes do fim da sessão, o dr. Joseph Tenenbaum, vice-presidente do Congresso, falou algumas poucas palavras de advertência, dirigidas à Alemanha, para os jornalistas presentes. Ameaçando um implacável boicote, ele disse: "A Alemanha não é um ponto em Marte. É um país civilizado, localizado no coração da Europa, que se baseia em cooperação amigável e conexões comerciais com as nações do mundo [...] Uma *bellum judaicum* – guerra contra os judeus – significa boicote, ruína, desastre, o fim dos recursos alemães e o fim de toda esperança para a reabilitação da Alemanha, de quem nunca deixamos de ser amigos". Medindo suas palavras finais com cautela, Tenenbaum falou de forma severa: "Que Deus salve a Alemanha de tal calamidade nacional".[8] O protesto começaria – com ou sem o Comitê Judaico Americano.

No dia seguinte, 13 de março, os líderes do Comitê Judaico Americano ficaram espantados ao saber da decisão do Congresso. O Comitê convocou uma reunião urgente dos Três Grandes para o dia seguinte sob a égide do "Comitê Conjunto da Conferência". Os principais líderes do Congresso participaram, liderados pelo rabino Stephen S. Wise, o fundador do Congresso, na época com o cargo de presidente honorário. As hierarquias do Comitê e da B'nai B'rith também compareceram à reunião. A intenção do Comitê era abortar qualquer protesto e evitar que o Congresso entrasse em contato com os "círculos de Washington".[9]

Quando a conferência começou, os membros do Congresso defenderam a decisão de protestar no Madison Square Garden. Eles viram a ousada tomada de poder de Hitler e a violência contra os judeus que a acompanhou como uma ameaça que não poderia mais ser ignorada. A retórica nazista tornava-se ação em uma velocidade assustadora. E os afiliados nacionais do Congresso exigiam uma resposta imediata, incluindo um boicote geral de todos os bens e serviços alemães.[10]

Wise acrescentou que havia entrado em contato com o juiz da Suprema Corte, Louis Brandeis, um eminente sionista americano e amigo pessoal dele. O conselho era evitar um apelo direto ao recém-eleito presidente Franklin Delano Roosevelt, que estava preocupado com a Depressão americana e com uma calamitosa crise bancária. Mas Brandeis sentia que a questão deveria ser levada ao conhecimento do próprio Roosevelt.[11]

Esses líderes do Congresso estavam a favor da onda de protestos e até do boicote, e afirmaram que somente a retaliação econômica amedrontaria os nazistas. Mesmo os líderes do Partido Nazista tinham admitido que a força de Hitler estava na expectativa do público alemão por melhorias econômicas.

David Bressler, líder do Comitê, desdenhou todas as ideias de protesto, insistindo que tais movimentos levariam mais problemas do que ajuda aos judeus alemães. A relutância do Comitê baseava-se em comunicados urgentes de famílias judaicas importantes para evitar qualquer protesto ou boicote antialemão. Os líderes judeus alemães estavam convencidos de que o público alemão abandonaria os nazistas assim que a economia melhorasse. E mesmo se Hitler permanecesse no poder, eles sentiam que algum compromisso seria alcançado para conseguir o auxílio dos judeus à convalescença econômica. Hitler poderia, então, modificar de forma discreta, ou deixar de lado, sua campanha antissemita.[13]

Wise também estava relutante para avançar com a ideia de um boicote, mas insistiu que uma declaração sobre o protesto se realizasse e que se fizessem esforços com o novo governo em Washington. Não poderia haver mais atrasos. Bressler rejeitou essas propostas e atacou o Congresso por ter divulgado sua decisão pelo protesto na imprensa, em 12 de março. Um líder conservador do Congresso, Nathan Perlman, tentou garantir aos membros do Comitê que o protesto seria anulado ou adiado em uma reunião do Comitê Administrativo do Congresso, naquela noite. Mas Wise aconselhou que não se tentasse prever o que aconteceria no Comitê Administrativo, sugerindo, por outro lado, que as três organizações principais concordassem, enquanto isso, com uma declaração conjunta e um plano para Washington. O secretário do Comitê Judaico Americano, Morris Waldman, interrompeu-o e declarou que qualquer ação trilateral dependeria da decisão do Congresso sobre o protesto. Wise aceitou essa condição.[14]

Os delegados do Comitê tranquilizaram-se, mas de forma cautelosa. Imediatamente após a reunião, eles enviaram um telegrama para o presidente da B'nai B'rith, Alfred Cohen, em Cincinnati:

CONFERÊNCIA TRÊS ORGANIZAÇÕES SITUAÇÃO ALEMÃ [...]
DESENCORAJANDO AÇÃO INDEPENDENTE GRUPOS JUDEUS POR TODO O PAÍS.[15]

No entanto, em poucas horas, o Comitê descobriria que seus esforços haviam fracassado. O Comitê Administrativo do Congresso rejeitou a posição conservadora e por ampla maioria optou por protestos visíveis e claros marcados pelo ato de 27 de março no Madison Square Garden. Na manhã seguinte, 15 de março, o secretário do Comitê Judaico Americano, Morris Waldman, telefonou para o vice-presidente do Congresso, W. W. Cohen, para informá-lo de que o Comitê B'nai B'rith desassociava-se do Congresso – na verdade de qualquer protesto antinazista. Waldman, então, enviou um telegrama a Alfred Cohen em Cincinnati pedindo que ele viajasse até Nova York para ajudar a planejar o contra-ataque a qualquer protesto judeu organizado contra Hitler.[16] Naquele momento, o "Comitê Conjunto da Conferência" estava dissolvido.

Enquanto os Três Grandes argumentavam se deviam protestar contra o hitlerismo, organizações judaicas menores já estavam comprometidas a agir. Para essas organizações menores, mais próximas das massas judaicas, o debate era se os judeus deveriam ou não lançar um amplo boicote contra a Alemanha como a melhor forma de protesto. Em busca dessa resposta, o grupo militante Judeus Veteranos de Guerra (JVG) realizou uma exaltada reunião em Nova York na noite de 18 de março.[17]

Gritos a favor e contra o boicote irromperam pela sala enquanto os delegados debatiam até onde deveria ir o protesto contra Hitler. Discursos, interrupções, pedidos de ordem e aplausos esporádicos levaram a reunião até bem depois da meia-noite sem qualquer decisão tomada. Impossibilitada de cumprir os próprios prazos de fechamento, a imprensa foi embora. Finalmente, para resolver o impasse, Benjamin Sperling, do Brooklyn, apresentou formalmente uma moção para que os Judeus Veteranos de Guerra organizassem um vigoroso boicote nacional de todos os bens, serviços e transportes alemães. Os gritos a favor foram abundantes, mas a mesa diretora insistiu em um voto formal e, com uma onda de excitação, o boicote foi adotado por unanimidade.[18] Isso foi feito de acordo com a constituição do JVG: "Para combater as fontes de intolerância e escuridão; independentemente de sua origem e seja qual for seu alvo; para manter o justo nome dos judeus e lutar sempre que for injustamente atacado".

Desse modo, a história mostra que em uma era marcada pelo apaziguamento, os Judeus Veteranos de Guerra foram os primeiros, no mundo, a declararem abertamente a resistência organizada ao regime nazista. Eles haviam lutado contra a Alemanha uma vez e lutariam de novo. Essa pequena associação de ex-soldados, formada sobretudo por homens de pouca sutileza e menos ainda pretensão, não seria mais dominada pela hierarquia judaica.

Os cavalheiros dos JVG sentiam-se especialmente obrigados a não ceder naquela noite. Eles queriam apresentar seu movimento pelo boicote como um "fato" que inspiraria os outros 1.500 representantes de organizações judaicas que se reuniriam no dia seguinte para considerar as dimensões do chamado para o ato do Congresso Judaico Americano. Na verdade, uma passeata dos JVG já estava planejada, assim como uma sede para organizar o boicote, uma campanha publicitária e um esforço para arrecadação de fundos.[19] Os Veteranos queriam ter certeza de que, quando a conferência de emergência de 19 de março se reunisse, a palavra *boicote* seria um termo já estabelecido na linguagem de confronto com os nazistas.

Mas, naquele mesmo dia, os interesses nazistas, judeus e sionistas estavam ansiosos para abortar o movimento de protesto antes de dar os primeiros passos. Uma conferência em Paris, convocada por um grupo de organizações judaicas europeias análogas ao Comitê Judaico Americano e à B'nai B'rith, tentou sufocar o crescente movimento de protesto no continente inspirado pelo Congresso Judaico Americano. O Comitê não conseguiu comparecer à conferência, mas transmitiu suas preocupações por telefone. A conferência parisiense decidiu por unanimidade que os protestos públicos dos judeus eram "não só prematuros, mas provavelmente inúteis e até prejudiciais".[20] Os dirigentes do Comitê em Nova York agora poderiam falar ao Congresso que as organizações judaicas mais próximas ao problema na Europa concordavam que não deveria haver agitação pública contra Hitler.

Foi também em 19 de março de 1933 que a suástica foi desfraldada nos consulados alemães de Jerusalém e Jaffa. A Alemanha mantinha os dois consulados na Palestina como parte de suas relações diplomáticas normais com a Grã-Bretanha. Indignados, judeus de Tel Aviv prepararam-se para invadir os consulados e queimar as novas bandeiras alemãs. Mas líderes sionistas tinham medo de provocar os nazistas, preocupados com que Berlim repentinamente reprimisse as organizações e atividades sionistas para arrecadar fundos na Alemanha. Em Jerusalém, o membro do Comitê Executivo da Agência Judaica, o dr. Werner Senator, enviou uma carta para a Organização Sionista em Londres sobre a questão das bandeiras. Senator explicava que os líderes sionistas trabalhavam com as autoridades do Mandato Britânico da Palestina para resolver o problema "e evitar encontros hostis, o que causaria repercussões desagradáveis para nosso povo na Alemanha".[21]

Em Berlim, o regime de Hitler estava bastante preocupado. Notícias de atrocidades cobriam as primeiras páginas de jornais nos dois lados do Atlântico. O artigo do correspondente Jacob Leschinsky, do *Der Forverts* de Berlim, era emblemático:

> Não se encontram palavras para descrever o medo e o desespero, a tragédia que envolve os judeus alemães. Eles são espancados, aterrorizados e assassinados, e [...] obrigados a ficar quietos. O regime de Hitler se inflama de ódio porque foi forçado, por receio da opinião pública estrangeira, a renunciar a um massacre em massa [...] Ele ameaça, no entanto, executar grandes *pogroms* se os judeus em outros países fizerem muito barulho em relação aos ataques que já realizou até agora.

A notícia foi publicada pelo *The New York Times* e muitos outros jornais. Leschinsky, imediatamente após a publicação, foi preso e expulso.[22]

Escândalos de atrocidades complicavam quase todas as tentativas de recuperação econômica e diplomática alemã de que Hitler necessitava desesperadamente para se manter no poder. Os judeus de Nova York precisavam ser detidos. Dentro de poucos dias, a reunião do Reichstag estava marcada para aprovar amplos poderes ditatoriais permitindo a Hitler governar por decreto, sem a participação do Legislativo. Mas essa história de um boicote internacional dirigido pelos judeus ameaçava os legisladores da Alemanha. Tal boicote poderia atacar as indústrias exportadoras alemãs, afetando todas as famílias do país. Goebbels expressou o medo nazista em seu diário: "A propaganda dos horrores no exterior causa muitos problemas. Os inúmeros judeus que deixaram a Alemanha colocaram os países estrangeiros contra nós [...] Estamos sem defesa, expostos aos ataques de nossos adversários".[23] Mas, enquanto os jornais nazistas atacavam o judaísmo alemão pelos protestos de seus companheiros no exterior, os próprios judeus alemães respondiam com cartas, ligações transatlânticas e telegramas para reprimir as objeções dos judeus americanos a Hitler.

Quando a conferência emergencial para planejamento dos protestos do Congresso se reuniu em 19 de março no Hotel Astor, em Nova York, os representantes do Comitê chegaram com uma declaração preparada, que dizia:

> É natural que homens e mulheres liberais e decentes se sintam indignados frente a esses acontecimentos e [...] expressem publicamente a sua indignação e aversão, [mas] o Comitê Judaico Americano e a B'nai B'rith estão convencidos de que a política mais inteligente e eficaz para os judeus dos Estados Unidos é exercer a mesma paciência, coragem e conduta exemplar mostradas pelos judeus da Alemanha. Essa não é a hora de inflamar sentimentos já alterados, mas de agir com sabedoria, de forma sensata e deliberada.[24]

Essas palavras de cautela foram enfaticamente rejeitadas pelos delegados que sabiam bem que o Comitê havia se transformado em um porta-voz – por meio de relações de amizade e familiares – para a pressão nazista sobre o movimento de protestos antialemães nos Estados Unidos. Bernard S. Deutsch, presidente do Congresso, apresentou o tom desafiador da reunião: "As sedes do Congresso Judaico Americano estão cheias de mensagens de todo o país exigindo o protesto [...] Estamos aqui para traduzir essa exigência popular em ação responsável, vigorosa, ordenada e eficiente". Gritos de aprovação tomaram a multidão. A moção de protesto foi formalmente apresentada: "Essa hora trágica na história judaica exige imperativamente a solidariedade do povo judeu. E nós, judeus americanos, estamos decididos a ficar ombro a ombro com nossos irmãos judeus na Alemanha para defender seus direitos, que estão sendo absurdamente violados, e suas vidas, que estão em perigo".[25]

A plateia aplaudiu. Mas, entre os delegados, levantou-se J. George Fredman, comandante-chefe dos Judeus Veteranos de Guerra, que orgulhosamente anunciou que sua organização já havia, por iniciativa própria, começado o boicote nacional antinazista. Ele pediu que outras organizações judaicas se unissem e formalmente defendessem uma emenda a favor do boicote na resolução do protesto.[26]

O juiz Joseph M. Proskauer, representante do Comitê Judaico Americano no encontro, ficou furioso. Ele se levantou e insistiu que passeatas e atos eram impróprios e improdutivos. Aconselhou que fosse usada a diplomacia silenciosa, nos bastidores – como o Comitê sempre fizera. A multidão o vaiou e assobiou. Imperturbável, Proskauer voltou-se para Fredman e condenou sua emenda para um boicote como "causadora de mais problemas para os judeus na Alemanha por sua ação estúpida". Apesar de fazer gestos obscenos para que fosse embora, e das piadas hostis, ele insistiu em mostrar a mensagem de outro seguidor do Comitê, o juiz Irving Lehman, irmão do governador de Nova York. Lutando para ser ouvido, Proskauer leu a carta de Lehman: "Sinto que a reunião [o protesto do Madison Square Garden] pode aumentar a ameaça aos judeus na Alemanha [...] Imploro a vocês em nome da humanidade, não deixem que a raiva aprove uma resolução que irá matar judeus na Alemanha". Com isso, a multidão demonstrou sua reprovação em inglês, iídiche e russo. A sala de reunião do hotel tornou-se tão descontrolada que a polícia foi chamada para restaurar a ordem.[27]

Stephen Wise interveio para evitar uma humilhação total para o Comitê, que ele ainda esperava que usasse sua influência em Washington. Ele se ofereceu para reescrever a resolução sobre o protesto, mas a redação final era praticamente a mesma e ainda consistia em um anátema para o Comitê. A data de 27 de março foi aprovada, e o Madison Square Garden foi ratificado como o epicentro de um dia de protesto global antialemão que sinalizaria o início da resistência em massa dos judeus contra Hitler. Mas, seguindo o conselho de Wise, o Congresso não declarou o boicote. Ele sentiu que o grande boicote interorganizacional que o Congresso poderia montar seria, na verdade, a arma final não violenta. O momento ainda não havia chegado.[28]

Fredman e seus veteranos tinham outros planos. Mesmo que não tivessem conseguido persuadir nenhum outro grupo a se juntar a eles, os JVG organizariam o boicote nacional. Muitos na liderança do Congresso concordaram com a decisão dos veteranos, mas, em deferência ao Comitê, se recusaram a dar apoio oficial. Eles esperavam que as influentes famílias judaicas alemãs de Nova York usassem suas conexões, esperando que os "métodos" do Comitê funcionassem. E aguardando provas de que os líderes judeus alemães do Comitê não eram meras ferramentas involuntárias do Terceiro Reich.

Mas a hesitação oficial do Congresso não evitou claros apoios não oficiais ao movimento pelo boicote. No dia seguinte, 20 de março, o vice-presidente do Congresso, W. W. Cohen, ficou inspirado enquanto almoçava em um excelente restaurante alemão. Quando o garçom se aproximou e ofereceu a Cohen uma cerveja importada da Baviera, ele de repente se encheu de raiva e gritou: "Não!". Todo o restaurante se virou para ele, que pediu a conta.[29]

Cohen deixou o restaurante e foi direto para o ato pró-boicote dos Judeus Veteranos de Guerra, onde afirmou perante uma multidão animada: "Qualquer judeu comprando um centavo de mercadorias produzidas na Alemanha é um traidor de seu povo. Eu duvido que o governo americano possa oficialmente reconhecer o que o governo alemão está fazendo contra seu próprio povo. Então nossa única linha de resistência é tocar os bolsos alemães".[30]

* * *

Quando W. W. Cohen exortava seus companheiros americanos a resistir economicamente, os judeus de Vilna, na Polônia, propunham uma tática idêntica. A Polônia tinha a maior concentração de judeus da Europa, quase 3,5 milhões, que residiam principalmente em comunidades urbanas bem unidas. Eles eram econômica e politicamente coesos, até mesmo militantes.

Na fronteira da Alemanha de Hitler, o judaísmo polonês poderia organizar um boicote antinazista que não só atacaria financeiramente o Terceiro Reich, mas seria altamente visível na Europa central. Os judeus de Vilna organizaram uma manifestação pró-boicote em 20 de março de 1933. Para recrutar apoio interpolítico e inter-religioso, eles incorporaram seu movimento pró-boicote à fúria nacional sobre o Corredor Polonês. Hitler, em seus primeiros dias como chanceler, havia sugerido que a Alemanha poderia ocupar o Corredor para garantir o acesso do Terceiro Reich à cidade livre de Danzig (Gdańsk em polonês). O acesso alemão por meio de um corredor atravessando a Polônia e controlado por esta fazia parte do Tratado de Versalhes. A Polônia, pouco disposta a abrir mão de seus direitos territoriais, reagiu de forma defensiva, e rumores de uma invasão preventiva polonesa estavam fora de controle.[31]

Ao identificar esse boicote antinazista como uma retaliação nacional, em vez de sectária, os judeus de Vilna procuraram construir o modelo para outros europeus preocupados. O enorme ato anti-Hitler de 20 de março em Vilna incitou todos os patriotas poloneses e judeus do mundo a lutarem pela defesa territorial do país, não comprando nem vendendo mercadorias alemãs. Os Judeus Veteranos de Guerra não estavam mais sozinhos.[32]

Como ex-governador de Nova York, o presidente Roosevelt estava adaptado ao ritmo da comunidade judaica. As lendas da forte amizade dele com Stephen Wise, do Congresso Judaico Americano, eram temidas em Berlim. No entanto, a relação Wise-Roosevelt em 1933 eram, na verdade, tensas. Dois anos antes, no último encontro pessoal, o rabino Wise tinha apresentado ao governador Roosevelt acusações por escrito contra o então prefeito de Nova York, Jimmy Walker. Roosevelt levantou objeções contra as maneiras pejorativas de Wise naquele dia e depois reclamou sobre um protesto anterior relacionado a outro assunto. Essa havia sido a última conversa particular entre os dois em cinco anos. Wise rompeu publicamente com Roosevelt em 1932 ao apoiar para indicação presidencial Alfred E. Smith, que perdeu nas primárias dos Democratas.[33] Berlim não sabia disso, mas, em março de 1933, Wise estava relutante em testar seu acesso à Casa Branca.

O próprio Roosevelt havia mostrado pouca preocupação oficial com a situação difícil dos judeus alemães. Pouco antes da posse na primeira semana de março, um dos amigos de Wise, Lewis Strauss, tentou convencer tanto o presidente Hoover quanto o recém-eleito Roosevelt a enviar uma mensagem conjunta de preocupação ao governo alemão. Embora Hoover tenha enviado notícias acerca de sua preocupação por meio do embaixador americano em Berlim, Roosevelt não quis se envolver.[34]

Assim mesmo, as atrocidades nazistas se intensificaram, como era mostrado todo dia na imprensa: invasões a residências no meio da noite por camisas-pardas obrigando proprietários judeus a, sob a mira de revólveres, assinarem papéis cedendo propriedades a inquilinos ou resolvendo disputas com empregados. Importantes médicos judeus eram raptados de seus hospitais, levados até a periferia das cidades e ameaçados de morte se não pedissem demissão e deixassem a Alemanha. Dignos empresários judeus eram arrastados de seus cafés favoritos, selvagemente golpeados e, às vezes, forçados a lavarem as ruas.

Wise sentiu que não poderia esperar mais e, no dia 21 de março de 1933, levou a Washington uma delegação de líderes do Congresso Judaico Americano. Para marcar o tom de seus esforços, o rabino Wise divulgou uma declaração que acabou queimando a última esperança de cooperação com o grupo Comitê-B'nai B'rith. "O momento de precaução e de prudência acabou", disse Wise. "Devemos falar como homens. Como podemos pedir a nossos amigos cristãos que levantem a voz em protesto contra os erros cometidos contra os judeus, se ficamos em silêncio?"[35]

Tentando uma audiência com o presidente, o rabino Wise telefonou para a Casa Branca e falou com o assistente executivo de Roosevelt, coronel Louis Howe. Este não tinha boas lembranças de Wise das primárias de 1932, mas foi, mesmo assim, cordial. Wise mencionou que havia adiado sua visita por várias semanas a conselho do juiz Brandeis da Suprema Corte, com quem havia conversado naquele mesmo dia. Howe respondeu que, com Roosevelt preocupado com a catastrófica crise bancária do país, o momento ainda não era o ideal. Prometeu, no entanto, que pediria ao presidente que ligasse para o delegado americano na Conferência de Desarmamento de Genebra, e este tocaria no assunto com os alemães.[36]

Wise e seu grupo também testemunharam perante o Comitê de Imigração da Câmara dos Deputados, solicitando o fim dos procedimentos restritivos para pedidos de vistos americanos na Alemanha. Os parentes alemães de judeus americanos poderiam, assim, se refugiar nos Estados Unidos.

Obstruindo essa ajuda estava uma chamada Ordem Executiva criada por Herbert Hoover em 1930, no auge dos males da Depressão. Na verdade, essa ordem era somente um *press release* que circulou entre funcionários consulares. Muito razoavelmente, o memorando presidencial mandava que setores de visto reforçassem um parágrafo da Lei de Imigração de 1924, barrando imigrantes indigentes que poderiam criar "problemas públicos". O parágrafo não se aplicava a refugiados políticos. No entanto, funcionários consulares, alguns deles abertamente antissemitas, usavam a ordem de Hoover para negar vistos àqueles com direitos legítimos. No passado, a aplicação errada da ordem havia tido poucas consequências graves, porque a cota de imigração da Alemanha era insuficiente.[37] Mas agora a necessidade era urgente, principalmente para líderes judeus alemães perseguidos por ativistas nazistas. Para eles, conseguir um visto era, na verdade, uma questão de vida ou morte.

Presidindo o Comitê de Imigração da Câmara estava o representante de Nova York, Samuel Dickstein, amigo íntimo do rabino Wise. Dickstein respondeu ao testemunho de Wise introduzindo uma resolução na Câmara anulando a Ordem Executiva de Hoover. Dickstein também iniciou um processo mais longo de apresentar uma lei revisando os procedimentos de imigração em razão da nova emergência.[38]

O rabino Wise também se encontrou com o subsecretário de Estado, William Phillips. Wise e os membros do Congresso descreveram vividamente as brutalidades sofridas por judeus alemães – muitos deles parentes de cidadãos americanos, alguns na verdade cidadãos americanos residindo na Alemanha. Wise deixou claro que o Congresso estava liderando um movimento nacional antinazista que seria lançado em um dia nacional de protesto, 27 de março, com o foco em um comício gigante no Madison Square Garden. No entanto, em seguida, Wise garantiu ao Departamento de Estado que ele não exigiria medidas diplomáticas americanas até que o departamento conseguisse verificar as denúncias sobre as atrocidades. Phillips achou que era razoável. Em seu anúncio à imprensa, Phillips afirmou: "Após a visita do rabino Stephen S. Wise, o departamento informou à Embaixada Americana em Berlim sobre as notícias na imprensa de maus-tratos a judeus na Alemanha [...] [e] a profunda preocupação que essas notícias estão causando nesse país. O departamento instruiu a Embaixada a fazer [...] um relatório completo sobre a situação".[39]

A tática do rabino Wise deu-lhe uma tripla conquista: primeiro, pareceu aceitável para o Departamento de Estado; segundo, instigou uma investigação imediata do Departamento de Estado, avisando o Terceiro Reich de que o governo americano estava examinando com cuidado sua campanha antissemita; e terceiro, a investigação do Departamento de Estado daria confirmação independente e oficial que não poderia ser ignorada. Isso obrigaria o governo dos Estados Unidos a dar prosseguimento diplomático. O governo americano agora estava envolvido em um conflito que havia tentado evitar.

Do outro lado do Atlântico, o Terceiro Reich soube da visita de Wise a Washington. Goebbels e outros líderes do partido estavam convencidos de que o rabino Wise era o típico judeu manipulador que conseguiria enganar o Congresso americano, o Departamento de Estado e até o presidente.[40] Quando Wise estava terminando sua rodada de reuniões em Washington, o Escritório de Política Externa do Terceiro Reich em Berlim enviou um telegrama para seu consulado em Nova York negando "exageradas notícias [da imprensa]" sobre "maus-tratos brutais". O telegrama denunciava "oponentes do atual governo nacional" que estão querendo que "uma bem organizada propaganda de atrocidades mine a reputação e a autoridade do governo nacional". A declaração acrescentava a garantia pessoal de Hitler de que toda violência futura seria evitada por meio dos duros esforços da polícia.[41]

Às 11h30 do dia seguinte, 22 de março, o embaixador alemão Friedrich von Prittwitz ligou para o Departamento de Estado. Oferecendo uma nota à imprensa de Goering como prova, Von Prittwitz declarou que havia lei e ordem na Alemanha de Hitler, que os judeus seriam protegidos e que crimes seriam punidos.[42] O Departamento de Estado estava consciente do crescimento do confronto judaico-nazista. Vinte e quatro horas depois da visita do embaixador alemão, uma delegação do Comitê Judaico Americano/B'nai B'rith ligou para o secretário de Estado, Cordell Hull. O Comitê sabia que Hull deplorava os protestos públicos como os que o Congresso Judaico Americano organizava. Mais importante ainda, eles sabiam que ele se oporia a qualquer boicote do Terceiro Reich. A visão de Hull era de que "a cooperação amigável e bem-disposta da Alemanha é necessária para o programa de recuperação [econômica] mundial".[43]

Hull recebeu os representantes do Comitê-B'nai B'rith cordialmente em seu escritório. A delegação fez o melhor que pôde para impugnar os métodos e a organização do rabino Stephen Wise. Eles não queriam mal-entendidos. A ansiedade deles em relação à situação alemã era tão grande quanto a do Congresso, mas suas táticas diferiam. O grupo do Comitê-B'nai B'rith deixou claro a Hull que eles preferiam ações mais silenciosas e nos bastidores.[44]

O argumento deles para o secretário provavelmente pouco acrescentou em relação ao comunicado conjunto do Comitê-B'nai B'rith emitido depois da reunião de emergência para organização do protesto em 19 de março pelo Congresso. Para aplacar as furiosas exigências da base da B'nai B'rith e para mostrar preocupação em face dos atos públicos do Congresso, o comunicado conjunto declarava:

> O Comitê Judaico Americano e a B'nai B'rith expressam horror perante as ações antijudaicas na Alemanha, onde está sendo negado aos judeus alemães os direitos fundamentais de todo ser humano [...] Os eventos das últimas duas semanas na Alemanha encheram de indignação não só os judeus americanos, mas também os americanos de outras crenças [...] Devemos tomar todas as medidas possíveis para cumprir a formal responsabilidade que está ligada às nossas organizações no sentido de unir as forças da opinião pública entre os americanos de todas as crenças para evitar o que está acontecendo com os judeus na Alemanha e para reivindicar os princípios fundamentais da liberdade humana.[45]

Do ponto de vista de Hull, ouvir uma delegação distinta do Comitê e da B'nai B'rith era uma obrigação a ser cumprida, não uma inspiração para a ação. A visita de 23 de março, portanto, não resultou em nenhuma melhoria para os judeus na Alemanha. Pior ainda, a visita confundiu o Departamento de Estado. Um grupo judeu defendia protestos altos e vigorosos. Outro pedia por diplomacia silenciosa e discreta. Mas os membros do Comitê-B'nai B'rith eram os líderes influentes e proeminentes da comunidade judaica. Então, Hull concluiu que a voz deles era representativa do sentimento judeu.[46]

De certa forma, os "métodos" do Comitê haviam funcionado. Apesar de um pequeno número que só chegava a trezentos, os pronunciamentos do Comitê ainda eram mais potentes do que os do meio milhão que formava o Congresso Judaico Americano.[47] A delegação tinha desacreditado, com sucesso, o Congresso como demagogos ingênuos.

Logo depois que a missão do Comitê-B'nai B'rith deixou Washington, Hull enviou um telegrama para George A. Gordon, *chargé d'affaires* dos Estados Unidos na Alemanha:

> A opinião pública nesse país continua alarmada com as persistentes notícias de maus-tratos a judeus na Alemanha [...] Sou da opinião de que a intervenção externa raramente produz resultados desejados e frequentemente tem levado ao agravamento da situação. Mesmo assim, se você pensar em alguma forma na qual o governo poderia ser útil, eu apreciaria seu franco e confidencial conselho. Na próxima segunda [27 de março] será organizado em Nova York um ato gigante. Se antes dessa data houver uma melhoria da situação, que você poderia informar [para] [...] divulgação na imprensa, junto com garantias públicas de Hitler e outros líderes, isso teria um efeito calmante.[48]

Essencialmente, Hull pedia um relatório encorajador – justificado ou não – para acalmar grupos judeus enraivecidos. Assim, ele poderia cooperar também com os pedidos do Comitê.

Em 24 horas, Gordon escreveu uma resposta para Hull:

> Concordo inteiramente com sua visão [...] [sobre] a presente situação de intervenção externa [...] Há [...] uma sugestão que eu me atrevo a fazer, caso o senhor ainda não tenha pensado nisso [...] [O] teor geral dos comunicados entre estrangeiros e o [...] governo aqui tem sido de reclamação e protesto, e é possível que se [...] confiança [fosse expressa] na determinação de Hitler de restaurar condições pacíficas e normais, enfatizando que grande lugar ele conquistará na avaliação do mundo se for capaz de resolver isso, poderia ajudar muito [...] Hitler agora representa o elemento de moderação no Partido Nazista e acredito que, se for possível fortalecê-lo, mesmo indiretamente, ele agradeceria.[49]

Gordon, então, reuniu-se com vários de seus pares na comunidade diplomática de Berlim, obtendo o consenso contra qualquer esforço dos outros países para usar canais diplomáticos como meio de protesto contra Adolf Hitler. Ele enviou notícias de suas realizações para Hull.[50]

Uma aliança involuntária de grupos agora entendia que sua missão era obstruir protestos antinazistas nos Estados Unidos e na Europa, principalmente um boicote econômico. Os membros da aliança incluíam a B'nai B'rith, o Comitê Judaico Americano e até a Agência Judaica para a Palestina, cada um preocupado com os próprios interesses, cada um movido pelos próprios imperativos ideológicos e cada um desejando que as condições para os judeus alemães melhorassem no clima de silêncio que eles esperavam estabelecer.

Um quarto membro dessa aliança era agora o governo dos Estados Unidos, que buscava o que julgava ser os interesses vitais do país. Quanto ao destino dos judeus alemães? Oficialmente, o governo dos Estados Unidos não estava preocupado.

3

A ARMA QUE HITLER TEMIA

Cordell Hull e o Comitê Judaico Americano logo descobriram que seus esforços para conter o movimento antinazista seriam seriamente contestados. Na primeira página de 23 de março de 1933, o *New York Times* mostrava como estava a opinião pública.

"CRESCE O PROTESTO CONTRA HITLER. Grupos cristãos e não sectários demonstram indignação contra políticas antijudaicas. EXIGEM AÇÃO DE WASHINGTON."[1]

"BOICOTE CRESCE RAPIDAMENTE. Comerciantes cancelam pedidos de produtos alemães."[2]

O movimento espalhava-se de modo espontâneo por linhas inter-religiosas. Estimuladas pelos Judeus Veteranos de Guerra, as emoções do país foram mobilizadas. *Boicote* era finalmente uma palavra que deixava de ser sussurrada e tomava as manchetes. Sob a direção do coronel Morris J. Mendelsohn, presidente do Comitê Pró-Boicote dos JVG, foi organizada uma marcha de protesto dos veteranos. Em solidariedade, W. W. Cohen, vice-presidente do Congresso Judaico Americano, aceitou uma posição à frente da passeata. Ele participou por iniciativa própria, já que Stephen Wise ainda relutava em vincular o Congresso ao boicote em si, e os líderes do Congresso não queriam prejudicar o protesto que eles organizavam no Madison Square Garden.[3] Mesmo assim, a visibilidade de Cohen associou o poderoso Congresso às bandeiras e aos cartazes dos JVG declarando guerra econômica à Alemanha.

Sem o apoio ativo do Congresso, Mendelsohn não tinha certeza do número de manifestantes da passeata e quantas figuras proeminentes apareceriam para endossar o boicote. No dia anterior ao protesto, Mendelsohn tentou animar o líder dos JVG, J. George Fredman, dizendo: "George, se não houver mais ninguém, nós dois vamos marchar por todo o caminho e chamar o prefeito". Mas, na verdade, Mendelsohn duvidava se o prefeito John O'Brien participaria mesmo, uma vez que esperava fazer sua primeira aparição antinazista no comício do Congresso.[4]

Desse modo, todos ficaram surpresos quando a passeata pró-boicote dos Judeus Veteranos de Guerra recebeu um apoio entusiasmado. Muitos milhares de pessoas encorajavam os veteranos judeus e não judeus enquanto a passeata ia do East Side até a prefeitura, onde O'Brien aguardava. Com muito apoio e aplausos, foram apresentadas resoluções que exigiam medidas diplomáticas e um protesto econômico contra o Terceiro Reich. Acompanhando a passeata dos JVG, foi realizado um grande número de conferências de apoio e apresentadas petições e resoluções por grupos inter-religiosos e não sectários, incluindo a American Federation of Labor, que incitava seus 3 milhões de membros a lutarem contra o nazismo nos Estados Unidos e na Alemanha.[5]

O dia 23 de março foi um sucesso para os Judeus Veteranos de Guerra. O início do boicote gerou máxima publicidade. Uma estação de rádio cobriu o dia com atualizações a cada quinze minutos. Um grande apoio foi oferecido por pessoas proeminentes e poderosas – bem como por rostos anônimos na multidão, indignados e somente esperando uma mão levantada para dirigir o protesto contra Adolf Hitler.

Os consulados alemães nos Estados Unidos informaram os protestos antinazistas para o Terceiro Reich, que completava 51 dias. O protesto judeu não foi meramente um incômodo; ele consumiu a mente dos nazistas quando se preparavam para a primeira grande batalha contra seus inimigos declarados, os judeus.[6] A questão era quão eficiente seria quaisquer boicote e movimento de protestos antialemães. Será que simples protestos populares na Europa e nos Estados Unidos poderiam influenciar o Terceiro Reich? Conseguiria um boicote – uma guerra econômica – derrubar o regime de Hitler e forçar a Alemanha a abandonar seu programa antijudeu? Naquele momento, alguns líderes judeus ou duvidavam do poder do movimento antinazista ou não queriam participar. Essa postura trabalhou em benefício de Hitler, pois o boicote antinazista mundial, liderado pelos judeus, era, na verdade, a única arma que Hitler temia.

Para entender por quê, devemos examinar a precariedade da economia alemã em 1933, a mentalidade nazista e o poder histórico de boicotes liderados por judeus. Para fazer isso, é preciso uma perspectiva dual: estatística e perceptiva. De igual peso na história é a *realidade* e a *percepção da realidade*, porque ambas se ligam uma à outra em uma reação em cadeia contínua que, por fim, dá forma aos eventos e destinos entre homens e nações.

* * *

A deterioração da outrora poderosa economia alemã de fato começou na Primeira Guerra Mundial, quando os militares e os líderes políticos alemães simplesmente não calcularam os efeitos econômicos de uma guerra prolongada. O bloqueio aliado fechou os portos alemães e a maior parte de suas rotas comerciais terrestres. O comércio foi dizimado. A indústria não conseguia exportar. Materiais de guerra e necessidades civis, incluindo alimentos, não podiam ser importados.

Antes do fim do bloqueio, 800 mil civis alemães desnutridos morreram. Na verdade, o bloqueio criou uma menor escassez de comida na Alemanha, que era autossuficiente para 80% de suas necessidades alimentares antes da guerra, do que a política equivocada de tirar os alemães das fazendas para lutar sem compensar a redução da produção agrícola. Mas a percepção popular entre os alemães era de que eles haviam sofrido com a fome até se submeterem, derrotados não no campo de batalha, mas por uma guerra política e econômica, além da conivência, pelo que ficou conhecido como "facada nas costas".

Os termos inegociáveis do Tratado de Versalhes exigiam o confisco das colônias alemãs, bem como um grande número de terras que haviam sido conquistadas ou eram tradicionalmente alemãs; o desmembramento da máquina militar alemã; o confisco de vias fluviais centrais; a prisão de centenas de militares e líderes alemães, incluindo o imperador kaiser Wilhelm II; a concessão de direitos comerciais favoráveis e não recíprocos a estrangeiros na Alemanha; e certa quantidade de forças de ocupação interinas. A liderança alemã deveria assinar uma odiada declaração de culpa pela guerra. Além disso, a Alemanha deveria pagar reparações de guerra pelos próximos dois anos na ordem de 5 bilhões de marcos de ouro e aproximadamente 15 bilhões de marcos em gado, madeira e outros itens. Os Aliados não permitiram nenhuma negociação em relação aos termos opressivos de Versalhes, e se recusaram a levantar o bloqueio econômico e material até que os líderes alemães aceitassem o que as gerações posteriores chamariam de *Diktat* (ou Imposição) dos vencedores sobre a Alemanha.

Dois anos depois, a Comissão de Reparações de Aliados impôs compensações adicionais de 132 bilhões de marcos de ouro. Tal soma monumental, pagável em dinheiro ou bens, seria um confisco que duraria gerações, uma escravidão econômica que manteria a Alemanha cativa entre cinquenta e cem anos.

A população da Alemanha e, na verdade, os líderes e historiadores do mundo, chamariam o Tratado de Versalhes de impiedoso e intolerável. Mas os Aliados estavam seguindo a tradição das vitórias anteriores da Alemanha, que subjugava os perdedores. Por exemplo, em fevereiro de 1918, quando a Rússia, acossada pela revolução, tentou sair da guerra, os generais alemães, então, enviaram um ultimato para rendição em cinco dias ou os russos sofreriam destruição ilimitada. Ao mesmo tempo, iniciaram uma renovada ofensiva alemã. Lênin foi forçado a submeter sua nova nação ao humilhante Tratado de Brest-Litovsk. Seus termos tiraram um terço das terras férteis da Rússia, 56 milhões de pessoas – ou um terço da população –, um terço das estradas de ferro, mais de 5 mil fábricas reduzindo pela metade sua capacidade industrial, quase 90% de seu carvão e, além disso, uma indenização de 6 bilhões de marcos de ouro. O tratado foi anulado depois da vitória dos Aliados.

Assim, a Alemanha em 1919 foi forçada a se recuperar da guerra sob condições similares àquelas que havia anteriormente imposto a seus próprios inimigos. No entanto, o povo alemão não culpou os precedentes que eles próprios estabeleceram, mas, sim, as armas políticas e econômicas voltadas contra eles na Conferência de Paz. Culparam o bloqueio e seus próprios líderes civis por aceitarem as exigências dos Aliados e pela perda da glória alemã.

E alguns alemães, como os nazistas, culparam uma conspiração judaica. Na mente deles, os banqueiros judeus prosperariam com a tragédia econômica da Alemanha, já que grandiosos empréstimos seriam necessários tanto para a recuperação da guerra como para pagar a indenização. Na mente dos nazistas, era o bolchevismo judaico que ganharia ao minar o Império Alemão, substituindo-o por uma República de Weimar onde o marxismo pudesse se desenvolver. Na mente deles, foram os judeus que no Tratado de Versalhes ganharam direitos de minoria por toda a Europa reconstruída.[7]

As próprias palavras de Hitler expressavam o raciocínio do bode expiatório. Pregando para alemães desesperados e empobrecidos, o líder nazista gritava: "Há pouco tempo, a Alemanha era próspera, forte e respeitada por todos. Vocês não são culpados pela derrota da Alemanha na guerra e pelo que tem sofrido desde então. Vocês foram traídos em 1918 pelos marxistas, pelos banqueiros internacionais judeus e por políticos corruptos".[8]

Hitler atribuiu as histórias das atrocidades de guerra da Alemanha a uma conspiração judaica internacional, usando jornais secretamente controlados pelos judeus. E os nazistas sentiam um medo particular do que eles chamavam de *Greuelpropaganda*, ou "relatos de crueldades". No pensamento nazista, era a *Greuelpropaganda* que criava a distorção, transformando a coragem alemã em selvageria. *Greuelpropaganda* era uma poderosa arma que os judeus sabiam usar para forçar a nação germânica à escravidão.

A permanente agonia econômica de Versalhes logo ficou aparente. A inflação arruinou a Alemanha do pós-guerra, enquanto a República de Weimar lutava para manter o ritmo das exigências de reparação dos Aliados e a recuperação interna. A moeda alemã era impressa tão rápido que só levava tinta de um lado. Em 1919, o valor do marco era de 9 por dólar americano; em 1921, 75 marcos para um dólar; em 1922, 400 para um dólar; e no começo de janeiro de 1923, 7 mil marcos equivaliam a um dólar.

Como indenização, a França, é claro, preferia mercadorias, como madeira e carvão, a dinheiro alemão, que nada valia. Mas a produção alemã era incapaz e tampouco tinha interesse em cumprir a agenda de pagamentos. Quando a República de Weimar não entregou 100 mil postes telefônicos, a França exerceu sua opção apresentada no tratado e no meio de janeiro de 1923 invadiu a região central industrial da Alemanha, o Ruhr. Milhares de tropas francesas tomaram conta de minas, moinhos e fábricas manufatureiras. Os alemães ficaram indignados com o fato de que uma infração tão pequena pudesse justificar uma ocupação total francesa. Os trabalhadores de toda a região do Ruhr entraram em greve geral com o apoio do governo de Weimar. Para apoiar os grevistas, o governo imprimiu mais milhões de marcos sem valor como uma forma de assistência especial. No final de janeiro de 1923, o marco tinha pulado para 18 mil por dólar e começou a inflacionar astronomicamente, até que, em 1924, chegou a 5 trilhões por dólar.

Em 1924, a moeda alemã não servia para praticamente nada exceto para acender lareiras. As economias das pessoas foram destruídas, o sustento arruinado. Uma comissão internacional interveio e surgiu o Plano Dawes, pelo qual a França sairia do Ruhr e as reparações agendadas – principalmente em bens – seriam retomadas. Os produtos seriam manufaturados depois de uma reforma nacional financiada por grandes empréstimos estrangeiros, principalmente dos Estados Unidos.

Em poucos anos, bilhões de dólares americanos e outras moedas estrangeiras entraram na Alemanha, reequipando e superindustrializando aquela nação em bases incomparáveis, de modo a produzir mercadorias e outros itens de valor para restituir os empréstimos do Plano Dawes e as indenizações de guerra. No final dos anos 1920, os Estados Unidos possuíam e controlavam bilhões de dólares da indústria alemã. E toda a economia do país – que se estabilizava e prosperava – também dependia principalmente da exportação. Milhões de empregos estavam completamente ligados ao mercado estrangeiro. A exportação era o oxigênio, o pão e o sal da força de trabalho alemã. Sem ela, haveria a morte econômica.[9]

Pouco antes do fim da década, em 24 de outubro de 1929, a bolsa de valores de Nova York quebrou. A economia americana caiu e as economias estrangeiras seguiram atrás. Para a Alemanha, intrinsecamente ligada a economias de todas as potências aliadas, a queda foi brutal. Milhares de negócios faliram. Milhões ficaram desempregados. A violência para conseguir comida era algo comum. A Alemanha aprendeu a dolorosa lição de que a sobrevivência econômica estava ligada aos parceiros comerciais e às exportações.

Durante cada crise econômica, os nazistas conquistavam triunfos eleitorais entre os desfavorecidos. No crescimento de 1928, os nazistas não receberam mais do que 810 mil votos no âmbito nacional. Porém, dois anos depois, durante a Depressão (1929-1930), o apoio aos nazistas chegou aos

6,5 milhões. Em julho de 1932, no auge da crise, oprimida por 6 milhões de desempregados, a nação entregou 13,5 milhões de votos para Hitler, a maioria deles vindo da classe média jovem e desempregada.[10]

Pouco depois da eleição de julho de 1932, a economia melhorou um pouco, mais em virtude de fatores psicológicos do que financeiros. Um recorde na colheita de trigo e uma safra de batatas fizeram que a Alemanha ficasse temporariamente independente dos grãos importados e produtos alimentícios relacionados ao amido. Planos de trabalho deram ajuda de curto prazo às pessoas com mais problemas nas grandes cidades. Mais de 74 mil jardins e 26 mil conjuntos residenciais foram construídos para ajudar a alimentar e dar abrigo aos desempregados em pequenas cidades. O desemprego sazonal chegou um pouco mais tarde e foi menos severo aquele outono do que nos anos anteriores. O desemprego total identificado, sob essas circunstâncias, caiu para pouco mais de 5 milhões. Em certos segmentos da sociedade alemã, a confiança começou a crescer.[11]

Quando os nazistas na bancarrota se aproximaram da eleição de novembro de 1932, não conseguiram pagar por uma campanha eleitoral de última hora. Na aura de estabilidade, e com uma campanha nazista reduzida, o eleitorado afastou-se do programa radical do Nacional-Socialismo, diminuindo o total de votos do PNSTA em 2 milhões. Depois da eleição de novembro, porém, com os nazistas assegurando, mesmo assim, um papel dirigente no governo, a breve melhoria na economia desapareceu.[12] O momento moderado havia sido perdido.

A recuperação comercial era a principal missão de Adolf Hitler quando chegou ao poder em janeiro de 1933. Mas a concepção de Hitler e seu círculo sobre o problema e as explicações distorcidas, que estes atribuíam a tendências reais e totalmente perceptíveis visíveis, se tornaram novos fatores econômicos determinantes. Na verdade, os maiores obstáculos à recuperação agora eram a instabilidade política e decisões econômicas bizarras, incluindo restrições à importação que provocavam proibições retaliatórias às exportações alemãs.

As políticas econômicas e a depressão econômica mundial se associaram para evitar que a Alemanha ocupasse seu lugar entre as principais nações do mundo. Sem exportações, a Alemanha não recebia moedas estrangeiras – o ingrediente essencial para sua sobrevivência. Sem moedas estrangeiras, ela não podia pagar pelas matérias-primas de que precisava para continuar a manufaturar nem pelos alimentos importados para compensar a escassez recorrente. Pior, a Alemanha não poderia nem pedir dinheiro emprestado para pagar as matérias-primas e a comida porque, sem contar com o comércio estrangeiro para honrar suas indenizações de guerra e outras obrigações estrangeiras, seu crédito era mais uma vez pouco confiável.[13]

No final de 1932, o presidente do Reichsbank avisou ao gabinete que uma deterioração mais profunda no comércio estrangeiro forçaria a Alemanha a outro calote fiscal. Mais ainda, se houvesse uma súbita corrida aos bancos alemães, isso levaria a outro colapso total da economia.[14]

Mas, quando Hitler e seu grupo viram a Alemanha nessa situação, não culparam a depressão mundial ou os fracassos da política econômica alemã, mas as conspirações bolchevique, comunista e marxista, todas envolvidas de alguma forma na incrível conspiração imaginária de judeus internacionais. Os judeus não eram somente um bode expiatório conveniente. Os nazistas paranoicos *acreditavam* no legendário, quase sobrenatural, poder econômico dos judeus. Quando promulgaram o refrão: "Os judeus são nosso azar", queriam dizer exatamente isso.[15]

Para complicar a resposta do Terceiro Reich aos desenvolvimentos econômicos havia a impaciência de Hitler por detalhes econômicos. Um relatório da embaixada britânica compilado no começo de 1933 explicava: "Hitler é um puro visionário que provavelmente não entende os problemas práticos que enfrenta". Na verdade, Hitler via somente os aspectos superficiais de qualquer problema econômico. Ele era bem conhecido por exortar seus seguidores: "Se os especialistas econômicos dizem que isso ou aquilo é impossível, então que se dane a economia [...] se nossa vontade for forte o suficiente, podemos fazer qualquer coisa!".[16] Portanto, quando os problemas se tornavam persistentes, a resposta nazista era gritar "conspiração" e tomar decisões rápidas para tapar buracos em vez de reconstruir o dique.

Na mente nazista, o boicote antinazista dirigido por judeus reduziria as exportações e o dinheiro estrangeiro abaixo de um limite viável. Pelo pensamento nazista, uma segunda ponta da ofensiva judaica seria a publicação das atrocidades alemãs para minar a confiança no novo regime e fazer que o mundo não judeu se voltasse contra a Alemanha. Nesse sentido, os medos nazistas se aproximavam da realidade. Como uma nação superindustrializada dependente das exportações, a Alemanha sofreria bastante com um boicote. Portanto, com o aumento da agitação anti-Terceiro Reich dos Judeus Veteranos de Guerra americanos, no final de março de 1933, a ordem principal para os nazistas seria parar com as acusações de atrocidades e acabar com o boicote.[17]

* * *

A preocupação nazista com o boicote antialemão não era só em virtude do medo do poder judeu. Os nazistas acreditavam dogmaticamente no poder dos boicotes em geral, uma vez que esta sempre foi uma tática central do movimento antissemita alemão. Em 1873, quando uma depressão econômica se seguiu à queda do mercado de ações, o Partido Conservador Alemão culpou falsamente os especuladores judeus e organizou campanhas antissemitas, incluindo boicotes. Poucos anos depois, o Partido Católico aderiu ao movimento, criando o slogan: "Não compre dos judeus". Em 1880, as organizações femininas de Berlim haviam formado comitês de boicotes de donas de casa.[18]

Durante os anos anteriores a 1933, Hitler, Goebbels, Goering e outros líderes nazistas lutavam regularmente para atrair o apoio público defendendo o boicote antijudaico. Piquetes de camisas-pardas ao redor de lojas com cartazes nos quais se lia NÃO COMPRE DOS JUDEUS serviam para lembrar os alemães do *status* econômico seguro dos judeus e avisá-los do que poderia acontecer se o Nacional Socialismo chegasse ao poder. Os nazistas estavam convencidos de que um boicote oficial nacional destruiria totalmente a viabilidade comercial dos judeus na Alemanha.[19]

Mas, durante os primeiros anos do Partido Nazista, os alemães antissemitas também se tornaram dolorosamente conscientes do poder judeu de boicote e reação. A lição chegou em um confronto que ocorreu não na Alemanha, mas nos Estados Unidos, colocando a comunidade judaica contra o americano antissemita mais reverenciado pelos nazistas: Henry Ford.

O homem mais rico dos Estados Unidos, cujo nome estava estampado em todos os Modelos T, foi logo catapultado para a vanguarda do antissemitismo político depois de se convencer do clichê da conspiração judaica.

A mentalidade rural do século XIX de Henry Ford não se adaptou bem às complexidades do mundo do século XX. Ele fazia as coisas de seu modo peculiar, independentemente dos custos. Pouco depois que a Grande Guerra começou na Europa, Ford afirmou que havia descoberto "provas" de que os judeus estavam por trás dos problemas do mundo. Em 1918, Ford comprou o semanário *Dearborn Independent* e em seguida voltou suas armas editoriais para um virulento antissemitismo.[20]

Ford também empregava agentes para procurar mais "provas" antijudaicas. Um desses agentes adquiriu um manuscrito intitulado *Os protocolos dos sábios de Sião,* minutas secretas forjadas de uma imaginária conspiração judaica para derrubar governos, dominar economias, perverter a moral e derrotar linhagens nobres por meio de miscigenação. Os falsos *Protocolos* eram ridicularizados por muitos. Mas alguns poucos, incluindo Henry Ford, aceitaram-no como uma revelação verdadeira do mais sinistro complô dos tempos modernos. Em maio de 1920, uma série de artigos e editoriais do *Dearborn Independent* publicaram *Os protocolos dos sábios de Sião* e uma série de calúnias e acusações sob o título geral "O Judeu Internacional". Os artigos de Ford acusavam os líderes judeus americanos, como Louis Marshall e Louis Brandeis, de usarem os presidentes Taft e Wilson como marionetes. Outros judeus proeminentes eram acusados de realizar a Primeira Guerra Mundial para o benefício de banqueiros judeus e fomentar a Revolução Russa para o imperialismo racial. As difamações continuaram semanalmente, com o jornal de Ford denunciando a conspiração judaica para corromper Wall Street, os sindicatos e os esportes – os judeus estavam até por trás do escândalo de apostas do time de beisebol Black Sox. Os judeus também eram os supostos responsáveis por Benedict Arnold, a Guerra Civil e o assassinato de Abraham Lincoln. O que os judeus não conseguiam por meio do dinheiro, da mídia ou da manipulação alcançariam incentivando as perversões sexuais de poderosos e proeminentes.[21]

Essas acusações não eram só divagações do *The Dearborn Independent.* Eram, na verdade, um produto da Ford Motor Company. Henry Ford colocava seu nome no alto de cada primeira página. Os vendedores da Ford eram obrigados a comprar e vender assinaturas do jornal. Os vendedores que cumpriam suas cotas de assinaturas recebiam carros da Ford como prêmios.

Os que fracassavam recebiam garantias de que *The Dearborn Independent* era "um produto da Ford assim como carros ou tratores". Muitos vendedores relutantes recebiam cartas jurídicas ameaçadoras insistindo para que vendessem o tabloide. Reimpressões eram feitas em formato de livros e distribuídas para bibliotecas e sedes da ACM por todo o país.[22]

Dedicar a força de vendas nacional e os ativos da Ford Motor Company para espalhar o ódio contra os judeus fez de Henry Ford o primeiro a organizar o antissemitismo nos Estados Unidos. Na verdade, ele foi o herói dos antissemitas em todo o mundo. Na Alemanha, milhares de cópias dos ensinamentos de Ford foram publicadas sob o título *O judeu eterno*, por Heinrich Ford.[23]

O livro de Ford rapidamente se tornou a bíblia dos antissemitas alemães, incluindo Adolf Hitler – isso pelo menos dois anos antes de *Mein Kampf* ser escrito. Hitler ficou tão extasiado com a luta de Ford contra o poder econômico dos judeus que pendurou um enorme retrato de Ford ao lado de sua mesa e conversava incessantemente com ele.[34] Quando Hitler foi entrevistado por um repórter do *Chicago Tribune* em 1923 sobre as chances de Ford ganhar as eleições para presidente dos Estados Unidos, o *Führer* declarou entusiasmado: "Gostaria de poder mandar algumas de minhas Tropas de Assalto para Chicago e outras grandes cidades americanas para ajudar nas eleições. Vemos Heinrich Ford como o líder do crescente Partido Fascista nos Estados Unidos".[24]

Um ano depois, em 1924, Hitler escreveu sua própria epístola antijudaica, *Mein Kampf*, seu projeto para a destruição do povo judeu. Muitas das divagações de *Mein Kampf* eram idênticas às passagens de "O judeu internacional". Hitler tornou Ford uma celebridade mesmo depois de os nazistas passarem a ser um fator importante na cena política alemã. Pouco antes do Natal de 1931, o *Führer* admitiu ao repórter do *Detroit News*: "Considero Henry Ford minha inspiração". Quando o Terceiro Reich chegou ao poder, milhões de livros de Ford circulavam por todas as escolas e escritórios do partido no país, muitos apresentando os nomes de Hitler e Ford lado a lado na capa.[25]

A reação dos judeus americanos contra a ameaça de Henry Ford foi rápida. Poucos meses após a publicação da edição antissemita inaugural de *Dearborn Independent*, irrompeu um movimento de boicote judaico espontâneo. Processos judiciais foram iniciados contra Henry Ford pessoalmente. Uma campanha dirigida por judeus para banir legalmente a venda ou a distribuição da publicação começou em Chicago, Boston, St. Louis e outras cidades. Onde as proibições eram revogadas por ação judicial, multidões furiosas recebiam os vendedores ambulantes do *Dearborn Independent*.

A campanha de reação começou a prejudicar Ford no final de 1920, quando os judeus em massa passaram a se recusar a comprar qualquer veículo que tivesse um emblema da Ford. Simbólico foi o que ocorreu na parada de quatrocentos carros, no começo de 1921, em honra de Albert Einstein e Chaim Weizmann, organizada pela comunidade judaica de Connecticut – as regras da parada incluíam a condição: "Categoricamente nenhuma máquina da Ford será permitida". O próprio Ford não conseguia nem *dar* um carro para seu vizinho judeu, o rabino Leo M. Franklin, de Detroit. Todos os anos, Ford dava ao rabino um carro personalizado como presente. Mas o rabino enfaticamente recusou o presente de Ford depois que os artigos do *Dearborn Independent* começaram.[27]

Até mesmo o Comitê Judaico Americano encorajou o boicote. O Comitê opunha-se a proclamar um boicote "oficial", relutante em responder abertamente às acusações de Ford de conspiração econômica como uma arma econômica coordenada. Mas o líder do Comitê, Louis Marshall, sentia que um "boicote silencioso" seria eficiente da mesma forma, sustentando que qualquer judeu com respeito próprio saberia o que fazer quando fosse comprar um automóvel.[28]

As quedas bruscas nas vendas da Ford apareceram primeiro no nordeste dos Estados Unidos, onde os judeus eram um segmento substancial do mercado de compra de carros. Em cinco anos, um dos principais vendedores no sudoeste percebeu que judeus ricos no Texas e estados vizinhos não compravam um Lincoln há anos. E pesquisas da empresa sobre as baixas vendas no Missouri revelaram que os judeus não aceitariam um Ford nem de graça.[29]

Na realidade, o boicote judeu de produtos da Ford era, provavelmente, pouco eficiente estatisticamente. Enquanto as vendas da Ford nos centros urbanos de fato diminuíram de maneira acentuada, vendas também importantes em pequenas cidades e áreas rurais se mantiveram constantes ou aumentaram. E as quedas nas vendas urbanas eram só em parte por causa do boicote judaico. As condições gerais da economia e a declinante popularidade do Modelo T eram fatores igualmente fortes. Mas, no começo e no meio dos anos 1920, os dirigentes da Ford estavam convencidos de que o boicote liderado pelos judeus era em grande parte responsável.[30]

Os números precisos foram guardados pela hierarquia de vendas da Ford mesmo quando os gerentes de vendas regionais e vendedores imploravam sem parar pelo fim da campanha. Por exemplo, o gerente de vendas de Nova York, Gaston Plaintiff, amigo pessoal de Ford, escreveu inúmeras cartas lamentando o boicote. Ford costumava responder: "Se eles quiserem nosso produto, vão comprá-lo".[31]

Em 1927, o advento de um Chevrolet competitivo fez que o boicote judaico se tornasse uma desvantagem inaceitável para a Ford Motor Company. Qualquer perda de lealdade ao produto agora seria ganha pela concorrência. O Modelo T era obsoleto e o futuro da empresa estava precariamente baseado no novo Modelo A. Ao mesmo tempo, Ford procurava desesperadamente evitar humilhantes julgamentos públicos por causa dos processos contra ele movidos por judeus.[32]

No verão de 1927, os representantes de Ford aproximaram-se de Nathan Perlman, vice-presidente do Congresso Judaico Americano, buscando uma trégua. Stephen Wise estava na Europa, então Perlman os enviou para o Comitê. Louis Marshall preparou uma retratação embaraçosa com um pedido de desculpas para Ford assinar e publicar. Conselheiros próximos ao fabricante de carro avisaram que as desculpas humilhantes poderiam ser muito para o orgulho de Ford. Mas o líder global dos antissemitas havia aguentado boicotes, ações legais e desgaste político por muito tempo.[33] Era hora de ganhar dinheiro, assegurar o futuro e lutar contra a Chevrolet.

Em 7 de julho de 1927, no último ano do ultrapassado Modelo T, quando Ford reconheceu o declínio de quase meio milhão de carros vendidos, e enquanto se preparava para um grande esforço financeiro para introduzir seu novo Modelo A, o orgulhoso gladiador dos antissemitas divulgou na imprensa uma justificativa arrependida pedindo perdão pelo mal que fizera aos judeus e por enganar a humanidade.[34]

> Considerei a série de artigos relacionados aos judeus que foi publicada desde 1920 no *The Dearborn Independent* [...] e em

> panfletos sob o título "O judeu internacional" [...] Para minha grande tristeza, descobri que judeus em geral, e principalmente os deste país, não só se ressentem dessas publicações como promotoras do antissemitismo, mas me veem como inimigo [...] estou profundamente mortificado [...] considero meu dever como homem honrado fazer emendas aos erros cometidos aos judeus como companheiros e irmãos, pedindo perdão pelo mal que, sem intenção, cometi, afirmando que são mentirosas as ofensas praticadas por essas publicações e garantindo que, de agora em diante, eles podem ter certeza de minha amizade e boa vontade.[35]

Em poucas semanas, a retratação apareceu no próprio *The Dearborn Independent*. Pouco depois, as agências de publicidade de Ford foram instruídas a gastar quase 12% do 1,3 milhão de dólares do orçamento publicitário do modelo A em jornais em iídiche anglo-judaicos – a única imprensa minoritária incluída na campanha. Ford também mandou que cinco caminhões de "O judeu internacional" fossem queimados e ordenou que editoras estrangeiras também parassem de publicá-lo.[36]

A capitulação de Ford não foi bem aceita nos círculos nazistas na Alemanha. O organizador do boicote nazista, Theodor Fritsch, escreveu para Ford lamentando a perda tanto das vendas dos livros quanto do "inestimável bem mental" que Ford havia concedido à civilização. "A publicação desse livro vai permanecer como a ação mais importante de sua vida." Mas agora, como coloca Fritsch, Ford estava cedendo ao poder financeiro dos judeus.[37]

Ao ser informado da retratação, Adolf Hitler tentou evitar comentários. Henry Ford era o homem que o Partido Nazista e o próprio *Führer* haviam idealizado como o quintessencial lutador contra a chamada conspiração econômica judaica. Hitler já havia dito a jornalistas na Alemanha que "a luta dos financistas judeus internacionais contra Ford [...] só fortaleceu a simpatia [dos nazistas] em relação [...] a Ford". Em *Mein Kampf*, Hitler havia declarado que "somente um único grande homem, Ford", foi capaz de enfrentar o poder econômico judeu.[38]

A inesperada rendição de Ford foi uma derrota tão forte para o movimento de Hitler que os nazistas preferiram ignorar a retratação como uma mera conveniência. Fritsch continuou imprimindo "O judeu internacional". Entretanto, o tributo a Ford em *Mein Kampf* foi alterado em sua segunda edição. As palavras "somente um único grande homem, Ford" foram trocadas pela frase "somente uns poucos".[39]

Uma lição havia sido aprendida por Hitler e os nazistas. Os boicotes e as influências econômicas dos judeus, na visão nazista, tinham força não só para subverter governos, mas para silenciar os desafiadores mais indomáveis.

O candidato presidencial Norman Thomas declarou: "A retratação de Ford foi uma boa evidência do que um boicote de consumidores e um processo de difamação de um milhão de dólares podem fazer para educar um homem que havia sido, até este momento, impermeável à história". No editorial do *The New York Telegram*: "Se um dos homens mais ricos do mundo não consegue enfrentar o movimento antissemita neste país, ninguém mais terá coragem para tentar, e por isso todos devem agradecer, gentios e judeus". Mas talvez o resumo mais comovente fora feito por Will Rogers: "Ford costumava ter ódio do povo judeu – até vê-los andando em Chevrolets".[40]

* * *

Os judeus também acreditavam no poder do boicote. Pouco importava se o poder real do boicote era o ataque estatístico a empresas ou simplesmente a *percepção* disso. O boicote era uma arma que os judeus estavam prontos e dispostos a usar em emergências para dissuadir as forças do antissemitismo.

O boicote anti-Ford foi somente uma discussão comercial se comparado à guerra financeira internacional travada contra o czar russo Nicolau II pelo banqueiro judeu Jacob Schiff e o Comitê Judaico Americano. A guerra começou quando o judeus foram responsabilizados pelo caos social e econômico da Rússia na década de 1880. O clássico cenário de bode expiatório foi desenvolvido. Cotas para judeus foram decretadas no meio acadêmico e no comércio. Os judeus eram fisicamente restritos às menores aldeias. *Pogroms* sangrentos seguiram-se com cossacos montados varrendo as aldeias, pilhando e saqueando judeus indefesos.[41]

Embora os judeus alemães dos Estados Unidos detestassem os sujos judeus russos, eles ficaram, mesmo assim, furiosos pela barbaridade da perseguição do czar. Entre os *Hofjuden* que se consideravam os responsáveis pela defesa dos judeus, Jacob Schiff apareceu como uma figura central. Um fator principal nas finanças internacionais, a maior arma de Schiff era o dinheiro: dando e negando. Depois do notório *pogrom* de Kishinev na Páscoa de 1903, Schiff decidiu liderar pessoalmente uma cruzada para forçar o czar Nicolau a abandonar sua campanha antissemita.[42]

Schiff usou sua influência com amigos e familiares na Europa para comprometer grandes empresas financeiras judaicas e até não judaicas em um boicote bancário contra a Rússia.[43] E, pouco tempo depois, os pedidos de empréstimo da Rússia eram sistematicamente negados na maioria dos mercados financeiros da França, Inglaterra e dos Estados Unidos. Em 1904, após o início da guerra entre Rússia e Japão, Schiff fez um tremendo *lobby* entre adversários comerciais e sócios para garantir empréstimos de alto risco para os japoneses. Quase 100 milhões de dólares, injetados de modo repentino, armaram os subequipados japoneses, permitindo-lhes vencer uma série de humilhantes vitórias.[44] Os empréstimos de Schiff foram oficialmente reconhecidos como o fator essencial na vitória japonesa, e o líder judeu foi celebrado nos jornais japoneses e nos livros de história como um novo herói nacional.[45]

O boicote bancário e o financiamento da vitória japonesa foram somente os primeiros *rounds*. Em 1906, Schiff e outros influentes *Hofjuden* formaram o Comitê Judaico Americano. O primeiro grande objetivo era a revogação do tratado comercial russo-americano, a base legal de todas as relações de amizade com a Rússia. O Comitê afirmou que a negação por parte do czar de vistos para cidadãos judeus americanos era uma afronta não só a estes, mas aos próprios Estados Unidos.[46]

Apesar de William Taft ter feito a promessa de revogação durante a campanha presidencial, ele se recusou a honrar sua promessa depois de eleito. Durante um almoço na Casa Branca para os líderes do Comitê, em fevereiro de 1911, quando Taft apresentou sua recusa final para a revogação, Schiff avisou: "Esperávamos que o senhor fizesse justiça em nosso nome. O senhor decidiu pelo contrário. Agora vamos apelar ao povo americano". Schiff saiu da sala, recusando-se até mesmo a apertar a mão do presidente. Na saída, Schiff sussurrou aos outros líderes do Comitê: "Isso significa guerra!".[47]

Convocando amigos e recursos, o Comitê começou um amplo apelo público para que o Congresso forçasse o presidente a cortar as relações comerciais com a Rússia. Em poucas semanas, foram preparadas resoluções de revogação – aprovadas pessoalmente pelo Comitê – para a Câmara e o Senado. Em 13 de dezembro de 1911, depois que a Câmara votou por 300 a 1 a favor da revogação, Taft capitulou e dois dias depois apresentou instruções para pôr um fim ao tratado.[48]

Apesar da revogação, o czar não cedeu. Os massacres continuaram e aumentou o número de judeus mortos. Por isso, o boicote bancário ficou mais rigoroso. Contudo, seus efeitos tornaram-se ainda mais destrutivos durante a Primeira Guerra Mundial, quando o czar precisava de empréstimos militares multimilionários. Os membros do Comitê foram muito criticados pela insistente continuação do boicote, mesmo quando ele ameaçava o esforço de guerra dos Aliados. Mas o boicote permaneceu até que a monarquia foi derrubada em 1917.[49]

Durante quase quinze anos de boicote anticzar e contragolpes, as ameaças de retaliação contra o judaísmo russo nunca impediram os homens do Comitê. E, na verdade, durante a cruzada anticzar, milhares de vidas russas *foram* perdidas e mais centenas de milhares foram devastadas em *pogroms*. Mas o Comitê considerou que os absurdos antissemitas de um regime poderiam se espalhar infecciosamente se não fossem contidos.

Jacob Schiff citou o assunto em um telegrama de 1905 ao primeiro-ministro russo, conde Sergei Witte:

> NÃO HÁ DÚVIDAS [...] AS AUTORIDADES LOCAIS, VENDO O FIM PRÓXIMO DO VELHO REGIME [...] EM SUA FÚRIA [...], INSTIGARAM A POPULAÇÃO CONTRA OS JUDEUS [...] O JUDAÍSMO EM GERAL TERÁ PELO MENOS ESTE CONSOLO: QUE OS ATUAIS SOFRIMENTOS HORRÍVEIS DE SEUS CORRELIGIONÁRIOS NÃO SERÃO INÚTEIS, NEM O SANGUE DERRAMADO TERÁ SIDO EM VÃO.

Um ano depois, o presidente Theodore Roosevelt alertou Schiff de que os protestos dos Estados Unidos contra *pogroms* só poderiam provocar mais prejuízos a um czar indignado. Schiff ignorou o aviso e determinou que tais ações genocidas não poderiam passar sem protestos.[50]

E, no começo de 1911, Schiff reconheceu, em uma carta para Taft, que, como resultado da "ação de nossa parte, *pogroms* e massacres de judeus russos, tais como os que chocaram o mundo em 1905, poderiam se repetir". Mas ele garantiu ao presidente que a comunidade judaica no mundo e até mesmo os judeus russos sabiam que tais riscos eram inevitáveis. A responsabilidade de represálias sangrentas seriam colocadas "sobre nossos ombros", disse Schiff. Ele acrescentou: "Foi reconhecido por nossos correligionários que, em tal situação, como na guerra, cada homem, independentemente de sua posição, deve estar pronto para sofrer e se necessário sacrificar a própria vida".[51]

A arte do confronto político e econômico – público e privado – era, portanto, uma tradição testada e aprovada pelo Comitê Judaico Americano. Em 1929, o presidente do Comitê, Cyrus Adler, escreveu uma biografia autorizada do grande guerreiro econômico dos judeus, intitulada *Jacob H. Schiff, his life and letters* [*Jacob H. Schiff, sua vida e suas cartas*]. O livro detalhava a tradição de Schiff e do Comitê de implacável retaliação econômica e política – independentemente dos riscos de curto prazo – contra aqueles que ameaçassem os direitos judeus. O prefácio do livro ansiava que essas histórias de defesa incondicional dos judeus "provassem ter algum valor para guiar e inspirar outros".[52]

Por três décadas e meia antes da ascensão de Hitler ao poder em 1933, os judeus dos Estados Unidos estiveram ativamente engajados em boicotes internacionais e domésticos para lutar contra o antissemitismo. Eles usaram armas de contragolpe para encher jornais e audiências oficiais com truculentas verdades sobre a opressão judaica. Os judeus americanos poderiam levar a opinião pública e funcionários do governo à ação. Eles tinham esse poder e o usavam continuamente.

Exercer esse poder inspirou histórias de conspiração. E por isso os líderes judeus sempre relutaram. Mas quais opções eles tinham? Depois da expulsão de Israel no século II, o judaísmo tornou-se uma religião sem Estado e, portanto, sem exército.

As legiões papais conseguiam destruir rebeliões. Os cruzados conseguiam invadir terras. Exércitos islâmicos conseguiam conquistar e converter. Para sobreviver, os judeus só podiam usar o que tinham. E o que eles tinham era o que lhes permitiam ter. Por séculos, proibidos de possuir terras, de ter profissões, de entrar no exército, os judeus foram forçados a lidar com dinheiro, com comércio, com intermediários, com barganhas, com influência, com as profissões móveis. E assim os judeus lutaram contra o fogo, não com mais fogo, mas com dinheiro, com a mídia, com acesso a altas posições, não em alguma conspiração imaginária para dominar o mundo, mas em um esforço constante para ficar um passo adiante da espada, da forca e da fogueira.

Porém, os líderes judeus mais preparados no uso do boicote e do contragolpe, em 1933, se recusaram, em parte porque o inimigo era agora a Alemanha, pátria do Comitê. Agora era o sangue de judeus alemães que seria derramado – não de judeus russos. Agora eram seus tios e amigos de longa data cuja vida seria objeto de represália em qualquer guerra por direitos judeus.

Aqueles que sabiam como usar as armas judaicas também se recusariam, porque uma tática completamente nova seria usada para moldar o destino judaico. A Palestina seria a nova solução. Portanto, a questão agora era se eles deveriam usar ou não a arma que os judeus tinham, a única que sabiam usar: boicote e protesto.

E a única arma que os judeus tinham era a única arma que Hitler temia.

4

A DECISÃO SOLITÁRIA

Pela doutrina nazista e sua fachada de autoconfiança, o Nacional Socialismo não deveria ter se preocupado com os protestos dos judeus de Nova York, com suas resoluções e cartazes condenatórios em 23 de março. Há algum tempo, Adolf Hitler havia declarado que os nazistas nunca negociariam com os judeus – suas opiniões, suas exigências, a fúria deles nada significavam no programa para o destino da Alemanha.[1] Em 23 de março, o Reichstag deu a Hitler poderes ditatoriais legais. Era o momento do triunfo há muito esperado pelos nazistas. Mas, na verdade, 23 de março de 1933 foi um dia que ameaçou o Terceiro Reich.

Os Judeus Veteranos de Guerra estavam organizando um boicote com a entusiasmada aprovação de uma ampla gama de grupos políticos e sociais. O dr. Stephen Wise lideraria um dia internacional de protestos antialemães no dia 27 de março. Milhares protestariam no Madison Square Garden. Atos de apoio aconteceriam simultaneamente em outras oitenta cidades americanas. E a manifestação em Nova York seria transmitida para todos os Estados Unidos.[2]

Os círculos judeus europeus transmitiriam o ato de Nova York para a própria Alemanha a partir de estações nos países vizinhos: Polônia, Áustria e Tchecoslováquia. O inglês era bastante falado entre as famílias alemãs que viviam do comércio e existiam mais de 5 milhões de aparelhos de rádio no país – aproximadamente um em cada quatro residências alemãs.

Em Varsóvia, uma coalizão de organizações políticas, comerciais e religiosas debatia se toda a Polônia deveria seguir os judeus de Vilna e os Judeus Veteranos de Guerra americanos. A deliberação final da Polônia sobre a questão do boicote foi adiada para coincidir com o ato do Madison Square Garden. Movimentos de boicote também aumentavam na Lituânia, França, Holanda, Grã-Bretanha e no Egito.[3]

Os primeiros resultados começavam a aparecer. As linhas de barco a vapor alemãs em Nova York, que eram valiosas fontes de moeda estrangeira, informaram um aumento no número de cancelamentos de reservas. Um navio alemão, o *Europa*, perdeu 25 passageiros pouco antes de partir; todos se transferiram para o americano *Manhattan*, alegando descontentamento com o regime de Hitler. Os sindicalistas britânicos e os líderes do Partido Trabalhista começaram a colocar cartazes de BOICOTE OS PRODUTOS ALEMÃES por Londres inteira, sobretudo no East End. Os donos judeus de uma empresa cancelaram pedidos de produtos alemães na ordem de 14 mil libras e refizeram o pedido, de forma pública, para fornecedores americanos.[4]

Quando os primeiros ecos do boicote antinazista foram ouvidos na Alemanha, Adolf Hitler tentava enfatizar o desejo da Alemanha de manter tranquilas as relações comerciais. Em um grande discurso no Reichstag, naquele 23 de março, depois de receber poderes ditatoriais, o *Führer* declarou: "Precisamos de contato com o mundo exterior, e nossos mercados estrangeiros devem fornecer o sustento para milhões de nossos cidadãos". O governo alemão seguiu o discurso de Hitler com um apelo imediato para correspondentes estrangeiros cujos jornais publicavam atividades pró-boicote. Se o boicote econômico contra a Alemanha fosse executado, "como está sendo agitado por certos círculos americanos", dizia a declaração do Terceiro Reich, como "a questão das dívidas privadas seria resolvida de forma adequada?".[5]

No dia seguinte, 24 de março, os líderes do Terceiro Reich perceberam que a agitação pelo boicote estava acelerando, principalmente na Grã-Bretanha. Cartazes proclamando BOICOTE OS PRODUTOS ALEMÃES espalhavam-se por toda Londres, e agora estavam nas janelas das lojas mais exclusivas do West End. Automóveis exibindo cartazes cruzavam devagar os distritos comerciais alertando os consumidores. Por toda parte, cartazes em lojas avisavam os vendedores alemães de que eles não eram bem-vindos. O arcebispo de

Liverpool havia pedido aos católicos britânicos que aderissem ao protesto. O *Daily Herald* de Londres publicou uma entrevista com um proeminente líder judeu que admitiu: "Os líderes [judeus] estão recuando", mas os judeus estão "forçando seus líderes a seguir em frente". O boicote já havia dado prejuízo de "centenas de milhares de libras ao comércio alemão".[6]

O volume de produtos alemães vendidos no exterior já estava perigosamente baixo. A Alemanha simplesmente não poderia suportar mais nenhuma redução nas exportações.[7] Em 24 de março, Berlim já havia recebido despachos consulares suficientes para ter uma visão clara da situação. O boicote rudimentar tinha virado uma bola de neve, aparentemente criando um clímax que seria globalmente proclamado pelo dr. Stephen Wise. A liderança nazista reagia com paranoia e militância. Hermann Goering, ministro prussiano do interior e presidente do Reichstag, mandou chamar os chefes das três maiores organizações judaicas da Alemanha: Julius Brodnitz, presidente da Central Verein; dr. Max Naumann, da ferozmente patriótica União de Judeus Alemães Nacionais; e Heinrich Stahl, presidente da Comunidade Judaica de Berlim. Eles deveriam comparecer ao escritório de Goering no dia seguinte, 25 de março, sábado, ao meio-dia.[8]

Os sionistas não foram convidados. Goering desprezava os sionistas, assim como a maioria dos nazistas. Na verdade, os nacional-socialistas esperavam usar o sionismo para livrar a Alemanha – e toda a Europa – de seus judeus. Mas também desconfiavam deles, por acharem que o sionismo era uma das três cabeças do judaísmo internacional. De acordo com os filósofos nazistas, o capitalismo e o bolchevismo eram criações da chamada conspiração judaica. Essa lógica distorcida acusava os judeus de usar os dois métodos para derrubar governos em sua luta pelo domínio mundial. O sionismo, na visão nazista, era o objetivo final dos esforços internacionais dos judeus.[9] Além disso, os nazistas sabiam que o movimento sionista alemão não representava o judaísmo no país. Os próprios grupos sionistas estimavam sua força em apenas 1% ou 2% dos judeus do país.[10] O conceito sionista era um anátema para a grande maioria dos judeus-alemães, que se considerava assimilada, alemães leais. O sionismo era igualmente repugnante para judeus alemães ortodoxos, que rechaçavam a soberania judaica na Terra Santa por motivos religiosos (por exemplo, somente o Messias poderia reinstalar o Reino dos

Judeus). Em 1933, então, o sionismo na Alemanha era um mero movimento marginal entre os judeus.

Apesar de não ter sido convidada, a Federação Sionista Alemã (ZVfD) soube do encontro apenas poucas horas antes da reunião. O representante da ZVfD, Martin Rosenbluth, e o presidente da Federação, Kurt Blumenfeld, ficaram perplexos com o objetivo da reunião, mas ambos concluíram que o sionismo alemão deveria estar presente. Depois de frenéticos telefonemas, um contato do Terceiro Reich conseguiu acrescentar o nome de Blumenfeld na lista de convidados.[11]

Por volta do meio-dia, os dois sionistas entraram na antessala do escritório particular de Goering. Os outros três líderes judeus se surpreenderam ao vê-los. Brodnitz, da Central Verein, tentou ser cordial e conversar. Mas o antissionista Naumann, da União de Judeus Alemães Nacionais, atacou violentamente Rosenbluth. Por que os sionistas deveriam ter direito de participar de uma reunião entre o governo e "os legítimos representantes dos judeus alemães"?, exigia Naumann. Rosenbluth reagiu com sua própria retórica mordaz, e em instantes os dois líderes trocavam acusações. A luta verbal só terminou quando um auxiliar uniformizado de Goering entrou na sala.[12]

Hermann Goering estava pronto para vê-los, anunciou o auxiliar, se eles o seguissem. Todos os cinco líderes judeus entraram no escritório, mas o auxiliar barrou Rosenbluth, afirmando que Blumenfeld era o único sionista na lista oficial.[13]

Quando Naumann, Brodnitz, Stahl e Blumenfeld entraram no escritório do ministro, viram Goering de pé no meio da sala vestido com seu uniforme de Tropa de Assalto, deixando, assim, clara sua posição dual como ministro do governo e líder do Partido Nazista. No começo, o decoro foi respeitado. O auxiliar uniformizado apresentou formalmente cada líder judeu pelo nome e pela organização a qual pertencia. Mas as formalidades terminaram aí. Os homens não foram convidados a sentar.[14] Era evidente que, diferente das duas conferências anteriores, nas quais Goering se desculpou polidamente pela transgressões dos fanáticos nazistas, esse não seria um encontro amigável.

Goering imediatamente atacou os líderes judeus, acusando-os de responsáveis pelas manchetes maldosas e traiçoeiras de atrocidades na imprensa inglesa e americana. Tentando mostrar firmeza, os líderes judeus negaram qualquer conhecimento dos artigos nos jornais.[15] Goering estalou os dedos. O auxiliar uniformizado apareceu. Ele tinha sido instruído a juntar os recortes de jornal.

Assim que Goering os pegou, começou a lê-los em voz alta, ficando cada vez mais nervoso a cada parágrafo. Com um grito frenético, ele avisou: "A menos que vocês coloquem um fim nessas acusações caluniosas imediatamente, não serei mais capaz de responder pela segurança dos judeus alemães!".[16]

Os líderes judeus tentaram minimizar as notícias descritas nos jornais. Mas Goering não queria ouvir nenhuma explicação. Ele ordenou que fossem a Londres imediatamente para convencer os judeus britânicos e, a partir deles, os americanos, de que os judeus na Alemanha *não* estavam passando por maus-tratos físicos, que as histórias nos jornais eram mentiras desprezíveis.[17]

Goering, então, tratou de sua principal preocupação, o dia de protesto que se aproximava e o gigantesco ato no Madison Square Garden. Ele citou os perigos de tal ato para a posição da Alemanha. Com uma seriedade profunda, deu aos líderes judeus uma primeira diretiva: "A coisa mais importante é que vocês tenham certeza de que o ato convocado em Nova York pelo dr. Stephen S. Wise seja cancelado. Esse encontro não pode acontecer. O dr. Wise é um de nossos inimigos mais perigosos e inescrupulosos".[18]

Desesperados para repudiar qualquer suposta influência sobre as ações dos judeus na Grã-Bretanha ou nos Estados Unidos, os três líderes judeus negaram que uma visita a Londres teria qualquer utilidade. Brodnitz garantiu a Goering que a Central Verein não mantinha nenhuma conexão com organizações judaicas estrangeiras.[19] Brodnitz não ousou mencionar que o vice-presidente da Central Verein, Ernest Wallach, já estava nos Estados Unidos tentando dissuadir o Congresso. Era importante para os líderes judeus negar explicitamente qualquer relação com os judeus em outros países – mesmo que fosse somente para refutar as acusações nazistas de uma conspiração judaica internacional.

Mas, então, Blumenfeld deu um passo à frente em nome dos sionistas, declarando que a Federação Sionista Alemã era a única capaz de se reunir com líderes judaicos de outros países, uma vez que os sionistas alemães eram afiliados a uma organização mundial.[20] Depois de pronunciadas, essas palavras mudaram para sempre a relação entre os nazistas e os sionistas. De repente, ficou claro que o grupo judeu que o Terceiro Reich havia ignorado era, na verdade, aquele com o qual deveria ter negociado para combater a presença judaica na Alemanha. Afinal, tanto nazistas quanto sionistas concordavam que os judeus não deviam ficar na Alemanha.

Blumenfeld rapidamente acrescentou que, mesmo que um representante sionista viajasse para Londres, não havia nenhuma chance de exercer qualquer influência sobre o judaísmo americano ou britânico, a menos que os sionistas tivessem a permissão de contar a "verdade completa".[21] Goering explodiu, gritando: "O que há para contar? Você sabe perfeitamente que não houve nenhuma mudança na situação dos judeus e que nada prejudicial aconteceu com eles". Naumann contradisse corajosamente os gritos de Goering, declarando que este "não devia estar muito bem informado" se não estava ciente da mudança radical na segurança física dos judeus na Alemanha. Naumann recitou, com ousadia, vários casos de violência contra judeus, indo de maus-tratos a espancamentos violentos e mortes. Apresentou, então, um recorte que havia trazido de um jornal nazista, incluindo uma fotografia de judeus sendo forçados a lavarem as ruas de Chemnitz. A postura de Goering modificou-se abruptamente com os recortes de jornal. Ele olhou para as provas quase com embaraço. Então, em uma mudança radical, Goering declarou que não objetava que os fatos fossem contados às organizações americanas e britânicas, contanto que essas organizações judaicas estrangeiras parassem imediatamente com essa "perversa propaganda de atrocidades".[22] Cansado da reunião, Goering afirmou que não importava quem fosse a Londres – mas que uma delegação deixasse Berlim no dia seguinte.

Cada uma das quatro organizações judaicas tentou cumprir imediatamente sua obrigação da melhor forma possível. Brodnitz, Naumann e Stahl imploraram a seus amigos e associados que enchessem os órgãos governamentais americanos e britânicos, além das organizações judaicas, com todos os tipos de negações e isenção de responsabilidade. Médicos, advogados, professores, banqueiros, jornalistas conhecidos e seus jornais, organizações profissionais e cívicas de todas as categorias – todas elas tentaram por telegrama, telefone e carta convencer as organizações judaicas a cancelarem o ato do Madison Square Garden.[23]

CHOCADO COM AS GRAVES MÁS INTERPRETAÇÕES DE RECENTES EVENTOS ALEMÃES PONTO A NÃO SER POUCAS MOLESTAÇÕES POR INDIVÍDUOS VIOLENTOS NENHUM MAL FEITO A JUDEUS PONTO TUDO CONTINUA CALMO NOS NEGÓCIOS E ESCRITÓRIOS PONTO NENHUM JORNAL JUDEU IMPORTANTE

SUPRIMIDO PONTO ALEMANHA ESTÁ EM UMA POSIÇÃO BOA PONTO DISCIPLINA RESTRITA MANTIDA ASSINADO AMERIKA INSTITUT BERLIM.[24]

PODEMOS GARANTIR QUE QUALQUER RUMOR ALARMANTE COM RELAÇÃO A DISTÚRBIOS E ATOS DE VIOLÊNCIA É EXTREMAMENTE EXAGERADO PONTO [...] NENHUM ATO ORGANIZADO DESSE TIPO ACONTECEU PONTO [...] SERENIDADE NO EXTERIOR AJUDARIA A MANTER A NORMALIDADE POLÍTICA E AS CONDIÇÕES ECONÔMICAS ASSINADO CÂMARA DE COMÉRCIO ALEMÃ-AMERICANA HAMBURGO[25]

O vice-presidente da Central Verein, Ernest Wallach, já estava viajando pelos Estados Unidos (aparentemente a negócios) para ajudar a conter a vontade de protestar dos judeus americanos. Depois de ouvir a ordem de Goering, ele também telegrafou para Stephen Wise, pedindo que, se o ato não pudesse ser cancelado, pelo menos Wise se dirigisse aos oradores para "diminuir os ataques emocionais contra a Alemanha".[26]

Os protestos de judeus alemães eram tentativas transparentes de suavizar os ameaçadores nazistas, que acreditavam que o judaísmo alemão orquestrava o movimento internacional anti-Hitler. Era previsível a negação oficial da Central Verein, dirigida sobretudo aos judeus americanos. Alegando que as histórias na mídia de antissemitismo na Alemanha eram "distorções indesculpáveis", a Central Verein exigia que a imprensa estrangeira e os grupos judaicos deixassem a política interna do Terceiro Reich para o Terceiro Reich.[27]

No entanto, milhares de informes boca a boca, cartas corajosas – algumas eram meros pedaços de papel contrabandeados para fora da Alemanha –, argumentavam a favor da verdade. Uma eloquente mensagem entregue ao rabino Wise dizia simplesmente: "Não acredite nas negações. Nem nas dos judeus".[28]

"Lamentavelmente pouco convincente", declarou o presidente do Congresso Judaico Americano, Bernard Deutsch, em uma reação pública à declaração da Central Verein. "A negação não nega, como seria mesmo fútil negar diante de evidências avassaladoras [...] as histórias de perseguição e horror que milhares estão contando."[29]

O rabino Wise também não se deixou intimidar pelos protestos dos judeus alemães sob coação. "Não temos nada contra nossos irmãos judeus na

Alemanha e seus líderes", declarou Wise, "mas a política deles de assentir sem reclamar e de silêncio supercauteloso só alimenta o mal."[30]

Quando, em 1932, a ascensão dos nazistas ao poder tornou-se uma possibilidade clara, Stephen Wise reuniu líderes judaicos de várias nações em Genebra, na Suíça, para uma Conferência Judaica Mundial – a primeira do tipo. O objetivo era ser o primeiro passo na formação de um Congresso Judaico Mundial para lidar com o bem-estar dos judeus fora da Palestina. Dessa forma, seria uma contraponto à Organização Sionista, que estava basicamente preocupada com os judeus que emigravam e prosperavam na Palestina. Mas os líderes judeus alemães, na Alemanha e nos Estados Unidos, se recusaram a cooperar com as advertências de Wise de que a Alemanha deveria evitar a ascensão de Hitler. A liderança da Central Verein, apoiada pelo Comitê Judaico Americano, insistia que Hitler não era uma ameaça real ao judaísmo alemão, e exigia que os grupos judaicos estrangeiros não se metessem nos assuntos internos da Alemanha.[31]

Agora que a hora do protesto se aproximava, somente um homem tinha o poder de parar o ato – o rabino Stephen S. Wise. Mas ele estava decidido. Quando o Comitê percebeu que não poderiam realmente parar o ato, tentaram convencer oradores conhecidos a cancelar suas participações. O governador de Nova York, Herbert Lehman, cujo irmão mais velho era o vice-presidente do Comitê, foi persuadido a participar de outro compromisso em Albany. O prefeito de Nova York, John O'Brien, um conhecido apoiador do boicote dos Judeus Veteranos de Guerra, quase foi dissuadido de aparecer no Madison Square Garden.[32]

Quando argumentos simples fracassaram, o Comitê recorreu aos ataques pessoais contra o próprio Wise. O distinto rabino William Rosenau, de Baltimore, amigo de longa data do rabino Wise, cortou relações com Wise quando tentou afastar as pessoas do ato ao dizer: "O dr. Wise matará os judeus da Alemanha". Wise escreveu a seu amigo: "Você espalhou um falso testemunho contra um homem, um colega e um amigo. Nunca mais poderei trocar uma palavra com você ou vê-lo novamente. Homens como você são responsáveis, em parte, pelo que está acontecendo na Alemanha. Se conselhos de oportunidade e timidez como o seu não tivessem prevalecido na vida judaica dentro da Alemanha durante os últimos dez anos, esse grande desastre poderia ter sido evitado".[33]

A pressão de última hora sobre o rabino Wise continuou durante o domingo. O secretário de Estado, Cordell Hull tentou levar Wise a adiar o ato com falsos informes de melhorias. Em 26 de março, Hull enviou um telegrama para os presidentes dos Três Grandes fingindo mostrar ações do Departamento de Estado. O telegrama de Hull, que foi divulgado para a imprensa, começava:

> Vocês se lembrarão [...] informei-lhes que, em vista de numerosas declarações na imprensa indicando maus-tratos generalizados aos judeus na Alemanha, solicitei à Embaixada Americana em Berlim [...] que investigasse a situação e apresentasse um relatório. Uma resposta indica, "que enquanto houve, durante um curto período, consideráveis maus-tratos físicos a judeus, essa fase pode ser considerada praticamente encerrada".[34]

Na verdade, nenhuma investigação foi feita. Nenhum relatório verdadeiro foi apresentado. Depois que Wise levou o Departamento de Estado a anunciar uma investigação em 21 de março, Hull enviou um telegrama ao *chargé d'affaires* americano, George Gordon, em Berlim, afirmando: "Estamos sob forte pressão para fazer representações em nome deles [dos judeus] perante o governo alemão". Hull acrescentou que ele não queria fazer tais protestos, mas, se alguma declaração pacificadora pudesse ser enviada à imprensa, isso ajudaria a cancelar "o monstruoso ato de massa" que Wise tinha marcado para 27 de março.[35]

Poucas horas depois de receber o telegrama em 25 de março, Gordon ditou uma resposta a Hull, sugerindo que algumas poucas sentenças fora de contexto de um telegrama anterior fossem usadas como o "cerne" do chamado relatório de Hull. A sentença a ser extraída referia-se às garantias oficiais do Terceiro Reich de que a violência contra os judeus acabaria logo. Mais tarde, em seu telegrama de 25 de março, Gordon relatou a Hull a situação real: que as expulsões de judeus da vida profissional eram iminentes, que as negações nazistas de violência antissemita eram "absurdas" e que os grupos judeus alemães divulgando negações públicas de violência antissemita estavam provavelmente sob coação. Ainda assim, Gordon sugeriu que Hull usasse as negações coagidas dos judeus junto com as vazias garantias alemãs para pintar um quadro falso de melhorias.[36]

No entanto, depois da recepção do telegrama de Hull, Wise e Bernard Deutsch enviaram uma rejeição diplomática dessas garantias inacreditáveis. "Em nome do Congresso Judaico Americano, desejamos agradecer ao pontual informe sobre a situação na Alemanha, o que confirma nossos medos."[37]

Naquele fim de semana, a embaixada alemã em Washington telefonou para o dr. Wise várias vezes, garantindo que, se o ato fosse adiado, a situação dos judeus na Alemanha melhoraria. Mas Wise não retrocedeu.[38]

Finalmente, depois que o Comitê Judaico Alemão, o Departamento de Estado e o governo da Alemanha fracassaram em dissuadir Wise, os sionistas tentaram. Stephen Wise era uma pedra angular do movimento sionista americano. Então, quando os sionistas alemães, que Goering tinha enviado para Londres, ligaram para Wise como havia sido instruído, foi difícil negar o pedido deles.[39] Mas o próprio fato de que as autoridades sionistas estivessem pedindo que ele abandonasse o protesto abalou Wise profundamente.

As pressões e os protestos públicos eram comuns para o rabino Wise. Ele tinha vivido em meio a conflitos por décadas. Nascido em Budapeste em 1874, mas trazido logo depois para os Estados Unidos, Wise cresceu em Nova York, onde seu pai, Aaron, era rabino em uma sinagoga local. Na adolescência, Stephen começou seus estudos rabínicos. Aos dezenove anos, com estudos de pós-graduação em Oxford, ele foi ordenado pelo rabino-chefe de Viena. Pouco depois, Wise aceitou sua primeira congregação em Nova York. Em 1897, Wise e outros líderes judeus criaram a Federação de Sionistas Americanos. No ano seguinte, Wise foi indicado como secretário americano do movimento sionista mundial. Na época, o sionismo era somente um sonho na imaginação de alguns poucos judeus determinados. Era visto com indignação na maior parte do mundo judaico e com suspeitas pelos cristãos. Defender o movimento transformou-se em um tarefa diária.[40]

Em 1900, Wise tornou-se o rabino de uma congregação em Portland. Ele logo se envolveu com movimentos reformistas da virada do século, incluindo trabalho infantil, sufrágio feminino e direitos dos negros. O governador do Oregon até o nomeou comissário para Trabalho Infantil.[41]

Em 1906, o rabino Wise voltou a Nova York, onde milhares de refugiados judeus da Rússia, Polônia e Romênia buscavam abrigo. Ele desprezou uma oportunidade de servir no Templo Emanu-El, a sinagoga da moda entre os elitistas judeus alemães. Em vez disso, fundou a Free Synagogue [Sinagoga Livre], operando no Teatro Hudson, e mais tarde com uma filial no Lower East Side. A Free Synagogue estabeleceu uma Divisão de Serviço Social para ajudar os carentes e sem posses – independentemente da religião – para que permanecessem aquecidos, alimentados e pudessem estudar. As massas judaicas viam esse trabalho como uma cruzada social. Mais tarde, Wise juntou-se a seus colegas cristãos – o ministro John Haynes Holmes, Jane Addams e outros reformistas – para criar a Associação Nacional para o Avanço das Pessoas de Cor, que lutou pelos direitos e por oportunidades para os negros.[42]

Stephen Wise foi um lutador eloquente, combativo, determinado e geralmente com pretensões morais pelo povo, um homem que encontrou força interna e apoio externo quando lutava a favor dos oprimidos contra adversários poderosos. Antes de chegar aos trinta anos, seu rosto bonito e severo ficou famoso na cena política nacional. O presidente Woodrow Wilson tinha-o como um de seus principais apoiadores, e amizades com vários juízes da Suprema Corte davam-lhe acesso a praticamente qualquer porta em Washington. A proximidade de Wise com Woodrow Wilson e seus auxiliares fez do rabino um fator no apoio dos Estados Unidos à Declaração de Balfour, da Grã-Bretanha. Logo depois da Grande Guerra, Wise era um dos principais defensores da garantia aos direitos da minoria judaica, um dos principais apoiadores dos sindicatos mais importantes dos Estados Unidos e cofundador da União Americana de Liberdades Civis.[43]

Wise enfrentou a elite judaica também quando, no início dos anos 1920, organizou as massas judaicas no permanente Congresso Judaico Americano.[44]

Em meados dos anos 1920, ele apoiou sindicatos em duras lutas trabalhistas, incansável contra os conflitos e os exércitos privados. Lutou contra a Ku Klux Klan por todo o Norte e Sul, além de ter sido um líder no protesto contra a execução de Sacco e Vanzetti. Wise até despertou a ira de boa parte dos judeus americanos quando a imprensa distorceu um sermão em 1925 em que afirmava que Jesus era um judeu que os "cristãos negam como fato e os judeus negam como nome [...] um homem, não um mito, humano, não Deus, judeu, não cristão".[45]

Wise crescia sobre controvérsias e a dolorosa perseguição de suas crenças, sem se importar com a dureza das consequências. Era um homem que poderia cortar uma amizade de longa data por causa de um comentário vago ou se afastar de seus próprios seguidores antes de se retratar de uma declaração que acreditava como verdadeira. E estava acostumado a unir milhares de pessoas em terríveis batalhas, frequentemente violentas, para conseguir um princípio duradouro.

No entanto, quando se aproximava a hora do ato no Madison Square Garden, Stephen Wise ficou indeciso. Ele pesou os imperativos morais de se posicionar contra Hitler em relação ao risco de provocar os nazistas a ponto de lançarem um *pogrom* organizado que derramaria o sangue judeu em toda a Alemanha. Será que o ato faria alguma diferença? O protesto tinha avançado o suficiente ou estava apenas começando? Será que adiar não daria ao Terceiro Reich o tempo para respirar de que precisava para organizar a destruição dos judeus? Stephen S. Wise, que já tinha ficado sozinho em várias questões e lutado sozinho em várias batalhas, não poderia tomar sozinho essa decisão.

Em 27 de março, o rabino Wise ligou para o único homem nos Estados Unidos cuja opinião ele valorizava mais do que a sua própria – seu querido amigo, o juiz da Suprema Corte, Louis Brandeis. Tiveram uma rápida conversa, e Wise explicou ao amigo de modo simples. Faço ou não?, perguntou. Brandeis respondeu: "Vá em frente e faça o protesto da melhor forma possível". Wise desligou o telefone. Sua decisão agora era final.[46]

5

MADISON SQUARE

O ato só começou às 20h, mas, às 14h30 do dia 27 de março de 1933, as pessoas já esperavam do lado de fora do Madison Square Garden. Quando as portas se abriram, um fluxo de pessoas começou a entrar, e isso continuou por horas. Às 17h30, o trânsito piorou, pois milhares se dirigiam para o Madison Square. As pessoas amontoavam-se nas escadas do metrô. Seiscentos policiais formavam uma corrente de casacos azuis ao longo da faixa de pedestres só para permitir que os transeuntes tivessem passagem.[1]

De repente, no meio de muitos, vieram os sons distantes dos bumbos e pífanos que acrescentaram animação à cena. Os que estavam mais perto do Madison Square Garden provavelmente não conseguiam ver a formação se aproximando, mesmo com o barulho cada vez mais perto. Mas, então, de uma rua lateral, uma fanfarra apareceu, todos os veteranos de guerra marchando orgulhosos, com faixas denunciando o Terceiro Reich. O plano era que eles entrassem no Garden de forma dramática, mas, com as ruas apinhadas, a marcha não conseguia se mover. Contra as barreiras de policiais montados, os veteranos marcharam no mesmo lugar, esperando por uma abertura, as gaitas de foles e bumbos marcando a cadência da multidão.[2]

Inevitavelmente, as ruas tornaram-se caóticas com os participantes tentando forçar a entrada no Madison Square Garden. Mas os corredores, assentos e a entrada do local já estavam cheios.[3]

Quem estava fora recebeu ordens. As portas fecharam-se com 20 mil pessoas dentro. Mas a multidão do lado de fora exigia entrar, e a polícia começou a reagir. Oficiais superiores correram para acalmar o alvoroço. Alto-falantes foram montados às pressas para controlar cerca de 35 mil cidadãos ansiosos amontoados nas ruas ao redor do Garden. Pedidos feitos pela polícia e organizadores do protesto redirecionaram alguns desses milhares para um segundo ato em Columbus Circle, ali perto. Não foi suficiente. Outros atos foram montados depressa próximo a cruzamentos das redondezas. Nova York nunca havia visto nada igual.[4] Americanos de todas as crenças e descendências estavam unidos contra Adolf Hitler e queriam que seu país fizesse algo a respeito. Décadas depois, seriam acusados de apatia e inação. Mas, em 27 de março de 1933, os cidadãos dos Estados Unidos não estavam nada apáticos.

Cinquenta e cinco mil pessoas reuniram-se dentro e ao redor do Madison Square Garden. Nesse momento, atos de apoio aguardavam em Chicago, Washington, São Francisco, Houston e em outras setenta cidades americanas. Em cada ato, milhares se apinhavam ao redor dos alto-falantes esperando pelo evento no Garden, que seria transmitido ao vivo via rádio para outras duzentas cidades em todo o país. Pelo menos um milhão de judeus participavam nos Estados Unidos. Talvez outro milhão de americanos não judeus estivessem apoiando.[5]

Mais centenas de milhares aguardavam na Europa. O presidente do Congresso, Bernard Deutsch, havia enviado telegramas de última hora para os líderes dos protestos na Letônia, Tchecoslováquia e em outros lugares do continente europeu. Ativistas anti-Reich dos dois lados do Atlântico haviam concordado em suspender os protestos até receberem um sinal de Nova York. Quando o sinal verde foi recebido, os planos foram postos em prática. A Polônia foi um exemplo típico. Um dia nacional de jejum foi autorizado pelo rabinato. A Bolsa de Valores de Varsóvia fechou mais cedo. O governo polonês até publicou uma ordem que dissolvia uma grande parte dos hitleristas poloneses. Marchas e atos anti-Hitler foram autorizados, enquanto a polícia bania contramanifestações de simpatizantes nazistas.[6]

Dentro do Madison Square Garden, os oradores convidados estavam atrasados. As pessoas gritavam, batiam os pés, batiam nas cadeiras. O ruído era igual do lado de fora, onde os alto-falantes pediam ordem enquanto os organizadores do programa tentavam começar. Abruptamente, no meio do tumulto, quando parecia que a multidão não esperaria mais, um rabino ortodoxo de 80 anos, M. S. Margolies, aproximou-se e tocou no microfone. A audiência fez um súbito silêncio que se espalhou pelo lado de fora, com as pessoas se preparando para ouvir. O rabino Margolies cantou com voz lastimosa uma oração hebraica de força arrepiante, rogando a Deus em nome da humanidade para que as perseguições na Alemanha acabassem. O canto foi ouvido por todo o mundo.[7]

Entre os primeiros a falar estava Alfred E. Smith, ex-governador de Nova York e uma figura católica bastante popular. Em seu estilo simples, Smith declarou que, de todas as vezes que ele havia falado em público no Madison Square Garden, nenhum ato tinha dado maior satisfação, porque a oportunidade para se posicionar contra a intolerância era tanto um dever quando um direito. Ele admitiu que houvera uma grande pressão para impedi-lo de falar: "Recebi todos os tipos de telegramas [...] me falando que não havia motivo para este ato, que nada aconteceu [na Alemanha], que queríamos evitar a possibilidade de histeria em tempos como estes. Bem, tudo que posso falar é [...] precisamos arrastar isso para a luz do dia e dar o mesmo tratamento que demos à Ku Klux Klan [...] não faz nenhuma diferença para mim se é uma camisa parda ou uma camisa escura". Em aprovação, a multidão aplaudiu enquanto Smith usava seu vocabulário simples, jogos de palavras e sarcasmo para ridicularizar o *Führer* e suas Tropas de Assalto. Mas, antes de terminar, Smith tornou-se severo e, em tom sóbrio, alertou a nação alemã para não chegar a uma guerra bárbara contra os judeus.[8]

O bispo John J. Dunn, da Arquidiocese Católica de Nova York, por causa das garantias do Departamento de Estado e do Comitê Judaico Americano, não cumpriu sua promessa de aparecer. Mas outros clérigos, incluindo o bispo Francis T. McConnell, se recusaram a recuar. O bispo McConnell avisou: "As pessoas dizem: 'Por que não deixar a Alemanha cuidar dos próprios negócios?'. Meus amigos, essa é a forma mais rápida de levar o mundo a uma guerra novamente. Se não houver protestos contra coisas tão ultrapassadas como o movimento antissemita [...] [então] depois de um tempo [...] a situação se tornará intolerável e só nos restará recorrermos a força". Ele acrescentou que os atos e protestos antinazistas devem continuar, mesmo se as perseguições na Alemanha pararem temporariamente, até que os nazistas sejam derrubados do poder.[9]

Os aplausos e os assobios para as palavras do bispo McConnell foram seguidos por uma procissão de políticos e clérigos, cada um, da mesma forma, chamando seus seguidores à luta contra o hitlerismo. Depois, a multidão ouviu o grupo mais experiente em batalhas econômicas nos Estados Unidos – o sindicato.

William Green, presidente da American Federation of Labor, pediu o envolvimento ativo de 3 milhões de sindicalizados. "Venho aqui, esta noite, em nome dos trabalhadores", declarou Green, "protestar em nome deles contra as atrocidades [...] perpetradas contra a população judaica da Alemanha. Transmito aos [...] sindicatos alemães, às massas do povo, aos trabalhadores e ao povo judeu uma expressão de simpatia [...] Prometemos a eles nosso apoio moral e econômico [...] [para] fazer tudo em nosso poder" para pôr um fim "à campanha de perseguição contra o povo judeu na Alemanha".[10]

O envolvimento dos sindicatos poderia fazer que qualquer boicote fosse quase que totalmente eficiente, sobretudo se os portuários se recusassem a descarregar mercadorias alemãs nos portos. Portanto, as palavras de Green eram ameaças poderosas. "Não ficaremos passivos e despreocupados enquanto nossos parentes, nossas famílias e irmãos judeus de nossa grande organização são perseguidos e oprimidos", prometeu Green.[11]

Outras figuras eminentes continuaram a dominar o ato, inclusive o ministro John Haynes Holmes, o senador por Nova York Robert Wagner, o editor do *Der Tog*, Samuel Margoshes, Joseph Tenenbaum, do Congresso Judaico Americano, e Chaim Greenberg, dos Sionistas Trabalhistas. Muitos outros que queriam ir à reunião não conseguiram e mandaram telegramas: o porta-voz da Câmara dos Deputados, o governador de Illinois, um senador da Califórnia, o governador de Iowa, o líder da maioria no Senado, o governador do Oregon, muitas organizações cívicas, sociais, comerciais, trabalhistas, fraternais e religiosas. Todos condenavam o Terceiro Reich em linguagem explícita e expressaram solidariedade com o movimento para derrubar Hitler.[12]

A manifestação recebeu tanto apoio que milhares ignoraram o não comparecimento do Comitê Judaico Americano e da B'nai B'rith. Nem perceberam a falta de qualquer mensagem do único homem que a nação esperava que mostrasse simpatia – o presidente Roosevelt.

Então, com os espectadores preparados e ansiosos, o rabino Stephen S. Wise deu um passo à frente para a ovação mais estrondosa que já havia recebido. Depois de muitas tentativas, a multidão finalmente se aquietou e o dr. Wise começou. Ele surpreendeu muitos ao descartar algumas das técnicas dramáticas que com frequência empregava. A princípio, falou em tom conciliatório, com a esperança de se comunicar com as pessoas na Alemanha: "Não é com a amargura da raiva, mas com o [...] espírito da compaixão que falamos esta noite [...] Não somos contra a Alemanha [...] Somos amigos e acreditamos na Alemanha – a Alemanha é a mais alta, é a mais verdadeira, a nação alemã é a mais nobre".[13]

Os outros oradores haviam ameaçado e ridicularizado os nazistas. Wise mostrava a rota para se distanciar do conflito: o fim do antissemitismo. Ele deixou claro que mesmo aquela exigência não era uma tentativa de interferir nos assuntos internos da Alemanha, mas simplesmente uma insistência com relação aos direitos humanos fundamentais ou, como ele chamava, "os axiomas das civilizações". Ele estava calmo e firme.[14]

Mas em seguida começou a subir o tom. "Para aqueles líderes da Alemanha que declaram que a situação atual no país é um problema local, chamamos a atenção às palavras de Abraham Lincoln. Defensores da escravidão a defendiam afirmando que era uma questão *local*. A resposta de Lincoln era que a escravidão é local, mas a liberdade é *nacional*!" A multidão explodiu em aprovação emocionada. Wise continuou exigindo "o fim imediato das atividades e propaganda antissemitas, incluindo o fim da discriminação racial e da exclusão econômica dos judeus da vida da Alemanha. [...] os direitos humanos dos judeus devem ser salvaguardados [...] Independentemente de qual for a ameaça de represália, nenhuma dessas [exigências] pode ser retirada, alterada ou moderada".[15]

Virando-se para os líderes judeus na Alemanha e seus defensores nos Estados Unidos, Wise desqualificou seus argumentos para o fim dos protestos como "pânico e terror" daqueles que haviam fracassado na luta contra o nazismo antes de o PNSTA chegar ao poder. Ele prometeu que o protesto anti-Hitler aumentaria, mesmo se pseudomelhorias aparecessem: "Mesmo para salvaguardar a vida e os direitos humanos, não deve haver a substituição do *status* de servidão por violência. Tal substituição não nos satisfará" – a multidão interrompeu com gritos de encorajamento – "nem satisfará a consciência desperta da humanidade". A multidão marcava a fala de Wise: "Toda forma de discriminação econômica é uma forma de violência. Toda exclusão racial é violência.

Dizer que não haverá *pogroms* não é suficiente. Um *pogrom* econômico seco e sem sangue permanece sendo violência e força".[16] Acima dos aplausos, ele avisou o Terceiro Reich: "E se as coisas piorarem por causa do nosso protesto, se ocorrerem novas penalidades e novas represálias na Alemanha [...] então com humildade e tristeza nós abaixamos nossa cabeça na presença do trágico destino que nos ameaça". Mas: "Ouçam as palavras do grande estadista inglês: 'A Providência jogará sorte ou azar sobre as nações de acordo com a forma que estas tratarem os judeus'. Isso não é um aviso, é uma profecia!".[17]

O rabino Stephen Wise fez uma pausa para dar as palavras finais de sua oração. A multidão ficou silenciosa. "Para este forte protesto, a Alemanha não pode deixar de dar atenção e responder." Na sequência, ele apontou dramaticamente para a plateia e, com uma voz firme, falou: "Peço que vocês se levantem para mostrar para nós e para o mundo que concordam conosco nessas posições sobre a necessidade de justiça [...] na Alemanha para os judeus".[18]

Em um movimento estrondoso, 20 mil americanos levantaram-se. O imenso barulho do ato e as vozes criaram um som que deve ter parecido com um enorme animal adormecido se levantando de repente. Aquele momento de solidariedade foi compartilhado pelos 20 mil no Madison Square Garden, pelos 35 mil do lado de fora, por mais 1 milhão em atos de apoio em outras cidades e mais milhões que ouviam o protesto ao vivo no rádio em suas casas por todo o país e em treze nações.[19] O mundo foi avisado. A Alemanha estava ciente.

O rabino Wise desceu, preparado para aceitar qual fosse a resposta para seu pedido, desafio e advertência. Sem dúvida, a luta contra Hitler havia agora se iniciado.

6

PRIMEIRO DE ABRIL

Nenhuma palavra direta sobre o boicote contra a Alemanha foi, na verdade, mencionada no Madison Square Garden. Nem o boicote dos Judeus Veteranos de Guerra ou dos poloneses foi encorajado no ato, mesmo sendo uma oportunidade para expandir vastamente aqueles movimentos. A decisão foi de Stephen Wise. Para aqueles que discordaram, Wise responderia: "Temos os meios e a vontade de fazer o boicote quando quisermos. Mas agora não é o momento certo. Vamos esperar um pouco mais".[1]

O que Wise esperava – uma forte ação diplomática – era uma ilusão. O presidente Roosevelt não estava preocupado. E o Departamento de Estado, a B'nai B'rith e o Comitê Judaico Americano não queriam tomar a ofensiva. Eles estavam calados, esperando que a raiva dos dois lados do Atlântico se dissipasse. Isso não ocorreria.

Uma razão era que as denúncias feitas no Madison Square Garden foram ouvidas por toda a Alemanha: o *Führer* e o PNSTA eram criminosos e bárbaros com mandatos; a Alemanha era acusada de torturas e atrocidades desenfreadas. Na visão dos nazistas, a propaganda judaica estava novamente desabilitando a Alemanha antes que o país conseguisse ter sucesso, como na Primeira Guerra Mundial.

Apesar de o boicote ainda não ter sido declarado como Goering e Hitler temiam, era ameaçado indiretamente por pessoas com cargos oficiais no governo e autoridade, por bispos católicos e por líderes sindicais que poderiam começar um boicote com o estalar dos dedos. Na visão nazista, o boicote já estava acontecendo. O ato do Congresso parecia estar ativando um novo movimento mundial.

Reuniões em massa na Polônia – coordenadas com o ato do Congresso – haviam votado para expandir o boicote de Vilna para toda a Polônia. As três mais importantes organizações comerciais judaicas de Varsóvia – a Associação Central de Comerciantes, a Associação Central de Pequenos Comerciantes e a Associação Central de Judeus Artesãos – aprovaram resoluções para "usar os meios mais radicais de defesa para boicotar as importações alemãs".[2]

Em Londres, quase todas as lojas judaicas no distrito de Whitechapel exibiam cartazes negando a entrada de vendedores alemães e afirmando o boicote antinazista. Adolescentes patrulhavam as ruas distribuindo panfletos aos clientes pedindo que boicotassem os produtos alemães. E um documentário mostrando o *Führer* foi formalmente rejeitado por um cinema de Londres.[3]

Nos Estados Unidos, a negação da palavra *boicote* não impediu que este crescesse na base, liderado pelos 15 mil homens dos Judeus Veteranos de Guerra. Poucos dias depois do anúncio do boicote dos JVG, o grupo estabeleceu uma sede permanente para arrecadar fundos e, mais importante, para conectar comerciantes americanos com fornecedores alternativos na Tchecoslováquia, Romênia, Inglaterra, França e, é claro, nos próprios Estados Unidos. Milhares de cartas de boicote foram enviadas pelos JVG para empresários de toda a costa leste. Piquetes foram montados em lojas da costa leste que vendiam produtos alemães. E uma campanha regular de publicidade foi bem recebida pela mídia americana. Por exemplo, quando duas empresas de Hoboken, em Nova Jersey, Pioneer Paper e City Chemical, rescindiram pedidos de máquinas de centenas de milhares de dólares e prometeram não comprar mais produtos alemães, os cancelamentos foram acompanhados de coletivas de imprensa e artigos no jornal. Tais anúncios produziram uma reação em cadeia, e em poucos dias da declaração de boicote dos JVG, estes mostraram à imprensa mais de 2 milhões de dólares em pedidos cancelados.[4]

Aqui estava a verdadeira ameaça para os nazistas: vendas perdidas. Uma vez perdidas, muitas nunca mais foram recuperadas. E quando muitos compradores se voltaram para outras fontes de suprimento, mercados inteiros poderiam ser perdidos também. Declarado ou implícito, um movimento de boicote antialemão espalhava-se, mesmo descoordenado, pela Europa e América. Faltava pouco para se transformar em uma arma econômica mundial se somente o Congresso e outras organizações judaicas importantes dessem seu apoio oficial.

Acima de todos os dogmas nazistas, a revitalização da economia alemã era o único aspecto indispensável no programa de Hitler. Sem uma economia forte, o Terceiro Reich não conseguiria se rearmar nem começar sua conquista da Europa. Os nazistas estavam bastante convencidos de que, se a revolução nacional-socialista trouxesse mais desemprego e caos econômico, as massas alemãs deixariam de apoiar o Reich de sessenta dias. Para os nazistas, parecia que somente os judeus e seu boicote estavam agora entre a Alemanha e o poder. Não admira que Goering tenha dito que Stephen Wise era um dos "inimigos mais perigosos de Hitler".[5]

Hitler estava em seu retiro em Berchtesgaden no domingo, 26 de março de 1933, quando soube que os esforços para abortar o ato do Congresso haviam fracassado. Ele chamou Goebbels em Berlim para uma conferência de emergência. Os dois homens tiveram uma longa discussão sobre como o boicote e a campanha de atrocidades poderiam ser evitados. Goebbels havia trabalhado no problema. Ele havia acabado de negar as atrocidades para o *The London Sunday Express*, mas admitiu que esses artigos eram "inadequados".[6]

Hitler e Goebbels concluíram que um boicote antijudeu preventivo era a única resposta. Julius Streicher, defensor de um boicote antijudeu há muito tempo, coordenaria a ação. Os fiéis do partido esperavam muito por isso. Entusiasmado, Goebbels voltou para seu escritório em Berlim para melhorar uma declaração de que uma campanha organizada antijudaica começaria na Alemanha.[7]

* * *

Na manhã do ato no Madison Square Garden, Goebbels divulgou uma declaração avisando que os judeus alemães enfrentariam "procedimentos legais drásticos" se a campanha anti-Reich de Nova York e Londres continuasse. Goebbels enviou por telegrama um curto boletim do partido para que Hitler aprovasse. Naquele dia, em seu diário, Goebbels admitiu: "Trabalhamos através de entrevistas [em jornais] tanto quanto possível; mas somente um movimento realmente extensivo pode agora nos ajudar a sair dessa calamidade". No final da tarde, Hitler havia aprovado o boletim partidário de Goebbels. O ministro da Propaganda o divulgou na rádio alemã antes mesmo do fim da transmissão de protesto do rabino Wise. O boletim proclamava que um boicote nacional contra os judeus alemães seria organizado.[8]

Na manhã seguinte, 28 de março, jornais alemães e do Partido Nazista publicaram uma declaração maior. O boicote nacional antijudeu começou em 1º de abril, a fim de tentar parar o movimento pró-boicote e a campanha antialemã contra as atrocidades, patrocinada pelos judeus. A imprensa estrangeira recebeu a informação de que Hitler estava agindo para deter "a campanha de atrocidades antialemãs que judeus empenhados começaram na Inglaterra e nos Estados Unidos". O *Führer* responsabilizava os judeus da Alemanha pela agitação estrangeira, e essas "medidas defensivas" eram só o começo. A expulsão econômica oficial dos judeus estava também iniciando.[9]

A decisão foi tecnicamente tomada por Hitler como chefe do Partido Nazista, não como chanceler do Terceiro Reich. Portanto, para manter as aparências, o boicote era oficialmente não oficial, a ser organizado e executado pelo partido e não pelo governo. Para enfatizar que a ação era em resposta ao fracasso de Washington e Londres em impedir os protestos em seus países, o anúncio especificava: O governo alemão não interferiria no boicote do partido "enquanto os governos estrangeiros não tomassem medidas contra a propaganda de atrocidades em seus países".[10]

O boicote preventivo do PNSTA só começaria em 1º de abril, mas o próprio anúncio desencadeou uma série de boicotes e expulsões. As sociedades médicas e jurídicas alemãs imediatamente expulsaram seus membros judeus. Em Darmstadt, Mannheim e várias outras cidades alemãs, contingentes locais da SS cercaram lojas judaicas, quebraram janelas e lançaram bombas de mau cheiro. Frequentemente, a própria polícia exigia o fechamento das lojas.[11]

A comunidade judaica na Alemanha reagiu com terror. Os ataques anteriores haviam sido esporádicos, atos desorganizados de intimidação e violência contra famílias e empresas particulares. Mas esse boicote seria um *pogrom* econômico sistemático que atacaria todas as empresas e lares judeus. Ninguém seria poupado. Qual profissional conseguiria sobreviver se não pudesse trabalhar? Qual loja poderia sobreviver se não pudesse vender?

No início, judeus e não judeus, da Alemanha ou de fora, não conseguiam acreditar que tal absurdo nacional pudesse ocorrer. Ninguém distinguia seriamente entre o cargo de Hitler no partido e seu papel como chefe de Estado. Isso, então, era o começo da realização de *Mein Kampf*, a previsão explícita de perseguição judaica na Alemanha, o documento que todos acreditavam – esperavam – que nunca seria realizado. O mundo ficou chocado. Hitler cumpriria suas promessas.

Horas depois da proclamação da terça-feira de manhã, as sedes do Partido Nazista em Munique haviam formulado planos precisos. De acordo com o regulamento do boicote, "nenhum alemão poderia comprar algo dos judeus". O boicote começaria às 10 horas de 1º de abril, uma manhã de sábado, e continuaria até que o movimento de boicote antialemão em Nova York e Londres "cessasse".[12]

Em 28 de março, o boicote prometia ser um longo confronto que arruinaria os judeus. Em Munique, um Comitê Central para a Defesa contra a Atrocidade Judaica e a Propaganda do Boicote, formado apressadamente, criou regras rígidas. Todas as unidades partidárias locais deveriam se envolver tanto no boicote aos judeus quanto na manutenção da disciplina nazista. Não deveria haver nenhuma violência, nenhuma base para mais histórias de atrocidades. No entanto, um boicote antijudeu, violento ou disciplinado, seria desastroso para a frágil economia alemã, e praticamente todos na Alemanha com um sentido empresarial realista sabiam disso. Membros não nazistas do gabinete – a maioria – exigiram que Hitler cancelasse o boicote antijudeu. Ele se recusou.[13]

Na manhã de 30 de março, os jornais na Alemanha e no exterior confirmavam que a proclamação do boicote antijudeu não era outra vaga ameaça nazista, mas uma ação real e organizada. Judeus alemães aterrorizados agora redobravam sua campanha de pânico para repudiar os protestos estrangeiros e notícias de jornal. Eles imploraram a seus irmãos nova-iorquinos que cancelassem quaisquer outras atividades de protesto e sobretudo qualquer discussão sobre boicote a produtos alemães. O célebre banqueiro de Hamburgo, Eric Warburg, escreveu no telegrama a seu primo Frederick em Nova York:

> AS AMEAÇAS DE BOICOTE DE HOJE CONTRA EMPRESAS JUDAICAS NA ALEMANHA SERÃO REALIZADAS SE AS NOTÍCIAS DE ATROCIDADES E A PROPAGANDA CONTRÁRIA NA IMPRENSA ESTRANGEIRA E ATOS DE MASSA ETC. NÃO PARAREM IMEDIATAMENTE.[14]

Frederick Warburg, após receber o telegrama, ligou imediatamente para Cyrus Adler, presidente do Comitê Judaico Americano, que escreveu um parágrafo repudiando as histórias de atrocidades e qualquer boicote. A declaração foi enviada ao secretário do Comitê, Morris Waldman, para aprovação.[15]

Waldman rapidamente aprovou a declaração:

> O Comitê Judaico Americano declara que, de acordo com seu conhecimento, a maioria das chamadas histórias de atrocidades acontecidas na Alemanha e publicadas na imprensa americana não aconteceu. Nenhuma ameaça de boicote nos Estados Unidos foi feita por qualquer organização judaica responsável. Aconteceram ataques esporádicos irresponsáveis. É impossível dizer o que poderia acontecer, no entanto, se o temido boicote contra todos os judeus na Alemanha for realizado em 1º de abril.[16]

Em uma tentativa desesperada de amenizar os nazistas, o Comitê chamou os Judeus Veteranos de Guerra e os líderes do Congresso que apoiavam o boicote de "irresponsáveis". Isso aumentou a desunião entre o Comitê e as organizações populares judaicas, além de forçar o Comitê a um canto ainda mais isolado em sua política antiprotestos. Mas os homens do Comitê estavam angustiados para descobrir a melhor forma de aliviar a situação de seus amigos e parentes na Alemanha. Sua lendária capacidade de visão e previsão agora se resumia a simplesmente evitar a calamidade do fim de semana que se aproximava.

Para apoiar a declaração oficial do Comitê, Frederick Warburg telegrafou para Eric a seguinte resposta:

> FAREI E FIZ O MELHOR, MAS RECENTE ANÚNCIO BOICOTE GOVERNO VISTO AQUI COMO CONFIRMAÇÃO DE RELATOS ANTERIORES DE DISCRIMINAÇÃO PONTO RESSENTIMENTO MUITO DIFUNDIDO NENHUM ESFORÇO INDIVIDUAL PARA DETER ISSO SERÁ EFETIVO A NÃO SER GOVERNO MUDE ATITUDE PONTO CONTINUAREI A DESENCORAJAR ATOS E HISTÓRIAS DE ATROCIDADES INFUNDADOS PONTO NENHUM GRUPO RESPONSÁVEL AQUI DEFENDE BOICOTE PRODUTOS ALEMÃES SOMENTE INDIVÍDUOS ANSIOSOS.[17]

As declarações e os telegramas do Comitê pintavam a melhor imagem possível para as autoridades alemãs. Os nazistas, no entanto, convencidos de que todos os judeus eram parte de uma conspiração internacional, não podiam entender por que o Comitê não conseguia controlar as organizações judaicas de Nova York e, dessa forma, do mundo. Então, as afirmações do Comitê foram ignoradas. Julius Streicher, em seu jornal *Der Sturmer*, descreveu a ameaça judaica: "Eles agitaram a favor de um boicote contra os produtos alemães. Os judeus queriam, assim, aumentar a miséria dos desempregados na Alemanha e arruinar o comércio exterior alemão. Homens e mulheres alemães! Os instigadores desse louco crime, dessa atrocidade e agitação são os judeus da Alemanha. Eles pediram aos de sua raça no exterior que lutassem contra o povo alemão".[18]

A reação ao redor do mundo foi imediata. Aqueles que relutavam em aumentar o protesto antialemão a fim de chegar a um declarado boicote agora se sentiam compelidos a isso. Durante os próximos dois dias, em escolas, auditórios cívicos, sinagogas e igrejas, cidadãos comuns de todas as religiões e culturas se reuniram para prometer ou ameaçar decisões de boicote. Três mil manifestantes representando mais de 100 mil judeus ortodoxos no Brooklyn votaram a favor de um boicote geral. Seis mil em Baltimore, vindos de círculos inter-religiosos, juntaram-se para protestar no Teatro Lyric. Em Chicago, várias organizações lotaram as caixas de correspondência e as linhas telefônicas do consulado alemão com declarações anti-Hitler. A campanha em Chicago foi intensificada depois de um protesto em massa no grande Teatro Auditorium que se espalhou pelas ruas adjacentes.[19]

Em Tessalônica, na Grécia, a comunidade judaica organizou um boicote comercial contra a Alemanha, principalmente contra as bem-sucedidas empresas de cinema. Em Londres, as atividades de boicote aumentaram com um número crescente de sindicalistas antes hesitantes que agora acrescentavam seu apoio. Em Paris, em Varsóvia, no Cairo, em Dublin, na Antuérpia, mais pessoas entravam para o boicote de forma ativa.[20]

Ao meio-dia da quinta-feira, 29 de março, empresários alemães e membros não nazistas do governo alarmaram-se com as consequências de uma ampliação do boicote. O desarticulado boicote mundial antialemão causava milhões de perdas em *reichmarks*. As linhas navais alemãs, empresas de máquinas, bancos, câmaras de comércio, empresas químicas, fabricantes de brinquedos, de peles, todos os tipos de exportadores – todos apelaram aos nazistas para acabarem com o boicote antijudaico.[21]

Não havia tempo para desenvolver estatísticas de longo prazo. Prever o prejuízo total era impossível por causa dos milhares que aderiam ao movimento diariamente. Alguns participavam para proteger os judeus, outros para lutar contra o fascismo, alguns para lutar contra as políticas antissindicais de Hitler, alguns para lutar contra as atividades anti-Igreja do partido. E outros ainda participavam somente para entrar em mercados lucrativos que a Alemanha havia dominado tradicionalmente, como de luvas, brinquedos, câmeras e navegação. Mas o resultado líquido era que empregos e capitais migrariam da Alemanha para as economias de outras nações – isso enquanto o mundo lutava para se levantar da Depressão.

Um embargo mundial era agora a principal questão econômica nacional da Alemanha. E tudo isso estava inextricavelmente ligado ao tratamento dado por Hitler aos judeus e à aproximação do boicote de 1º de abril.

* * *

O avião de Hitler vindo de Munique chegou pouco antes do meio-dia de 29 de março de 1933. Do Campo de Tempelhof, em Berlim, ele foi levado sob forte escolta para o Wilhelmstrasse para uma reunião de gabinete. Tendo acabado de planejar o 1º de abril na sede do PNSTA, Hitler estava determinado a resistir à crescente pressão para cancelar a *aktion*. O boicote antijudaico continuaria até que a campanha antinazista no mundo "diminuísse" ou os nazistas desmantelassem o suposto "controle econômico judaico sobre o Terceiro Reich", além de instituir cotas ocupacionais para judeus. Camisas-pardas desempregados já pleiteavam as vagas de emprego antecipadas.[22]

Mas as noções de Hitler com relação aos benefícios do boicote antijudaico eram rejeitadas pela maioria não nazista do gabinete, que estava convencida de que a ação de 1º de abril traria o desastre econômico. Os não nazistas acreditavam que milhões de alemães não judeus sofreriam da mesma forma. Toda loja de departamentos judaica fechada produziria dezenas de desempregados – quase todos não judeus. Cada fábrica judaica forçada a fechar produziria centenas de desempregados – quase todos não judeus.

Era loucura pensar que camisas-pardas sem experiência e com pouca educação poderiam dirigir empresas grandes com eficiência. Mesmo se conseguissem, uma empresa "arianizada" perderia, com certeza, a maioria dos negócios no exterior por causa do boicote antinazista.

O mercado de ações despencava desde o anúncio original. A Siemens havia caído sete pontos, a I. G. Farben, de produto químicos, teve uma queda de sete pontos. A mineradora Harpener Bergbau, seis pontos. A maioria das outras ações fechara com uma diferença entre três e nove pontos abaixo. Os títulos fecharam no nível mais baixo em anos. A desculpa inicial – flutuações do fim do mês – era pouco crível.[23]

Os não nazistas, liderados pelo ministro de Relações Exteriores, Konstantin von Neurath, decidiram se opor à campanha antissemita de Hitler na reunião de gabinete de 29 de março. A grande experiência de Von Neurath com o comércio exterior o obrigou a desafiar Hitler – não para salvar os judeus, mas para salvar a Alemanha. No entanto, quando os auxiliares entregaram a agenda, a questão do boicote não estava listada. Não querendo adiar mais, os opositores no gabinete levantaram a questão, exigindo que Hitler retirasse as ordens de boicote.[24]

Hitler recusou-se e lembrou o gabinete de que o boicote era uma ação defensiva para lutar contra "a propaganda de atrocidades que acontecia no exterior". Hitler insistiu que, se o PNSTA não organizasse um boicote antijudeu disciplinado, outro violento e espontâneo surgiria entre a população. Sob controle partidário, a violência poderia ser evitada. Ele argumentou que somente quando os judeus na Alemanha sentissem os efeitos da campanha contra a Alemanha, os agitadores judaicos estrangeiros desistiriam. Hitler rebateu a noção de que a ação nazista provocaria um contraboicote internacional, dizendo que, até onde sabia, o boicote antialemão já estava bem organizado e em curso. Para dramatizar sua posição, o *Führer* leu vários telegramas de Londres que descreviam grandes carros cruzando as ruas com enormes cartazes pró-boicote. Ele acrescentou que, nos Estados Unidos, atos de massa antinazistas e transmissões radiofônicas de Nova York continuavam a atacar o Terceiro Reich.[25]

Goering falou ao gabinete que estava fazendo sua parte para conter os artigos sobre atrocidades contra judeus publicados no exterior. Descrevendo a contenda entre os sionistas e outros grupos judaicos durante a reunião de

25 de março em seu escritório, Goering declarou que os sionistas haviam concordado em usar sua influência para acabar com as notícias dos jornais; isso provava que eram os judeus que controlavam a agitação antialemã.[26] A posição de Goering era: o boicote antijudaico era somente uma defesa contra um grande inimigo que ameaçava o Terceiro Reich. Não era possível ser cancelado.

A reunião do gabinete em 29 de março terminou sem um acordo, mas com Hitler determinado a evitar a violência. Hitler não havia admitido que era incapaz de cancelar o boicote. Goebbels, que defendera com energia a ideia original, e Goering, que dirigia as " brutalmente prontas" Tropas de Assalto, insistiam que a expulsão econômica dos judeus começasse imediatamente. A abertura de novas vagas para camisas-pardas desempregados não poderia esperar.[27]

Independentemente da lógica nazista, Von Neurath viu o boicote antijudaico como o começo de uma guerra diplomática e econômica que a Alemanha estava fraca demais para ganhar. Imediatamente depois da reunião de gabinete de 29 de março, Von Neurath reuniu-se com o ministro das Finanças, Schwerin von Krosygk, o vice-chanceler, Franz von Papen, e até o confidente de Hitler, Hjalmar Schacht. Os três concordaram que somente o presidente Hindenburg poderia impedir o 1º de abril. Seus auxiliares enviariam a Hindenburg relatórios provando que, se a Alemanha boicotasse seus judeus, o mundo lançaria um boicote retaliatório que devastaria toda a nação.[28]

Naquela noite, Goebbels concluiu um programa para o boicote com catorze pontos que deixavam claro que era preciso evitar a violência ostensiva. Não deveria haver nenhuma violação da lei. Mas outras instruções modificavam qualquer conceito de lei. Por exemplo, os donos judeus de lojas estavam proibidos de despedir qualquer empregado não judeu e deviam pagar dois meses de adiantamento antes de fechar. Tudo isso era para evitar as críticas de que o boicote aumentaria o desemprego ariano. O PNSTA agora distribuía diretivas não apenas aos membros do partido, mas também aos judeus.[29]

Na manhã seguinte, 30 de março, os catorze pontos de Goebbels foram publicados em jornais de toda a Alemanha. A separação entre partido e Estado ficou manchada quando as diretrizes do boicote se tornaram publicamente aceitas. O borrão se fundiu por completo mais tarde, no dia em que o ministro da Justiça da Prússia, Hans Kerrl, um nazista, ordenou oficialmente a demissão por "persuasão" de todos os juízes judeus. O subsecretário de Kerrl publicou uma declaração formal: "O boicote recebeu o selo de legalidade quando foi proclamado pelo Partido Nacional-Socialista como a expressão do direito supremo do povo". A declaração qualificava, no entanto, que o boicote "deve acontecer dentro dos limites prescritos pelo Partido Nacional-Socialista".[30] A declaração do ministro da Justiça deixou muito aparente que o decreto do PNSTA era agora, de fato, supralegal.

Na quinta, 30 de março, ninguém acreditava que o 1º de abril seria simplesmente uma questão interna do partido. Estava claro que não era nada menos que o primeiro passo oficial na estrada da aniquilação econômica dos judeus. Os governos britânico e americano não poderiam mais ficar indiferentes.

Nessa mesma quinta-feira, o rabino Stephen Wise, Bernard Deutsch e os especialistas legais do Congresso chegaram ao escritório do subsecretário de Estado, Phillips. O departamento já havia descoberto que o boicote "não violento" nazista provavelmente incluiria ataques de violência física e expulsões econômicas em massa. Mais cedo, nesse dia, o embaixador alemão, que estava indo embora, havia realizado uma ligação telefônica de cortesia a Phillips, para apresentar seu substituto interino. Phillips insistiu em argumentar contra o boicote nazista, mas foi infrutífero falar com o embaixador alemão que deixava o cargo, ele mesmo contra o regime atual. Agora, quando Wise entrou no escritório de Phillips, a situação era claramente crítica e piorava cada vez mais. Pouco depois, um telegrama do *chargé d'affaires* Gordon em Berlim foi trazido e descrevia um clima violento que crescia entre as imprevisíveis unidades da Tropa de Assalto por toda a Alemanha. Camisas-pardas renegados em Gleiwitz executaram quatro judeus durante a noite, e Berlim tentava suprimir a informação. Outros membros das Tropas de Assalto, leais a Goering, não a Hitler, haviam planejado "um verdadeiro reino de terror" para o 1º de abril.[31]

O telegrama de Gordon continuava: um industrial moderado, que tinha ótimas relações tanto com a embaixada dos Estados Unidos como com Hitler, tentava conseguir que Gordon fizesse uma visita particular ao *Führer*. De acordo com o industrial, Hitler seria bem mais receptivo a um diplomata dos Estados Unidos do que a qualquer outro oficial estrangeiro. Gordon concordou em não cumprir o protocolo de primeiro consultar o ministro do Exterior, se o Departamento de Estado em Washington arranjasse o encontro com Hitler por meio da embaixada alemã em Washington. Gordon terminava seu telegrama com o aviso de que "quase qualquer progresso [...] é possível no futuro próximo". A rapidez era essencial.[32]

Phillips havia passado a maior parte do dia ao telefone, transmitindo notícias, formulando posições e fazendo tudo que podia para neutralizar a catástrofe que se aproximava.[33] Apesar de todos os esforços, o boicote nazista ainda estava marcado para começar no sábado e continuar indefinidamente com uma série de ataques, linchamentos e saques no estilo medieval por toda a Alemanha. Como o pretexto para esses ataques era uma reação "defensiva" contra a campanha antialemã, liderada pelos judeus, Phillips perguntava-se se a diminuição da agitação anti-Reich nos Estados Unidos poderia influenciar os nazistas. Mas o rabino Wise e o Congresso não poderiam renunciar ao protesto anti-Hitler, nem se opor publicamente aos boicotes antialemães independentes que se expandiam com muita rapidez.[34]

Esses dias e noites foram terríveis para Wise, que contemplava o que ele chamou de sua "terrível responsabilidade". Mesmo assim, sua escolha era evidente. "Silêncio virtual – e silêncio é aquiescência [...] ou o apoio a esse tremendo protesto. Não importa o que os hitleristas façam agora, não será nada mais do que [...] [o que] eles teriam feito de forma mais acobertada, com ou sem protesto."[35]

Quando Wise e sua delegação se despediram do subsecretário de Estado, Phillips, em 30 de março, o rabino insistiu que nem ele, nem o Congresso, nem os judeus, nem o mundo poderiam recuar. Se sábado fosse o Dia Um, que fosse.

Mas Wise concordou que nenhum comentário sobre a reunião seria divulgado para a imprensa. Ele estava determinado a manter a pressão, mas também queria conceder alguns dias aos diplomatas. O Comitê Judaico Americano estava fazendo um *lobby* silencioso mas enérgico no governo para exigir que o governo alemão acabasse com o antissemitismo organizado na Alemanha.[36] Se o governo de FDR fosse agir, o momento deveria ser agora.

Pouco depois de Wise deixar o escritório de Phillips em 30 de março, o subsecretário discutiu a crise com o secretário de Estado Cordell Hull. Às 19h, horário de Washington, Hull enviou uma resposta ao telegrama anterior de Gordon pedindo permissão para se encontrar com Hitler e tranquilizá-lo pessoalmente. Em vez disso, Hull instruiu Gordon a ligar de modo formal para o ministro de Relações Exteriores, Von Neurath. "Você deveria deixar claro que não é objetivo desse governo interferir nos [...] assunto[s] internos da Alemanha", instruiu o telegrama de Hull, detalhando a linguagem diplomática a ser usada. "A situação que se desenvolve agora, certamente contra as intenções do governo alemão, no entanto, assumiu um aspecto internacional." A mensagem de Hull acrescentava: "Fui informado de que um boicote retaliatório está sendo seriamente considerado em certas cidades americanas. Mais importante, então, é que o governo alemão deveria entender que o elemento humano envolvido na situação é tal que a amizade entre o povo dos dois países seria afetada".[37]

Hull tinha escolhido palavras cautelosas para expressar uma declaração o mais forte possível para as circunstâncias e como permitia sua filosofia básica. Ele era contra instituir obstáculos para o comércio externo e interferir em assuntos internos de outro país. Mas as circunstâncias exigiam esse envolvimento oficial. Hull terminava assim seu telegrama para Gordon: "Você pode expressar ao ministro de Relações Exteriores minhas profundas preocupações e perguntar se [...] há algo que os dois governos possam fazer em conjunto ou separadamente para aliviar a situação".[38] O telegrama de Hull chegou ao escritório de Gordon em Berlim no meio da noite. Nenhuma ação poderia ser tomada antes da manhã de sexta-feira – o dia anterior ao boicote.

* * *

Enquanto o governo dos Estados Unidos tentava evitar o boicote de 1º de abril, os britânicos também agiam naquela quinta-feira, 30 de março. O governo britânico tentava muito evitar qualquer envolvimento a menos que os cidadãos estivessem preocupados. Eles sentiam que eram frequentemente vistos como os "anjos da guarda" dos judeus por causa do mandato palestino. O visconde Hailsham, secretário do Estado para a Guerra, disse no Parlamento naquele dia: "Eu garanto a vocês [...] que [nenhum] súdito britânico de descendência judaica foi maltratado na Alemanha e o governo não pensa que tem direito de fazer representações na Alemanha com relação a cidadãos alemães".[39]

Apesar disso, em um encontro naquele 30 de março com o embaixador alemão, Leopold von Hoesch, o secretário de Relações Exteriores, John Simon, deu a entender que o desinteresse oficial da Grã-Bretanha poderia terminar logo, principalmente porque o público e membros do Parlamento – judeus e não judeus – se opunham com força ao antissemitismo nazista. O embaixador Von Hoesch respondeu que já havia se encontrado com líderes do judaísmo britânico para conversar sobre a continuidade das medidas antinazistas, sobretudo o boicote britânico a produtos alemães. Ele tentou explicar que o boicote antijudaico era uma reação às ameaças econômicas contra o Terceiro Reich, em especial as ameaças americanas. Mas Von Hoesch acrescentou que, mesmo se as mentes mais calmas prevalecessem e o boicote antijudaico fosse cancelado, a expulsão de judeus da Alemanha era iminente. Simon respondeu que só poderia esperar que os excessos antijudaicos não levassem a Grã-Bretanha e a Alemanha a um confronto público que nenhum dos dois governos queria.[40]

A atitude publicamente neutra do governo britânico deixava indignado lorde Reading, um proeminente membro judeu da Câmara dos Lordes, e presidente da Associação Anglo-Alemã. Naquela manhã, lorde Reading fez um forte apelo ao Parlamento declarando que não podia mais continuar em silêncio e que o sentimento popular estava a favor de um protesto britânico oficial sobre o iminente boicote antissemita. A Câmara ecoou com aplausos de encorajamento. Mais tarde, o arcebispo de Canterbury, entre outros, endossou o apelo.[41]

Enquanto lorde Reading denunciava o regime nazista, o funcionário sênior do Ministério de Relações Exteriores alemão, Hans Dieckhoff, organizava uma conferência interministerial de emergência para discutir o crescimento dos protestos e boicotes no mundo. Participavam representantes dos ministérios da Economia, do Interior, da Propaganda e dos Transportes. Dieckhoff falou a seus colegas que os últimos despachos consulares não mostravam "nenhum movimento de boicote organizado", mas, em vez disso, uma gama desunida de ações feitas por indivíduos ou pequenos grupos. Mais alarmante para Dieckhoff, no entanto, era o fato de que muitos desses agitadores pró-boicote eram não judeus, "principalmente concorrentes anglo-saxões" que apoiavam com entusiasmo um boicote popular de produtos alemães para conseguir uma vantagem competitiva duradoura.[42]

Os funcionários alemães admitiram que nada poderia ser feito para deter o movimento de boicote anti-Reich, exceto a propaganda contra as "histórias de horror" e evitar incidentes antissemitas que "alimentariam o boicote". Eles concordaram que o 1º de abril era precisamente o tipo de ação que aumentaria a recusa popular às exportações alemãs. A menos que fosse cancelado, o comércio alemão sofreria "consequências graves e de longo prazo".[43]

Mas os homens concordaram que não havia forma de parar o boicote nazista contra os judeus, a menos que, de alguma forma, toda a agitação antialemã no exterior acabasse de uma vez e que os temores alemães de uma punição econômica liderada pelos judeus se dissipassem. Isso, eles sabiam, estava se tornando cada vez mais impossível. Os líderes do partido mantinham a sua base em um estado emotivo. A edição daquele dia do *Volkischer Beobachter* continuou a avisar sobre movimentos econômicos dos judeus para afundar o novo regime da Alemanha. A manchete na primeira página informava que o boicote judeu contra a Alemanha era, na verdade, organizado pelo Partido Comunista. Em outra parte do jornal, líderes comerciais negaram ações antissemitas e pediram o fim da represália econômica liderada pelos judeus. Os artigos da imprensa nazista descrevendo protestos antialemães reais ou exagerados instigados por judeus solidificavam a resolução da base de executar a *aktion* do 1º de abril, e intensificavam a violência diária contra os judeus. Por outro lado, cada incidente desses só convencia mais estrangeiros a não comprarem produtos alemães, o próprio jornal de Goebbels incitava isso naquele 30 de março, porque não via "nenhum efeito visível" na agitação antinazista. "Ao contrário", *Der Angriff* reclamava, "as contramedidas da Alemanha estão sendo respondidas com uma exigência renovada por um boicote de produtos alemães".[44]

Dieckhoff suspendeu a conferência do dia 30 de março com uma nota desolada, antecipando uma calamidade econômica a menos que a campanha de 1º de abril fosse cancelada. Mas cada homem saiu com esperanças de que algo poderia ser feito para mudar a mente de Hitler e prevenir a crise.

Algumas horas depois, Hitler concordou em se encontrar com o comissário de Poupança do Terceiro Reich, Friedrich Saemisch, e Hjalmar Horace Greeley Schacht, presidente do *Reichsbank*. Hitler confiava em poucos auxiliares. Mas um em quem ele confiava era o mago em economia Schacht.

Nascido em uma província ao norte da Alemanha, de pai naturalizado americano, Schacht, apesar de suas raízes americanas, era visto por Hitler como um bom ariano e um devotado nazista. Ele tinha servido à Alemanha durante a era pré-Hitler em várias posições bancárias importantes, inclusive como presidente do Reichsbank. Mas, em 1930, ele pediu demissão deste último cargo em protesto à aprovação pelo governo do Plano Jovem para finalizar as reparações de guerra. De um momento para o outro, Schacht tornou-se um expoente controverso da economia política altamente atrativo para o ascendente Adolf Hitler. Em uma reunião, em 1931, os dois passaram a ficar muito próximos. Schacht comprometeu-se a levar Hitler ao cargo de chanceler ao apresentá-lo para os poderes financeiros da Alemanha e conseguiu organizar com sucesso as pobres finanças do PNSTA. Ele assinava "Heil" em suas primeiras cartas a Hitler. Foi Schacht que conseguiu milhões de *reichmarks* para as devidas campanhas, doados por empresários importantes pouco antes do incêndio no Reichstag. Foi Schacht que prometeu ao seu *Führer* que a integridade financeira da Alemanha seria restabelecida e que se construísse uma economia de guerra desenhada para a agressão territorial e racial.[45] Schacht era um cavalheiro polido com uma excelente educação alemã, o que, décadas depois, enganaria muitas pessoas fazendo-as pensar que havia sido obrigado pelo regime de Hitler, que não era um verdadeiro nazista. Mas, na verdade, Hjalmar Schacht era o jogador indispensável e entusiasmado, sem o qual o Terceiro Reich não poderia ter começado suas conquistas genocidas.

Agora, Schacht, junto com o comissário Saemisch, argumentaria que o boicote de 1º de abril ameaçava toda a recuperação econômica. Ele avisou Hitler de que o dano econômico seria severo, talvez duradouro. Se o boicote antijudeu e o contraboicote antialemão continuassem por apenas trinta dias, falou Schacht, pelo menos 1 milhão de alemães não judeus seriam forçados a parar de trabalhar por causa da crise econômica. Além disso, a queda nas exportações, a desaparição dos depósitos obrigatórios dos bancos de judeus, e a espiral descendente que se seguiria colocariam um peso intolerável nas finanças da nação, sobretudo no comércio exterior.[46] As moedas estrangeiras para a compra de matéria-prima eram essenciais para rearmar a máquina de guerra alemã. Então, qualquer satisfação em curto prazo que resultasse da guerra econômica contra os judeus da Alemanha frustraria rapidamente as ambições gerais dos nazistas.

Foi difícil resistir aos conselhos econômicos de Schacht, mas Hitler não recuaria. Nem poderia. Agora, havia a questão de que uma maior violência espontânea poderia acontecer se as sanguinárias Tropas de Assalto fossem despojadas da chance de atacar o judaísmo alemão e tomar o nicho econômico judaico.[47]

A única esperança agora parecia estar no palácio presidencial. O presidente Hindenburg convocou Hitler para uma reunião urgente. Não se sabia se era para iludir o público ou era real, mas Hitler tinha grande respeito pelo velho guerreiro Hindenburg. Por sessenta minutos, Hindenburg argumentou e exigiu que Hitler cancelasse a ação de 1º de abril. As alegações do presidente eram apoiadas por Schacht, Von Papen e Von Neurath, mas Hitler retrucou. Mas os boicotes antialemães no exterior se aceleravam. O *Führer* ainda culpava os judeus alemães por um complô econômico internacional contra o Terceiro Reich. Na visão de Hitler, a campanha antijudaica ainda era de autodefesa. Hindenburg recusou-se a aceitar a obstinação de Hitler. O destino da Alemanha estava ligado a essa decisão. Mesmo assim, apesar de diplomatas alemães chamarem essa situação de uma quase "crise presidencial", a reunião também terminou em um beco sem saída.[48]

Na manhã de sexta, 31 de março, o ministro das Relações Exteriores, Von Neurath, e os outros sete membros não nazistas do gabinete alemão enfrentavam uma situação aterradora. Dentro de 24 horas, os nazistas lançariam um boicote nacional total que em meses levaria os judeus da Alemanha à pauperização. A ação seria acompanhada de violência das massas que perpetuaria a imagem de uma Alemanha bárbara. Um jornal de Leipizig já tinha avisado os judeus contra a autodefesa desafiadora ou provocativa. "Se um tiro for dado contra nossos amados líderes, todos os judeus na Alemanha seriam imediatamente colocados contra a parede e o resultado seria um banho de sangue que, em horror, excederá tudo que o mundo já viu."[49]

Seriam criadas vagas de emprego, mas preenchidas por nazistas sem qualificação. Por exemplo, somente em Berlim, cerca de 75% dos advogados e quase o mesmo número de médicos eram judeus.[50] Quem iria substituí-los? Mais importante, a retaliação mundial pelo boicote antijudeu da Alemanha era claramente um massivo contraboicote realizado por milhões de pessoas que, de outra maneira, limitariam seus protestos a petições e passeatas. Os próprios governos poderiam ser arrastados a sanções comerciais por exigência popular, aumentar as tarifas dos produtos alemães e até declarar restrições definitivas. Tais iniciativas já aconteciam nos Estados Unidos, Polônia e França.

Uma intervenção das potências aliadas por causa das violações no Tratado de Versalhes era também uma possibilidade. Grupos poloneses de boicote antinazistas exigiam ações militares para impedir a ameaça de Hitler em ocupar o corredor garantido por Versalhes para a área de Danzig. E grupos britânicos falavam numa petição da Liga das Nações para fazer cumprir a garantia das minorias com a qual a Alemanha tinha concordado.[51]

Esperando por Von Neurath na manhã de 31 de março estava uma mensagem urgente do *chargé* dos Estados Unidos, Gordon. Várias outras embaixadas apresentavam mensagens de preocupação ou protesto. Industriais e banqueiros alemães temerosos aguardavam que Von Neurath e outros moderados do gabinete pudessem evitar as consequências econômicas que a ação nazista desencadearia.

Todo o gabinete e vários funcionários graduados participaram da fatídica sessão emergencial de 31 de março. Dos onze membros do gabinete, somente o chanceler Hitler, o ministro do Interior Frick e o ministro Sem Pasta Goering eram nazistas e a favor do boicote antijudaico, apesar dos riscos. Os outros oito, liderados por Von Neurath e Von Papen, eram veementemente contra. Os debates continuaram, com o tom subindo e acusações de todos os lados. O ministro da Justiça avisou que o boicote era claramente ilegal e que os tribunais poderiam interceder na questão. O ministro das Finanças, Schwerin von Krosygk, reclamou que o fechamento de empresas judaicas produziria uma perda desastrosa em impostos. Hitler respondeu que os impostos viriam de outras fontes, fontes cristãs. O ministro do Transporte, Paul von Eltz-Rubenach, falou que os navios alemães, como o *Bremen* e o *Europa*, navegavam quase vazios por causa da retaliação liderada pelo judeus. Von Neurath avisou sobre massivas represálias diplomáticas e econômicas, muitas das quais já estavam em andamento. Schacht e Von Papen apoiaram os ministros, mas não conseguiram convencer o chanceler do desastre que se seguiria. Hitler simplesmente continuava a garantir que o *boykottaktion* seria realizado sob a mais restrita disciplina e sem violência.[52]

Ninguém acreditou nas garantias. Nenhum dos boicotes espontâneos e expulsões profissionais que já varriam a Alemanha poderia ser caracterizado como "disciplinado". Em um caso, somente uma carta de um alemão-americano afirmando que o fundador da cadeia de lojas Woolworth era judeu fez que tropas da SA cercassem seis lojas na Alemanha e proibissem a entrada de clientes. No momento em que o gabinete se reunia, no dia 31 de março, os nazistas de Munique declararam unilateralmente que seu boicote começaria imediatamente. Camisas-pardas armados com carabinas tomaram posição do lado de fora das lojas de judeus da cidade.[53]

Ainda assim, Hitler recusava-se a parar a ação, afirmando agora que já havia ido longe demais para cancelar – independentemente da suspensão da agitação estrangeira. Von Neurath explodiu e exigiu que Hitler, como líder do Partido Nazista, parasse o boicote. Caso contrário, ele, Von Neurath, renunciaria. Hitler não mudaria os planos, e com isso Von Neurath se demitiu formalmente.[54]

Naquele momento, parecia que a frágil coalizão que dirigia a Alemanha entraria em colapso. Von Neurath era a última ligação respeitável da Alemanha com o mundo. Tanto Von Papen quanto o representante pessoal de Hindenburg pediram que o ministro desistisse de sua demissão.[55]

Von Neurath estava abatido e fisicamente enfraquecido pela crise. Ele via sua Alemanha aproximando-se de outro abismo. Sempre sentiu que era seu dever elevar sua nação enquanto honrava um código moral pessoal. Ele não poderia mais fazer parte de um governo que aprovasse o 1º de abril. Recusou-se a retirar sua demissão. Era sabido em toda Berlim que, se Von Neurath saísse, era muito provável que Hindenburg também renunciasse. Ele era o favorito do presidente, e para Hindenburg talvez ele fosse o único fator compensatório em todo o gabinete de Hitler.[56]

Sem Hindenburg, o que aconteceria? Os generais tomariam o poder? Hitler e os nazistas seriam depostos ou arrastados à guerra civil? Ninguém poderia prever. Assim, era inaceitável que Von Neurath deixasse o governo. Algum acordo era necessário. Como era de esperar, Hitler concordou não com um acordo, mas com um ultimato. Ele cancelaria o boicote do Partido Nazista, se Von Neurath conseguisse garantias públicas explícitas dos líderes judaicos e dos governos dos Estados Unidos, França e Inglaterra de que não participariam de qualquer boicote anti-Reich.[57]

O ministro das Relações Exteriores alemão aceitou o acordo *cum* ultimato. Ele retirou sua demissão e prometeu providenciar as garantias estrangeiras oficiais que Hitler exigia. Qual era o prazo para receber essas declarações?

Hitler especificou até a meia-noite, menos de doze horas.[58]

Começou a corrida. Von Neurath explicou rapidamente a crise à sua equipe, que tentou assegurar o impossível. O alto funcionário Hans Dieckhoff deveria se encontrar logo com o *chargé* dos Estados Unidos, Gordon, para receber o protesto cuidadoso de Hull, enviado na noite anterior. Quando eles se encontraram, Gordon reproduziu a mensagem de Hull ameaçando uma ruptura nas relações entre Alemanha e Estados Unidos. Como instruído, Gordon enfatizou o desejo de Hull de fazer qualquer coisa para amenizar a crise. Dieckhoff imediatamente respondeu que uma declaração oficial dos Estados Unidos, publicada na imprensa americana, repudiando as notícias de atrocidade e denunciando qualquer boicote antinazista, poderia evitar o 1º de abril – se tudo fosse feito dentro do prazo estipulado por Hitler.[59]

Gordon telefonou depressa para o subsecretário Phillips em Washington e repassou o pedido de Dieckhoff. O *chargé* recomendou que Hull formulasse essa declaração. Ele enfatizou que toda pressa era necessária, que as chances de evitar a campanha nazista diminuíam a cada minuto, e que algum "problema de última hora" poderia ser trágico.[60]

Enquanto Gordon falava com Washington, funcionários alemães telefonavam para suas embaixadas em Londres, Washington e Paris, pedindo declarações similares de líderes judeus bem como dos governos da Inglaterra e da França.[61] As linhas telefônicas e telegráficas diplomáticas em Washington, Londres, Paris e Berlim permaneceram ocupadas por tensas horas. Foram realizadas reuniões adicionais de emergência do gabinete alemão para avaliar o progresso ao longo do dia. Mas a maioria dos funcionários do Reich estavam em dúvida. Hitler exigia o tipo de controle interno que as democracias ocidentais não tinham poder para realizar.

Enquanto os governos francês, britânico e americano lutavam para escrever declarações que não indignassem seus cidadãos e, ao mesmo tempo, satisfizessem Hitler, líderes judaicos populares intensificavam a defesa do confronto econômico. Em Paris, a recém-formada Liga Internacional Contra o Antissemitismo fortalecia grupos franceses de protesto e anunciava um boicote unificado antialemão que começaria às 10h, no momento em que o boicote da Alemanha contra os judeus iniciaria. Comerciantes de toda a França haviam prometido cooperar, e naquele exato momento havia um esforço para obrigar os ministros franceses a aderirem.[62]

Em Londres, cresceu o número de cartazes antiboicote nas lojas. E os sindicalistas começaram a se concentrar em segmentos cruciais, principalmente os que possuíam forte comércio com o exterior, como a indústria de peles alemã. Uma estimativa projetava que as perdas totais da Alemanha com essa indústria lucrativa chegariam a 100 milhões de dólares.[63]

Onze dos principais músicos do mundo começaram a escrever um telegrama para Hitler anunciando um boicote à lucrativa indústria cultural da Alemanha. Dirigidos por Arturo Toscanini e Fritz Reiner, ameaçavam uma indústria que prejudicaria não só os bolsos da Alemanha, mas, talvez até mais importante, seu orgulho. Toscanini, que exigia que seu nome fosse colocado no topo da lista de protesto, tinha como primeira vítima o Festival Wagner que se aproximava. O turismo alemão, grande fonte de renda, já sofria drasticamente por causa da simpatia com os judeus e o medo do público de viajar para uma nação dominada por *hooligans*. Cancelamentos esvaziaram as companhias de transporte marítimo alemãs e os hotéis. Até mesmo os grandes *spas* alemães lamentavam a perda de sua clientela de elite, que preferia agora fazer reservas para o verão em *spas* concorrentes na Tchecoslováquia e na França. E os líderes da indústria de pele alemã, centralizada em Leipzig, já discutiam, nervosos, um apelo para convencer os estrangeiros a parar com o boicote.[64]

No fechamento da Bolsa, em 31 de março de 1933, as ações alemãs haviam caído muito. A Die Trust caíra 10%. A Siemens havia despencado 12% no dia anterior.[65]

Cada vez mais frenética, a máquina de boicote antijudaico na Alemanha continuava a se preparar. Os pôsteres do coordenador do boicote Julius Streicher espalharam-se rapidamente por toda Berlim. Eles pediam mais uma vez que os alemães evitassem comprar ou se associar com empresários judeus porque estes "instigavam o mundo contra a Alemanha [...] Eles agitam a favor de um boicote contra os produtos alemães. Os judeus querem, assim, aumentar a miséria do desemprego na Alemanha e arruinar o comércio exterior alemão". Novas ordens circulavam pedindo que todos os empregados arianos de empresas judaicas em Berlim deixassem seu emprego exatamente às 15h de 1º de abril e fizessem piquetes nos próprios locais de trabalho protestando contra o boicote internacional antialemão.[66]

No final da tarde, a liderança nazista começou a pensar no dia seguinte com cada vez mais desespero e medo. A Alemanha poderia começar a se desintegrar, talvez até pegar fogo, se a agitação política judaica provocasse intervenção militar internacional. Na privacidade de seu diário, Goebbels sentiu-se compelido a escrever: "Muitos estão tristes e apreensivos. Acreditam que o boicote poderia levar a uma guerra. Podemos não ganhar nada, no entanto, mas somente a estima universal ao nos defender".[67]

Com o pôr do sol, as perspectivas ficavam cada vez mais perigosas. Alguém precisava parar o boicote antijudaico. Então, entra em cena Benito Mussolini.

Mussolini era o homem que Hitler imitou desde o começo, ainda que o fascismo de Mussolini não fosse fundamentalmente racista ou antissemita. Os judeus italianos foram, na verdade, influentes no desenvolvimento filosófico de Mussolini. Cinco judeus estavam entre os fundadores do Fasci di Combattimento original em março de 1919. Três outros ativistas judeus foram celebrados na história fascista como "mártires". Mussolini certamente acreditava em muitas das teorias conspiratórias judaicas comuns, mas considerava a presença judaica na Itália uma vantagem, assumindo que todos os traços estereotipados nos judeus se reverteriam para o Estado. Assim, vários judeus estavam entre seus assessores mais próximos.[68]

Hitler deliberadamente ignorou a relação de Mussolini com o judaísmo italiano quando usou o fascismo italiano como modelo para o nacional-socialismo. A abortada rebelião de Hitler em 1923, o Putsch da Cervejaria, foi, na verdade, uma imitação malfeita da tomada de poder de Mussolini em 1922, que ameaçou Roma com uma inexistente Legião Revolucionária. E, em 1926, Hitler exigiu que seus seguidores fizessem a saudação romana, a marca do nazismo foi, mais uma vez, uma imitação de Mussolini.[69]

Ainda assim, Mussolini ridicularizou repetidamente a orientação antissemita e racista de Hitler. Em 30 de março, Mussolini ordenou a Vittorio Cerruti, o embaixador italiano em Berlim, que registrasse uma forte reclamação junto ao Ministério das Relações Exteriores em relação ao boicote de 1º de abril.[70] Agora, com poucas e preciosas horas restantes, Mussolini instruía Cerruti a tentar outra vez, dessa vez dirigindo-se diretamente ao *Führer*. Hitler concedeu imediatamente uma entrevista a Cerruti, que suplicou em nome de Mussolini pela suspensão da *aktion* de 1º de abril e pelo fim do antissemitismo nazista.

Para garantir que o *Führer* entendesse de forma precisa os sentimentos do Il Duce, Cerruti leu um longo telegrama do ditador italiano. Hitler ficou devastado com o fato de que Il Duce pudesse ser tão pró-judaico. Ele ficou enraivecido e gritou: "Eu tenho o mais absoluto respeito pela personalidade e pela ação política de Mussolini. Somente em uma coisa não posso admitir que ele esteja certo e é em relação à questão judaica na Alemanha, porque ele não sabe nada sobre isso". Hitler continuou dizendo que era a maior autoridade do mundo sobre a questão judaica na Alemanha, porque só ele havia examinado a questão "por longos anos de todos os ângulos, como nenhuma outra pessoa". E, gritou Hitler, poderia prever "com absoluta certeza" que, em quinhentos ou seiscentos anos, o nome de Adolf Hitler seria honrado em todas as terras "como o homem que exterminou de uma vez por todas a peste judaica do mundo".[71]

Enquanto os diplomatas lutavam para apaziguar Hitler na noite de 31 de março, importantes líderes do protesto judaico também lutavam com a questão emocional. Depois de muita agonia, dois líderes anglo-judeus finalmente concordaram com o pedido urgente da delegação sionista despachada para a Grã-Bretanha alguns dias antes. O primeiro foi lorde Reading que, um dia antes, havia atacado as atrocidades alemãs no Parlamento. O segundo foi lorde Herbert Samuel, ex-alto-comissário britânico da Palestina e um grande amigo do movimento sionista. Juntos, eles publicariam uma declaração que dizia:

> Apesar de compartilhar [...] o profundo sentimento levantado neste país com o anúncio da ação discriminatória que se pretende tomar na Alemanha contra os profissionais, comerciantes e outros judeus, nós desaprovamos informes exagerados de ocorrências ou qualquer tentativa de boicotar produtos alemães. Tais tentativas até o momento foram não autorizadas e irregulares, e o fim delas, em nossa visão, conduziria ao alívio da situação na Alemanha.

O secretário de Relações Exteriores britânico, John Simon, concordou ao mesmo tempo em enviar uma carta ao embaixador alemão em Londres endossando a declaração judaica.[72]

Organizadores do protesto popular nos Estados Unidos, liderados por Stephen Wise, no entanto, não estavam dispostos a concordar com as ameaças alemãs. O silêncio de Wise, originalmente com intenção de permitir que o Departamento de Estado negociasse livremente, agora se transformara em uma forte recusa de aplacar Hitler. Mesmo mensagens hostis de companheiros judeus na Alemanha não o forçariam a concordar. Um telegrama em particular o deixou nervoso. Enviado naquele dia pelos editores de um proeminente jornal judeu em Hamburgo, ele afirmava:

> JUDEUS ALEMÃES ACUSAM VOCÊ E SEUS ASSOCIADOS DE SEREM FERRAMENTAS DE INFLUÊNCIAS POLÍTICAS EXTERNAS PONTO A SUPERVALORIZAÇÃO SEM SENTIDO DE SUA PRÓPRIA IMPORTÂNCIA INTERNACIONAL E FALTA DE JULGAMENTO ATRAPALHAM MUITO AQUELES QUE FINGE QUERER PROTEGER [...] MELHOR DESISTIR DE SER O CENTRO DAS ATENÇÕES E PARAR COM REUNIÕES INÚTEIS COMO MEIOS PARA LUTAR CONTRA O ANTISSEMITISMO [...] ESSE É UM IMPORTANTE DEVER PARA REPARAR SEUS CRIMES CONTRA NÓS.

Wise tinha certeza de que tais telegramas eram escritos sob grande coação e obviamente para uso do PNSTA.[73]

Apesar de líderes judaicos populares se recusarem a apaziguar os nazistas, o Comitê Judaico Americano concordou. Cyrus Adler, presidente do Comitê, recebeu um pedido comovido na noite anterior de seu amigo Oscar Wasserman, um banqueiro conhecido, informando:

> SEM DÚVIDAS DE QUE AMEAÇA DE BOICOTE CONTRA TODOS JUDEUS SERÁ REALIZADA COM FORTE SEVERIDADE SE ACONTECEREM PROTESTOS EM QUALQUER PARTE OU BOICOTE CONTRA PRODUTOS ALEMÃES SEJA RECOMENDADO POR JUDEUS OU COM AUXÍLIO JUDEU PONTO JUDEUS ALEMÃES ENFRENTARÃO GRANDE POBREZA E DIFICULDADES SE JUDEUS EM PAÍSES ESTRANGEIROS CONTINUAREM A INTERFERIR SOLICITO SUA AJUDA O MÁXIMO POSSÍVEL.[74]

Em 31 de março, enquanto o Terceiro Reich esperava ansiosamente uma garantia pública de que os judeus americanos não revidariam com armas econômicas ou mesmo protestos verbais, Adler escreveu uma declaração, enfatizando sua posição de autoridade: "O Comitê Judaico Americano, do qual sou presidente, não participou de nenhum protesto. Nenhum organismo responsável nos Estados Unidos sugeriu o boicote. Estivemos e estamos fazendo tudo ao nosso alcance para dissipar a agitação".[75]

Entre a capitulação britânica e o anúncio do Comitê naquele dia, Horace Rumbold, o embaixador britânico em Berlim, visitou Von Neurath para discutir o boicote antijudaico. Von Neurath contou ao embaixador Rumbold sobre o ultimato de doze horas de Hitler e sugeriu que havia alguma esperança, porque as declarações judaicas e governamentais da Grã-Bretanha já estavam garantidas. No entanto, os eventos aconteciam tão rapidamente que Rumbold não sabia das atividades de seu próprio país nas horas anteriores. Ele, na verdade, levantava dúvidas sobre as garantias britânicas quando Von Neurath foi chamado ao telefone. Fontes alemãs em Washington ligavam para informar que o judaísmo americano havia feito o anúncio exigido por Hitler.[76]

Agora parecia que a tarefa impossível de Von Neurath poderia ser concluída. A última atualização das pessoas trabalhando na França e com o Departamento de Estado americano indicava que declarações similares estavam sendo feitas. Mas, além da declaração judaico-americana, que já era pública, as outras declarações eram completamente contingentes ao cancelamento do boicote de 1º de abril.

Agora dependia do chanceler. Apesar dos relatórios encorajadores, Hitler ainda se recusava a cancelar o boicote do dia seguinte.[77]

Von Neurath não podia acreditar na recusa de Hitler. A honra diplomática da Alemanha havia sido questionada. Garantias estrangeiras foram solicitadas sob a garantia expressa de que, se produzidas, o boicote antijudeu seria cancelado. Essas garantias já haviam sido feitas ou estavam a caminho. Von Neurath estava tão abalado fisicamente que quase não conseguia trabalhar. Von Papen estava tão furioso que tentou convencer o presidente Hindenburg a declarar a lei marcial. Ao mesmo tempo, apelos urgentes eram feitos pelas indústrias naval, manufatureira e financeira para que o boicote antijudeu fosse impedido a todo custo.[78]

Enquanto apelos de última hora eram feitos a Hindenburg, o telefone tocou no escritório de Berlim do *chargé* Gordon. O subsecretário de Estado,

Phillips, estava ligando de Washington com a declaração de que Von Neurath precisava. Phillips ditou a declaração:

> A situação na Alemanha está sendo acompanhada de grande preocupação. Incidentes infelizes aconteceram, e o mundo inteiro se une para lamentar. Mas sem minimizar ou perdoar o que aconteceu, tenho razões para acreditar que muitos dos atos de terror e atrocidades informados e que chegaram a nosso país foram exagerados, e temo que a contínua disseminação de informes exagerados possa prejudicar os sentimentos amigáveis entre os dois povos.[79]

Phillips continuou a ditar a declaração: "Fui avisado de que medidas de protesto [...] em certas cidades americanas [...] resultariam em um boicote parcial de produtos alemães [...] Não só essas medidas afetam de forma adversa nossas relações econômicas com a Alemanha, mas, o que é mais importante, ao mostrar um espírito de moderação, provavelmente induziremos um espírito de moderação em outros lugares".[80]

Hull cedeu e anulou o aviso anterior dos Estados Unidos de repercussões mais abrangentes se a campanha antijudaica acontecesse. Ele estava preparado para publicar a nova declaração nos jornais americanos na manhã de sábado. Mas Phillips classificou o recuo cuidadosamente, insistindo que Gordon "deixasse claro [a Von Neurath] que não poderia publicar tal declaração a menos que recebesse garantias definitivas de que o boicote seria cancelado. Você entenderá que o secretário ficaria em uma posição muito embaraçosa se, depois de publicar essa declaração, o boicote acontecesse. Devemos, assim, esperar uma mensagem sua afirmando efetivamente que o boicote será cancelado [...] Quanto tempo poderá demorar essa resposta?".[81]

Gordon respondeu: "O ministro de Relações Exteriores me falou onde encontrá-lo para jantar. Eu poderia estar lá em cinco ou dez minutos. Posso ligar de volta em quinze ou vinte minutos". Gordon acrescentou que Von Neurath havia garantido que o secretário de Relações Exteriores britânico mandaria uma declaração similar, mas os detalhes finais ainda "não haviam sido acertados". Gordon sabia que minutos faziam diferença. "Vou ligar para ele [Von Neurath] no jantar imediatamente e retorno em trinta minutos. Farei a ligação agora enquanto vou me encontrar com ele." Gordon desligou e ligou em seguida para o ministro das Relações Exteriores alemão.[82]

Naquele momento, Hindenburg havia, sem dúvida, contatado Adolf Hitler uma última vez. Usando o resto de prestígio e influência que ainda tinha, o presidente insistiu que Hitler cancelasse a campanha de 1º de abril. Todos os velhos argumentos foram usados. Talvez alguns novos. E, então, por algum motivo, ou talvez por alguma combinação de razões, o *Führer* inesperadamente concordou. O boicote deveria mesmo ser interrompido.

Por alguma razão, Hitler finalmente concordou que o Terceiro Reich sofreria, nesses primeiros estágios, mais do que ganharia, e que ainda não estava forte o suficiente para arriscar-se nessa batalha. Ele concordou que a tática de boicotes seria abandonada. Em vez disso, tomaria atitudes legais contra a viabilidade econômica dos judeus alemães por meio de regulamentações. De modo gradual. Mas a ação da manhã de sábado já estava muito adiantada para ser abortada. Fazer isso, admitia Hitler, provavelmente resultaria em um banho de sangue nas mãos de incontroláveis, indignadas e desapontadas tropas da SA.[83]

Portanto, foi feito um acordo relutante que permitiria que Hitler satisfizesse as exigências dos camisas-pardas para um ataque contra os judeus, mas que limitasse a retaliação econômica contra o judaísmo mundial. O chanceler declararia "uma pausa" no boicote no primeiro dia, depois uma moratória curta. Se, na quarta, 5 de abril, a agitação estrangeira tivesse recuado o suficiente, o boicote seria completamente dissolvido. No entanto, a expulsão de judeus de profissões liberais e a destruição do lugar deles na sociedade alemã começariam imediatamente.[84]

Hitler ligou, então, para Goebbels, insistindo que os membros da SA leais a Goebbels e Goering fossem convocados e avisados de que o boicote havia sido reduzido. Com relutância, Goebbels preparou um anúncio de rádio suspendendo o boicote antijudaico das 19h de 1º abril até a manhã da quarta-feira seguinte – para observar a drástica redução da agitação estrangeira e movimentos de boicote anti-Reich. Durante as horas ativas do boicote no sábado, nenhuma violência poderia ser realizada. Não se poderia ao menos entrar em nenhuma loja judaica e nenhum judeu poderia ser maltratado. Os bancos judeus estariam isentos por decreto para minimizar problemas econômicos.[85]

Já eram quase 23h em Berlim. O mundo ainda acreditava que, dali onze horas, os nazistas realizariam um violento *pogrom* por toda a Alemanha. O *chargé* Gordon encontrou-se com Von Neurath. Ele leu a declaração de Hull repudiando o boicote antialemão, mas o ministro do Exterior, muito angustiado, admitiu que era tarde demais. Von Neurath disse que Hitler sentia que muitas unidades da SA esperavam o momento e não podiam ser desapontadas. O único consolo ao qual Von Neurath podia se referir era a decisão de suspender a campanha às 19h do sábado. Gordon concordou com tristeza em passar as notícias para Washington.[86]

Em cinco minutos, Gordon ouvia o anúncio de Goebbels pelo rádio, limitando o boicote a um único dia. Mas as afirmações foram, ao mesmo tempo, tranquilizadoras e sinistras. Ele deixou claro que "o boicote será realizado com disciplina dura e ninguém correrá perigo físico [...] Todo ato de violência física será punido de forma severa [...] Provocadores que [...] incitarem a violência serão entregues à polícia".[87] Então Goebbels, que tinha a lealdade pessoal de muitas divisões das Tropas de Assalto, acrescentou um *post scriptum* ameaçador e pessoal. Em vez de minimizar a probabilidade de uma retomada na quarta-feira seguinte, ele declarou que, se as notícias sobre atrocidades e o movimento de boicote internacional anti-Reich não tivessem desaparecido completamente na quarta-feira, a campanha antijudaica seria "retomada com força e veemência sem precedentes".[88]

Goebbels deixou o estúdio e dirigiu-se a um auditório no lado oeste de Berlim, onde discursou para uma multidão já agitada de camisas-pardas. No estilo hipnótico e demagógico nazista, Goebbels trabalhou a multidão até levá-la a um frenesi violento. Para começar, Goebbels gritou: "Amanhã nenhum homem ou mulher alemão deve entrar em uma loja de judeus. O comércio judeu por toda a Alemanha deve permanecer paralisado. Devemos, então, fazer uma pausa de três dias para dar ao mundo a chance de se retratar da agitação antialemã. Se esta não for abandonada [...] o boicote será retomado na quarta até que o judaísmo alemão tenha sido aniquilado!".[89]

Goebbels, então, admitiu para a multidão que o partido não havia planejado esse confronto declarado com os judeus até que Hitler tivesse consolidado mais poder. "Não planejávamos abrir essa questão imediatamente. Tínhamos coisas mais importantes para fazer." Em seguida, acusando os judeus de "tirar o pão dos trabalhadores alemães" ao criarem o boicote internacional anti-Hilter, Goebbels gritou um sério aviso: "Não tocamos em um fio de cabelo judeu, mas, se Nova York e Londres boicotarem produtos alemães, vamos sujar as mãos". A multidão explodiu com gritos de "Enforquem-nos! Enforquem-nos!".[90]

À meia-noite em Berlim, *chargé* Gordon ligou para o subsecretário Phillips em Washington. Gordon estava desolado porque acreditava que o minúsculo atraso do Departamento de Estado havia sido um fator determinante. "Como lhe falei à tarde", disse Gordon, "foi uma ruptura de última hora." Gordon acrescentou que a carta de Sir John Simon repreendendo os protestos e o boicote "não se materializou". Sob essas circunstâncias, a declaração de apaziguamento de Hull seria retirada e não conhecida pelo público.[91]

Em Nova York, Stephen Wise finalmente dormiu bem depois da meia-noite naquela sexta, esperando que a história provasse que seu ativismo firme contra Hitler não antecipara os eventos que se seguiriam. Na verdade, esses eventos já estavam planejados há bastante tempo pelos líderes nazistas. Os protestos do Congresso Judaico Americano e o crescente boicote anti-Reich liderado pelos judeus só forçaram os nazistas a executar seus planos antes do esperado. Uma carta tranquilizadora de um confidente de Berlim chegou a Wise logo depois de 1º de abril. Ela explicava:

> Aqui eles fizeram os judeus e todos os demais pensarem que esse boicote era somente uma medida retaliatória por causa da ação dos judeus na Inglaterra e nos Estados Unidos e que nada teria acontecido se não fosse por isso. Mentiras – tudo mentira. Tudo estava preparado há meses. Eu sei! [...] Algum país poderia ter, em 48 horas, uma lista completa de todas as lojas de judeus na Alemanha [...] incluindo as costureiras, os pequenos sapateiros, minúsculas lojas em porões que vendem verduras, e tudo isso [até] nas menores cidades e povoados [...] Isso foi organizado até o enésimo grau.

Stephen Wise também esperava que a história confirmasse que sua firmeza fez mais do que mostrar as verdadeiras intenções dos nazistas. Wise esperava provar que ele, na verdade, havia evitado ataques medievais sangrentos.[92]

Quando os comerciantes judeus em Berlim chegaram a suas lojas na manhã de 1º de abril, encontraram grupos dos camisas-pardas carregando placas, espantando clientes. Todas as lojas judaicas haviam sido identificadas com um ponto amarelo contra um fundo negro, uma reminiscência das estrelas amarelas que os judeus eram forçados a usar na Idade Média. Em Hamburgo, Munique, Frankfurt e em toda cidade e na maioria dos povoados na Alemanha, os piquetes gritavam: "Compre dos alemães. Não compre em lojas judaicas!". Bombas fétidas eram jogadas em lojas de departamentos de judeus. Os juízes eram arrastados de seus tribunais pelos réus. Os pacientes de médicos eram admoestados na porta dos consultórios.[93]

Muitas lojas haviam sido fechadas dias antes por boicotes regionais realizados desde o primeiro anúncio. Apesar dos pedidos de empresas de seguro "arianas", grandiosas unidades da SA quebraram vidraças e destruíram propriedades. Alguns cidadãos alemães que se opunham ativamente ao boicote fizeram compras deliberadamente em lojas de judeus, comprando o primeiro objeto que viam. Essas pessoas eram filmadas pelas câmeras nazistas para exibição em cinemas locais; alguns deles sofreram ataques e tinham a palavra *Traidor* pintada na testa.[94]

Nas regiões mais elegantes de Berlim, camisas-pardas armados com porretes e outras armas montaram um cerco de terror que durou um dia inteiro, que incluiu a invasão de lojas de judeus, a destruição de mercadorias, a extorsão de dinheiro e espancamentos brutais contra os proprietários.[95] Um advogado judeu foi assassinado por uma multidão em Kiel depois de ser arrastado da cadeia onde estava detido após resistir aos boicotadores.[96]

Por toda a Alemanha, atos cruéis de intimidação e destruição inauguraram de modo formal a nova era. Mas uma boa parte do mundo exterior foi enganado sobre o grau de violência, pois o Escritório de Imprensa do Governo, liderado por Goebbels, ordenou que os jornais só publicassem fotos "que estejam dentro dos limites do boicote legal". Assim, todas as fotografias mostravam tropas da SA disciplinadas paradas impassíveis do lado de fora de lojas de judeus funcionando somente como piquetes informativos. Em 31 de março, o organizador do boicote, Streicher, fez circular uma declaração de que um "grupo comunista" planejava quebrar vitrines e destruir lojas; portanto, o vandalismo contra os judeus era, antecipadamente, declarado como uma transgressão comunista, não nazista. A censura restrita e a histeria alemã sobre até mesmo um informe que fosse visto como "propaganda de atrocidades" criaram uma fachada de inatividade que enganou muitos jornalistas e diplomatas ocidentais e o resto do mundo por décadas. Eles acreditaram que o boicote antijudaico de 1º de abril havia sido essencialmente não violento.[97]

Contudo, Stephen Wise não foi enganado. Ele estava convencido de que, mesmo se os atos mais visíveis de violência física pudessem agora ser evitados, os atos violentos mais silenciosos – expulsões profissionais, privação de liberdades civis, aniquilação cultural – continuariam, até que o judaísmo alemão fosse liquidado. Wise estava determinado a garantir que os direitos dos judeus não fossem sacrificados e jurou lutar com força até que o regime de Hitler fosse derrubado por alemães honrados que perceberiam que a campanha de Hitler era um suicídio nacional.[98]

Em 1º de abril, o *Volkischer Beobachter* publicou uma fotografia do inimigo de Adolf Hitler. Era uma foto de Stephen S. Wise parado ao lado de dois apoiadores do Congresso. Na noite anterior, Goebbels escreveu que a luta contra o judaísmo internacional "será uma luta até o final".[99]

O 1º de abril foi, portanto, o Dia Um. Os nazistas haviam lançado a guerra contra os judeus, mobilizando toda a Alemanha. Os judeus lançariam sua guerra contra os nazistas, mobilizando o mundo todo. Boicotes anti-Hitler, marchas de protestos e reuniões eram agora preparados. A Alemanha seria isolada política, econômica e culturalmente até se livrar da liderança nazista. A Alemanha aprenderia outra lição amarga.

PARTE

II

O MOMENTO SIONISTA

7

A SOLUÇÃO SIONISTA

O mundo acordou com refugiados judeus alemães. Eles apareceram imediatamente depois do 1º de abril. Mas não foi só o boicote. Os judeus estavam sendo expulsos de todos os campos comerciais e profissionais. Milhares tornaram-se vítimas de violência aleatória nas ruas. Dezenas de milhares foram presos por falsas acusações. Pior, o Terceiro Reich preparava uma legislação para legitimizar a ilegítima destruição dos judeus, enquanto trabalhadores corriam para construir um misterioso campo de concentração político em uma vila de pastores chamada Dachau.

Não havia tempo para planos elaborados. Ir embora era importante, para qualquer lugar. Uma hora a mais parado poderia significar a morte para qualquer judeu alemão importante no campo das artes, da política ou do comércio. De navio, de trem, de bicicleta ou a pé, eles correram para as fronteiras, agarrados a algumas poucas malas ou pacotes de itens preciosos: às vezes, somente um saco de papel, dinheiro, alguma comida, fotos de parentes; em geral um livro, frequentemente um diário.

No começo, eram contados às dúzias, depois aos milhares. Em 1º de abril, todos os trens que entravam na Dinamarca estavam lotados de refugiados judeus alemães. Naquele mesmo dia, centenas entraram nos Países Baixos. As cidades fronteiriças holandesas deram abrigo temporário e abriram suas cozinhas públicas para as famílias em fuga.[1]

Em Paris, centenas de refugiados judeus alemães forçaram as organizações de caridade ao limite. Foi o mesmo na Tchecoslováquia e na Polônia, que contava com pelo menos 3 mil judeus em fuga, na Suíça, onde pelo menos 6 mil tinham entrado e, na Bélgica, onde milhares de judeus fugiram cruzando as montanhas para a liberdade, muitos perseguidos pelas balas dos guardas de fronteira do Terceiro Reich – e tudo isso nos primeiros três ou quatro dias depois do boicote antijudaico. Estados europeus sem fronteira direta como Espanha e Portugal, e até a Inglaterra, também sentiram o drama da fuga já que cada navio trazia mais cidadãos judeus alemães desesperados.[2]

Duas semanas depois do 1º de abril, mais de 10 mil judeus alemães haviam fugido e, agora, precisavam de comida, roupas, organização, empregos – um princípio básico para a existência.[3] Nenhuma afirmação de "assuntos internos" feita pelos nazistas poderia se sustentar. A crise era verdadeiramente internacional. A perseguição alemã contra seus próprios cidadãos acontecia abertamente nas portas do mundo. Notícias em jornais e rádios da Alemanha tinham agora novas provas: homens, mulheres e crianças, sem casa, famintos e agarrando-se a vestígios de vida em pequenas malas.

Como em emergências anteriores, a comunidade internacional judaica reagiu com agitação política contra a força opressiva. Mas essa luta seria diferente. Não seria travada tanto por aqueles que tinham acesso aos altos escalões dos governos, mas por homens e mulheres comuns cuja grande arma estava em seus bolsos. As linhas de frente seriam as lojas de produtos baratos e os cinemas, as lojas de câmeras fotográficas e as de roupas, onde toda pessoa tinha um grande poder: o de simplesmente rejeitar. O boicote era uma forte arma cuja bala podia atingir de Londres ou Detroit até Hamburgo ou Munique. Assim, comitês judaicos locais e associações nacionais não seriam suficientes. As pessoas precisariam se unificar em uma guerra econômica ampla e completa contra o Terceiro Reich. Um organismo judeu internacional seria necessário. E, em 1933, existia somente um grupo que mantinha uma organização mundial e tinha o apoio popular e o acesso político que o movimento de boicote antinazista exigia.

Esse grupo era a Organização Sionista.

Porém, aos olhos dos sionistas, as infâmias de Hitler não foram nada inesperadas. A ideologia sionista previa a opressão periódica contra judeus até mesmo nas terras mais iluminadas da Diáspora, ou seja, nas comunidades da dispersão judaica. Tais ondas de antissemitismo haviam sido uma questão regular na vida dos judeus na Europa desde a *emancipação* na metade do século XIX, quando os judeus puderam sair dos guetos e assumir uma posição menos desigual com outros europeus. No século XX, o sangue judeu foi facilmente derramado, não só pelo czar até sua queda, mas também por toda a fronteira russo-polonesa onde, de 1919 a 1921, cerca de 100 mil civis judeus foram massacrados pelos exércitos soviético e ucraniano durante a Guerra Russo-Polonesa; e na Romênia, onde, durante a metade da década de 1920, distúrbios nacionais antijudaicos abertamente patrocinados pelo ministro do Interior destruíram sinagogas e mataram civis inocentes.[4]

A ascensão de Hitler era, portanto, vista pelos sionistas simplesmente como o episódio antissemita mais recente. Mas, dessa vez, as coisas eram diferentes. Em um sentido macabro, as coisas eram ideais. Os judeus alemães não eram camponeses empobrecidos ou comerciantes poloneses da classe baixa com poucas economias. Esses judeus alemães eram solidamente de classe média. Possuíam terras, casas, mobílias, ações. Eram advogados, médicos, engenheiros, cientistas, artistas, funcionários públicos. Eram donos não só de lojas, mas de cadeias de lojas de departamento. Possuíam não só casas de penhores, mas grandes bancos comerciais. Esses homens e mulheres que não tinham espaço no Terceiro Reich alemão encontrariam um lugar indispensável na nação judaica. Da expulsão deles viria a retomada. Pasme! Israel esperava dentro das fronteiras do Terceiro Reich.

Aqui, então, aconteceu uma reviravolta para o sionismo. A tarefa que o movimento sionista deveria enfrentar era manobrar para liderar a resposta judaica internacional e interpor o sionismo e a Palestina como uma solução central para o problema judaico alemão.

O que era exatamente o sionismo e por que ele assumiu essa posição tão confusa na vida judaica da época? O sionismo é um dos movimentos menos compreendidos na história moderna, tanto por seus adeptos como por seus críticos. Seu emaranhado de partidos, facções, feudos filosóficos, rivalidades, alianças improváveis e coalizões tênues perpetua a confusão e desafia os esforços para definir o movimento em termos simples e diretos. Mas uma explicação rudimentar do sionismo é essencial para entender por que o movimento viu a ascensão de Hitler como seu momento decisivo.

Na década de 1890, depois dos *pogroms* na "bárbara" Rússia e da perseguição de Dreyfus na "civilizada" França, Theodor Herzl surgiu como o líder de um grupo internacional de pensadores judeus que viam o retorno à Terra Santa como a solução para a perseguição judaica na Europa. Em 1895, Herzl escreveu um panfleto intitulado: "O Estado Judeu – Uma Tentativa de uma Solução Moderna para a Questão Judaica". "O Estado Judeu", escrito originalmente em alemão sob o título de "*Der Judenstaat*", foi um trabalho extraordinário. Misturando porções iguais de genialidade e *nonsense*, compaixão humana e pragmatismo implacável, uma percepção precisa de história e uma impressionante noção utópica do futuro, "*Der Judenstaat*" tornou-se a bíblia do movimento sionista.[5]

Em seu tratado, Herzl admite que há um problema judaico "em todos os lugares onde viva um número perceptível de judeus". Herzl declara que os próprios judeus "introduziam" o antissemitismo com a sua presença: "Onde não ocorre, é levado pelos judeus durante suas migrações. Nós, naturalmente, nos mudamos para esses lugares onde não somos perseguidos, e lá nossa presença gera perseguição. Esse é o caso em todos os países". Assim, Herzl declara que a perseguição judaica não é uma faceta de aberração da sociedade intolerante, mas uma reação natural à aparição de um grupo estrangeiro – os judeus.[6]

Herzl identifica "o antissemitismo moderno" como diferente da intolerância religiosa ou do fanatismo; em vez disso, o antissemitismo é um movimento político e econômico em si, criado pela emancipação de judeus dos guetos e sua tensa aceitação na sociedade cristã. Palavras de Herzl: "Nos principais países onde prevalece o antissemitismo, isso acontece como resultado da emancipação dos judeus". Herzl declara que a assimilação dos judeus nas principais nações foi um erro histórico que naturalmente produziu uma reação violenta cristã.[7]

É a reação natural dos cristãos, na visão de Herzl, não a religião judaica, que faz do povo judeu uma nação verdadeira e distinta. Aquela nação, declara ele, deve obter um território para si, estabelecer sua soberania e transferir seu povo. Herzl especifica a Palestina como o lar ideal para a nação judaica se for adquirida sob garantias internacionais formais. Herzl denigre a colonização gradual como mera "infiltração", que sem dúvida estimularia mais uma vez o antissemitismo. A supervisão internacional era um pré-requisito para qualquer transferência de população.[8]

A transferência em si deveria ocorrer durante várias décadas depois da aquisição da terra. Primeiro iriam os "desesperados", que fugiam da opressão e de *pogroms*. Retreinados para o trabalho na pátria judaica, eles cultivariam o solo e construiriam a infraestrutura física do Estado. Em segundo lugar, iriam "os pobres", que criariam a vasta mão de obra e as demandas comerciais. Em seguida, iriam "os prósperos" para capitalizar o comércio do Estado judeu. E finalmente chegariam "os ricos", para se juntar ao bem estabelecido Estado judeu.[9]

Durante todo o tempo, Herzl declara sua previsão de que as multidões de judeus satisfeitos por todo o mundo, que não são vítimas de perseguição, irão se opor vigorosamente ao sionismo. "Velhos prisioneiros não querem deixar suas celas", ele escreve. Apesar de Herzl especificar que a emigração para o Estado judeu seria completamente voluntária, ele ameaça que aqueles que não aderirem serão deixados para trás, separados do povo judeu e, no final, assimilados pelas nações cristãs. "Portanto, se todos ou alguns judeus franceses protestarem contra esse esquema sobre sua própria 'assimilação', minha resposta é simples: nada disso diz respeito a eles. Eles são judeus franceses, muito bem! Isso é um assunto particular dos judeus".[10]

Embora enfatize a questão da escolha – "Aquele que não vier conosco será deixado para trás" –, Herzl garante que assim que a escolha for feita, os métodos para alcançar os objetivos sionistas serão realizados sem "qualquer votação", mesmo se isso exigir lutar contra as aspirações dos chamados judeus assimilados. Palavras de Herzl: "Talvez tenhamos de lutar antes de tudo contra muitos membros malignos, mesquinhos e desprovidos de visão de nossa própria raça". Em uma passagem ainda mais enérgica, ele declara: "Quem quer que precise, deseje e deva perecer, que pereça. Mas a nacionalidade distinta dos judeus nem pode, nem vai, nem deve ser destruída [...] Setores inteiros do judaísmo podem atrofiar e desaparecer, mas o corpo permanecerá."[11]

Os conceitos de Herzl foram muito refletidos em sua época. Durante o final do século XIX, muitos grupos europeus desenvolveram movimentos nacionalistas fervorosos. Eles eram geralmente divididos em linhas étnicas que viam as raízes linguísticas, geográficas, religiosas e/ou históricas como a base para a soberania que substituía o Estado eclesiástico e/ou dinástico. Com os movimentos nacionalistas traçando suas linhas étnicas, os judeus encontraram-se sistematicamente excluídos, ou incluídos apenas condicionalmente de acordo com os desejos tênues da maioria. O pensamento de Herzl fazia todo o sentido em uma Europa que perseguia judeus mesmo quando eles abandonavam suas práticas religiosas ou se convertiam ao cristianismo. Herzl estava correto. O antissemitismo, não a religião, criou a nação judaica.

O panfleto de Herzl, "*Der Judenstaat*", incluía um plano detalhado da construção do Estado judeu. Dois instrumentos eram necessários: primeiro, uma "Sociedade de Judeus", para negociar e gerenciar as questões da futura nação judaica; segundo, "A Companhia Judaica", uma entidade estritamente comercial para liquidar a posição financeira dos judeus na Europa e transferir a riqueza deles para a Palestina. De acordo com o plano, a Companhia Judaica cuidaria dos bens de cada judeu emigrante e providenciaria uma compensação em terras, máquinas e moradias no novo Estado judeu. A Companhia Judaica gerenciaria as empresas de judeus na Europa e/ou as questões financeiras até que elas pudessem ser vendidas a "antissemitas honestos", que tomariam conta das antigas posições econômicas dos judeus. Herzl promete aos governos cristãos que essa Companhia Judaica venderia as participações judaicas com descontos substanciais. Ele ainda incita os governos cristãos a cooperarem com o programa sionista, com a promessa de grande prosperidade para seus cidadãos cristãos depois que os judeus saírem da Europa. Até se tornar autossuficiente, o novo Estado judeu também representaria um mercado leal e lucrativo para as exportações de países cristãos que cooperassem.[12]

A retirada organizada de todos os judeus da Europa tinha um apelo óbvio, até mesmo uma justificativa imprevista, para os antissemitas. Assim, o sionismo era uma ameaça tanto para a cômoda classe média judaica como para o próprio antissemitismo. Comunidades judaicas estabelecidas insistiam que deveriam ser tratadas como cidadãos comuns em qualquer país em que vivessem. A resposta de Herzl para o esperado ressentimento da maioria judaica era simplesmente esperar. "Grandes esforços mal serão necessários para estimular o movimento." "[Os antissemitas] [...] precisam fazer apenas o que fizeram antes, e então criaremos o desejo [judeu] de emigrar para onde isso não existia."[13]

"*Der Judenstaat*" foi um sucesso instantâneo, lançando Herzl à frente do pequeno movimento sionista. Em 1897, um ano depois da publicação do "*Der Judenstaat*", o Primeiro Congresso Sionista foi realizado na Basileia, quando foi adotado o Programa da Basileia, que defendia a aquisição legal, internacional e supervisionada de um Estado judeu e a emigração ordenada, pacífica e voluntária de todos os judeus do mundo até suas fronteiras. Ao mesmo tempo, a Organização Sionista foi estabelecida para funcionar como "a Sociedade dos Judeus" e fazer *lobby* pela pátria judaica e representar todos os judeus que aceitassem o sionismo. A participação era garantida a qualquer judeu que pagasse o *shekel* bíblico, uma taxa que equivalia a 25 centavos de dólar. Dois anos depois, em 1899, a "Companhia Judaica" de Herzl foi fundada com o nome de Jewish Colonial Trust Company, uma entidade bancária constituída na Inglaterra. Em 1901, o Fundo Nacional Judaico foi criado para comprar e cultivar terras na Palestina, preparando-a para o Estado judeu. Estava proibido de vender qualquer terra, uma vez comprada, e terminaria por se tornar a corporação proprietária de todas as terras na pátria judaica.[14]

Profundas divisões filosóficas atacaram a Organização Sionista desde o começo. Logo, um círculo de facções dissidentes e partidos opostos começaram a lutar pela direção do movimento. O conflito central era entre os sionistas "práticos" e "políticos". Os "práticos" queriam estabelecer a pátria judaica "passo a passo", colonizando gradualmente para criar uma realidade política fundamental. Os "políticos" evitavam o que Herzl já havia chamado de "infiltração" e insistiam em um acordo político total antes da colonização organizada.[15]

Esse acordo político completo foi prometido em 1917 quando a Inglaterra publicou a Declaração de Balfour prometendo que a Palestina turca pudesse ser a Pátria Judaica se os Aliados vencessem a guerra. Quando o sonho parecia se tornar uma realidade, as forças judaicas antissionistas, incluindo os líderes judaicos mais influentes do mundo, lutaram muito contra essa perspectiva. Mas, na era do pós-guerra, com os Aliados dedicados à autodeterminação étnica dos árabes, europeus e até súditos coloniais distantes na África e na Ásia, o nacionalismo judeu era algo bastante legítimo, apesar de ainda ser visto como uma aspiração controversa. A Liga das Nações e os Aliados vitoriosos concordaram que os judeus deveriam retornar a seu lar de origem depois de um exílio de quase 2 mil anos.

Apesar de a essência da Declaração de Balfour ter sido incorporada no Tratado de Paz de Versalhes de 1919, o Mandato da Liga das Nações para a Grã-Bretanha supervisionar o lar nacional judeu só foi finalizado em abril de 1920 em uma conferência aliada em San Remo, na Itália.

O sonho de Herzl havia sido realizado em pouco mais de duas décadas. O Estado judeu era, praticamente, um fato. Havia alguns "se" e "mas". As declarações não usavam as palavras "Estado judeu", mas sim "lar nacional para o povo judeu". Além disso, um intenso *lobby* de último minuto mudou a frase para "*um* lar nacional", não "*o* lar nacional". Assim, as populações árabes existentes seriam um grupo protegido dentro das fronteiras da Palestina. E, é claro, os direitos dos judeus em outros países não seriam prejudicados.[16] Mas, limitações à parte, os judeus haviam finalmente dado o primeiro passo na estrada de volta à Terra Prometida. A recitação obrigatória do Talmude, "No ano que vem em Jerusalém", agora possuía um significado real e animador.

Durante os anos antes do Mandato da Liga das Nações, o movimento sionista estava em um limbo nervoso, sem saber ao certo quando a criação do Estado judeu começaria e que forma teria. Uma longa lista de partidos, facções e grupos dissidentes desenvolveu-se na Organização Sionista. Cada um estava convencido de que sua posição em relação ao ideal sionista era a melhor, cada um afirmava falar em nome do movimento sionista e do povo judeu, cada um clamava que sua versão do sionismo fosse reconhecida pela comunidade internacional. Eles discordavam se a Declaração de Balfour e o Mandato da Liga constituíam o tão esperado apoio internacional que Herzl havia requerido, com a colonização passo a passo tornando-se, agora, o foco do futuro. Ou os britânicos estavam meramente suplantando os turcos como a autoridade que continuaria a recusar a soberania judaica? A Palestina judaica deveria ser um território associado à Grã-Bretanha, uma nação independente, um pequeno distrito autônomo de uma colônia britânica maior ou o parceiro judaico de uma entidade binacional na Palestina?[17]

Durante 1920, em meio a massacres diários na fronteira polonesa e incerteza política, o eminente líder sionista Max Nordau expôs um novo conceito severo que alguns chamaram de *sionismo catastrófico*. Nordau, um filósofo radical com um ponto de vista apocalíptico, havia sido o aliado mais próximo de Herzl nos anos de fundação do sionismo. Nos momentos finais de Herzl em 1904, seus seguidores insistiram para que Nordau o sucedesse como chefe do movimento sionista. Mas Nordau se recusou, preferindo permanecer fora do escalão superior. No Décimo Congresso Sionista, em 1911, Nordau previu que, se uma Palestina judaica não fosse garantida logo, milhões de judeus na Europa seriam aniquilados pelas forças políticas em ascensão.[18]

Enquanto os massacres de judeus na fronteira russo-polonesa e a questão da soberania judaica na Palestina eram tediosamente debatidos, Nordau propôs a transferência imediata de 600 mil judeus perseguidos por *pogroms* para a Palestina dentro de alguns meses – sem qualquer preparação real. Os bens desses 600 mil judeus iriam, é claro, com eles. Nordau previu, segundo falam, que um terço daqueles judeus morreria de fome, um terço acharia a Palestina inaceitável e reimigraria. O terço restante criaria uma maioria ou quase maioria na Palestina, e o Estado judeu seria conquistado rápida e definitivamente.[19]

Já havia se passado 25 anos desde que Herzl declarou pela primeira vez: "Quem quer que precise, deseje e deva perecer, que pereça [...] Setores inteiros do judaísmo podem atrofiar e desaparecer, mas o corpo permanecerá". Max Nordau, herdeiro relutante de Herzl, propunha agora levar os escritos filosóficos e as palavras dogmáticas para a realidade. O resultado de seu plano, se executado, seria aceitar o sacrifício de centenas de milhares de judeus, a perda de suas posses e a redispersão de outras centenas de milhares, mas a sobrevivência de pessoas suficientes com recursos suficientes para conseguir a tão importante salvação de futuras gerações. Nordau argumentava que era melhor que centenas de milhares de judeus morressem na luta para conseguir a redenção judaica na terra de Israel do que esperar pela espada do cossaco.[20]

A liderança sionista rejeitou o plano de Nordau como assustador e impraticável. Apesar de não ter sido colocado em prática, o sionismo catastrófico de Nordau levou várias lideranças sionistas a acreditar que o momento decisivo futuro surgiria de alguma tragédia parecida, talvez até mais ameaçadora.

Um dos que rejeitou o conceito de Max Nordau em 1920 foi Vladimir Jabotinsky, um maximalista apaixonado que defendia posturas extremas sobre o nacionalismo e a autodefesa judaica. No entanto, em um ato também controverso, Jabotinsky ironicamente selou um pacto com os nacionalistas ucranianos responsáveis pelos massacres que levaram ao plano de Nordau. O acordo de Jabotinsky estabelecia uma milícia judia na retaguarda das forças ucranianas para proteger civis judeus, muitos dos quais eram sionistas. Apesar de ter sido violentamente criticado em 1921 no 12º Congresso Sionista, Jabotinsky silenciou seus oponentes ao declarar do palco: "Para trabalhar pela Palestina, eu me aliaria até com o demônio". As ofensas transformaram-se em aplausos quando a audiência apoiou o raciocínio de Jabotinsky com uma ovação de pé. Aquela ovação foi o momento de mudança para muitos que agora começavam a acreditar não só que o momento decisivo para o sionismo viria de alguma catástrofe futura, mas também que a solução exigiria negociações dos sionistas com o lado responsável pela catástrofe.[21]

Trinta de janeiro de 1933. Adolf Hitler chega ao poder.

Nos primeiros dias após o boicote de Hitler contra os judeus da Alemanha, a hierarquia do movimento sionista na Europa e nos Estados Unidos estava ocupada tentando delinear um curso de ação. O objetivo não era mobilizar os recursos judeus e não judeus para a preservação dos direitos judaicos na Alemanha. Em vez disso, eles procuravam uma forma de transformar os sofrimentos do judaísmo alemão em um novo ímpeto para uma pátria judaica na Palestina.

A liderança sionista havia, na verdade, se recusado a fazer oposição à ideologia de expulsão dos nazistas desde o princípio. Vinte e quatro horas depois da indicação de Hitler, os sionistas alemães finalizaram um programa recentemente discutido chamado Juventude Aliya.[22] *Aliya* é o termo hebreu para emigração para Israel; sua tradução literal é *ascender*. Ante a premissa de que não havia mais nenhum futuro para os judeus na Alemanha, a Juventude Aliya organizava os jovens para encontrar um futuro na pátria judaica. Pais afetuosos, a maioria não sionistas, esperavam que um dia, depois que Hitler tivesse passado, seus filhos pudessem voltar à Alemanha sem as cicatrizes do nazismo. O projeto começou bem cedo. Em poucos meses, as crianças judias haviam sido banidas, segregadas ou submetidas a cotas em todo o sistema educacional do Terceiro Reich. E a teoria racial nazista, que humilhava toda criança judia, rapidamente se tornou matéria obrigatória em todas as aulas.[23] A Juventude Aliya servia a um nobre propósito ao permitir que jovens judeus alemães crescessem com dignidade como parte de um novo futuro histórico. Mas também era um sinal para os nazistas de que os judeus estavam dispostos a organizar a própria expulsão.

A aceitação sionista da expulsão judia não se limitava aos alemães. Os líderes sionistas no mundo todo viam a perseguição de Hitler como o começo decisivo. Mesmo um defensor dos direitos judaicos tão eminente como Louis Brandeis, juiz da Suprema Corte, permanecia em silêncio sobre o direito da existência judaica na Alemanha. Depois de quinze dias da indicação do *Führer*, o juiz Brandeis chocou Stephen Wise ao declarar: "Os judeus devem deixar a

Alemanha. Não há outra solução". Um chocado rabino Wise perguntou: "Como 585 mil pessoas podem ser retiradas da Alemanha?". Brandeis interrompeu: "Eu tiraria os judeus da Alemanha. Eles foram tratados com profundo desrespeito. Eu defendo que a Alemanha fique livre dos judeus. Que a Alemanha compartilhe o destino da Espanha. Nenhum judeu deve viver na Alemanha".[24]

A liderança nazista, é claro, notava com alegria a aceitação sionista da expulsão judaica – mesmo tendo ficado claro que essa concordância era perversa, já que os nazistas queriam a destruição cultural dos judeus e os sionistas queriam um renascimento. Mas, concordando ou não, os nazistas viam os sionistas como a personificação do inimigo e desde o começo organizaram uma campanha de terror contra eles na Alemanha.

Os líderes sionistas alemães estavam certos de que seus telefones haviam sido grampeados, a correspondência lida e os escritórios arrombados. O moral ficou abalado. A posição sionista era tão precária que a sede da ZVfD na rua Meinekestrasse 10 suspendeu toda a correspondência com os escritórios sionistas em Londres e mesmo na Palestina. As informações eram transmitidas através de canais secretos em cidades fronteiriças perto da Tchecoslováquia. Em um desses informes no começo de março, o líder sionista tcheco dr. Franz Kahn passou o seguinte recado para os escritórios sionistas no mundo: "Nenhum judeu pode estabelecer relações com o governo; todos os contatos prévios agora não valem mais. A ZVfD espera ser fechado completamente [...] Todos os fundos disponíveis foram retirados ou enviados para a Palestina".[25]

Mas o *status* ameaçado do sionismo na Alemanha mudou instantaneamente depois da reunião de 25 de março no escritório de Goering com os líderes judeus. Foi depois da declaração de Kurt Blumenfeld de que somente os sionistas possuíam uma organização internacional capaz de parar o movimento antinazista que a visão dos nazistas mudou. A partir daquele momento, o Terceiro Reich percebeu que poderia explorar o movimento sionista contra os judeus. Ao mesmo tempo, os sionistas convenceram-se de que poderiam explorar o movimento nazista para benefício das gerações futuras do povo judeu.

Assim que Blumenfeld e seu colega, Martin Rosenbluth, voltaram para casa vindos do escritório de Goering naquele dia, eles convocaram seus companheiros para discutir as ordens do líder nazista. Ficou claro que os sionistas estavam, de repente, dirigindo a missão para Londres. Essa era uma oportunidade para que a causa sionista se elevasse à frente da crise. Concordou-se que Blumenfeld não poderia ficar fora de Berlim nem por poucos dias. Rosenbluth deveria ir. Para evitar a aparência de que só a Federação Sionista da Alemanha falava com o judaísmo britânico, outras personalidades judaicas acompanhariam Rosenbluth. Os líderes selecionaram Richard Lichtheim, um ex-membro do Comitê Executivo Sionista que era, no momento, líder da União Revisionista dissidente de Vladimir Jabotinsky.[26]

Conforme explicamos anteriormente, Rosenbluth e companhia decidiram que um membro da não sionista Central Verein deveria também participar da missão. Dessa forma, Rosenbluth raciocinou que, se a missão fracassasse, os sionistas como grupo não seriam culpados. Ainda assim, era importante localizar um membro da Central Verein que não fosse *antis*sionista. Os homens selecionaram o dr. Ludwig Tietz, filho de Alfred Tietz, o magnata alemão dono de lojas de departamentos e filantropo. Tietz logo concordou.[27]

Na manhã de segunda-feira, 27 de março, Rosenbluth, Lichtheim e Tietz chegaram à Grã-Bretanha. Eles se encontraram na estação de trem e imediatamente se dirigiram à sede da Organização Sionista à rua Great Russell, 77, bem perto do Museu Britânico. Em torno de quarenta líderes judaicos, sionistas e não sionistas haviam se reunido para esperar o relatório deles. Os três explicaram as exigências de Goering para que os protestos antinazistas acabassem na Inglaterra e nos Estados Unidos. Como foi exigido, fizeram uma ligação transatlântica para Stephen Wise no esforço vão de cancelar o ato no Madison Square Garden. Feito isso, a delegação sionista previu para seus ouvintes que o fim da vida judaica na Alemanha era uma realidade inevitável. Somente a Palestina existia como solução. Mas a maioria dos líderes judeus reunidos representava o Grupo de Representantes Judeus Britânicos, já estabelecido há muito tempo e tradicionalmente anti ou não sionista. Esses homens, e mesmo alguns dos líderes sionistas, pareciam não acreditar nas previsões da delegação alemã.[28]

Depois da reunião, Rosenbluth, Lichtheim e Tietz apresentaram-se ao embaixador alemão Leopold von Hoesch, conforme Goering havia instruído. Von Hoesch, um não nazista remanescente da República de Weimar, não apoiava em nada o nacional-socialismo. Entretanto, pelo bem da Alemanha, e talvez o seu próprio, ele pediu à delegação judaica que convencesse lorde Reading a não renunciar à presidência da Associação Anglo-Alemã como protesto contra o antissemitismo do Terceiro Reich. Von Hoesch também pediu que mais negações das atrocidades fossem enviadas aos círculos anti--Hitler em Londres e Nova York. Ao contrário das expectativas de Berlim, funcionários da embaixada simpáticos à causa permitiram que os três líderes sionistas tivessem uma razoável liberdade para se mover. Assim, várias reuniões secretas foram marcadas sem demora.[29]

Lichtheim e Tietz também garantiram uma conferência com lorde Reading e imploraram para que ele adiasse sua renúncia da Associação Anglo-Alemã. Reading tinha suspeitas. Em desespero, Lichtheim e Tietz descreveram em detalhes o soberania da brutalidade nazista e como essa pequena conquista poderia, de alguma forma, satisfazer Goering e adiar a violência. Reading concordou em adiar sua renúncia formal por duas semanas, mas insistiu em expressar sua indignação sobre a perseguição na Alemanha algumas horas depois, no Parlamento.[30]

Mais tarde, na noite de 29 de março, Rosenbluth, Lichtheim e Tietz estavam sentados no *lobby* do Hotel Russell, localizado a poucos metros da Organização Sionista. Incertos de seu sucesso e dos eventos futuros, os cansados emissários esperavam a volta antecipada para a Alemanha na manhã seguinte. Mas, em um canto do *lobby*, um noticiário mundial, mal percebido antes, havia se tornado um centro inesperado de atividade. Os nazistas haviam anunciado oficialmente que o boicote contra as empresas e profissionais judaicos começaria no dia 1º de abril e que duraria até que a vida comercial judaica fosse completamente destruída. Na mente dos delegados, esse acontecimento mudava tudo. Eles contataram imediatamente o líder sionista Chaim Weizmann.[31]

No dia seguinte, ainda usando a liberdade concedida pela embaixada alemã, Rosenbluth foi de reunião em reunião debatendo soluções para o problema judeu alemão. O tom de muitas das conversas havia mudado. O boicote de 1º de abril representava um ponto de virada na percepção estrangeira da crise. Os líderes judaicos e funcionários britânicos que haviam duvidado antes da severidade da situação do judaísmo alemão podiam ver como o dia do Juízo Final se aproximava. Weizmann passou a conversar com judeus britânicos ricos, incluindo Anthony Rothschild, lorde Reading, lorde Sieff, das lojas de departamentos Marks and Spencer, e Pinchas Rutenberg.[32]

Depois dessas conversas iniciais, Weizmann de súbito partiu para a Palestina. Ele foi supostamente pesquisar as perspectivas para a emigração na pátria judaica em desenvolvimento. Mas seus planos secretos envolviam reuniões clandestinas com líderes árabes, britânicos e sionistas para discutir uma solução em larga escala.

Enquanto Weizmann e os judeus ricos de Londres criavam planos para ajudar os judeus alemães dentro de um contexto sionista, os próprios judeus alemães se desesperavam cada vez mais. Quando souberam que Hitler poderia ser dissuadido por declarações formais contra qualquer boicote antialemão, os sionistas de Berlim enviaram um telegrama urgente à Organização Sionista em Londres pedindo uma declaração nesse sentido. O telegrama chegou a Rosenbluth, Lichtheim e Tietz por volta da meia-noite de 30 de março.[33]

A delegação sionista alemã em Londres entrou em pânico. Rosenbluth e Lichtheim despacharam telegramas para Stephen Wise e a Agência Judaica em Jerusalém, instruindo-os a notificar formalmente Adolf Hitler de que nenhum boicote antialemão seria organizado. Rosenbluth e Lichtheim não discutiram os telegramas com ninguém, mas assinaram em nome do Comitê Executivo da Organização Sionista, transformando-os, desse modo, em ordens diretas.[34]

Em poucas horas, o Comitê Executivo descobriu a manobra desesperada e imediatamente instruiu a Agência Judaica em Jerusalém a desconsiderar o telegrama e adiar qualquer mensagem para Hitler. Mas era tarde demais. A Agência Judaica já havia cumprido a ordem.[35]

> O JUDAÍSMO PALESTINO OFICIAL NÃO DECLAROU BOICOTE A PRODUTOS ALEMÃES PONTO TEM CERTEZA QUE BOICOTE ATÉ AGORA AÇÕES ESPONTÂNEAS POR INDIVÍDUOS E PODE SER PARADO SE AUTORIDADES ALEMÃS NÃO CONTINUAREM AÇÕES CONTRA JUDEUS.

O telegrama foi enviado diretamente para o escritório de Hitler. A Agência Judaica respondia à execução imediata da ordem de Londres com um telegrama no qual se podia ler:

> TELEGRAMA DESPACHADO PARA BERLIM COMO PEDIDO APESAR DE DÚVIDAS CONTIDAS EM SUA ASSINATURA.[36]

Embora o ardil tenha sido rapidamente descoberto, dois jornais sionistas importantes em Jerusalém, *Doar ha-Yom* e *Haaretz*, publicaram o comunicado, mas sem mencionar o contexto geral.[37] Assim, sionistas de base na Palestina foram avisados de que sua liderança se opunha a qualquer envolvimento na luta contra Hitler.

Até o momento em que a Agência Judaica havia despachado seu telegrama para Hitler, o judaísmo palestino tinha seguido de perto as ordens da Organização Sionista em Londres. No entanto, depois da ação de 1º de abril, essa liderança seria repentinamente revertida. A Palestina agora tomaria as decisões, sobretudo quando se tratasse dos judeus alemães e Adolf Hitler.

Para entender a súbita mudança de poder, é preciso entender exatamente o que era a Agência Judaica para a Palestina. A maioria dos observadores há muito acreditava que a Agência Judaica para a Palestina era uma entidade independente estabelecida em 1922 pela comunidade internacional depois que os Aliados decretaram que a Grã-Bretanha trabalhasse com "uma agência judaica apropriada" para construir o lar nacional judaico. Dessa forma, a maioria acreditava que a Agência Judaica era uma unidade quase governamental, com burocracia própria exercendo uma autoridade limitada sobre a emigração e o desenvolvimento na Palestina judaica e oficialmente respondendo à Liga das Nações.[38] No entanto, em 1922, os Aliados designaram a Organização Sionista em Londres como a agência "apropriada". A Organização Sionista, então, simplesmente criou a Agência Judaica para a Palestina para funcionar como o órgão administrativo reconhecido oficialmente. Na realidade, a Agência Judaica apenas atuou como um alter ego da Organização Sionista, coordenando a maioria de suas decisões políticas importantes junto com Londres.[39] Assim, a Agência Judaica tornou-se a metade reconhecida do governo, aquilo que Herzl havia chamado de "Sociedade dos Judeus" – o agente de barganha do povo judeu. E, na primavera de 1933, a Agência Judaica começou a fazer exatamente isso.

8

A ISENÇÃO DE DIVISAS

A negociata séria com o regime de Hitler teve início em 16 de março de 1933, um ano-luz político antes do boicote nazista de 1º de abril que mudaria radicalmente a vida judaica na Alemanha. Quatro homens se reuniram em Jerusalém para discutir a situação dos judeus alemães. Eles eram: Arthur Hantke, Avraham Landsberg, Felix Rosenbluth e David Werner Senator, todos proeminentes *émigrés* sionistas alemães para a Palestina. Felix Rosenbluth (que mais tarde mudaria seu nome para Pinchas Rosen) era o ex-presidente da Federação Sionista da Alemanha; mais tarde se tornaria o primeiro ministro da Justiça de Israel. O irmão de Felix, Martin, liderou a delegação sionista a Londres no fim de março. David Werner Senator era um especialista em imigração e membro do Comitê Executivo da Agência.[1]

Os homens falaram do potencial para a Palestina na crise alemã. Apesar de, em 16 de março, nenhuma ação governamental antijudaica aberta tivesse ocorrido, milhares de profissionais judeus, principalmente nas províncias, já haviam sido afastados de suas funções. Eles sabiam que os judeus, que nunca haviam considerado a emigração para a Palestina, agora procuravam em massa os consulados britânicos por toda a Alemanha. Mas todos os judeus alemães descobriram o mesmo problema: as restrições monetárias no Terceiro Reich proibiam a retirada de ativos do país a menos que fosse "por interesse nacional".[2]

Os quatro sionistas alemães também sabiam que os judeus de classe média não deixariam a Alemanha sem suas propriedades. Mesmo assim, profissionais judeus de classe média eram os candidatos ideais para a emigração para a Palestina, porque possuíam o equivalente a mil libras, satisfazendo as exigências britânicas para a entrada. A questão era como conseguir que eles tirassem essa quantia em dinheiro da Alemanha.

Foi Felix Rosenbluth quem primeiro sugeriu negociar com o governo alemão. Será que o governo permitiria uma concessão especial possibilitando que os judeus cumprissem o requisito equivalente a mil libras se eles emigrassem para a Palestina?[3]

Os outros reagiram com espanto – não com o pensamento de negociar com os nazistas, mas porque Rosenbluth considerava viável se aproximar deles. Perguntaram a Rosenbluth o que os sionistas poderiam oferecer aos nazistas para convencê-los a permitir que os judeus tivessem uma isenção legal para as restrições monetárias e ajudassem a Palestina no processo. Rosenbluth respondeu: a emigração de alguns milhares de judeus.[4]

Os outros ainda assim ficaram céticos. Hitler havia prometido não negociar com os judeus da Alemanha, apesar de Goering já ter se reunido duas vezes com os líderes da Central Verein em um esforço para conter o protesto judaico em Nova York. Os quatro homens questionavam-se se o embaixador britânico em Berlim poderia fazer contatos e transmitir as informações para a Organização Sionista em Londres. Assim, eles decidiram conversar com seus associados no movimento sionista internacional.[5]

Poucos dias depois, Senator escreveu para o Comitê Executivo da Organização Sionista em Londres: "Todos recebemos o plano com ceticismo, mesmo se fosse proposto de uma forma honrada. Mas, pelo menos, poderia ser importante solicitar a opinião da ZVfD [...] Nesses momentos, é preciso considerar todas as possibilidades".[6]

As restrições monetárias na Alemanha eram, na verdade, a barreira para uma transferência ordenada de riqueza e de cidadãos alemães da classe média judaica. Promulgada em agosto de 1931 pelo governo Brüning no auge da crise fiscal, as restrições proibiam qualquer pessoa – judeu ou cristão, alemão ou estrangeiro – de tirar valores da Alemanha sem permissão. A restrição era dirigida não aos judeus, mas aos especuladores e poupadores.[7] Mas agora ela surgia como o obstáculo insuperável para que os judeus emigrassem para a Palestina – principalmente porque as regulamentações de entrada britânicas limitavam todas as categorias de judeus, exceto aqueles que tivessem mil libras [por volta de 5 mil dólares]. As restrições ironicamente eram convenientes aos sionistas alemães em Jerusalém, porque era precisamente esses judeus com dinheiro para se qualificar que eles queriam. Como um sionista alemão avisou a Agência Judaica: "Há o perigo de que os judeus alemães com dinheiro se dirijam a outros países e aqueles sem meios de sobreviver venham para cá. Precisamos trabalhar sobre essa questão".[8]

Superar a barreira monetária exigia negociação. Mas, no final de março de 1933, qual judeu estava em posição de negociar com o Terceiro Reich? Sem dúvida, não as organizações judaicas tradicionais. Como alemães leais, elas nunca promoveriam a emigração judaica, justamente porque isso se encaixava nas intenções nazistas. Tampouco os sionistas de Berlim, cuja organização já havia sido identificada como "o inimigo" pelo Partido Nazista.

Seria necessário um intermediário. Ele precisava ser um simpatizante do sionismo, mas não diretamente associado ao movimento. Ele precisava ter importantes conexões no governo alemão, principalmente na esfera financeira. E precisaria trabalhar em segredo. Nem mesmo a Organização Sionista em Londres ou a Agência Judaica em Jerusalém poderiam saber de suas atividades. Somente a hierarquia da Federação Sionista Alemã em Berlim saberia de seu trabalho. O homem selecionado para essa missão era um empresário, o sr. Sam Cohen.

Poucos ficaram indecisos em relação ao sr. Sam Cohen. Na mente de alguns daqueles que já haviam trabalhado ou sido afetados por ele, Sam Cohen era um trapaceiro maldoso, interessado somente em sua própria ganância à custa das pessoas; ele era um traidor, um colaborador, manipulador rico, mentiroso e uma fraude, um golpista, alguém que buscava influência a qualquer custo, um homem cuja fortuna carregava as manchas de sangue da liberdade e das aspirações judaicas. Para outros, que eram mais próximos, Sam Cohen era um homem generoso do movimento cultural judaico, um homem que trabalhava de modo incansável, geralmente sem interesses próprios, para ajudar o povo judeu a lutar contra a fome, a dissolução cultural e a expulsão; um ser humano profundamente religioso, um sionista comprometido, um salvador;

um homem cujas contribuições não eram vistas, mas raramente não eram sentidas; um indivíduo pouco conhecido cuja imensa importância para Israel merecia um lugar especial de honra na saga do povo judeu e sua redenção.

Cada um o chamava como queria: demônio ou salvador. Mas poucos entenderam que Sam Cohen era, na verdade, um pouco dos dois.

Sam Cohen nasceu em 1890 durante o *boom* industrial da cidade polonesa de Lodz. Com dezessete anos, saiu de Lodz para estudar finanças e economia na Universidade de Marburg, na Alemanha. Em Marburg, Cohen desenvolveu muitos contatos vitais. Depois do início da Grande Guerra, foi para Berlim, onde começou a trabalhar com imóveis. Fortunas na guerra eram ganhas e perdidas rapidamente. Sam Cohen ganhou a sua. Depois da guerra, ainda antes de completar 30 anos, Cohen tornou-se sócio de um pequeno banco em Berlim, o Louis Berndt and Successors. Também ganhou o controle de uma operação de mineração de carvão na Alta Silésia, na Polônia.[9]

A reputação de Cohen para a filantropia foi estabelecida durante a guerra. No final de 1915, um comitê judaico de ajuda humanitária e as autoridades municipais de Varsóvia apelaram para as autoridades de ocupação do Império Alemão solicitando a permissão para distribuir comida entre os judeus famintos. A declaração de consentimento formal do kaiser identificou "o cavalheiro Sam Cohen" como um dos dois agentes de compra autorizados e estipulou que "esse projeto possui um caráter verdadeiramente altruísta e não visa nenhum *lucro*". A palavra "lucro" estava sublinhada no original.[10]

Na década de 1920, Sam Cohen foi cortejado para ajudar economicamente uma grande variedade de grupos sionistas e palestinos. No final de 1923, a Palestine Land Development Company, uma das várias corporações para aquisição de terras da Organização Sionista, listava o investimento de Cohen na ordem de 40 mil libras para a compra de trechos estratégicos conectando Haifa e o Vale de Jezreel. O diretor da companhia de desenvolvimento elogiou Sam Cohen em uma carta como "a primeira de muitas compras importantes de terra na história do desenvolvimento da Palestina judaica".[11]

Além da redenção nacional judaica, Sam Cohen estava comprometido com a redenção cultural judaica. Em 1927, Nahum Goldmann anunciou que sua *Encyclopaedia Judaica*, há muito planejada, seria publicada, a primeira referência completa judaica em hebreu e alemão. Várias doações totalizando

210 mil libras tinham como maior contribuição as 50 mil libras de um "banqueiro alemão". O banqueiro anônimo era, na verdade, Sam Cohen.[12]

Mas o anonimato caracterizava muitos dos acordos filantrópicos e comerciais de Sam Cohen. Em geral, as pessoas mais importantes nem o viam, pois negociavam com seus advogados e emissários. Ele viajava muito fazendo negócios e ouvindo pedidos de doações em jantares. Um dia em Berlim, no seguinte em Praga, três dias depois em Tel Aviv, uma semana mais tarde em Viena, no dia seguinte em Varsóvia, dois dias depois, em Londres. Ele mantinha apartamentos e quartos de hotéis em todos os lugares, mas poucos sabiam onde realmente morava: em um opulento castelo em Luxemburgo.[13]

Agora, enquanto Adolf Hitler se preparava para destruir os judeus alemães, e o movimento sionista procurava juntar as peças, o sr. Sam Cohen, suas conexões, seu estilo, se tornariam um fator crucial.

* * *

Sam Cohen não perdeu tempo. Ele chegou a Frankfurt no final de março.[14] Reuniões separadas foram organizadas com dois altos funcionários do governo conhecidos dos tempos do Império alemão e de Weimar. A primeira foi com Hans Hartenstein, diretor do Escritório de Controle de Divisas Estrangeiras do Terceiro Reich. Estava dentro do poder dele alocar as divisas estrangeiras para uso em "interesses nacionais". A segunda reunião foi com Hans Schmidt-Roelke, diretor de Assuntos Orientais do Ministério das Relações Exteriores, que cuidava do Oriente Médio. Sam Cohen pediu a ambos uma isenção especial de divisas para os judeus que concordassem em emigrar para a Palestina.[15] O movimento sionista mostraria que as exportações alemãs aumentariam de forma impressionante, ganhando assim mais divisas estrangeiras. No entanto, parte dessas divisas extras deveria ser destinada aos emigrantes judeus, cada um recebendo mil libras para entrar na Palestina.[16]

O apelo a uma isenção de divisas foi claro e rapidamente aprovado em princípio por Hartenstein, depois de uma consulta com Schmidt-Roelke.[17] Durante as caóticas primeiras semanas do regime de Hitler, a autoridade sobre os negócios judaicos era incerta – na verdade, essa autoridade seria constantemente debatida durante a existência do Terceiro Reich. Em março de 1933, burocratas superiores, como Hartenstein e Schmidt-Roelke, podiam tomar, sozinhos, decisões de grandes consequências para o judaísmo alemão.

Os motivos de Hartenstein não eram altruístas. Os judeus de classe média liquidariam suas existências na Alemanha. Isso significava perder o direito sobre seus bens, exceto por 15 mil reichmarks (RM), o equivalente às mil libras necessárias para entrar na Palestina. Quinze mil reichmarks representavam apenas uma fração da riqueza acumulada de uma família judaica de classe média. O resto seria perdido por causa dos impostos ou congelado em contas bloqueadas. Os bancos alemães enriqueceriam pelo influxo de marcos bloqueados. Os judeus sairiam da Alemanha de uma forma ordenada, deixando uma grande parte de sua riqueza para trás, bem como as vagas de trabalho, que seriam ocupadas por arianos. Ao mesmo tempo, o movimento sionista promoveria exportações alemãs que não só aumentariam o desesperadamente necessário comércio exterior e os empregos domésticos, mas também colocaria uma estaca no coração do boicote antinazista liderado pelos judeus. Num momento em que Adolf Hitler se esforçava para expulsá-los, aumentar o emprego ariano e reconstituir o tesouro, a isenção de divisas seria justificada. Os sionistas teriam um privilégio que nenhum ariano possuía.

Apesar de Hartenstein, junto com Schmidt-Roelke, ter concedido sua aprovação ao plano de Cohen, eles sugeriram que este trabalhasse os detalhes operacionais com Heinrich Wolff, cônsul alemão na Palestina. Wolff era o oficial alemão que funcionava como os olhos, os ouvidos e a voz do Terceiro Reich no território considerado como o centro do movimento judaico internacional.[18]

Cohen partiu imediatamente para a Palestina.[19]

Durante esses dias finais de março de 1933, Georg Landauer, diretor da Federação Sionista Alemã em Berlim e um dos poucos homens que sabia da missão de Cohen, perdeu contato com ele. Nos dias históricos antes do boicote antijudaico de 1º de abril, Sam Cohen foi forçado a voltar para a Palestina sem informar Landauer. No entanto, uma carta já havia sido enviada por Landauer ao hotel onde estava Cohen em Tel Aviv: "Recebemos notícias de partes interessadas em Frankfurt, com quem você entrou em negociação [...] Nas atuais circunstâncias, não podemos contar a verdadeira história publicamente, já que isso daria espaço a equívocos [...] As leis atuais relacionadas com as trocas de capitais com países estrangeiros tornam tudo bastante difícil. Mesmo assim, algum progresso já está sendo feito. Mas agiremos a partir de qualquer sugestão e usaremos quaisquer pessoas que poderiam estar disponíveis para esse trabalho".[20] A carta de Landauer era datada de 31 de março de 1932. O ano de 1932 foi acidental ou escrito de forma deliberadamente errada? O padrão da ZVfD durante essas semanas era assinar relatórios com nomes em código ou omitir datas nas cartas, geralmente insistindo para que a correspondência fosse destruída depois de lida para proteger a identidade do autor.[21]

No final de março, Sam Cohen havia informado os sionistas alemães, associados de Landauer em Jerusalém, passando o assunto para que eles agissem. Eles, por sua vez, tentaram verificar o informe de Cohen através da Organização Sionista por meio do embaixador britânico em Berlim. Então, eles confiaram em Chaim Arlosoroff, membro do Comitê Executivo da Agência Judaica e uma das personalidades mais respeitadas do sionismo. Em 30 de março de 1933, ele telegrafou para seu amigo, o professor Selig Brodetsky, do Executivo da Organização Sionista, em Londres. A questão de Arlosoroff: a Alemanha havia criado uma isenção de divisas especialmente para a emigração de judeus para a Palestina?[22]

Em 4 de abril, durante uma reunião da Agência Judaica, Arlosoroff sugeriu vagamente que poderia ser necessário negociar com o governo de Hitler sobre a questão da emigração. Ele não mencionou a missão de Sam Cohen, mas conseguiu obter uma permissão provisória para visitar Berlim e finalizar os detalhes operacionais do ainda secreto acordo de Cohen. Depois da sessão, a Agência Judaica enviou o telegrama 613 para a Organização Sionista em Londres:

> DESEJÁVEL NEGOCIAÇÃO GOVERNO ALEMÃO FACILIDADES EMIGRAÇÃO [...] MEMBRO EXECUTIVO IMEDIATAMENTE SEGUE BERLIM LONDRES.[23]

Naquele mesmo dia, o professor Brodetsky convenceu A. C. C. Parkinson, do Colonial Office, a usar a embaixada britânica em Berlim como ligação para determinar se as restrições normais à moeda ainda estava em efeito.[24] A averiguação britânica precisava explorar várias burocracias do Terceiro Reich. Além da retirada das restrições sobre as divisas, outra regulamentação racionava as moedas estrangeiras somente em relação às transações críticas para a economia do Terceiro Reich. Por exemplo, as libras britânicas para a compra de matérias-primas.[25]

No entanto, todo cidadão alemão tinha o direito de emigrar, um direito que a ascensão de Hitler não havia eliminado. Durante os levantes econômicos e políticos, alemães de todas as etnias haviam exercido esse direito. O Escritório de Auxílio à Emigração do Terceiro Reich determinava quanto dinheiro – geralmente algumas poucas centenas de dólares – era necessário para ganhar entrada no país estrangeiro.[26]

Em 5 de abril, quando a embaixada britânica questionou os vários órgãos do Terceiro Reich, ficou surpresa ao descobrir que os judeus emigrando à Palestina poderiam tirar mil libras para satisfazer o pré-requisito de entrada na Grã-Bretanha. O embaixador britânico, Horace Rumbold, informou a notícia a Londres imediatamente. Alguns dias depois, em 8 de abril, Parkinson escreveu com cuidado a Brodetsky: "As restrições normais à saída de divisas ainda estão de pé, mas [...] judeus que desejem ir morar na Palestina e que deram prova de possuírem mil libras recebem permissão de exportar essa soma pelas autoridades alemãs".[27]

Os britânicos receberam a informação como algo tão rotineiro que provavelmente assumiram que a permissão apenas representava uma brecha nas restrições que os nazistas ainda não haviam abolido.[28] Londres ignorava totalmente que a permissão de divisas não era uma lacuna jurídica, mas o resultado dos contatos secretos de Sam Cohen com o Terceiro Reich.

Quando Brodetsky descobriu, em 8 de abril, através do Colonial Office, que a isenção especial existia, percebeu que, de alguma forma, os sionistas alemães haviam conseguido chegar a um acordo com o governo alemão. Mas os tempos também eram muito voláteis para admitir abertamente que os sionistas negociavam com Hitler para a saída dos judeus. Então, em uma carta de agradecimento a Parkinson, usando palavras cuidadosas, datada de 13 de abril, o professor Brodetsky tentou mostrar a isenção como uma concessão conquistada não pela ZVfD, mas pelos britânicos. A carta de Brodetsky declara de forma solícita:

> Estamos muito felizes ao ver que foi possível, através da bondade do embaixador de Sua Majestade, para os judeus que desejam deixar a Alemanha e se instalar na Palestina [...] [com] o mínimo

> qualificatório de mil libras. Eu gostaria de agradecê-lo de forma sincera por sua ajuda na questão, e gostaria que algum meio fosse encontrado de expressar ao [embaixador] Sir Horace Rumbold nossa forte apreciação por sua assistência em obter essa concessão tão valiosa.

Brodetsky terminou pedindo permissão para divulgar a isenção palestina como uma realização britânica.[29] O governo britânico imediatamente reconheceu a manobra e começou a planejar uma resposta defensiva.[30]

Ao mesmo tempo, Brodetsky enviou cópias da confirmação de Parkinson a Georg Landauer, da ZVfD em Berlim, e a Chaim Arlosoroff, na Agência Judaica em Jerusalém. Quando Arlosoroff recebeu a informação, supôs que a isenção seria controlada pelos organismos oficiais sionistas. Ele negociaria os detalhes secretamente em Berlim.[31]

Mas Landauer estava preocupado. Ele queria que a isenção cobrisse mais do que somente as mil libras de entrada. Afinal, os bens de judeus na Alemanha eram consideráveis. Uma isenção de apenas mil libras representaria não a migração planejada da riqueza judaica, mas a salvação orquestrada de uma miséria. A vaga confirmação de Parkinson aumentava a incerteza de Landauer. Então, este escreveu a Brodetsky uma carta em seguida: "Seria muito bom se aquela nota [confirmação de Parkinson] pudesse ser interpretada para mostrar que o embaixador [da Grã-Bretanha] em Berlim não passou meramente informações gerais, mas que sua mensagem se baseou em uma regra específica do governo [alemão]. Você pode esclarecer isso?". Landauer acrescentou: "Não é, decerto, nosso objetivo assegurar meramente as mil libras por pessoa, mas obter permissão formal para retirar o capital suficiente para estabelecer uma nova vida na Palestina".[32]

Landauer tinha em mente pelo menos *mais* mil libras para cada imigrante para investir na Palestina. Essas outras mil libras seriam controladas por entidades oficiais sionistas em nome dos imigrantes. Estes seriam os donos, mas o movimento sionista teria o poder para usá-lo. Quando os sionistas alemães conceberam a ideia, esse influxo massivo de capital judeu liquidado não traria somente a primeira onda de cidadãos judeus ricos para a Palestina, mas também o capital necessário para investimento para estabelecer um Estado judeu.[33]

9

REDENÇÃO OU ALÍVIO

O desafio agora era a implantação. Mesmo antes de o professor Brodetsky ter recebido a confirmação da isenção de divisas, personalidades da liderança sionista em Londres começaram a planejar uma designada empresa de liquidação. A forma que essa empresa tomaria e quem a controlaria determinariam o destino do Estado judeu. Desde o princípio do sionismo, a Palestina judaica havia sido construída um acre e um edifício por vez, por meio de doações e de idealistas sem dinheiro. Herzl havia declarado que a transferência da classe média e sua riqueza seria o verdadeiro começo do auge sionista. Assim, como o próprio movimento sionista, a criação da empresa de liquidação tornou-se uma luta política.

As primeiras discussões a portas fechadas sobre a criação de uma empresa de liquidação foram organizadas pelo industrial palestino Pinchas Rutenberg, fundador da Palestine Electric Company. Sua ideia era elaborar uma empresa, inicialmente capitalizada por judeus britânicos ricos, para liquidar todos os bens judaicos na Alemanha e transferir os recursos – junto com as pessoas – para a Palestina.[1] Mais uma vez, a ideia veio das páginas de Herzl.

Na noite de 7 de abril, Rutenberg encontrou-se com Nahum Sokolow e Berl Locker do Comitê Executivo Sionista, na casa de Sokolow em Londres. Ao delinear o que seria a empresa de liquidação, Rutenberg explicou que lorde Reading havia concordado em servir como presidente e que os Rothschilds haviam oferecido seu banco para vender as ações. Rutenberg estipulou que a Agência Judaica administraria a empresa.[2]

No entanto, quando as discussões sobre a empresa de liquidação começaram, uma segunda corrente desenvolveu-se. A comunidade judaica mundial começou a doar largas somas de dinheiro para auxílio, apesar dos tempos difíceis da Depressão. A forma como o dinheiro deveria ser gasto, e as soluções políticas para o *status* dos refugiados, de repente ameaçaram a solução sionista.

Os refugiados judeus alemães deveriam ser absorvidos nos países fronteiriços até o momento certo de voltar para a Alemanha? Se Hitler continuasse no poder, pelo menos os refugiados viveriam em comunidades a que estavam familiarizados na França, Bélgica e em outros Estados.

Ou os judeus alemães deveriam ser ajudados na própria Alemanha reduzindo, assim, os fatores que precipitariam a fuga? As pessoas poderiam ser requalificadas. Novos empregos encontrados. Empréstimos seriam arranjados. Após a transição para um novo nicho social, talvez uma presença judaica seria aceita pelo regime nacional-socialista, principalmente depois que as primeiras ondas de violência antissemita terminassem. Os judeus alemães poderiam, então, reter a cidadania alemã. Muitas organizações judaicas eram a favor dessa política, incluindo o Comitê Conjunto de Distribuição, a maior organização internacional de auxílio judaico. Em 2 de abril, o *Conjunto* – como era conhecido – iniciou um grande movimento para arrecadação de fundos em Nova York a fim de ajudar os judeus a manterem sua existência na Alemanha. No mesmo dia, encontros entre várias religiões foram realizados por todo o Canadá protestando contra o regime de Hitler e dedicando os esforços de auxílio canadenses para ajudar os judeus alemães a sobreviverem como legítimos cidadãos do Terceiro Reich.[3]

Ou alguma solução em larga escala deveria ser encontrada? O reassentamento em massa havia sido um remédio frequente para as crises judaicas. Depois dos *pogroms* russo e romeno na virada do século, centenas de milhares de judeus do Leste Europeu foram reassentados nos Estados Unidos por grupos de ajuda humanitária, principalmente a Sociedade Hebraica de Refúgio e Ajuda ao Imigrante, ou HIAS, na sigla em inglês. Após a Primeira Grande Guerra, os judeus foram reassentados em massa em várias partes da Europa Central e Oriental, e mesmo em "colônias" agrárias especiais na

Ucrânia e na Crimeia, sobretudo por meio dos esforços do Conjunto. Agora, a HIAS sugeria outro reassentamento em massa, dessa vez na América do Sul. A HIAS havia rapidamente convencido vários governos latino-americanos a abrir suas portas aos refugiados judeus alemães, e preparava um esforço mundial para facilitar o reassentamento em massa.[4]

Todos os esquemas não sionistas para aliviar o sofrimento dos judeus alemães exigiam grandes doações, que judeus e também não judeus estavam dispostos a dar. Mas o movimento sionista via esses esforços de auxílio como ameaças, porque as soluções excluíam a Palestina.[5] Mais importante, as doações desviariam fundos do movimento sionista. Em outras palavras, a crise judaica estava ali presente e não só a resposta se localizaria em outras terras que não a Palestina, mas o movimento sionista sofreria a ruína econômica no processo.

As agonias da Depressão já haviam acabado com a maioria das contribuições sionistas internacionais. Muitos movimentos regulares de levantamento de fundos foram suspensos indefinidamente, aguardando alguma melhora na economia mundial.[6] O tesoureiro da Agência Judaica, Eliezer Kaplan, resumiu a situação: "Em 1933, as contribuições para o Fundo para a Fundação da Palestina [o braço de financiamento da Agência Judaica] haviam alcançado a quantia mais baixa da história, 160 mil libras [por volta de 800 mil dólares] [...] Seu déficit [recente] era de mais de 500 mil libras [2,5 bilhões de dólares]. Projetos de assentamento do Executivo da Agência Judaica foram descontinuados em 1928. A única tarefa do Comitê Executivo nos últimos anos havia sido: como manter o *status quo* e evitar a bancarrota".[7] Se o quadro financeiro da Agência Judaica não melhorasse, a questão não era *se* a Organização Sionista iria à falência, mas *quando*.

Além disso, a Palestina judaica estava desesperadamente vazia. Em um momento em que judeus empobrecidos da Polônia e da Romênia procuravam entrar na Palestina, cotas de imigração britânicas mais restritas criavam barreiras aparentemente intransponíveis. O conhecido *boom* econômico da Palestina judaica cambaleava precariamente à beira de um abismo cada vez maior. Se não houvesse mão de obra suficiente disponível para colher as laranjas, construir casas e fazer as poucas e preciosas fábricas da Palestina funcionarem, toda a economia poderia despencar. Por exemplo, durante a escassez de mão de obra de 1932-33, todas as escolas foram suspensas e os estudantes judeus de toda a Palestina foram levados em caminhões para ajudar nas colheitas.[8]

A lembrança era constante: somente uma categoria de imigrante estava livre de cotas – os chamados capitalistas de posse das mil libras. Assim, os refugiados judeus alemães foram apontados como a resposta para uma série de problemas palestinos. Mas a isenção de divisas e a empresa de liquidação seriam fúteis se os judeus fossem salvos em um contexto não sionista e não palestino.

Em 4 de abril de 1933, Berl Locker, do Executivo Sionista em Londres, escreveu para Chaim Weizmann, aos cuidados da Agência Judaica em Jerusalém. Weizmann já havia deixado a Palestina para organizar a esperada transferência. Tendo sido forçado a deixar a presidência da Organização Sionista dois anos antes, Weizmann não ocupou nenhum cargo oficial. No entanto, seu prestígio entre os judeus e em círculos governamentais era indiscutível e indispensável para o objetivo sionista de domínio dos esforços de arrecadação de fundos e de auxílio. Ciente da posição política sensível de Weizmann, Locker apelou para ele tanto por razões pragmáticas quanto históricas para ajudar a organizar um ato simbólico que auxiliaria os sionistas a dominar o movimento de assistência. "Nesse trágico momento", escreveu Locker, "há uma grande necessidade de liderança, algo que agora não existe. Se conseguíssemos ter sucesso na transferência de alguns milhares de judeus para a Palestina, um apelo por ajuda financeira teria muita ressonância entre todo o judaísmo."[9]

Dois dias depois, o dr. David Werner Senator, um dos quatro sionistas alemães em Jerusalém que havia iniciado as negociações financeiras com o Terceiro Reich, escreveu para Bernard Kahn, um organizador do auxílio aos judeus em Paris. A carta de Senator declarava: "Acredito que essa catástrofe só pode ser comparada com a expulsão dos judeus da Espanha [...] Uma grande operação de ajuda social e construtiva [é necessária]". *Construtiva* no jargão sionista significava atividades de construção da Palestina. "Se um líder pode liderar essa operação de ajuda – e muitos de nós estão considerando Weizmann –, então tal emergência pode trazer milhões de libras. Os judeus americanos e ingleses de origem alemã ainda são hoje ricos o suficiente para mobilizar enormes somas de dinheiro para pessoas de seu próprio sangue e carne, e eles farão isso, se soubermos como nos aproximar da maneira certa."

Senator acrescentou: "Muito vai depender do planejamento, se conhecemos o povo; e das negociações com organizações judaicas na Europa e na Palestina".[10]

Senator então revelou para Kahn que mil certificados de imigração haviam sido enviados para o Escritório da Palestina na Alemanha. Os certificados de imigração eram uma questão controversa. O Colonial Office britânico, que administrava o mandato sobre a Palestina, regulava a emigração judaica para a região. Não capitalistas – aqueles que não tinham mil libras – estavam sujeitos a um complicado "Cronograma de Trabalho", baseado na "capacidade de absorção" da economia. Duas vezes por ano, o governo britânico e a Agência Judaica negociariam quantos novos candidatos à economia da Palestina conseguiriam absorver. Depois que o número estava pronto – geralmente oscilava entre 500 e 1.500 por semestre –, cabia à Agência Judaica distribuir "certificados de imigração" individuais. A quantidade de certificados permitidos para o judaísmo tcheco, polonês ou qualquer outra comunidade judaica baseou-se nas necessidades dos judeus nesses países, como os propostos emigrantes contribuiriam para a reconstrução social e econômica do lar judeu e, é claro, no andamento irregular das políticas sionistas e da Agência Judaica. A maioria dos certificados havia sido tradicionalmente designada para judeus poloneses pobres que queriam se assentar na Palestina. Poucos foram requisitados ou concedidos a judeus alemães.[11] Mas Senator via esses primeiros mil como somente "o começo", acrescentando: "Agora depende se conseguiremos fazer algo a partir dessa conquista, porque essas mil famílias que vierem podem se transformar em mil retornos se não fizermos o que for apropriado para eles".[12] Para fazer "a coisa apropriada", os sionistas teriam, de alguma forma, de desviar as doações de auxílio da estabilização do judaísmo alemão na Europa e usar esses fundos para construir a Palestina judaica.

Todas as questões de uma solução sionista *versus* não sionista, a ameaça do fundo de auxílio e a política sionista durante a crise foram debatidas em uma sessão do Comitê Executivo da Agência Judaica em Jerusalém, no dia 9 de abril. Participaram representantes de outras entidades sionistas, incluindo a Organização de Imigrantes Alemães, que funcionava praticamente como o alter ego da ZVfD na Palestina. Quando a reunião começou, somente os sionistas alemães e dois dos seis membros do Executivo da Agência – Senator e Arlosoroff – sabiam da isenção especial de divisas. E Arlosoroff não sabia que

Sam Cohen era o negociador. No entanto, o restante estava preocupado com outra questão: como os sionistas poderiam controlar as doações de auxílio.

Emanuel Neumann, um proeminente líder sionista americano, declarou: "Nos Estados Unidos, dois milhões de dólares para o fundo de ajuda foram arrecadados e não há nenhum sionista entre os 'administradores'. Essa é uma situação muito prejudicial".[13]

Alguns dos participantes insistiram em organizar uma coleta de emergência, sob os auspícios do Fundo para a Fundação da Palestina. Isso garantiria uma boa parte do dinheiro para a construção da Palestina. Outros raciocinavam que tal movimento seria confuso, e a reputação do sionismo de má administração financeira politizada repeliria contribuições de judeus ricos. Portanto, para evitar envolver abertamente o Fundo para a Fundação da Palestina, mas manter o controle financeiro, os participantes, depois de muito debate, sugeriram a formação de um fundo completamente novo para os refugiados. O novo fundo seria organizado ao redor de "administradores" sionistas, que canalizariam os dólares tanto para os refugiados quanto para os projetos "construtivos" considerados adequados.[14]

Enquanto discutiam, o dr. David Werner Senator lembrava a todos, com impaciência, de que a cada hora passada mais dinheiro era coletado por não sionistas. "É preciso ter pressa", ele dizia. "Por causa de nossos vários discursos, perdemos tempo e não entramos em ação."[15]

Finalmente, os homens concordaram que o fundo especial teria um nome que não o identificasse com a Palestina ou o sionismo. Logo depois que a decisão foi adotada, Neumann acrescentou a condição de que os comitês, para levantar fundos em cada nação, concordassem *com antecedência* em "designar" uma porcentagem considerável para a Palestina. Neumann deixou claro que, sem tal arranjo prévio, os sionistas não participariam no esforço de auxílio. Um homem falou, perguntando se isso não mostraria o envolvimento da Palestina e, "através disso, pode ser que o dinheiro não fosse doado". Outro no grupo explicou que somente os administradores, não os doadores, saberiam que uma parte do dinheiro ia para a pátria judaica. Portanto, "os ricos não determinarão antecipadamente que suas contribuições irão para a Palestina".[16]

Tudo que restava era assegurar a liderança de Weizmann no fundo. Aproveitando o respeito tanto dos sionistas quanto de não sionistas, ele era, sem dúvida, o melhor homem para o cargo e provavelmente poderia ser convencido. Mas alguns membros do Executivo estavam preocupados que o envolvimento de Weizmann pudesse ameaçar Nahum Sokolow, o homem que o havia substituído como presidente da Organização Sionista. Durante grande parte da sessão, os homens discutiram sobre a visibilidade que Weizmann poderia ter ou não nesse movimento. Finalmente, concordaram que ele, *como parte* de um comitê, seria importante na inauguração de um movimento para levantar fundos em uma conferência de auxílio internacional em Londres no início de maio. Ao forçar Weizmann a operar com "um comitê", os homens raciocinaram, sua personalidade não dominaria a operação.[17]

Os cavalheiros da Agência Judaica não falaram com muita compaixão naquele dia sobre as dificuldades que os judeus alemães enfrentavam. A retórica deles era política e prática. Já haviam visto gente como Hitler antes. No começo da reunião de 9 de abril, os sionistas alemães haviam informado sobre a situação na Alemanha: 60 mil presos; pelo menos quatro campos de detenção em operação; desaparecimentos constantes; 9 mil médicos sem trabalho. Os judeus nas grandes cidades poderiam ser capazes de sobreviver, mas os que viviam em pequenas cidades rurais teriam de emigrar. Um representante alemão apresentou o problema desta forma: "Logo, centenas de pessoas sem meios de sobreviver [...] estarão chegando. Muitos não serão capazes de realizar os trabalhos disponíveis aqui. Será necessário, portanto, preparar campos [de refugiados], centros de treinamento, organizar assentamentos".[18] Outro sionista alemão resumiu a intenção deles: "Dessa vez, a Palestina deve vir em primeiro lugar".[19]

Até esse ponto da reunião, Chaim Arlosoroff havia falado pouco. Arlosoroff via as infinitas diferenças da Agência Judaica como uma barreira para uma ação decisiva. Por outro lado, via a si mesmo como o homem certo para a tarefa fundamental no futuro: negociar o reassentamento de cidadãos judeus e seu dinheiro da Alemanha para a Palestina. Ele faria tudo sozinho, se necessário.

Nascido na Ucrânia e educado na Alemanha, dr. Arlosoroff, como chefe do departamento político da Agência Judaica, funcionava como o futuro ministro das Relações Exteriores da nação judaica. Embora tivesse apenas 34 anos, em um movimento dominado por pioneiros bem mais idosos, Arlosoroff se destacou como um dos três dirigentes da Agência Judaica.

Seu sionismo visionário nunca pensou pequeno. Suas palavras eram selecionadas com cuidado e frequentemente lembradas por aqueles que as ouviam.[20]

Arlosoroff deu uma dica de seus pensamentos quando interrompeu os cavalheiros que discutiam para afirmar: "A crise alemã é uma experiência difícil para o sionismo, e seus resultados serão muito importantes para o futuro do movimento. O jovem judeu deve se perguntar: qual é a diferença entre a reação judaica a essa opressão agora – em um período de nacionalismo judaico – e a reação anterior? [...] Desde o começo do sionismo, esse é o primeiro exemplo em que judeus que se consideravam livres são colocados em uma situação como essa. A Palestina também está em uma situação especial pela primeira vez. Se o sionismo não fizer o que for necessário, então será o fim".[21]

Arlosoroff então aludiu às regulamentações de divisas como o principal empecilho para uma solução política para a situação alemã. Mas especulou que as regulamentações poderiam ser evitadas com a conversão de ativos em mercadorias e a retirada delas da Alemanha. Arlosoroff disse que para lidar com o problema era necessário o contato pessoal com os sionistas alemães em Berlim.[22]

Um representante dos sionistas alemães que participava da reunião da Agência Judaica, o dr. Zmora, pediu a palavra e falou: "Não deveríamos tratar agora das especificidades do plano, porque ainda devemos trabalhá-lo melhor". Quando o dr. Zmora falou, Arlosoroff e os sionistas alemães estavam cientes da isenção especial de divisas e do avanço das discussões. No entanto, a maioria dos outros achava que Arlosoroff falava de algum nebuloso plano futuro a ser negociado. Para manter a isenção em segredo, o dr. Zmora propôs que o grupo não discutisse os detalhes e simplesmente autorizasse Arlosoroff e Senator a viajar a Berlim para contatar os líderes sionistas locais em uma missão de reconhecimento.[23]

Arlosoroff e Senator votaram a favor. Mas Neumann não conseguia entender por que eles achavam essencial visitar a Alemanha. Referindo-se à missão de Rosenbluth e Lichtheim, Neumann disse: "Duas pessoas de lá [Berlim] já foram para Londres, então o que há para esclarecer?".[24]

Arlosoroff respondeu que ele viajaria a Londres de qualquer forma para uma conferência de auxílio no começo de maio. Assim, no caminho, pararia na Alemanha para discutir a emigração e os planos para o desenvolvimento da Palestina "de uma forma básica e geral com os líderes sionistas". Arlosoroff sugeriu que o contato deveria ser feito por um não alemão, e o envio de vários encarregados era muito caro. Os membros da Agência Judaica tinham outras tarefas urgentes. Portanto, ele, sozinho, deveria cumprir a tarefa. Terminou casualmente: "Pensei em ir na próxima semana".[25]

Neumann discordou: "Não estou certo se é necessário [...] Talvez seja ainda muito cedo". Neumann tinha suspeitas do conhecido estilo não ortodoxo de Arlosoroff e propôs que "Londres fosse avisada disso [...] veremos qual será a opinião deles". Com cuidado para não parecer muito afoito, Arlosoroff recuou, dizendo: "Vejo que a reação do comitê não é favorável e estou preparado para adiar minha viagem".[26]

A reunião terminou sem decidir a viagem de Arlosoroff e se Weizmann dirigiria o fundo sionista para os refugiados. Em vez disso, os cavalheiros fizeram como sempre, quando decisões eram necessárias – deixaram para o Comitê Executivo de Londres, formado por nove membros. Isso seria uma perda de tempo precioso, um tempo que não existia na visão de Arlosoroff. Então, ele se convenceu de que um *fait accompli* era a única opção.

E a discrição ainda seria crucial. Arlosoroff havia aprendido uma lição amarga sobre compartilhar informações com o Executivo apenas um mês antes. Em março, discussões secretas sobre compra de terras entre o emir da Transjordânia e Arlosoroff, e mesmo alguns comentários sem importância sobre o emir, haviam vazado para jornais judeus e árabes na Palestina e na Europa. Os vazamentos vieram, obviamente, de dentro do Executivo da Agência Judaica. As revelações prejudicaram tanto os esforços de conciliação sionista e árabe que, em 23 de março, Arlosoroff contou ao Comitê Executivo que não havia mais confiança e que renunciaria. Os comentários de Arlosoroff fizeram que os outros membros do Executivo recitassem uma lista de vazamentos absurdos, cada um acusando o outro de ser responsável.[27]

Arlosoroff também sabia que o representante sionista americano, Emanuel Neumann, informava todo acontecimento aos líderes em Nova York.[28] Qualquer arranjo comercial com o Terceiro Reich seria levado imediatamente ao conhecimento de Stephen Wise e ao Congresso Judaico Americano. As repercussões provavelmente destruiriam as negociações com a Alemanha e obstruiriam o fundo sionista para refugiados também.

Se fosse ocorrer uma transferência da nação judaica para o Estado judaico, Arlosoroff teria de providenciar isso sozinho e em segredo.

10

OS CONTATOS SECRETOS DE ARLOSOROFF

Rapidamente, o Executivo da Agência Judaica reconheceu que Arlosoroff agia sozinho, criando iniciativas e tomando decisões em nome do movimento sionista. Por exemplo, no dia anterior, 8 de abril, Arlosoroff realizou um almoço inesperado e histórico no luxuoso Hotel King David de Jerusalém para Weizmann e os xeques árabes da Palestina. O almoço foi organizado, oficialmente, em nome da Agência Judaica, mas os membros do Executivo só foram consultados na noite anterior. A maioria dos membros do Executivo da Agência Judaica compareceu, embora relutantes.[1]

O almoço de Arlosoroff não foi o primeiro encontro público entre líderes sionistas e árabes. Ninguém entendeu como Arlosoroff conseguiu garantir o comparecimento dos árabes. Vários deles possuíam terras estratégicas no Vale Huleh (na Galileia Superior) e na Transjordânia (a área ao leste do rio Jordão). A portas fechadas, Weizmann e Arlosoroff conversaram com os xeques sobre o futuro glorioso, tanto para árabes como para judeus, incluindo a chegada de muitos judeus e o desenvolvimento comercial.[2]

Weizmann descreveu o encontro histórico como o começo de um túnel sendo cavado em ambos os lados com as partes destinadas a se encontrar em breve. Os xeques árabes anunciaram aos repórteres, depois do almoço, que eles agora percebiam que a esperança de desenvolver essa região estava baseada na cooperação com os judeus, a quem davam cordiais boas-vindas.[3]

Atordoados com essa repentina concordância, os líderes da Agência Judaica perguntaram-se até onde iria o movimento solitário de Arlosoroff. Eles poderiam adivinhar, se soubessem os contatos secretos sobre questões binacionais entre Arlosoroff e Arthur Wauchope, o alto-comissário britânico para a Palestina. O binacionalismo era um movimento que sempre aparecia entre os sionistas e dentro do governo britânico. Os binacionalistas debatiam muitas fórmulas diferentes para juntar ou equalizar o governo nacional árabe-judeu na Palestina. Mas todos eles defendiam algum tipo de arranjo político por meio do qual judeus e árabes pudessem conquistar suas aspirações nacionais de forma separada, mas igual. Alguns dos líderes sionistas mais influentes defendiam o binacionalismo de uma forma ou de outra. Entre eles estavam Arthur Ruppin, David Ben-Gurion, Judah Magnes e Chaim Weizmann, que defenderia, anos mais tarde, a divisão da Palestina em Estados judeu e árabe separados. Mais importante, o sionismo alemão como movimento se associava ao binacionalismo e, apesar das discordâncias frequentes, considerava-se discípulo de Weizmann.[4]

Arlosoroff havia vacilado por vários anos em relação ao binacionalismo, basicamente porque, assim que os líderes árabes concordavam com qualquer elemento de cooperação, a agitação antijudaica árabe desacreditava esses líderes como traidores que não representavam ninguém, a não ser eles próprios. Mas agora, no contexto do tão esperado sionismo alemão e do renascimento liderado por Weizmann, Arlosoroff estava convencido de que não havia outra solução para o problema judaico na Europa sem uma solução para o problema judaico na Palestina.[5] Ter ideias, claro, era fácil. Era o dinheiro – a falta dele – que fazia a diferença entre ideias e resultados. A isenção de divisas alemãs, no entanto, e outros aspectos monetários da crise de Hitler poderiam transformar ideias binacionais em realidades binacionais.

Arlosoroff, que havia jurado guardar segredo ao alto-comissário Wauchope, negociava, desde meados de março de 1933, com o governo mandatário com o objetivo de chegar a algum tipo de solução binacional. No projeto inicial, a Grã-Bretanha gastaria centenas de milhares de dólares para reassentar árabes arrendatários desabrigados devido à compra de terras pelos judeus. Arlosoroff aconselhava, secretamente, o alto-comissário a como melhor gastar o dinheiro, se a educação técnica deveria preceder a construção de habitações para trabalhadores, e outros detalhes.[6] Tal ligação era impensável para seus colegas da Agência Judaica, mas Arlosoroff estava convencido de que esses dias poderiam, na verdade, constituir um episódio de vida e morte para o sionismo. Em meados de abril, Arlosoroff havia recebido duas cartas importantes, uma de Berl Locker, do Executivo Sionista em Londres, a segunda de Martin Rosenbluth, a conexão da ZVfD para Londres. A carta de Locker demonstrava a urgência dos sionistas em dominar rapidamente os esforços de auxílio internacional, para arrecadar fundos e resolver o problema dos judeus alemães através da Palestina:

> "Brodetsky e eu sentimos que esse é o último momento para fazer nossa voz ser ouvida, se não quisermos ser considerados um fardo." Locker acrescentou: "Ainda pensamos que é possível hoje conseguir largas somas [...] em conexão com a situação na Alemanha [...] Devemos agir, para tornar nossa voz ouvida e para evitar o novo 'Fundo de Ajuda'". Locker enfatizou: "O principal ponto é: "[...] Precisamos pelo menos contar ao público que colocamos a Palestina no centro da questão".[7]

A carta de Rosenbluth reforçava a inspiração de que esses eram momentos repentinos e centrais na história judaica, momentos que encerrariam a vida judaica na Europa e entregariam uma pátria à nação judaica. No entanto, Rosenbluth também avisou sobre uma solução que excluiria o sionismo e a Palestina. "Temo que sejamos forçados a lutar [por uma ideia] nos próximos dias que é basicamente contra um papel especial para a Agência Judaica e a Palestina." Rosenbluth afirmou que, se as soluções não sionistas pudessem ser desacreditadas ou suplantadas, o esforço de auxílio poderia ser não só politicamente, como comercialmente lucrativo para as empresas judaicas.

> Aqui [em Londres] é disseminada a crença de que o *slogan* "Judeus alemães para a Palestina" será muito atrativo do ponto de vista financeiro [...] Eles acham, além disso, que não é um desastre se certos grupos fizerem tentativas de obter grandes meios financeiros para a colonização de judeus alemães na Palestina em uma base mais comercial.[8]

A verificação da suposição de que a vida judaica estava oficialmente terminada na Alemanha veio rápido. Em 7 de abril, Hitler promulgou o primeiro decreto antissemita formal, demitindo sumariamente todo empregado governamental judeu. Outros decretos estavam prontos para tornar ilegal quase todo advogado, juiz, jurado não arianos ou dentista e médico judeu trabalhando com planos de saúde sociais. Simultaneamente, os próprios nazistas elevaram a importância da Palestina ao impedirem o fluxo de refugiados. O nacional-socialismo queria, é claro, que judeus saíssem da Alemanha. Mas, nos primeiros dias de abril, enquanto milhares fugiam, o Terceiro Reich percebeu que os refugiados eram uma responsabilidade com a qual eles não podiam arcar. Os líderes nazistas como Goebbels tinham certeza de que refugiados judeus na França, Grã-Bretanha e em outros países naturalmente se tornariam o centro da cruzada antialemã. Os planejadores da economia nazista, como Schacht, estavam convencidos de que o fluxo de empresários judeus causaria problemas no comércio nacional, sobretudo no externo. E o Terceiro Reich assumiu que judeus em fuga levariam escondido toda riqueza que pudessem, debilitando ainda mais a economia alemã.[9]

As medidas repressivas contra as fugas eram esporádicas no começo. Em 3 de abril, os guardas de fronteira do Terceiro Reich atiraram em judeus enquanto tentavam desesperadamente cruzar as montanhas em direção à Bélgica e aos Países Baixos. Naquele mesmo dia, a polícia da fronteira havia parado um trem lotado de judeus pouco antes de entrar na Tchecoslováquia. Naquela noite, as autoridades do Terceiro Reich anunciaram que nenhum judeu poderia deixar a Alemanha sem um visto de saída da polícia. E, em Breslau, a polícia confiscou todos os passaportes judeus. Mais tarde, foram colocados guardas a cada 50 metros ao longo de alguns pontos da fronteira para evitar fugas.[10]

O inesperado problema de Hitler agora era como se livrar dos judeus do país de uma forma ordenada que não representasse uma ameaça. A resposta era a emigração metódica com uma usurpação gradual do *status* judeu por substitutos arianos. Um local que pudesse absorver milhares de cidadãos judeus alemães, mas que os isolasse politicamente, era a faixa de deserto e pântano no extremo do Mar Mediterrâneo chamada Palestina. Para os nazistas, esse território era conveniente para a desova, por ser um campo de concentração remoto e autogovernado. Para os sionistas, esse território era a Terra Prometida destinada a ser o Estado judaico.

Arlosoroff via as forças do bem e do mal, dor e profecia correndo em direção a um ponto central no tempo. Depois da divisora sessão do Executivo de 9 de abril, Arlosoroff permaneceu convencido de que o partidarismo da Agência não poderia ser superado a tempo para aproveitar o momento histórico. Arlosoroff concluiu que orquestraria sozinho as negociações finais para a liquidação da existência judaica na Alemanha e sua transferência para Eretz Yisrael.

Em 13 de abril de 1933, Arlosoroff encontrou-se com um preocupado Rutenberg. Para obter sucesso, a empresa de liquidação precisaria de milhares de judeus de classe média para comprar pequenos blocos de ações não controladoras. Rutenberg temia que o plano rival de um fundo sionista para os refugiados arruinasse tudo. As pessoas não comprariam ações de uma empresa de liquidação que não retornasse dividendos por dez anos, *e* também doariam dinheiro adicional para um fundo de auxílio. Um ou outro, provavelmente ambos, não teria sucesso. Rutenberg disse que preferia ver sua empresa de liquidação atrasada ou cancelada a lançá-la no caminho do fracasso.[11]

No dia seguinte, 14 de abril, Arlosoroff e Weizmann encontraram-se em uma estação experimental agrícola perto de Tel Aviv com o alto-comissário Wauchope e Sir Phillip Cunliffe-Lister, o secretário colonial britânico, recém-chegado de Londres. Cunliffe-Lister era o oficial do gabinete com responsabilidade direta sobre as colônias da Inglaterra e o Mandato Palestino. Juntos, Wauchope e Cunliffe-Lister tinham o poder de mudar radicalmente o curso do nacionalismo judaico na Palestina. Cunliffe-Lister já havia conversado com Rutenberg em Londres sobre a transferência dos judeus alemães para a Palestina por meio de uma empresa de liquidação. Essencialmente, o secretário colonial havia aprovado.[12]

Mas os milhares, talvez centenas de milhares, de judeus alemães não poderiam viver nos pequenos enclaves que formavam a Palestina judaica. Em 1933, somente 4% dos 16 mil quilômetros quadrados pertenciam aos judeus. A maior parte dessas terras estava concentrada em enclaves ao redor de Jaffa-Tel Aviv, na costa norte do Mediterrâneo, em Haifa e na Galileia. Grandes trechos estavam reservados para o cultivo. Em torno de 20% da Palestina era de propriedade de árabes. O governo britânico era dono dos restantes 70% e metade dele era um deserto inabitável. Assim, mais espaço seria necessário.[13]

Enquanto os dois sionistas e os dois oficiais britânicos conversavam, a atenção deles era atraída para o pantanoso Vale Huleh, no nordeste da Galileia. Todos os esforços sionistas anteriores para comprar essa terra haviam sido bloqueados tanto pelo governo quanto pela pressão de árabes radicais sobre os proprietários. Mas Cunliffe-Lister e Wauchope podiam passar essa terra pantanosa do domínio árabe para o controle judaico. E, no final da reunião, eles pareceram bastante propensos a isso.[14]

A maioria das reuniões de Arlosoroff com Rutenberg e com os britânicos ainda era secreta ou organizada somente por Arlosoroff. E, apesar de estarem acontecendo mais ou menos em nome da Agência Judaica, a maioria dos líderes da Agência só sabia dos episódios depois dos fatos. Não espanta saber que, umas poucas horas depois do encontro secreto de 14 de abril com Weizmann, Wauchope e Cunliffe-Lister, as atividades dissidentes de Arlosoroff foram finalmente confrontadas. Arlosoroff informava ao Comitê Executivo sobre sua reunião na noite anterior, na qual Rutenberg ameaçou abandonar sua empresa de liquidação porque ela não poderia ser bem-sucedida junto com a campanha de arrecadação de fundos. Ele explicou que Londres teria de decidir qual operação deveria ser executada, o fundo ou a empresa. Ludwig Pinner, um dos sionistas alemães presentes na sessão, objetou ao atraso contínuo. "A iniciativa nessa questão veio de nós", disse Pinner. "Pretendemos começar a trabalhar imediatamente [...] mas, como sionistas organizados, nos voltamos ao Executivo da Agência Judaica. Então começou 'uma batalha por autoridade'."[15]

Emanuel Neumann falou com raiva. "Não consigo expressar uma opinião sobre essas questões, uma vez que as atividades estão sendo realizadas sem o meu conhecimento. Isso é um escândalo que não posso simplesmente ignorar. Ouço em todos os lugares, mesmo nas ruas, sobre assuntos importantes que desconheço. Reuniões são realizadas sem nossa presença. Não participarei de qualquer discussão até que todos os membros do Executivo tenham todas as informações sobre todas as questões." Neumann então mostrou as fontes de sua irritação. "Entre as coisas que eu ouvi lá fora estão: discussões com o secretário colonial, o Huleh, discussões com Rutenberg, e assim por diante. Talvez haja outras questões das quais não sabemos."[16]

A reivindicação foi encerrada com Neumann insistindo que Londres seria consultada para a realização de qualquer ação especial – uma tentativa direta de controlar Arlosoroff.[17] Mas este não seria parado.

No dia seguinte, 15 de abril, Arlosoroff contatou Rutenberg e Weizmann para ajudá-lo a decidir o próximo passo. Rutenberg concordou que o fundo de doações tinha prioridade sobre a empresa de liquidação, porque cada dia perdido significava receitas perdidas. Além disso, um fundo não sionista era uma ameaça ainda maior para o sionismo.[18]

Em 16 de abril, a Agência Judaica se reuniu de novo. Arlosoroff admitiu que havia tomado a iniciativa mais uma vez ao convidar formalmente Weizmann para dirigir a operação de arrecadação de fundos. Arlosoroff defendeu sua ação, declarando: "Estamos negligenciando uma oportunidade histórica e traindo nossa missão [...] Aviso ao Executivo. Um atraso por razões internas irá se voltar contra nós". Os membros do Executivo perceberam que Arlosoroff agora moldava pessoalmente o nível mais alto da política sionista.[19]

Neumann estava furioso: "Não decidimos pedir ao dr. Weizmann para liderar o apelo. Decidimos enviar um telegrama a Londres para informar nossos colegas lá sobre os nossos pontos de vista e pedir a opinião deles. Se alguém perguntou a Weizmann sobre essa questão, foi feito prematuramente e sem autorização [...] Não se pode agir dessa maneira [...]. Há Rutenberg e há Weizmann. Eles negociam. As negociações são realizadas com eles. Não temos lugar nesse Executivo [...] Eles acertam as questões e nos procuram depois [...] para votar e decidir. Isso é um Executivo ou uma ficção?".

Ainda com raiva, Neumann declarou: "Aqui aprendemos que um acordo já foi completado entre Weizmann e Rutenberg. Nesse caso – o que estamos fazendo aqui! Nem sei exatamente qual é o plano de Rutenberg ou quais as intenções de Weizmann [...] As coisas foram longe demais [...] Portanto, informo a vocês: A. estou renunciando ao comitê [especial sobre a crise alemã]; B. retiro meu voto sobre nossa decisão anterior em relação à operação [de levantamento de fundos] ser dirigida por Weizmann, já que não sabia, naquele momento, da proposta de Rutenberg; C. concordei então com a viagem do dr. Arlosoroff para a Alemanha e para Londres – no momento, não vejo motivo para isso e, portanto, retiro meu apoio".[20]

Os demais participantes, incluindo Arlosoroff, tentaram argumentar com Neumann, afirmando que toda discussão era trivial comparada com as crises na Alemanha e as crises que o sionismo sofreria a menos que se conseguisse impor rapidamente uma solução. O dr. Senator tentou convencer Neumann a continuar trabalhando sobre o problema alemão. Neumann respondeu: "Não posso retirar minha renúncia". Senator então anunciou: "Nesse caso, eu também renuncio".[21]

A reunião terminou de forma abrupta, com a resposta do sionismo a Hitler ainda sem uma decisão. Depois que Arlosoroff deixou a sala, Neumann instruiu o secretário a mandar um telegrama a Londres em código com tudo que havia ocorrido.[22] As energias seriam agora gastas não no alívio da agonia dos judeus na Alemanha, mas em encontrar alguma forma de provar quem era o chefe do movimento sionista.

No entanto, o *momentum* de Arlosoroff não havia terminado. Dois dias mais tarde, em 18 de abril, ele organizou uma viagem de um dia para levar Weizmann, Cunliffe-Lister e Wauchope até Huleh. Parando em um ponto perto de Tiberíades e do Mar da Galileia, os homens conversaram e chegaram a um acordo. Cunliffe-Lister afirmou que a Grã-Bretanha estava, em princípio, a favor de que os judeus administrassem o Huleh. Ele até recomendou para o gabinete britânico que as terras da Transjordânia fossem usadas para a emigração judaica também – sujeito a três estipulações: primeiro, se os judeus se mudassem para a Transjordânia, uma unidade militar extra seria necessária na área, e a despesa anual de 30 mil libras seria paga pelos judeus. Segundo, a imprensa sionista deveria evitar qualquer menção à extensão do Lar Nacional dos Judeus até a Transjordânia. Terceiro, a Agência Judaica seria substituída por uma empresa especialmente criada para organizar o assentamento.[23]

Durante a conferência, o secretário colonial Cunliffe-Lister foi o que mais falou, enquanto o alto-comissário Wauchope tentou não se comprometer. No entanto, em um momento, Wauchope perguntou a Weizmann diretamente quando a transferência começaria. Weizmann respondeu: "Deve acontecer no ano que vem ou no seguinte, ou teria de ser adiada por dez anos".[24]

A empresa de liquidação de Rutenberg agora havia se tornado ainda mais importante, assim como a negociação pessoal de Arlosoroff com o Terceiro Reich como o representante oficial do movimento sionista. Os judeus da

Alemanha precisavam ser levados à Palestina. Mas, sem autoridade legítima, Arlosoroff tinha certeza de que os nazistas não cooperariam. E, mesmo assim, ele estava inseguro de até onde iria o Terceiro Reich.[25] Então, quando Arlosoroff soube do telegrama 620 de Neumann, enviado em código para o Executivo de Londres em uma tentativa de desacreditar a autoridade de Arlosoroff e bloquear sua visita a Berlim, ele despachou o seu próprio telegrama:

> ESPECIAL 622: NOSSO TELEGRAMA 620 ENVIADO [...] SEM MEU/SENATOR CONSENTIMENTO OU CONHECIMENTO PONTO [...] CONVERSA INFORMAL PROPÓSITO COORDENAR ESQUEMA RUTENBERG NÃO ILEGAL MAS MUITO ÚTIL [...] ADIAR AÇÃO DEVIDO À CONTROVÉRSIA INTERNA [...] COLOCA EM PERIGO POSIÇÃO PRIMORDIAL PALESTINA EM AÇÃO DE EMERGÊNCIA E RESULTANDO PERDA MORAL DOS SIONISTAS.[26]

O objetivo principal de Arlosoroff agora era resolver a questão da Agência Judaica rapidamente e partir para Berlim. Em outra sessão do Executivo, realizada em 19 de abril, Arlosoroff declarou que a aprovação para essa viagem já havia sido dada e que "a retirada do voto do sr. Neumann não muda a situação, até onde eu entendo. Estou, assim, preparado para viajar". Neumann, ainda com suspeitas, sugeriu que a questão pelo menos deveria entrar na pauta de uma próxima sessão. Arlosoroff respondeu: "Não concordo com nenhum adiamento". Finalmente, Senator, que sabia por que Arlosoroff precisava visitar Berlim, interrompeu e falou: "Já existe uma decisão e se houver uma exigência [de Londres] para mudar [...] então vamos discutir". Arlosoroff acrescentou decidido: "Vou me preparar para viajar".[27]

No dia 22 de abril, Cunliffe-Lister participou de uma reunião secreta com duas das mais importantes personalidades árabes na Palestina. Uma era o emir, dono de uma boa parte das terras do Huleh; a outra era o mufti de Jerusalém, o virulento líder antijudaico que, por meio de intimidação, suborno e influência familiar mantinha acesos os fogos da violência e do confronto na Palestina. Depois que Arlosoroff soube do encontro, sua perspectiva de um acordo binacional imediato diminuiu. Aparentemente, o mufti havia mantido sua rejeição habitual. Isso convenceu Arlosoroff de que o caminho para a coexistência binacional seria uma espiral que primeiro assentaria os judeus em terras ao redor de seus enclaves existentes e somente depois se expandiria para o Huleh. Enquanto isso, apesar das dificuldades, os assentamentos na Transjordânia seriam necessários para as próximas ondas de judeus alemães.[28]

Em 23 de abril, apenas uns dias antes de Arlosoroff partir para Berlim, uma última sessão da Agência Judaica foi convocada. Como pano de fundo, a pauperização dos judeus alemães claramente se acelerava. Privação de direitos não obrigatória pelo decreto governamental era implantada pelo fanatismo popular.[29] Além disso, os líderes da Agência Judaica estavam convencidos de que, se Hitler fosse bem-sucedido, a crise na Alemanha aconteceria também na Áustria, na Danzig internacionalizada e talvez até na Romênia.[30] Estavam bem conscientes de que a resposta deles agora seria notada pelos regimes antissemitas em outras partes da Europa.

Na reunião da Agência em 23 de abril, Rutenberg foi chamado para explicar pessoalmente sua empresa de liquidação, agora provisoriamente chamada de Palestine Development Corporation. Enquanto Rutenberg explicava seu conceito, ficou claro que sua empresa de liquidação, na verdade, absorveria a maioria das instituições sionistas, incluindo a Agência Judaica, o Fundo Nacional Judaico e o Fundo para a Fundação da Palestina. Arlosoroff esperava que as ações da empresa fossem divididas meio a meio entre instituições sionistas e investidores privados, mas as porcentagens precisas não poderiam ser garantidas.[31]

O conceito era tão imenso que alguns membros do Executivo não conseguiam compreender exatamente como funcionaria. Outros estavam inseguros sobre onde o movimento sionista encontraria o dinheiro para comprar 50% das ações da empresa. As questões e os debates continuaram até que Arlosoroff repreendeu a todos com raiva: "Uns cinquenta dias foram perdidos desde 10 de março, e cada dia custa 100 mil libras [de doações judaicas indo para outras fontes]. Já perdemos metade do capital da empresa. Não podemos continuar conversando".[32]

Mas os cavalheiros discordaram sobre se a empresa de Rutenberg deveria ser puramente comercial, desviando a riqueza dos judeus alemães para a Palestina por meio de operações comerciais, ou se a empresa deveria na verdade supervisionar os reassentamentos. Senator era contra o envolvimento da empresa em atividades de auxílio. Rutenberg ficou chocado. "Se eu quisesse fundar uma empresa comercial", ele reclamou, "não haveria motivo para vir até aqui. A operação pretende ser *tanto* comercial quanto ética."[33]

No entanto, depois de um debate cáustico, o Executivo endossou por unanimidade a empresa de Rutenberg como uma operação "puramente comercial", não se engajando na transferência de pessoas, mas na transferência de dinheiro. Essa nova tentativa para resolver a questão judaica alemã se baseava não em negociações políticas com o Terceiro Reich para auxílio, mas em negociações comerciais.[34]

Não havia tempo a perder. Arlosoroff pediu ao cônsul alemão Heinrich Wolff uma carta de apresentação do governo alemão para que ele pudesse iniciar discussões sobre a emigração e a transferência de propriedades. Wolff ficou feliz em ajudar, preparando uma carta para o Ministério do Exterior em Berlim que descrevia de forma elogiosa Arlosoroff como um importante líder sionista que havia sido imprescindível nas boas relações entre a Agência Judaica e a Alemanha.[35]

Com a carta de apresentação em mãos, Arlosoroff preparou-se para deixar a Palestina. No entanto, pouco antes de sua partida, os membros do Comitê Executivo da Agência Judaica insistiram em um confronto de última hora. No dia 25 de abril, eles exigiram mais uma vez saber exatamente por que Arlosoroff ia para a Alemanha. No início, Arlosoroff negou que sua viagem era especial. Mas, quando Neumann continuou insistindo para que a viagem fosse cancelada e que o voto de autorização fosse rescindido, Arlosoroff finalmente deixou escapar: "Não quero ser condenado por meu mau comportamento". Um instante depois, admitiu sua verdadeira missão.[36]

Os ativos alemães deveriam ser liquidados e transferidos para a Palestina. Uma instituição estruturada – digamos, um banco de emigração – seria necessária. Arlosoroff seria o organizador, provavelmente por meio de negociações futuras com o governo alemão. Ele afirmou que as negociações não eram possíveis atualmente por causa da tensão. Em vez disso, ele só poderia estabelecer a base, com os sionistas alemães em Berlim, para as futuras negociações com o governo.[37]

Senator, o homem que havia começado as negociações de isenção de divisas seis semanas antes, via seu plano desintegrando-se. A autoridade de Arlosoroff agora estava claramente em litígio. Senator declarou que ele também viajaria para a Alemanha. Arlosoroff opôs-se, acreditando que, como alemão, as negociações de Senator não avançariam. O ucraniano Arlosoroff insistia que ele iria, não Senator, e ponto-final.[38]

O que restaria agora a Senator e seus colegas sionistas alemães, tão ansiosos por converter a isenção de divisas em um programa viável? Como ele poderia levantar essa oportunidade acima do miasma do partidarismo sionista e salvar a transferência? Eles duvidavam de que o homem em quem confiavam, Chaim Arlosoroff, por mais dinâmico e visionário, fosse capaz de realizar essa tarefa. Qual líder sionista conseguiria, dada a disputa política na Agência Judaica?

O sr. Sam Cohen ainda estava na Palestina e fez uma visita ao cônsul Heinrich Wolff naquele mesmo dia, 25 de abril.[39] Sam Cohen tinha um plano.

Cohen estava ligado a uma empresa chamada Hanotaiah Ltd. que, em hebreu, significava "os plantadores". Hanotaiah essencialmente existia como uma subsidiária com fins lucrativos de uma organização de assentamentos chamada Young Farmers Association. O principal negócio da Hanotaiah era comprar e vender terras, principalmente para hortas de laranja, e fornecer o equipamento necessário para o cultivo de cítricos.[40]

Cohen explicou sua ideia. O cônsul aprovou e forneceu a ele o equivalente a uma carta rival de apresentação, descrevendo a Hanotaiah como uma importante empresa de investimento em terras – citando vários milhões de dólares em negócios, nos últimos quatro anos. Parcialmente explicando o que a Hanotaiah tinha a oferecer, Wolff escreveu: "Até agora, a Hanotaiah comprou bombas, tubulações e coisas assim da Tchecoslováquia, já que eles são mais baratos do que na Alemanha". Wolff sabia que tubos era uma das exportações mais importantes da Alemanha. A carta explicava que empresas iugoslavas e italianas recebiam pedidos da Hanotaiah também. Mas a empresa compraria todos os tubos futuros e outros equipamentos agrícolas da Alemanha se a mercadoria pudesse ser paga com os ativos congelados dos judeus alemães.[41]

Era muito complicado. Mas, escreveu Wolff, tudo seria explicado pelo representante da Hanotaiah, que viajaria para a Alemanha a fim de negociar o acordo.[42]

Arlosoroff deixou a Palestina em direção a Berlim em 26 de abril de 1933. O sr. Sam Cohen partiu para Berlim um pouco depois.[43]

11

SUFOCANDO O BOICOTE

Os líderes sionistas, durante o mês de abril de 1933, procuraram cooperar com o Terceiro Reich nazista para organizar a saída ordenada do povo judeu e sua riqueza da Alemanha. Mas, durante aquelas mesmas semanas, grupos judaicos de todo o mundo lutavam para resistir e derrubar o Terceiro Reich, com o objetivo de manter os judeus na Alemanha como cidadãos. Boicotes e protestos estavam por toda parte.

Primeiro de abril: *Paris*, a Liga Internacional Contra o Antissemitismo cumpriu sua ameaça de declarar um boicote, começando às 10h da manhã até a queda de Adolf Hitler ou a restauração dos direitos dos judeus alemães. *Istambul*, uma circular distribuída entre os judeus pedia o boicote de todos os produtos alemães.[1]

Dois de abril: *Toronto*, um protesto de massa copatrocinado por sacerdotes judeus e cristãos adotou o boicote. *Paris*, o cardeal Verdier publicamente garantiu ao rabino-chefe de Paris que os católicos apoiariam ativamente o movimento anti-Hitler.[2]

Três de abril: *Tessalônica*, 70 mil judeus gregos reuniram-se em um protesto em massa contra Hitler. *Panamá*, quinze empresas judaicas importantes anunciam o cancelamento de todos os pedidos de mercadorias alemãs.[3]

Quatro de abril: *Bombaim*, protestos judaicos condenam o regime de Hitler.[4]

Cinco de abril: *Nova York*, 15 mil esquerdistas protestam tanto contra o nazismo como contra a demora dos líderes judeus e do governo na luta contra Hitler.[5]

Na Polônia, o boicote nacional contra a Alemanha foi reforçado pela violência das massas. No dia 6 de abril, o embaixador do Terceiro Reich, Hans Moltke, exigiu oficialmente o fim do boicote violento e seu encorajamento semioficial. O subsecretário de Estado polonês, com raiva, respondeu a Moltke que o governo polonês não desejava interferir com o boicote. A violência do boicote antialemão estava tão extensiva na Alta Silésia que o ministro das Relações Exteriores alemão declarou que "a situação já se encontra insustentável" e ameaçou reclamar na Liga das Nações.[6]

Na Inglaterra, em 9 de abril, o medo de um boicote violento ao estilo polonês levou a polícia em Londres e Manchester a insistir que donos de lojas, sob ameaça de serem processados, removessem de suas vitrines os cartazes de "Boicotem os Produtos Alemães". Na tarde seguinte, a supressão do boicote foi debatida com exaltação no Parlamento. O secretário do Interior, Sir John Gilmour, negou que a polícia estivesse agindo sob ordens expressas do governo. Para garantir isso, Winston Churchill pediu o fim oficial da repressão, para o qual o secretário do Interior respondeu: "Certamente".[7] Enquanto isso, o movimento de boicote dominado pelos trabalhadores na Grã-Bretanha continuava a se expandir. Em 15 de abril, o *Daily Herald*, citando fontes do mercado, estimou que só o boicote de peles custaria à Alemanha 100 milhões de dólares anuais.[8]

O Terceiro Reich teria de enfrentar sustos similares por toda a Europa.

Treze de abril: *Bucareste*, o comércio alemão já sofria com o boicote semioficial porque o Banco Nacional romeno se recusava a alocar divisas estrangeiras para as importações alemãs (em retaliação pelas barreiras do Terceiro Reich às mercadorias romenas). Agora, os judeus romenos formalmente se uniram ao embargo popular, eliminando, assim, muitos negócios também. Em Ploesti, os comerciantes judeus recusaram três carregamentos de porcelana alemã, apesar da redução desesperada de preços feita pelas transportadoras. Outras indústrias alemãs na Romênia eram afetadas da mesma forma.[9]

Dezessete de abril: *Antuérpia*, o boicote às peles estendeu-se pela Bélgica seguindo uma resolução obrigatória dos comerciantes judeus de peles.[10]

Dezenove de abril: *Belgrado*, o boicote antialemão na Iugoslávia foi tão danoso que os apoiadores locais dos nazistas começaram um intenso, mas inútil, contraboicote para pressionar os judeus a abandonar a luta.[11]

O espírito do boicote antinazista ganhou força não só pela persistência dos organizadores, mas incentivado por notícias na imprensa. Por exemplo, o fim abrupto da ação de 1º de abril da Alemanha foi explicado pela imprensa mundial como o recuo de Hitler por causa da retaliação econômica.[12] Isso convenceu muitos de que a melhor defesa era o ataque.

O encorajamento continuou. Os jornais de Berlim começaram a informar que o comércio exterior da Alemanha para o primeiro trimestre estava em um declínio perigoso.[13] Em 9 de abril, Hjalmar Schacht, o chefe do Reichsbank recém-nomeado por Hitler, surpreendeu uma conferência de banqueiros internacionais na Basileia ao reduzir a dívida estrangeira da Alemanha com um cheque de 70 milhões de dólares. Embora o pagamento tenha drenado severamente suas reservas, Schacht esperava injetar alguma credibilidade no crédito alemão. Mas a imprensa financeira afirmou que a "demonstração de força" fora uma mera manobra desesperada.[14] Os jornalistas financeiros apontavam com pessimismo para o extraordinário deslocamento econômico alemão causado diretamente pelas políticas antijudaicas de Hitler. A imprensa enfatizou que os problemas econômicos incluíam tanto as reações externas quanto o massivo transtorno interno resultante da súbita retração da classe média judaica da cena comercial.[15]

Em 10 de abril, a Alemanha anunciava que os veteranos judeus seriam isentos da expulsão dos empregos profissionais – a pedido de Hindenburg, em nome da justiça. O *The New York Times* atribuiu essa "suavização" não ao sentimentalismo, mas aos protestos no mundo e ao caos econômico resultante dentro do Terceiro Reich. Uma semana depois, o *Times* publicava outra história repetindo o tema, acrescentando que um *lobby* silencioso, mas coeso, dentro dos círculos econômicos alemães se opunha à continuidade das atividades antissemitas.[16]

Em um movimento radical, em 22 de abril, que seria impossível em anos posteriores, um grupo de associações industriais alemãs rejeitou por unanimidade os relatórios oficiais do governo que citavam um recente *ganho* de 9% nas exportações de manufaturados, em especial maquinários, têxteis e aço. No ousado anúncio, os industriais admitiram que haviam sofrido um forte *declínio*.[17]

As notícias pessimistas dos jornais e dos rádios eram vitais para manter o movimento de boicote antinazista vivo, porque todo boicote cresce com a aparência de sucesso. Pouco importa se o declínio de um setor acontece por causa do boicote ou por flutuações sazonais, greves, escassez de material ou as fases da lua. As pessoas querem ver as provas dos danos. Quando as encontram, os devotos redobram sua devoção e os não comprometidos veem um valor real no protesto e sobem no trem. Em abril de 1933, tais provas eram abundantes para aqueles que se opunham a Adolf Hitler.

Em 26 de abril, o conselheiro comercial da Embaixada Britânica em Berlim, F. Thelwell, encerrou uma previsão econômica de 22 páginas com as palavras: "Se, com o passar do tempo, os efeitos da péssima situação do comércio exterior se fizerem sentir no emprego industrial da Alemanha e o dinheiro não estiver disponível para os programas de trabalho e assentamento, a pressão do problema econômico pode ainda ser forte o suficiente para quebrar o domínio político que Hitler impôs sobre o país".[18] A Alemanha não podia arcar com um boicote.

Além disso, o Comitê Judaico Americano em Nova York, o Departamento de Estado em Washington, o Escritório de Relações Exteriores em Londres e a Agência Judaica em Jerusalém estavam todos cientes de que protestos e boicotes eram as únicas restrições eficientes à política nazista.

Por exemplo, em 5 de abril, Berl Locker, do Comitê Executivo da Organização Sionista em Londres, reconheceu o poder dos protestos em uma carta a um colega:

> Está claro que essas ações [de protesto britânico], adicionadas à atitude geral antinazista da imprensa [...] certamente fizeram que o boicote antijudaico [de 1º de abril] fosse limitado a um único dia.

Apesar dessa conscientização, Locker admitia na mesma carta:

> Meus amigos e eu tentamos energicamente conter a chamada *Greuelpropaganda* [propaganda de atrocidades] [...] Também fizemos esforços para evitar a proclamação de um boicote [antinazista na Grã-Bretanha] e tivemos sucesso, pelos menos com as organizações oficiais. Claro que não podemos influenciar diretamente o comerciante individual [...][19]

Na primeira semana de abril, Locker também aconselhou a Agência Judaica em Jerusalém que, por razões táticas, os sionistas em todos os países deveriam evitar a participação na luta contra Hitler. Locker temia que críticas abertas a Hitler precipitassem ataques contra o sionismo alemão e dificultassem os contatos com o regime.[20]

Tanto o Departamento de Estado americano quanto o Escritório de Relações Exteriores britânico estavam cientes de que a pressão e somente ela restringia o Terceiro Reich. Legações britânicas e americanas em todo o mundo informavam os problemas que o protesto antinazista e o movimento de boicote causavam no governo alemão. Mas, apesar de saberem por meio de notícias da imprensa, que atribuíam aos súbitos problemas econômicos a chamada suavização da campanha de Hitler, as comunidades diplomáticas britânica e americana continuavam a pregar a não interferência, as garantias políticas ao Terceiro Reich e a cooperação econômica como o método mais inteligente de reduzir o antissemitismo na Alemanha.

No caso do sionismo, o Departamento de Estado e o Escritório de Relações Exteriores, a política de não interferência estava em conjunto com seus ideais. Os sionistas, é claro, procuravam uma *détente* com um inimigo para alcançar o nacionalismo judaico. Os diplomatas americanos e britânicos procuravam uma paz ilusória por meio de uma estratégia ineficiente que mais tarde seria chamada de *apaziguamento*. Mas o antagonismo do Comitê Judaico Americano para com a atividade antinazista desafiava até mesmo a própria definição de defesa judaica.

No início de abril, o presidente do Comitê, Cyrus Adler, recebeu uma carta angustiada de um amigo que escrevia de Paris. O homem estava arruinado, vivendo como refugiado, com o mínimo. O apavorado amigo de Adler procurava desmentir a crença do Comitê de que as atrocidades alemãs eram, pelo menos, um pouco exageradas. Em várias páginas datilografadas de forma organizada, o refugiado listou desaparecimentos, espancamentos e assassinatos: *Herr* Kindermann desapareceu por vários dias até que sua família desesperada recebeu uma carta de um comandante nazista para que retirassem seu corpo. *Herr* Krell desapareceu até que uma das casas de tortura nazista ligou com a notícia de que ele havia se jogado da janela do quarto andar. *Herr* Naumann, cercado por camisas-pardas, arrastado pelas ruas, surrado por todo o corpo e depois forçado a sofrer com a colocação de pimentas sobre suas feridas, morreu logo depois de uma fratura no crânio e envenenamento do sangue por causa da pimenta.[21]

O amigo de Adler implorava ao Comitê para "não prestar nenhuma atenção às garantias [...] se vierem de fontes judaicas ou não judaicas, de dentro ou de fora da Alemanha. A real verdade só é conhecida por aqueles judeus que estão condenados a viver na Alemanha sob o governo atual, e eles não ousam dizer uma única palavra sobre o que está acontecendo, porque pagariam com a vida por essa informação".[22]

Em um insistente parágrafo final, o refugiado implorou a Adler: "Vocês, judeus livres em países livres, exijam a restauração dos direitos cívicos, sociais e econômicos dos judeus alemães. A única forma prática de chegar a esse fim é boicotar todos os produtos alemães, exceto os que vierem, sem dúvida, de uma fábrica ou produtor judeu".[23] Mas Adler não mudaria de posição.

Provas incontestáveis dos horrores nazistas chegaram em 6 de abril, quando Adler e o presidente da B'nai B'rith, Alfred Cohen, receberam um telegrama invalidando completamente as negações das atrocidades alemãs que os líderes judaicos do país haviam enviado e que o Comitê publicara anteriormente. Mas, em vez de tornar a informação pública para expor a verdade, Adler e Cohen enviaram a informação para o secretário de Estado, Cordell Hull:

> APELO DE ORGANIZAÇÕES JUDAICAS ALEMÃS A JUDEUS AMERICANOS PARA CESSAREM OS PROTESTOS DEFINITIVAMENTE FEITOS SOB INTIMIDAÇÃO PONTO GOERING CONVIDOU PELA SEGUNDA VEZ LÍDERES JUDEUS PONTO [...] ELE FOI EXTREMAMENTE BRUSCO AO EXIGIR INTERVENÇÃO IMEDIATA PARA QUE JUDEUS NO EXTERIOR PAREM LENDA DE HORRORES/CAMPANHA DE BOICOTE DE OUTRA FORMA JUDEUS ALEMÃES SENTIRIAM CONSEQUÊNCIAS PONTO [...] LÍDERES JUDEUS OBRIGADOS A TRAÇAR PLANO PARA GOERING CONTATAR LÍDERES JUDEUS DE TODOS OS PAÍSES PARA NEGAR HORRORES/DISCRIMINAÇÃO/BOICOTE.[24]

Adler e Cohen garantiram a Hull que os fatos "não seriam publicados" temporariamente. Hull entendeu da mesma forma, algumas horas depois:

RECEBI O TELEGRAMA [...] FICAREI SATISFEITO EM MARCAR UMA HORA PARA MAIS DISCUSSÕES SOBRE A SITUAÇÃO.[25]

Adler e o Comitê continuaram a desprezar publicamente os esforços judaicos para boicotar a Alemanha ou até organizar um protesto. Os membros do Comitê sempre apontavam para as instruções dos líderes judeus alemães para que todos os protestos e boicotes parassem, além de não acreditar nas exageradas histórias de brutalidade nazista. Contudo, Adler e seus colegas sabiam que esses pedidos eram falsos, feitos sob coação e, na verdade, não passavam de ferramentas de propaganda nazista.

No início, o Comitê foi parcialmente bem-sucedido em amordaçar o protesto judaico. Por exemplo, no dia 2 de abril, enquanto muitos ainda tentavam determinar a verdade sobre as atrocidades alemãs, o Comitê Conjunto de Distribuição organizou uma conferência de auxílio. O Conjunto, de forma típica, evitava a controvérsia política para proteger seu *status* internacionalmente reconhecido de agência de auxílio neutra, análoga à da Cruz Vermelha. Presidindo nessa reunião de 2 de abril estavam os líderes do Comitê, Cyrus Adler e Joseph Proskauer. Rapidamente, a posição do Conjunto na conferência não era mais neutra, mas de compromisso *contra* o ativismo anti-Hitler. Os oradores repudiaram abertamente os esforços das organizações judaicas de boicotar as importações alemãs. Finalmente, o rabino Jacob Sunderling de Hamburgo levantou-se para recitar as verdades sobre as torturas nazistas na Alemanha. Proskauer e outro cavalheiro interromperam as observações do rabino, argumentando que tais discursos não tinham espaço em uma conferência de auxílio. A multidão protestou em voz alta. Uma pessoa gritou: "Não queremos nada oculto. Deixem ele continuar!". O rabino Sunderling tentou ser ouvido, com os olhos cheios de lágrimas enquanto suas palavras saíam fora de ordem. Por fim, como o rabino Sunderling não poderia ser calado e a plateia exigia que ele fosse ouvido, o presidente sumariamente encerrou a reunião. Mas a plateia não queria ir embora, então Proskauer subiu até a plataforma para enfatizar a questão: a reunião havia acabado. O rabino Sunderling não seria ouvido.[26]

No dia 6 de abril, Adler escreveu para um líder dos Judeus Veteranos de Guerra acusando os JVG de ter "criado um pretexto para o boicote [antijudaico] alemão". Uma cópia da carta de Adler chegou a J. George Fredman, comandante-chefe dos JVG e chefe do comitê do boicote. Fredman respondeu a Adler sem rodeios: nossa ação "não precisa de desculpas [...] Nossa organização foi a única que começou corretamente, manteve a direção e ainda está correta [...] O judaísmo deveria se unir nesse movimento – é a única arma que trará o povo alemão ao bom senso". Adler, na resposta de 19 de abril, fez outro sermão: "Espero reiterar e até fortalecer as declarações que fiz até o momento. O Comitê Judaico Americano, ao se opor a boicotes, manifestações, passeatas etc., agia de acordo com os desejos dos líderes judaicos na Alemanha como foi combinado com eles por meio de telefonemas de longa distância em Paris, onde eram completamente livres para falar [...] Não posso usar uma linguagem forte o suficiente para indicar meu desejo de que vocês suspendam a forma de agitação que começaram".[27]

Logo, a relutância do Comitê não era mais vista pelas grandes massas dos judeus americanos como sabedoria e táticas de bastidores. Em vez disso, o Comitê – junto com a B'nai B'rith – era visto meramente como submisso e silencioso; ou pior, um sabotador do movimento antinazista. Assim, apesar de as duas organizações reterem um pouco do reconhecimento e acesso do "sistema", o povo americano que se opunha a Hitler – judeu ou não – os rejeitava.

A rejeição logo se tornou pública. Em conjunto com um protesto no começo de maio, um editorial no principal diário em iídiche, o *Der Tog*, atacou com força o Comitê e a B'nai B'rith pela "política de medo e silêncio". Em uma repreensão surpreendente, o editorial perguntava: "O que os senhores Adler e Cohen propõem? [...] Silêncio e nada mais! [...] [Nosso] povo está determinado a lutar pela própria vida [...] A voz das massas será ouvida".[28]

A voz deles foram de fato ouvidas, não só nos Estados Unidos, mas na Alemanha nazista.

12

RECEIO DE UMA GUERRA PREVENTIVA

Como a política de comércio exterior alemã incluía a supervisão de exportações, o ministro de Relações Exteriores do Terceiro Reich tornou-se o centro de todas as desanimadoras notícias sobre o boicote transmitidas regularmente pelos consulados e missões comerciais alemães em todo o mundo. Esses relatórios invariavelmente passavam pela mesa de Von Neurath e eram distribuídos para Schacht, Hindenburg e Hitler quando Von Neurath julgava necessário.[1] Durante abril de 1933, as caixas postais mais importantes de Berlim transbordavam com notícias ameaçadoras de boicotes e protestos do mundo inteiro. Alguns participantes dos boicotes eram inteligentes o bastante para aumentar a ansiedade do Terceiro Reich enviando anúncios de boicotes diretamente para o Ministério das Relações Exteriores em Berlim.

Aqueles líderes empresariais que consideravam suicida a política financeira de Hitler também enviavam suas más notícias para o Ministério. A Câmara de Comércio de Munster relatou pedidos cancelados na Holanda e na França. A Câmara de Comércio de Offenbach informou sobre boicotes de produtos na Bélgica, no Egito, na Dinamarca e na Finlândia. Não havia nenhum erro, de acordo com o informe de Offenbach. Muitos estabelecimentos comerciais, como os de Copenhagen, mostravam cartazes bem evidentes de "Não aceitamos produtos alemães".[2]

As coisas pioravam. Rapidamente, os líderes da Alemanha perceberam que o boicote anti-Hitler ameaçava matar o Terceiro Reich em sua infância, tanto por meio da falência total quanto pela promoção de uma iminente invasão da Alemanha por seus vizinhos. Quando os nazistas consolidaram o poder no início de março, autoridades polonesas reforçaram abertamente a quantidade de tropas ao longo do Corredor Polonês. Isso aconteceu em resposta às ameaças belicosas do *Führer* de que tomaria a ponte territorial criada pelo Tratado de Versalhes.[3] No final de março, o boicote antinazista ajudou a empurrar a Polônia de uma postura defensiva bastante forte para uma prontidão quase histérica para invadir a Alemanha.

No dia 7 de abril, Von Neurath, Schacht e outros líderes centrais deram um informe a Hitler sobre a condição perigosa do Terceiro Reich ante o crescimento da reação antinazista. Enfatizando que vários vizinhos contemplavam ativamente uma guerra preventiva contra a Alemanha enquanto ela ainda estava fraca, Von Neurath disse a Hitler: "A gravidade dos perigos que nos ameaçam não deveria ser subestimada". O mais importante entre os potenciais invasores era a Polônia, determinada a prevenir qualquer comprometimento territorial. Outros vizinhos no leste – Romênia, Iugoslávia, Hungria, Tchecoslováquia – teriam que ser mantidos em termos amigáveis, principalmente por meio do comércio, para evitar qualquer aliança antialemã com a Polônia. O Ocidente também era ameaçador. Von Neurath lembrou Hitler de que, quando o chanceler alemão Brüning falou a um jornal no início de 1932 que a Alemanha consideraria parar de pagar todas as reparações, a França mobilizou-se para uma possível invasão. O ministro do Exterior avisou que a França poderia retomar sua postura ameaçadora se o Terceiro Reich insistisse em suas políticas.[4]

Von Neurath não precisou lembrar Hitler do que aconteceu quando a Alemanha não cumpriu os pagamentos das retaliações em 1923. A França invadiu. O caos político resultou em uma inflação ciclônica.

O ministro do Exterior era bastante direto em relação à vulnerabilidade militar absoluta do Terceiro Reich. Ele assumia que a França era a mais forte potência militar do mundo. A Alemanha não podia desafiá-la nesse campo, e estava cinco anos atrás de inimigos mais fracos, como a Polônia. Além disso, a Europa opunha-se vigorosamente aos esforços alemães para se rearmar. E o gabinete de Hitler sabia que o protesto judaico e o movimento pró-boicote estavam à frente da agitação para manter a Alemanha como uma nação desarmada. Assim, Von Neurath foi forçado a listar os principais ativos defensivos da Alemanha, não em termos de armas e bombas, mas de boa vontade internacional e seu valor como parceiro comercial.[5] A declaração militar de Von Neurath a Hitler concluía: "Devemos primeiro concentrar nossa atividade política em questões econômicas, a fim de evitar, de qualquer forma, circunstâncias belicistas; complicações com as quais não podemos lidar no momento".[6]

Então, Schacht falou a Hitler a desastrosa realidade econômica. As coisas estavam muito piores do que em 1930. Ou seja, as reservas estrangeiras totalizavam 3,3 bilhões de reichmarks (RM), que Schacht considerava perigosamente baixas. As reservas correntes haviam caído para meros RM 450 milhões. Portanto, o fim das divisas estrangeiras e, como consequência, da viabilidade do comércio era uma perspectiva séria. Todo o resto das divisas estrangeiras estava sendo recolhido, mesmo de bancos alemães no exterior. Em meses – talvez antes – "divisas estrangeiras não estariam mais disponíveis". Alguma forma deveria ser encontrada para preparar as nações que negociavam com a Alemanha para o fim abrupto dos pagamentos, disse Schacht, afirmando sua esperança de que reações hostis – como as temidas dos franceses – poderiam ser evitadas.[7]

Mas Schacht tinha uma ideia, talvez a única ideia capaz de salvar as relações comerciais. Muitas contas bloqueadas – quer dizer, contas bancárias congeladas – criariam uma gigantesca fonte de reichmarks bloqueados, chamada de *sperrmarks*, que a Alemanha poderia usar para pagar suas obrigações. Os devedores não teriam outra escolha a não ser aceitar os reichmarks, e eles seriam usados quase exclusivamente na Alemanha.[8] Os verdadeiros donos dessas contas bloqueadas – estrangeiros e emigrantes – presumivelmente não poderiam usar todos seus sperrmarks de uma vez, principalmente porque eles não poderiam ser retirados do país. Assim, o Reichsbank poderia trocá-los livremente.

A ideia de Schacht era de elevar essa falcatrua a uma técnica financeira pseudolegítima para salvar a economia alemã. Durante a conferência de 7 de abril, Schacht previu que muitas novas contas bloqueadas poderiam ser geradas de forma a sobrar muito dinheiro para "as novas necessidades do

Terceiro Reich". Hitler terminou a conferência de 7 de abril insistindo para que o plano de Schacht começasse imediatamente.[9]

Porém, a situação se deteriorou rapidamente. Em 12 de abril, Moltke, o embaixador alemão em Varsóvia, informou que o boicote antinazista incitava os poloneses e seus líderes à tensão militar. "Em todas as partes, o *slogan* é: destruição de tudo o que ainda é alemão na Polônia, e boicote de tudo o que venha da Alemanha", escreveu um ansioso Moltke. "Em todos os lados, bonecos com o nome de Hitler são queimados." Ele acrescentou que o apoio aberto do governo polonês ao "boicote contra produtos alemães como legítimo e útil" era incontestável. Além disso, informava Moltke, o ministro do Exterior polonês havia avisado que qualquer retaliação contra os judeus poloneses ou qualquer outro de origem polonesa vivendo na Alemanha levaria a perigosas contramedidas polonesas, cujas "consequências seriam imprevisíveis".[10]

Em 22 de abril, o embaixador alemão na Itália, Ulrich von Hassell, mandou péssimas notícias de Roma. Em um telegrama com uma única sentença, Hassell transmitiu informações altamente confiáveis de círculos próximos ao presidente tcheco, Thomas Masaryk, de que Praga planejava apoiar "as intenções polonesas de uma ação militar preventiva na fronteira oriental da Alemanha". Não mais confinado a zonas desmilitarizadas ocupadas de modo preventivo no Corredor Polonês, a ameaça militar agora incluía uma invasão real da Alemanha. E, como temido, a Tchecoslováquia estava pronta para ajudar. Von Neurath passou o telegrama de Hassel diretamente para o presidente Von Hindenburg.[11]

No dia seguinte, 23 de abril, o embaixador Moltke respondeu a uma indagação urgente de Berlim, que queria saber a avaliação pessoal dele sobre as chances de uma invasão polonesa. Moltke respondeu com os conhecidos argumentos que circulavam na Polônia. Crescia o sentimento de que a Alemanha sob o comando de Hitler atacaria, um dia, a Polônia. Como a guerra era inevitável, os líderes poloneses estavam convencidos de que deveriam conquistar a região da Prússia oriental imediatamente, enquanto a Alemanha ainda estava fraca e desarmada. Os argumentos contra essa invasão preventiva eram os medos exagerados da Polônia de um armamento alemão inexistente, o custo financeiro e as dúvidas polonesas sobre sua própria capacidade militar. Ao medir os prós e os contras, Moltke concluiu que as chances de uma invasão eram uniformes.[12]

Em um memorando anexado, Moltke listou várias provas de que a Polônia estava se preparando caso a decisão de invasão fosse confirmada. A indústria de guerra da Polônia havia aumentado a produção em 100% desde a ascensão de Hitler, com grandes pedidos de aviões, munição, itens para cozinha militar e outros equipamentos para guerra. Representantes poloneses haviam ido até a França para comprar artilharia pesada e armas antiaéreas. Oficiais da reserva haviam sido convocados. E tropas que deveriam receber baixa foram mantidas por meses adicionais. Em uma ameaçadora demonstração de força, o governo havia ordenado o envio de 30 mil soldados e artilharia para Vilna no dia anterior.[13]

Em 25 de abril, às 12h45, o embaixador alemão na Tchecoslováquia, Walter Koch, despachou um telegrama urgente para Berlim:

> NÃO HÁ DÚVIDAS DE QUE UMA GUERRA PREVENTIVA ESTÁ SENDO CUIDADOSAMENTE CONSIDERADA NO CASTELO DE PRAGA, ONDE TODAS AS LINHAS DO COMPLÔ INTERNACIONAL CONTRA A ALEMANHA SE UNIRAM [...] RECENTEMENTE [PRESIDENTE] MASARYK FALOU DE GUERRA COMO UMA QUESTÃO DE TEMPO. ESTOU CONVENCIDO DE QUE A INFLUÊNCIA DA POLÔNIA AQUI ESTÁ PRESSIONANDO CONSTANTEMENTE PARA UMA GUERRA PREVENTIVA, E QUE OS TCHECOS TÊM A INTENÇÃO DE INTERVIR ATIVAMENTE.[14]

O telegrama de Koch foi recebido no Ministério das Relações Exteriores às 16h. Duas horas e quarenta e cinco minutos depois, Hitler e todo o gabinete reuniram-se para considerar a perspectiva de uma invasão iminente.[15] Segundo eles, a Polônia devia agir para proteger suas fronteiras. A Tchecoslováquia tiraria vantagem da situação e, ao mesmo tempo, atacaria o antissemitismo alemão. A França poderia se mover para conter tensões na fronteira e impedir qualquer plano para descontinuar as reparações.

Von Neurath pediu: "A situação é tão tensa que provocações de nosso lado devem ser evitadas sob qualquer circunstância".[16]

A questão judaica e o boicote antinazista eram um fator agravante comum para a intensificação dos problemas econômicos e militares da Alemanha. Os judeus poloneses haviam inflamado com sucesso a Polônia, que passou de uma preocupação defensiva para a histeria militar por meio do violento boicote antialemão e dos movimentos de protesto. Os líderes alemães estavam verdadeiramente surpresos que os poloneses, historicamente antissemitas, haviam permitido que a perseguição judaica na Alemanha tivesse se tornado o pretexto para uma guerra. Mas estava acontecendo. O movimento antinazista na Tchecoslováquia encorajava o governo de Masaryk a aproveitar a oportunidade. Masaryk acreditava que o antissemitismo era um mal inaceitável para o cristianismo. O boicote internacional frustrava todos os esforços do Terceiro Reich para conseguir as divisas estrangeiras necessárias para manter a França a distância. Os eventos se encaixavam na concepção nazista de guerra: um conflito cataclísmico causado pelos judeus através de meios econômicos e de propaganda. Mas a Alemanha simplesmente não estava pronta.

O Terceiro Reich tinha problemas violentos. Talvez uma diplomacia engenhosa e o interesse próprio do mundo poderiam diminuir muitos deles. Mas, a cada momento, o protesto e o movimento de boicote antinazista jogavam mais lenha na fogueira. Não havia mais dúvidas. O boicote precisava ser interrompido.

13

MENSAGEM PARA SCHACHT

Depois da lição do 1º de abril, os líderes nazistas procuraram evitar explosões antissemitas barulhentas que provocassem mais manchetes e retaliação. Em vez disso, planejaram a destruição metódica da existência judaica na Alemanha – não através de levantes, nem de boicotes declarados, mas através de regulamentações excludentes e remoções privadas. Julius Streicher admitia com tristeza quando o boicote antijudaico foi revogado: "Tenho a sensação de que a batalha do boicote não acontecerá mais [...] Isso será um desapontamento para milhões de alemães [...] Não foi fácil concordar, mas Adolf Hitler só pode dar um passo de cada vez".[1]

No entanto, como em qualquer movimento radical, os ativistas do PNSTA tentavam constantemente superar uns aos outros. Nesse sentido, um movimento histórico para a pureza ideológica nazista foi anunciado em 12 de abril: os chamados livros não alemães seriam queimados em fogueiras gigantescas por toda a Alemanha no dia 10 de maio.[2]

Em resposta, Stephen Wise e o Congresso, no dia 19 de abril, chamaram uma reunião de emergência de mil delegados judeus representando 600 organizações judaicas da área de Nova York. Como sempre, os delegados exigiam que o Congresso finalmente proclamasse o boicote. Grupos judaicos poderiam, assim, começar a organizá-lo. Porém, mais uma vez, Wise recusou a solicitação.[3]

Wise achava que o boicote formal era uma arma tão valiosa que deveria esperar um pouco mais enquanto o movimento espontâneo e desorganizado já sugeria as perdas futuras. E ele queria anunciar o boicote formal como parte de uma retaliação judaica mundial declarada por um organismo internacional chamado para esse propósito. Especificamente, Wise visualizava uma Conferência Judaica Mundial em Genebra em setembro de 1933. E, no fundo, provavelmente tinha dúvidas decorrentes das pressões sionistas para adiar o boicote.[4]

Então, Wise respondeu aos participantes: "Ainda não chegou o momento para um boicote oficial – ainda temos outras armas". Quando os delegados insistiram em ações mais fortes, Wise pediu: "Não vamos revelar nossa campanha para que Hitler [...] conheça nossos próximos movimentos. Não serei o líder de vocês se não confiarem em mim".[5] Em vez de lançar o boicote oficial, os delegados concordaram por unanimidade em uma passeata monumental a ser realizada na noite da queima de livros nazista.[6]

Os jornais de 27 de abril mostraram o anúncio de que 600 organizações judaicas da área de Nova York pediriam a seus 2 milhões de membros que participassem da passeata em Manhattan, em uma demonstração talvez igual à passeata da Vitória em 1919.[7] A execução teria de ser impressionante, pelo menos para um espectador que estaria nos Estados Unidos naquele dia: Hjalmar Schacht.

Schacht viria aos Estados Unidos no começo de maio para se reunir com os líderes americanos. O Terceiro Reich esperava, de alguma forma, manter as boas relações econômicas com o país. As exportações e as moedas estrangeiras – que eram os remédios preciosos para o massivo desemprego alemão, um exército fraco e desarmado e uma constante escassez de matéria-prima. A missão de Schacht era, dessa forma, importantíssima.

A passeata de 10 de maio, de várias formas, era uma repetição do esforço realizado no Madison Square Garden. O Comitê Judaico Americano e a B'nai B'rith opunham-se a tudo. No entanto, dessa vez a desaprovação deles não foi feita em particular, mas na mídia em uma tentativa desesperada de dissuadir milhões de judeus em todo o país que queriam se organizar contra Hitler. Dos muitos ataques públicos que o Comitê lançou contra os planos de 10 de maio, a primeira grande reprovação dizia assim: "Entretanto, consideramos inúteis tais formas de agitação, como boicotes, passeatas e atos, além de outras demonstrações similares. Servem apenas como um canal pouco eficiente para a liberação emocional. Fornecem um pretexto aos perseguidores para justificar os erros que cometem e [...] distraem aqueles que desejam ajudar com esforços construtivos".[8]

No auge da preparação para a passeata, em uma repreensão ao Comitê, o *New York Times* de 29 de abril publicou um editorial a favor do protesto – judeu e não judeu – como a única forma de fazer que os líderes nazistas prestassem atenção.

> A coisa que deve chegar à mente e à consciência dos dirigentes da Alemanha é o clamor do mundo não judeu [...] Os dirigentes nazistas sabem [...] que os chefes das igrejas cristãs em todos os lugares estão à frente do protesto.[9]

O editorial reforçava a estratégia de Wise de tornar os judeus a vanguarda de um grande movimento inter-religioso. Logo depois do editorial, a participação não judaica na passeata aumentou. Em 4 de maio, além dos 250 mil judeus, 50 mil sindicalistas da AFL, a maioria de não judeus, prometeram participar.[10]

Naquele dia, 4 de maio, o luxuoso navio *Deutschland* chegou ao porto de Manhattan. Industriais ricos e proeminentes políticos alemães estavam a bordo. Mas, depois da chegada, os repórteres que se reuniram no convés não procuravam magnatas ou prefeitos. Procuravam o presidente do Reichsbank, Hjalmar Schacht, o homem que a mídia alemã chamava de "o Mago". Quando o encontraram, tomando café no salão de refeições, a questão foi imediatamente colocada: o Terceiro Reich está planejando um campanha de propaganda para conter as denúncias de atrocidades alemãs?[11]

"Que atrocidades?", Schacht perguntou, de forma defensiva. "Eu não vi nenhuma." "Por que seus jornais não lhes dão informações?", ele atacou. "Por que seus jornais não dizem a verdade? Por que seus jornais espalham sentimentos belicistas?" O Mago então tirou um *clipping* do *The New York Times* do dia anterior sobre uma planejada manifestação nazista em honra de um alemão morto pelos franceses durante a ocupação de 1923. Outro artigo na mesma edição do *Times* mencionava tensões na fronteira franco-alemã.

Com a voz levantando-se ferozmente, Schacht declarou: "Quando vocês publicam histórias como essa, estão espalhando sentimentos belicistas. Esse tipo de coisa causa guerras!". Incapaz de se controlar, Schacht amassou o *Times* e com cerimônia jogou-o no convés.[12]

No dia 6 de maio, ao meio-dia, Schacht visitou o escritório em Washington do secretário de Estado Cordell Hull. Eles conversaram rapidamente, e Hull expressou sua confiança de que a Alemanha e os Estados Unidos aproveitariam uma nova parceria econômica. Às 13h, Hull e Schacht dirigiram-se à Casa Branca. Para recebê-los, estava Franklin Roosevelt. Foram tiradas fotografias dos homens sorrindo. Eles caminharam pelo vestíbulo enquanto uma banda militar tocava o hino nacional alemão e composições militares. O almoço foi servido imediatamente. Com Schacht sentado próximo ao presidente, os dois conversaram por algum tempo sobre os problemas econômicos que afetavam os dois países.[13] Em determinado momento, Roosevelt levantou-se e propôs um brinde ao presidente Hindenburg. Schacht retornou o gesto propondo seu próprio brinde a Roosevelt e expressando as saudações de Adolf Hitler. Meia hora foi dedicada a conversas particulares, longe da multidão e do fotógrafo da Casa Branca. Schacht sentou-se no sofá, ao lado de Roosevelt, que imediatamente falou que a política de Hitler em relação aos judeus havia sido custosa à recuperação econômica e política da Alemanha. O povo americano, disse o presidente, sentia muita antipatia em relação à Alemanha, desgostando até mesmo das cenas mostradas em noticiários de nazistas marchando uniformizados. Roosevelt afirmou que a indignação americana era um obstáculo a ser superado se a Alemanha quisesse obter sucesso econômico.[14]

Lembrando Schacht de que o secretário de Estado Hull acreditava no livre-comércio, Roosevelt aludiu a um aumento extraordinário no comércio mútuo. Schacht perguntou de que forma. Ele respondeu que os detalhes seriam trabalhados mais tarde, mas que permitiria que a Alemanha pagasse suas enormes dívidas com outros países.[15]

Mais tarde, pouco antes da meia-noite, Schacht passou um telegrama para o Ministro das Relações Exteriores em Berlim detalhando tudo o que Roosevelt havia dito.[16]

Quando Schacht foi dormir, no dia 6 de maio, havia centelhas de encorajamento no ar. Mas, no dia seguinte, as notícias eram novamente ruins. Grupos de boicote cada vez maiores organizavam-se. A IG Farbenindustrie, um dos conglomerados mais colossais da Alemanha, admitiu publicamente uma queda extraordinária em suas exportações em virtude das represálias comerciais antinazistas. As vendas de alguns produtos da Farben haviam caído pela metade. A empresa, um dos maiores receptores de divisas externas, era uma das poucas fontes que Schacht contava para ganhar tempo.[17]

Para coroar aquele dia 7 de maio, o Congresso Judaico Americano telegrafou para Schacht fazendo uma convocação respeitosa, mas humilhante:

> RESPEITOSAMENTE CONVIDAMOS O SENHOR PARA PARTICIPAR DA ENORME MANIFESTAÇÃO A SER REALIZADA EM NOVA YORK EM 10 DE MAIO [...] PARA DEMONSTRAR A DIMENSÃO DA SOLIDARIEDADE DOS CIDADÃOS AMERICANOS DE TODAS AS CRENÇAS A RESPEITO DA POLÍTICA DE SEU GOVERNO EM REBAIXAR SUA POPULAÇÃO JUDIA À CONDIÇÃO DE CIDADÃOS DE SEGUNDA CLASSE.[18]

Mais tarde, Schacht confidenciou a um amigo: "Nos Estados Unidos não se fala em outra coisa que não seja a questão judaica? É só isso que eu ouço: judeus, judeus, judeus e a questão judaica!".[19]

No dia seguinte, a Câmara de Comércio de Munique publicou um relatório que verificava que a drástica situação adversa no comércio era de fato causada pelo boicote mundial antialemão. O relatório concluía com um apelo para que o governo contra-atacasse.[20]

Naquele mesmo dia, 8 de maio, Schacht encontrou-se no escritório de Roosevelt com o presidente, o secretário Hull e o embaixador alemão Hans Luther. Talvez houvesse uma forma pela qual Schacht poderia retardar o crescimento do movimento de boicote antinazista. A jogada teria de ser feita antes que o protesto de 10 de maio tomasse a forma de uma declaração formal de guerra contra o Terceiro Reich. A jogada envolvia os credores americanos que tinham certificados municipais alemães ou dívidas comerciais em geral com o país. Schacht havia avisado antes que a Alemanha seria incapaz de pagar suas dívidas se um boicote a privasse do comércio normal exigido para juntar moedas estrangeiras. Nesse ritmo, a Alemanha ficaria, na verdade, sem divisas em poucas semanas. Não havia nada a perder.

Assim, Schacht surpreendeu Roosevelt, Hull e Luther ao anunciar que a Alemanha em breve pararia de pagar juros pelos empréstimos americanos e, em seguida, de pagar suas dívidas externas em geral. O embaixador Luther mexeu-se nervoso na cadeira, esperando a resposta de Roosevelt. Hull ficou visivelmente agitado. Schacht preparou-se mentalmente para a explosão de Roosevelt. Mas se surpreendeu quando o presidente americano deu um tapa na coxa de forma jovial e, rindo, falou: "Serve perfeitamente para os banqueiros de Wall Street!".[21] O presidente dos Estados Unidos não havia compreendido.

Mas Hull entendeu muito bem. Cinco bilhões de dólares em dívidas sofreriam calote, dos quais 2 bilhões de dólares eram reservados aos Estados Unidos. E ele entendeu o momento. Acontecendo justo antes da Conferência Econômica Mundial em Londres, e sendo levantada em uma conversa com o presidente, a estratégia alemã certamente pareceria algum tipo de armação fiscal bizarra para sustentar o regime de Hitler à custa dos Estados Unidos e seus aliados. Agora, Hull estava indignado. As incontáveis brutalidades contra os judeus e a crescente campanha de expropriação legalizada judaica na Alemanha não haviam perturbado o secretário de Estado. Mas mexer com a ordem econômica emergente era uma ofensa capital que o levava a querer brigar.[22]

Hull chamou Schacht a seu escritório no dia seguinte. O secretário havia sido capaz de explicar as consequências para Roosevelt e garantir a reprovação do presidente. Quando Schacht chegou, Hull deliberadamente começou a procurar algo entre os papéis de sua mesa, fingindo que Schacht não estava na porta. Somente depois de vários minutos, Hull finalmente percebeu a presença do alemão, com as palavras: "Preciso entregar isso da parte do presidente". E entregou um envelope. Alerta ao que estava acontecendo, Schacht perguntou se deveria ler o conteúdo naquele momento. Hull disse que sim. Schacht tirou com cuidado o pequeno bilhete do envelope e leu em silêncio. Era, na verdade, uma mensagem de Hull, dizendo: "O presidente pediu-me para dizer que, em relação à [...] decisão do governo alemão de suspender os [pagamentos] [...] sobre as obrigações externamente vendidas ou externamente pagáveis, ele está profundamente chocado". Schacht recolocou o papel no envelope, não disse nada, mas se sentou na frente de Hull.[23]

Ele mal se sentou quando o americano explodiu. "Nunca fiquei tão profundamente surpreso como ontem à tarde com o seu anúncio. Meu governo está fazendo tudo o que pode para tirar [nossa] [...] nação das profundezas do pânico, levá-la de volta à direção da prosperidade normal. Exatamente quando progressos verdadeiros estão sendo feitos, você vem aqui e, depois de participar de conferências confidenciais com nossos oficiais [...] de repente deixa escapar que a Alemanha suspenderia os pagamentos [...] Isso é muito bem calculado para testar e minar os esforços americanos de restaurar as condições econômicas internas."[24]

Schacht desculpou-se, afirmando que não havia previsto as implicações de sua declaração. Não era verdade. Schacht tentava coagir os Estados Unidos e o mundo a acabar com o movimento pró-boicote e a continuar apoiando economicamente o regime de Hitler. Saindo de uma conversa na Casa Branca, pareceria como se o presidente tivesse entendido e concordado com o calote da Alemanha sobre suas dívidas, já que o boicote impossibilitava esses pagamentos. Hull recusou-se a aceitar as desculpas de Schacht e falou com raiva: "Qualquer pessoa consegue perceber as sérias possibilidades de tais medidas".[25] Mas ameaças não tinham importância. O Mago tinha começado com suas magias.

* * *

Nos dias anteriores à passeata de 10 de março, Stephen Wise continuava a se equilibrar entre as forças judaicas. De um lado estava a grande massa do judaísmo americano, ansiosa para declarar o boicote oficial. Do outro, estava a pequena facção da maioria dos judeus alemães-americanos, representada pelo Comitê e seus aliados na B'nai B'rith. Em uma carta de 9 de maio para Albert Einstein, o rabino Wise reclamou:

> Nos Estados Unidos, sinto em dizer, *não* há unidade de opinião e ação. As coisas tornam-se infinitamente mais difíceis para nós por causa dos judeus americanos de descendência alemã que acreditam que não devem, por causa de seu passado alemão, acreditar nas histórias de barbaridade e brutalidade hitlerista [...] O resultado é que, com a [futura] Conferência Econômica de

Londres e a falta de pressão por parte dos ricos judeus alemães [americanos], o governo achou mais fácil não agir.[26]

Cercado pelo tumulto anti-Hitler nos Estados Unidos, Hjalmar Schacht entendeu que, no dia 10 de maio, centenas de milhares de cidadãos americanos se reuniriam para denunciar o Terceiro Reich. Schacht sabia que os jornais continuariam a publicar notícias antinazistas, um artigo promovendo a outro, alimentando o boicote.

Na verdade, algumas colunas eram dirigidas diretamente a ele. Um artigo do *The New York Times* publicado pouco antes da passeata de 10 de maio resumia a situação. Com o título "CHEFE DO REICHSBANK, AQUI PARA CONFERÊNCIAS NA CASA BRANCA, ENFRENTA A OPORTUNIDADE DE MEDIR AS CRÍTICAS AOS NAZISTAS", o artigo desejava a Schacht "boa sorte" em seus esforços para reabilitar a enfraquecida economia da Alemanha. No entanto, o artigo previa, todos seus esforços dependiam do fim da campanha antissemita do Terceiro Reich, que era a responsável pela retaliação econômica constante feita pelo resto do mundo. Notando que "está dito que sua palavra é lei em tudo relacionado às finanças e economia em Berlim, é ótimo que seja nos ouvidos do dr. Schacht que cairão" as vozes do protesto antinazista. O artigo avisava Schacht para ouvir e encarar os fatos: o boicote antinazista estava matando a economia da Alemanha.[27]

E agora Samuel Untermyer, um dos líderes judeus com mais prestígio e força nos Estados Unidos, estava preenchendo o vácuo da liderança de Stephen Wise. Em um discurso que ganhou as manchetes pouco antes da passeata de 10 de maio, Untermyer defendeu que todos os americanos banissem os produtos e serviços alemães. Untermyer defendeu que o simples ato de boicotar era "o remédio óbvio".[28] As massas agora exigiam união contra Hitler.

* * *

Ao meio-dia de 10 de maio, o comércio judaico em Nova York parou como tinha prometido. Empregados, clientes e proprietários saíram para ir para suas casas e se preparar para o evento da tarde. Esse evento seria ainda maior do que o ato de 27 de março. Na verdade, a passeata reuniria 100 mil pessoas.[29]

Eles marcharam sob faixas judaicas, bandeiras sionistas, cartazes antinazistas e estandartes militares. Usavam ternos elegantes, camisas de trabalho sujas, uniformes, vestimentas rabínicas e hábitos.[30] Ombro a ombro, eles enfrentavam a ameaça nazista de retaliação, desafiando as forças do medo entre seu próprio povo. Nesse momento, eles estavam unidos.

Cantando lemas antinazistas e prometendo resistir a Hitler, as multidões, milhares de cada lado da rua, incitavam os membros do protesto a aumentar a luta. Se havia alguma questão de liderança, estava resolvida agora. Muitos aplausos e assobios eram dirigidos a Stephen Wise, que participava agitando o chapéu, em cada esquina. Por horas, Wise, com 100 mil atrás dele, marchou para o sul em direção ao Battery Park. Pelo caminho, pessoas nas janelas davam um banho de papel picado e confete. Na rua 17, milhares de sindicalistas reunidos, as fileiras chegando até o East River, encontraram-se com a multidão principal. Na prefeitura, o prefeito O'Brien e outros dignitários estavam no alto de um palanque. Demorou mais de quatro horas para que todos passassem.[31]

Apesar de já ser tarde, a multidão reuniu-se no Battery Park. Lá, os oradores condenaram Hitler e seu Terceiro Reich. Os gritos de resistência foram silenciados somente quando o ato foi oficialmente encerrado com o hino americano ("The Star-Spangled Banner") e o hino da resistência judaica "*Hatikva*". Atos similares foram realizados em outras cidades, incluindo Chicago, onde 50 mil enfrentaram a chuva. Os muito velhos, muito jovens ou muito fracos para caminhar juntaram-se à caravana de 500 carros e caminhões que fechavam a passeata.[32]

O povo americano tinha uma mensagem. Estavam falando em uníssono. E o homem mais importante não podia evitar o aviso.

De Washington, Schacht contatou um velho amigo, David Sarnoff, o presidente da RCA, e aceitou um convite para um jantar privativo em 12 de maio, na casa de Sarnoff. O Mago sabia que cerca de uma dúzia de líderes judeus haviam sido convidados – incluindo Stephen Wise. Tanto o Terceiro Reich quanto os judeus americanos influentes procuravam uma forma privativa de encontro para ver se algum cessar-fogo poderia ser organizado.[33] O jantar pareceu uma oportunidade perfeita.

No entanto, quando o juiz Brandeis descobriu que o tão debatido jantar aconteceria mesmo, aconselhou Stephen Wise a não ir ao encontro. Brandeis contou sobre os rumores em círculos oficiais de que Hitler poderia logo recuar devido à pressão econômica internacional. Qualquer gesto simbólico em relação a Schacht agora enviaria o sinal errado. Wise concordou com Brandeis, mas decidiu participar do jantar de Sarnoff apenas para contrabalançar a voz dos líderes do Comitê Judaico Americano que haviam sido convidados.[34]

Como esperado, o jantar foi um fracasso completo. Depois da refeição, Schacht avisou os representantes judeus de que a interferência externa "somente pioraria a situação". Ninguém se importou em comentar, e Schacht foi embora.[35]

No dia seguinte, 13 de maio, Schacht recebeu um telefonema urgente de James MacDonald, da Associação de Política Externa. Tendo acabado de conversar com Roosevelt, MacDonald insistiu em se encontrar com Schacht. Apesar de partir naquela noite em um transatlântico, Schacht reorganizou suas últimas horas para realizar a reunião urgente. Naquela tarde, os dois homens encontraram-se. A mensagem de MacDonald: o tempo estava se esgotando para a Alemanha. De acordo com MacDonald, o clima na França havia ficado subitamente ruim. Havia conversas sobre "a divisão da Alemanha e terminar o que o Tratado de Versalhes não havia feito".[36]

Ele pediu que Schacht convencesse Hitler a fazer algo – exatamente o quê, MacDonald não sabia –, mas *algo* para evitar o possível desmembramento da Alemanha. Schacht agradeceu MacDonald pela preocupação, mas avisou que tal desmembramento não seria realizado tão facilmente sob Hitler como havia sido depois da derrota na guerra. O Mago tentou fingir uma fachada de força e coragem, mas, quando subiu no barco para voltar à Europa, ele já havia concluído que a questão judaica destruía os interesses da Alemanha nos Estados Unidos. Somente depois de alguns dias na solidão do transatlântico, Schacht escreveu um telegrama urgente para o chanceler Hitler informando sobre o jantar malsucedido com líderes judaicos e o aviso urgente de MacDonald de que a França e outros países estavam pensando na possibilidade de desmantelar a Alemanha para sempre.[37]

14

O ACORDO DO SR. SAM COHEN

A situação da escassez de divisas estrangeiras da Alemanha, agravada tão severamente pelo boicote judeu, teve um rápido impacto na isenção de divisas dos sionistas. A isenção havia sido aprovada para neutralizar o boicote, aumentar as exportações alemãs e gerar mais moedas estrangeiras para o Terceiro Reich. Mas o boicote anti-Hitler estava tão forte quanto antes e aumentava diariamente. A própria Palestina, que ganharia com a isenção, estava tão ativa no boicote quanto qualquer outra nação. Ironicamente, apesar do ódio nazista contra os judeus, a Palestina judaica era vital para a estratégia econômica alemã.

Na virada do século, quando o movimento sionista tinha sede na Alemanha e a língua oficial era o alemão, Herzl e seu círculo viam no kaiser Wilhelm o patrocinador lógico do Estado judeu na Palestina. Herzl prometeu à Alemanha imperial um posto perpétuo comercial e militar, bem como uma colônia da cultura alemã na Terra Santa. Da Palestina judaica, o Império Alemão poderia ancorar uma esfera altamente desejada de influência em um Oriente Médio pouco desenvolvido, com matéria-prima e mão de obra baratas, além de necessitados de mercadorias alemãs. A Palestina judaica seria, para a Alemanha, o que a Índia e Hong Kong eram para a Inglaterra. Em troca, o kaiser Wilhelm deveria persuadir seu aliado, o sultão turco, a tornar a Palestina judaica um protetorado alemão. Embora Herzl e o kaiser tenham se encontrado duas vezes em 1898 para consumar o acordo, o kaiser acabou retirando seu apoio.[1]

Apesar de o *status* colonial não ter sido realizado, os sionistas continuaram a procurar o apoio comercial, cultural e político da Alemanha. Durante a Grande Guerra, a Grã-Bretanha anunciou a Declaração de Balfour e promessas similares a vários potentados árabes, com a intenção de criar rebeliões locais no Oriente Médio turco. Somente a intervenção do governo alemão salvou a população judaica na Palestina da aniquilação nas mãos dos turcos, que suspeitavam que os sionistas e os judeus em geral favoreciam a causa aliada contra a Turquia.[2] (O mesmo regime turco sistematicamente massacrou 1,5 milhão de armênios durante os mesmos anos por muitas das mesmas razões políticas.[3])

Depois que a Palestina ficou sob mandato britânico, os sionistas mudaram de lado, apoiando o Reino Unido. Mas fortes vínculos com a Alemanha permaneceram. Na verdade, durante os anos de pós-guerra, os líderes alemães mostraram apoio ao nacionalismo judaico através do Comitê Pró-Palestina da Alemanha. Um ponto fundamental desse apoio falava sobre o lugar confiável que a Palestina teria na recuperação comercial e diplomática alemã. Essa visão prevaleceu até a ascensão de Hitler.[4]

Mas a importância da Palestina para a Alemanha era mais vital depois de Hitler do que antes. Na década desde que a Agência Judaica tinha sido estabelecida, a Palestina judaica havia florescido, mesmo em meio a uma Depressão mundial. Enquanto esse pequeno canto do Oriente Médio, em 1933, contava com apenas 0,1% das exportações totais da Alemanha, era um cliente desproporcionalmente importante para certas indústrias vitais, como a de fertilizantes, de equipamentos agrícolas e de canos de irrigação.[5] Muito além de seu consumo próprio, no entanto, a Palestina era agora uma porta vital para a expansão das exportações alemãs por todo o mercado emergente do Oriente Médio: Egito, Iraque, Líbano, Síria, norte da África. Esse mercado era considerado essencial pelo Terceiro Reich se certas matérias-primas estratégicas que Hitler queria para a guerra fossem adquiridas por meio de acordos comerciais bilaterais.

Mas o *Yishuv* – ou seja, o povo judaico da Palestina – não seguia a direção da liderança da Organização Sionista. Apesar de pedidos oficiais dos sionistas para se absterem de atividades antinazistas, a fim de não prejudicar as ligações comerciais e políticas com a Alemanha, a base dizia não. Já em fevereiro de

1933, jornais judaicos na Palestina começaram a defender o boicote e muitos comerciantes concordaram. Em 27 de março, o jornal revisionista *Doar HaYom* expressava o sentimento popular em um editorial desafiador: "Ouça, Hitler", os judeus da Palestina não mostrarão "apatia criminosa". O judaísmo mundial, previa o jornal, se levantaria "como um só homem" para boicotar a Alemanha. A Palestina daria o exemplo: "Nenhuma máquina alemã, nenhum têxtil alemão, nenhum filme alemão, nenhum remédio alemão, nenhum livro e nenhum jornal alemão serão comprados".[6]

A rejeição oficial sionista ao movimento antinazista, que se tornou pública pouco antes da ação de 1º de abril na Alemanha, mudou a natureza do boicote na Palestina. Ela se tornou rapidamente uma tendência organizada na base espalhando-se *apesar da* liderança sionista. Portanto, não foi diferente do boicote nos Estados Unidos e em muitos outros países. As pessoas queriam boicotar e lutar. Os líderes recusavam-se. Assim, nos dias depois do 1º de abril, muitos editoriais de jornais palestinos – fortemente influenciados por instituições sionistas – ficaram incrivelmente silenciosos sobre a situação alemã. O boicote não era mais defendido. A Câmara de Comércio de Tel Aviv tentou alinhar seus comerciantes aprovando uma resolução contra qualquer boicote, insistindo que o comércio mundial era muito valioso para o contínuo *boom* da Palestina.[7]

Como os principais líderes sionistas se recusavam a enfrentar Hitler e insistiam na continuidade do comércio, era somente lógico que os revisionistas assumissem a vanguarda dos protestos. Os revisionistas – seguidores de Vladimir Jabotinsky – rejeitavam a Organização Sionista, defendiam a defesa paramilitar dos judeus e um domínio territorial maximalista na Palestina. Suas fileiras eram compostas em grande parte por judeus do Leste Europeu, principalmente poloneses. O que os revisionistas faziam ao redor do mundo era em geral um reflexo direto do ativismo judaico na Polônia. Naturalmente, os revisionistas na Palestina defendiam com emoção um boicote, muitas vezes violento, de qualquer coisa alemã.

Na verdade, no final de março de 1933, como a postura da liderança sionista em relação a Hitler comprovava vários outros problemas políticos que os revisionistas reclamavam, Jabotinsky defendeu a ruptura total com a Organização Sionista. Desde 1925, sua União Revisionista tinha um *status* especial dissidente dentro da organização. Mas agora Jabotinsky estava determinado a liderar seu grupo para uma ruptura real no próximo 18º Congresso Sionista em Praga, marcado para agosto de 1933. No entanto, quando a hierarquia revisionista se reuniu em Kattowice, Polônia, na última semana de março, eles não conseguiram chegar a um acordo sobre as táticas; tampouco conseguiram concordar, em face da ameaça de Hitler, se deveriam abandonar a Organização Sionista. Jabotinsky sabia que a base estava com ele. Assim, em uma ação que surpreendeu o movimento, dissolveu toda a estrutura de liderança revisionista, declarando que lideraria por decreto pessoal.[8] Em sua luta para expulsar a liderança sionista atual, o boicote antinazista seria a arena mais visível de confronto.

Doar HaYom, o jornal revisionista na Palestina, e Betar, o corpo militar da juventude revisionista, eram inflexíveis. As táticas incluíam humilhação pública de empresários que contrabandeavam produtos alemães, recrutamento em massa de apelos pró-boicote de comerciantes, piquetes, manifestações violentas e editoriais constantes condenando aqueles que comercializavam com Hitler. Muitos milhares de dólares em pedidos alemães foram cancelados em Tel Aviv e Jerusalém somente nos primeiros dias de abril.[9]

Berlim entendeu com clareza que muito do judaísmo palestino estava à frente do boicote antinazista. Em meados de abril, o cônsul Heinrich Wolff informava, com tristeza, que o boicote estava atrapalhando seriamente todos os interesses econômicos alemães na região. Muitos empresários alemães na Palestina procuravam dar declarações que repudiavam a cruzada de Hitler; mas elas eram inúteis. Em maio de 1933, o cônsul Wolff informou Berlim de que o movimento de boicote havia feito a transição crucial de um protesto feito pelos comerciantes para um protesto dos consumidores. Os resultados: pouquíssima venda de filmes Agfa para fazer Raio X. Dos 626 médicos na Palestina, 452 eram judeus e não prescreviam mais remédios alemães; as farmácias alemãs estavam em ruínas. Nenhum filme alemão estava em cartaz nos cinemas; a distribuidora de filmes UFA estava devastada. A compra de *royalties* havia sido transferida para a Bélgica, Holanda, França e Suécia, mesmo quando esses produtos eram mais caros.[10]

A base sionista na Palestina estava travando uma guerra econômica contra Hitler – com ou sem a permissão de seus líderes.

Um Yishuv anti-Hitler violentamente hostil às mercadorias alemãs era a percepção acurada dos nazistas em Berlim quando Chaim Arlosoroff chegou no início de maio – e o sr. Sam Cohen logo depois. Agindo separadamente, os dois homens descobriram que a preciosa isenção de divisas para os sionistas havia sido repelida pelos alemães. Quando os primeiros judeus alemães procuraram as autoridades do Terceiro Reich em busca de alocação especial de moedas estrangeiras – em torno de uns RM 15 mil em libras esterlinas –, foram despachados com desculpas burocráticas, ou ouviram que só poderiam obter RM 10 mil, um terço do equivalente ao necessário para entrar na Palestina. Muitos que aceitaram isso foram, mesmo assim, impedidos de sair pelos guardas da fronteira.

As moedas estrangeiras estavam em falta, e o Terceiro Reich estava a ponto de suspender suas obrigações externas. O diretor de Controle de Divisas, Hans Hartenstein, só havia prometido a isenção com a promessa de entrada de mais moedas estrangeiras na Alemanha, como resultado de um aumento das exportações alemãs. Como os judeus haviam falhado em cumprir a parte deles na barganha, a isenção fora revogada.

Arlosoroff deve ter ficado desencorajado. Depois de passar semanas para assegurar sua visita à Alemanha, o acordo havia chegado ao fim. Assim como ele temia, muito tempo fora perdido.

Na verdade, o acordo nunca existiu. Georg Landauer, diretor da ZVfD, sabia desde meados de abril que o crescimento do movimento anti-Hitler liderado pelos judeus havia levado o Terceiro Reich a negar a isenção. Em uma carta sem data, enviada entre 14 e 17 de abril, ele cuidadosamente reclamava com o professor Brodetsky, da Organização Sionista em Londres, que os judeus alemães recebiam somente dois terços das mil libras necessárias para entrar na Palestina. Se os emigrantes não conseguissem obter "o mínimo, de acordo com a lei de imigração palestina", a isenção de divisas não funcionaria, escreveu Landauer. Ele pediu para Brodetsky confirmar novamente por meio dos britânicos se a isenção ainda estava formalmente em vigor.[12]

Os britânicos agora se viram arrastados para o meio da negociação – um papel que não queriam. E a carta abertamente agradecida de Brodetsky, de 13 de abril de 1933, para A. C. C. Parkinson, falsamente identificava os britânicos como os responsáveis pela isenção. Dois dias depois de receber a carta de Brodetsky, que também pedia para fazer publicidade da isenção como um acordo britânico, Parkinson telefonou para o Escritório de Relações Exteriores e explicou a situação. Um funcionário comentou: "O professor Brodetsky precisa ser acompanhado de perto, pois está muito ansioso para manobrar o governo de Sua Majestade e levá-lo à ação ou à aparência de ação como os protetores dos judeus em geral em países estrangeiros e não apenas daqueles judeus que possuem nacionalidade britânica ou palestina". Parkinson redigiu uma resposta negando explicitamente que os britânicos estivessem envolvidos na concessão de divisas. Ele acrescentou que como os nazistas estavam paranoicos com a interferência estrangeira, "do ponto de vista dos judeus na Alemanha, seria mais sensato não sugerir que uma concessão havia sido feita como o resultado de representações no exterior".[13]

Mas logo depois que Brodetsky recebeu a negação de Parkinson, chegou uma nova solicitação de Landauer. Dessa vez, pedia para Parkinson verificar novamente se a isenção de divisas estava formalmente em vigor. Diante da crise, Parkinson concordou com relutância em mais uma vez pedir à embaixada britânica em Berlim para fazer o levantamento.[14] Mas, nesse estágio, perguntas eram inúteis. O único ponto em comum entre alemães e judeus – emigração para a Palestina – estava fora da discussão porque o boicote de produtos alemães havia secado o lubrificante essencial de qualquer acordo: dinheiro.

* * *

Somente o dinheiro poderia reabrir o diálogo entre sionistas e nazistas. Aqui Arlosoroff, o planejador, só poderia fracassar. Mas o sr. Sam Cohen, o realizador, poderia ter sucesso. Enquanto Arlosoroff lutava de forma lenta para conceber um plano legalmente válido, Sam Cohen depressa apresentou ao Terceiro Reich uma proposta cheia de marcos e pfennings que a Alemanha consideraria irresistível.

Cohen começou por contratar o advogado Siegfried Moses. Moses tinha experiência com o governo, pois havia sido o controlador de comida no pós-guerra em Danzig. Ele fora ativo nos assuntos comunitários judeus como diretor da Sociedade de Auxílio a Trabalhadores Judeus em Berlim até 1923. E tinha conhecimentos na área de negócios como ex-gerente da famosa cadeia de lojas de departamentos Schocken, em Zwickau. Moses tinha outra importante credencial. Era o presidente da Federação Sionista Alemã.[15]

Dessa forma, apesar de Chaim Arlosoroff estar em Berlim em nome da Agência Judaica, Sam Cohen conseguiria passar como o emissário oficial do sionismo. E quem no Terceiro Reich duvidaria dele quando Siegfried Moses, presidente da ZVfD, estava ao seu lado? Esse tipo de vitrine havia sido exatamente o motivo para Cohen contratar Moses.[16]

A liderança da ZVfD – Landauer e Moses – "permitiram" que Cohen usurpasse as negociações, acreditando que os organismos oficiais do sionismo internacional estavam politicamente inertes. O sionismo alemão precisava de uma pessoa pragmática e cheia de recursos que pudesse realizar um acordo, de forma rápida e sem consultar ninguém, e que conseguisse falar a língua do Terceiro Reich – um língua agora dominada pelo comércio. Sem saber da jogada, o Terceiro Reich acreditaria que estava negociando com o movimento sionista oficial. Mas estava, na verdade, fazendo acordos bilaterais e de emigração com um simples indivíduo.

No início de maio de 1933, esse homem, Sam Cohen, voltou aos dois burocratas seniores que haviam concordado a princípio com a isenção no final de março: o diretor do Controle de Divisas Estrangeiras, Hans Hartenstein, e Hans Schmidt-Roelke, diretor de Assuntos Orientais do Ministério das Relações Exteriores. Nesses novos encontros, Cohen contou-lhes sobre a Hanotaiah Ltd., que comprava terras dos árabes e vendia para grupos judaicos de assentamento para o desenvolvimento agrícola. Cohen explicou as impressionantes atividades de sua empresa, que incluíam grandes importações de tubulações, fertilizantes e outros itens agrícolas – todos tradicionalmente comprados da Tchecoslováquia, com fontes iugoslavas e italianas querendo participar do negócio.[17]

Então, entraram nos assuntos centrais da liquidação e da emigração. Qualquer emigrante, ariano ou judeu, estava sujeito a várias regulamentações de divisas. Depois que os emigrantes alemães liquidassem seus ativos – ações, bônus, propriedades – aqueles reichmarks permaneceriam congelados como sperrmarks em uma conta bancária bloqueada. O *émigré* perderia, então, automaticamente, 25% da conta para o Imposto de Emigração do Terceiro Reich, a parte padrão que ia para o governo sobre os ativos de qualquer emigrante alemão. Isso deixava 75% dos ativos de emigrantes intactos. Desses

75%, o Escritório de Auxílio à Emigração recomendaria quanto poderia ser removido e/ou convertido em divisas estrangeiras para satisfazer os requisitos de entrada do país receptor. Essa permissão era geralmente de 200 a 500 reichmarks – menos de 200 dólares. O resto era deixado para trás, ainda congelado em um banco alemão como sperrmarks.[18]

Mas havia formas de transferir o valor desses sperrmarks para fora da Alemanha. Era um pouco complexo, mas bastante usado por emigrantes e empresas estrangeiras. Essencialmente, o dono dos marcos bloqueados trocaria seus sperrmarks pela moeda estrangeira de alguém em outro país. A troca sempre significava uma perda para o proprietário dos sperrmarks. Trocadores ou compradores em potencial eram geralmente empresas estrangeiras na Alemanha querendo reichmarks baratos. Empresas manufatureiras, de petróleo e bancos internacionais eram os compradores estrangeiros típicos. Mas quem comprava sperrmarks só poderia pagar por eles fora da Alemanha, em geral com moedas estrangeiras depositadas em Amsterdã, Londres ou Paris. Os bancos alemães vendiam regularmente os sperrmarks por esse método. Nenhuma transação de mercadorias era necessária porque a perspectiva de reichmarks baratos já era um bom incentivo.[19]

Na prática, então, se um cidadão alemão decidisse emigrar, ele venderia todos seus ativos, totalizando, digamos, RM 100 mil, que equivalia a 33 mil dólares. Todos esses RM 100 mil seriam depositados em uma conta bloqueada e automaticamente sofreriam um imposto de 25%. Dos RM 75 mil restantes, o emigrante poderia levar com ele somente algumas centenas de reichmarks, que seriam convertidos em francos, dólares ou qualquer moeda que fosse necessária para satisfazer as exigências de entrada. O emigrante então teria um pouco menos de RM 75 mil em uma conta alemã bloqueada que não podia mais gastar. Antes de sair da Alemanha, ele iria a um banco e ofereceria para vender seus sperrmarks para quem propusesse mais. Encontraria um comprador estrangeiro que ofereceria talvez RM 60 mil pelos 75 mil sperrmarks, pagando o equivalente em moedas estrangeiras de uma conta em um banco estrangeiro. Em caso de concordância, ambos simplesmente trocariam contas bancárias. Assim, o comprador estrangeiro compraria RM 75 mil marcos pelo equivalente a RM 60 mil. E o emigrante conseguiria transferir seu dinheiro para fora da Alemanha, apesar da perda de uns 20% após os descontos do comprador e das comissões do banco. Após demoras que podiam chegar a meses, a transação seria concluída.

Ciente das técnicas de transferência dos sperrmarks, Sam Cohen começou a negociar. Primeiro, encontrou uma forma de gerar moedas estrangeiras suficientes para o emigrante judeu alemão entrar na Palestina; essa quantia era de mil libras. Depois, transferir quantias adicionais do dinheiro do emigrante para ajudar a desenvolver a Palestina judaica, que seria o único destino permitido para o dinheiro transferido.

De acordo com o plano de Sam Cohen, o dinheiro nunca sairia realmente da Alemanha. Na verdade, a Hanotaiah Ltd. transferiria suas compras de equipamentos agrícolas dos exportadores tchecos para os alemães. Esses exportadores alemães seriam pagos com os reichmarks das contas bloqueadas dos emigrantes. Quando o equipamento fosse vendido por libras esterlinas na Palestina ou em outro lugar no Oriente Médio, a Hanotaiah encontraria alguma forma de compensar o emigrante pelos sperrmarks usados para comprar o equipamento. Essa compensação poderia não ser necessariamente em dinheiro. Poderia ser algum *valor* – dar ao emigrante alguma terra, equipamento agrícola ou uma casa. Naturalmente, apenas a Hanotaiah Ltd. determinaria o "valor" da terra ou do equipamento e quanto isso equivalia às mil libras necessárias para entrar na Palestina.[20]

Em resumo, os complicados procedimentos de transferência de Sam Cohen exigiam que os ativos dos judeus alemães fossem congelados em contas bloqueadas especiais das quais o emigrante poderia converter RM 15 mil em mil libras para ganhar entrada na Palestina. Mas, em vez de receber os RM 15 mil ou mil libras, o emigrante receberia terra ou equipamento que a Hanotaiah Ltd. afirmava "valer" RM 15 mil ou mil libras. Isso iria satisfazer tecnicamente as exigências da imigração britânica. A probabilidade de a Hanotaiah inflacionar o real valor da terra, dos equipamentos ou das construções para artificialmente equivaler aos RM 15 mil era óbvia. Herzl havia, na verdade, previsto que a riqueza judaica poderia ser transferida ao atribuírem um valor inflacionado à terra adquirida sem custos ou bastante barata. Comparado com o padrão de vida na Alemanha, o *boom* da Palestina judaica ainda era uma economia primitiva em que a mão de obra valia algumas libras diárias e casas simples poderiam ser construídas por bem menos de cem libras.[21]

O esquema de Cohen prometia ganhos maciços para a Hanotaiah e bons negócios para a Alemanha, já que os ativos dos emigrantes seriam divididos entre o sionismo e o Terceiro Reich – com maior favorecimento a este.

A ideia de Cohen parecia confiável para os alemães. Ao associar a compra de produtos alemães ao assentamento de judeus em terras palestinas e à capitalização indireta do lar nacional judeu, o boicote antinazista poderia agora ser quebrado. O movimento sionista seria obrigado a não apenas se opor ao boicote, mas a apoiar agressivamente as exportações alemãs. Além disso, a saída sistemática de judeus alemães criaria uma reserva de marcos bloqueados que a Alemanha poderia usar para pagar suas dívidas. O acordo de Sam Cohen era mais do que um bom negócio; era brilhante. Cada tubo alemão vendido, cada produto químico alemão comprado, cada libra de moeda estrangeira recebida contribuía para outro *dunam* e outro cidadão para a Terra de Israel (Eretz Yisrael). Ao mesmo tempo, todo ataque econômico ou diplomático contra Hitler dilacerava as esperanças de uma solução sionista. O acordo trazia muitos incentivos políticos e econômicos para o Terceiro Reich.

E o negócio era bom para o sionismo. Uma vez que os emigrantes chegavam à Palestina, possivelmente sem dinheiro, eles era essencialmente obrigados a trabalhar na terra para manter-se vivos. Sendo assim, judeus alemães de classe média seriam levados à agricultura na Terra Prometida.

Essa transferência sem dinheiro lembrava uma atualização no século XX da servidão por dívida, mas os sionistas, precisando de dinheiro para comprar terras e de homens para trabalhar nelas, estavam comprometidos com a engenharia social e o retreinamento ocupacional. Filosoficamente, eles estavam voltados para converter os judeus de comerciantes e banqueiros na Europa em fazendeiros e trabalhadores braçais na Terra de Israel.

Esse objetivo era também aceitável sob a teoria nazista, que queria a expulsão do judaísmo alemão para suas próprias terras na Palestina e o afastamento deles do comércio internacional. Na verdade, o ideal sionista e a oferta de Sam Cohen eram exatamente o que os nazistas tinham em mente.

* * *

Na manhã de 11 de maio de 1933, Hitler e Von Neurath aguardavam no complexo governamental de Wilhelmstrasse. O embaixador da Grã-Bretanha, Sir Horace Rumbold, entrou. Ele tentou neutralizar a atmosfera de urgência explicando seu pedido por uma audiência como uma formalidade que tinha com cada novo chanceler. Hitler dispensou essa explicação, declarando que estadistas fora da Alemanha não poderiam entender o que acontecia dentro do Terceiro Reich. A situação da Polônia era um problema sério, disse Hitler, um problema criado pela Conferência de Paz de Versalhes. Hitler queria que o Corredor Polonês se movesse para o leste, pois assim a Alemanha poderia absorver o território agora ocupado pelo Corredor. De outra forma, as tensões entre a Polônia e a Alemanha continuariam.[22]

Hitler abruptamente se voltou para o gigantesco desemprego da Alemanha. Ele afirmou que não poderia permitir que a força de trabalho ariana se deteriorasse e se desmoralizasse. O recrutamento de mão de obra – que organizava uma força de trabalho essencialmente sem remuneração para grandes obras no setor público – era a única solução. De repente, mudando de assunto novamente, Hitler identificou o marxismo como o grande alvo do partido. O marxismo seria destruído. O *Führer* não se referiu diretamente ao marxismo como um movimento judaico, mas na mente de Rumbold não havia nenhuma dúvida a quem ele se referia.[23]

Durante as contínuas divagações de Hitler, Rumbold tentava tomar a palavra. Finalmente, o embaixador conseguiu falar e trouxe à tona o tratamento dos judeus sob o nacional-socialismo. Logo depois de Rumbold ter articulado suas ideias, Hitler animou-se, entrando em um estado de quase transe. O *Führer* levantou-se como se falasse para milhares em um estádio. "Nunca vou concordar", ele gritou com gestos de oratória, "com a existência de dois tipos de lei para os cidadãos alemães. Há um número imenso de desempregados na Alemanha e tenho [...] de tirar jovens de sangue puro alemão das escolas. Não há vagas suficientes para alemães puros, e o judeus devem sofrer como o resto!"[24]

Hitler alertou o mundo na presença de sua multidão imaginária: "Se os judeus criarem um boicote de produtos alemães no exterior, cuidarei para que isso atinja os judeus na Alemanha!".[25] Foi como se o momento fosse preenchido por gritos de adulação da massa, como se a intensa fúria da multidão estivesse alimentando a violência verbal de Hitler, como se ele pudesse ver os milhares com suas palmas brancas expostas em uma saudação nazista ritmada, produzindo gritos ensurdecedores de "*Seig Heil, Seig Heil*".[26]

Mas a sala estava vazia. Exceto por Hitler, Von Neurath e Rumbold. Quando, de repente, a multidão imaginária pareceu se desmaterializar perante os olhos de Hitler, e não antes, um temeroso Rumbold tentou acalmar o chanceler afirmando que os cartazes de boicote antialemão provavelmente já haviam sido removidos das vitrines do East End de Londres. Rumbold queria mencionar que, com ou sem boicote estrangeiro, os judeus alemães eram cidadãos como qualquer outro e mereciam a proteção completa da lei. Mas teve medo de reacender a chama maníaca de Hitler.[27]

De uma maneira bem mais tranquila, Hitler então levantou inesperadamente o assunto sobre a Palestina. Ele se ateve à política de imigração judaica, contando a Rumbold que entendia que os judeus que quisessem se assentar lá só poderiam ganhar entrada se tivessem mil libras. Hitler achava que essa era uma boa ideia. Se a Alemanha tivesse exigido uma prova financeira para os judeus do Leste Europeu que haviam se assentado no país desde a Grande Guerra, não haveria agora nenhum problema judaico para o Terceiro Reich. Mas, sem tal exigência, declarou Hitler, os judeus orientais, pobres e sem educação, haviam trazido todas as formas de doenças e causado a violenta desmoralização.[28]

Agora totalmente calmo, Hitler contou a Rumbold que a Alemanha sabia como era valiosa a boa relação com a Inglaterra. Rumbold respondeu com cautela – e Hitler não pareceu sentir-se provocado – que nenhum país, principalmente um país grande, poderia viver no mundo de hoje "isolado, cercado por uma muralha da China". Hitler concordou. Com cuidado, Rumbold continuou explicando que a política econômica, comercial e até interna de um país necessariamente causava reações de outras nações. Ainda nenhuma explosão. Rumbold, ainda cauteloso, reconheceu que o tratamento dos judeus alemães poderia ser descrito como "assuntos internos" pela Alemanha. Mas as reações a essa política – não importa como a Alemanha as descrevesse – eram claras. Na Inglaterra, a Alemanha estava perdendo a simpatia ganha nos últimos anos.[29]

Quando Rumbold partiu, Adolf Hitler parecia mais razoável. Rumbold não poderia deixar de pensar que, apesar de estar falando com um fanático insensato, a reunião havia terminado em termos agradáveis.[30] Ele não sabia, mas os comentários espontâneos desse encontro ecoariam por sete anos como a política de Hitler em relação à Palestina.

* * *

Em 11 de maio, outros líderes do Terceiro Reich estavam igualmente preocupados com a reação econômica internacional. O ministro da Economia, Alfred Hugenberg, um dos membros não nazistas do gabinete ainda no poder, expediu um "Decreto para a Proteção do Comércio Varejista", isentando os comerciantes judeus e alguns outros das recentes regulamentações antissemitas radicais. Portanto, qualquer boicote internacional de mercadorias alemãs também afetaria os empresários judeus. E, em desespero, muitas corporações exportadoras alemãs estavam mandando embora seus empregados cristãos no exterior e contratando judeus no lugar.[31] A esperança era de que, de alguma forma, o judaísmo mundial diminuísse sua campanha.

Mas as organizações pró-boicote só continuavam a ganhar força e apoio. A recém-fundada Liga Americana para a Defesa dos Direitos Judaicos e os Judeus Veteranos de Guerra haviam finalmente começado a se organizar em larga escala. E grupos de boicote na Polônia, França e Inglaterra estavam fazendo planos para criar uma frente internacional comum.[32]

Em meados de abril, os efeitos eram dramáticos. A Inglaterra já havia suplantado a Alemanha como a maior exportadora para a Dinamarca e a Noruega, dois dos principais clientes da Alemanha. As vendas do Terceiro Reich para a Finlândia caíram de forma drástica. Muitas lojas americanas descobriram que mercadorias com o selo "Made in Germany" eram praticamente invendáveis. Os comerciantes americanos procuravam com urgência fornecedores alternativos no Japão, na Tchecoslováquia e na Inglaterra, principalmente de suprimentos para vidro, brinquedos, porcelana e linguiça. Os países concorrentes correram felizes para aproveitar os benefícios do boicote.[33]

As exportações totais do Terceiro Reich haviam diminuído 10% em abril. Esse declínio inicial estava limitado por causa dos vários contratos ainda não expirados. Fontes econômicas do Terceiro Reich estavam convencidas de que os números de maio seriam calamitosos. Com quase metade da força de trabalho alemã empregada somente por 2% das empresas do país, o sucesso no boicote de até mesmo um número limitado de indústrias cartelizadas seria desastroso. Os preços dos alimentos em Berlim já refletiam a preocupação, o pão e outros itens subiam 4% por semana.[34]

Enquanto isso, a crise na fronteira alemã aumentava a todo momento. Os falcões militares pró-invasão da Polônia encontravam amplo apoio entre a população inflamada pelos comitês de boicote judaico. A conhecida posição pró-sionista da Tchecoslováquia e sua vontade de aderir a um ataque preventivo somente intensificavam o nervosismo alemão na fronteira oriental.[35] Em 11 de maio, a ameaça de invasão havia dobrado, porque a França estava consumida pelo que os dirigentes do Terceiro Reich chamavam de "febre de guerra", alimentada pelos comitês de boicote e pela imprensa.[36]

Os eventos estavam atingindo o ponto máximo. A destruição do fraco regime de Hitler – de fora ou de dentro – aparecia como a crise do momento em Berlim. Dirigentes alemães e líderes industriais haviam sido enviados para as cidades da Europa e dos Estados Unidos para tentar enfraquecer o ataque. Seus esforços não deram certo. Os esclarecimentos do governo, os decretos claramente protecionistas e as ameaças de retaliação sem restrições contra os judeus alemães também não funcionaram.

Hitler havia jurado nunca fazer um acordo com o inimigo. Mas com a bancarrota e a invasão às suas portas, as discussões com Sam Cohen intensificaram-se. Hjalmar Schacht estava nos Estados Unidos na ocasião. Então, o ponto de contato era o Escritório de Controle das Divisas Estrangeiras, dirigido por Hans Hartenstein.

O Terceiro Reich acreditava que desenvolver a Palestina como um trampolim para o comércio crucial com o Oriente Médio era uma coisa desejável, assim como era a emigração organizada dos judeus alemães. Mas, por mais desejável que fossem, todos poderiam ser de alguma forma conseguidos sem Sam Cohen e os sionistas – ou, pelo menos, poderiam ser alcançados seguindo a agenda da Alemanha. No entanto, se o boicote continuasse um pouco mais, poderia não haver mais futuro para o nacional-socialismo. A questão principal era se os sionistas poderiam realmente intervir, não só no boicote, mas também no movimento de protesto antinazista que estava criando uma febre de guerra entre os vizinhos da Alemanha.

Talvez. Apesar de serem inimigos, os nazistas e os sionistas precisavam um do outro.

No dia 12 de maio, Sam Cohen já estava na cidade industrial polonesa de Lodz, onde havia nascido e crescido, e onde tinha conexões comerciais e políticas entre os principais círculos sionistas, revisionistas e outros.[37] Enquanto Cohen estava na Polônia, a Federação Sionista da Alemanha se viu em uma posição complicada. Landauer e seus colegas haviam pensado originalmente no conceito da transferência em meados de março. Foi quando solicitaram os serviços de Cohen para negociar a isenção original de divisas. Os procedimentos de isenção deveriam ser trabalhados secretamente como um *fait accompli* por Chaim Arlosoroff em nome de uma combinação sionista dirigida *ad hoc* pelos sionistas alemães. Mas, em abril, havia ficado dolorosamente claro para Landauer e seu aliado em Jerusalém, David Werner Senator, que Arlosoroff, trabalhando oficialmente, não poderia realizar a tarefa gigantesca que lhe fora confiada – a transferência organizada de uma sociedade inteira. Então, eles se voltaram mais uma vez para Sam Cohen, pedindo que viajasse a Berlim e negociasse, como se fosse o representante do movimento sionista internacional. Na verdade, ele só estava representando *ad hoc* a facção de Landauer. O enviado autêntico, Arlosoroff, também estava em Berlim, acreditando que conseguiria organizar a transferência. Ele não sabia, no entanto, que os sionistas alemães haviam decidido consumar o acordo via Cohen.

A complicada intriga jogou Cohen e Arlosoroff um contra o outro, dependendo da percepção de qual homem conseguiria resultados mais rapidamente. Mas, em meados de maio, Landauer estava perdendo seu sutil controle sobre a situação. Como ele sentia que o acordo de Sam Cohen transformaria os emigrantes judeus alemães em servos modernos, tentou manipular para tirar Cohen das negociações e trazer Arlosoroff de volta.[38] No entanto, sem Cohen, Landauer não tinha certeza exatamente de como restabelecer a comunicação com o Terceiro Reich. Foi dada uma ideia a Arlosoroff para que contatasse sua amiga de colégio, Magda Friedlander, cujo padrasto era judeu. Magda e Arlosoroff haviam sido amigos durante a juventude. Ela poderia, agora, ser muito valiosa. Afinal de contas, ela era a esposa de Paul Joseph Goebbels. Mas Arlosoroff se recusou. Havia ouvido que sua antiga amiga era agora uma das mais fanáticas nazistas na Alemanha. Uma vez, ela tinha jogado ratos brancos de uma sacada para atrapalhar um filme pacifista.[39]

Landauer e Arlosoroff encontravam-se em uma espécie de depressão política. Incapazes até de se aproximarem do governo, eles restringiam suas atividades a estudar deliberações sobre os pontos principais de um plano futuro. Estaria esse plano de acordo com a lei internacional? Outros países, mesmo a Liga das Nações, garantiriam ou supervisionariam a operação? Esses detalhes teóricos eram colocados em memorandos e discutidos entre eles. Mas suas ideias nunca chegavam ao governo alemão.[40]

Enquanto Landauer e Arlosoroff criavam hipóteses, o boicote estava inegavelmente atacando a Alemanha de uma forma ainda mais destrutiva. Em 12 de maio, por exemplo, foi realizado o prestigioso leilão de peles de Leipzig. Noventa por cento da indústria de pele do mundo estava em mãos judaicas, e compradores franceses, holandeses, britânicos e americanos boicotaram completamente o evento. As fontes do Terceiro Reich admitiram que todo o leilão foi um fracasso já que produtos, no valor de 3 milhões de dólares, não foram vendidos por falta de compradores.[41]

Uma decisão precisava ser tomada, e somente Hitler poderia fazer isso. Um ajustamento do Acordo com os judeus era necessário. Suas armas de retaliação econômica e agitação política estavam devastando a Alemanha. Se essas armas pudessem ser neutralizadas por tempo suficiente para que a Alemanha se recuperasse economicamente, rearmasse seus militares, então todas as glórias seriam alcançadas pelo povo ariano.

Um acordo fazia todo o sentido, por todas as razões conhecidas. Desemprego, moedas estrangeiras, matéria-prima, recuperação econômica, reabilitação política, rearmamento militar. Essas eram as razões lógicas. Entretanto, Hitler sempre havia resistido desafiadoramente às razões lógicas, e ele sem dúvida poderia ter continuado a resistir até que o Terceiro Reich fosse destruído. Adolf Hitler não era um servo da lógica. Era, afinal, o homem que em 1945 lutou até o último minuto em seu *bunker* de concreto e até mesmo preferiu tirar a própria vida e arrasar com a Alemanha a capitular. Então o que compelia o *Führer* a aquiescer com as prescrições lógicas da crise? Poderia bem ter sido sua própria loucura.

Em sua conversa em 11 de maio com Sir Horace Rumbold, o britânico teve a coragem de mostrar como Adolf Hitler deveria tratar corretamente os judeus – embora, na mente de Hitler, os próprios britânicos, como o resto do mundo, na verdade reconhecessem que os judeus eram parasitas. Os britânicos não haviam levantado barreiras financeiras para manter os judeus orientais empobrecidos longe da Palestina? Em 11 de maio, Hitler mostrou ao embaixador Rumbold que, se a Alemanha tivesse levantado essas barreiras, os judeus orientais nunca teriam migrado para o Terceiro Reich. Mas Rumbold não viu a validade da afirmação de Hitler. Na mente de Hitler, todos eram hipócritas.[42] Muito bem, ele veria o quanto a Inglaterra gostava dos judeus com os quais ela fingia se preocupar.

Adolf Hitler arranjaria para que os "desmoralizantes" judeus orientais "portadores de doenças" saíssem da Alemanha e migrassem para a Palestina britânica. Ele daria o dinheiro necessário para superar as barreiras financeiras britânicas ou americanas, ou de qualquer outro país. O *Führer* revelou essa atitude alguns dias depois para Bernard Ridder, editor de um jornal alemão-americano de Nova York, *Staats-Zeitung*. Na entrevista, Hitler confessou que "pagaria com prazer a passagem [dos judeus] para os Estados Unidos e daria uma conta bancária de presente se os Estados Unidos os aceitassem".[43] Por anos, Hitler continuaria a tocar neste tema: os britânicos não queriam os judeus, caso contrário, por que estabeleceriam uma exigência de mil libras de entrada para a Palestina que os judeus obviamente não conseguiam cumprir? No entanto, a Grã-Bretanha e outras nações que mantinham exigências financeiras para imigrantes continuavam com suas críticas. Era conveniente fazer isso por trás de seus escudos de proteção de mil libras.[44]

Hitler usaria um artifício racial com os britânicos. Ele lhes daria os judeus que tanto queriam proteger.

Assim, tão atraente quanto a lógica era a loucura. Muito provavelmente era a própria loucura que permitia que Hitler fizesse as coisas lógicas pelos motivos ilógicos.

Em 13 de maio de 1933, os sionistas alemães ainda aperfeiçoavam suas teorias, ainda se perguntavam como se aproximar do governo. Arlosoroff estava estudando um memorando curto de seis pontos escrito por Landauer, sugerindo que os sionistas "oferecessem ao governo alemão um grande influxo de divisas estrangeiras para criar uma base para as negociações sobre a assistência à emigração". A emigração estaria ligada a aquisições massivas de terra baseadas nos ativos transferidos dos judeus alemães. Mas, de repente, Siegfried Moses, presidente da ZVfD, ainda listado como advogado de Sam Cohen, foi contatado pelo escritório de Controle de Divisas Estrangeiras. A mensagem era curta: o acordo de Sam Cohen havia sido aceito.[45]

Qual era o acordo de Sam Cohen? Insatisfeito com as versões da transferência que não incluíam dinheiro, Landauer havia cortado Cohen das negociações. Como o Ministério da Economia sinalizava agora a aceitação de um acordo com Sam Cohen?

Para evitar atrapalhar o que estava acontecendo, Siegfried Moses simplesmente telegrafou a informação para Cohen na Polônia, aos cuidados da empresa Ben Mazur Brothers, rua Poludniowa 46, em Lodz:

MINISTRO INFORMADO HOJE CONSENTIMENTO BÁSICO ALCANÇADO.[46]

* * *

Em 19 de maio, o ministério da Economia do Terceiro Reich dirigiu uma declaração formal para Sam Cohen da Hanotaiah Ltd., traçando o acordo. Os emigrantes judeus contatariam a Hanotaiah e comprariam terras e equipamentos agrícolas de acordo com as regras da Hanotaiah. De acordo com o contrato de venda, o emigrante contataria tanto o Escritório de Auxílio à Emigração quanto o Escritório de Controle das Divisas Externas. O emigrante teria então a permissão de trocar seus marcos bloqueados por terras e equipamentos da Hanotaiah. Nenhum dinheiro estaria envolvido a menos que o Escritório de Auxílio à Emigração recomendasse especificamente, e, mesmo assim, somente "o absoluto mínimo necessário para estabelecer uma nova existência" na Palestina. Um estudo caso a caso garantiria a menor saída possível de divisas estrangeiras. Em troca, a Hanotaiah usaria os sperrmarks do emigrante para a "compra de todos os tipos de matérias-primas [alemãs], tubulações, construções de ferro, máquinas agrícolas, fertilizantes, bombas, máquinas para fertilização e produtos químicos". No período seguinte, até 1 milhão de reichmarks em compras seria permitido. A declaração do ministro da Economia citava "as negociações previamente realizadas entre o sr. Cohen e os assistentes do ministro" e a garantia de Cohen de que "os mesmos produtos que até o momento eram comprados na Tchecoslováquia e que, agora, por causa das [novas] regulamentações melhorando a posição do emigrante alemão para a Palestina, serão comprados na Alemanha".[47]

Os sionistas alemães construíram uma rede de intrigas políticas. Eles haviam passado sua lealdade de Arlosoroff para Cohen e voltado para o primeiro. Desconhecendo essas intrigas, Arlosoroff persistiu na formulação de um visionário *fait accompli*. Mas Cohen não havia desaparecido. Ele continuava com suas manobras, negociando em nome do movimento sionista – mesmo sem representar nada mais que uma empresa agrícola.

Enquanto isso, o governo alemão tinha certeza de que havia causado o fim do boicote, porque o movimento sionista agora apoiaria as exportações alemãs. A riqueza dos judeus alemães e dos emigrantes seria transferida em um fluxo totalmente dependente da compra de mercadorias e produtos alemães. Os judeus do mundo agora teriam de escolher entre lutar contra Hitler e construir a Palestina, preservando o antigo e assegurando o novo.

O acordo de Sam Cohen era, na verdade, somente preliminar. Quando descoberto pela hierarquia sionista internacional, ele seria considerado inadequado, por levar muito pouco dinheiro e uma pequena variedade de produtos para a Palestina judaica. Se o Estado judeu deveria ser construído, era preciso mais transações da Hanotaiah, mais do que a venda de uns poucos *dunams* de granjas. Precisava dos tijolos para a fundação de uma nova sociedade – tudo, de táxis a pontes. E precisava mais do que a mera transferência de um milhão de reichmarks; era necessária uma parte considerável – em dinheiro – dos bilhões que constituíam a riqueza dos judeus alemães. O resultado de uma ampla transferência seria mais do que a expansão de uns poucos assentamentos da Hanotaiah, seria a expansão de *todos* os assentamentos, e as cidades e vilas, em um Estado econômica, geográfica e politicamente coeso – Israel. Pretendia-se um acordo massivo, histórico e irreversível – uma solução final para a perseguição aos judeus.

O plano não era um grande projeto de resgate ou auxílio. Se fosse, os sionistas teriam trabalhado em um acordo para que os judeus saíssem da Alemanha sem se preocuparem para *onde* iriam. Em vez disso, os judeus teriam a permissão para tirar seus bens da Alemanha a fim de reconstruir suas vidas, mas apenas se liquidassem sua existência europeia e a reconstruíssem na Palestina.

A palavra correta, então, para o acordo do sr. Sam Cohen e os arranjos a seguir não seria *resgate*. Não era *auxílio*. Era, na verdade, *transferência* – o ponto entre as esferas filosóficas em que os círculos sionistas e nazistas se tocavam.

A palavra correta, então, para o acordo do sr. Sam Cohen e os arranjos a seguir não seria resgate. Não era auxílio. Era na verdade transferência – o ponto entre as esferas filosóficas em que os círculos sionistas e nazistas se tocavam. As circunstâncias forçavam isso.

15

JULGAMENTO NA AREIA

Mesmo antes de o acordo de Sam Cohen ter sido aceito verbalmente pelo ministro da Economia do Terceiro Reich em 13 de maio de 1933, tornou-se impossível confinar o conhecimento das negociações secretas a uns poucos selecionados. Os círculos sionistas alemães no país e em Jerusalém estavam cientes da situação, assim como os principais líderes sionistas em Londres, incluindo Weizmann, Rutenberg e o professor Brodetsky. No final de abril, o Comitê Executivo da Agência Judaica finalmente tomou conhecimento do projeto. Quando se soube o tamanho do acordo e quanto já havia sido negociado nas primeiras semanas secretas, criou-se um cenário caótico.

Por exemplo, Sam Cohen ainda estava na Polônia quando Siegfried Moses recebeu o recado, em 13 de maio, da aceitação do Ministério da Economia do Tereciro Reich.[1] Assim, os sionistas alemães não conheciam a profundidade do acordo, apesar de que provavelmente suspeitavam da inclusão da Hanotaiah.

Depois que Sam Cohen assegurou a isenção de divisas no final de março de 1933, ele rapidamente convenceu o Terceiro Reich a ligar a concessão dada ao emigrante à compra ou tentativa de compra de acres de terras da Hanotaiah. Cohen fez isso sem a permissão da ZVfD.[2] O Escritório de Auxílio à Emigração havia concordado com o vínculo, porque estavam se guardando contra cidadãos que tiravam dinheiro da Alemanha para passar somente uma temporada no exterior. Uma tentativa de boa-fé de comprar acres de terra da

Hanotaiah era um indicador razoável de uma intenção sincera do emigrante de se realocar permanentemente.[3]

O reconhecimento do Terceiro Reich fez da Hanotaiah a empresa de venda de terras Palestina "preferida" e a autoridade da transferência para os judeus alemães. Mas a Hanotaiah era inaceitável para a ZVfD uma vez que seus termos deixavam poucas escolhas de realocação ou de dinheiro para os judeus alemães. O diretor da ZVfD, Georg Landauer, foi capaz de, no começo, frustrar as exigências da Hanotaiah ao encorajar os emigrantes individuais a protestarem contra as condições ou substituírem a Hanotaiah por outra empresa de venda de terras. Landauer pensava que isso eliminaria a companhia da jogada.[4]

Mas Landauer logo descobriu que a Hanotaiah estava de volta. Cohen informou Landauer do novo acordo entre 14 e 17 de maio. A partir da descrição de Cohen, Landauer suspeitou que a Hanotaiah não era somente a empresa "preferida", mas a única empresa responsável pelo futuro dos emigrantes judeus alemães. Cohen ouviu que seu monopólio estava fora de questão. Ele tentou garantir aos sionistas alemães que a Hanotaiah na verdade não tinha nenhum monopólio, mas a direção da ZVfD não se convenceu. Eles insistiram para que Cohen fizesse um documento formal negando que possuísse algum monopólio para o Terceiro Reich. Ele respondeu que já havia deixado esse ponto bastante claro durante as negociações.[5]

A confirmação oficial do Ministério da Economia em 19 de maio sobre o acordo com Sam Cohen foi entregue a Siegfried Moses, que ainda aparecia como o advogado de Cohen. Landauer estudou o documento, mas não encontrou nenhuma indicação de monopólio da Hanotaiah. Ele concluiu que esse acordo era, na verdade, um sistema limitado entre o governo alemão e uma empresa privada palestina que não obstruiria os organismos sionistas oficiais de negociar a transferência maior que Arlosoroff ainda estava elaborando.[6]

No mesmo dia, 19 de maio, Arlosoroff finalizou suas ideias de transferência. O grandioso projeto foi descrito em um memorando pessoal marcado como SECRETO. O centro do plano era um "Banco de Liquidação". Rutenberg havia originalmente falado em uma *empresa* de liquidação, mas a propriedade da empresa havia se tornado uma questão política, e Arlosoroff estava agora convencido de que a solução era uma transferência publicamente supervisionada, não uma migração controlada de forma privada. O Banco de Liquidação de Arlosoroff seria reconhecido no exterior, provavelmente sob a égide da Liga das Nações. Baseando-se nas boas relações de Weizmann tanto com o governo britânico como com Mussolini, Arlosoroff propôs que os fundos do banco fossem assegurados por um patrocínio conjunto britânico-italiano com contribuições judaicas internacionais. As mercadorias seriam, é claro, a conexão entre a Alemanha e os sionistas.[7]

Na verdade, o plano de transferência de Arlosoroff, apresentado em 19 de maio, era essencialmente igual ao de Cohen, com duas melhorias básicas. Primeiro, as exportações alemãs não estariam limitadas a mercadorias agrícolas. Qualquer produto ou matéria alemã seria incluída. O memorando de Arlosoroff listava itens tão variados quanto automóveis, materiais de construção, tinta e remédios.[8] Ele não pensava somente na expansão das hortas, mas na criação de uma sociedade urbana e rural próspera.

Em segundo lugar, a transferência de Arlosoroff não aconteceria sem dinheiro. Os emigrantes receberiam suas mil libras e transfeririam uma soma *adicional* que seria usada pelas instituições sionistas para desenvolver o país. Esse dinheiro adicional era essencial. Milhares de judeus não poderiam de repente transferir-se para a primitiva Palestina sem estradas, escolas, hospitais, portos e outros elementos fundamentais em uma nação do século XX. Muitas dessas coisas seriam construídas praticamente do zero. O Banco de Liquidação de Arlosoroff cuidaria dos ativos bloqueados dos judeus alemães usados para pagar pelas exportações alemãs, que seriam vendidas na Palestina, e pagaria as primeiras mil libras para o imigrante, menos uma pequena porcentagem para administração.[9] O dinheiro transferido além das mil libras iniciais seria investido em infraestrutura. Dessa forma, a Palestina receberia o máximo em mercadoria e capital para investimento. O imigrante judeu receberia o máximo em dinheiro.

Além disso, o memorando de 19 de maio de Arlosoroff listava os incentivos da Alemanha: uma saída para o mercado do Oriente Médio, crescimento do emprego e a oportunidade de conseguir moedas estrangeiras com exportações garantidas. Por fim, a transferência sionista seria vista com no mínimo "equidade" para o judaísmo alemão como os líderes ocidentais haviam pedido publicamente nos últimos dias. Assim, Hitler poderia tanto remover os judeus quanto ser reconhecido como alguém que ajudava em suas aspirações nacionais.[10] O memorando de Arlosoroff exigia que todo o "sentimentalismo" judaico sobre negociar com os nazistas fosse rejeitado. Sentimentalismo, argumentava, não daria uma pátria aos judeus.[11]

No entanto, Arlosoroff incluiu um importante apêndice a seu memorando. A transferência dos judeus alemães deve ser totalmente voluntária. Isso era uma ordem de Herzl. O Estado judeu só esperava aqueles que aspirassem a isto: a emigração era *aliya*, a palavra hebraica para ascensão. Nenhum judeu seria forçado a liquidar sua existência alemã.[12] O plano de Arlosoroff combinava os melhores elementos de direito internacional, suborno e liberdade de escolha. Todas suas hipóteses haviam criado uma transferência viável, garantida por lei e motivada pelo próprio interesse.

Quando Arlosoroff concluiu seu memorando secreto em 19 de maio, ele não sabia que o Terceiro Reich já havia concordado com o plano de Sam Cohen. Quando foi informado disso, provavelmente no mesmo dia, Arlosoroff não concordou com a visão de Landauer de que o pacto de Cohen era limitado. Arlosoroff acreditava que este era *o* acordo. Mas ainda tentavam descobrir isso. O próprio Cohen não pôde ser encontrado em Berlim para explicar, porque, em 19 de maio, ele, de repente, apareceu em Londres.[13]

Arlosoroff tinha de se mover rapidamente para evitar que um homem e sua empresa agrícola suplantassem todo o movimento sionista internacional e controlassem o destino da nação judaica.

Sua primeira tarefa era espalhar a notícia de que a proposta oficial do sionismo estava nas mãos de Chaim Arlosoroff, chefe do Departamento Político da Agência Judaica – não Sam Cohen, dono de uma empresa de venda de terras. Mais importante, a transferência deveria garantir aos emigrantes o máximo de dinheiro possível, e à Palestina o máximo de recursos possível. Em 20 de maio, em uma longa entrevista com Robert Weltsch, editor do *Juedische Rundschau*, jornal da ZVfD, Arlosoroff detalhou todas as propostas de seu plano, que apenas 24 horas antes havia sido marcado como SECRETO.[14]

A entrevista foi publicada na edição de 24 de maio do *Rundschau*. Nela, Arlosoroff apresentava o problema para os judeus. Eles não precisavam mais de refúgios, asilos ou outras soluções temporárias para a perseguição. Os judeus tinham de resolver de vez a questão da autodeterminação. A Palestina era o ponto final. Lá, os judeus encontrariam a glória da luta autoimposta.

Depois da luta, eles encontrariam oportunidades agrícolas ou oportunidades industriais se quisessem – o que preferissem, porque a escolha agora seria livre dos decretos ou concessões antijudaicas de cima. Por meio da liquidação, os judeus alcançariam a independência – pela primeira vez em 2 mil anos.[15]

> "Isso leva à questão central [...] a liquidação dos capitais e posses que pertencem a emigrantes judeus alemães", explicou Arlosoroff no artigo. "Parece não haver saída para as pessoas cuja fortuna excede a quantia de moedas estrangeiras normalmente permitidas [...] sob as leis atuais [...] Não faz sentido ignorar ou achar que isso pode ser resolvido sem um acordo com o governo alemão [...] A única saída [...] é beneficiar os dois lados."[16]

Os censores nazistas ordenaram que o jornal não saísse. O Escritório de Imprensa do Terceiro Reich rotineiramente suprimia edições problemáticas e às vezes fechava publicações. Nesse caso, a primeira vez que acontecia com o *Juedische Rundschau*, a edição foi meramente confiscada.[17] Nenhuma razão foi dada, mas, naquele mesmo dia, para esclarecer a questão, o Ministério das Relações Exteriores do Terceiro Reich transmitiu uma ordem escrita para a embaixada britânica, em resposta a seus questionamentos anteriores em relação à isenção original de divisas.[18] O Terceiro Reich especificava: "O emigrante deve, em primeiro lugar, provar suas sérias intenções de transferir seu domicílio *permanentemente* para o exterior [ênfase do Terceiro Reich], e deve conseguir um certificado do Escritório de Auxílio à Emigração de que sua proposta é economicamente viável e que o capital que ele deseja levar consigo é suficiente para começar uma nova vida no exterior".[19] A referência – sem nomear – era ao esquema de assentamento sem dinheiro, ou quase sem, de Sam Cohen. Uma mensagem anexa avisava que a publicidade deveria ser estritamente evitada. Qualquer quantia de dinheiro que os judeus tivessem permissão de levar ameaçaria severamente as reservas monetárias e, se muitos emigrantes se candidatassem, a pressão fiscal intensa forçaria o fim de todo o acordo.[20]

Os nazistas haviam conseguido silenciar Arlosoroff. Por isso, este deixou o país para promover a posição de que um êxodo de judeus da Alemanha deveria garantir o máximo possível dos bens dos emigrantes. Arlosoroff foi para Praga, onde, no dia 25 de maio, pediu a uma plateia que agisse com calma para beneficiar os judeus da Alemanha e, na verdade, todo o povo judeu. A questão mais importante, falou, era a transferência imediata da juventude judaica alemã. "Não queremos que se tornem mutilados psíquicos." Em seguida, Arlosoroff disse, deveriam vir os trabalhadores entre 17 e 22 anos, que construiriam e cultivariam para uma dramática expansão nacional. Então viriam os assentados, rurais e urbanos. Esses novos assentados, a força comercial e agrária vital da futura nação, não deveriam ser explorados por programas competitivos e inviáveis – uma referência ao acordo de Sam Cohen. Em vez disso, os judeus deveriam colocar seus recursos em um único programa *oficialmente sancionado*. Esse programa teria de incluir mercadorias alemãs. Sem dúvida, muitos da multidão eram defensores do boicote, mas ele pedia que estes fossem realistas e entendessem que os ativos judaicos devem ser líquidos e transferíveis. E isso exigiria um acordo com o governo alemão, que dependia das exportações. Esse tema foi repetido em uma audiência pública em Varsóvia no dia 27 de maio e em entrevistas de jornais publicadas na Europa e na Palestina naquela semana.[21]

Arlosoroff tentou difundir sua visão como a posição verdadeira do movimento sionista. Mas, com um acordo secreto já ratificado pelo governo alemão, Sam Cohen estava muito à frente dele. E Cohen estava agora na Inglaterra, fazendo acordos com o resto da hierarquia sionista. Muitos discursos já haviam sido feitos. Arlosoroff correu para Londres.

* * *

Em Londres, o sr. Sam Cohen ficou bem ocupado. No dia 19 de maio, logo depois de sua chegada, Cohen telefonou para Martin Rosenbluth, o sionista alemão enviado a Londres por Goering para acabar com o movimento anti-Hitler. Rosenbluth estava agora em Londres como o elo entre a Organização Sionista e a ZVfD. Cohen informou a Rosenbluth do acordo e pediu uma reunião imediata para discutir sua implantação, mas avisou que Landauer e o resto não haviam ficado satisfeitos com o arranjo. No entanto, depois de ouvir as explicações preliminares de Cohen, Rosenbluth estava convencido de que Landauer estava enganado. O acordo de Cohen parecia bom, principalmente à luz das brigas e divisões da Agência Judaica, que frustraram qualquer ação decisiva em abril. Então, assim que desligou, Rosenbluth mandou uma pequena nota para Landauer lembrando-o de que os sionistas alemães haviam recebido informações sobre as discussões em Jerusalém e Londres, e que talvez o acordo de Cohen não fosse tão ruim.[22]

Durante os dias que se seguirão, Cohen explicou o lucrativo potencial de seu acordo ao Comitê Executivo Sionista em Londres. Procurando aumentar os benefícios, o Executivo Sionista pediu que submetesse seu acordo particular ao "controle nacional". Isso significaria compartilhar o acordo com as empresas oficiais de assentamento como a Yakhin, da organização de trabalhadores Histadrut, controlada pelo Mapai. Cohen concordou. O Executivo então pediu que voltasse à Palestina para realizar pessoalmente as negociações entre a Hanotaiah, a Yakhin e outras empresas. Eles prometeram o apoio total da Agência Judaica e lhe deram uma carta de autoridade datada de 30 de maio de 1933: "O Comitê Executivo tomou notas de seu acordo com o Ministério da Economia alemão e ficaria grato se tivesse sucesso em chegar a um acordo para a implantação conjunta do plano entre a Hanotaiah, a Yakhin e outras sociedades apropriadas. Ficamos satisfeitos de que você concorde com a ideia de supervisão nacional para esse projeto".[23] Ao confiar em Cohen, a Organização Sionista preservou sua própria capacidade de negação. Se surgisse algum tumulto por causa do acordo com Hitler, eles poderiam simplesmente culpar um cidadão particular que agira sozinho.

* * *

Frustrado e cansado, Arlosoroff chegou a Londres em 1º de junho, quase duas semanas depois de Sam Cohen. O desafio que precisava enfrentar era desembaraçar os complicados acordos que Cohen havia criado. Em jogo estava a cegueira de um acordo que desperdiçaria a grande chance sionista, provavelmente a última grande chance, de levar o povo judeu em massa para a Palestina.

Na chegada, Arlosoroff foi para a sede dos sionistas na rua Great Russell para uma reunião com Nahum Sokolow, presidente da Organização Sionista, Berl Locker, do Executivo Sionista, David Werner Senator, do Executivo da Agência Judaica, e Martin Rosenbluth e Leo Herrmann, da ZVfD. Arlosoroff fez seu apelo. Ele começou com uma análise do precário *status* do sionismo na Alemanha e afirmou que o futuro estava nas mãos dos jovens líderes judeus alemães. Os mais antigos, como Landauer, emigrariam para a Palestina no futuro próximo. Arlosoroff afirmou que era "deplorável" que abandonassem o trabalho na Alemanha, acrescentando que seria difícil substituí-los.[24]

Com relação à transferência, havia uma só solução, argumentava Arlosoroff: um Banco de Liquidação com garantia internacional. Sem isso, os ativos dos judeus na Alemanha seriam reduzidos a nada. Somente poupanças pessoais e reservas evitavam a miséria atual. Quando estas acabassem, as possibilidades reduzidas de emprego para os judeus que permaneceram na Alemanha empobreceriam por completo a comunidade. Além disso, a moeda alemã estava tão fraca que a ausência de garantias internacionais poderia colapsar qualquer sistema limitado aos reichmarks.[25]

Arlosoroff tinha certeza de que, quando os judeus alemães descobrissem que não poderiam retirar grandes quantias de dinheiro através do acordo de Sam Cohen, adiariam a emigração para a Palestina até gastarem tudo. Nesse caso, a indispensável contribuição de capital seria perdida. Ou tentariam contrabandear seus bens. Os nazistas invariavelmente prenderiam vários deles e os judeus sofreriam ainda mais. Sem permissões para sair com bastante dinheiro, a maioria da população judaica alemã não sionista simplesmente rejeitaria a Palestina como uma opção realista.[26]

O Comitê Executivo e os sionistas alemães ouviram as explicações convincentes de Arlosoroff. Agora era uma escolha entre o acordo de Sam Cohen ou a transferência de Chaim Arlosoroff. Uma longa discussão se seguiu. Arlosoroff respondeu às questões de modo persuasivo. No final da reunião, a decisão foi tomada: a favor de Arlosoroff.[27]

Ele foi instruído a ir até Jerusalém e estabelecer uma instituição oficial para supervisionar o Banco de Liquidação. Rosenbluth e Senator coordenariam o programa em Berlim. Arlosoroff controlaria toda a operação.[28] Não havia tempo para celebrar o triunfo. Com suas instruções e autorizações por escrito, Arlosoroff saiu da reunião para um encontro do outro lado da cidade com o secretário colonial, Cunliffe-Lister.

Às 17h, em uma sala na Câmara dos Comuns, o professor Brodetsky e Arlosoroff encontraram-se com Cunliffe-Lister e A. C. C. Parkinson. Falando de uma maneira clara e determinada, Arlosoroff chamou a atenção de Cunliffe-Lister ao afirmar que os judeus estavam liquidados na Alemanha. A única saída deles era o plano de transferência: primeiro as crianças – isso foi o que mais conquistou a simpatia de Cunliffe-Lister; depois os trabalhadores – Cunliffe-Lister entendia a necessidade desse grupo avançado e estava receptivo a mudar o sistema de certificado de imigração por causa dessa emergência.[29]

Arlosoroff então começou a explicar como a transferência funcionaria. O Banco de Liquidação juntaria os ativos dos judeus e os usaria para exportar produtos alemães para a Palestina. A expressão facial de Cunliffe-Lister mudou. Sua reação à entrada de produtos alemães em vez de produtos britânicos no mercado palestino era o que o professor Brodetsky temia. Cunliffe-Lister interrompeu: "Onde entramos nós? Vocês estarão aumentando as exportações alemãs à nossa [britânica] custa".[30] Durante todas as reuniões secretas com Weizmann, Arlosoroff e líderes árabes na Palestina em abril, Cunliffe-Lister havia sido bem cooperativo à criação de um novo plano glorioso para a região, um plano de autodeterminação binacional que resolveria vários problemas árabes e judeus, além de gerar um Estado judaico moderno no processo. Haveria comércio, tecnologia e prosperidade para todos. A Grã-Bretanha teria benefícios financeiros, vendendo materiais básicos e produtos para consumo em uma Palestina desenvolvida. A ideia de uma Alemanha substituindo a Grã-Bretanha como o maior parceiro comercial da Palestina não havia ocorrido a Cunliffe-Lister.

Arlosoroff tentou minimizar a reação negativa do britânico. Talvez a Liga das Nações, ao supervisionar o Banco de Liquidação, pudesse estruturar as coisas para não atrapalhar os interesses comerciais britânicos. Frio e brusco, Cunliffe-Lister parou a discussão: "Façam o que quiserem, só não nos digam nada!".[31]

Arlosoroff percebeu que a oposição ao comércio com a Alemanha ocorreria em todo lugar. Mas estava convencido de que os incentivos econômicos eram a única forma de levar a Alemanha a cooperar com a transferência. Em seguida, era necessário contatar Sam Cohen.

Exatamente como o Executivo Sionista explicara, a retirada de apoio a Cohen não estava registrada. Cohen já havia começado a preparar as coisas sob a autoridade da Organização Sionista dada preliminarmente em 30 de maio. Reuniões foram agendadas na Palestina entre a Hanotaiah, a Yakhin e outras empresas. Mas, no final, Cohen foi forçado a recuar e permitir que

Arlosoroff assumisse o controle da transferência. As difíceis negociações devem ter se estendido por vários dias, porque só em 4 de junho um telegrama foi despachado para a Hanotaiah Ltd. na Palestina:

> PARA IMPLANTAÇÃO CONJUNTA DO PROJETO DE SAM COHEN FOI EXIGIDO CONTROLE NACIONAL. DISCUSSÃO COM TODOS PARTICIPANTES NECESSÁRIA. ADIE REUNIÃO ATÉ CHEGADA COHEN EM 12 [JUNHO], ARLOSOROFF, 15.[32]

O telegrama foi assinado "Arlosoroff/Cohen".

Arlosoroff pretendia usar o acordo da Hanotaiah como base para negociações formais com o Terceiro Reich que produziriam uma transferência controlada pela Agência Judaica. No entanto, Arlosoroff rapidamente descobriu que o governo alemão, acreditando que Cohen e a Hanotaiah representavam o movimento sionista, já havia garantido à empresa completa responsabilidade pela emigração judaica para a Palestina.

Em 19 de maio, no dia em que o Terceiro Reich confirmou o acordo de Cohen por escrito, o Escritório de Controle de Passaportes Britânicos em Berlim recebeu novas instruções em relação à emissão de certificados capitalistas para a Palestina. Antes era exigida a comprovação da posse das mil libras, mas agora tinham a ordem de "não insistir na posse de uma permissão de saída de divisas". Em vez disso, o funcionário deveria "aceitar como prova" capitais localizados em "bancos de reputação na Holanda, Suíça etc.". E deveria "levar em consideração como capital o valor de máquinas, ações, bens imóveis etc.".[33] Aliás, sempre que judeus pedissem permissões nos escritórios do Terceiro Reich, era entregue um documento indicando a "empresa Hanotaiah Ltd. (o advogado Siegfried Moses), com base em um acordo que já havia sido concluído, vendas de assentamentos etc., contra o pagamento dos preços de aquisição em uma conta bloqueada".[34] A transferência sem dinheiro ou quase sem dinheiro estava formalmente preparada. E a Hanotaiah era a responsável.

Logo a notícia chegou à ZVfD em Berlim contada por futuros emigrantes em todo o país. A Hanotaiah, na verdade, montara um monopólio, apesar das garantias de Sam Cohen. Emigrantes descobriram que poderiam deixar a Alemanha – mas somente se deixassem para trás seus bens para serem divididos entre a Hanotaiah e o Terceiro Reich. Em 9 de junho, Landauer foi forçado a admitir, em uma carta dirigida a um colega em Breslau, que havia sido enganado por Cohen. Landauer prometeu intervir imediatamente para derrubar a exclusividade da Hanotaiah.[35] Ele sabia que judeus alemães não sionistas de classe média simplesmente não deixariam tudo para trás por uma vida nova na Palestina. Para serem convencidos a começar uma vida nova no lar nacional judeu, precisariam pelo menos levar um pouco da vida anterior com eles.

* * *

A Palestina estava a ponto de explodir. A política sionista interna havia produzido uma perigosa subcorrente para a emergência alemã. As forças revisionistas lideradas por Jabotinsky desafiavam toda a liderança da Organização Sionista – que estava ficando cada vez mais dominada pelo Mapai. Jabotinsky planejava um dramático apelo para uma votação no 18º Congresso Sionista para derrubar a liderança atual e instalar a si mesmo e seu círculo.[36] Em jogo estava a própria filosofia do sionismo.

Em termos simplificados, o Mapai, ou sionismo trabalhista, via a Palestina como o lar para uma elite judaica que se dedicaria às nobres vocações do trabalho manual e agrícola. A orientação deles era comunal, socialista. Eles queriam fazendas e vilas coletivas. Além disso, o sionismo trabalhista desejava muitos, mas não as multidões. A Israel do Mapai não seria para todos os judeus – pelo menos não a princípio. No começo, Israel seria para os quadros aprovados de pioneiros. E o Mapai queria "programas de construção" graduais para criar a Pátria judaica – dunam por dunam.[37]

O sionismo revisionista rejeitava a exclusividade judaica. Eles queriam uma nação de judeus comuns em uma sociedade mista urbana-rural. O sistema seria de livre-iniciativa, não socialista. E o revisionismo acreditava que a Palestina não poderia ser adquirida um pouquinho por vez. Somente a rápida transferência do maior número de judeus no menor tempo possível faria que estes constituíssem a maioria na Palestina que seria capaz de declarar um Estado. Com as partes ruins, como fome e frio, eliminadas, o revisionismo era uma versão atualizada do sionismo catastrófico de Max Nordau.[38]

Todos os conflitos do sionismo dominado pelo Mapai contra o revisionismo tornaram-se questões de vida ou morte com a ascensão de Hitler. Quantos judeus trazer para a Palestina, com que velocidade, de qual categoria socioeconômica nacional e por quais meios, eram todas questões em discussão. Trabalhar com o regime de Hitler ou combatê-lo através de um boicote econômico era somente mais um ponto do confronto.

As técnicas de batalha do revisionismo e do Mapai também diferiam. O Mapai era especialista na luta política – não tanto *pelas* regras quanto *para* as regras. Preocupados com legalismos, eles favoreciam reuniões organizacionais e governamentais repentinas que gerariam regulamentos repressivos. Por exemplo, em dezembro de 1931, um decreto da Organização Sionista, criado pelo Mapai, exigia que todos os sionistas registrados evitassem a participação na União Revisionista de Jabotinsky.[39]

Os revisionistas, por outro lado, eram fortemente fascistas e profundamente influenciados por Mussolini. Nem Vladimir Jabotinsky nem Benito Mussolini aprovavam a versão distorcida do fascismo de Hitler. Entretanto, as legiões de Jabotinsky estavam embaladas no mesmo tecido. Os corpos juvenis paramilitares Betar treinavam em campos militares e usavam as mesmas camisas pardas, características encontradas na Alemanha. Os revisionistas afirmavam que o marrom era a cor da terra. Mas uma camisa marrom alemã e uma camisa marrom judaica eram praticamente indistintas quando colocadas lado a lado. Em uma ocasião, em meados de abril de 1933, uma parada Betar em Tel Aviv foi atacada por Sionistas Trabalhistas que afirmavam que as roupas marrons eram tão remanescentes dos uniformes nazistas (mesmo se nada parecido com uma suástica fosse mostrado) que a marcha em si era uma provocação à violência.[40] Fiel à ideologia fascista, o punho e o grito eram os métodos preferidos para a obtenção dos objetivos revisionistas. Os sionistas trabalhistas, principalmente David Ben-Gurion, gostavam de chamar Jabotinsky de Hitler judeu.[41]

Durante a primavera de 1933, cada decisão sionista era calculada baseada no impacto das futuras eleições para o controle do 18º Congresso Sionista. Com a intensificação dos golpes, os simpatizantes dos revisionistas estavam sendo impedidos de trabalhar na Histadrut controlada pelo Mapai. Os revisionistas palestinos descobriram que não conseguiriam ganhar a vida. Por isso, se tornaram fura-greves profissionais, disponíveis para os patrões palestinos que sofriam nas mãos das ações trabalhistas da Histadrut. Isso ficou bastante evidente no setor agrícola, em que uma greve estratégica poderia destruir uma colheita e arrasar todo um assentamento.[42]

Enquanto os revisionistas tentavam derrubar o monopólio trabalhista Mapai na Palestina, os líderes sionistas trabalhistas estavam viajando por centenas de cidades e vilarejos do Leste Europeu, esperando converter os votos revisionistas tradicionais. Emblemática foi a visita de Ben-Gurion a Riga, na Letônia, em 5 de maio de 1933. Assim que pisou na estação de trem, um bando de Betarim o atacou com ovos podres. Apoiadores do Mapai correram para ajudá-lo. A polícia foi chamada para dispersar o confronto.[43]

A política era, na verdade, um fator vital quando o Executivo Sionista em Londres persuadiu Cohen a fazer uma fusão de sua Hanotaiah com a Yakhin, a empresa de terras controlada pelo Mapai. Quem controlasse os imigrantes judeus alemães e seu dinheiro dirigiria os votos e recursos financeiros que poderiam ser usados na guerra pelo controle do sionismo.

Defender o boicote anti-Hitler tornou-se parte da campanha do revisionismo para ganhar apoio popular. Em 28 de abril, apesar dos chamados oficiais dos sionistas para se absterem da agitação anti-Hitler, Jabotinsky reprovou de forma contundente as relações nazistas com a Palestina. Foi o primeiro discurso de um judeu estrangeiro a ser transmitido pela rádio polonesa estatal. Falando alternadamente em francês e polonês, Jabotinsky defendeu um rígido boicote mundial aos produtos alemães, liderado pela Palestina.[44]

Em 10 de maio, a agitação pró-boicote na Palestina estava tão severa que o Comitê Executivo da Vaad Leumi (conselho nacional sionista na Palestina) colocou em debate aberto um banimento oficial das atividades de boicote antinazista. Em 16 de maio, o cônsul alemão Heinrich Wolff – sem saber que o acordo de Sam Cohen já havia sido aprovado – avisou Berlim da ação da Vaad Leumi e pediu a aceitação do acordo da Hanotaiah como uma contramedida rápida. O telegrama de Wolff citava a violência antialemã, incluindo um recente incêndio no consulado de Jerusalém, como prova de que o Terceiro Reich deveria se mexer depressa.[45]

Em 17 de maio, o cônsul Wolff, ainda sem saber do acordo, novamente implorou para seu governo aprovar o acordo com a Hanotaiah. Wolff explicou que quando os judeus na Palestina lessem sobre as trezentas organizações judaicas americanas ativamente engajadas no boicote e no fracasso do leilão de peles de Leipzig, não resistiriam em apoiar o movimento. Somente associando as exportações de produtos alemães aos assentamentos agrícolas judaicos, argumentava Wolff, os judeus palestinos aprenderiam que boicotar a Alemanha prejudicaria seus próprios interesses.[46]

Em 18 de maio, o Mapai intensificou sua campanha antiboicote. Apontando para o incêndio no consulado alemão, eles afirmaram que boicote e terrorismo eram parte da mesma plataforma revisionista. Em um editorial meloso na rádio Kol Israel, os trabalhistas proclamavam: "Gritar slogans pedindo um boicote [...] é um crime [...] Estamos todos preocupados com nossos irmãos na Alemanha, mas não temos por que brigar com os representantes do governo alemão na Palestina".[47]

Ironicamente, as intrigas e alianças cruzavam todas as lógicas e etiquetas. O revisionismo procurava urgentemente o influxo massivo de judeus das classes rurais e urbanas. Mas era Arlosoroff, o líder do Mapai, que estava trabalhando para transferir centenas de milhares de judeus alemães para a Palestina. Com eles viriam o dinheiro e as mercadorias necessárias para estabelecer a sociedade mesclada que o revisionismo queria, mas à qual o Mapai se opunha filosoficamente. Obstruindo essa transferência estava o boicote, defendido incondicionalmente pelos revisionistas.

Contudo, para o movimento sionista, as realidades não eram tão importantes quanto as percepções. Segredos e desconfianças mantinham o movimento polarizado e paralisado no momento em que o mundo judaico mais precisava dele.

* * *

As atitudes dos sionistas em relação à Alemanha não eram o único ponto crítico na Palestina. De igual ferocidade era a controversa questão binacional. Inúmeros sionistas eram motivados por um sentido de justiça, mas muitos mais estavam convencidos de que os judeus constituiriam, no futuro imediato, uma minoria na Palestina incapaz de prosperar sem a cooperação de seus vizinhos árabes.

Quase todas as conversas binacionais eram feitas pelos sionistas, que apresentavam infinitos planos de paridade étnica – em oposição à igualdade numérica – em um governo nacional, ou em Estados nacionais federados lado a lado, ou em algum outro acordo. Os sionistas percebiam que tinham sucesso limitado quando os árabes ouviam em silêncio tais propostas – e, mesmo assim, os árabes ouviam em segredo, temendo represálias dos extremistas.[48]

Todo extremista árabe tinha um equivalente no lado judeu que se opunha à ideia binacional. Essas rejeições sionistas eram majoritariamente revisionistas, mas às vezes vinham do Mapai e do campo religioso ou do Mizrachi, também.[49]

Na primavera de 1933, Chaim Arlosoroff procurou criar uma ponte entre os dois povos. Agindo praticamente sozinho, ele estava reunindo as realidades do dia para criar um momento binacional que provavelmente nunca voltaria a se apresentar. Agora, pela primeira vez, talvez pela última, haveria dinheiro para fazer as coisas funcionarem: dinheiro para compensar os árabes pelos deslocamentos, dinheiro para melhorar os vilarejos árabes, dinheiro para comprar dunas e pântanos a preços exorbitantes e um dia reclamá-los para uso dos judeus. Todo esse dinheiro estava em casas e contas bancárias e nas reservas do judaísmo alemão – e logo se tornariam depósitos no Banco de Liquidação. Com a força potencial de bilhões de reichmarks, Arlosoroff, trabalhando com Weizmann e os sionistas alemães, estava orquestrando o mais promissor cenário para uma cooperação binacional na Palestina.

Apenas uma semana depois da ascensão de Hitler, Arlosoroff, como o futuro ministro das Relações Exteriores sionista, havia tentado fervorosamente encontrar quem, entre os líderes árabes, seria receptivo a negociações. Victor Jacobson, enviado sionista à Turquia antes da guerra, ainda tinha muitos contatos árabes. Ele foi, por isso, selecionado por Arlosoroff em meados de fevereiro para viajar até o Egito e a Síria, não para "começar negociações, [mas] [...] para sondar onde achar melhor [...] dar informações aos líderes árabes e muçulmanos, e descobrir se poderíamos fazer algo com a ajuda desses líderes para chegar a um entendimento com os árabes da Palestina".[50]

A sondagem deu resultado em 8 de abril, quando Arlosoroff foi capaz de organizar o conhecido almoço no Hotel King David, em Jerusalém, com Weizmann e importantes dignitários árabes. Comunicados informais depois do encontro falavam em cooperação binacional com otimismo. A reação antagônica dos dois lados foi rápida.

Os árabes radicais condenaram os moderados que haviam participado do almoço e publicado uma declaração de cooperação futura. A maior parte das hostilidades era contra o emir Abdullah da Transjordânia, que controlava a maior parte das terras da Transjordânia e que estava à frente da conciliação. O jornal árabe palestino *Falastin* afirmava que esforços eram feitos na Síria para bloquear a aproximação, e que nas cidades da Transjordânia um movimento de protesto anti-Abdullah crescia com rapidez. Outra publicação, *Al Jamia Al Arabia*, publicou um editorial afirmando que memorandos, informes especiais e reuniões de emergência não eram mais suficientes para conter a chegada dos sionistas e que, à luz do almoço do Hotel King David, outra forma deveria ser planejada para remover a ameaça.[51] Esse tipo de linguagem era menos uma ameaça velada do que uma promessa. O assassinato era a punição conhecida para a moderação.

Os radicais judeus ficaram igualmente irados. Mizrachi – o maior partido sionista religioso – exigiu publicamente a renúncia de Arlosoroff sob a acusação de que ele não tinha autoridade para realizar esse almoço extraordinário.[52] A base do revisionismo foi além e exigiu que Arlosoroff fosse aliviado de sua vida. Um líder revisionista em Lodz, Polônia, declarou em uma conferência de imprensa que, se existisse uma corte marcial judaica, Arlosoroff seria condenado à morte; acrescentou que sua própria mão não tremeria se tivesse de cumprir essa sentença. Outro líder revisionista, esse em Varsóvia, afirmou que qualquer jovem judeu que atirasse em Arlosoroff se tornaria um santo.[53]

Sem se intimidar, Arlosoroff continuou seus esforços binacionais, conseguindo o apoio ativo dos britânicos. Os primeiros frutos dessas iniciativas secretas vieram rapidamente. No final de abril, o alto-comissário palestino tinha anunciado o reassentamento de cem famílias árabes expulsas quando os ausentes donos árabes de suas terras as haviam vendido para os sionistas. O alto-comissário afirmou que métodos de agricultura judaicos deveriam ser empregados. O arquiteto dos planos de reassentamento, apesar de não ter sido nomeado, era Chaim Arlosoroff, que já trabalhava secretamente no programa há algum tempo.[54]

Ao mesmo tempo, uma comunidade árabe modelo era patrocinada pelos residentes judeus de Netanya, a colônia judaica ao norte de Tel Aviv, estabelecida em parte pela Hanotaiah e por líderes revisionistas. Os residentes de Netanya incluíam vários sionistas americanos, muitos dos quais eram binacionalistas devotos. Vários desses residentes, entre eles o reitor da Universidade Hebraica, Judah Magnes, convenceram a Hanotaiah a reabilitar a vila árabe próxima de Umm Khaled. De acordo com o plano, a Hanotaiah forneceria a cada família dez dunams (2,5 acres) de terra, uma casa, uma área para animais e dunams adicionais para plantação de produtos hortículas e cítricos. Em um informe confidencial de 1º de maio, o cônsul dos Estados Unidos em Jerusalém, Alexander Sloan, explicou que a Hanotaiah havia concordado em ajudar "se ganhasse o controle completo de um determinado setor de dunas de frente para o mar sobre o qual agora possui um acordo por 99 anos". Sloan explicou que "a Hanotaiah Ltd. está interessada politicamente na melhoria das relações árabe-judaicas".[55] Naturalmente, quanto melhores as relações entre árabes e judeus, menos difícil seria realizar as vendas de terras.

As iniciativas binacionais na primavera de 1933 não encontraram apenas interessados judeus, mas árabes também. De repente, pela primeira vez na turbulenta história da Palestina, os árabes moderados estavam se organizando. Com a segurança do dinheiro judeu alemão previsto por Arlosoroff, muitos árabes finalmente concordariam com a coexistência. Por exemplo, logo depois do almoço do Hotel King David, a Oposição Transjordaniana agendou uma grande conferência antissionista para 18 de maio. Mas a conferência foi adiada quando árabes pró-sionistas interromperam violentamente o encontro.[56]

Em 24 de maio, muitos xeques e proprietários árabes, representando 23 vilas e uma grande cidade da Transjordânia, visitaram a estrutura branca e labiríntica da Agência Judaica em Jerusalém. Os líderes reunidos convidaram coletivamente os sionistas a comprarem terras árabes na Transjordânia para o assentamento em massa dos judeus.[57]

No mesmo dia, o presidente da Agência Judaica, Emanuel Neumann, encontrou-se com W. J. Johnson, tesoureiro do governo da Palestina. Neumann estava sempre fazendo *lobby* para os britânicos alocarem o máximo de impostos da Palestina e outros recursos fiscais para projetos tanto judaicos quanto árabes. Naquele dia, enquanto Johnson explicava alguns dos grandes planos de desenvolvimento do governo – moradia para tropas inglesas e o acréscimo de uma grande reserva monetária –, Neumann perguntou como o reassentamento de árabes seria financiado. Johnson respondeu que o dinheiro não viria das receitas normais do governo.[58]

"De onde virá o dinheiro?", perguntou Neumann. A princípio, Johnson tentou evitar a questão. Mas Neumann pressionou até que ele, pedindo a mais estrita confidencialidade, admitiu que as especificidades de um empréstimo de 2 milhões de libras havia sido secretamente aprovado por Sir Cunliffe-Lister quando ele visitou a Palestina em abril. Os pontos principais, recém-concluídos, estavam sendo enviados para Londres no próximo correio aéreo para a assinatura de Cunliffe-Lister. Tal empréstimo havia sido debatido por dois anos sem acordo. Portanto, Neumann ficou espantado quando Johnson apresentou os detalhes: primeiro, um sistema de abastecimento de água para Jerusalém e Haifa, possivelmente com uma rede de esgoto. Neumann o interrompeu e disse que tal sistema custaria pelo menos 350 mil libras somente para Jerusalém. Johnson o corrigiu: 480 mil libras. Segundo, um porto petrolífero em Haifa custando algo entre 150 mil e 200 mil libras. Terceiro, melhorias no porto de Jaffa, sem dados financeiros.[59]

Johnson então descreveu alguns dos programas de assentamento árabe. Para começar, um programa de assistência geral de, digamos, 50 mil libras para ajudar as vilas árabes nas montanhas; Neumann imaginou que esse dinheiro era destinado a *comprar* apoio político para a nova situação. As verbas adicionais reassentariam os árabes deslocados pela venda das terras, feita por proprietários que não moravam ali, para os sionistas. Neumann achava que o reassentamento custaria algumas centenas de milhares de libras. Johnson disse que não, seria "muito mais do que isso".[60]

O ponto fundamental do plano era um "Banco Agrícola" capitalizado com 100 mil libras do novo fundo e umas 500 mil libras adicionais da Empresa de Seguros Prudential ou de seus executivos, talvez o Banco Barclays, e investidores anglo-sionistas. Para evitar qualquer caráter sectário, os ingleses administrariam o Banco Agrícola; um comitê auxiliar de três pessoas incluiria um judeu, um árabe e o diretor palestino da agricultura. Uma vez funcionando, o Banco Agrícola permitiria que tanto os judeus quanto os árabes comprassem e se assentassem em terras por toda a planície da Palestina.[61]

Johnson mencionou outros projetos: usinas de irrigação, pesquisas hidrográficas, melhorias para os municípios árabes, água para remotas aldeias árabes. Todo esse dinheiro seria emprestado pelo governo do mandato e viria de novos fundos. A taxa de juros ficaria entre 3,5% e 5% porque o Tesouro britânico garantiria o pagamento. Neumann afirmou: "Dinheiro bem barato, na verdade". Johnson respondeu que o Tesouro queria garantir o reembolso para manter a taxa de juros baixa, porque a Palestina geraria grandes compras de exportações britânicas.[62]

Johnson e Cunliffe-Lister não sabiam disso no momento, mas os incentivos especiais da Grã-Bretanha – o grande aumento das exportações para a Palestina – seriam eliminados em favor de uma concessão amarga para a Alemanha nazista. Uma semana depois, em 1º de junho, durante a reunião com Arlosoroff, Cunliffe-Lister finalmente descobriu isso e percebeu que todos os planos binacionais, muitos dos quais já estavam em andamento, beneficiariam primeiramente os judeus e os alemães. A Grã-Bretanha perderia – e não só comercialmente. Pois os ganhos da Alemanha incluiriam a ruptura do boicote e a recuperação econômica que ela precisava para se rearmar.

* * *

Chaim Arlosoroff era um dos pensadores mais provocadores de sua época, pois tentava não subjugar os outros, mas transformá-los. Em uma era de extremos, seus esforços para combinar as forças hostis ao seu redor eram quase que teóricos demais para serem bem-sucedidos. Rumores de um acordo com Hitler somente aceleraram as controvérsias que giravam ao seu redor. No início de junho de 1933, Arlosoroff era, na verdade, uma ameaça para tantos grupos que as pessoas se avaliavam quão veemente se opunham a ele.

Seus amigos judeus começaram a temê-lo e odiá-lo. Arlosoroff era um alto líder Mapai, mas os moderados alinhados com os trabalhistas quase não podiam conter a fúria porque o prodígio do movimento sionista estava abandonando toda disciplina. Unilateralmente, ele estava formulando e executando políticas – acordos binacionais com os árabes e controversos com os nazistas. Sozinho, Arlosoroff estava planejando o destino de sociedades e nações, não de forma teórica e discreta, deixando muitas portas abertas para retirada, mas por meio de um *fait accompli* após o outro. Arlosoroff era perigoso para o Mapai e para os outros moderados do sionismo. Ele estava entregando a

Terra Prometida para os árabes e, ao fazer isso, entregava as eleições do 18º Congresso Sionista para os revisionistas. Arlosoroff tinha de ser parado.

Seus inimigos entre os judeus estavam convencidos de que não havia uma nêmesis maior. Arlosoroff era o inimigo especial do revisionismo. Foi ele que, no final de 1931, criou o decreto contra a participação na União Revisionista de Jabotinsky. A defesa de seu assassinato era lugar-comum durante o início de 1933, tanto que se dizia que os círculos revisionistas estavam meramente debatendo se deviam matá-lo antes ou depois do 18º Congresso Sionista. De acordo com tal rumor, dizia-se que o próprio Vladimir Jabotinsky havia reprimido uma conspiração na Palestina ao telegrafar aos líderes uma instrução de uma única palavra: "NÃO".[63] Mais do que mero rumor era um violento panfleto revisionista impresso por Abba Ahimeir, editor do jornal revisionista *Hazit Haam*. O panfleto de Ahimeir, intitulado "Manifesto do Sicário", explicava uma nova sociedade secreta baseada na antiga seita dos assassinos judeus da era Massada. Os sicários carregavam pequenas adagas romanas e assassinavam líderes judeus considerados culpados de se relacionarem com o inimigo romano.[64] Arlosoroff estava se relacionando com todos os maiores inimigos do revisionismo: os britânicos, que ocupavam a terra; os árabes, que se recusavam a abrir caminho para o destino judaico; e os alemães, que se dedicavam a aniquilar os judeus. Arlosoroff tinha de ser parado.

Seus inimigos entre os árabes viam-no como o sionista que queria ultrapassar as barreiras históricas. Arlosoroff queria usar seus novos poderes e riqueza, decorrentes da crise alemã, para criar uma nova comunidade binacional que tornaria as reclamações e rejeições árabes obsoletas. Para os árabes extremistas, Arlosoroff era o sionista mais perigoso na Palestina. Não porque procurava conquistar, mas porque procurava chegar a um acordo. Arlosoroff tinha de ser parado.

Seus inimigos na Grã-Bretanha foram pegos desprevenidos. De repente, o governo britânico percebeu que Chaim Arlosoroff tinha a chave para o caos ou o triunfo econômico na Palestina tanto para a Grã-Bretanha quanto para a Alemanha. A transferência, como Londres havia imaginado originalmente, seria uma grande ajuda para a economia britânica, que se estenderia até se tornar uma esfera de influência econômica sobre todo o Oriente Médio. Esse prêmio agora iria para a Alemanha. Os sonhos de Arlosoroff encaixavam-se exatamente nos planos de Hitler. Arlosoroff tinha de ser parado.

E seu mais novo inimigo era aquele que as pessoas menos conheciam. Seu nome era sr. Sam Cohen, que havia idealizado um golpe internacional econômico e político. Se fosse bem-sucedido, ele sozinho controlaria milhões de dólares, milhares de pessoas e grandes extensões de terra. Um homem trabalhando sozinho poderia, se deixassem, entregar a nação judaica para a pátria judaica. Cohen poderia ser esse messias particular. Mas agora Arlosoroff estava atrapalhando tudo isso. Cohen estava sendo roubado tanto de sua promessa como de seu lucro. Arlosoroff tinha de ser parado.

A questão era: quem o pararia e como?

* * *

Os sentimentos da Palestina, seus sonhos e desapontamentos, todos estavam focados em um único homem. Quando Arlosoroff partiu de Londres na primeira semana de junho, estava voltando para uma terra cujos potenciais ele adorava. Poucos na Palestina aceitariam a clareza de suas ideias. Mas Arlosoroff tinha visões desde o começo.

Quando tinha apenas 22 anos, em 1922, Arlosoroff visitou pela primeira vez a Palestina e encontrou a realidade de uma terra habitada por um povo do presente, enquanto estimada por outro povo do passado. O jovem sionista escreveu: "Não devemos deixar de perceber o seguinte fato: há, no país, uma grande nação [árabe] [...] e não faz diferença se chamarmos de movimento nacional ou não [...] Temos somente um caminho: o curso da paz; somente uma política nacional: uma política de entendimento mútuo [...] Paz e acordo não podem crescer da noite para o dia. O percurso é longo e exige muito trabalho".[65]

Durante anos, Arlosoroff havia procurado paz pelas forças da razão. Todos os esforços fracassaram. Em junho de 1932, um ano depois de se tornar o secretário político da Agência Judaica, Arlosoroff escreveu uma carta desconsolada para Weizmann, prevendo que logo somente duas opções permaneceriam: "diminuindo a área geográfica [na Palestina] no qual o sionismo se materializaria". Fracassando isso, um homem de paz como Arlosoroff, desesperado, defendia um breve golpe, na esperança de que essa posição de poder pudesse levar à coexistência.[66]

Mas tais sugestões passageiras, como as de revolta armada, estavam ultrapassadas, porque a crise alemã, pelo menos, permitiria que ele criasse realidades com dinheiro onde a razão havia falhado.

Enquanto Arlosoroff viajava pela Europa, os rumores espalhavam-se por toda parte. Ele estava selando um pacto com Hitler e forjando um novo partido político binacional com árabes pró-sionistas, e estava até pronto para publicar um jornal árabe-sionista. Logo depois de Arlosoroff ter deixado a Polônia no início de junho, o jornal revisionista polonês *Die Welt* acusou-o de tentar a paz com Hitler e avisou: "Saia do palco judeu, dr. Arlosoroff!". Em 9 de junho, o jornal revisionista palestino *Hazit Haam* declarou: "No momento em que o povo de Israel na Palestina e no exterior está em uma guerra defensiva de honra contra a Alemanha [...] um líder da Agência Judaica sugere não só o cancelamento do boicote, mas também uma promessa de mercado para as exportações alemãs [...] Isso deveria ser visto como colocar uma faca nas costas do povo judeu enquanto estende a mão ao governo de Hitler".[67]

A animosidade das massas judaicas, o desespero do judaísmo alemão e os fracassos ou sucessos que poderiam surgir dentro nos próximos dias só podiam jogar Arlosoroff, de 34 anos, em uma profunda depressão. Quando voltava para a Palestina, a tristeza dele piorou por causa de uma sequência de trens perdidos, maletas extraviadas e estranhos atrasos. Tudo parecia dar errado, e Arlosoroff sentia que os presságios não eram bons.[68]

Arlosoroff havia desejado encontrar sua esposa Sima no Egito e aproveitar a viagem de trem para Tel Aviv juntos. Mas os contratempos o forçaram a embarcar em um navio em Nápoles que só chegou ao Egito em 13 de junho. O supersticioso Arlosoroff pediu a Sima que fosse encontrá-lo às 6h da manhã do dia 14 em uma estação de trem da Palestina que ficava no meio do caminho.[69]

Arlosoroff e Sima chegaram a Tel Aviv às 9h da manhã do dia 14 de junho e foram direto para o apartamento em Yarkon 82. Lá, Arlosoroff abraçou os filhos pela primeira vez naquele mês. Mais tarde, no mesmo dia, visitou a mãe. E reuniu-se com vários líderes sionistas. Durante todo o dia, seu abatimento permanecia claramente visível para quem se encontrava com ele.[70]

Naquela noite, Arlosoroff tentou encontrar consolo brincando com o filho Shaul. Uma das brincadeiras favoritas do menino era remover o anel do pai do dedo e mudá-lo de lugar. Mas, nesse dia, quando Shaul tirou o anel e o colocou no dedo da mãe. Arlosoroff gritou: "Ainda não".[71]

* * *

No dia 15 de junho, Arlosoroff, ainda cansado de suas viagens, continuava a se reunir sobre a questão da transferência. Dizia-se que entre aqueles com quem conversava estava Sam Cohen.

No dia seguinte, 16 de junho, Arlosoroff almoçou com o alto-comissário Arthur Wauchope. Depois do almoço, eles visitaram uma vila que Arlosoroff disse que se tornaria um grande centro para jovens judeus alemães transferidos. No final da tarde, Arlosoroff voltou a Tel Aviv, chegando às 17h15, a tempo para o *shabbat*, o sabá judeu.[72]

Próximo do pôr do sol, Sima e Arlosoroff tentaram se acalmar com um silencioso jantar na pensão Kaetedan na praia norte de Tel Aviv. Era o estabelecimento favorito dos líderes do Mapai.[73] Depois do jantar, Arlosoroff queria caminhar pela praia deserta ao redor da Kaetedan, mas Sima teve medo. Bem naquele dia, o jornal revisionista *Hazit Haam* havia publicado o que muitos consideraram uma ameaça de morte. O artigo atacava o que chamava de aliança entre Hitler e o partido Mapai organizada por Arlosoroff. "Não haverá perdão para aqueles que, por ganância, venderem a honra de seu povo para loucos e antissemitas [...] O povo judeu sempre soube como tratar os traidores da nação e seus seguidores, e saberá, hoje, como reagir a esse crime."[74]

Arlosoroff vivia sob ameaças há algum tempo. Quando informado, no início de 1933, de que estava no topo da lista de um grupo revisionista fanático, Arlosoroff recusou proteção a princípio, dizendo: "Nenhum judeu irá *me* matar". Pouco depois disso, no entanto, Sima ouviu passos do lado de fora da casa, tarde da noite. Como estavam situados em um bairro judeu, concluíram que os intrusos eram judeus. Finalmente, Arlosoroff concordou em colocar um guarda do lado de fora de sua casa. A ameaça do lado árabe tornou-se igualmente real, forçando Arlosoroff a carregar uma pistola quando viajava por áreas árabes. Mas, antes de partir para a Alemanha, Arlosoroff havia deixado sua pistola com um amigo e ainda não a pegara de volta. Assim, na noite de 16 de junho, ele estava desarmado.[75]

Não havia lua naquela noite. Quando Sima e Arlosoroff começaram a andar, pouco podiam ver, exceto, no lado oeste, as luzes vermelhas dos navios no Mediterrâneo e as brilhantes luzes de Tel Aviv e Jaffa ao sul. Depois de um bom tempo caminhando para o norte, só havia a solidão, as dunas de areia e a espuma do mar. Mas, nesse momento, Sima percebeu que dois homens os seguiam, um baixo e outro alto, que parecia mancar.[76]

Logo, os dois aumentaram o ritmo e ultrapassaram Sima e Arlosoroff. Sima estava com medo, mas Arlosoroff garantiu: "Não se preocupe, são judeus". Os dois homens agora estavam na frente, mas pararam. O mais alto começou a urinar na areia enquanto o casal Arlosoroff se aproximava.[77] Finalmente, o casal viu as luzes de um assentamento judaico a distância. Eles deixaram a praia e se embrenharam pelo novo bairro, conversando sobre as construções que surgiam por todos os lados, quase brotando da areia. Um hora depois, voltaram à praia, de braços entrelaçados, e começaram a caminhar para o sul, ficando perto do mar. Depois de um tempo, os dois homens reapareceram, caminhando bem devagar de forma que os Arlosoroffs não tinham como não os ultrapassar. Quando isso aconteceu, os dois homens aceleraram e ultrapassaram de novo o casal. Isso ocorreu várias vezes enquanto Arlosoroff e Sima continuavam caminhando para o sul.[78]

Quando o casal chegou perto do cemitério muçulmano na periferia de Tel Aviv, Sima percebeu uma carcaça de burro na praia. Então, um pouco mais à frente, diante do cemitério, os dois homens pararam completamente, viraram-se e posicionaram-se um de cada lado do caminho. Quando os Arlosoroffs passaram por eles, o mais alto colocou uma lanterna no rosto de Chaim e disse: "*kamah hashaa*" – uma construção equivocada da frase hebraica "que horas são?".[79]

Bem nesse momento, o outro homem tirou uma Browning automática e uma bala atingiu o peito de Arlosoroff. Ele caiu de quatro, sua vida esvaindo-se na areia. Os dois agressores fugiram pelas dunas enquanto Sima gritava horrorizada: "Socorro, socorro! Judeus atiraram nele!". Ensanguentado, Arlosoroff imediatamente a corrigiu, dizendo: "Não, Sima, não".[80]

No início, Sima lutou para ajudar Arlosoroff a rastejar. Finalmente, ela o ajudou a ficar de pé. Apoiado nos ombros de Sima, os dois caminharam até as pessoas que se juntavam por causa do tiro. Enquanto elas levavam o corpo ensanguentado de Arlosoroff, Sima correu de volta para o Kaetedan para chamar a polícia e uma ambulância. Quando entrou correndo no *lobby*, gritou: "Atiraram em Chaim", e implorou por ajuda. Enquanto isso, as pessoas na praia carregaram Arlosoroff para a estrada e começaram a procurar alguém para levá-lo até o hospital. Mas era sabá, 22h30. Não havia nenhum automóvel. Em desespero, uma pessoa tocou a buzina de um carro estacionado. O dono do carro saiu e concordou imediatamente em levar Arlosoroff para o hospital.[81]

Arlosoroff estava deitado na beira da estrada, ainda sangrando, sua jaqueta embaixo da cabeça, enquanto um curioso ficava perguntando quem tinha atirado. Ele respondeu: "Vou contar tudo, mas primeiro deixe-me descansar". Finalmente, chegou o automóvel, e Arlosoroff foi ajudado a entrar e levado às pressas ao Hospital Hadassah. No caminho, o líder sionista estava consciente, mas se recusou a responder qualquer pergunta.[82]

No hospital, os médicos estavam pouco preparados e ficaram indecisos. Sendo sabá, não havia nenhum cirurgião de plantão. Arlosoroff entrou na emergência às 23h30 – uma hora depois de ser baleado. O primeiro cirurgião chegou antes da meia-noite, mas não operaria enquanto não chegassem outros três especialistas que estavam a caminho. Enquanto esperava, a equipe tentou deixar o enfraquecido Arlosoroff confortável. Nesse momento, toda a Tel Aviv já sabia. O filho amado e odiado do sionismo tinha levado um tiro. Amigos da política e companheiros começaram a se reunir ao redor de sua cama. Eles e a polícia fizeram várias perguntas. Mas Arlosoroff estava muito fraco para responder de forma convincente.[83]

Todos estavam impotentes diante da situação. Nada podia ser feito. Ele não tinha muito tempo. Ninguém esperava que ele falasse. Mas, com o último sopro em seus pulmões, ele se virou para o prefeito de Tel Aviv, Meir Dizengoff, olhou para cima e sussurrou em um tom suave: "Veja o que fizeram comigo".[84]

E então morreu.

PARTE III

O CONFRONTO PELO BOICOTE

16
SAM COHEN RETOMA O CONTROLE

Menos importante do que a morte de Arlosoroff tornou-se a questão: quem o matou? Em Londres, membros da Câmara dos Comuns imediatamente exigiram uma investigação. Em Varsóvia, todos os jornais judaicos publicaram uma faixa negra de luto em suas primeiras páginas. Cerimônias fúnebres foram organizadas em Viena, Paris e muitas outras cidades. Recompensas para a captura dos assassinos de Arlosoroff foram oferecidas em toda a Palestina. Seu funeral foi acompanhado pela maior multidão da história da região, entre 70 mil e 100 mil pessoas. Líderes árabes e judeus, além de todo o corpo consular, prestaram homenagem ao homem geralmente visto como a estrela ascendente mais brilhante do movimento sionista.[1]

Rapidamente, os revisionistas surgiram como os bodes expiatórios lógicos e, em grande medida, os mais adequados. Esquadrões da polícia fizeram buscas em apartamentos de figuras centrais do revisionismo, incluindo Abba Ahimeir, o editor de *Hazit Haam*, que havia defendido com força o assassinato de Arlosoroff bem no dia do crime.[2] Lá, eles encontraram um ativista Betar chamado Abraham Stavsky, que havia chegado da Polônia apenas uns meses antes, mas agora estava louco para voltar. Sima Arlosoroff identificou Stavsky como o homem que estava com a lanterna e o revisionista polonês Avi Rosenblatt como o que atirou. Algumas semanas depois, o próprio Abba Ahimeir foi acusado de ser o mentor do atentado.[3]

Se Stavsky, Rosenblatt e Ahimeir eram os verdadeiros assassinos, nunca saberemos. Sima Arlosoroff estava sob grande pressão dos líderes do Mapai para manter seu testemunho, apesar das dúvidas.[4] Nos meses seguintes, a investigação de assassinato foi cercada por confissões árabes compradas, falsas testemunhas, provas armadas, teorias bizarras, revelações dramáticas e questões sem respostas. Em um ano, Rosenblatt, o suposto atirador, e Ahimeir, o líder do complô, foram absolvidos por provas conflituosas. Stavsky, no entanto, foi considerado culpado e condenado à morte. Um longo apelo finalmente o libertou devido a questões técnicas.[5]

Testemunhas oculares, reais e produzidas, ex-oficiais de polícia, e até detetives particulares continuaram anunciando dramáticas negações e revisões durante anos depois do julgamento. Líderes do Mapai, satisfeitos de que o revisionismo havia sido implicado – fossem ou não juridicamente culpados –, se recusariam a discutir o caso mesmo décadas depois. Os revisionistas e seus simpatizantes, determinados a eliminar um "libelo de sangue", produziram numerosas teorias para limpar seus nomes. Normalmente elas culpavam os árabes, às vezes agentes britânicos e uma história exagerada chegou a culpar Goebbels, que supostamente queria apagar as últimas provas das associações judaicas de sua esposa Magda, incluindo seu antigo amigo, Chaim Arlosoroff. Cinco décadas depois do conflito, ainda havia recriminações entre líderes sionistas quando a questão do assassinato de Arlosoroff era levantada.[6]

Mas, se a repercussão foi amarga, o momento do conflito em si foi uma tormenta. O biógrafo de Jabotinsky lembra desta forma: "Para aqueles que não viveram aquele agonizante verão de 1933, é difícil, quase impossível, imaginar a terrível atmosfera de violenta animosidade que permeava a vida judaica ao redor do mundo, principalmente na Palestina e na Polônia".[7] O Mapai explorou a tragédia ao máximo. Um amplo movimento antirrevisionista espalhou-se, unindo várias ideologias sionistas por trás do Mapai. Esses grupos defendiam coletivamente a expulsão de todos os revisionistas do sionismo. Um manifesto político declarava: "Nenhuma relação com o revisionismo! Que nosso slogan seja: Expulsão das gangues revisionistas da vida judaica!". Jabotinsky foi acusado de responsabilidade pessoal várias vezes. Panfletos chamavam-no de "besta sanguinária".[8] David Ben-Gurion, que se tornaria o primeiro-ministro de Israel, admitiu que estava "menos interessado em saber se Stavsky é o criminoso do que Jabotinsky". Ben-Gurion declarou que Jabotinsky tinha total responsabilidade, porque era o "comandante, líder e mentor" do revisionismo.[9]

Emulando a própria violência que estavam atacando, as forças do Mapai defenderam uma "vingança de nosso Arlosoroff" com uma represália sangrenta contra Jabotinsky. Os jornais poloneses no início de julho de 1933 publicaram boatos de que ele, temendo um ataque, havia cancelado sua próxima turnê de palestras. Jabotinsky recusou-se a cancelar a turnê, mas foi persuadido a aceitar guarda-costas.[10]

Em cada parada da turnê, ele era interrompido e hostilizado. Em Brest-Litovsky, terra natal do assassino acusado Stavsky, a multidão ficou violenta. O líder da Juventude Polonesa Revisionista, Menachem Begin, lembra-se do evento traumático: "Uma multidão inflamada tentou apedrejá-lo [Jabotinsky] e nós o cercamos, criando uma barreira humana para absorver as pedras".[11] Na cidade de Pinsk, Begin lembra-se do frescor emocional ao ouvir seu ídolo Jabotinsky: "As pessoas dizem que eu educo os jovens judeus a matarem os nossos, enquanto devotei minha vida inteira a salvar os judeus [...] a defendê-los de *pogroms* e ataques". Begin controlou suas emoções naquele dia quando se sentou atrás de Jabotinsky, preparado para pular em caso de uma pedra ser jogada. Mas ele se lembra de que outro assistente de Jabotinsky tremia e chorava.[12] O movimento revisionista estava desmoronando. Os maiores promotores da defesa judaica estavam se tornando párias entre seu próprio povo.

As hostilidades continuaram, com as forças do Mapai atacando o revisionismo, chamado-o de fascistas disfarçados de sionistas e perseguindo judeus que apoiavam Jabotinsky. Este foi retratado como o Hitler judeu, comandando forças análogas – de alguma forma até conectadas com as Tropas de Assalto nazistas. Mas a verdade é que não foram os partidários da militância judaica, os revisionistas, que haviam construído avenidas de distensão comercial e política com o Terceiro Reich. Foram as forças do Mapai.

E como o revisionismo caiu de joelhos no verão de 1933, o boicote antinazista caiu com ele. Porque aderir ao boicote era carregar o dogma revisionista. Rejeitar o boicote era rejeitar Vladimir Jabotinsky.

A campanha para rejeitar o boicote dos revisionistas na Palestina alcançou um nível formal mesmo antes de Arlosoroff ser assassinado. Na verdade, enquanto Sam Cohen e Arlosoroff ainda estavam em Londres, no início de junho, as instituições da Palestina dominadas pelo Mapai se apressavam para implantar o acordo de Cohen – independentemente de ser canalizado pela Hanotaiah Ltd. ou supervisionado pelas autoridades nacionais judaicas. Por exemplo, em 6 de junho, uma coalizão *ad hoc* reuniu-se na Câmara de Comércio de Tel Aviv. Havia representantes da Agência Judaica, da Vaad Leumi, da Câmara de Comércio de Jaffa-Tel Aviv, da Histadrut, do Citrus Center, da Associação de Fazendeiros, da Associação de Manufatureiros e da Organização de Imigrantes Alemães, que era a contraparte palestina da ZVfD. Esses grupos formaram algo chamado "Conferência dos Representantes de Instituições em Conexão com a Questão de Esclarecimento sobre as Relações Comerciais com a Alemanha" – *A Conferência das Instituições*, em resumo.[13] O objetivo era explorar as várias formas pelas quais o acordo de Sam Cohen beneficiaria a Palestina comercialmente.

A Conferência das Instituições temia assumir uma postura abertamente antiboicote. Então, em 6 de junho, com cautela eles adotaram uma não posição. Eles não apoiaram o boicote antinazista. Nem se opuseram. Na verdade, isso acabou sendo, é claro, um voto para aceitar os produtos alemães.[14]

Uma semana depois, Sam Cohen voltou para a Palestina vindo de Londres. As semanas anteriores haviam sido cheias de triunfos repentinos e reversões para ele. Em meados de maio, ele conseguiu fingir legitimidade ao governo alemão e sair com uma transferência que não incluía dinheiro e que traria materiais agrícolas bastante necessários para transformar suas dunas de areia em plantações de laranja. Apesar da resistência da ZVfD, Cohen foi capaz de navegar até Londres e no dia 30 de maio ganhar o apoio por escrito da Organização Sionista para incluir as empresas do Mapai. No entanto, depois que Arlosoroff recebera autoridade superior, Sam Cohen havia se recusado a renunciar ao controle.

Em 15 de junho, Cohen foi ver o cônsul alemão Heinrich Wolff em Jerusalém e apresentou a obsoleta carta de 30 de maio da Organização Sionista apoiando a transferência da Hanotaiah. Cohen pediu a Wolff para ajudá-lo a expandir seu limitado acordo de 1 milhão para 3 milhões de reichmarks.[15]

Para convencer Berlim de que ele era o único homem capaz de romper o boicote contra a Alemanha, Cohen ofereceu um trunfo.

Entre os jornais antinazistas mais fervorosos na Palestina estava o *Doar HaYom*, a publicação oficial revisionista. O *Doar HaYom* fora o pioneiro na guerra econômica contra a Alemanha. Quando o próprio boicote se tornou uma controvérsia dentro do sionismo, o jornal apoiou firmemente o boicote, publicando com frequência colunas encorajadoras de Vladimir Jabotinsky.[16] De alguma forma, o sr. Sam Cohen adquiriu uma parte do *Doar HaYom*. Foi capaz, então, de substituir o editor pró-boicote por um redator *freelancer* chamado Moshe Smilansky,[17] que já havia sido o editor do *Bustani*, jornal oficial dos cultivadores de cítricos. O *Bustani* de Smilansky era um proponente bem estabelecido de melhores relações comerciais alemãs-palestinas; afinal, a Alemanha era o segundo maior comprador da exportação número um da Palestina: cítricos.[18] Durante sua reunião de 15 de junho com o cônsul Wolff, Cohen explicou que o *Doar HaYom*, que havia sido tão eloquente na defesa do boicote, ficaria, de repente, silencioso sobre a questão.[19]

O cônsul Wolff concordou em dar apoio total a Cohen, tanto para expandir seu acordo quanto para acabar com qualquer oposição da ZVfD em Berlim. Naquele mesmo dia, Wolff enviou ao ministro das Relações Exteriores do Terceiro Reich um longo memorando: "Aumento das exportações alemãs contra pagamentos de Sperrkonto [Contas Bloqueadas] para a Palestina com o objetivo de romper o boicote". O relatório de Wolff pedia a seus superiores "para se imporem com urgência sobre o ministro da Economia do Terceiro Reich" a fim de implantar com rapidez o acordo com a Hanotaiah. Escreveu o cônsul Wolff: "Somente através da admissão de exportações, como proposto pela Hanotaiah, será possível efetivamente neutralizar o boicote antialemão aqui".[20]

Wolff então explicou por que era crucial para a Alemanha romper o boicote primeiro na Palestina. "O boicote antialemão está fazendo progresso não só na Palestina, mas no mundo inteiro." Mas, agora, argumentava Wolff, a comunidade judaica mundial estava olhando para a Palestina como sua liderança, em vez de ser o contrário. Essa inversão política aconteceu em abril. Ele acrescentou: "[Como] a Palestina está agora [...] dando o tom [...] então tudo que [...] neutralizar o boicote nesse país [Palestina] teria efeitos benéficos para nós em outros lugares, por exemplo, os Estados Unidos".[21]

A inteligência de Wolff sobre a mudança nos acontecimentos do mundo judaico estava correta. Essa visão era aceita principalmente para Berlim, porque se encaixava na concepção de Hitler de uma conspiração judaica internacional com sede em Jerusalém. Usando essa base, a carta de 15 de junho de Wolff encorajava Berlim a aumentar o incentivo ao sionismo ampliando a licença da Hanotaiah em qualidade e quantidade. Wolff estimou que o teto de RM 1 milhão só permitiria que trinta ou quarenta judeus alemães emigrassem para a Palestina. "Aos olhos dos judeus", escreveu Wolff, "isso é apenas uma gota no oceano." A sugestão de Wolff: aumentar o teto. "Cada dia constituiria um ganho [...] Façam isso o mais rápido possível."[22]

A segunda ideia do cônsul Wolff foi o embrião do potencial financeiro central de todo o acordo. A ideia defendia que os judeus alemães "que não quisessem ainda emigrar, mas que mais tarde gostariam de se assentar na Palestina ou nas áreas vizinhas, pagassem pelas exportações com as Sperrkonto da Hanotaiah [contas bloqueadas]".[23] Essa foi a resposta de Sam Cohen para o Banco de Liquidação de Arlosoroff. O novo acordo de Cohen permitiria que as massas de judeus alemães – emigrantes declarados ou não – depositassem seus ativos para segurança. Isso pode ser chamado de uma saída de emergência, uma política de seguro ou um investimento. Milhares de judeus alemães sem dúvida aproveitariam a oportunidade. Isso criaria uma reserva massiva de dinheiro congelado para o uso da Hanotaiah.

Os milhões extras em mercadorias alemãs seriam muito para a Hanotaiah distribuir só na Palestina, então a empresa estabeleceria um sistema de re-exportação por toda a região. Wolff apontou que isso "poderia constituir uma possibilidade de romper o boicote no Egito e em Chipre" também, e reduzir a concorrência francesa nesses mercados.[24]

Para contrapor qualquer esforço de Georg Landauer e seu círculo para desacreditar Cohen, Wolff encheu seu memorando com garantias da autenticidade dele como o representante do sionismo.

> O sr. Sam Cohen me mostrou uma carta [...] da Organização Central Sionista [*sic*] em Londres, que mostra que a Organização Central está efetivamente trabalhando para eliminar obstáculos que poderiam surgir nos círculos judaicos contra os planos da

Hanotaiah, à medida que esses círculos pressionam por um aumento no movimento do boicote organizado.

Wolff então se referiu ao telegrama conjunto enviado alguns dias antes por Arlosoroff e Cohen à Hanotaiah, instruindo para que nenhuma ação fosse tomada até eles chegarem à Palestina, quando o acordo privado da Hanotaiah seria submetido à "supervisão nacional". Wolff referiu-se somente ao fragmento que falava da "supervisão nacional", implicando que isso provava que a posição da Hanotaiah era oficial. O *status* oficial da Hanotaiah, escreveu Wolff, "tiraria o fôlego desses círculos radicais que estão pressionando para a continuidade do boicote".[25]

Citando a dedicação de Cohen para erradicar o boicote, Wolff avisou Berlim: "Sam Cohen acha que é urgentemente necessário usar a imprensa local [...] para derrotar o boicote", acrescentando que ele agora controlava o *Doar HaYom*. Wolff explicou: "Hoje, será assinado um contrato que dará ao sr. Smilansky influência decisiva sobre o jornal [*Doar HaYom*]. Smilansky [...] está preparado para exercer toda sua influência contra o movimento do boicote. Acredito que isso [...] aumentará significativamente o clima antiboicote".[26]

Para que seu apoio descarado a Cohen e à construção da Palestina não levantasse suspeitas em Berlim, o cônsul Wolff foi cuidadoso ao classificar: "Não preciso enfatizar [...] que não estou fazendo essas declarações no interesse dos judeus, mas somente porque vejo nesse plano um meio significativo de emprego, considerando as condições econômicas precárias da Alemanha. Os judeus beneficiariam-se da implantação desses planos; mas, em minha opinião, nossa própria vantagem seria considerável e os melhores acordos são sempre aqueles que beneficiam ambas as partes".[27]

Os motivos do cônsul Wolff eram, na verdade, um amálgama de simpatia com o sionismo, lealdade à Alemanha e esforços para garantir a própria sobrevivência. Ele não era nazista nem antissemita. Não aprovava a expulsão dos judeus da Alemanha. Mas, como era a ligação entre a Alemanha de Weimar e o lar nacional judeu, ele abraçou os princípios básicos do sionismo, fazendo o que podia para promover uma causa sancionada pela Liga das Nações. Por outro lado, situado na capital da mitológica conspiração judaica, com uma esposa judia, o cônsul Wolff estava em uma posição precária. Ele tentava ficar em cima do muro e sobreviver. Por essa razão, seus parágrafos eram constantemente pesados ao ponto de serem truncados com as palavras "romper o boicote". Independentemente das palavras que ele escolhia, elas eram sempre mostradas antes a personalidades sionistas, incluindo Sam Cohen. Na verdade, seu memorando de 15 de junho terminou com um *post scriptum* implicando que Cohen estava praticamente olhando por cima do ombro. Wolff escreve:

> P.S.: Sam Cohen acaba de me informar que o Fundo Nacional Judaico, dirigido na Palestina por Ussischkin, e o representante do barão Rothschild concordam plenamente com a atividade proposta por ele, o que dá um significado maior ao seu trabalho, na medida em que constitui uma posição antiboicote.[28]

A citação de Ussischkin e Rothschild no *post scriptum* de Wolff era só outro lembrete explícito para o Terceiro Reich de que Cohen era o único homem que poderia acabar com o boicote e, ao mesmo tempo, solucionar o problema da presença judaica na Alemanha. E, sem dúvida, o próprio Wolff acreditava que Sam Cohen era o agente autorizado do movimento sionista. Afinal, durante a reunião de 15 de junho, Cohen havia mostrado cartas de autoridade desatualizadas que, fora do contexto, poderiam ser facilmente mal interpretadas. Ironicamente, a artimanha de Cohen seria perdida assim que Chaim Arlosoroff conseguisse apresentar sua autoridade superior a Wolff. Na verdade, em 9 de junho, o Executivo Sionista em Londres já havia enviado à Agência Judaica em Jerusalém um telegrama especificando a autoridade total de Arlosoroff na questão da transferência.[29] Mas, por alguma razão, Cohen sentiu-se confiante o suficiente para colocar em movimento, no dia 15 de junho, esse novo pedido de ampliação de licença para a Hanotaiah.

No dia seguinte, 16 de junho, antes de conseguir agendar uma reunião com o cônsul Wolff, Arlosoroff foi assassinado. Assim, até onde o cônsul sabia, Cohen ainda era o representante legítimo do movimento sionista, e o acordo da Hanotaiah era o meio sancionado da transferência. Desse modo, não havia nada atrapalhando Sam Cohen e seu plano de quase servidão para os judeus alemães como meio de construir o lar nacional judaico.

Mas tal transferência era uma calamidade que Georg Landauer em Berlim não poderia permitir. Se Sam Cohen havia conseguido um acordo para a Hanotaiah, isso era uma coisa. Mas a Hanotaiah não era a representante autorizada do povo judeu. Landauer estava determinado a esclarecer isso para o governo alemão.[30]

A partir da concordância estabelecida por Cohen com o Ministério da Economia, Landauer sentiu-se confiante o suficiente para fazer sua própria aproximação. Em 20 de junho de 1933, ele enviou uma carta ao Ministério propondo, pela primeira vez, uma reunião formal com a ZVfD para desenvolver um plano oficial para exportar mercadorias para a Palestina, usando as contas bloqueadas dos emigrantes judeus. Landauer insinuou que várias "partes interessadas" – falando da Hanotaiah – já haviam concordado com essa "ideia básica". Mas ele avisou que tais transações dependeriam do envolvimento do Banco Anglo-Palestino (BAP), o único no qual os sionistas confiavam. A questão não estava explicitamente escrita, mas Landauer estava tentando dizer que as contas bloqueadas deveriam ser confiadas a um *banco*, não a uma imobiliária privada. A nota de Landauer acrescentava que o diretor do BAP, sr. E. S. Hoofien, acabara de chegar a Berlim vindo de Tel Aviv e perguntava se todos poderiam se reunir para uma conversa.[31]

No mesmo dia, em 20 de junho, o Ministério do Exterior do Terceiro Reich recebeu, através do correio diplomático, a carta de 15 de junho do cônsul Wolff sugerindo uma versão ampliada do acordo de Sam Cohen.[32] A carta de 20 de junho de Landauer para o Ministério da Economia era vaga o suficiente para que o governo não tivesse nenhuma razão para suspeitar de que as duas fossem parte do mesmo esforço de negociação. Na verdade, elas eram diametralmente opostas.

Enquanto Landauer era cauteloso ao fazer seu primeiro pedido formal ao Terceiro Reich, Sam Cohen movia-se rapidamente na Palestina para conseguir o suporte necessário para exigir legitimidade. Durante a última semana de junho, a Organização dos Imigrantes Alemães fez uma reunião em Tel Aviv dirigida por Arthur Ruppin. Há anos Ruppin era influente no movimento sionista. Também participavam representantes da Hanotaiah, Yakhin (a empresa de terras do Mapai) e Sam Cohen. Este falou primeiro, informando sobre as perspectivas da transferência e os desenvolvimentos até o momento. Não há nenhum registro de quais métodos ele usou para convencer o grupo a ignorar Georg Landauer e a Federação Sionista em Berlim. Contudo, sem perceber que o acordo de Cohen era um arranjo desigual e sem a transferência de dinheiro, os conferencistas concordaram que não havia agora necessidade de interferir com o progresso de Cohen. Eles votaram pela criação de uma coalizão comercial entre Yakhin e Hanotaiah Ltd.[33] Essa era a mesma coalizão originalmente imaginada pelo Executivo Sionista em Londres antes de Arlosoroff chegar para exigir que o acordo de Cohen fosse executado por meio de instituições oficiais.

Um dos sionistas alemães, Felix Rosenbluth, elaborou um contrato curto ligando a Hanotaiah à Yakhin para negociar imediatamente a implantação conjunta do acordo de Sam Cohen.[34] Como um dos sionistas alemães que criou o conceito de transferência em meados de março de 1933, Rosenbluth era a escolha mais adequada para rascunhar esse acordo. Mais tarde, ele mudaria seu nome para Pinchas Rosen, e, como o primeiro-ministro da Justiça de Israel, se tornaria o arquiteto do sistema jurídico do país.

As instruções foram enviadas para os representantes tanto da Hanotaiah como da Yakhin, já em Berlim, para que começassem a acertar os detalhes do compartilhamento do privilégio da Hanotaiah. Representando a Yakhin estaria Lev Shkolnick, que com o nome Levi Eshkol se tornaria o terceiro primeiro-ministro de Israel. Representando a Hanotaiah estaria seu diretor e coproprietário, Moshe Mechnes.[35]

Sam Cohen havia agora conseguido o renovado apoio dos sionistas alemães na Palestina e a concordância do Mapai. Ele estava autorizado a partir para Berlim o mais breve possível para negociar um subsídio ainda maior de bens para os emigrantes com o governo alemão. Os homens que o apoiavam, no entanto, ainda não sabiam que o projeto de Sam Cohen não envolvia a transferência de dinheiro.[36]

No dia 25 de junho, Ludwig Pinner, um dos principais sionistas alemães na Palestina, escreveu uma carta um tanto quanto acusadora para Landauer em Berlim, descartando as críticas deste contra o plano da Hanotaiah de Cohen como se fossem palavras de um "rival". Pinner não conseguia entender como Landauer poderia estar contra o plano de Sam Cohen quando a própria ZVfD, representada por Siegfried Moses, era sua patrocinadora mais óbvia.[37]

Landauer respondeu a Pinner imediatamente com uma negação mordaz, apesar de um pouco suspeita. "Eu, mais uma vez, repito", escreveu Landauer, "que o acordo entre a Hanotaiah e o Ministério da Economia do Terceiro Reich não foi feito nem por sugestão nem com a ajuda da ZVfD [...] Siegfried Moses [presidente da ZVfD, que originalmente trabalhou como advogado de Cohen] lidava com a questão somente como advogado contratado pela empresa [...] A questão chegou a nós [...] como um *fait accompli.*"[38] Landauer tentava negar conhecimento sobre o acordo e diminuir o rápido envolvimento de Moses como se não tivesse nenhuma relação com seu posto na ZVfD. Na verdade, a ZVfD, Landauer e Moses haviam apoiado originalmente Cohen, mas este continuara a negociar sem eles.

Tentando explicar como o plano de Sam Cohen colocava em perigo os judeus alemães emigrantes, Landauer acrescentou: "O que o sr. Sam Cohen diz sobre suas atividades aqui para conseguir a revogação de regulamentos para emigrantes é um completo absurdo [...] Não conhecemos o texto do acordo com o Ministério [...] [Mas] por alguns dias, levantou-se a dúvida sobre se a soma em dinheiro estará à disposição dos clientes [...] Eu avisaria as pessoas antes de elas assinarem um contrato com a Hanotaiah, porque os emigrantes teriam de viver somente como assentados da empresa".[39]

Os protestos de Landauer de Berlim vieram tarde demais. Cohen estava usando sua liberdade de movimento e de expressão na Palestina para influenciar as principais personalidades e organizações do sionismo, para que ele se tornasse o enviado de fato do movimento. Além da Organização dos Emigrantes Alemães e importantes elementos do Mapai, Cohen recrutou o Fundo Nacional Judaico para seu lado. Como dono de propriedades sionistas na Palestina, o FNJ estava entre as instituições sionistas mais poderosas. Seu líder, Menahem Ussischkin, já havia ameaçado a Agência Judaica em abril de 1933, por se opor a muitos dos planos de transferência de capital dos judeus alemães e poderia ser forçado a criar seu próprio plano rival. Agora, no final de junho, em troca do apoio de Ussischkin, Cohen prometia organizar a transferência de dinheiro bloqueado do FNJ na Alemanha.[40]

Grandes somas acumulavam-se nas contas bancárias alemãs do FNJ, vindas de doações internas. Se Sam Cohen usasse suas conexões para transferir esse dinheiro, fundos substanciais estariam disponíveis para a compra de terras na

Palestina. Assim, em 25 de junho de 1933 – o dia em que Pinner escreveu a carta para Landauer apoiando Sam Cohen – Ussischkin escreveu duas cartas. A primeira foi para Sam Cohen em seu endereço de Londres:

> Peço mais uma vez que use sua influência no Ministério em Berlim [para que] [...] os fundos retidos do Fundo Nacional Judaico, e os montantes depositados em custódia, sejam enviados para cá sem demora. Pela nossa conversa, você entendeu que esses fundos são urgentemente necessários aqui para a compra de terras a serem usadas em novos assentamentos. Um fluxo contínuo de judeus alemães está imigrando no momento para a Palestina e a primeira coisa que eles pedem, com razão, é ter um pedaço de terra no qual possam se estabelecer e viver.[41]

Ussischkin despachou uma carta semelhante para o escritório do FNJ em Berlim, com elogios especiais a Cohen acrescentados ao texto. Para eliminar quaisquer dúvidas, Ussischkin especificou: "Demos *carte blanche* a Sam Cohen para tratar dessa questão".[42]

Em 25 de junho de 1933, Cohen havia acumulado testemunhos suficientes por escrito de sua legitimidade para superar qualquer desafio de Landauer e da ZVfD. Mais importante, ele tinha o cônsul Wolff. E assim, em 24 de junho, antes mesmo das conferências e cartas de apoio terem se tornado realidade, Sam Cohen novamente visitou Wolff e pediu ajuda na realização de sua promessa para Ussischkin, acabando com qualquer tentativa de desacreditar os esforços da Hanotaiah. Wolff ajudou mandando uma carta urgente para o Ministério das Relações Exteriores em Berlim "como uma complementação do meu relatório de 15 de junho sobre as atividades de Sam Cohen para romper o boicote". Essa carta, no entanto, misturava classificações cuidadosas com o usual apoio absoluto por Cohen. Wolff andava com a corda no pescoço entre as vozes sionistas e os ouvidos nazistas. Ele sabia, nesse momento, que, apesar de Cohen ter montado um arsenal de apoios de prestígio, sua legitimidade ainda era muito questionada. Então, Wolff formulou suas sentenças com cuidado:

> Hoje, o sr. Sam Cohen me falou que não tenho motivos para duvidar, uma vez que, dos relatórios que tenho sobre ele, concluo que ele é o mais confiável.[43]

E continuou:

> Com o objetivo de garantir a ampla aprovação necessária entre os círculos judaicos [...] o sr. Sam Cohen, alguns dias atrás, fez uma reunião onde compareceram os principais representantes industriais, trabalhadores, fazendeiros e o Fundo Nacional Judaico, entre outros. Naquela ocasião, o sr. Sam Cohen obteve a aprovação das [...] organizações para seu plano [de trazer as exportações alemãs para a Palestina]. Os industriais estão especialmente interessados na importação de máquinas alemãs, que poderiam chegar a [...] umas 300 mil libras [quase RM 4 milhões].[44]

A carta de 24 de junho do cônsul Wolff acrescentou que esse extraordinário avanço poderia ser melhorado se o dinheiro do Fundo Nacional Judaico pudesse ser transferido apesar das atuais proibições monetárias. Admitindo que driblar as regulamentações monetárias era algo extremamente incomum, Wolff ainda fez um "pedido de que, se possível, o sr. Sam Cohen fosse apoiado nessa questão. Em todos esses assuntos, meu ponto de vista é de que o perigo do boicote, que em minha opinião é uma ameaça não somente na Palestina, mas em todo o mundo, só pode ser neutralizado quando os judeus chegarem à conclusão de que o governo alemão – falando somente de um ponto de vista econômico – está preparado para fazer uma acomodação generosa".[45]

Wolff perguntou a Berlim "se uma decisão poderia ser rápida" em relação a seu pedido de 15 de junho para ampliar o acordo da Hanotaiah de RM 1 milhão para vários milhões. Wolff então mencionou um incentivo extra: pagamentos substanciais em moeda estrangeira. Aparentemente, Sam Cohen imaginava gerar tanta moeda estrangeira pela venda de mercadorias alemãs na Palestina e nos países vizinhos que poderia pagar 60% do preço em moeda estrangeira, o resto viria das contas bloqueadas de emigrantes.[46]

Em sua carta de 24 de junho, o cônsul Wolff afirmou que Cohen estava agora na Europa para travar sua campanha antiboicote. Como havia pouco tempo a perder, o cônsul Wolff perguntou se a decisão do Terceiro Reich poderia ser mandada não somente para o consulado de Jerusalém, mas também "para o sr. Sam Cohen aos cuidados do consulado [alemão] em Genebra, onde ele procurará mensagens em seu nome, como ele e eu acordamos".[47] Era quase como se Sam Cohen tivesse se tornado parte do aparato diplomático e comercial alemão, vendendo produtos alemães, organizando a emigração dos judeus, fornecendo divisas estrangeiras, estimulando o emprego e interrompendo os boicotes antinazistas. Isso, é claro, era a aparência desejada. Mas não importa quanto as atividades pró-Reich de Sam Cohen fossem exageradas de forma deliberada para evocar a cooperação nazista, havia uma base comum proeminente e inevitável: as aspirações nacionais tanto dos nazistas quanto dos sionistas estavam ligadas ao sucesso da remoção dos judeus da Alemanha para a Palestina.

No entanto, havia um grande problema. Os judeus alemães simplesmente não queriam sair.

17

JUDEUS, SIONISTAS, ALEMÃES, NAZISTAS

A falta de vontade dos judeus alemães de serem forçados a sair de seu país era um obstáculo tão formidável para a transferência quanto qualquer política do governo alemão ou briga organizacional sionista. Na verdade, mesmo se os judeus alemães considerassem um hiato temporário de sua amada pátria, imaginavam outro país europeu como refúgio. O último lugar em sua mente era a Palestina. Historicamente, o sionismo sempre foi um tabu entre os judeus alemães. Contudo, em 1933, os líderes desse grupo foram subitamente elevados ao *status* de porta-vozes e agentes do judaísmo alemão – um povo que eles não representavam. Um triângulo rompido entre os judeus alemães, o sionismo e o nazismo era a chave para a súbita ascensão do sionismo como guardiães dos judeus contra o Terceiro Reich.

A mitologia nazista acusava os judeus de serem um fator estrangeiro na sociedade alemã. Mas, na verdade, os judeus viviam na Alemanha desde o século IV d.C. Como em outras partes na Europa durante a Idade Média, o que os judeus alemães podiam fazer e falar, até mesmo suas roupas e aparência física, era regulado de forma opressiva. O confisco de bens e a expulsão eram frequentes. Pior, multidões antijudaicas frequentemente organizavam enforcamentos e imolações na fogueira. Mesmo quando deixados em paz, os judeus alemães só podiam existir em guetos segregados e submetidos a uma longa lista de proibições.

A pressão para escapar da perseguição medieval da Alemanha criou um tipo bem especial de judeu, aquele que subordinava sua identidade judaica à sociedade cristã maior ao seu redor. A assimilação tornou-se um antídoto desejável, principalmente entre intelectuais durante o Iluminismo. Quando Napoleão conquistou partes da Alemanha no começo do século XIX, ele garantiu a emancipação dos judeus. Mas, depois que o imperador francês foi derrotado, o duro *status quo ante* alemão foi restaurado. O gosto da liberdade, no entanto, levou as classes judaicas afluentes e intelectuais a se assimilarem em massa. Filosoficamente, os assimilacionistas não se consideravam mais judeus vivendo na Alemanha. Em vez disso, eles se viam como alemães que, por acidente de nascimento, eram judeus.

Muitos até sucumbiram à pressão para se converter ao cristianismo. O judaísmo alemão perdeu para a apostasia muitos de seus líderes comerciais, políticos e intelectuais. Um número ainda maior estava convencido de que a identidade étnica judaica deveria ser negada, mas, mesmo assim, via um valor quintessencial nos princípios de Moisés. Esses judeus alemães desenvolveram o Judaísmo Reformista. Mas mesmo muitos dos pioneiros do Judaísmo Reformista acabaram se convertendo ao cristianismo.[1]

Entre 1869 e 1871, a Alemanha garantiu a emancipação dos judeus das restrições civis, comerciais e políticas, embora algumas proibições contra a ocupação de altos cargos no governo, na academia e entre os militares permanecessem em vigor. A emancipação permitiu que judeus fossem assimilados confortavelmente na sociedade alemã. O judaísmo na Alemanha aproveitou a chance para se igualar. Mudaram seus sobrenomes, adotaram um maior relaxamento religioso por meio do Judaísmo Reformista e casavam-se com frequência com não judeus, criando os filhos como cristãos. A conversão declarada tornou-se comum.

Na verdade, dos aproximadamente 550 mil judeus na Alemanha que se emanciparam em 1871, quase 60 mil em 1930 eram apóstatas, crianças criadas sem uma identidade judaica devido a casamentos mistos ou judeus que haviam se afastado completamente da religião. Mesmo aqueles que permaneceram conscientemente dentro das "comunidades" judaicas organizadas negligenciavam o que restava da identidade judaica. Os judeus da Alemanha do século XX, como seus vizinhos cristãos, abraçavam a identidade nacional muito mais do que a religiosa. Na mente dos judeus alemães, eles eram "101%" alemães, em primeiro lugar.[2]

* * *

Quando o sionismo político surgiu logo depois da emancipação, seus principais líderes eram germânicos, falavam alemão e consideravam a Alemanha a patrocinadora de um desejado lar judeu. A Alemanha Imperial via as noções judaicas de autorremoção como uma curiosidade que apelava para preceitos antissemitas básicos. Mas o judaísmo alemão rejeitou com veemência o sionismo como inimigo interno. Os judeus cosmopolitas assimilados temiam qualquer afirmação de que não eram alemães, qualquer implicação de que as lealdades judaicas não estavam voltadas à pátria. O setor religioso reagia com igual condenação. Apegando-se à existência comunal, e desejosos de voltar à Terra Prometida somente com a chegada do Messias, os judeus alemães religiosos viam o sionismo como um sacrilégio.[3]

Desse modo, em 1897, quando Herzl selecionou Munique como o lugar para o 1º Congresso Sionista, os líderes judeus de toda a Alemanha protestaram publicamente até que a convenção foi transferida para a Basileia. O antissionismo era um dos poucos tópicos que reformistas, ortodoxos, cosmopolitas e judeus dos guetos conseguiam concordar.[4]

Nos anos seguintes à Basileia, o movimento tentou seriamente encontrar aceitação entre os judeus da Alemanha. De 1905 a 1911, o quartel-general do sionismo mundial ficou em Colônia. Mas uma grande maioria continuou a atacá-lo. Em *The history of German Zionism*, o cronista sionista Richard Lichtheim afirma que "em nenhum outro lugar a oposição dos judeus ao novo movimento foi tão ampla, consistente e intensa como na Alemanha". Em março de 1913, cansados dos esforços sionistas para organizar a retirada dos judeus, a Central Verein, representando mais da metade do judaísmo alemão, expulsou qualquer membro que defendesse a lealdade a qualquer outra terra que não fosse a pátria alemã.[5]

Quando a Primeira Guerra Mundial irrompeu, foi a oportunidade que os judeus alemães esperavam para provar que eram alemães patriotas e completamente integrados. Quase 100 mil judeus lutaram, 80 mil nas trincheiras. Em torno de 12 mil foram mortos. E, mesmo assim, a persistência do sionismo ainda questionava esse patriotismo. Depois que a Declaração de Balfour feita pela Grã-Bretanha em 1917 prometeu um lar nacional judaico na Palestina, os judeus alemães evitaram qualquer identificação com as atividades sionistas que pudessem ser interpretadas como uma ligação com o inimigo britânico.[6]

Antes de 1933, menos de 1% dos *Yishuv*, ou comunidade judaica na Palestina, havia imigrado da Alemanha. Em 1912, somente 8.400 dos quase 550 mil judeus alemães elegeram pagar o *shekel* simbólico como membro sionista. Em 1927, a afiliação ao sionismo havia crescido para algo em torno de 20 mil. Mas esse número incluía muitos chamados *não sionistas*, que apoiavam os assentamentos filantrópicos judaicos na Palestina, mas rejeitavam completamente o conceito de nacionalismo judaico. Muitos desses não sionistas se envolveram financeiramente apenas para criar uma dependência econômica que permitisse controlar as alas mais militantes do movimento.[7]

Como a sede mundial da Organização Sionista havia permanecido em Berlim durante a Primeira Guerra Mundial, os sionistas alemães foram capazes de ascender a um nicho influente do movimento. Suas conexões com o governo do kaiser foram usadas para influenciar a Turquia a cancelar as violentas medidas otomanas contra o *Yishuv* depois que as negociações para a Declaração de Balfour começaram no início de 1917.[8] Apesar da mudança da sede do movimento para Londres quando o Lar Nacional Judaico foi estabelecido, os sionistas alemães conservaram um lugar importante no sionismo. Sua influência dentro do movimento ainda estava intacta quando Hitler subiu ao poder em 1933.

* * *

O sionismo poderia ter esperado para apelar aos nazistas, porque a perspectiva de enviar judeus de volta para a Palestina atraía o ancestral intelectual do nazismo, Martinho Lutero, líder da Reforma Protestante.

No início da década de 1520, o monge rebelde Lutero olhou para os judeus como potenciais libertos do que ele chamava de "paganismo papal". Tão protetor dos judeus era Martinho Lutero que os superiores da Igreja o chamavam de *semi-Judaeus* ou meio-judeu. Mas, no final da mesma década, Lutero começou a mostrar irritação com a recusa dos judeus em abandonar o judaísmo.[9]

No começo dos anos de 1540, Lutero passou por uma surpreendente transformação filosófica, de arquidefensor a arqui-inimigo. Em 1543, Lutero publicou um panfleto antissemita violento intitulado *Sobre os judeus e suas mentiras*, que praticamente especificava, até mesmo no fraseado, a altura e a extensão do antissemitismo político ao estilo nazista.

Palavras de Lutero: "Eles têm sido feras sangrentas e assassinos de cristãos por mais de 1.400 anos em suas intenções [...] Assim, foram acusados de envenenar a água e os poços, de sequestrar crianças, de furá-las com pregos, de cortá-las em pedaços, e dessa forma esfriar secretamente sua ira com o sangue dos cristãos". Não havia dúvidas nos escritos de Lutero. Ele usava infinitas repetições para evitar qualquer erro. E nesse panfleto, sua posição era clara: "O sol nunca brilhou sobre um povo mais vingativo e sanguinário".[10]

Lutero insistia que os judeus haviam escravizado os alemães: "Na verdade, eles mantiveram nós, os cristãos, presos em nosso próprio país. Eles permitem que trabalhemos com o suor de nosso rosto para ganhar dinheiro e propriedades enquanto ficam sentados atrás da estufa, ociosos o tempo todo, soltando peidos e comendo frutas. Eles se empanturram de coisas, bebem e vivem no luxo e na facilidade dos produtos que ganhamos com esforço [...] Assim, são nossos senhores e nós, seus servos".[11]

Lutero sugeriu uma solução para o problema judaico na Alemanha: forçá-los a voltar para Jerusalém. Palavras dele: "[Os judeus] deveriam, como dissemos, ser expulsos do país e retornar a suas terras e suas posses em Jerusalém, onde podem [...] assassinar, roubar, furtar, praticar a usura, fingir e se dedicar a todas as infames abominações que praticam entre nós, e deixar nosso governo, nosso país, nossa vida e nossa propriedade [...] imaculados e sem contaminação".[12]

Ele veementemente rejeitava a noção de que os judeus nos guetos eram mantidos cativos na Alemanha medieval. Palavras de Lutero: "Certamente não os trouxemos de Jerusalém [...] Ninguém os está obrigando a ficar aqui agora. O país e as estradas estão abertos para que eles se dirijam a sua terra quando quiserem. Se fizerem isso, ficaríamos felizes em presenteá-los na ocasião; seria um belo desembaraço [...] Eles devem ser expulsos de nosso país. Deixem que pensem em sua pátria [Jerusalém] [...] Esse é [...] o melhor caminho, que salvaguardará os interesses de ambas as partes".[13]

Lutero sabia que os judeus da Alemanha "resistiriam a sair do país, eles negarão veementemente tudo e também oferecerão ao governo dinheiro suficiente para comprar a permissão de ficar aqui". E, então, ele explicou um programa de sete pontos para liquidar o judaísmo alemão. Palavras de Lutero: "Darei meu sincero conselho: primeiro, coloquem fogo em suas sinagogas ou escolas, e enterrem e cubram de pó tudo que não queimar, de modo que nenhum homem veja novamente uma pedra ou cinza deles [...] Segundo, aconselho que suas casas sejam arrasadas e destruídas [...] Em vez disso, eles devem ser colocados sob um teto ou um estábulo [...] Isso mostrará que não estão em casa [...] que estão vivendo no exílio e no cativeiro, enquanto incessantemente choram e lamentam sobre nós".[14]

"Terceiro, aconselho que todos os seus livros de oração [...] sejam tomados. Quarto, aconselho que seus rabinos sejam proibidos de ensinar, daqui para a frente, sobre a dor da perda da vida [...] Quinto, aconselho que o salvo-conduto nas estradas seja abolido completamente para os judeus [...] Sexto, aconselho [...] que todo o dinheiro e tesouros em prata e ouro sejam tirados deles [...] Sétimo, recomendo colocar um mangual, um machado, uma enxada, uma pá, uma roca, ou um fuso nas mãos dos jovens e fortes judeus e judias, e deixar que ganhem o pão de cada dia com o suor do rosto."[15]

O programa de Lutero pedia a abolição dos direitos dos judeus, a tomada de seus bens, a destruição de suas casas e sinagogas, a concentração na miséria e o trabalho forçado. No entanto, Lutero sugeria que o passo final, o trabalho forçado, seria tão impossível para os judeus preguiçosos e suspeitos que isso os levaria a negociar seus bens e, em seguida, a expulsão: "Então permitiremos [...] que eles contem com a quantia que sua usura extorquiu de nós, dividiremos isso amigavelmente, mas depois os expulsaremos para sempre do país".[16]

Lutero afirmou que qualquer cristão que demonstrasse misericórdia para com um judeu ele mesmo queimaria no fogo do inferno. As instruções finais de seu tratado eram as seguintes: "Ajam como um médico que, quando a gangrena ataca, corta sem misericórdia, serra e queima a carne, as veias, o osso e o tutano [...] Queimem suas sinagogas, proíbam tudo que eu enumerei antes, forcem-nos a trabalhar, e sejam duros com eles [...] Portanto, seria errado ser misericordioso [...] Devemos expulsá-los como cães raivosos [...] Cumpri meu dever. Agora deixo que todos façam o seu. Estou dispensado".[17]

O conselho de Lutero sobre as perseguições dos judeus e as expulsões foi adotado em 1543, depois que os princípios do movimento luterano já haviam sido formalizados na Confissão de Augsburgo de 1530.[18] Consequentemente, a Solução de Lutero não foi, a princípio, muito ensinada nas escolas dominicais em que ele tinha uma influência profunda. Mas foi mantida viva durante os séculos XVII e XVIII por padres renegados. A Solução de Lutero foi revivida como uma questão nacional na segunda metade do século XIX. Os judeus alemães haviam se emancipado em 1871, tornando-se, assim, visíveis em todos os setores da vida alemã. A visibilidade sempre amedrontava os judeus. O medo era justificado dessa vez também.

Adolf Stoecker, juiz e pregador da Catedral de Berlim, liderou a reação em 1874. Ele usou sua posição na Igreja para organizar um partido político antissemita que incluiu muitos clérigos dedicados a expurgar a presença judaica da sociedade alemã. Stoecker foi, na verdade, apelidado de "Segundo Lutero". Sua implacável pregação judofóbica incluía o agora familiar slogan: "Os judeus são a desgraça da Alemanha". As palavras foram tiradas do tratado original de Lutero.[19]

Stoecker e outros nacionalistas alemães antissemitas foram o ímpeto por trás da União dos Estudantes Alemães, uma sociedade antijudaica organizada em 1881. A União, representada em todas as principais universidades, incluía um grande número de estudantes de teologia que se tornaram os portadores do dogma antissemita disseminado pela Igreja na virada do século XX.[20]

Dois radicais antissemitas nacionais alemães que ganharam proeminência durante o auge de Stoecker foram Houston Steward Chamberlain e Theodor Fritsch. Fritsch, no final da década de 1880, ajudou a formar partidos políticos antissemitas que mais tarde se desenvolveriam até chegar ao PNSTA. Os nazistas referiam-se a ele como um líder espiritual. Chamberlain tornou-se a inspiração pessoal de Hitler.[21]

Em 1917, uma Alemanha dominada pela guerra marcou esplendidamente o 400º aniversário da Reforma de Lutero. Era o momento perfeito para um ressurgimento de Lutero. Enquanto os alemães lutavam para defender a pátria, a ideologia luterana de destino territorial e étnico dava convicção e encorajamento.[22]

Alguns anos depois, uma Alemanha derrotada estava novamente olhando para Lutero, dessa vez buscando força e consolo. Durante a década de 1920, a igreja literalmente se tornou uma extensão do nacionalismo alemão. A pureza do sangue, a santidade da religião e o destino do povo alemão eram todos misturados em uma teomania virtual. Com esse movimento estava a compulsão de excluir os judeus por todas as razões que Martinho Lutero havia enumerado quatro séculos antes.[23]

Os nacionalistas alemães antissemitas de fora da igreja ressuscitaram a Solução de Lutero. Eles chamavam a si mesmos de nazistas. Em suas campanhas para recrutar apoio, os camisas-pardas usavam o estilo linguístico comum dos patriarcas religiosos da Alemanha. Nas esquinas lembravam constantemente que Martinho Lutero indicava que a Alemanha deveria expulsar os judeus.[24]

Na primavera de 1933, Hitler refletia o peso das palavras de Lutero em seu próprio pensamento. Durante uma entrevista para um jornal, Hitler perguntou quem estava "preparado para abrigar [...] aqueles que haviam envenenado os poços da Alemanha, de todo o mundo cristão. De bom grado, nós daríamos a todos uma passagem de trem e uma nota de mil marcos como troco, com o objetivo de nos livrar deles".[25]

Do tratado de Lutero, *Sobre os judeus e suas mentiras*: "Eles têm sido [...] assassinos de cristãos por mais de 1.400 anos [...] envenenando a água e os poços [...] O país e as estradas estão abertos para que eles se dirijam a sua terra quando quiserem. Se fizerem isso, ficaríamos felizes em presenteá-los na ocasião; seria um belo desembaraço".[26]

O jornal de Julius Streicher, *Der Sturmer*, mostrava o slogan de Lutero em todas as edições: "*Die juden sind unser Ungluck!*" [Os judeus são nossa desgraça!].[27] E um dos livros de ilustrações antijudaicas tinha o título tirado de um adágio de Martinho Lutero: "Não confie em uma raposa no campo nem em um judeu sob juramento".[28] Na Alemanha, pregar o ódio aos judeus era tão bom quanto pregar o evangelho.

Quando Streicher foi capturado pelos Aliados em 1945, eles confiscaram sua cópia pessoal de *Sobre os judeus e suas mentiras*. No Tribunal de Crimes de Guerra de Nuremberg, Streicher, um descendente filosófico de uma tradição de muitos séculos, explicou suas ações com estas palavras: "Martinho Lutero teria provavelmente sentado em meu lugar no banco dos réus hoje se este livro tivesse sido levado em consideração [...] No livro [*Sobre*] *Os judeus e suas mentiras*, o dr. Martinho Lutero escreve que [...] deveríamos queimar suas sinagogas e destruí-las".[29]

Martinho Lutero deu origem a nada menos que uma linhagem irregular e evolucionária de nacionalistas alemães antijudeus que culminou nos homens e mulheres do movimento nazista.

* * *

Os nazistas tinham sempre ilustrado as aspirações sionistas para a formação de um Estado próprio. Hitler acreditava que a preguiça, a decadência e a impureza dos judeus tornavam uma nação só deles algo impossível. Nas palavras de Hitler, ditas desde os primeiros dias da organização nazista: "O estabelecimento de um Estado [sionista] não é nada mais do que uma comédia".[30]

Em vez disso, os nazistas apoiavam-se em um aspecto do sionismo que aprovavam: a condenação da presença judaica na Alemanha e o desejo de remover os judeus para a Palestina. No dia 6 de abril de 1920, em Munique, Hitler explicou a intenção nazista de apoiar o sionismo com estas palavras: "Para alcançar nosso objetivo, devemos usar todos os meios à nossa disposição, mesmo se fizermos um pacto com o próprio diabo". Ironicamente, Vladimir Jabotinsky havia falado em suma as mesmas palavras vários meses antes, quando declarou no 12º Congresso Sionista: "Ao trabalhar pela Palestina, eu me aliaria até com o demônio".[31]

Poucos meses depois de sua promulgação em abril de 1920, Hitler deixou isso claro outra vez, em uma cervejaria em Munique. Enquanto pregava sua doutrina de expulsão dos judeus, alguém da plateia gritou algo sobre direitos humanos. Hitler respondeu de modo incisivo: "Deixemos que eles [os judeus] se preocupem com os direitos humanos no lugar ao qual pertencem: um Estado próprio na Palestina".[32]

O mais importante teórico do judaísmo e sionismo, Alfred Rosenbluth, adotou a disposição de Hitler de explorar o sionismo. Escrevendo em 1920 no jornal nazista *Die Spur*, Rosenberg exigiu que os alemães deixassem de lado todos os sentimentos de antipatia: "O sionismo deve ser apoiado de forma ativa a fim de permitir que transportemos anualmente um número específico de judeus para a Palestina, ou, em qualquer caso, para o outro lado de nossas fronteiras".[33]

Com a nomeação de Adolf Hitler, o momento era oportuno para uma aliança odiosa; nazistas e sionistas trabalhando juntos para o êxodo judeu. Nos primeiros meses de 1933, os sionistas alemães sabiam que enfrentariam um fim total ou a defesa máxima.[34] Assim, em um movimento ousado, a ZVfD lançou uma campanha com duas faces: primeiro, para convencer os nazistas a reconhecerem o sionismo como os guardiões dos judeus da Alemanha; segundo, para convencer os judeus da Alemanha de que sim, o judaísmo alemão pertencia à Palestina.

No dia 31 de janeiro de 1933, menos de 24 horas depois da nomeação de Hitler, o jornal da ZVfD, *Juedische Rundschau*, afirmou que a defesa dos direitos judaicos poderia ser feita somente pelos sionistas, não por qualquer grupo judeu tradicional. Depois da queima de livros feita pelos nazistas em 10 de maio, o *Juedische Rundschau* lamentou a perda assim como todos os judeus, mas não pôde resistir a marcar muitos dos autores judeus como "renegados" que haviam traído suas raízes.[35] A barreira antiassimilacionista continuou semanalmente com as aspersões sionistas parecendo-se muito com a linha nazista de desacreditar a cidadania alemã dos judeus.

Ficou muito mais difícil a defesa dos judeus alemães das acusações de que eram cidadãos ilegítimos quando um grupo visível de seu próprio povo publicava continuamente declarações idênticas. Era o que o judaísmo alemão temia, e como o filósofo nazista Alfred Rosenberg deixou claro em seus ensinamentos antissemitas: "Se uma organização dentro do Estado declara que os interesses do Terceiro Reich alemão não têm a ver com eles, isso é uma renúncia a todos os direitos civis".[36] O sionismo havia se tornado uma ferramenta para os antissemitas.

A hierarquia de Hitler estava, no início, receosa de trabalhar com o sionismo, com medo de que a base não entendesse a associação. Na verdade, em março de 1933, a ZVfD estava claramente ameaçada de extinção.[37] Mas tudo mudou quando Stephen Wise começou a defender abertamente o boicote e protestar contra a Alemanha. O momento crítico para o sionismo veio durante a reunião de 25 de março com Goering. Os sionistas deram um passo à frente e ofereceram-se para tentar dissuadir Wise de realizar o ato no Madison Square Garden. Naquele instante, a relação dos sionistas com os objetivos nacional-socialistas passaram por uma rápida transformação, de teórica para prática.

Pressentindo a mudança, o *Juedische Rundschau* defendeu, em uma coluna no dia 7 de abril, que os sionistas e os nazistas fossem "parceiros sérios".[38] Foi fundamental para o desenvolvimento dessa parceria o ativista da ZVfD, Kurt Tuchler, cujos muitos contatos com o PNSTA incluíam um engenheiro nascido na Áustria, o barão Leopold von Mildenstein, um oficial da SS que tratava dos assuntos judaicos. Tuchler queria convencer o círculo de Von Mildenstein de que o PNSTA deveria promover abertamente o nacionalismo judeu. Se Von Mildenstein pudesse escrever um artigo pró-Palestina no jornal de Goebbels, *Der Angriff*, que era muito lido, isso poderia influenciar muitos no partido e no governo. Von Mildenstein mostrou-se receptivo, mas insistiu que só poderia escrever um artigo crível se fizesse uma visita à Palestina. Assim, Tuchler convidou Von Mildenstein para ir até lá. No final de abril de 1933, os dois homens e suas esposas entraram em um navio com destino à Palestina. O Partido Nazista e a ZVfD haviam dado permissão para a viagem conjunta. Von Mildenstein aprovou o que viu nos *kibutz* e em Tel Aviv. Ele até aprendeu algumas palavras em hebraico. Muitas fotografias foram tiradas, muitas lembranças foram levadas para a Alemanha. Uma série ilustrada foi publicada dezoito meses depois no *Der Angriff* sob o título "Um nazista viaja para a Palestina". O jornal de Goebbels estava tão orgulhoso da série que uma moeda comemorativa foi cunhada em homenagem à viagem. De um lado estava uma suástica. Do outro, a Estrela de Davi.[39]

Von Mildenstein tornou-se rapidamente o expert do partido em sionismo. Ele dizia ter lido o "*Der Judenstaat*" de Herzl e insistia para que seus subordinados fizessem o mesmo. Um desses subordinados era um homem chamado

Adolf Eichmann. Von Mildenstein, e mais tarde Eichmann, desenvolveram a Seção Judaica do Escritório Principal de Segurança do Terceiro Reich, que no final dos anos 1930 coordenava as políticas de emigração. No início da década de 1940, o domínio de Eichmann mudaria de emigração e sionismo para deportação e genocídio, quando ele orquestrou o transporte de milhões de judeus para as câmaras de gás na Europa.[40]

O reconhecimento nazista do sionismo, que começou em abril de 1933, foi evidente porque os sionistas ganharam um *status* político visivelmente protegido na Alemanha. Imediatamente depois do incêndio no Reichstag em 27 de fevereiro, os nazistas destruíram praticamente toda a oposição política. Por meio de decretos de emergência, a maioria das organizações políticas não nazistas e jornais suspeitos foram dissolvidos. Na verdade, por volta de seiscentos jornais foram banidos oficialmente durante o ano de 1933. Outros foram silenciados de modo não oficial nas ruas. As exceções incluíam o *Juedische Rundschau*, o semanário da ZVfD, e várias outras publicações judaicas. O semanário do sionismo alemão era anunciado em esquinas e mostrado em bancas de jornais. Quando Chaim Arlosoroff visitou a sede sionista em Londres, no dia 1º de junho, enfatizou: "O *Rundschau* é de crucial importância, hoje, para os sionistas. Todo dia ele ganha entre 50 e 60 assinantes". No final de 1933, a circulação do *Juedische Rundschau* havia, na verdade, pulado para mais de 38 mil exemplares – quatro ou cinco vezes a circulação de 1932.[41] Embora muitas publicações arianas influentes tenham sido forçadas a restringir o número de páginas para se manter, o *Juedische Rundschau* não foi afetado até o racionamento obrigatório de papel em 1937.[42]

E enquanto a rigorosa censura de todas as publicações alemãs foi imposta desde o princípio, o *Juedische Rundschau* tinha uma razoável liberdade de imprensa. Apesar de duas edições do *Juedische Rundschau* terem sido suprimidas quando publicaram o rascunho de Chaim Arlosoroff para uma transferência de capitais, tais apreensões eram raras. Além da proibição de publicar qualquer referência ao boicote antinazista, imprimir histórias de atrocidades e criticar o Terceiro Reich, o *Juedische Rundschau* estava, na essência, isento do chamado *Gleichschaltung* ou "uniformidade" exigida pelo Partido Nazista em todas as vertentes da sociedade alemã. O *Juedische Rundschau* tinha liberdade para defender o sionismo como uma filosofia política completamente separada – na verdade, a única filosofia política diferente sancionada pelo Terceiro Reich.[43]

Em 1933, o hebraico tornou-se um curso promovido em todas as escolas judaicas. Em 1935, os uniformes da juventude sionista foram permitidos – o único uniforme não nazista permitido na Alemanha. Quando as Leis de Nuremberg, no final de 1935, eliminaram o judaísmo de toda sua cidadania, tornou-se ilegal os judeus hastearem a bandeira alemã; a mesma lei, no entanto, estipulava que o judaísmo alemão poderia levantar a bandeira sionista adornada com a Estrela de Davi.[44]

O rápido sucesso da ZVfD em defender a opção sionista no Terceiro Reich aumentou a prioridade de seu segundo imperativo: convencer o judaísmo alemão a renunciar a dez séculos de existência nacional alemã. Mas a maior parte do judaísmo alemão queria outra solução para o problema.

Eles queriam ficar, mesmo como cidadãos de segunda classe – mesmo injuriados e perseguidos. As fontes quentes e os banhos, o *Konzerten* de Bach e Mozart ao ar livre, as leituras de Goethe, tapetes orientais no chão, frutas exóticas da África, uma nobre tradição pela qual eles haviam lutado, morrido, lucrado. Essas pessoas estavam integradas. Eram alemães. Queriam ficar, mesmo como servos. O sionismo disse não. Enquanto as principais organizações judaicas estavam freneticamente criando teorias e apresentando documentos sugerindo uma existência nacional com menos direitos, mas ainda alemã, os sionistas faziam o oposto. Em 21 de junho de 1933, um longo memorando da ZVfD foi enviado diretamente a Hitler alinhando os princípios sionistas que eram consistentes com a ideologia nacional-socialista. Por exemplo: "O sionismo acredita que um renascimento [...] como o resultante, na tradição alemã, de uma combinação de valores cristãos e nacionais, deve também acontecer dentro da comunidade judaica. O pano de fundo racial, religioso, um destino comum e a consciência tribal devem ser de importância decisiva no desenvolvimento de um estilo de vida para os judeus também [...] O objetivo do sionismo é organizar a emigração judaica para a Palestina de tal forma que ela melhore a situação dos judeus na Alemanha [...] O assentamento judaico é baseado na agricultura. Todo o trabalho produtivo, seja na agricultura, no artesanato ou na indústria, é realizado por trabalhadores judeus que são inspirados por uma nova ética idealista do trabalho".[45]

O memorando sionista alemão para Hitler continha apelos obrigatórios aos preconceitos nazistas sobre a indolência dos judeus e comparações estabelecidas entre os dois movimentos. Essa era a única maneira de conversar com o regime nazista. Os nazistas eram filosoficamente treinados para descartar como truques judeus qualquer argumento lógico, civil e legal emitido com palavras de justiça e compaixão. Por outro lado, os nazistas não se deixavam enganar pelo óbvio uso sionista da retórica ariana. Em vez disso, viam-nos não como parceiros, mas como agentes que não agiriam desinteressadamente em prol do Terceiro Reich, mas somente em favor de suas aspirações nacionais judaicas. E embora os sionistas falassem no contexto ariano, eles reconheciam completamente que estavam se pronunciando para um inimigo dos judeus, um inimigo que entendia que a posição dos sionistas não era para o bem do Estado alemão, mas do Estado judeu. Essa compreensão mútua estava até no memorando de 21 de junho dos sionistas para Hitler: "Por seus objetivos, o sionismo sente-se capaz de listar a cooperação de um governo basicamente antijudeu, pois lidar com o problema judaico não envolve sentimentalismos". O memorando acrescentava que era precisamente essa falta de sentimentalismo sionista em relação aos regimes antissemitas que estava por trás do movimento internacional sionista contra o boicote antinazista.[46]

Talvez não existisse um exemplo tão dramático do sionismo alemão contra o judaísmo alemão do que um artigo do *Juedische Rundschau* intitulado "Use com orgulho, a estrela amarela", escrito pelo editor Robert Weltsch. Esse artigo apareceu em 4 de abril de 1933 como um dos primeiros comentários depois do choque do abortado boicote antijudeu de 1º de abril. Décadas depois do fato, o artigo de Weltsch é visto como um ato de coragem confortando a comunidade judaica em um momento de angústia enquanto a nação ao redor deles revivia o conceito medieval dos judeus usando uma estrela amarela identificadora em suas roupas.

Na verdade, o artigo de Weltsch era um ataque à assimilação dos judeus alemães na Alemanha no exato momento em que lutavam para preservar o *status* legal de cidadãos. Segundo as palavras de Weltsch:

> O dia 1º de abril de 1933 permanecerá uma data importante nos anais do judaísmo alemão e de todo o povo judeu. As ocorrências

daquele dia não tiveram apenas um lado político e econômico, mas também moral [...] Nossa preocupação é o aspecto moral [...] Em 1º de abril, os judeus alemães receberam uma lição que foi mais profunda do que mesmo seus amargurados e hoje triunfantes oponentes podem adivinhar [...] Nossa preocupação é como o judaísmo reage a tudo isso.

Primeiro de abril de 1933 pode ser o dia da conscientização e renascimento judaicos. Se os judeus quiserem que assim seja. Se estiverem maduros o bastante e possuírem grandeza interna suficiente [...] Devemos recomendar que, durante esses dias, centenas de milhares de cópias da publicação que significou o nascimento do sionismo, o *Judenstaat* de Theodor Herzl, sejam distribuídas entre os judeus e não judeus.

Nós, judeus, que fomos criados no espírito de Theodor Herzl, não estamos acusando ninguém hoje – só procuramos entender. E nos perguntamos onde está nossa culpa, onde pecamos [...] O judaísmo tem uma culpa pesada porque, além de não prestar atenção ao chamado de Theodor Herzl, ainda o ridicularizou [...] Não é verdade que os judeus são traidores da nação alemã. Se eles cometeram alguma traição, foi dirigida contra si mesmos, contra o judaísmo.

Como nem todo judeu mostra com orgulho sua condição, porque não quer ter nada com a questão judaica, ele compartilha a culpa de toda a humilhação do judaísmo. Apesar de toda amargura que sentimos ao ler os apelos dos nacional-socialistas por um boicote [antijudaico] [...] ainda podemos ser gratos [...] por uma coisa. As regras do [boicote] afirmam no parágrafo 3: [...] "isso envolve negócios que pertencem a membros da raça judaica. A religião é irrelevante. Empresários que foram batizados como católicos ou protestantes ou dissidentes da raça judaica são, para os objetivos deste decreto, judeus".

Esse é um alerta aos traidores do judaísmo. Aquele que se afasta da comunidade [por assimilação] para melhorar sua própria situação não deveria ser recompensado por sua traição. Essa atitude em relação aos renegados contém o início de um esclarecimento [...] Ser um renegado é vergonhoso; mas, enquanto o mundo premiar isso, parece ser vantajoso. Agora, já não é mais uma vantagem. Um judeu está sendo identificado como tal. Ele recebe a estrela amarela.

O fato de a liderança do boicote decretar que as empresas boicotadas fossem identificadas com "uma estrela amarela sobre o fundo preto" é um tremendo símbolo. Essa medida tem a intenção de ser um estigma, uma demonstração de desprezo. Nós aceitamos isso e queremos usá-lo como uma medalha de honra [...] Entre outros símbolos e inscrições, muitas vitrines de lojas foram pintadas com uma grande Estrela de Davi. Judeus, peguem-na [...] e carreguem-na com orgulho!

[...] Se o nacional-socialismo reconhece essa situação, sem dúvida gostaria que seus parceiros judeus valorizassem sua honra.[47]

Somente algumas frases dramáticas do artigo de Weltsch seriam lembradas, por isso a ilusão de que suas palavras eram um ato de conforto. Mas, para 97% dos judeus alemães, que rejeitavam o sionismo e aceitavam a assimilação alemã,[48] os ataques de Weltsch e o ousado chamado ao abandono de dez séculos de existência alemã eram dolorosos e temerosos. Suas palavras indicavam o início do que os judeus da Diáspora sempre temeram com relação aos sionistas – o dia em que elas seriam usadas como pretexto legal e moral para forçar os judeus a abandonarem a sociedade europeia.

O triângulo quebrado que ligava os judeus alemães, o sionismo e o nazismo, agora preenchido por lágrimas, sangue e ódio, explica como uma ala minoritária de judeus alemães – uma pequena porcentagem da comunidade – assume a custódia emergencial de 550 mil homens, mulheres e crianças. Com base nesse privilégio, o movimento sionista na Palestina, Alemanha, Grã-Bretanha e nos Estados Unidos continuou a debater qual era a melhor forma de reivindicar a nação judaica esperando dentro das fronteiras do Terceiro Reich.

18

OS JUDEUS CONDUZEM O MUNDO AO BOICOTE

A maioria dos judeus nos Estados Unidos e na Europa que havia se aliado à batalha econômica e política contra o Terceiro Reich era sionista ávida. Mas muitos deles possuíam uma orientação sionista para a Diáspora; quer dizer, valorizavam o direito de viver nas nações do mundo como iguais, tendo algo que não era mutuamente exclusivo, o *direito de retorno.*

Para a maioria dos judeus da Diáspora, a luta pela Palestina e o direito dos cidadãos assimilados em outros lugares representavam uma *escolha* em vez de um *conflito*. Com a ascensão de Hitler, esses judeus não tolerariam que um direito fosse subordinado ao outro. Embora a agitação política deles sempre incluísse exigências para abrir as portas da Palestina aos judeus alemães, tomavam cuidado para não abandonar a luta para derrotar a perseguição nazista daqueles judeus que queriam ficar. Na verdade, com Hitler se tornando uma ameaça cada vez mais mortal, a maioria dos judeus sentia que o trabalho pela Palestina deveria vir em *segundo* lugar. Primeiro e mais importante era a batalha para salvar os judeus alemães no contexto de seu direito de viver livremente na Europa.

Isso significava boicotar e protestar. Era emocionalmente impossível para os círculos judaicos funcionarem de outra forma. Os relatos diários de atrocidades e perseguições absurdas exigiam uma reação punitiva.

Exemplos: em meados de maio de 1933, *The Manchester Guardian* e *The London Jewish Chronicle* informaram que um judeu de Berlim levado pelas Tropas de Assalto nunca mais foi visto até seu corpo ser encontrado duas semanas mais tarde no esgoto fora da cidade. A vítima havia sido "horrivelmente mutilada, seu rosto tinha sido esmagado e seus lábios cortados".[1]

Em 9 de junho, *The Jewish Chronicle* informou como um esquadrão de quatro camisas-pardas invadiu o apartamento de uma costureira em Berlim às 2h30 da madrugada. Os nazistas decidiram "espremer o sangue judeu" do filho dela de 18 anos.

> Na frente dos pais [...] começaram a bater nele com chicotes. Um sentou em cima de sua cabeça, outro em seus pés e os outros dois o surraram por dez minutos. O tempo todo, os pais foram obrigados a manter os olhos bem abertos e assistir à cena [...] [Então] eles decidiram [...] riscar uma suástica na testa dele para que se lembrasse "dos bons tempos do governo nazista". Porém o trabalho não deveria ser feito com uma faca [...] mas com seus revólveres. Cada um dos quatro nazistas ficou batendo na cabeça do garoto, para formar uma suástica com os ferimentos. O rosto do garoto era uma massa de carne, assim como a maior parte de seu corpo.

Os camisas-pardas abandonaram a casa com um aviso para que não "ficassem contando histórias sobre os nazistas".[2]

No final de junho, o *The Jewish Chronicle* informou sobre a invasão da casa de um comerciante de roupas na região mais elegante de Berlim. Os *hooligans* da SA "quebraram as portas do apartamento de *Herr* Friedenberg e atacaram-no com selvageria, espancando-o por uma hora com seus cassetetes de borracha, cadeiras ou qualquer coisa que tivessem ao alcance. Seus gemidos e gritos podiam ser ouvidos da rua".[3]

Os judeus alemães sabiam que era melhor suportar em silêncio. Reclamar era ser marcado como criador de *Greuelpropaganda*, que só traria mais punições dos *hooligans* sobre a família e os negócios da vítima – sem mencionar a perseguição, que geralmente significava o envio para o campo de concentração de Dachau. Familiares e amigos frequentemente nem sabiam os detalhes mais terríveis. A unidade local do PNSTA em geral ordenava que o corpo fosse cremado ou enterrado antes que a família fosse notificada. E a Sociedade Funerária Judaica tinha ordens explícitas de não revelar nenhuma informação sobre a condição física dos cadáveres.[4]

Entretanto, uma fração das histórias mais sádicas vazou, sobretudo por meio dos refugiados que saíam do país todos os dias. As fontes de auxílio estimaram que 90% dos judeus que chegavam à Polônia em junho de 1933 haviam sofrido alguma violência física. Cerca de 25% dos refugiados, incluindo mulheres e garotas, ainda tinham as feridas da tortura.[5] E os viajantes – executivos, diplomatas e acadêmicos – traziam regularmente histórias de incontrolável violência nas ruas.[6]

É claro que o Terceiro Reich tentou negar que *qualquer* violência antijudaica estivesse ocorrendo na Alemanha. Em uma entrevista em meados de junho de 1933, Hitler tentou garantir ao correspondente do *Colliers Weekly*:

> A calma perfeita reina na Alemanha. Nenhuma rua foi destruída. Nenhuma casa [...] Se todos os americanos pudessem vir aqui! Eles olhariam ao redor e se perguntariam onde está essa revolução, onde está esse terror, onde está toda essa destruição e caos de que ouviram falar?[7]

Tais declarações tranquilizadoras não eram convincentes diante das promessas públicas de proeminentes nazistas de que matariam todos os judeus na Alemanha. Poucas semanas antes da declaração de Hitler ao *Colliers Weekly*, o líder do boicote nazista, Julius Streicher, falou em uma reunião em Nuremberg que, se a Alemanha entrasse em guerra, todo judeu no país seria morto. Ao mesmo tempo, líderes nazistas em Danzig escreveram um memorando secreto, mas o *The London Daily Herald* conseguiu uma cópia e publicou. O memorando afirmava: "A punição final aos inimigos da nação alemã, na primeira fileira estão os judeus, será ordenada por Hitler no momento correto [...] O que amanhã será uma tarefa sagrada, hoje deve ser evitada".[8] Ao mesmo tempo, um importante médico alemão publicou em uma revista médica alemã sua solução para o problema judaico: esterilização.[9]

Até mesmo o Comitê Judaico Americano, que havia tentado fingir que as atrocidades não existiam, foi obrigado, em meados de junho de 1937, a admitir que a violência antijudaica na Alemanha era desmedida. Em um documento intitulado "Os Judeus na Alemanha Nazista", que foi divulgado para a mídia, o Comitê detalhava todos os casos de brutalidade nazista. O *The New York Times* endossou o documento do Comitê como um aviso crível da campanha antijudaica do Terceiro Reich e alertou o público para que rejeitasse todas as negações alemãs.[10]

A questão perante o mundo agora era se o regime de Hitler poderia ser derrubado depressa – certamente antes que empobrecesse o judaísmo alemão, porém, mais importante, antes que pudesse cumprir a recorrente promessa de destruir os 550 mil homens, mulheres e crianças judeus. Protestos e boicotes eram as únicas armas à disposição daqueles que se opunham ao Terceiro Reich.

Assim, os protestos e boicotes continuaram. Muitas cidades realizaram atos ao estilo do acontecido no Madison Square Garden durante todo o mês de maio. Melbourne, Filadélfia, Buenos Aires, Varsóvia, Marselha. O movimento na Inglaterra foi especialmente contagioso. Estridentes manifestações de massa começaram em Manchester e se espalharam por Newcastle, Leeds, Birmingham e Glasgow. Os protestos culminaram em um gigantesco ato em 16 de maio no Queen Hall de Londres.[11]

Durante o mês de maio, o boicote continuou a se espalhar, principalmente onde havia judeus para colocar fogo na questão. *Cairo*: a Liga Contra o Antissemitismo Alemão exigiu que todos os judeus egípcios liderassem um boicote nacional contra produtos e serviços alemães. *Gibraltar*: mil comerciantes judeus juraram boicotar todas as mercadorias alemãs. *Paris*: cinéfilos apoiaram um bando de jovens judeus que invadiram a sessão de um filme alemão; mais invasões foram prometidas para qualquer futura projeção alemã.[12] *Londres*: o extenso boicote contra empresas marítimas alemãs acontecia, em grande parte, porque os passageiros judeus preferiam barcos britânicos e italianos; antes do boicote, metade dos viajantes anglo-judeus navegava em barcos alemães.[13]

Buenos Aires: interesses comerciais alemães na Argentina não foram capazes de parar a aceleração do boicote organizado por judeus argentinos; o boicote argentino não só envolveu apenas navios e produtos alemães, mas solicitou que os depositantes transferissem contas de bancos alemães para os argentinos. *Paris*: a Liga Contra o Antissemitismo começou a espalhar o boicote por todas as províncias abrindo sedes pró-boicote em Lyon, Nice e Marselha.[14] *Amsterdã*: dois grupos de boicote imprimiram milhares de "selos de boicote" a serem usados em envelopes e pacotes. Os selos mostravam uma suástica transformada em uma cobra com quatro cabeças atrás das grades de uma prisão sobre frases em holandês, francês e inglês defendendo o boicote. Eles logo se tornaram uma ferramenta usada internacionalmente. No fim de maio, os selos foram levados a Nova York por um médico holandês. Mas os Judeus Veteranos de Guerra já usavam uma versão americana, a uma média de 10 milhões por semana.[15]

Um crescimento súbito do boicote também aconteceu quando sindicatos nacionais se tornaram ativos no movimento. Os britânicos eram simpáticos desde o começo de março de 1933. Mas, no final de maio, guiados por um industrial judeu, lorde Melchett, o poderoso Trades Union Congress (uma federação de sindicatos) declarou que o boicote antinazista era obrigatório para seus membros. O TUC instruiu os sindicatos membros, apoiadores do Partido Trabalhista e Sociedades Cooperativas a levar os benefícios do boicote aos fabricantes britânicos.[16]

Quase ao mesmo tempo, a Federação Holandesa de Sindicatos e o Partido Trabalhista Social Democrático na Holanda adotaram uma postura idêntica à dos trabalhadores britânicos. O embaixador britânico em Haia informou que os boicotadores estavam cientes dos "terríveis efeitos que tal boicote teria nas exportações agrícolas holandesas para a Alemanha [...] mas se recusaram a ouvir tais considerações".[17]

Se alguém em Berlim sonhasse que o acordo de maio com Sam Cohen representaria uma ruptura automática do boicote, rapidamente perceberia que estava errado. No final de maio, os consulados alemães por todo o mundo continuaram a informar sobre ataques contra os interesses comerciais do Terceiro Reich. Em 24 de maio, Hitler recebeu um informe sobre a situação geral do comércio exterior. Políticas comerciais protecionistas ligadas ao crescente boicote internacional eram listadas como as duas principais razões para a queda nas exportações da Alemanha. O relatório explicava que o próprio boicote era uma reação conjunta feita por grupos judeus e sindicatos. As perspectivas eram desoladoras.[18]

Em junho, dados dos meses anteriores começavam a se acumular nos escritórios do Terceiro Reich como relatórios de feridos em uma batalha adiada. As notícias eram sempre piores do que as esperadas. O superávit comercial vital para a Alemanha nos primeiros quatro meses de 1933 caiu mais de 50% em relação aos números de 1932, indo de RM 70,2 milhões a RM 35,4 milhões.[19] Por todo o norte da África, mercadorias solicitadas e enviadas eram recusadas, resultando em perdas assombrosas. Só as recusas egípcias chegavam a quase 500 mil dólares semanais.[20]

Algumas indústrias alemãs específicas foram seriamente atingidas. Debilitada pelo fracasso do leilão de Leipzig em junho, a indústria de peles foi autorizada a declarar: "Os judeus comerciantes de peles são bem-vindos em Leipzig".[21] Mas os judeus no exterior que controlavam quase todas as transações do mercado de peles estavam mantendo a promessa de destruir o negócio na Alemanha. Os judeus também tinham uma presença forte no mercado têxtil internacional. O líder mais evidente do boicote na Grã-Bretanha, lorde Melchett, dirigia um conglomerado têxtil. Assim, quando a já sofrida indústria da Alemanha perdeu, de repente, mais RM 1 milhão em vendas, o Terceiro Reich imediatamente assumiu que o responsável era o boicote.[22]

Talvez a perda mais devastadora e visível tenha acontecido na indústria de diamantes alemã. Anteriormente, a Alemanha havia empregado 5 mil trabalhadores nessa indústria, mesmo quando milhares de polidores holandeses haviam ficado sem emprego. Nos últimos dias de maio, os comerciantes de diamantes da Holanda, a maioria judeus, recusaram-se a mandar qualquer gema para a Alemanha para polimento ou corte. Em menos de uma semana, 4 mil trabalhadores desempregados foram contratados na Antuérpia e em Amsterdã. A lucrativa indústria de diamantes da Alemanha foi destruída da noite para o dia.[23]

Os judeus estavam revidando. Não nos ombros, onde o inimigo estava bem protegido, mas na região da carteira, onde o inimigo estava sensível e exposto.

No início de junho de 1933, o espectro do colapso assombrava o Terceiro Reich. Em 6 de junho, Hjalmar Schacht enviou uma carta sombria para o *Führer* informando que, em 31 de maio, somente RM 280 milhões em ouro e reservas de moedas estrangeiras permaneciam no Reichsbank. Havia agora "o grande perigo de que as reservas estrangeiras disponíveis não fossem mais adequadas para o pagamento ordenado dos milhões necessários diariamente nas transações comerciais alemãs. Esse perigo era ainda maior, já que a constante redução das reservas estrangeiras disponíveis levaria à diminuição cada vez maior do comércio internacional". Schacht confirmou o que os jornais estrangeiros já haviam publicado, que a balança comercial positiva da Alemanha – ou seja, seu superávit vital de exportações sobre importações – no primeiro trimestre de 1933 era *menos do que a metade* dos números de 1932: caíra de RM 94 milhões para RM 44 milhões. Schacht avisou que um declínio drástico no comércio era agora "perigosamente iminente".[24]

"Não deveríamos esperar que tal situação ocorresse se não queremos colocar em perigo os pagamentos das importações, em especial de matérias-primas e produtos semimanufaturados, cujo processamento forma a base para o *emprego de uma força de trabalho alemã altamente qualificada*."[25] As palavras, sublinhadas por Schacht, carregavam uma mensagem nefasta. As exportações da Alemanha eram sobretudo de produtos manufaturados, que precisavam de componentes importados. Uma coisa era não pagar suas dívidas, seus títulos e obrigações intergovernamentais. Mas, se a Alemanha não conseguisse fazer as compras diárias necessárias para manter seu povo trabalhando, tudo pararia de repente.

Schacht exigiu a imediata proibição de pagar obrigações em moedas estrangeiras colocadas antes da crise bancária de julho de 1931, exceto aquelas exigidas pelo Acordo de Standstill, que congelou a maioria das dívidas da Alemanha como parte de um plano de reestruturação de pagamentos. Essa medida apenas permitiria que a Alemanha continuasse seus negócios diários.[26] O embaixador da França em Berlim, André François-Poncet, visitou Von Neurath, o ministro das Relações Exteriores do Terceiro Reich, na noite seguinte, 7 de junho, para protestar que os credores franceses seriam severamente afetados. Von Neurath defendeu a decisão como uma consequência natural do declínio das exportações.[27] Era o velho argumento da Alemanha contra o boicote. Como poderia honrar as dívidas internacionais quando sua capacidade de pagar dependia das exportações que começavam a ser recusadas em todo o mundo?

As reclamações americanas foram mais explícitas. O principal entre eles era John Foster Dulles, um advogado que representava os bancos americanos. Ironicamente, Schacht havia sempre acreditado que a ameaça de um calote dos títulos alemães que estavam nas mãos dos americanos, por causa da falta de moedas estrangeiras resultante do boicote, seria um grande incentivo para os americanos rejeitarem a campanha anti-Hitler. Mas o protesto escrito de Dulles prometia uma retaliação ainda maior: "Acredito que, se a Alemanha iniciar esse sistema, a saída de *devisen* [moedas estrangeiras] continuará a ser bastante substancial e sua renda será bastante reduzida devido aos cada vez maiores obstáculos e preconceitos contra o uso de bens e serviços alemães". A última cláusula trazia a fraseologia familiar do boicote antinazista. A mensagem de Dulles acrescentava: "Há sempre um elemento considerável que é discriminatório contra o uso dos produtos e serviços alemães. Isso pode ser apenas uma fase passageira ou pode se cristalizar em uma atitude nacional bem definida. Em minha opinião, ela se cristalizará se [...] [a Alemanha] se alienar de importantes elementos de nossa população que é representada pelos portadores de títulos alemães".[28]

Pontuando sua ameaça com a declaração "Títulos não pagos não evaporam", Dulles listou medidas retaliatórias além do boicote, incluindo um confisco de bens alemães privados e públicos nos Estados Unidos. Um memorando anexado listava os ativos que poderiam ser liquidados: os navios e rendas de três empresas de navegação alemãs; a propriedade e os fundos da Companhia Alemã-Atlântica de Cabos; as empresas de eletricidade AEG e Gesfurel; e a United Steel Works; mais os depósitos de, pelo menos, dois grandes bancos alemães nos Estados Unidos. Juntos, os ativos visados representavam 155 milhões de dólares. Mas Dulles prometeu que o confisco seria estendido a outras firmas alemãs no exterior que deviam dinheiro para os devedores alemães.[29] Em outras palavras, Dulles ameaçava a retomada de posse, o confisco e a liquidação do comércio internacional da Alemanha.

Manipulações monetárias e de dívidas ganhavam tempo, mas pouco. Os líderes nazistas estavam preocupados e divididos sobre qual seria a melhor forma de combater o boicote. As ameaças sempre aumentavam. No editorial de 10 de junho do *Volkischer Beobachter*, reimpresso nos Estados Unidos, o filósofo de Hitler, Alfred Rosenberg, avisava: "O destino dos judeus [...] pode piorar se o judaísmo internacional não desistir de seu plano de isolamento contra os negócios alemães".[30] Mas os boicotadores ignoraram tais ameaças, acreditando que a perseguição nazista continuaria – com ou sem boicote.

Em um teste, o Terceiro Reich usou o que restou de sua preciosa influência com uma potência estrangeira para tornar ilegal o boicote. Isso aconteceu na Letônia, um dos lugares onde o boicote era mais forte na região do Báltico. No final de maio, a embaixada alemã procurava restringir nos tribunais grupos estudantis judeus que defendiam o boicote a filmes alemães. Então, no início de junho, logo depois da Conferência de Judeus de Toda a Letônia e vários grupos socialistas terem votado o apoio oficial ao boicote, o Terceiro Reich contra-atacou com um boicote alemão à manteiga letã. A Alemanha prometeu que a manteiga era apenas o começo. Na verdade, o Terceiro Reich não tinha como acabar com o comércio bilateral dessa forma; a manteiga foi selecionada somente porque tal banimento já era necessário para proteger o mercado interno de manteiga. Mas, para a Letônia, o aviso foi suficiente. Em uma semana, Von Neurath havia concluído um acordo em Londres com o ministro de Relações Exteriores da Letônia para proibir todas as atividades de boicote antinazista no país. No entanto, embora o acordo tenha reduzido a organização aberta antinazista, grupos de boicote da Letônia permaneceram na vanguarda de ações internacionais.[31]

Mas o caso letão foi isolado. Os movimentos anti-Hitler em outros países ficavam cada vez mais organizados e abrangentes. Um dos mais temidos precedentes foi montado na Inglaterra por um velho cavalheiro chamado capitão Walter Joseph Webber. Capitão Webber, que ganhara o apelido de "Capitão Galante", estabeleceu um sistema de "certificados de boicote" para as lojas britânicas. Assim como o PNSTA na Alemanha havia circulado certificados para os comércios arianos que estavam livres de produtos judaicos, a Organização do Capitão Webber na Inglaterra começaria a distribuir certificados para as lojas que seguiam o boicote antinazista. As lojas que não mostrassem o certificado entrariam em uma lista negra e, se necessário, seriam boicotadas. Se os atentos inspetores de Webber encontrassem qualquer falha, o certificado seria removido.[32]

A princípio, o capitão Webber estipulou a data de 15 de junho de 1933 como o prazo-limite para o cumprimento. Mas quando várias lojas pediram um tempo extra para devolver ou vender com desconto o estoque alemão remanescente, o prazo foi estendido para 1º de julho. Quando os certificados foram finalmente liberados, 5 mil foram afixados em vitrines na Inglaterra somente no primeiro dia. Muitos foram por motivos que não tinham relação com os judeus. A adesão era estritamente forçada nos bairros judeus. Por exemplo, no final de uma noite de sexta-feira, descobriu-se que a loja de brinquedos do sr. Isaac Angel tinha produtos alemães no estoque. Uma multidão enfurecida de cerca de mil pessoas cercou a loja e tornou-se tão ameaçadora que a polícia montada foi chamada. O incidente terminou somente quando o frágil capitão foi encontrado e escoltado através da multidão para conversar com o sr. Angel. Os manifestantes finalmente se dispersaram quando foi garantido que os brinquedos alemães seriam devolvidos, ao que um certificado de cumprimento seria fornecido.[33]

Apesar do impacto econômico e psicológico de boicotes locais e nacionais, o que os nazistas mais temiam era uma operação global coordenada. Por exemplo, quando um dono de loja em Londres decidisse se recusar a vender luvas alemãs, onde encontraria fontes alternativas? Quando uma ótica em Newark considerasse mudar a já bem estabelecida fonte alemã de lentes, onde conseguiria novas? Localizar novos distribuidores e construir novas relações comerciais não era um processo rápido. Mesmo quando os absurdos do nazismo provocavam os comerciantes a suspender seu estoque de produtos alemães, isso só poderia ser feito por alguns meses antes que suas próprias empresas começassem a sofrer com a falta de mercadorias. Empresários e consumidores simpatizantes do boicote só ficariam felizes em cortar permanentemente os bens alemães se alguém localizasse alternativas de qualidade e preço idênticos.

Os concorrentes da Alemanha na França, no Canadá, Inglaterra, Tchecoslováquia, nos Estados Unidos e Holanda ficaram felizes em ocupar o espaço. Mas como as fábricas de talheres em Sheffield, na Inglaterra, conseguiriam descobrir as lojas de talheres em Pittsburgh e na Cracóvia? Como as lojas de porcelana de Oslo e Buenos Aires localizariam as fábricas de porcelana da Romênia?

Em 1933, o comércio havia se tornado algo internacional e tão complexo que somente uma organização global poderia desviar fundamentalmente o tráfego internacional para evitar o bem montado sistema de exportações alemão. E os organizadores do boicote entenderam isso desde o começo.

Esses organizadores sabiam que boicotes são bem-sucedidos não ao pedir que as pessoas parem de comprar e vender o que elas tradicionalmente compram e vendem, mas pedindo que as pessoas *substituam* suas lealdades. Novas lealdades, depois de enraizadas, também se tornariam difíceis de desalojar. Sem fontes alternativas de boa qualidade e com preço competitivo, o boicote anti-Hitler não seria mais do que uma represália comercial, emocional, mas pouco punitiva. Porém, com um organismo internacional para redirecionar os rios do comércio, a Alemanha ficaria deserta e destituída – não só por alguns meses, de forma a poder aguentar o ataque, mas de maneira sistemática que permaneceria funcionando até que a Alemanha colapsasse internamente.

Os principais participantes do boicote nos Estados Unidos, Holanda, Inglaterra, França e Polônia, que aguardavam o momento da consolidação internacional, quase adotaram, universalmente, o mesmo slogan: "A Alemanha cairá neste inverno!".

19

A ALEMANHA CAIRÁ NESTE INVERNO

Tempo era o que o Terceiro Reich precisava. Quando não conseguisse pagar mais suas obrigações, a Alemanha estaria arruinada. Esse momento havia sido tecnicamente postergado por anos com o racionamento da moeda estrangeira, usada apenas nas transações mais importantes. Porém, com as reservas do Reichsbank sendo atacadas tão profundamente tanto pelo boicote quanto pela Depressão, em breve não haveria mais nada para racionar.

Na verdade, no início de 1933, o governo alemão foi forçado a permitir que o Congresso Judaico Americano e outros grupos enviassem um fundo de assistência multimilionário aos judeus em Berlim. A decisão era de tal importância que a aprovação final só poderia ser concedida pelo próprio Hitler. Era uma aprovação difícil, porque aceitar fundos de auxílio era uma admissão de que os judeus alemães estavam sendo economicamente destruídos – algo que o Terceiro Reich continuava a negar. Mas os dólares eram seriamente necessários para apoiar a escassez de moeda estrangeira. Além disso, quando ativistas obstinados do PNSTA tentaram tirar os fundos dos bancos de Berlim, alegando que o dinheiro do Congresso pertencia a uma organização hostil, o governo interveio rapidamente, e a distribuição de dinheiro para os judeus foi retomada. A ameaça de que futuros dólares de auxílio não fossem enviados para a Alemanha era uma possibilidade muito arriscada para permitir qualquer interferência.[1]

Mas os fundos de assistência eram meras gotas de água na sede do Terceiro Reich. Para ser claro, eles já estavam falidos. Somente os atos inteligentes e desesperados de Schacht adiavam o fechamento em massa da indústria alemã.

Por exemplo, logo depois que o acordo de Sam Cohen foi concluído, o ministro da Economia do Terceiro Reich percebeu o potencial de usar os marcos bloqueados e as mercadorias para pagar credores desesperados. Um acordo semelhante foi organizado com um novo grupo americano dirigido pela Harriman Company. Harriman compraria mercadorias alemãs para cerca de 150 indivíduos e empresas americanas com contas bloqueadas na Alemanha. Funcionava desta forma: os importadores americanos pagariam somente 75% dos valores nas notas em moeda americana. Mas esses dólares nunca chegariam ao fabricante alemão; iriam para as reservas do Reichsbank, que então pagaria ao exportador alemão com marcos bloqueados. Os 25% restantes das notas seriam depositados em uma conta em juízo nos Estados Unidos, em dólar. Para consumar a transação, o credor americano ficaria com a conta em dólares nos Estados Unidos, e o fabricante alemão ficaria com a conta bloqueada do credor na Alemanha. O Ministério da Economia esperava promover por volta de RM 25 milhões em exportações através dessa prática.[2] Os credores americanos estavam tão desesperados que concordavam até em usar essa estratégia para recuperar aos poucos parte de seus ativos congelados na Alemanha. No processo, a Alemanha ganhava moedas estrangeiras e mantinha a indústria funcionando por mais um tempo.

Outro truque para ganhar tempo foi a proliferação de permutas bilaterais. Com pouco ou nenhum dinheiro para pagar por matérias-primas e produtos semimanufaturados necessários para a indústria, a Alemanha poderia, em último caso, recorrer ao sistema de permuta, uma troca direta de bens e *commodities*. Por exemplo, a Alemanha poderia barganhar seu carvão pelo algodão de outro país, ou remédios por metais. Dessa forma, uma Alemanha na bancarrota poderia manter a entrada de componentes manufaturados e a população continuaria trabalhando.

Mas esses artifícios dependiam de um fator essencial: o valor inerente dos produtos alemães. Quando a mercadoria alemã se tornasse essencialmente sem valor, a Alemanha só conseguiria ganhar um pouco mais de tempo com truques internos, charadas ou usurpação descarada. Por exemplo, o Terceiro

Reich poderia oferecer subsídios para evitar a desintegração de uma indústria. No início de junho, tais subsídios eram frequentes. Por exemplo, em 6 de junho, Goebbels garantiu uma subvenção de RM 10 milhões para a indústria de cinema.[3] Mas, atacada por boicotes, a indústria cinematográfica demoraria meses, talvez anos, para se reconstruir.[4] Por quanto tempo esses subsídios poderiam continuar?

Ou o Terceiro Reich poderia aumentar a proteção artificial das indústrias nacionais. Tal proteção já existia para numerosas *commodities*, como ovos e trigo. Porém, sempre que o governo bania suprimentos competitivos de países vizinhos, estes retaliavam com restrições similares a produtos alemães. Dessa forma, um setor econômico crescia por um momento, enquanto vários outros pagavam o preço. Por exemplo, o comércio com a Romênia quase não existia em junho de 1933, porque o protecionismo da Alemanha banira vários produtos agrícolas romenos, provocando uma retaliação sobre muitos produtos alemães.[5] Por quanto tempo o Terceiro Reich protegeria setores econômicos selecionados à custa de outros?

Ou o Terceiro Reich poderia expandir seu rígido controle de salários e preços. Mas isso criava escassez de produtos, mercados ilegais e até falências. Na verdade, tais falências já ocorriam com regularidade. Companhias extintas eram simplesmente absorvidas em cartéis cada vez maiores para manter os empregados trabalhando. Mas por quanto tempo empresas não lucrativas poderiam continuar a se juntar antes de criarem um gigantesco fracasso industrial? Quantas falências o Terceiro Reich poderia aguentar com subsídios? E quanta carência de produtos o Terceiro Reich poderia suportar antes que o trabalho fosse obrigado a parar por falta de materiais?

Ou o Terceiro Reich conseguiria enganar milhões de alemães desempregados, levando-os a acreditar que estavam empregados e bem remunerados. Com mais de 5 milhões ainda sem emprego, os esquemas de trabalho haviam se tornado uma obsessão do Terceiro Reich. Por exemplo, em maio, Hitler anunciou "voluntariado compulsório" como um substituto para o emprego verdadeiro. A maioria desses esquemas simplesmente realocava o trabalhador. Fortemente dependentes dos jingos nazistas e fatalmente subfinanciados, os programas de trabalho substitutos foram resumidos de forma adequada em meados de maio em um relatório do *attaché* comercial britânico F. Thelwell:

> Esquemas de [re]assentamento e para a provisão de trabalho [...] estão sendo tratados em conjunto e [...] tal é o estado de confusão existente e planos tão obviamente fantásticos estão sendo discutidos, que é impossível formar qualquer imagem racional ou coerente do que, no final, será feito.[6]

Quanto tempo esses esquemas continuariam a falhar antes que a população os visse como placebos?

Ou o Terceiro Reich poderia continuar pressionando seus próprios cidadãos e empresas. Isso ele já fazia com os judeus, com a enorme aprovação da população antissemita da Alemanha. Os ativos judeus na Alemanha provavelmente excediam os RM 10 bilhões.[7] Mas os usurpadores nazistas eram tão ineptos que as empresas arianizadas frequentemente faliam, criando ainda mais desemprego. Além disso, na primavera de 1933, a política de tomar empresas começou a se estender para setores não judaicos, pois toda empresa suspeita estava sujeita ao confisco por *kommissars* do partido (controladores do partido nomeados localmente). A situação tornou-se tão precária que líderes nazistas como Hugenberg, Goebbels e até Hitler censuravam incessantemente os *kommissars* do PNSTA a *parar* de tomar as empresas. Em 20 de maio, por exemplo, Goebbels os avisou: "Não vamos permitir que as empresas do país sejam destruídas por diletantes".[8] Por quanto tempo empresas produtivas seriam neutralizadas antes que a perda coletiva criasse uma crise insuperável?

Os nazistas sabiam a resposta para todas essas questões. Se as exportações ficassem muito baixas, a Alemanha, como nação, teria de enfrentar mais uma vez a fome. Isso havia acontecido apenas catorze anos antes; ainda estava forte na mente de todos. No inverno de 1919, uma Alemanha já derrotada foi bloqueada, até se submeter, faminta. Para os nazistas, o boicote antialemão de 1933 era, de várias formas, uma tática reminiscente. Não havia navios inimigos no mar, nenhuma divisão hostil na cabeça de ponte. Mas tão eficiente quanto qualquer bloqueio de fragata ou de infantaria era esse boicote que bloqueava a venda de produtos alemães, travava o comércio exterior no ganho de receitas e impedia a entrada dos meios de sobrevivência na Alemanha.

Quantos meses a Alemanha poderia sobreviver depois que o boicote se tornasse global, logo que o comércio conseguisse se realocar ao redor da

Alemanha? Os boicotadores adotavam o slogan: "A Alemanha cairá neste inverno". Em Berlim, muitos acreditavam nessas palavras. Em 14 de junho, o embaixador da Grã-Bretanha, Sir Horace Rumbold, relatou ao secretário de Relações Exteriores, John Simon, sobre uma longa conversa com o ex--chanceler alemão Heinrich Brüning. A reunião havia sido bastante ansiosa, porque Brüning estava convencido de que seus telefones e correio eram monitorados. Rumbold expressou a crença de Brüning de que "as condições econômicas poderiam se deteriorar a tal ponto que no outono ou no inverno se produziria uma situação muito séria neste país". Rumbold acrescentou sua própria validação: "Eu ouvi de uma fonte direta que o próprio chanceler [Hitler] está bastante apreensivo com as condições econômicas que podemos alcançar até o final do ano".[9]

Duas semanas depois, em 30 de junho, Rumbold enviou outro relatório para Simon, que descrevia o caos político e econômico sem paralelos na Alemanha nazista. O relatório de Rumbold fechava com uma afirmação direta: "O chanceler está concentrando sua atenção no problema da redução do desemprego, pois percebe que sua permanência no cargo depende, em grande parte, da situação econômica no próximo inverno".[10]

* * *

A viabilidade econômica da Alemanha tornou-se, na verdade, um fantasma de mentiras, truques e fachadas. E então chegou a única coisa que o Terceiro Reich temia: a consolidação do boicote. Desde a primavera, tanto os Judeus Veteranos de Guerra em Nova York quanto os comitês de boicote poloneses em Varsóvia haviam conversado sobre unir forças. Em 3 de junho, lorde Melchett e o Trades Union Congress britânico tomaram a iniciativa e enviaram convites formais para que os comitês de boicote independentes do mundo se reunissem em Londres no dia 25 de junho para estabelecer um conselho internacional pró-boicote.[11]

Melchett chamou a convenção pró-boicote de Conferência Econômica Judaica Mundial. O nome era um jogo de palavras com a reunião intergovernamental que acontecia em Londres na época, a Conferência Econômica Mundial, organizada para estimular o comércio, sobretudo com a Alemanha.

Na realidade, as esperanças da Alemanha de aumentar o comércio evaporaram. Os delegados da Conferência Econômica Mundial foram tão ameaçadores que o plano de Schacht de calote teve de ser suspenso por medo de provocar extraordinárias retaliações, tal como a liquidação de propriedades alemãs no exterior, como prometido por John Foster Dulles. Uma reunião de gabinete do Terceiro Reich realizada em 23 de junho, logo depois da Conferência Econômica Mundial, reportou: "Por mais pessimistas que fossem as expectativas com as quais a delegação [alemã] foi para Londres, elas ainda estavam aquém da realidade. A Alemanha descobriu entre todos os Estados uma atitude que dificilmente poderia ser pior".[12] A Conferência de Melchett planejava terminar o trabalho.

Os Judeus Veteranos de Guerra (JVG) e a Liga Americana para a Defesa dos Direitos Judaicos (LADDJ) – os dois grupos na vanguarda do boicote nos Estados Unidos – aceitaram o convite de lorde Melchett imediatamente através de Samuel Untermyer, presidente da LADDJ, um dos mais respeitados defensores do judaísmo americano. Ele era conhecido como o homem que quebrou os "trustes financeiros", como o advogado ex-sócio do líder do Comitê, Louis Marshall, como uma figura importante na vitória sobre Henry Ford, e como um lutador contra injustiças nos direitos civis. Sua liderança era muito significativa para o movimento pró-boicote, já que era um rival popular de Stephen Wise, que ainda não declarara o boicote. No entanto, ao aceitar o convite de Melchett, Untermyer pediu que a conferência fosse adiada por duas semanas, dando tempo para que ele e seus associados finalizassem questões nos Estados Unidos. Melchett rapidamente concordou e uma nova data foi estabelecida: 15 de julho.[13]

Os preparativos começaram imediatamente. Grupos de boicote da Holanda, França, Polônia, Inglaterra, dos Estados Unidos, Letônia e de trinta outros países participariam. Ideias bem-sucedidas para o boicote seriam trocadas. Métodos ineficazes seriam analisados e melhorados. Comitês separados focariam em técnicas para organizar sindicatos, manufaturas e consumidores. O mais importante, todos os grupos trariam longas listas de fabricantes e vendedores que procuravam alternativas para os produtos alemães.[14] Essas listas seriam reunidas, tornando o grupo de boicote internacional um centro de referência comercial, em primeiro lugar. Enquanto isso, os ansiosos para substituir os produtos alemães continuavam sua luta irregular para encontrar alternativas por meio de anúncios em uma publicação do boicote, *The Jewish Economic Forum*, promovida por lorde Melchett.

Importadores egípcios de meias de seda querem suprimentos "similares aos produtos de Chemnitz". Distribuidores de ornamentos britânicos procuram produtores de ornamentos em madeira talhada de qualquer fonte não alemã. O principal importador de grafite limpo da Polônia procura suprimento alternativo não alemão. Os fabricantes de capas britânicos precisam de produtores de zíperes de qualquer lugar, menos da Alemanha. Empresas húngaras, iugoslavas, suíças e tchecas querem luvas, chapéus, colas e alimentos para substituir os produtos alemães. A Ferrovia Estatal Francesa oferece desconto especial nas taxas de fretes para transportadoras que querem evitar caminhões e linhas ferroviárias alemãs.[15]

Esses métodos ineficientes teriam uma curta existência. Em 15 de julho, na Conferência Econômica Judaica Mundial, toda comoção, raiva e ressentimento dos boicotadores seriam transformados em simples negócios. A experiência mercantil de séculos foi somente um ensaio para a maior e mais importante rede comercial na história judaica. Se os acordos funcionassem, o judaísmo alemão poderia ser salvo.

Quando o boicote global se tornasse realidade, o slogan "A Alemanha cairá neste inverno" poderia muito bem se tornar uma profecia.

* * *

No dia 24 de junho de 1933, o sr. Sam Cohen concluiu uma reunião produtiva com o cônsul alemão Wolff em Jerusalém. Várias ideias para acabar com o boicote foram discutidas, e o cônsul Wolff estava ansioso para notificar Berlim. Em um memorando inscrito "URGENTE", enviado naquele dia para o ministro de Relações Exteriores do Terceiro Reich, Wolff informava:

> O sr. Sam Cohen [...] me informou hoje que provavelmente [...] participará do congresso judeu em Londres, planejado para meados de julho, que tomará decisões a respeito do boicote judaico contra a Alemanha [...] por todos os demais importantes países do mundo.

E previa "que a resolução do boicote será aprovada" já que os judeus em toda parte acreditam "que essa ação é a única arma que pode causar danos consideráveis [para a Alemanha]".[16]

Wolff continuava:

> Se o sr. Sam Cohen participará do que poderia se chamar de "congresso do boicote", faz isso [...] por causa de seu prestígio com o sionismo aqui e com a Agência Judaica; [e] para colocar os freios no congresso trabalhando nos bastidores [...] Ele tentará [...] vender seus planos antiboicote a participantes influentes do congresso de Londres. Isso inclui, se possível, Stephen Wise e o advogado [Samuel] Untermyer, que estão vindo dos Estados Unidos para participar do congresso.[17]

O cônsul Wolff acrescentou que os incansáveis esforços antiboicote de Cohen eram continuamente subvertidos por grupos judeus e sionistas que sustentavam ser a liberação de 1 milhão de reichmarks da Hanotaiah uma concessão muito pequena para negociar a decisão politicamente instável de abandonar o boicote. Jogando direto na mentalidade nazista, Wolff afirmava que a licença de RM 1 milhão era "insignificante em vista da magnitude dos problemas econômicos [judeus] e da riqueza nas mãos deles [...] A única medida correta para neutralizar o crescente ódio e hostilidade judaicos em relação à Alemanha seria uma acomodação mais generosa por parte do governo alemão. Entende-se, certamente, que tal acomodação seria na arena econômica em vez da política.[18]

A carta do cônsul Wolff era outro esforço de *lobby* para expandir o acordo de Sam Cohen para vários milhões e ampliá-lo para cobrir tanto os futuros emigrantes judeus quanto os já presentes. Na visão do Partido Nazista, "futuros" emigrantes incluíam todo judeu na Alemanha. Ao se aliar ao cônsul Wolff, Cohen descobriu seu defensor mais eficiente. Enquanto Wolff enviava sua carta de 24 de junho, o ministério da Economia em Berlim era notificado do apoio do Ministério das Relações Exteriores às recomendações do cônsul.[19]

Wolff era, afinal, o homem da Alemanha em Jerusalém. Berlim apoiava-se nele. E Sam Cohen também.

O cônsul Wolff não o desapontaria. Em outro esforço para fortalecê-lo, enviado três dias depois, Wolff mandou uma nota pessoal para seu colega Kurt Prufer, que supervisionava o Departamento Oriental do ministro das Relações Exteriores:

> Estou cada vez mais convencido de que o caminho do sr. Sam Cohen é o único que nos permitirá derrotar o movimento de boicote judaico antialemão. O sr. Sam Cohen teve sucesso não só em provocar o interesse de todas as autoridades locais e indivíduos adequados para seus planos, mas também em obter a mais ampla autoridade para a implantação sob a supervisão nacional [judaica] [...] Essa é a única forma [...] de que algo possa ser feito em relação à onda de boicotes.

Para garantir a percepção da validade de Cohen, o cônsul Wolff acrescentava garantias de que não haveria oposição subsequente a Cohen ou à Hanotaiah, "nem dos plantadores, ou dos grandes fundos sionistas ou de grupos de trabalhadores ou de qualquer outro partido".[20]

No momento, tais garantias eram essencialmente corretas. As principais instituições sionistas, desesperadas por ações rápidas em face do crescente boicote, já haviam endossado Cohen. Em 2 de julho, a *ad hoc* Conferência de Instituições realizou uma reunião em que participaram representantes do conglomerado sindical Histadrut, a Associação de Industriais, a Organização de Imigrantes Alemães e outras entidades oficiais. Esses homens representavam, na verdade, a Palestina judaica e reiteraram a crença de que encerrar o boicote era a única forma de salvar a riqueza dos judeus na Alemanha. Mas os homens também verbalizaram o medo de um retrocesso popular. Agora, o *pogrom* morno do Terceiro Reich era tão abjeto, e as exigências populares por um boicote tão veementes, que poucos conseguiam visualizar a aceitação de qualquer ligação econômica com a Alemanha. O representante da Câmara do Comércio lembrou aos participantes que, na sessão anterior de 6 de junho, eles haviam votado por não se posicionar a favor ou contra, derrotando, na prática, qualquer plano de boicote. A resolução de 6 de junho fora ocultada do público depois do assassinato de Arlosoroff. Mas os representantes agora sentiam que não podiam mais demorar se quisessem que os imigrantes alemães conseguissem transferir seus ativos para a Palestina. Os representantes votaram a favor do incentivo de um acordo comercial com o Terceiro Reich.[21]

No dia seguinte, o cônsul Wolff retomou sua campanha. No dia 3 de julho, ele despachou uma carta assinalada como "MUITO URGENTE" para o Ministério das Relações Exteriores do Terceiro Reich relatando as várias táticas que os boicotadores tentariam e creditando a Cohen o conhecimento das informações.

> O sr. Sam Cohen [...] que, por causa de conhecimento íntimo das condições locais, chamou minha atenção para outras questões [...] por exemplo [...] os britânicos e franceses, para explorar as dificuldades experimentadas pelos esforços de exportação na Palestina [...] querem estabelecer um centro coordenador que, com a ajuda das empresas locais judaicas, listaria os fornecedores atuais alemães e estaria em posição de oferecer mercadorias britânicas e francesas substitutas por preços menores. O sr. Sam Cohen me informa que os círculos judeus [sionistas] até o momento não estão a favor de tal empreendimento, e eu acredito nele, porque Sam Cohen e seus amigos são fortes sionistas que querem facilitar a imigração de judeus alemães para a Palestina, por meio das importações da Hanotaiah [...] [Mas] eles devem demonstrar que, ao organizar esse comércio alemão-palestino, podem fazer contribuições especiais à Palestina [tendo mais resultados que o boicote].[22]

A carta de 3 de julho de Wolff avisava Berlim do quão avançado estava o boicote na Palestina. "O que acontece em Tel Aviv [...] é que jovens estão inspecionando cada loja, exigindo ver os pedidos e notas fiscais para determinar a origem da mercadoria."[23] O cônsul pedia pela aprovação de seu pedido anterior para expandir a permissão de transferência da Hanotaiah tanto em limite de dinheiro como no tipo de mercadoria permitida.

Quando Wolff exigiu a expansão pela primeira vez no final de junho, ele atraiu o Terceiro Reich com afirmações de que o acordo de Cohen era amplamente apoiado com "supervisão nacional" e com promessas de que Cohen importaria separadamente 500 mil libras em máquinas, pagando principalmente com moeda estrangeira. Contudo, Wolff agora advertia o Terceiro Reich de que o papel de Cohen na tarefa de acabar com o boicote era tão crucial que Berlim deveria evitar a "supervisão nacional" e garantir o monopólio da Hanotaiah em *todas* as importações alemãs para a Palestina.[24] Cohen tinha originalmente concordado em "compartilhar" seu empreendimento comercial com outras empresas públicas como a Yakhin para evitar lucrar e garantir o controle público. Mas agora Cohen não dividiria os lucros e as decisões com ninguém.

Em sua carta de 3 de julho, o cônsul Wolff também indicou que Cohen não queria mais pagar nenhuma moeda estrangeira por pedidos especiais de máquinas. O cônsul reconheceu que Berlim não iria gostar desse recuo, mas afirmou que, se a Alemanha esperava acabar com o boicote, deveria cooperar com Cohen. Wolff sugeriu que todas as questões pendentes fossem resolvidas em uma reunião com Cohen em Berlim no dia 13 de julho.[25] Depois, a expansão do acordo original, os planos separados para as importações de máquinas e as exigências de moedas estrangeiras poderiam ser realizados.

"Imediatamente depois", Wolff escreveu, "ele planeja ir para o 'congresso do boicote' [15 de julho] em Londres."[26] A implicação era evidente. O trabalho do sr. Sam Cohen na conferência do boicote de Melchett em 15 de julho seria influenciado pelos acordos que ele conseguisse em Berlim no dia 13 de julho.

* * *

A situação do protesto na Inglaterra era quase um reflexo dos Estados Unidos. A população britânica geral estava chocada e enraivecida pelo regime antijudaico da Alemanha. Líderes cristãos e judeus, leigos e religiosos, estavam a favor de fortes medidas punitivas. O governo de Sua Majestade preferiu permanecer em silêncio, mas frequentemente concordava com os desejos do povo e do parlamento e fazia objeções formais ao Terceiro Reich. Mas, na Inglaterra, assim como nos Estados Unidos, o maior obstáculo para um movimento de protesto e de boicote unidos era o círculo dos líderes à frente da comunidade judaica.[27]

Assim como em Nova York, a comunidade judaica de Londres estava dividida em uma classe do Leste Europeu, congregada no East End, e os mais nobres da Europa ocidental, principalmente famílias alemãs, no West End. Esses dois grupos geralmente olhavam para o outro com reprovação. Os do East End – trabalhadores e comerciantes tentando se manter – estavam acostumados a protestos barulhentos para garantir seus direitos. Os do West End preferiam métodos dignos para lidar com a injustiça contra os judeus.[28]

A contraparte britânica do Comitê Judaico Americano era um pequeno grupo de cavalheiros autonomeados chamado Associação Anglo-Judaica. A contraparte aparente do Congresso Judaico Americano era um organismo de representantes eleitos chamado Conselho de Deputados dos Judeus Britânicos. No entanto, os deputados perseguiam missões de defesa de uma forma mais tranquila. E, ao contrário do Congresso, os deputados eram conhecidos por serem anti ou não sionistas. Assim, apesar de serem de fato eleitos, eles muitas vezes não representavam os desejos populares anglo-judaicos.[29] Portanto, com sua postura tutelar em relação aos assuntos judaicos, os deputados encontravam mais camaradagem com os conservadores do Comitê do que com os demagogos do Congresso.

No vácuo do protesto e do boicote criado pela Associação Anglo-Judaica e os deputados, surgiram muitos grupos de base judaicos e inter-religiosos determinados a boicotar. Tais entidades *ad hoc* como a Aliança Mundial para Combater o Antissemitismo, a Organização do Capitão Webber e o Conselho Anglo-Judaico de Sindicatos de lorde Melchett geravam uma militância diretamente ameaçando a direção estabelecida anglo-judaica.

A desunião chegou ao auge em julho de 1933, quando o círculo de lorde Melchett estava determinado a realizar protestos massivos e ações de boicote em Londres. Entre os mais importantes estava a Conferência Econômica Judaica Mundial de 15 de julho. A mentalidade tutorial dos líderes anglo-judeus levou-os a fazer declarações afirmando que a Conferência – e seus grupos de 35 nações – era uma reunião "não autorizada" de judeus que devia ser ignorada.[30] No início, os organizadores da conferência se recusaram a ser intimidados. Eles tinham apoio da massa, o que aumentava a cada vez que afirmavam publicamente que realizariam a conferência do boicote com ou sem a sanção dos líderes tradicionais anglo-judeus. Mas, à medida que aumentavam as declarações de descrédito de líderes anglo-judeus, ficou claro para lorde Melchett que o judaísmo britânico não estava pronto para travar uma batalha econômica com Hitler. Em 7 de julho, ele foi forçado a anunciar um adiamento da conferência até o outono. A explicação oficial citava uma maior necessidade de coordenação de vários comitês de boicote nacionais.[31]

No entanto, lorde Melchett entendeu corretamente que sozinhos os judeus não conseguiriam executar um boicote com sucesso. Eles dependiam de ganhar a cooperação dos cristãos. Isso seria impossível enquanto as organizações judaicas oficiais denunciassem o boicote e a conferência como ilegítimos. Era, portanto, o momento de uma confrontação.

Em um movimento inesperado, em 12 de julho, os representantes de lorde Melchett compareceram a uma reunião do Comitê Conjunto de Relações Exteriores (CCRE), o braço da política exterior do Conselho de Deputados e da Associação Anglo-Judaica. Todas as políticas na crise alemã eram tecnicamente formuladas por meio desse organismo deliberativo bilateral e refletiam as decisões dos deputados e da Associação Anglo-Judaica.[32] A aprovação do CCRE era, portanto, imperativa.

Durante a reunião, os advogados de lorde Melchett apresentaram um memorando de oito pontos que exigia que o CCRE renunciasse e reconhecesse a reação à crise de Hitler somente como dentro do âmbito de um comitê *ad hoc* especial para incluir lorde Melchett e outros notáveis do boicote.[33] Se eles não desejassem se juntar ao boicote, pelo menos poderiam ficar em silêncio enquanto outros saíam à batalha.

Abdicar da autoridade na maior emergência que o judaísmo enfrentava no século XX não seria uma tarefa fácil para o Comitê Conjunto de Relações Exteriores. Sionistas leais presentes na sessão faziam *lobby* contra o comitê substituto de Melchett, porque este prometia o boicote como uma política oficial, arruinando, assim, esperanças para uma transferência para a Palestina. Muitos líderes judaicos lutaram pela abdicação por todas as razões conhecidas de medo e cautela e porque era uma admissão de que sua liderança estava falida.

Mas membros suficientes da CCRE cederam à pressão de lorde Melchett, escolhendo abrir mão da responsabilidade, ou secretamente apoiaram o movimento popular. Depois de um violento debate, a maioria ratificou o memorando de Melchett – seis a favor, três contra.[34] Assim, um comitê *ad hoc* agora substituía as autoridades anglo-judaicas em todas as questões relativas à Alemanha nazista. Os boicotadores poderiam se aproximar da comunidade cristã e do governo britânico como a voz designada e legítima do judaísmo, pondo um fim a meses de desunidade pública.

Neville Laski, presidente dos deputados, e Leonard Montefiore, presidente da Associação Anglo-Judaica, viram o golpe de lorde Melchett como uma insurreição virtual. Na verdade, o *Jewish Chronicle*, com sede em Londres, descreveu o levante do Comitê Conjunto de Relações Exteriores como uma "Revolução Palaciana". E o *Jewish Daily Bulletin* de Nova York descreveu o confronto como "a deposição possível dos líderes atuais do judaísmo britânico".[35] Os boicotadores aceitaram essas descrições e não perderam tempo em exercer seu novo poder. Eles rapidamente pediram que os deputados ratificassem o golpe de Melchett do CCRE e adotaram uma resolução de boicote formal na próxima reunião dos deputados, em 16 de julho.[36]

Neville Laski imediatamente jurou em uma entrevista na imprensa que, se os deputados passassem à resolução pró-boicote de Melchett, ele renunciaria imediatamente.[37] Mas os organizadores da conferência ignoraram a ameaça de Laski. Se, em 16 de julho, os deputados ratificassem o golpe no CCRE e uma resolução de boicote, estaria em perfeita harmonia com o protesto de massa e o boicote planejado em Londres para 20 de julho. Esses mandatos formais e populares preparariam então a dramática e oficial fundação de uma Conferência Econômica Judaica Mundial naquele outono para organizar o mundo em um boicote coordenado.

No final do dia 12 de julho, o Terceiro Reich percebeu que seu futuro poderia, na verdade, ser decidido em breve por judeus – a menos que de alguma forma as realizações de lorde Melchett pudessem ser desfeitas. Nesse clima, os líderes alemães se prepararam para a reunião do dia seguinte em Berlim com o sr. Sam Cohen.

20

TREZE DE JULHO EM WILHELMSTRASSE

Wilhelmstrasse era o nome de uma rua e o nome de um bloco de prédios do governo alemão. Nos dois sentidos, o Wilhelmstrasse designava a sede do governo alemão. Apesar de construído durante o reino de Frederico, o Grande, em meados do século XVIII, o exterior de Wilhelmstrasse não tinha indícios de grandeza. Seus dois andares monótonos eram interrompidos por nada mais distinto do que uma entrada simples flanqueada por duas estruturas de ferro, embaixo de uma pequena sacada.[1]

O interior do Wilhelmstrasse fora atualizado para se adaptar à nova Alemanha. Suásticas e bandeiras foram rapidamente acrescentadas a todos os lugares vazios. Qualquer um que entrasse no prédio não poderia deixar de perceber a falta de continuidade entre esse Reich e os outros dois anteriores.

Foi para as profundezas desse complexo de escritórios governamentais que o sr. Sam Cohen se dirigiu no dia 13 de julho de 1933, pronto para discutir os detalhes finais da responsabilidade pessoal que ele assumiria sobre o futuro fiscal e físico do judaísmo alemão. Se tudo acontecesse como o esperado, sua licença de RM 1 milhão, garantida em meados de maio, seria expandida a talvez uma concessão ilimitada, suficiente para transferir os ativos de milhares de judeus alemães – dos poucos que desejavam emigrar para a Palestina e de uma maioria que, francamente, não poderia descartar essa opção. Os judeus alemães que escolheram se mudar para a Palestina encontrariam sua existência essencialmente limitada a trabalhar nas plantações de cítricos da Hanotaiah. Esses depositantes que não deixariam a Alemanha ou que escolhessem outros destinos descobririam que seus ativos já haviam sido transferidos e investidos em seus nomes na Palestina.

Acima dessa transação gigantesca estaria o sr. Sam Cohen. Por sua contribuição para a causa sionista, ele receberia, é claro, uma comissão gorda em forma de lucros da Hanotaiah. Sem dúvida, esses lucros poderiam ser reinvestidos em outros projetos sionistas valiosos. Consequentemente, ele poderia receber imensa satisfação pessoal de seu empreendimento. Mas, além do mero lucro, deve ter ficado claro que, como agente de transferência da comunidade judaica alemã, Cohen se transformaria no todo-poderoso intermediário da futura nação judaica. Para ele, esse era o momento do clímax.

Havia sido uma viagem tortuosa e cheia de intrigas até o momento. Ele havia viajado entre Jerusalém e Londres, Berlim e Varsóvia e vários outros pontos no caminho. Ele manobrara seus críticos, ultrapassara seus patrocinadores e sobrevivera à concorrência. Havia sido rápido, inteligente e corajoso enquanto aperfeiçoava a arte da omissão seletiva, das aparências distorcidas e uma promessa para todos. Por meio desses poderes, havia assumido o inquestionável papel de especulador do movimento sionista e do povo judeu. Ele entrou na sala de reuniões, preparado para discutir sobre as porcentagens das moedas estrangeiras e os procedimentos de liquidação, e sair de uma forma ou de outra com tudo que queria.

E lá, sentado na sala, esperando pelo início da reunião, estava Georg Landauer, diretor da Federação Sionista da Alemanha. Com ele, estava David Werner Senator do Executivo da Agência Judaica.[2] Os primeiros instantes foram inquestionavelmente tensos, enquanto Sam Cohen cumprimentava os homens cuja autoridade tinha habilmente usurpado e distorcido. Landauer poderia ter facilmente denunciado Cohen na ocasião como uma fraude que havia criado uma conspiração internacional massiva para corromper as regulamentações sobre divisas do Terceiro Reich. Mas será que acreditariam em Landauer? Da mesma forma, Cohen, o homem que o governo alemão confiava como o principal defensor contra o boicote, poderia ter denunciado Landauer e Senator como elementos rebeldes dentro do movimento sionista que se recusavam a aceitar a aprovada política de cooperação com a Alemanha. Mas acreditariam em Cohen?

Por outro lado, por que deveriam, os dois lados, se tornar acusadores e perder uma reunião crucial com os líderes do Terceiro Reich para conseguir a importantíssima transferência? O fiasco resultante poderia erradicar qualquer chance de negociar em qualquer base formal e agradável como "parceiros" de boa-fé. Assim, Cohen e Landauer permaneceram tranquilos, sem nenhum sinal de hostilidade ou rivalidade. Ambos negociariam como sionistas para o melhor acordo de transferência que a Alemanha pudesse lhes garantir.

Quando o diretor de Controle de Divisas Hans Hartenstein e seus assistentes, assim como especialistas do Ministério das Relações Exteriores e um diretor do Reichsbank,[3] se juntaram aos sionistas, não sabiam que Cohen e Landauer não eram parte da mesma equipe. Quase um mês antes, no dia 20 de junho, Landauer havia feito seu primeiro pedido para Hartenstein ao entregar um memorando que pedia para ampliar a concessão da transferência além dos originalmente garantidos para a Hanotaiah em meados de maio. No mesmo dia, Hartenstein recebeu uma cópia do pedido do cônsul Wolff para expandir o acordo de Cohen. Não havia razão para acreditar que esses dois pedidos não fossem o mesmo. Quando Landauer, de alguma forma, soube da reunião de 13 de julho com Cohen para discutir o aumento da permissão, ele contatou Hartenstein e pediu para ser incluído. Este, é claro, concordou.[4] Com essa impressão equivocada, Hartenstein e seus colegas começaram a reunião de 13 de julho como se Cohen e Landauer fossem parceiros. Nem Cohen nem Landauer desfizeram a ilusão.

Para Hartenstein, a questão mais importante eram as divisas estrangeiras. A carta do cônsul Wolff em nome de Cohen havia oferecido mais da metade do preço das mercadorias em moedas estrangeiras. Isso assustou Landauer. Quanto mais moedas estrangeiras o Terceiro Reich recebesse, menos os emigrantes receberiam. Porque entregar as moedas estrangeiras não seria tanto uma transferência; seria muito mais um desconto. Os alemães viraram-se para Cohen e perguntaram sobre a promessa original do cônsul Wolff.[5] Os assessores do Ministério das Relações Exteriores quase certamente carregavam cópias das cartas do cônsul. O diretor do Reichsbank estaria ansioso para informar algum influxo de dinheiro estrangeiro necessário para Hjalmar Schacht. E Hartenstein só poderia justificar abrir mão das mil libras de entrada na Palestina se alguma soma maior de moedas estrangeiras entrasse na

Alemanha. Mas sem dinheiro estrangeiro extra entrando, como o Terceiro Reich, desesperado por reservas, participaria nesse esquema de transferência?

Os negociadores do Terceiro Reich ouviram que a princípio a transferência deveria se limitar aos marcos bloqueados, sem o envolvimento de moeda estrangeira. Os sionistas apresentaram, inquestionavelmente, uma justificativa que mais tarde usariam para negar a ruptura do boicote, ou seja, que a ausência de moeda estrangeira privava o Terceiro Reich do benefício básico de uma verdadeira venda de mercadorias – o dinheiro estrangeiro. Sem moeda estrangeira, a transação era precisamente o nobre esforço que os sionistas afirmavam ser uma transferência.[6]

Os negociadores do Terceiro Reich aceitaram provisoriamente os argumentos dos sionistas e concordaram em estender o baixo limite de transferência sem moedas estrangeiras – uns poucos milhões, o número exato seria calculado mais tarde. No entanto, depois desse primeiro estágio, alguma porcentagem em moeda estrangeira seria exigida, assim como Wolff havia prometido várias semanas antes.[7]

O resto da reunião concentrou-se nos procedimentos da transferência. O conceito de Landauer pedia dois centros de compensação. Landauer explicou que o primeiro seria chefiado ou afiliado a um grande banco alemão para transmitir a credibilidade necessária se um grande número de judeus alemães quisesse participar. Os emigrantes depositariam o dinheiro em contas bloqueadas numeradas. Um centro de compensação correspondente seria estabelecido na Palestina, composto por grandes importadores de mercadorias. Esse segundo centro de compensação na verdade importaria os produtos alemães e depois instruiria o centro de compensação a remeter os pagamentos das contas bloqueadas. Nesse ponto, o exportador alemão ficou satisfeito.[8]

Quando o importador palestino vendesse a mercadoria em libras esterlinas, aquele dinheiro seria depositado em uma conta bancária palestina numerada correspondente. Depois da chegada à Palestina, o emigrante assumiria a conta palestina, transferindo assim parte de seus ativos em dinheiro.[9] Ele teria, então, possibilidades de começar uma nova vida.

Landauer salientou que o segundo centro de compensação na Palestina deveria ser também uma instituição financeira com reputação e sugeriu o Banco Anglo-Palestino. Ele tinha a intenção de cortar Sam Cohen de seu papel ao reduzir a Hanotaiah a somente um dos muitos importadores, nenhum dos quais poderia realmente desembolsar o dinheiro. Esse, afirmou Landauer, era o trabalho normal de um banco, não de uma empresa de venda de imóveis.[10]

Landauer acrescentou que a certeza e a velocidade com que o emigrante receberia seu dinheiro quando estivesse na Palestina seriam a chave para convencer os alemães a emigrar.[11] Ninguém gostaria de se mudar para uma nova terra sem um centavo. Eles prefeririam permanecer indefinidamente na Alemanha esperando que as condições melhorassem.

A insistência de Landauer em pagamentos rápidos e supervisão bancária deve ter parecido uma ameaça para todo o plano de Sam Cohen. Este nunca tivera a intenção de entregar tanto dinheiro para os emigrantes. A intenção era reembolsá-los principalmente com uma parcela de terra, estruturas agrícolas baratas ou talvez algum equipamento agrícola, tudo com valores que ele mesmo fixaria.[12] Dessa forma, a Hanotaiah e Cohen ficariam com os maiores lucros que justificariam a luta no mundo judeu contra o boicote. Além disso, a Hanotaiah esperava controlar todas as transações por meio de suas próprias contas bancárias, reembolsando as transferências dos emigrantes a sua própria taxa.

Mas Landauer entendeu que os judeus alemães nunca aceitariam ser destituídos na Palestina e prefeririam ser destituídos na Alemanha. O plano de transferência precisava ser atraente. As famílias não poderiam chegar à Palestina e descobrir, chocadas, que haviam perdido seus bens transferidos e que tinham a necessidade de se assentar em uma propriedade arenosa designada pela Hanotaiah. Logo todos aqui saberiam disto: vá para qualquer lugar, mas não à Palestina. A transferência seria um esquema de curta duração que enriqueceria Cohen. Mas o sonho de levar o povo judeu da Alemanha para a Palestina seria dissolvido.

A reação de Cohen para a apresentação de Landauer é desconhecida. Ele provavelmente sabia que deveria falar pouco e entrar em ação depois. Mas, se reagiu, não houve nenhuma dica para os alemães de que a Hanotaiah e a ZVfD não estavam em perfeita coordenação. A ilusão foi mantida. Quando a reunião terminou, Hartenstein pediu para Landauer cristalizar todas as questões da transferência em um breve memorando.[13] Ao mesmo tempo, os escritórios do Terceiro Reich considerariam o contratempo em relação à moeda estrangeira.

Embora as decisões do Terceiro Reich não tenham sido finalizadas naquele momento, parecia claro que a Alemanha concordaria com um acordo multimilionário de reichmarks que abrangesse uma gama de mercadorias, e renunciaria aos benefícios das moedas estrangeiras no futuro. O Terceiro Reich de Hitler tinha muito a ganhar na transferência olhando por todos os lados. Primeiro, o Terceiro Reich e os sionistas sabiam que a transferência e o boicote não poderiam coexistir. As mercadorias não poderiam ser usadas como meio de transferência se não pudessem ser vendidas em algum lugar. Os sionistas seriam forçados a sabotar o boicote se desejassem vender mercadorias alemãs.

Segundo, os pedidos de exportação significavam empregos na Alemanha. Isso era tão importante quanto acabar com o boicote. Hitler lutava desesperadamente para reabilitar a força de trabalho da Alemanha. Com exportações já drasticamente reduzidas, a mercadoria poderia ser vendida a *qualquer preço*, mesmo muito abaixo do valor de mercado, e o governo ficaria satisfeito, porque os homens e mulheres da Alemanha continuariam a trabalhar.

Terceiro, uma vez iniciados, os benefícios da transferência aumentariam. A moeda estrangeira rapidamente se tornaria uma parte exigível da barganha. Além disso, a compra de máquinas alemãs, carros e equipamentos contavam com a promessa das peças de reposição e dos técnicos alemães para mantê-los em bom funcionamento por anos.

Quarto, o Terceiro Reich de Hitler almejava uma Alemanha sem judeus. Na agenda política dedicada à recuperação econômica, a eliminação dos judeus era, da mesma forma, primordial. A transferência era a esperança alemã de um êxodo judeu. A necessidade de promover a emigração tornou-se ainda mais convincente em meados de julho, quando refugiados alemães, na verdade, começaram a retornar à Alemanha. Com a punição capital ameaçando quem divulgasse as chamadas histórias de atrocidades, com a Alemanha fazendo o que podia para impedir que jornalistas estrangeiros reportassem tudo, a não ser os incidentes mais concretamente verificáveis, muitos judeus alemães erraram ao presumir que o período de violência antissemita na Alemanha nazista havia acabado. O Terceiro Reich trancafiou em campos de concentração a maioria desses primeiros judeus que voltou. No entanto, quando os repatriados começaram a chegar às centenas, a Alemanha temeu que poderia recuperar muitos dos 30 mil judeus que já haviam saído.[14]

A transferência era crucial para o Terceiro Reich. Ambos os lados sabiam disso.

O encontro no Wilhelmstrasse aconteceu pouco antes do voto do Grupo dos deputados, em 16 de julho, a favor do boicote e do golpe no Comitê Conjunto de Relações Exteriores. O Terceiro Reich deixou claro o que esperava que a hierarquia sionista fizesse. Os sionistas alemães deixaram claro o que esperavam em troca. A Alemanha nazista estava pronta para cumprir sua parte. O próximo movimento deveria vir da hierarquia sionista.

21

A CONFERÊNCIA ECONÔMICA JUDAICA MUNDIAL

A Conferência Econômica Judaica Mundial ainda estava esperando por uma nova data, mas, uma vez agendada, seu sucesso parecia garantido. Ela reuniria os judeus do mundo em uma nova visão sobre a autodefesa. Eles substituiriam seus líderes por homens que aceitassem a crença tão bem descrita na primeira edição do jornal pró-boicote de lorde Melchett, *The Jewish Economic Forum:*

> Nestes dias, quando as guerras internacionais são travadas com armas econômicas, e tratados de paz e alianças tomam a forma de acordos econômicos, uma consciência do papel econômico do judaísmo nas questões do mundo não é apenas desejável, mas necessária para a preservação e o desenvolvimento futuro de nosso povo. Desse dia em diante, devemos confrontar nossos inimigos não com apelos fracos para sua humanidade entorpecida, mas com o irresistível argumento de que não vale a pena nos perseguir.[1]

No final de 13 de julho, o slogan "A Alemanha vai cair neste inverno" parecia ser uma promessa que os judeus manteriam.

Mas as coisas começaram a mudar na manhã seguinte. No dia 14 de julho, o copresidente do Comitê Conjunto de Relações Exteriores, Neville Laski, convocou uma reunião de emergência para rescindir a resolução de tomada de poder de lorde Melchett de 12 de julho. O próprio Melchett não participou da sessão urgente.[2] Depois de pouca discussão, a abdicação de 12 de julho foi rescindida por unanimidade. O memorando original de oito pontos de Melchett foi então debatido outra vez, cláusula por cláusula, com um resumo de sete pontos como resultado. A nova proposta cobria muito da mesma causa, mas com uma linguagem mais ambígua. Mais importante, a proposta revista mudava o *status* de Melchett. Em vez de liderar uma comissão que *suplantava* o Comitê, este votou que permaneceria ativo, mas *incluiria* lorde Melchett e outros representantes de organizações populares previamente distantes do horizonte do CCRE. Embora tenham diminuído o tom de defesa do boicote, a sugestão dessa política não foi suprimida.[3] Em suma, o CCRE reteve o controle da política externa para a comunidade judaica, mas concordou em se tornar mais receptivo às exigências populares.

Lorde Melchett concordou com a proposta de substituição em nome da unidade. Ele estava convencido de que havia muita "discussão por meras palavras". O boicote ter um selo "oficial" não era tão importante para ele quanto o fato de ser *organizado*. Se trabalhar por meio de canais estabelecidos, em vez de evitá-los, era a melhor forma de criar uma frente unificada antinazista, então que assim fosse.[4]

Mas a nova questão era: Melchett conseguiria fazer que lideranças anglo-judaicas estabelecidas organizassem o boicote ou elas convenceriam Melchett a participar da diplomacia silenciosa e abandonar seu movimento?

* * *

O Conselho de Deputados, organismo "pai" do Comitê Conjunto de Relações Exteriores, estava preparado para recrutar lorde Melchett. Mas um súbito "acordo técnico" adiou a ratificação do grupo.[5] O problema técnico não foi explicado, mas o CCRE provavelmente não poderia formalmente recrutar lorde Melchett por um motivo embaraçoso. Ele não era judeu.

Na verdade, lorde Melchett era de uma família judia alemã assimilada que, no final do século XIX, renunciou sua identidade judaica. Seu pai casou-se com uma mulher cristã, e o próprio Melchett foi criado como anglicano. No dia 15 de julho de 1933, ele ainda era um proeminente membro da Igreja Anglicana. Apesar de sua filiação anglicana e da mãe cristã, algo que sob a lei judaica estabelecia que ele não era judeu, lorde Melchett mantinha uma identidade judaica considerável. Em algum lugar, bem no fundo, ele sabia que era judeu. Essa identidade não poderia encontrar expressão em rituais, porque ele era anglicano. Em vez disso, Melchett tornou-se fundador e organizador dos projetos sionistas, incluindo trabalhos industriais embrionários na Palestina. Quando Hitler subiu ao poder, Melchett foi levado à vanguarda do movimento de boicote.[6] Ele era um bom sionista e organizador do boicote. Mas nenhuma dessas distinções lhe davam um lugar no Conselho de Deputados ou no Comitê Conjunto de Relações Exteriores. O CCRE havia se reestruturado duas vezes em dois dias para acomodar Melchett. Mas uma regra não poderia ser ignorada. Ele tinha de ser judeu.

Então, em 15 de junho, lorde Melchett converteu-se. Havia sido planejada como uma cerimônia secreta, mas rapidamente produziu manchetes de Nova York a Jerusalém, com todos os detalhes pitorescos publicados sob manchetes como "BEM-VINDO DE VOLTA" ou "LORDE MELCHETT VOLTA PARA CASA".[7] Feito isso, ele agora estava pronto para assumir seu lugar espiritual e fisicamente na guerra econômica contra a Alemanha.

Melchett agora estava sob pressão crescente daqueles que se opunham à conferência pró-boicote. Os líderes tradicionais do judaísmo britânico, tais como Neville Laski, rejeitavam qualquer boicote formal com medo da retaliação do Terceiro Reich contra o judaísmo alemão. Mas os líderes anglo-judeus também tinham um medo especial que transcendia o crescimento de Hitler. Por décadas, o povo judeu havia lutado contra as falácias do internacionalismo econômico contido nos Protocolos dos Sábios de Sião. E aqui estava a prova que as pessoas que odiavam os judeus usariam para constatar suas acusações.[8] Afinal, o objetivo declarado da conferência pró-boicote não era asfixiar as indústrias alemãs, paralisar as reservas de moedas estrangeiras e derrubar seu governo?

A hierarquia sionista em Londres continuou sua resistência ativa à conferência, porque boicote e transferência eram mutuamente exclusivos.

Ironicamente, ao se expressar, a hierarquia sionista em Londres poderia falar com três vozes. Primeiro, eles eram a voz do sionismo. Apesar das exigências populares sionistas por protesto e boicote, a hierarquia denunciava qualquer agitação antinazista como uma barreira para um acordo do Terceiro Reich para a Palestina. Segundo, a hierarquia sionista funcionava na Inglaterra como a voz dos judeus da Alemanha. O sionista alemão Martin Rosenbluth havia criado o escritório oficial de ligação judeu alemão em Londres.[9] Terceiro, os sionistas geralmente falavam em nome do anglo-judaísmo popular. Os homens à frente da Organização Sionista frequentemente tinham posições centrais nos grupos da Diáspora Judaica. A maioria desses grupos era ativamente sionista, então era apenas natural que os notáveis sionistas os dirigissem.

A tripla voz sionista em Londres tornava-se cada vez mais assertiva. Por exemplo, o presidente da Organização Sionista, Nahum Sokolow, era também o presidente da Federação dos Judeus Poloneses na Grã-Bretanha. A Federação refletia o fervor do boicote de seus homens na Polônia, nos Estados Unidos e na Palestina. Mesmo assim, em meados de julho, durante um protesto organizado no auge da agitação antinazista, Sokolow, como presidente da Federação, aconselhou um ato judeu-polonês antinazista a renunciar ao boicote.[10] E Chaim Weizmann e outras figuras-chave do sionismo advertiram várias vezes os deputados para persistirem na política de não boicote.[11]

A hierarquia sionista e a liderança anglo-judaica sabiam que deveriam abortar a conferência de Melchett de forma permanente – e rápida. Em meados de julho, os boicotadores americanos Samuel Untermyer e George Fredman já estavam em Londres reunidos com os defensores do boicote europeu. Todos estavam ansiosos para que Melchett adiasse a conferência.[12] No entanto, os líderes anglo-judeus sionistas e tradicionais de repente descobriram que teriam o apoio, na oposição à conferência, de um dos próprios boicotadores, alguém cujo conselho eles consideravam. Ninguém poderia acusar esse oponente de não estar na vanguarda do movimento antinazista. Ele tinha acabado de chegar a Londres vindo dos Estados Unidos e estava tão determinado quanto qualquer outro a que a Conferência Econômica Judaica Mundial nunca acontecesse. Seu nome era rabino Stephen Wise.

Wise estava dedicado a realizar o boicote mundial da Alemanha e igualmente compromissado em suplantar a velha liderança judaica que defendia o silêncio diante do hitlerismo, mas ele estava contra a conferência. Suas razões eram políticas, estratégicas e pessoais.

Politicamente, a convenção de Melchett tinha a intenção aberta de ser uma contraconvenção da Conferência Econômica Mundial reunida em Londres. Assim, a convenção pró-boicote atacaria a iniciativa do presidente Roosevelt para recuperar as economias em depressão do mundo. Se a reunião intergovernamental fracassasse junto a uma Conferência Judaica que fosse um sucesso, os judeus certamente seriam considerados culpados. Wise acreditava que o grande envolvimento judeu americano na contraconvenção só afastaria Roosevelt, cujas simpatias Wise ainda tentava conquistar.[13]

Estrategicamente, a conferência de Melchett havia separado os líderes anglo-judeus das massas. Como Melchett, Wise viu a vantagem de trabalhar dentro do sistema de lideranças estabelecidas e criar uma frente unida. Uma convenção pró-boicote publicamente desacreditada em Londres atacaria a busca de legitimidade e a ampla aceitação para o boicote. Além disso, Wise esperava conseguir manobrar esses líderes estabelecidos, como Neville Laski e Leonard Montefiore, em uma coalizão com judeus americanos e do Leste Europeu que criaria o Congresso Judaico Mundial.[14]

Pessoalmente, e talvez o mais importante, enquanto Melchett era o patrocinador espiritual da conferência, era evidente que o velho rival de Wise, Samuel Untermyer, era o herói popular do boicote. Os organizadores da conferência concordavam abertamente que ela representaria um *coup d'état* (golpe de Estado) dentro do povo judeu. Eles anunciaram que o boicote antinazista seria o trampolim para uma organização judaica mundial que suplantaria todos os grandes grupos estabelecidos.[15] Se a Conferência Econômica Judaica Mundial se reunisse, Untermyer seria catapultado para uma posição dominante tanto no movimento antinazista quanto na liderança judaica mundial. Wise estava convencido de que essa liderança pertencia a ele e a seu Congresso Judaico Mundial, há tanto tempo preparado e perto de se tornar realidade.[16] Duas organizações judaicas mundiais não poderiam existir lado a lado. Seria Wise ou Untermyer que lideraria o povo judeu na batalha contra Adolf Hitler. E assim, como costuma ser o caso, a luta pela justiça estava subordinada à luta para reivindicar o crédito.

Portanto, Wise pedia para lorde Melchett desistir de um boicote *ad hoc* e, em vez disso, juntar-se a ele na criação do Congresso Judaico Mundial. Depois de constituído por organizações como o Congresso Judaico Americano, o Conselho de Deputados e a Alliance Israelite Universelle da França, o novo Congresso Mundial – imbuído com o espírito de luta de Wise – seria uma força de defesa poderosa. Esse novo Congresso proclamaria de modo dramático o boicote global coordenado.[17]

Suspeitas e confusões haviam se espalhado entre os círculos de boicote do mundo, a partir do momento, no começo de julho, em que lorde Melchett anunciou o adiamento. Embora calculado para fortalecer a ofensiva contra Hitler, o adiamento, na verdade, significou um forte golpe no momento pró-boicote. Muitos organizadores já haviam viajado a Londres para participar. O tempo, o esforço e o dinheiro deles haviam sido desperdiçados. Na segunda semana de julho, sem nenhuma data marcada, os poloneses avisaram lorde Melchett de que, com vários comitês de boicote prontos para se reunir, eles poderiam insistir em continuar sem ele em Paris ou em Amsterdã.[18]

O medo de uma traição por seus próprios líderes intensificou-se depois da publicação de duas novas informações. A primeira foi uma história no início de julho no *Frankfurter Zeitung* alegando que o líder anglo-judeu Sir Herbert Samuel, ex-alto-comissário para a Palestina, prometera ao embaixador alemão em Londres que qualquer ação de boicote formal britânica seria impedida por denúncias públicas de Neville Laski e Leonard Montefiore. Normalmente, tais informações da imprensa alemã eram vistas com ceticismo.[19]

Mas a Jewish Telegraphic Agency (JTA) espalhou a história para o resto do mundo sem que ninguém a negasse. Em um relatório anexado, a ATJ anunciava que seu escritório em Londres havia verificado a afirmação do *Frankfurter Zeitung*: "Sabe-se aqui que um acordo foi feito no final de março entre certos líderes judeus e o embaixador alemão". A ATJ justapôs essa informação à lembrança de que Laski prometera renunciar se uma resolução formal de boicote fosse adotada pelo grupo de Melchett.[20]

A confirmação da ATJ foi levada a sério por jornais judaicos em toda a Europa e os Estados Unidos.[21] Como ela foi publicada ao mesmo tempo que a mídia revelava o retrocesso na mudança de poder do Comitê Conjunto de Relações Exteriores, os organizadores do boicote concluíram que lorde

Melchett estava cedendo à pressão para destruir devagar a Conferência Econômica Judaica Mundial, por meio de uma série de adiamentos. O *Jewish Chronicle* de Londres, reconhecendo o efeito desmoralizador da matéria do *Frankfurter Zeitung*, negou com veemência que Melchett tivesse capitulado, e até atacou a "confirmação" do escritório londrino da ATJ como um item falso que havia sido originado no escritório da Agência em Paris.[22]

Era evidente que cada dia que passava sem um anúncio firme do boicote apenas aumentava a suspeita e a rebeldia da comunidade. Então, Neville Laski usou sua autoridade como presidente do Conselho de Deputados para adiar até 23 de julho tanto o voto sobre o boicote quanto a ratificação da nova composição do CCRE.[23] Nenhum motivo foi dado. O grupo de lorde Melchett, sentindo a insatisfação no movimento pró-boicote, fez declarações de que a conferência seria realizada com certeza no início de outubro.[24] Mas atrasos não poderiam mais ser tolerados pela comunidade pró-boicote. O adiamento do voto dos deputados, em 16 de julho, foi o sinal final.

No dia 18 de julho, Samuel Untermyer e uma equipe de organizadores do boicote anunciaram que a Conferência Econômica Judaica Mundial seria realizada em 48 horas – não em Londres, sob o patrocínio de lorde Melchett, mas em Amsterdã, sob a organização de Untermyer. O anúncio contou com o apoio imediato de vários grupos de boicote.[25]

Um artigo do *The New York Times* corretamente identificou o movimento de Untermyer como uma batalha de judeus da Europa oriental contra os da Europa ocidental pela liderança do povo judeu.

> Entre os judeus ocidentais, eram os alemães [...] que tinham a liderança garantida [...] A situação atual é que a Polônia, com seus 4,5 milhões de judeus – a maior colônia judaica na Europa – ameaça assumir, pelo mero peso dos números, a liderança da batalha de proteção racial.[26]

Muitos judeus poloneses eram sionistas revisionistas. Logo, a posição de Untermyer também pressagiava uma vitória do revisionismo dentro do movimento sionista sobre a questão de quem lutava contra os nazistas. O último parágrafo do artigo do *Times* delineava os interesses: "A única questão agora é qual parte da corrida deve assumir a nova direção. Isso será decidido em Amsterdã e Londres".[27]

Apesar de lorde Melchett estar convencido de que o Congresso Judaico Mundial de Stephen Wise faria um boicote mais eficiente, Melchett não queria abrir mão de seu próprio movimento *ad hoc*. Assim, quando Untermyer anunciou a Conferência de Amsterdã, Melchett prometeu publicamente participar ou enviar seus próprios representantes como a delegação britânica.[28]

A liderança súbita e bastante anunciada de Untermyer o elevou à vanguarda do movimento antinazista. No momento, ele havia até eclipsado Wise como o maior defensor dos direitos judaicos. Mesmo os líderes do Congresso Judaico Americano, a base de poder pessoal de Wise, começaram a duvidar se ele era ainda o homem a seguir.[29]

O dr. Wise tentou reconfortar seus leais apoiadores em uma carta no final de julho ao Executivo do Congresso. Ele negou responsabilidade pelos atrasos da conferência de Melchett, mas insistia que somente o Congresso Judaico Mundial poderia ou não dirigir a luta do boicote: "Pessoalmente, suspeito de que [...] o Comitê Judaico Americano inspirou o plano [...] para evitar a Conferência Melchett-Untermyer". Wise acrescentou: "É quase impossível, por escrito, contar a história dos [...] meus próprios encontros em Londres com os cavalheiros a respeito do Congresso [...] o [líder sionista] dr. Goldmann e eu trabalhamos com eles várias vezes. Quero dizer, especialmente quatro homens: Laski, Major Nathan [um aliado do boicote de Melchett], Montefiore e lorde Melchett". Wise insistia que seu objetivo era a ação unida em direção a um Congresso Judaico Mundial que representaria todo o povo judeu.[30]

Ele indicou que a comissão de planejamento supraorganizacional se reuniria em Praga durante o final de agosto, pouco antes do 18º Congresso Sionista. Wise assegurava que "a decisão de um boicote mundial poderia ser tomada em Praga". Mesmo que muitos membros do Congresso Judaico Mundial venham do sólido campo do antiboicote, Wise raciocinava que os líderes judeus estabelecidos perderiam seus votos e seriam forçados a aceitar as exigências populares. Ele se esforçou para explicar aos líderes anglo-judeus conservadores que um boicote popular internacional já existia: "Na Polônia, ele é incrivelmente bom; na Tchecoslováquia, fantasticamente bom; na França, bom; na Inglaterra, satisfatório; nos Estados Unidos, muito bom".[31]

No final das contas, Wise esperava ganhar a unidade judaica contra Hitler. Mas em sua carta do final de julho para Nova York, ele tentava convencer sobre sua determinação de que deveria ser o homem para liderar tal movimento internacional. Não poderia ser Untermyer, apesar de que o apoio deste já estava montado. "[Eu] mantenho minha posição", escreveu Wise, "de que um boicote mundial não pode ser proclamado publicamente por *nenhum* grupo sozinho no judaísmo mundial. Essa é a nossa queixa contra Untermyer e seus dois mosqueteiros."[32]

O rabino Wise acusava Untermyer de atacar o boicote: "Sem se reunir com ninguém, eles deram o grande passo [a Conferência de Amsterdã] de tal forma que causará um mínimo de danos ao comércio alemão e um grande dano ao povo judeu".[33]

Mas os líderes do Congresso em Nova York se perguntavam se o Congresso Judaico Mundial de Wise seria realmente eficiente, sobretudo com a inclusão de tantos líderes antiboicote da elite. Em uma ação rebelde tomada antes mesmo de Wise ter escrito sua carta no final de julho, defendendo-se e explicando-se, o Congresso Judaico Americano suspendeu o subsídio para Nahum Goldmann, principal organizador de Wise na Europa. Uma hora depois de receber um telegrama informando a suspensão, Wise objetou em uma carta que colocou no correio às pressas sem nem corrigir os erros de grafia. "Não consigo entender isso", ele protestou.

> Essa é somente outra forma de dizer que não deve existir um Congresso Judaico Mundial [...] Essa decisão não deveria e não poderia ser tomada enquanto estou na Europa [...] Seria tão impossível quanto dirigir o governo americano sem Washington, ter o Congresso Judaico Mundial sem os serviços de Goldmann [...] Eu protesto, de forma muito séria, contra tal decisão, que só deveria ter sido tomada depois de uma reunião comigo.[34]

Stephen Wise estava metodicamente erguendo um aparato de boicote internacional a sua maneira. Ele não queria se apressar. Mas muitos outros não queriam esperar.

Comunicada com apenas 48 horas de antecedência, nem todos os 35 comitês de boicote nacional puderam participar da Conferência Econômica Judaica Mundial, em Amsterdã, organizada de forma tão repentina. Somente dezesseis comitês nacionais conseguiram enviar delegados. Eles vieram da Lituânia, Bélgica, França, Finlândia, Tchecoslováquia, Egito, Polônia, Letônia e de outros países. A delegação britânica representou lorde Melchett como prometido. Outros dez comitês nacionais, incapazes de participar devido aos adiamentos e às mudanças súbitas, mandaram telegramas de solidariedade. Para evitar qualquer aparência de rivalidade, Untermyer chamou a reunião de dois dias de *preliminar* à conferência real que lorde Melchett ainda planejava realizar em Londres, no mês de outubro.[35]

A partir de 20 de julho, quando Untermyer chamou os delegados para se reunirem no *hall* do Hotel Carleton em Amsterdã, a conferência foi uma procissão de militantes. Cada representante declarou quais danos seus compatriotas causaram ao comércio alemão, quais passos haviam sido e poderiam ser dados para integrar os movimentos não judaicos antinazistas.[36] Os delegados holandeses estavam entre os mais ativos, mostrando um declínio de 40% nas exportações do Terceiro Reich para a Holanda.

Discursos inflamados e uma determinação combativa para quebrar o poder econômico alemão criaram um impressionante espetáculo que finalmente avisou o mundo de que alguns elementos judeus estavam unidos na guerra contra o Terceiro Reich. Um dos testamentos mais comoventes da conferência foi registrado pelo *The New York Times*, que considerou a convenção tão importante para a sobrevivência da Alemanha que mandou o veterano correspondente de Berlim, Frederick T. Birchall, para Londres, a fim de cobrir o evento. Quando a conferência se mudou para Amsterdã, Birchall foi atrás.[37] Sua cobertura de primeira página começou:

> AMSTERDÃ, 20 de julho – Nesta cidade em livre solo holandês onde, há quase 400 anos, os judeus expulsos da Espanha e de Portugal encontraram um refúgio seguro, estabelecendo uma colônia que, na geração seguinte, produziu o grande filósofo Espinosa, cerca de trinta representantes do judaísmo mundial encontraram-se hoje para discutir o ressurgimento moderno da perseguição judia

na Alemanha. Eles elegeram Samuel Untermyer, de Nova York, como presidente e adotaram esta resolução:

"Considerando que [...] gritos, protestos e manifestações unânimes de judeus e não judeus por todo o mundo civilizado contra as inacreditáveis políticas inumanas em relação aos judeus da Alemanha foram inúteis [...] Considerando que o governo de Hitler várias vezes expressou sua determinação [...] de aniquilá-los economicamente, privá-los de sua cidadania [...] e no final exterminá-los [...] agora, portanto, resolve-se: o boicote de bens, produtos e transporte alemães [...] é a única arma eficiente para o judaísmo e a humanidade como forma de defesa e proteção dos direitos, da propriedade e da dignidade dos judeus na Alemanha [...] Nós pedimos a todos, homens e mulheres do mundo civilizado, independentemente de raça ou credo, a apoiar e se unir a esse movimento contra o fanatismo brutal e a intolerância, além de ajudar a liderá-lo até a conclusão vitoriosa e até que os últimos vestígios de perseguições bárbaras tenham sido eliminados."[38]

Com a declaração de guerra oficialmente proclamada, os soldados de Israel dividiram-se em três comissões. Os franceses, os poloneses e os tchecos compuseram as resoluções políticas. Os holandeses, os egípcios e os americanos lidaram com os problemas organizacionais. Os britânicos, os belgas e os lituanos voltaram-se às questões financeiras.[39] Os redirecionamentos comerciais eram, é claro, o poder real da conferência, e isso estava evidente na cobertura do jornal. Um dos informes de Birchall, por exemplo, explicava:

> A questão de suprir substitutos igualmente satisfatórios para as exportações alemãs sem aumento de custo [...] é considerada a chave real para tornar o boicote eficiente [...] A reunião organizará métodos de obter e suprir essa informação nos mínimos detalhes.[40]

A Conferência Econômica Judaica Mundial era o espetáculo que a Alemanha vinha tentando, de alguma forma, adiar. Em vão, os nazistas perguntavam-se se talvez os participantes individuais poderiam ser intimidados. Se qualquer um deles fosse um refugiado judeu alemão, suas famílias no país poderiam ser atingidas. O cônsul-geral alemão em Amsterdã perguntou ao gerente do Hotel Carleton se algum dos participantes era alemão. O gerente consultou Samuel Untermyer. Este enviou por meio do gerente uma mensagem para o cônsul, que Birchall do *Times* informou discretamente desta forma: "O sr. Untermyer sugeriu que o cônsul nazista poderia ser convidado a ir para um lugar de clima mais quente".[41]

Trabalhando com grande velocidade, os conferencistas estabeleceram por unanimidade a nova organização mundial que prometeram. Chamada de Federação Econômica Judaica Mundial, ela ficaria em Londres, com lorde Melchett como presidente honorário e Untermyer como presidente.[42] A cobertura da mídia internacional e um amplo caráter multinacional pareciam imbuir a nova Federação de Untermyer com a legitimidade de que ela desesperadamente precisava para ser levada a sério. Mas essa legitimidade era intolerável para Stephen Wise, que via seu rival Untermyer à beira do sucesso global. Wise começou uma campanha subversiva.

Trabalhando por meio de líderes holandeses conservadores análogos ao Comitê Judaico Americano, Wise publicou diversos ataques que acusavam o grupo de Untermyer de não representar ninguém e de enganar a opinião pública mundial. O principal porta-voz desses ataques era David Cohen, um dos líderes do Comitê Judaico Holandês. Enquanto a conferência acontecia, Cohen declarou publicamente que Untermyer não tinha o direito de reunir seu grupo, e que o judaísmo holandês não havia sido consultado e, na verdade, deplorava toda a convenção.[43] Cohen então mostrou uma declaração "americana" autorizada por Wise em Londres, condenando a reunião de Untermyer e declarando, de maneira incongruente, que a grande maioria dos judeus americanos não estava a favor de nenhum boicote contra a Alemanha.[44] Tais pronunciamentos de Stephen Wise, o conhecido líder do movimento de protesto americano, causaram o dano esperado para desacreditar a nova Federação de Untermyer.

Este respondeu com uma declaração bastante divulgada na imprensa criticando Wise e sua "aparente determinação para desacreditar qualquer movimento que ele não dirigisse". Desafiou publicamente Wise a "contar com franqueza aos judeus se era ou não a favor do boicote", uma vez que ninguém ainda havia conseguido resolver o mistério.[45] Não houve nenhuma resposta, porque Wise estava assumindo diferentes posturas em diferentes momentos, tentando se equilibrar na estreita linha que separava o movimento de protesto e os líderes estabelecidos de que precisava para transformar seu Congresso Judaico Mundial em realidade.[46]

22

REVERSÕES E ADIAMENTOS

Enquanto a conferência de Amsterdã lutava para ser aceita, a reação antinazista em Londres continuava seu curso esquizofrênico. As massas judaicas exigiam que toda a Grã-Bretanha boicotasse os bens alemães. Os líderes judeus aconselhavam contra o protesto ou o boicote organizado.

A dicotomia tornou-se mais visível em 20 de julho de 1933, o dia de um protesto e de uma marcha gigantes. Os líderes judeus do West End opuseram-se com força à manifestação; todos os judeus foram convidados a não participar, e os não judeus foram avisados para ignorar a marcha.[1]

Apesar das denúncias, a parada de 20 de julho foi universalmente proclamada a maior manifestação já realizada pelos judeus britânicos, levando ao êxito da marcha de 10 de maio em Manhattan. Os jornais de Londres mostraram lojas fechadas em todos os distritos judeus, uma mostra de participantes e um mar de cartazes: PRODUTOS ALEMÃES SÃO INTOCÁVEIS [...] SEJA LEAL AO BOICOTE E EVITE PRODUTOS ALEMÃES. Enfrentando o calor abrasador do verão, os estimados 50 mil formaram uma coluna ordenada, que chegava, às vezes, a quatro quilômetros de comprimento, e pediam aos milhares de espectadores que se juntassem ao movimento.[2]

A intenção era criar uma muralha indubitável de unidade. Mas os jornais não poderiam evitar mencionar que os judeus do West End "não participaram da manifestação, exceto para olhar os milhares de correligionários que passavam dispersos". Notas incontidas de condenação foram publicadas pelo Conselho de Deputados e pela Associação Anglo-Judaica no momento em que os participantes marchavam, dando um caráter desconcertante de abordagem e prevenção à defesa dos judeus.[3]

Entretanto, no dia da marcha de Londres, o trabalhismo britânico deu uma mostra fundamental de solidariedade. O Conselho Conjunto Nacional, formado pelo Trades Union Congress, pelo Partido Trabalhista e pelo Partido Trabalhista Parlamentar, distribuiu um manifesto pró-boicote para seus membros. Citando uma longa lista de mercadorias alemãs proibidas, a diretiva pedia que os trabalhadores anunciassem aos "lojistas e outros, quando comprassem bens e serviços, que não comprariam do país cujo governo tanto tem indignado a consciência do mundo". O manifesto fechava com esta garantia: "Contra uma opinião pública desperta e sensível, nenhuma tirania pode sobreviver".[4]

A lógica do trabalhismo britânico era sólida, mas se tornava difícil mobilizar a Grã-Bretanha quando o protesto e o boicote eram repudiados, de forma incongruente, pelos próprios líderes judeus. As percepções cristãs não podiam penetrar os complexos medos dos judeus de se tornarem muito visíveis ou despertar o adormecido antissemitismo britânico. Eles só viam a insondável falta de ação.

Em 19 de julho, os tradicionais líderes anglo-judeus chegaram a um momento decisivo. Por décadas, os membros do Conselho de Deputados e da Associação Anglo-Judaica mantiveram-se firmemente anti e não sionistas. Mas, desde que a missão sionista alemã veio para a Grã-Bretanha sob as ordens de Goering em março, os líderes anglo-judeus aos poucos começaram a ver o sionismo como a resposta para o dilema do judaísmo alemão. A solução sionista ganhou força depois da reunião de 13 de julho no Wilhelmstrasse, quando Werner Senator foi para Londres para se juntar aos líderes sionistas em defesa da transferência.[5]

No dia 19 de julho, às 17h, o Comitê Conjunto de Relações Exteriores organizou uma sessão decisiva. Neville Laski devotou muito da reunião para uma revisão e modificação, cláusula por cláusula, dos sete pontos do memorando de compromisso de 14 de julho. Laski então explicou que a lista de novos membros seria muito mais curta que a originalmente sugerida.

Incluiria Melchett e seu colega pró-boicote Maj. J. L. Nathan, e mais ninguém da comunidade pró-boicote. E, enquanto a lista original tinha os nomes principais de anglo-sionistas, a lista final aumentaria a representação sionista para incluir as vozes mais influentes do movimento. Chaim Weizmann era uma delas. No final, a lista com doze nomes adicionais a serem indicados incluía o presidente da Organização Sionista, Nahum Sokolow, o ex-procurador-geral da Palestina Norman Bentwich, o acadêmico palestino Philip Hartog, o investidor sionista Sir Robert Waley-Cohen, e o presidente não sionista do Conselho da Agência Judaica (um descuido), Osmond d'Avigdor-Goldsmid.[6]

Laski então leu as instruções registradas de uma entrevista com o general Jan Christian Smuts, vice-primeiro-ministro da África do Sul. Smuts, ex-membro do Gabinete de Guerra do Império Britânico, era, junto com Chaim Weizmann, um dos principais responsáveis pela Declaração Balfour. Embora não fosse judeu, Smuts era um dos mais importantes apoiadores do sionismo. Com a condição de que a imprensa não fosse informada, Laski revelou que Smuts estava "otimista com relação ao futuro dos judeus na Alemanha". *Otimista* era uma palavra pouco ouvida no léxico da crise de Hitler. Laski mencionou alguns importantes desenvolvimentos na Alemanha, acrescentando o conselho pessoal de Smuts: "Considere a situação em longo prazo", não permita que "sua prudência seja invalidada pelos sentimentos" e permaneça fortemente contra um boicote organizado. Os membros do CCRE ficaram impressionados com as instruções e decidiram que as notícias de Smuts poderiam ser lidas em segredo na próxima reunião do Conselho de Deputados – pouco antes do voto sobre o boicote.[7]

Laski finalmente leu uma carta de Nahum Goldmann convidando o CCRE a participar da reunião do Congresso Judaico Mundial de Stephen Wise em Genebra no começo de setembro.[8] Esse era o boicote global coordenado de Wise. Laski e o CCRE decidiram postergar a aceitação do convite de Goldmann, aumentando assim as ambiguidades sobre o copatrocínio anglo-judaico de uma conferência internacional pró-boicote.[9]

Tudo era muito confuso. No dia 12 de julho, o memorando de oito pontos de lorde Melchett defendia uma conferência internacional a ser realizada em outubro. Presumivelmente, ela seria a remarcada Conferência Econômica Judaica Mundial. O aumento da pressão se concentrou em lorde Melchett para que ele abandonasse qualquer conferência com líderes pró-boicote *ad hoc* e, em vez disso, trabalhasse dentro do sistema. Em 14 de julho, Neville Laski engendrou uma revogação do golpe de Melchett em 12 de julho, e o memorando de oito pontos foi substituído por uma nova proposta de sete pontos, que ainda mencionava uma conferência em outubro. Mas, ao que tudo indicava, a referência era agora para o Congresso Judaico Mundial de Wise. Este até escreveu para Nova York: "Isso representa um grande triunfo para os ideais democráticos e nacionalistas judaicos. Pela primeira vez, esses cavalheiros de Londres foram forçados a [...] se sentar e se reunir publicamente com representantes do judaísmo mundial – algo que nunca haviam feito antes".[10]

Então a conferência de Samuel Untermyer, em Amsterdã, fundou a Federação Econômica Judaica Mundial, cuja convenção de inauguração seria realizada em Londres em outubro por lorde Melchett. Agora, no dia 19 de julho, uma nova reunião mundial em Londres era discutida para outubro, esta patrocinada pelos líderes sionistas e anglo-judeus para focar na "assistência" e no levantamento de fundos para a exclusão do boicote.[11]

Eram tantas sugestões para uma reunião judaica mundial competindo por reconhecimento, em 19 de julho, que ninguém tinha certeza de qual ideia estava em discussão no momento. A posição de Laski de adiar uma decisão para aceitar o convite de Goldmann para o Congresso Judaico Mundial de Wise apenas prolongou a confusão. Quanto mais longa a confusão, menos provável era que qualquer um, *exceto* os deputados, pudesse organizar de forma apropriada uma conferência – motivo pelo qual Untermyer convocou de repente uma conferência em Amsterdã. Da mesma forma, Stephen Wise decidiu que não poderia esperar mais pelo apoio dos deputados para o Congresso Judaico Mundial. Assim, Wise e outros defensores do Congresso agendaram algo chamado de a Segunda Conferência Judaica Mundial para o início de setembro em Genebra, que finalmente construiria um boicote mundial anti-Hitler – com ou sem o *establishment* anglo-judaico.

Melchett tentava se equilibrar entre o próprio apoio e o Comitê Conjunto de Relações Exteriores do qual ele era agora membro. Assim, depois que os boicotadores em Amsterdã o proclamaram presidente da Federação Econômica Judaica Mundial, Melchett sentiu-se compelido a divulgar declarações para a imprensa negando seu envolvimento e aconselhando contra qualquer boicote "oficialmente declarado". Mas, ao mesmo tempo, seu próprio jornal pró-boicote, *The Jewish Economic Forum*, garantia aos boicotadores que a tão esperada "conferência" antinazista se reuniria em outubro em Londres. Para pacificar os líderes judeus conservadores, no entanto, seria chamada uma conferência *geral*, não *econômica*. Mas Melchett prometeu que o trabalho preliminar em Amsterdã seria o foco principal. O *Forum* afirmou que a proclamação ou não do boicote, oficial ou não, era menos importante do que a garantia de que o boicote fosse de fato *organizado*.[12]

No entanto, os equívocos de Melchett logo deram lugar à indecisão. Talvez o boicote não tenha sido uma boa ideia. Melchett era um sionista fervoroso. Como os outros no CCRE, ele havia ouvido Laski fazer prognósticos de grandes desenvolvimentos para os judeus alemães. Era melhor continuar a luta para derrubar o governo de Hitler – uma perspectiva que parecia mais difícil a cada dia, uma perspectiva que carregava a certeza de represálias sangrentas, mas uma perspectiva que tornava os judeus a única força disposta a organizar a guerra contra o nazismo internacionalmente? Ou era o dever penoso da liderança judaica renunciar à luta antecipadamente, lutando para salvar quem poderia ser salvo, converter a angústia da Alemanha nazista no futuro da Palestina judaica, e assim resolver tais tragédias para sempre? Melchett não tinha certeza. Outros da liderança anglo-judaica também tinham dúvidas. A decisão seria tomada em 23 de julho, na reunião final dos deputados, quando a mudança pró-sionista do CCRE e o boicote seriam debatidos e colocados em votação.

* * *

O Conselho de Deputados era um órgão representativo dos judeus. Contudo, um grupo de antigos membros nomeados, incluindo Neville Laski, era capaz de controlar os votos em parte por causa do absenteísmo crônico.[13] No entanto, para a sessão final de 23 de julho, 185 deputados lotaram o auditório. Muitos apoiariam a linha de Laski. Mas muitos estavam determinados a votar pelo boicote.

Depois de ceder a questões sobre abate *kosher*, menções honrosas de conquistas acadêmicas e congratulações pelo aniversário de 70 anos de um dos deputados, o tópico finalmente voltou-se para a Alemanha.[14] Laski começou garantindo aos deputados que os muitos atrasos eram um erro. Durante os dias anteriores, os membros do CCRE haviam trabalhado bastante com as organizações judaicas de todo o mundo para aliviar a situação difícil do judaísmo alemão, incluindo a iniciativa de assistência "construtiva". "Construtiva" na linguagem do assistencialismo judaico significava a reconstrução da Palestina. Laski reconhecia que pela primeira vez ele participaria do Congresso Sionista e que isso seria interpretado como uma grande mudança no longo antagonismo dos deputados pelo nacionalismo judaico.[15]

Laski então fez referência a enormes esforços que aconteciam para liquidar os ativos judaicos alemães. Emocionado, ele declarou que não aceitava que ninguém duvidasse de sua sinceridade ou da de seus colegas. Prontamente reconheceu que outros na reunião, sobretudo aqueles que apoiavam o boicote, não haviam conversado "olho no olho" com ele, mas que não desafiaria a sinceridade desses homens. A plateia aplaudiu.[16]

Mas os Deputados ainda não haviam ouvido nenhum argumento convincente para abandonar o boicote. O deputado Joseph Wimborne objetou que boa parte do público judeu estivera "no escuro" sobre as negociações com a Alemanha. Independentemente do que a liderança judaica estivesse fazendo, isso não ajudava os judeus da Alemanha. O sr. Wimborne exigia "mais informação" e "ir logo ao que interessa". Laski respondeu que certas questões ainda eram secretas e não poderiam ser divulgadas ao público. O deputado Percy Cohen concordou que os judeus haviam lutado "em uma frente muito estreita" e que era a hora de ampliar a ofensiva.[17] O boicote era a alternativa óbvia.

O deputado Michael Levy pediu então a Laski e seus colegas para prestarem atenção ao aviso dos judeus britânicos que haviam, apenas três dias antes, realizado um espetacular protesto em Londres. O povo, declarou o sr. Levy, "quer ser liderado". Mas, se o grupo não tomasse essa dianteira, "as massas liderariam a si mesmas".[18]

Laski sentiu o clima. Assim, invocou seu privilégio como presidente e declarou que o debate sobre o boicote se realizaria em sessão secreta para explicar certos desdobramentos que não poderiam ser discutidos em púbico. Sem observadores externos, nenhum repórter, nenhuma minuta. Todos os deputados participantes deveriam concordar em guardar segredo.

Laski prometeu que, após as suas declarações, os deputados entenderiam o porquê do sigilo.[19]

Diante dessa situação, os deputados concordaram, relutantes. Com todos os observadores externos barrados, a caneta do estenógrafo tampada e as portas fechadas, Laski leu o documento entregue a ele pelo general Smuts. Nesse momento de decisão, com os deputados divididos entre o instinto de lutar e a inclinação para permitir que seus líderes fizessem sua diplomacia silenciosa, o documento secreto de Smuts teria de apresentar o caso final e convincente contra o boicote.[20]

Depois de ler o documento, Laski fez um discurso apaixonado de uma hora explicando por que era absolutamente necessário abandonar o boicote contra a Alemanha. Quando concluiu, Laski teve certeza de que havia ganhado os deputados, mesmo aqueles firmemente pró-boicote. Mais uma vez usando sua autoridade como presidente, ele limitou outros discursos a um máximo de cinco minutos cada, dizendo que era "um caso insatisfatório que não poderia ser defendido naquele tempo". Somente um ou dois deputados pró-boicote tiveram a permissão de falar.[21]

Muitos haviam vindo para exigir que seus líderes organizassem um boicote contra todas as dificuldades a favor dos judeus alemães perseguidos. Eles viam isso como um dever perante Deus e os homens. Mas ouviram os fatos complicadores da posição já ameaçada dos judeus. E, apesar de suas organizações rejeitarem oficialmente o sionismo, como indivíduos eles acreditavam no destino do povo judeu de finalmente encontrar redenção e paz no solo de seus antepassados. Divididos entre a raiva em suas veias e a visão em seus corações, um por um eles votaram a favor da batalha ou da construção.

A decisão: 27 pelo boicote, 110 contra. Duas horas depois de ter começado, a sessão secreta foi encerrada.[22] Sem boicote.

* * *

Em julho de 1933, influentes líderes anglo-judeus se comprometeram com a solução sionista da crise judaica-alemã. Ao fazerem isso, ajudariam a realizar o sonho da nação judaica. Ao contrário de emergências judaicas anteriores, dessa vez a Palestina viria primeiro. Quando a próxima perseguição atacasse o povo judeu, Israel estaria ali para recebê-los.

Esse nobre objetivo era também desejado pelos judeus que defendiam o confronto com o Terceiro Reich. Mas estes acreditavam que a melhor resposta era o boicote. Para eles, a Segunda Conferência Judaica Mundial de Wise seria, na verdade, a última chance de se organizar. E Wise queria dessa forma. Ele contava com sua capacidade de alcançar um avanço significativo na última hora, produzindo o ataque unificado necessário para acabar com o hitlerismo.

Mas havia planos em andamento para minar os esforços culminantes de Wise. Logo após a votação dos deputados, em 23 de julho, Nahum Goldmann, o principal organizador do Congresso, voltou para Genebra e logo escreveu uma breve carta sobre uma questão de arrecadação de fundos para seu amigo, o sr. Sam Cohen, que havia, nesse momento, chegado a Londres. No final da carta estava este adendo: "Stephen Wise está atualmente em Paris e chegará aqui [Genebra] na quinta-feira à noite".[23]

Os eventos de julho de 1933 representaram mais do que uma série de reversões na evolução da resposta judaica a Hitler. Eles representaram uma prorrogação para Terceiro Reich, uma pausa na ofensiva antialemã. Esse adiamento não poderia ter vindo em momento mais decisivo.

O boicote antijudeu de 1º de abril.
(Cortesia do Arquivo Nacional)

Os Judeus Veteranos de Guerra fazendo piquete em uma loja que vendia produtos alemães.
(Cortesia dos Judeus Veteranos de Guerra dos EUA)

Coronel Morris Mendelsohn
(Cortesia dos Judeus Veteranos de Guerra dos EUA)

Milhares saíram às ruas em apoio aos Judeus Veteranos de Guerra na marcha antinazista de 23 de março de 1933, inaugurando o boicote contra Hitler.
(Cortesia dos Judeus Veteranos de Guerra dos EUA)

O rabino M. S. Margolies caminha até o microfone para entoar uma prece pela intervenção divina, durante a manifestação de 27 de março de 1933 no Madison Square Garden. O cântico foi transmitido ao mundo inteiro.
(Cortesia do Arquivo Nacional)

Stephen Wise falando a manifestantes em Battery Park, em 10 de maio de 1933.
(Cortesia do Congresso Judaico Americano)

Bispo Francis T. McConnell (à esquerda) e Stephen Wise (à direita) lideram o protesto inter-religioso na manifestação do Madison Square Garden.
(Cortesia do Arquivo Nacional)

O protesto de 10 de maio de 1933 mandou um recado bem claro ao Terceiro Reich.
(Cortesia do Congresso Judaico Americano)

Georg Landauer, diretor da Federação Sionista Alemã, trabalhou em prol de um acordo de emigração entre o Terceiro Reich e a Organização Sionista.
(Cortesia do Instituto Leo Baeck, Nova York)

Siegfried Moses, presidente da Federação Sionista Alemã, ajudou Sam Cohen a conseguir acesso para negociar um acordo privado com o Terceiro Reich.
(Cortesia do Instituto Leo Baeck, Nova York)

Almoço histórico realizado no Hotel King David, com Chaim Weizmann, Chaim Arlosoroff (fileira da frente, quarto e quinto da esquerda) e líderes árabes, em 8 de abril de 1933.
(Cortesia do Arquivo Central Sionista)

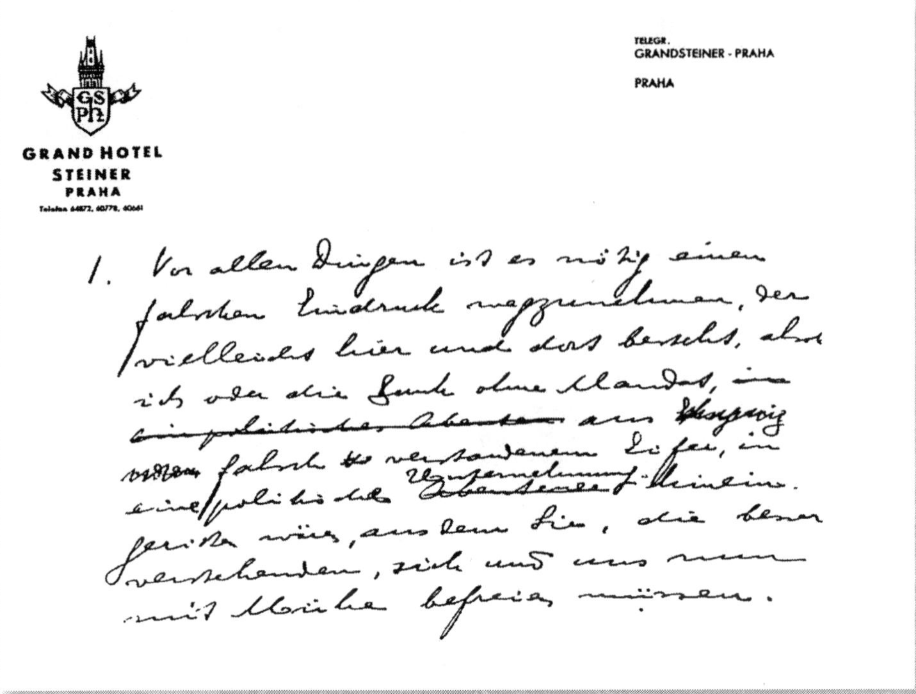

GRAND HOTEL STEINER PRAHA

Telefon 64872, 60778, 60661

TELEGR. GRANDSTEINER - PRAHA

PRAHA

1. Vor allen Dingen ist es nötig einen falschen Eindruck wegzunehmen, der vielleicht hier und dort besteht, also ich oder die Bank ohne Mandat, ~~in einpolitischen Abenteuer~~ aus ~~Ehrgeiz~~ ~~oder~~ falsch ~~zu~~ verstandenem Eifer, in eine politische Unternehmung ~~Abenteuer~~ hineingeraten wäre, aus dem Sie, die besser Verstehenden, sich und uns nun mit Mühe befreien müssen.

As anotações de E. S. Hoofien nervosamente rabiscadas no saguão do Hotel Steiner enquanto aguardava para ser interrogado sobre o Acordo de Transferência perante o Comitê Político no 18º Congresso Sionista.

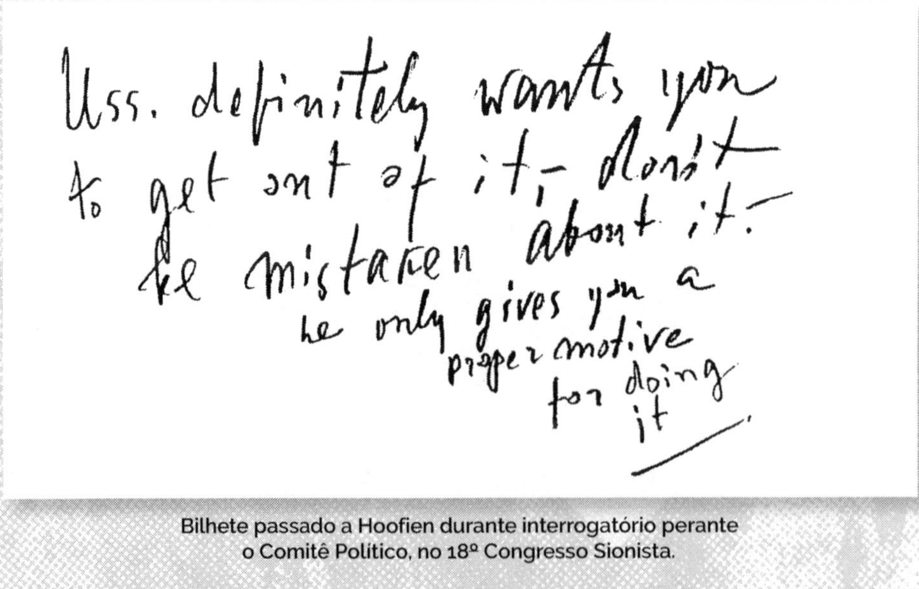

Uss. definitely wants you to get out of it — don't be mistaken about it. he only gives you a proper motive for doing it

Bilhete passado a Hoofien durante interrogatório perante o Comitê Político, no 18º Congresso Sionista.

Arthur Ruppin (no centro) e Georg Landauer (à direita) participam de reunião em uma escola palestina para crianças judias alemãs recém-transferidas, por volta de 1935.
(Cortesia do Instituto Leo Baeck, Nova York)

Sam Cohen
(Cortesia de Esther Aharony; acervo pessoal)

Chaim Arlosoroff
(Cortesia do Arquivo Central Sionista)

PARTE

IV

O PACTO

23

DRUCK VON UNTEN

A campanha de terrorismo social, econômico e político do Terceiro Reich contra os judeus era infinita. Durante junho de 1933, a cadeia de decretos governamentais antijudaicos havia sido superada pela grande quantidade de atos não oficiais de repressão. Por exemplo, os judeus não podiam mais anunciar na lista telefônica ou alugar barracas nos mercados de Frankfurt e foram demitidos em massa de centenas de empresas alemãs. Mesmo empresas cujos donos eram judeus não conseguiam suportar a exigência popular para demitir todos os empregados judeus.[1]

O *pogrom* burocrático contra a participação econômica judaica era um dos lados da faca, o lado cego. O lado afiado era um fluxo contínuo de ações de boicote antijudaicas, muitas delas violentas. Por exemplo, no final de junho, inúmeros comerciantes judeus em Essen e Muenster foram presos e enviados a campos de concentração. Em Frankfurt, milhares de membros enlouquecidos das Tropas de Assalto marcharam pelas ruas cantando "Matem os judeus" e exigindo que as lojas judaicas fossem fechadas.[2]

Esses atos de terror foram amplamente divulgados em todo o mundo. Na verdade, em meados de junho o *The London Sunday Referee* publicou um mapa das ruas de Berlim que localizava uma dúzia de casas de tortura nazistas.[3] Os ataques diários na Alemanha só incitavam a justificativa moral para ações anti-Reich. Assim, apesar da hierarquia sionista, do Conselho de

Deputados e do Comitê Judaico Americano, o boicote antinazista continuou a se ampliar entre a base. Em termos simples, homens e mulheres de todo o mundo, de todas as crenças religiosas e políticas, sentiam repulsa pela ideia de realizar negócios com a Alemanha nazista.

Os efeitos paralisantes da retaliação internacional apenas eram ampliados pelos transtornos internos causados pela desintegração do setor econômico judaico e pela pilhagem de empresas alemãs não judaicas por células do PNSTA. Os ataques externos e a deterioração interna enfraqueceram a Alemanha durante o final de junho, chegando a um estado de quase colapso, e as rachaduras começaram a aparecer.

A maior pressão vinha daqueles que estavam sem emprego. A reação em cadeia do desemprego levou ao caos revolucionário tão logo os desempregados começassem a redefinir suas lealdades. Os grupos nazistas periféricos descontrolaram-se. Muitos deles consolidaram sua popularidade com truques para ganhar tempo. Por exemplo, grupos nazistas locais começaram a forçar os donos das fábricas a recontratar pessoas que haviam sido demitidas, porque os negócios estavam ruins. As empresas que se recusavam a fazer isso eram sujeitas a duras revisões financeiras. Aquelas com qualquer reserva de dinheiro eram obrigadas a recontratar os homens até que essas reservas fossem completamente esgotadas. Na Alta Silésia, os administradores de minas de carvão fechadas foram presos; as minas foram então reabertas por um *kommissar* nazista determinado a mantê-las em operação até o último momento. Em todas as partes da Alemanha, donos de lojas judaicas falidas eram ameaçados com uma cobrança de "sabotagem econômica", a menos que reabrissem seus negócios. Mais uma vez, a intenção era manter os empregados trabalhando além do momento de impraticabilidade e até o instante da exaustão econômica.[4]

Esses truques de emprego deram ao Terceiro Reich um pouco mais de tempo. Porém, de várias formas, o tempo não era ganho em nome de Adolf Hitler, mas em nome dos grupos nazistas insatisfeitos com o crescente desemprego. Para sobreviver, esses grupos dissidentes precisavam garantir a seus seguidores – apenas por um pouco mais de tempo – o que toda máquina política precisa garantir: empregos.

Para evitar a insurreição política, Hitler deu início a uma série de absorções partidárias que dissolveram partidos de direita aliados, como o Partido do

Centro e o Nacionalista. Mas a real ameaça não eram os partidos primitivos, eram os grupos periféricos nazistas, que, em sua frustração fanática, estavam a ponto de realizar um segundo golpe, este mais violento que o primeiro.[5] Goebbels, um importante fomentador dessa segunda onda, incitava seus apoiadores. Em um discurso em Hamburgo no dia 24 de junho, ele declarou: "A revolução ainda não terminou. Eventos piores estão por vir".[6]

Em junho de 1933, Hitler nomeou o empresário Kurt Schmitt para ministro da Economia. Na visão de Schmitt, salvar a economia da Alemanha exigia um retorno à normalidade, uma redução drástica nas provocações antijudaicas e o fim da interferência dos *kommissars*. Hitler aprovou a posição de Schmitt, mas quando este tentou impor suas restrições, os fanáticos nazistas recusaram. Em 30 de junho, os quatro mais altos funcionários do PNSTA no Ministério da Economia começaram a incitar as organizações comerciais nazistas a se opor à indicação de Schmitt. Eles eram a favor do dr. Otto Wagener, *kommissar* do Terceiro Reich para Comércio e Indústria, um antigo líder econômico do partido, chefe dos *kommissars* e um homem de imenso poder em virtude de seu controle sobre milhares de empregos do setor privado.[7]

Não se perdeu tempo para suprimir a rebelião. O dr. Wagener e seus assistentes foram imediatamente enviados a um campo de concentração. As acusações se resumiram a uma tentativa de "roubar do *Führer* sua liberdade de decisão".[8] Isso desencadeou uma onda de anarquia, com líderes médios nazistas prendendo empresários e ocupando empresas.[9]

Mais tarde naquele mesmo dia, 30 de junho, o embaixador britânico Rumbold relatou o caos em uma carta para o secretário de Relações Exteriores, Simon.

> Ele [Hitler] conseguirá controlá-los? [...] Ninguém pode prever as ações de líderes como Frick, Goering, Ley e Wagener, que parecem possuir autoridade para encarcerar qualquer um a qualquer momento [...] É improvável que os líderes nazistas nas províncias se preocupem com a autoridade de Berlim para realizar prisões.[10]

A loucura continuou por dias, com autoridades nazistas infratoras ordenando que empresários fizessem grandes doações, revogando contratos, suspendendo dívidas, recontratando trabalhadores e adiando demissões. Aqueles que não pareciam cooperar completamente eram presos e julgados em sedes do partido.[11] Em muitos casos, o medo, e somente ele, mantinha as empresas funcionando.

Em 2 de julho, Hitler juntou todos os principais líderes da SA e da SS em Bad Reichenhall e admitiu o que os diplomatas diziam há semanas – o sucesso do Terceiro Reich dependia totalmente de uma solução para a crise do desemprego. E ele estava consciente de que as fileiras dos camisas-pardas cheias de desempregados estavam provocando o ímpeto para uma segunda revolução. Ele prometeu acabar, sem perdão, com qualquer ação desse tipo, porque uma segunda onda apenas traria caos.[12] Aquele caos provavelmente levaria à guerra civil.

A reprimenda de Hitler em 2 de julho não funcionou. As brechas tornavam-se nítidas conforme o pânico do desemprego aumentava contra as empresas alemãs. Foi dito a um diretor bávaro para se considerar sortudo por ser obrigado a contribuir somente com RM 30 mil para a unidade nazista local. A Câmara de Berlim foi forçada a contratar desempregados para trabalhar em programas de obras públicas ilusórias. A Câmara anunciou que seus credores normais, dessa forma, não seriam pagos.[13]

Um proeminente nazista saxão empregado como vendedor não teve medo de informar à seção comercial da embaixada britânica que seu partido local havia decidido proibir todos os bens estrangeiros e regular o comércio saxão como bem entendessem. Quando os oficiais da embaixada lembraram o homem dos discursos de Hitler proibindo a interferência com empresas privadas, o vendedor respondeu que os líderes nazistas da Saxônia "haviam perdido a paciência" com o governo e fariam o que quisessem.[14]

A anarquia era mais visível no ressurgimento massivo dos boicotes antijudaicos. Esses boicotes haviam sido proibidos pouco depois da tentativa abortada de 1º de abril. Os líderes do Terceiro Reich sabiam que, de todas as provocações estrangeiras, boicotar os judeus era a mais provável de provocar retaliações. No entanto, unidades provinciais nazistas, em desafio aberto às instruções de Berlim, ordenavam aos jornais locais que publicassem informações sobre o boicote. Em muitos distritos, os membros do partido recebiam a ordem de denunciar qualquer ariano visto entrando em uma loja judaica para que fossem presos.[15]

Os boicotes antijudaicos, sem dúvida, aumentavam o desemprego geral. Embora parecesse que o comércio judaico estava sendo redirecionado às empresas arianas, aumentando, assim, o emprego ariano, na verdade ocorria o exato oposto. As empresas judaicas arruinadas pelo boicote eram invariavelmente forçadas a demitir seus empregados alemães e dar o calote em suas dívidas.

O efeito acentuado sobre o uso desses calotes judeus ficou evidente para Hitler durante esses primeiros dias de julho. Seu novo ministro da Economia, Kurt Schmitt, apelou para uma reunião de emergência para discutir a iminente falência da segunda maior cadeia de lojas de departamento da Alemanha, a Hermann Tietz, judaica. A enorme cadeia Tietz operava mais de cem lojas por toda a Alemanha ocidental, empregando 14 mil pessoas diretamente e proporcionando emprego a outros milhares mais, que trabalhavam para os fornecedores. Além disso, existiam várias outras lojas de departamento judaicas que, como a Tietz, haviam sofrido o boicote até quase a bancarrota. Schmitt explicou a Hitler que, se essas cadeias falissem – a Tietz em particular –, toda a economia alemã sofreria um grande aumento repentino de desemprego. Os funcionários da Tietz e muitos de seus fornecedores perderiam seus empregos e centenas de credores estariam arruinados. Schmitt falou a Hitler que a única solução seria diminuir, de alguma forma, as reservas do governo e dar um subsídio especial à Tietz. Hitler ficou indignado. A ideia de desviar preciosos fundos do governo para subsidiar uma empresa judaica era uma blasfêmia. Naquele ponto, Schmitt mostrou a Hitler análises financeiras sobre o que aconteceria se a Tietz fechasse. Por exemplo, a condição financeira das fábricas de processamento de alimentos, cujos produtos eram bem vendidos nas lojas Tietz, seria perigosamente enfraquecida. O agitado debate durou duas horas. Mas, no final, conseguiu-se o dinheiro para financiar a operação da Tietz. Foi uma impressionante lição de economia para Adolf Hitler.[16]

O *Führer* deu passos imediatos. Em 5 de julho, Hitler enviou uma carta aberta aos líderes nazistas de Brunswick para que parassem as prisões em massa e os julgamentos de empresários e industriais. Hitler afirmou que as empresas deveriam funcionar normalmente. No dia seguinte, o ministro do Trabalho de Hitler fez um aviso similar à chamada Organização das Células Nazistas, que incluía vários trabalhadores de escritórios de baixo escalão. Mais tarde, em 6 de julho, Hitler condenou importantes líderes do partido em

Berlim por causa das experimentações dos nacional-socialistas que estavam destruindo o que restava da indústria alemã. "A história não nos julgará", ele avisou, "por termos afastado e prendido um número grande de economistas, mas [...] se conseguimos dar trabalho para as pessoas."[17]

No entanto, mais uma vez, os avisos de Hitler foram ignorados. A cancerosa decadência da economia alemã estava se espalhando. Em um informe enviado a Washington, o *chargé* americano Gordon descreveu como era explosiva a questão do desemprego:

> O tremendo ritmo no qual a nova onda revolucionária.. [está] se espalhando pela Alemanha [...] mostra que o que é conhecido aqui como "Druck von Unten" – ou seja, a *pressão de baixo* por parte das fileiras do Partido Nazista que sentem que [...] eles não obtiveram os benefícios materiais que [...] sentem que devem receber [...] ainda é uma realidade muito aguda.[18]

Gordon acrescentou ainda que a Alemanha estava à beira da chamada "segunda revolução", e Hitler havia decidido acabar com isso.

Assim, no dia 11 de julho, Hitler anunciou que "a revolução havia terminado". O ministro do Interior, Frick, circulou um sério aviso para todas as autoridades governamentais e policiais, estipulando em bom e claro alemão:

> O chanceler deixou claro, sem nenhuma dúvida, que a revolução alemã está encerrada [...] A tarefa principal do governo agora é criar as bases intelectuais e econômicas [...] Mas essa tarefa estará seriamente ameaçada se as ideias de uma continuidade, ou de uma segunda revolução, continuarem. Aquele que afirma isso deve entender, então, que [...] está se rebelando contra o próprio *Führer* e será tratado de acordo. Tais declarações [...] são calculadas principalmente para expor o sistema econômico alemão [...] a queda visível do desemprego não deve, em nenhuma circunstância, ser atrapalhada.[19]

O aviso foi novamente ignorado. Referências transparentes a uma "queda acentuada do desemprego" não enganavam ninguém. Quando entre 5 e 6 milhões de pessoas em um país com aproximadamente 15 milhões de famílias já estavam desempregadas há dois ou três anos, eles sabiam. Somente comida na mesa poderia mudar a cabeça dessas pessoas. A conversa sobre uma segunda revolução era, na verdade, uma tentativa desesperada desses 5 ou 6 milhões de alemães sem emprego de transferir suas lealdades políticas a qualquer um que pudesse finalmente realizar esta tarefa heroica: colocar alguma comida na mesa.

Junto com o aviso de Frick, um anúncio foi feito para todos os jornais por Rudolf Hess, o representante pessoal de Hitler, ordenando o fim de todos os boicotes contra as lojas de departamentos de judeus e explicando:

> [Enquanto o Terceiro Reich] considera sua mais importante tarefa em oferecer trabalho e pão para o máximo possível de desempregados alemães, os nacional-socialistas não podem [...] privar centenas de milhares de funcionários [...] de seus empregos em lojas e empresas que dependem deles. Eu, portanto, proíbo qualquer membro do PNSTA de realizar qualquer ação contra lojas de departamentos ou empresas similares.[20]

No desespero pela sobrevivência, não eram só os pobres e desempregados que exigiam mudanças, mas também os ricos e poderosos. Se Hitler queria reabilitar a força de trabalho e rearmar a Alemanha, o apoio contínuo dos magnatas da indústria era vital. E os principais industriais tinham amplas alianças com os desarmados, com falta de pessoal, mas mesmo assim militares bem organizados, o Reichswehr,[21] que ainda era um fator incerto na política alemã. No final da segunda semana de julho, os ricos precisavam de garantias imediatas.

Em 13 de julho de 1933, um painel de líderes industriais e financistas alemães encontrou-se com o ministro da Economia Schmitt para ouvir os planos do governo para recuperar empresas tomadas por facções nazistas. Schmitt definiu uma política de sete pontos e era só o que eles queriam ouvir. Os empresários teriam proteção policial total contra a interferência nazista. O controle de preços seria retirado. Um conselho auxiliar, formado por Carl Bosch, Gustav Krupp, Fritz Thyssen, Karl Siemens e treze outros executivos, teria voz especial nas futuras decisões econômicas. Cartéis e mercados seriam estabilizados. As lojas de departamento seriam completamente protegidas de "elementos irresponsáveis". Várias chamadas organizações de luta da classe média nazista seriam dissolvidas.[22]

Em particular, Schmitt estava alarmado com o súbito aumento das associações econômicas de classe média. O Patrimônio do Artesanato e Comércio era a mais ameaçadora. Esse Patrimônio fora criado em maio de 1933 como uma burocracia partidária para ajudar na documentação, comprometida com a doutrina nazista de artesanato nativo e pequenas empresas. Nos últimos dias, no entanto, o Patrimônio havia crescido, com muitos membros, e adotado uma posição desafiadora contra as grandes empresas. Mais importante, o Patrimônio afirmara-se como a *única* autoridade competente na organização econômica e estava até obrigando os empregadores a se juntarem às suas fileiras. O Patrimônio representava mais do que apenas uma ameaça contra as grandes empresas. Ele representava uma base alternativa de poder com o potencial para interferir e redistribuir empregos. Assim, Schmitt garantiu que o Patrimônio seria dissolvido imediatamente para evitar o perigo de que "toda uma série de pessoas não autorizadas se dedicasse a experimentos e procurasse construir uma esfera de influência a fim de realizar todos os tipos de planos".[23]

Schmitt garantiu aos executivos reunidos que o novo programa de sete pontos seria o compromisso do regime de Hitler para a recuperação econômica por meio de métodos *tradicionais*. Os industriais aprovaram com entusiasmo. Gustav Krupp disse uma palavra de agradecimento em nome da "economia alemã"[24] pela última tentativa de resgate do capitalismo no Terceiro Reich.

Enquanto Schmitt dava garantias aos industriais alemães em 13 de julho, Hitler defendia a nova filosofia econômica em uma conferência de lideranças partidárias em Berlim. Ele tentou explicar que na política era necessário um ataque rápido e decisivo, mas "na esfera econômica outras leis de desenvolvimento devem determinar nossa ação. Aqui, devemos avançar, passo a passo, sem destruir de repente o que já existe e, assim, colocar em perigo a base de nossa própria existência". Hitler afirmou que estava preocupado com sua principal tarefa econômica: restaurar o emprego do trabalhador alemão e o poder de consumo.[25]

Embora os líderes nazistas concordassem que a questão central era o emprego, havia agora um grande desacordo sobre a melhor forma de preservar e restaurá-lo. Schmitt e Hitler, em sua nova aliança com os magnatas alemães, tinham suas ideias. Mas o Patrimônio, que perseguia o comércio do homem mais comum, tinha suas próprias opiniões. Se qualquer entidade poderia desempenhar um papel em uma segunda revolução, seria esse novo Patrimônio.[26]

Assim, no dia seguinte, 14 de julho, o Terceiro Reich publicou uma nova medida de emergência que afirmava inequivocadamente que o Partido Nazista era o único partido legítimo na Alemanha. As atividades políticas estavam limitadas a membros privilegiados do partido. Nenhum novo partido de qualquer tipo poderia ser iniciado. Essa era uma medida de emergência contundente, uma vez que nazistas eram o único partido real desde abril, e mesmo os remanescentes de seus afiliados de direita haviam sido absorvidos por completo no final de junho. Independentemente do que os líderes do Patrimônio estivessem planejando, sob qualquer nome, Hitler não permitiria. O embaixador americano, Dodd, explicando a nova lei a Washington, comentou: "Não há nenhuma dúvida de que essa lei era dirigida não tanto contra os partidos políticos extintos, mas contra as tentativas para dividir o Partido Nazista internamente".[27]

Poucos dias depois da proclamação de 14 de julho, Hermann Goering estava de férias na Ilha de Sylt, no Mar do Norte, quando todo seu gabinete prussiano de repente se reuniu na ilha para uma conferência urgente. No dia seguinte, Goering desistiu das férias e voou de volta para Berlim. No aeroporto, disse pouco, exceto que baixaria "uma mão de ferro" contra os inimigos do Estado.[28]

Goering, então, convocou uma reunião de emergência com todos os promotores, chefes de polícia, juízes, chefes da Gestapo e comandantes superiores da SA e da SS da Prússia. Prisões de unidades das Tropas de Assalto dissidentes já estavam acontecendo, mas Goering queria que elas aumentassem. Os promotores receberam a ordem de limpar suas mesas de tudo, menos dos casos dissidentes, para dar as punições o mais rapidamente possível.[29]

Em 15 de julho, os números finais da balança comercial da Alemanha foram divulgados. Para junho, o superávit caiu 68% comparado com o mês anterior; no primeiro semestre de 1933, havia caído 51%. Aquela perda de seis meses teria sido maior, mas o boicote anti-Hitler só havia realmente começado no final de março. O volume de exportações geral caíra também, quase 9% entre maio e junho. Somente as compras da França diminuíram 25%, tendo os produtos manufaturados sofrido as maiores perdas.[30]

A Câmara de Comércio alemã publicou um corajoso relatório admitindo que a queda nas exportações havia sido causada pela "crescente rejeição dos produtos alemães em vários países". A palavra *boicote* não poderia ser usada. E *Deutsche Bergwerks Zeitung*, o jornal dos poderosos industriais do Ruhr, publicou um editorial dizendo que os últimos números agora faziam da aquisição de moeda estrangeira e do aumento das exportações as maiores prioridades do Terceiro Reich.[31] Tudo isso ocorreu ao mesmo tempo que Samuel Untermyer afirmava que sua Conferência Econômica Judaica Mundial de repente se reuniria em Amsterdã.

Atrocidades contra cidadãos judeus, principalmente o boicote antijudaico, aumentaram a legitimidade da exigência de Untermyer para uma guerra econômica mundial contra a Alemanha. Assim, a supressão da "propaganda das atrocidades" era revivida como um imperativo para o Terceiro Reich. Ficou claro para Goering que a única forma real de diminuir as histórias de atrocidades era proibir as próprias atrocidades. A nova obstinação com relação à supressão de atos antijudaicos e a proibição da interferência levaria, certamente, à desobediência em massa. As fileiras insistiriam em tomar medidas drásticas para redistribuir a economia remanescente da Alemanha e, é claro, tirar dos judeus qualquer recurso que ainda tivessem.

Dodd, o embaixador dos Estados Unidos, alertou sobre os embates que estavam por vir em uma carta de 17 de julho: "Hitler percebe que qualquer tentativa mais profunda de nazificação do comércio e da indústria poderia causar um desequilíbrio à economia alemã e assim colocar em perigo a existência de seu regime". Dodd previu: "Muitos dos seguidores de Hitler se ressentirão dessa súbita mudança de política como uma traição ao programa do partido". Para ilustrar a possibilidade de que grupos nazistas dissidentes pudessem criar seus próprios minigovernos dominados por *kommissars*, Dodd citou um recente aviso feito pelo ministro do Interior, Frick: "Qualquer forma de governo auxiliar é incompatível com a autoridade do Estado totalitário". Dodd terminava sua carta focando no "perigo de que os numerosos extremistas no Partido Nazista fujam do controle depois de perceberem que foram enganados".[32]

Em 23 de julho, Goering realizou uma conferência de imprensa e anunciou medidas extraordinárias para combater qualquer insurreição entre as fileiras. Primeiro, foi estabelecido o escritório do promotor político, para trabalhar com a Gestapo. Segundo, todas as violações da lei que interferiam na reconstrução alemã e os ataques contra as Tropas de Assalto, Stahlhelm ou a polícia seriam punidas sem piedade, "não importa quem as cometesse". As famílias dos condenados por tais ofensas seriam desqualificadas de qualquer benefício de desemprego ou de auxílio. Terceiro, uma sentença de quinze anos de prisão perpétua e possivelmente de morte por decapitação seria imposta a "qualquer pessoa que matar, tramar ou instigar a morte de um policial, um membro das Tropas de Assalto ou Stahlhelm; ou quem trouxer para a Alemanha jornais ou panfletos estrangeiros com conteúdo político, o que pode ser visto como uma traição no sentido dos decretos existentes [...] tornando proscritas certas organizações [...] [ou] a formação de novos partidos".[33]

Apesar de a lei parecer ter sido criada para proteger as unidades do partido nazista, o verdadeiro objetivo era evitar que os membros se voltassem uns contra os outros na luta por controle. Qualquer encorajamento para tal ação, principalmente se fosse envolvido algum tipo de violência, seria considerado por Goering um ato de "propaganda de atrocidade". E qualquer camisa-parda que defendesse o comportamento antijudaico violento simplesmente seria acusado de se infiltrar nas fileiras da SA para fomentar a propaganda de atrocidade. Qualquer panfleto provocativo ou jornal não autorizado que pregasse a desobediência ou a lealdade a novas facções seria considerado "estrangeiro" e mais uma vez "propaganda de atrocidades". Goering afirmou que a disseminação de propaganda era punível com morte.[34]

Apesar dos avisos mais severos do governo, os boicotes antijudaicos continuavam inabaláveis e de forma bastante pública. Jornais por toda a Alemanha publicavam ordens locais de boicote em desafio aberto às ordens do *Führer*. Por exemplo, o *Dortmund Generalanzeiger* circulou uma ordem de boicote em nome da unidade local do partido. O *Chemnitzer Neuesten Nachrichten* divulgou um boicote patrocinado pela Câmara de Comércio de Chemnitz. E no auge das exigências de Goering de que a violência pública contra os judeus fosse abolida, os seguidores de Julius Streicher prenderam trezentos comerciantes judeus em Nuremberg e marcharam com eles pelas ruas em um rito de humilhação. Envergonhadas, as autoridades bávaras rapidamente soltaram os presos judeus e avisaram a imprensa local para não mencionar o incidente.[35]

No final de julho, um embate de fanáticos parecia inevitável. Para os da classe baixa, os fracassos econômicos do Terceiro Reich pareciam um sintoma de lassidão e perda de fé. Uma unidade local do PNSTA até se recusou a parar com o boicote mesmo quando advertida diretamente por Berlim. A resposta deles: "Não precisamos consultar Berlim. Sobre essa questão, a plataforma do Partido Nazista é clara. Isso é o suficiente para nós".[36]

É desconhecido até onde a "segunda revolução" havia avançado em 25 de julho. Não há forma de saber se a ameaça era maior por parte das forças do ex-ministro da Economia, Hugenberg, do teórico nazista Julius Streicher, do chefe *kommissar* Otto Wagener, que estava preso, das crescentes multidões do Patrimônio do Artesanato e Comércio ou de alguma das várias outras coalizões e facções políticas. Mas, em 25 de julho, a ação foi tomada.

Precisamente ao meio-dia, um milhão de policiais, oficiais das Tropas de Assalto e da SS, cuja lealdade a Hitler poderia ser garantida, paralisaram a Alemanha. Tudo foi revistado. Trens, carros, salas de espera, estações de trem. A operação em todo o país durou cerca de uma hora. Os resultados nunca fora revelados, uma vez que a ação fora executada sob o decreto de Goering que ameaçava de morte quem fizesse propaganda de atrocidades.[37]

Mesmo a mobilização de um milhão de homens não conseguiu restringir a *druck von unten*, a pressão de baixo.

Ninguém sabia a resposta precisa: se a ruptura total viria em uma semana, um mês ou em dois meses – ou se nunca viria. Essa era a questão que fazia as pessoas acreditarem. Mas a conexão clara entre o desemprego na Alemanha e a instabilidade nacional era amplamente conhecida. Todos os discursos nazistas desesperados e os alarmes econômicos de julho de 1933 eram abertamente divulgados nos jornais de Londres, Nova York, Paris, Amsterdã e Washington.

No entanto, em face dessas manchetes e dos incentivos sedutores para estrangular o Terceiro Reich economicamente, os principais líderes judeus faziam tudo que podiam durante o mês de julho para bloquear o boicote antinazista. Certamente, o Terceiro Reich estava em perigo, mergulhado no caos por causa do desemprego, desesperado por tempo para salvar sua economia e incapaz de resistir à erosão de seu comércio exterior. Contudo, imponderabilidades dominavam a comunidade judaica internacional: o boicote seria rápido o suficiente? Se fosse bem-sucedido, o judaísmo alemão não seria encontrado sob as cinzas do Terceiro Reich?

Aqueles que rejeitavam o boicote a favor da solução sionista questionavam se os judeus poderiam realmente ganhar essa guerra, e, se ganhassem, as batalhas continuariam por várias gerações? Eles acreditavam que a única forma de ganhar tais guerras era evitá-las. Se a construção da Palestina pudesse realizar o ideal sionista de independência judaica, a vitória não seria temporária; seria permanente. Esta era a tormenta dos tempos para a liderança judaica: combater fogo com fogo, ou combater o fogo com previsão.

24

LANDAUER *VERSUS* COHEN

Na mente dos sionistas, a vida judaica na Alemanha não poderia ser salva, apenas transferida. Mesmo se Hitler e a economia alemã fossem destruídos, a riqueza judaica na Alemanha seria destruída com eles. E a riqueza deveria ser salva. Por meio de uma liquidação rápida e da transferência dessa riqueza, a pátria judaica poderia ser construída, criando assim o refúgio necessário para uma transferência em massa de pessoas. O sionismo havia declarado, desde Herzl, que não deveria haver oposição contra os regimes antissemitas. Era necessário cooperar com eles na transferência dos judeus e de seus bens.

Como Landauer via, vastas quantias em dinheiro – de imigrantes bem como dos chamados imigrantes em potencial – estariam à disposição das instituições sionistas. Assim, uma conta bancária praticamente infinita poderia financiar o desenvolvimento da Palestina: estradas, fornecimento de água, moradia e a grande tarefa sionista de transformar o deserto em plantações.

A grande ameaça para alcançar essa utopia era o antigo parceiro de Landauer, o sr. Sam Cohen. Durante a reunião de 13 de julho, Landauer havia enfatizado que um acordo poderia ser realizado sob a supervisão de um centro de compensação controlado pelo Banco Anglo-Palestino, o banco em que a maioria dos judeus e sionistas confiava. Essa estipulação tiraria o monopólio da Hanotaiah no futuro e sobre as fortunas do judaísmo alemão.

É claro que o Banco Anglo-Palestino era confiável para a implantação das decisões da Organização Sionista. Estabelecido em 1902, o mais antigo e respeitado banco na Palestina era de propriedade da Companhia Anglo-Palestina, que, por sua vez, era uma subsidiária da Companhia do Fundo Colonial Judaico. Todas as ações controladoras dessa empresa eram administradas pela Organização Sionista em Londres.[1]

Embora o banco fosse ainda uma instituição financeira pequena, esse projeto de transferência tinha o potencial para torná-lo um dos mais fortes do mundo. Anos depois, o Anglo-Palestino se tornaria realmente um dos cem maiores bancos do mundo. E mudaria seu nome para Banco Leumi – o mais importante de Israel.[2]

Para garantir que Sam Cohen não interceptaria novamente a transferência, Landauer decidiu que a ZVfD manteria a comunicação constante com os ministérios da Economia e das Relações Exteriores. Assim, em 14 de julho, o dia seguinte à reunião no Wilhelmstrasse, Landauer mandou uma carta para o diretor de Controle de Divisas, Hans Hartenstein, com uma cópia para Hans Schmidt-Roelke no Ministério das Relações Exteriores. A carta de Landauer era uma simples confirmação de que, como solicitado na reunião de 13 de julho, um memorando materializando os procedimentos da transferência seria entregue em breve. Até então, escreveu Landauer, "acho importante reenfatizar com antecedência o que falei naquela reunião: é muito importante que o centro de compensação proposto para a Palestina seja uma organização pública que tenha a confiança completa do público judeu [...] Somente a Companhia Anglo-Palestina está disponível para esse propósito".[3]

Em um movimento não tão sutil para evitar outro truque de Sam Cohen, Landauer explicou a Hartenstein por que ele estava reiterando sua posição antes mesmo de negociações mais profundas. "Quero evitar a possibilidade de perder esse recurso por meio de quaisquer negociações individuais que poderiam acontecer antes da implantação do acordo geral."[4]

Com o desemprego alemão em disparada e com a transferência como a única maneira de quebrar o boicote, Landauer sentia-se muito mais confiante do que algumas semanas antes, quando tinha medo até de contatar o governo. Esse aumento de confiança era aparente na carta de 14 de julho quando Landauer tornou claro que os sionistas não concordariam com qualquer acordo. Eles queriam o acordo que fosse correto para a Palestina. E, assim, a pequena carta terminava com o que deve ter parecido um aviso, ou mesmo uma ameaça. "Quero enfatizar isso por escrito de antemão porque considero importante informá-lo de que as autoridades [sionistas] que irão lidar com a emigração para a Palestina dificilmente serão capazes de concordar com qualquer outro método." Schmidt-Roelke ficou um pouco espantado quando leu aquelas palavras e colocou dois pontos de exclamação perto da margem.[5]

Landauer também se moveu contra Cohen no próprio centro do poder dele, a Hanotaiah Ltd. Lev Shkolnick, gerente da Yakhin, negociaria em Berlim os detalhes finais da implantação conjunta com Sam Cohen e Moses Mechnes, coproprietário da Hanotaiah. Em 30 de junho, Mechnes havia chegado, mas nada de concreto poderia ser feito sem Cohen, que ainda viajava de Tel Aviv para Trieste, e de lá para Genebra e depois Londres, antes de finalmente chegar a Berlim para finalizar alguns detalhes. Empregando uma velha técnica do próprio Sam Cohen, Landauer usou a ausência deste para se encontrar com Mechnes e outras pessoas da Hanotaiah para extrair uma promessa de que eles renunciariam a qualquer monopólio de transferência.[6]

Ao mesmo tempo, o desejo da Yakhin de realizar um empreendimento conjunto com a Hanotaiah rapidamente se dissipou. Telegramas enviados pela Hanotaiah para a Yakhin eram respondidos em termos vagos. Os gerentes da Yakhin perceberam que não precisavam mais de seus concorrentes da Hanotaiah. Em meados de julho, a empresa pública Yakhin, que deu à empresa privada Hanotaiah sua autorização, havia se dissociado de Sam Cohen[7] e estava pronta para apoiar Landauer.

Landauer passou quase uma semana lapidando seu memorando de transferência de duas páginas e meia, datilografado no papel do *Palastina Amt* ou do Escritório da Palestina. O Palastina Amt era o verdadeiro escritório de emigração sionista e, desse modo, adornou o memorando de Landauer como *a* proposta de transferência oficial. Em 19 de julho, foi entregue a Hartenstein no Escritório de Controle de Divisas Estrangeiras. Uma cópia foi para Schmidt-Roelke no Ministério das Relações Exteriores com uma carta de apresentação que novamente defendia a questão: "Enfatizo que nossos escritórios na Palestina estão particularmente ansiosos para ver dinheiro e transações administradas por agências que contam com a confiança do público".[8]

Landauer também enviou uma carta naquele dia, 19 de julho, para E. S. Hoofien, gerente-geral do Banco Anglo-Palestino, que estava então em Londres. A carta de Landauer pedia a Hoofien para estabelecer uma empresa de investimentos supervisionada pelo banco na Palestina que estivesse pronta para começar de imediato. Ele deixou claro que a velocidade era essencial porque sempre havia a ameaça de Sam Cohen.[9]

Para neutralizar ainda mais Cohen, Landauer pediu a Hoofien para que os dirigentes do Banco Anglo-Palestino em Jerusalém "mantivessem contato com o cônsul alemão". Assim como Wolff havia sido o meio para o reconhecimento de Cohen no Wilhelmstrasse, o projeto de Landauer receberia endosso oficial – se Wolff pudesse transmitir sua aprovação.[10]

Mesmo antes de Hoofien ter recebido o memorando de 19 de julho de Landauer, os sionistas de Londres ocupavam-se na preparação de um massivo plano de transferência. Werner Senator, que havia participado da reunião de 13 de julho em Wilhelmstrasse, elaborava um importante relatório para o Executivo Sionista em Londres que delineava as novas propostas formuladas por Landauer. Ao mesmo tempo, o professor Brodetsky pediu a seu contato, A. C. C. Parkinson, para solicitar mais uma vez a assistência do Escritório de Relações Estrangeiras britânico. Senator voltaria para a Alemanha para finalizar os detalhes da transferência. Para colocar uma capa de legitimidade em Senator, o professor Brodetsky queria que a embaixada britânica permitisse a Senator usar seus escritórios.[11] Os funcionários do Escritório objetaram que o pedido era "outra das tentativas do professor Brodetsky de nos identificar com o sionismo estrangeiro". Mas o Colonial Office, no final, chegou a um acordo em que Senator teria a permissão de ligar para a embaixada, mas não teria a permissão de usar suas instalações, como o telégrafo ou o telefone.[12]

Landauer havia ido longe demais para reivindicar a autoridade a fim de concluir o acordo com a Alemanha. Ele convencera a Hanotaiah a retirar seu monopólio. A Yakhin havia recuado da participação conjunta com a Hanotaiah. E. S. Hoofien e o Banco Anglo-Palestino rapidamente estabeleceram uma empresa de investimentos com supervisão do banco na Palestina. Os dirigentes do Banco Anglo-Palestino em Jerusalém convenceriam o cônsul Wolff a mudar seu endosso de Cohen para Landauer, que se aproximava muito de Hartenstein, com cópias de tudo sendo enviadas a Schmidt-Roelke. E Senator, da Agência

Judaica, logo se juntaria a Landauer como o representante oficial do governo judaico na Palestina, completo com os símbolos da embaixada britânica.

Em jogo estava, literalmente, o futuro do lar nacional judaico. Se a enorme expansão da transferência que o Terceiro Reich planejava fosse colocada em marcha por meio de Sam Cohen, os emigrantes judeus rapidamente descobririam uma existência essencialmente sem dinheiro na Palestina. No momento em que descobrissem que não havia atratividade na transferência de Cohen, o dinheiro deles já teria se transformado, independentemente do que fizessem, em marcos bloqueados na conta especial da Hanotaiah. Somente Cohen poderia usar o dinheiro. Quando a má experiência se tornasse amplamente conhecida, o judaísmo alemão procuraria refúgio em qualquer lugar, menos no lar nacional judaico.

Mas, se o projeto de Landauer fosse realizado por meio do Banco Anglo-Palestino, os *émigrés* judeus alemães estariam livres para buscar a existência que quisessem na Palestina. Eles teriam as mil libras obrigatórias na mão, e, logo depois da chegada, com a venda dos produtos alemães, receberiam ainda mais dinheiro, talvez mais mil libras. Em uma nação como a Palestina, onde os salários chegavam a pouco mais que umas poucas libras diárias, duas mil libras para começar garantiriam uma vida confortável. Os judeus transferidos se tornariam, em troca, consumidores, comprando produtos alemães comuns que entravam como parte da transferência. Isso, em troca, apoiaria a transferência de ainda mais judeus alemães.

Pouco depois que o memorando de transferência de Landauer ao Ministério da Economia foi entregue, Hartenstein convidou-o para uma reunião a fim de discutir detalhes da transferência. Tudo finalmente andava como Landauer queria. Ele estava no controle. Para garantir que todos os aspectos das negociações permanecessem em suas mãos, ele pediu a seu amigo Herman Ellern, do Banco Ellern de Karlsruhe, para visitar Schmidt-Roelke com antecedência e apoiar a iniciativa de Landauer.[13]

No Wilhelmstrasse em 20 de julho, Hartenstein era o mais cordial quando a reunião começou. Mas, à medida que a conversa avançava, Landauer provavelmente se perguntou se eles não estavam falando sobre dois conceitos completamente diferentes. O memorando de Landauer delineava a *futura* expansão da transferência. Mas Hartenstein explicava que a transferência já havia sido expandida dois dias atrás. Com quem?

Com o sr. Sam Cohen, explicou Hartenstein. Cohen havia assegurado ao ministro que a ZVfD organizaria um escritório especial da Hanotaiah em sua sede de Berlim para funcionar como o centro de compensação alemão. O escritório central da Hanotaiah em Tel Aviv funcionaria como o centro de compensação de mercadorias na Palestina. A Hanotaiah processaria todas as transações por meio de suas contas bancárias na Palestina, que seriam abertas tanto no Banco Anglo-Palestino como no Banco Temple, de controle alemão.[14] Não era exatamente como Landauer havia insistido: dois centros de compensação, um na Alemanha, outro na Palestina – com o dinheiro canalizado por meio do Banco Anglo-Palestino?

Hartenstein mostrou, então, a Landauer uma carta do ministro da Economia, Kurt Schmitt, assinada pelo vice-ministro, dr. Reichart. Com a data de 18 de julho de 1933, a carta para a Hanotaiah confirmava: "Com base nas renovadas negociações entre o sr. Sam Cohen e meus especialistas, meu desejo é apoiar a emigração dos judeus alemães para a Palestina permitindo as seguintes facilidades para uma transferência ampla de seus bens". O segundo parágrafo autorizava depósitos voluntários nas contas bloqueadas da Hanotaiah tanto para os emigrantes como para qualquer outro judeu que pensasse em emigrar ou "participar no desenvolvimento da Palestina".[15] Isso incluiria todos os judeus que viviam na Alemanha.

Refletindo o tumulto causado pelo desemprego e a dramática diminuição nas exportações de produtos manufaturados em virtude do boicote antinazista, a autorização de Schmitt-Reichart especificava que "produtos manufaturados" seriam exportados para a Palestina para conseguir a transferência. A ordem reconhecia que depósitos feitos por judeus alemães seriam administrados por meio de "um escritório na Federação Sionista Alemã, Berlim, Meineckestrasse 10". Contudo Landauer, diretor da ZVfD, não havia sido consultado.[16]

A carta também estipulava que os judeus alemães, ao chegarem à Palestina, receberiam dinheiro proveniente das vendas de mercadorias.[17] Landauer havia enfatizado como o dinheiro era importante para permitir que os judeus reconstruíssem a própria vida e viabilizassem a emigração em massa. Mas Landauer tinha certeza de que Cohen manteria a maior parte do dinheiro das vendas, reembolsando os emigrantes com qualquer parcela de terra arenosa que sentia ser válida.

A ordem de 18 de julho listava a permissão expandida inicial da Hanotaiah como sendo de RM 3 milhões – 15 milhões de dólares – e substituía o original RM 1 milhão do acordo de Cohen. Foram permitidas permissões adicionais ilimitadas, mas a carta exigia uma porcentagem minoritária não especificada de moeda estrangeira para transferências além dos primeiros RM 3 milhões. O dr. Reichart foi explícito: "Quero apontar que meus especialistas enfatizaram repetida e decididamente ao sr. Cohen, que, depois que os 3 milhões de reichmarks forem usados [...], o dinheiro estrangeiro deve ser recebido em pagamento" por pelo menos parte do preço adquirido.[18]

As palavras finais da carta de permissão indicavam que a emigração para a Palestina estava absolutamente conectada às exportações alemãs para a Palestina. Se a Alemanha continuasse a fornecer preciosas moedas estrangeiras para os emigrantes para atender as exigências de entrada britânicas, só poderia fazê-lo como parte de um programa de exportação geral. Os primeiros RM 3 milhões, então, eram um incentivo. A partir daí, o Terceiro Reich queria dinheiro real.[19]

Landauer foi forçado a quebrar a ilusão da parceria e contou a Hartenstein: "Não posso reconhecer que o sr. Sam Cohen ou a Hanotaiah estejam autorizados por instituições nacionais responsáveis". Quanto ao escritório de compensação de Cohen na ZVfD, Landauer declarou que ele simplesmente não existia. E acrescentou: "Duvido muito que o sr. Sam Cohen ou a Hanotaiah tenham a possibilidade de satisfazer [reembolsar] os emigrantes se não venderem os produtos de uma maneira apropriada". E essas vendas seriam essencialmente impossíveis, disse Landauer, já que, na verdade, a Hanotaiah era uma empresa de plantação de laranjas, não um varejista ou distribuidor. "Portanto", declarou Landauer, "não posso assumir a responsabilidade de aconselhar os emigrantes a realizar suas transações financeiras com a Hanotaiah."[20]

Sem dúvida chocado, Hartenstein respondeu: "O sr. Sam Cohen foi credenciado pelo cônsul-geral alemão em Jerusalém [...] Ele é um líder e possui todas as autorizações das instituições nacionais". Portanto, Hartenstein disse que autorizaria a permissão de expansão da Hanotaiah. Hartenstein tentou, no entanto, tranquilizar Landauer com a promessa de que acompanharia o trabalho da Hanotaiah e garantiria que a empresa de Cohen cumpriria com todas as expectativas.[21]

Landauer não cederia. Ele falou a Hartenstein que não poderia confiar em qualquer programa implantado pela Hanotaiah. Como o chefe da ZVfD, que controlava a Palastina Amt, ele, portanto, falaria a todos os emigrantes que qualquer pessoa transferindo via Hanotaiah estava fazendo isso com grandes riscos financeiros. Ao mesmo tempo, instruiria as autoridades sionistas a imediatamente estabelecerem uma empresa concorrente supervisionada pelo Banco Anglo-Palestino conforme destacado no memorando de transferência de 19 de julho.[22] Esse foi um momento tenso. Landauer estava falando com um alto oficial do governo alemão. Estava declarando que criaria uma organização econômica para frustrar um importante programa de exportação. A firmeza de Landauer veio em um momento em que altos oficiais nazistas eram enviados para campos de concentração por proporem planos econômicos alternativos. Era um período em que o ministro da Economia, Kurt Schmitt, havia recebido a autoridade de Hitler para esmagar qualquer um que não cooperasse completamente com as diretivas econômicas.

Mas o êxodo dos judeus para a Palestina, o emprego que resultaria das exportações, as moedas estrangeiras que seriam ganhas e, mais significativamente, o efeito antiboicote de finalizar a transferência eram todos extremamente vitais para deixar passar. Assim, Hartenstein recuou e concordou em dar a expansão à Hanotaiah, dependendo de uma verificação do Ministério das Relações Exteriores, por meio do cônsul Wolff, da autoridade de Cohen. Se a Hanotaiah fosse desacreditada, Hartenstein passaria a autoridade da transferência para a ZVfD e permitiria que a Hanotaiah participasse como mera importadora. No entanto, se Cohen fosse confirmado e a muito propagandeada empresa de investimentos do Banco Anglo-Palestino não fosse criada rapidamente, então a Hanotaiah teria a autoridade total sobre a transferência – e Landauer poderia dizer aos emigrantes o que quisesse.[23] Com esse acordo, Landauer deixou o Ministério da Economia e começou a trabalhar.

Um plano de ação coordenado foi criado. Ele começou naquele mesmo dia, 20 de julho, com Hermann Ellern, que tinha acesso a Schmidt-Roelke no Ministério das Relações Exteriores. Enquanto viajava de volta para Karlsruhe, Ellern havia feito contato com Landauer, provavelmente durante uma parada de trem em Frankfurt. Depois de descobrir sobre as mudanças feitas por Sam Cohen, Ellern telegrafou para Schmidt-Roelke:

MANDAREI COMENTÁRIOS REF PLANO TRANSFERÊNCIA HOJE PONTO APRECIARIA SUAS CONSIDERAÇÕES A RESPEITO EM DIRETIVAS DE IMPLANTAÇÕES.[24]

Na manhã seguinte, Landauer enviou uma correspondência urgente para o diretor do Banco Anglo-Palestino, Hoofien, em Londres. Ele explicou a súbita crise, como, aparentemente, entre a conferência de 13 de julho no Wilhelmstrasse e a seguinte com Landauer e Hartenstein em 20 de julho, Cohen havia feito representações adicionais não autorizadas ao Ministério da Economia que, mais uma vez, colocou toda a transferência em suas mãos. Ao escrever essa carta, Landauer tentava controlar a raiva. "Fica evidente que o Ministério da Economia do Terceiro Reich e o das Relações Exteriores não deveria ter feito isso sem nos perguntar. O comportamento do sr. Sam Cohen é, para mim, completamente obscuro. Ele operou com as observações mais impossíveis. Por exemplo, disse que terá um escritório conosco e que é nosso agente autorizado."[25]

O golpe de Cohen poderia ser revertido, mas "somente se todos os interessados na Palestina estabelecessem um escritório em uma semana para receber as mercadorias e se o Banco Anglo-Palestino tomasse a iniciativa imediatamente". Landauer pedia a Hoofien para "tratar esse assunto com urgência", e sua carta terminava com o resumo mais simples da crise: o que aconteceria nos próximos dias "decidiria, no longo prazo, o destino do dinheiro dos emigrantes judeus-alemães".[26]

Quando Hermann Ellern chegou a Karlsruhe, enviou a Schmidt-Roelke suas sugestões de transferências pessoais. Essas estavam próximas das ideias de Landauer. Isso era para mostrar a Schmidt-Roelke a ampla aceitação do ponto de vista de Landauer. Ellern acrescentou seus comentários:

> Esse plano tem a intenção de facilitar, para os emigrantes judeus, a transferência de uma boa parte dos bens para a Palestina e reabrir um grande mercado para os produtos alemães. Essa proposta [no entanto] pode ter sido superada pelos eventos, sobretudo o acordo [...] com a Hanotaiah.[27]

A diligência de Ellern continuava:

> Estou em contato com a ZVfD nessa questão e sinto a obrigação pessoal de informá-lo de algumas dúvidas, uma vez que quero tomar uma posição o quanto antes possível a respeito de questões que podem ser prejudiciais para todas as partes envolvidas [...] Na noite passada, fui informado nos escritórios da ZVfD de que, ao contrário das declarações feitas pelo sr. Sam Cohen, não há nenhum escritório aberto da Hanotaiah [...] Eu também falei com um representante da Yakhin, que declarou que o sr. Cohen não está falando pela empresa.[28]

Para manter a própria credibilidade, Ellern menosprezou Cohen com cuidado:

> Não conheço o sr. Cohen pessoalmente e não tenho motivo para duvidar de sua veracidade, mas tive a impressão de que uma transação dessa magnitude, se fosse conduzida somente pela Hanotaiah, não seria recebida com confiança universal. Isso também está de acordo com várias opiniões que ouvi sobre a Hanotaiah na Palestina.[29]

Percebendo que essas afirmações iriam contra tudo que Schmidt-Roelke havia ouvido, Ellern explicou:

> O sr. Cohen é um empresário muito inteligente e suas impressionantes procurações e cartas de recomendação podem se basear no fato de que a situação na Alemanha não é tão bem conhecida lá [na Palestina] e que toda ideia é bem-vinda, o que poderia levar possivelmente a uma transferência de capital [...] por emigrantes, facilitando, assim, o estabelecimento de uma nova existência para esses emigrantes na Palestina, bem como tornar o mercado palestino acessível novamente à Alemanha.[30]

Este último comentário foi um lembrete claro de que o boicote na Palestina só poderia ser finalizado pelas autoridades sionistas de lá.

Continuando sobre a questão da aprovação sionista oficial, Ellern afirmou que a Yakhin e os trabalhadores palestinos, "que são um elemento-chave, não terão parte nisso se a Hanotaiah estiver sozinha no controle". Ellern acrescentou os industriais, importadores e consumidores judeus da Palestina para a lista de "não irão". Resumindo, Ellern escreveu que tal oposição generalizada "prejudicaria, é claro, o principal objetivo: o estímulo às exportações alemãs. Todos os perigos seriam evitados se o papel da liderança nessa questão fosse dado ao Banco Anglo-Palestino em vez da Hanotaiah [...] Sob nenhuma circunstância o nome da Hanotaiah seria usado na designação da conta". Concluindo, ele pediu que Schmidt-Roelke aceitasse o memorando de transferência de Landauer. [31]

A carta de Ellern chegaria a Schmidt-Roelke em uma segunda-feira, dia 24 de julho. Ao mesmo tempo, Schmidt-Roelke receberia uma carta de Hartenstein depois das revelações da reunião de Landauer.

Datada de 22 de julho, a carta de Hartenstein explicava como Landauer havia defendido que o decreto de transferência da Hanotaiah fosse rejeitado em favor de uma transferência supervisionada pelo banco.

> Ele [Landauer] indicou [...] que, em vista das novidades que havia recebido da Palestina durante os últimos dias, tinha sérias dúvidas se o sr. Sam Cohen e a Hanotaiah deveriam ser considerados legítimos [...] A Hanotaiah, ele disse, é somente uma das várias empresas agrícolas, que agora teria um monopólio indesejável. Ele [Landauer] duvidava de que o sr. Cohen teria sucesso em vender, sem perdas, a mercadoria avaliada em RM 3 milhões que a Hanotaiah planejava comprar. Sob essas circunstâncias, ele [Landauer] e seus amigos dificilmente poderiam assumir a responsabilidade de recomendar aos emigrantes judeus que fizessem depósitos [...] na conta da Hanotaiah, porque tinham razões para temer que os fundos equivalentes não [...] seriam reembolsados aos depositantes.[32]

Aqui estava a questão. Ou os emigrantes receberiam o dinheiro na Palestina e poderiam reconstruir sua vida ali, ou não. Claramente, os judeus não desistiriam da Alemanha para viver uma vida de pobreza na Palestina.

A carta de 22 de julho de Hartenstein continuava:

> Não tenho informação suficiente sobre as condições na Palestina e sobre a atitude das várias organizações para ser capaz de reagir aos receios do dr. Landauer. Nem estou em uma posição de examinar a legitimidade do sr. Cohen, e tenho a esse respeito confiado plenamente no seu ponto de vista, que se baseia nos informes do consulado-geral em Jerusalém, alguns dos quais eu vi.

A prudência ditava, escreveu Hartenstein, que ele ficasse com a permissão da Hanotaiah e "pedisse ao consulado-geral em Jerusalém que fornecesse uma declaração se os procedimentos propostos [...] garantissem aos emigrantes o recebimento imediato do seu dinheiro ao chegarem à Palestina ou se o acordo com a Hanotaiah deveria ser colocado em um contexto mais amplo, incluindo as organizações judaicas apropriadas". Hartenstein pediu a Schmidt-Roelke para falar com Landauer diretamente e tomar os outros passos necessários para determinar de uma vez por todas quem representava o sionismo: suas instituições oficiais ou um cavalheiro empreendedor chamado sr. Sam Cohen.[33]

Na manhã de segunda, 24 de julho, Schmidt-Roelke leu as cartas de Hartenstein, de Ellern e de outros sugerindo que Sam Cohen era uma fraude, que era incapaz de vender as mercadorias, exceto com grande perda, e que os emigrantes alemães nunca receberiam muito, se é que receberiam algo, dos bens transferidos. Uma mensagem foi despachada para o cônsul Wolff:

> Depois de negociações com Cohen, a Hanotaiah obteve autorização para transferir um total de RM 3 milhões via exportações para a Palestina. Depois da conclusão das negociações, a Federação Sionista e a Agência Judaica expressaram dúvidas sobre a autoridade de Cohen para negociar pelas autoridades palestinas.

> Eles declararam que o monopólio da Hanotaiah é indesejável e duvidam que RM 3 milhões em produtos poderiam ser transferidos sem perdas [...] Dúvidas expressas também sobre se os emigrantes receberiam seu dinheiro imediatamente e sem perdas. As organizações judaicas locais, portanto, tinham receio sobre se deveriam autorizar pagamentos para a Hanotaiah. Solicito informações sobre se os receios são justificados, sobretudo se é verdade que a Hanotaiah não tem o apoio das autoridades apropriadas na Palestina, que é exatamente o oposto do que Cohen indica.[34]

Schmidt-Roelke e Hartenstein teriam intimado o próprio Cohen para esclarecer a questão. Mas Cohen não estava na Alemanha. Ele havia voltado para Londres para coordenar com a Organização Sionista e fazer o que podia para destruir as chances de um boicote mundial unificado.

25

A CORRIDA POR CREDIBILIDADE

E. S. Hoofien em Londres fez todo o possível para ajudar Landauer a substituir Sam Cohen. Em 26 de julho, enviou um telegrama para Heinrich Margulies, gerente em Tel Aviv do Banco Anglo--Palestino, instruindo-o a convencer o cônsul alemão a rescindir o endosso de Sam Cohen.[1] Exatamente quando Hoofien telegrafava a Margulies em Jerusalém, no entanto, o cônsul Wolff estava viajando para Tel Aviv para falar com a Hanotaiah e outros sobre a autoridade de Sam Cohen, se a empresa conseguiria, na verdade, distribuir RM 3 milhões de produtos alemães e se a transferência de Cohen não incluiria dinheiro. A Hanotaiah respondeu a Wolff da forma mais honesta possível. Primeiro, ela não tinha planos para distribuir mercadorias. Segundo, não tinha planos para reembolsar os emigrantes com muito dinheiro quando chegassem à Palestina. As deduções principais seriam feitas para materiais de construção, terras e outros encargos.[2] Quando a transação estivesse completa, o emigrante possuiria pouco mais do que a terra, algum equipamento, uma fazenda e provavelmente alguns barracões. Essas respostas – que confirmavam as críticas contra Cohen – seriam complicadas de lidar dentro do relatório do cônsul para Schmidt-Roelke.

O telegrama de 26 de julho de Hoofien chegou a Margulies na manhã seguinte. Este imediatamente telefonou para o cônsul Wolff, que concordou em discutir a situação. Margulies deixou Tel Aviv e seguiu para o consulado imediatamente.[3]

Durante a reunião de noventa minutos, Wolff disse que, em março, Berlim esperava perder a batalha do boicote na Palestina. Sam Cohen mudou tudo ao apresentar seu plano antiboicote. Wolff acrescentou que Cohen havia sido o primeiro a sugerir a ideia da transferência. Depois que a Hanotaiah recebeu sua primeira permissão em meados de maio, os concorrentes chegaram ao consulado para reclamar. Wolff disse que respondia a todos da mesma forma: "Por que vieram tão tarde? Alguém chegou primeiro".[4]

Agora que a Hanotaiah possuía o monopólio, avisou Wolff, os concorrentes palestinos não deveriam interferir. O cônsul afirmou que se contrapor a Cohen seria um jogo perigoso. Margulies respondeu que representava o Banco Anglo-Palestino, não um grupo qualquer a favor ou contra a Hanotaiah ou Sam Cohen. A posição do banco era de que não entendia como havia sido repentinamente arrastado para um acordo, já que não tinha relação com Cohen ou a Hanotaiah e nunca havia autorizado Cohen a falar em seu nome.[5]

Wolff garantiu que Cohen não havia falado em nome do banco, mas que tinha uma carta da Organização Sionista afirmando que seu acordo de transferência aconteceria sob "supervisão nacional". Também Ussischkin, chefe do Fundo Nacional Judaico (FNJ), havia dotado Cohen com autoridade oficial para transferir ao FNJ o dinheiro de Berlim para a Palestina. Então, perguntava Wolff, essa súbita declaração sobre a ilegitimidade de Sam Cohen era um mero "ataque" a Cohen ou a intenção era de prejudicar a transferência em si?[6]

Margulies negou quaisquer intenções negativas em relação a Cohen ou à transferência. Ele queria declarar somente que Cohen não tinha vínculos com o banco e que era, portanto, livre para escolher se participaria ou não do projeto de transferência. Com isso, o cônsul perguntou por que o Banco Anglo-Palestino poderia deixar de participar? Margulies respondeu que o banco não queria associar seu bom nome em empreendimento tão vital quando o parceiro era uma pequena empresa privada, "que, afinal, não é exatamente o Deutsche Bank". Aqui Margulies sentiu que Wolff estava tentando persuadi-lo ou, pelo menos, descobrir as verdadeiras razões fiscais por trás da hesitação do banco. Dessa forma, Margulies se permitiu ser levado nessa direção.[7]

Wolff fez como esperado, explicando que já havia concluído que a permissão original de RM 1 milhão dada a Cohen era muito pequena: "Eu disse a mim mesmo que, em comparação com as grandes somas que estão sendo mobilizadas para os judeus, um milhão de marcos é muito pouco e, portanto, pedi que a soma fosse aumentada". Agora, com o novo teto de 3 milhões de marcos e renovações ilimitadas, qual era a objeção do banco?[8]

Margulies mostrou os deméritos em sucessão rápida. A: a capacidade financeira da Hanotaiah era limitada. B: a Hanotaiah não poderia nem mesmo garantir compras adequadas de terras. C: uma transferência limitada para investimentos em plantações era inaceitável, já que imigrantes recentes estavam descobrindo que tais investimentos eram arriscados. D: a Hanotaiah nunca poderia gerar vendas suficientes de produtos agrícolas nem mesmo para chegar perto dos RM 3 milhões.[9] Portanto, o que os imigrantes receberiam em troca de seus marcos bloqueados estaria inflacionado demais.[10]

Em seguida, Margulies foi para a política básica. Quem quer que fosse circular as grandes quantidades de produtos alemães, disse Margulies, ia se expor ao pior tipo de crítica pública perante o mundo inteiro. O protesto seria imenso para qualquer empresa privada. Se o acordo estivesse sob a égide dos organismos sionistas oficiais, esse protesto poderia ser abafado. Mesmo assim, os protestos poderiam ser tão fortes que entidades oficiais também se retirariam do projeto.[11]

Margulies, então, mudou com cuidado para uma ameaça suave de que, em vista dos obstáculos, somente o Banco Anglo-Palestino poderia fazer o trabalho de transferência. Abertamente, ele declarou que, se o banco se retirasse, deixando somente o Banco Temple alemão e a Hanotaiah, o projeto estaria fadado ao fracasso. A expressão facial de Wolff mudou quando compreendeu o ultimato de Margulies. O cônsul tornou-se um pouco intimidador ao dizer: "Então as perspectivas seriam muito pessimistas [...] Os judeus não sairiam da Alemanha".[12]

Esse não era um momento para diplomatas, mas para negociadores severos. Margulies havia armado uma boa posição. Ele despreocupadamente concordou, sim, "as perspectivas eram de fato pessimistas". Com isso, Margulies disse que agora cabia à diretoria do banco aprovar ou desaprovar o projeto de Cohen e, na opinião pessoal dele, a decisão seria não. Ele, é claro, permaneceria em contato com o consulado.[13]

Margulies correu de volta para seu escritório para escrever um relatório completo para Hoofien.

> Tenho quase certeza [...] de que o cônsul-geral [...] habilmente lucrou com as circunstâncias, usando Sam Cohen como uma "fachada" para criar um *fait accompli*, quer dizer, antes que as instituições sionistas pudessem decidir se tolerariam qualquer rompimento do boicote.

Wolff queria mostrar a Berlim quão rápido ele poderia acabar com o boicote na Palestina. Agora que todos os tipos de problemas haviam se desenvolvido com as escolhas do cônsul, sugeria Margulies, Wolff "não queria deixar que seus homens caíssem e, dessa forma, fossem trocados por uma parceria mais incômoda e menos garantida das [mesmas] instituições" que ele procurou evitar em primeiro lugar.[14]

"Cometemos um grande erro ao não entrar em contato com o cônsul antes", Margulies falou a Hoofien. Mas, acrescentou, "acredito que posso mudar de maneira considerável a postura do cônsul [...] *Ele está urgentemente interessado*, e em Berlim eles entendem que essa é uma situação essencial [...] que vale muito mais do que três milhões de marcos. Se não queremos permitir que tudo isso desmorone, ao contrário, queremos alcançar um arranjo realmente, "razoável", e participar, então duas coisas são necessárias: você [Hoofien] deve começar a agir sobre essa questão em Berlim; e eu devo negociar aqui. As negociações aqui são muito importantes [...] porque, se mostrarmos ao cônsul nossa intenção de cooperar, ele provavelmente abandonará sua posição de exclusividade pró-Hanotaiah".[15]

Margulies correu para pegar o correio aéreo para Londres e, em seguida, telegrafou uma versão resumida da carta para Hoofien, por segurança.[16] Feito isso, Margulies pediu uma reunião imediata com a Conferência das Instituições que havia autorizado Cohen no mês anterior.

Enquanto Margulies escrevia sua carta para Hoofien, o cônsul Wolff preparava seu relatório para Berlim. Isso seria complicado. Ele teria de contar a dolorosa verdade, mas de uma forma que não parecesse insensato, incompetente ou pior – ligado ao sr. Sam Cohen.

O relatório de 27 de julho de Wolff acabou sendo uma revisão confusa, calculada para proteger todos os seus endossos anteriores a Cohen, enquanto qualificava com cuidado esses mesmos endossos para corresponderem aos novos fatos conhecidos. O relatório começava: "Não tenho razão para mudar [...] o que disse em relatórios anteriores". Wolff então admitiu que a Hanotaiah não era, na verdade, a única empresa de assentamentos na Palestina, mas acrescentou que Cohen fora o primeiro a sugerir um plano e que o plano havia sido endossado por escrito pela Agência Judaica e outras instituições sionistas. Só depois que Cohen assegurou seu "acordo tipo monopólio", que "os concorrentes da Hanotaiah [...] perceberam que deveriam também realizar um acordo".[17]

O cônsul então reafirmou a necessidade de apoiar o monopólio da Hanotaiah porque "isso coloca Sam Cohen em uma posição de exercer uma calma influência sobre as tendências de boicote [...] Por exemplo, em Londres, de onde ontem ele me enviou um telegrama: 'Meu trabalho está progredindo satisfatoriamente também em Londres'".[18]

Era fácil pintar os críticos da Hanotaiah como concorrentes invejosos. Mas explicar as intenções de Cohen sobre reembolsos e sua incapacidade de distribuir mercadorias seria mais difícil. A tática de Wolff era simplesmente deixar algumas perguntas sem respostas e confundir as questões com declarações contraditórias. Por exemplo, ele concordou que os emigrantes não receberiam o dinheiro imediatamente, mas depois perguntou por que isso era relevante já que a ideia era converter os depósitos dos judeus alemães em equipamentos agrícolas. Da mesma forma, admitiu que a Hanotaiah era incapaz de distribuir mercadorias em geral, mas então afirmou que ela nunca esteve interessada em tais mercadorias. Logo, Wolff simplesmente reafirmou seu apoio inflexível ao acordo da Hanotaiah, "mesmo se isso resultar em um monopólio".

Talvez o cônsul Wolff pensasse que poderia fingir que a questão dos reembolsos do dinheiro não era válida. Talvez achasse que seu conhecimento aberto da incapacidade da Hanotaiah em lidar com mercadorias em geral implicaria que Cohen poderia organizar a distribuição das mercadorias sozinho por fora da Hanotaiah. O fato de Wolff seguir suas sinceras admissões com um reforço incondicional do acordo da Hanotaiah fortemente sugeria a Berlim que os problemas não eram um obstáculo real para uma transferência bem-sucedida.

Quanto ao Banco Anglo-Palestino, Wolff escreveu que sentia que Hoofien estava orquestrando a retirada do banco, o que obviamente "tornaria a transação mais difícil para os judeus". O cônsul avisou Margulies de que a retirada só resultaria no "cancelamento total desse e de projetos similares".[19] Em outras palavras, Wolff estava aconselhando a transferência por meio da Hanotaiah ou nada. Wolff acrescentou que, se os grupos judeus fizessem propaganda contra a Hanotaiah, "deveríamos sufocá-la permitindo que a Agência Judaica soubesse que sabotar o projeto da Hanotaiah não facilitaria outros acordos".[20] O relatório de Wolff se resumia com uma advertência que ele esperava que o Ministério das Relações Exteriores passasse para Hartenstein: "Ao sabotar o plano da Hanotaiah, os judeus estariam prejudicando a si mesmos e tornariam impossível qualquer outro acordo".[21]

O cônsul-geral Heinrich Wolff era o homem do Terceiro Reich na Palestina. Ele havia trabalhado nessa questão desde o início. Era o homem mais próximo à cena política sionista. Ele admitira abertamente que havia problemas no projeto, mas insistia que esses problemas não deveriam impedir o acordo. Não havia outra autoridade na questão palestina a quem o Ministério das Relações Exteriores poderia recorrer. Por mais problemático que parecesse seu conselho, deveriam confiar nele. Schmidt-Roelke não poderia tomar outra decisão.

O sr. Sam Cohen e a Hanotaiah Ltd. permaneceriam com o controle completo sobre a transferência.

* * *

No final da tarde, em 27 de julho de 1933, enquanto o cônsul Wolff reforçava a credibilidade de Cohen, Heinrich Margulies continuava sua campanha para desmascarar Cohen de uma vez por todas. Margulies foi para a Conferência das Instituições. Embora Landauer, o Banco Anglo-Palestino e a Yakhin tivessem renunciado a Cohen, a autoridade da Conferência ainda estava intacta. Como esta incluía todas as associações comerciais centrais mais a Organização dos Imigrantes Alemães, seu endosso era ainda poderoso. Seus membros estavam interessados principalmente no comércio com a Alemanha. E a Hanotaiah e Cohen haviam prometido fazer que o comércio ganhasse condições financeiras mais vantajosas. Na verdade, como a mercadoria estava sendo paga para a Alemanha a partir das contas bloqueadas de emigrantes, todos os tipos de pagamentos poderiam ser arranjados. No entanto, Margulies era capaz de convencer os empresários de que quaisquer benefícios comerciais e lucro inesperado que esperavam ganhar da transferência estariam em perigo se o projeto fosse controlado pela Hanotaiah, uma empresa privada que era, na verdade, concorrente de todas as entidades empresariais presentes.[22]

Um membro da Organização dos Imigrantes Alemães, o sr. Ney, admitiu que seu grupo havia repensado o plano da Hanotaiah. Um subcomitê especial da Organização adotou um plano alternativo, que Ney leu em voz alta. Envolvia a fundação de uma pequena corporação com objetivos ambíguos que, como a Hanotaiah, transferiria seus bens em troca de mercadorias. Ney, no começo, afirmou que os emigrantes seriam reembolsados. Não com dinheiro, no entanto, mas com algum tipo de investimento não comercializável em novas empresas. Os conferencistas rapidamente viram isso como outra versão do plano da Hanotaiah, mas, em vez de dar aos emigrantes propriedades maiores, eles receberiam ações de companhias sem valor. O furto indisfarçável era tão transparente para os empresários reunidos e para o próprio Ney que este, na verdade, ficou embaraçado com o esquema. Ney retirou a proposta, que Margulies chamou de "grotesca", poucos minutos depois de a terem apresentado.[23]

A proposta escandalosa de Ney era uma forte prova de que somente uma empresa de investimentos, supervisionada e controlada pelo Banco Anglo-Palestino, entregaria os benefícios da transferência sem abusar dos interesses dos judeus alemães. Não se poderia confiar nem no sr. Sam Cohen, na Hanotaiah Ltd., ou em qualquer outra entidade privada – somente no Banco Anglo-Palestino.

Logo depois de Margulies deixar a sessão da conferência, ele telegrafou para Hoofien em Londres:

> CONFERÊNCIA DE RESOLUÇÃO [...] BANCO DEVE SOB TODAS CIRCUNSTÂNCIAS ACEITAR AGIR COMO AGENTE COM OU SEM HANOTAIAH BANCO TEMPLE PONTO SEGUNDO PEÇO SUA INTERVENÇÃO VISÃO BERLIM CONTINUAÇÃO TODAS AS TRANSAÇÕES COM BANCO PONTO TERCEIRO PEÇO CONTINUAR CONCENTRADO COM CÔNSUL [...] SOMENTE CONFERÊNCIA MAIS BANCO DEVERÁ SER AUTORIZADO NEGOCIAR.[24]

A resposta de Hoofien foi imediata.

INFORMAR CONFERÊNCIA BANCO PREPARADO PARA AGIR PONTO VOCÊ PODE INFORMAR CÔNSUL DE ACORDO SEU TELEGRAMA.[25]

Em 28 de julho, Margulies também tentou trazer a Agência Judaica para o time anti-Cohen. No dia 17 de julho, a Conferência das Instituições havia cuidadosamente se aproximado da Agência Judaica com uma cópia das resoluções da Conferência sobre o comércio com a Alemanha. O objeto então era assegurar a aprovação da Agência. Mas a Agência Judaica havia se recusado, no momento, sem dúvida reagindo à usurpação de sua autoridade pela Conferência. Agora, Margulies pedia à Agência – em nome do banco cujo dono era a Organização Sionista – para autorizar especificamente a Conferência das Instituições como o único negociador legítimo da transferência. Margulies também queria que a Agência notificasse o cônsul Wolff de que Sam Cohen não estava, na verdade, agindo em nome dela. Para mostrar uma prova convincente, Margulies apresentou cópias do memorando de transferência original de Landauer, de 19 de julho, e várias cartas e telegramas que ilustravam que o problema girava quase inteiramente ao redor de Sam Cohen. A Agência Judaica prometeu uma resposta rápida.[26]

Naquele mesmo dia, 28 de julho, Margulies recebeu no correio uma cópia da carta de 21 de julho de Landauer para Hoofien descrevendo o choque que recebeu no escritório de Hartenstein ao saber do novo acordo de Sam Cohen. A carta citou o diálogo de Hartenstein-Landauer quase ao pé da letra. Agora estava mais claro do que nunca para Margulies que o dia seria ganho ou perdido com a palavra do cônsul Wolff. Margulies enviou outra nota para Hoofien avisando o recebimento da carta de Landauer e indicando que ele agora podia ver "que a questão estava se agravando". Ele falou a Hoofien que voltaria ao cônsul Wolff para "enfatizar com mais força a remoção de Sam Cohen-Hanotaiah do que ontem, quando fui forçado a me conter". Margulies explicou que sua tática se concentraria nos endossos falsos ou, pelo menos, mal interpretados de Wolff para Cohen – endossos que "ele agora estava obrigado a corrigir, por vontade própria ou em resposta a um pedido de confirmação que o Ministério das Relações Exteriores do Terceiro Reich enviaria a ele".[27]

Naquele momento, Margulies não sabia que Wolff já havia respondido ao pedido do Ministério das Relações Exteriores para confirmação, sem recuar um milímetro em seu apoio a Cohen. Mesmo assim, Margulies despachou para Wolff uma cópia do memorando de Landauer de 19 de julho, com uma breve anotação identificando-a como o memorando "oficial" da ZVfD.[28]

Então, em uma longa carta para Wolff escrita naquele dia, Margulies sugeriu que os endossos exagerados a Cohen ficassem desagradavelmente expostos. Margulies explicou que havia acabado de receber um relatório sobre a conversa real entre Hartenstein e Landauer, incluindo o pedido de Hartenstein para que o Ministério das Relações Exteriores obtivesse uma "confirmação do cônsul alemão [...] sobre a autorização do sr. Sam Cohen".[29]

Margulies estava mostrando a Wolff que ele sabia que Berlim duvidava de suas primeiras palavras. A carta de 28 de julho de Margulies ia direto a essa questão:

> Com base em nossa conversa ontem, fico feliz em perceber que o sr. Sam Cohen não declarou ao senhor que era o representante [...] de nosso banco, ou de qualquer outra instituição nacional central. Parece-me, então, que os cavalheiros no Ministério da Economia do Terceiro Reich entenderam mal suas recomendações sobre o sr. Sam Cohen, e depois das explicações que recebi do senhor, e vice-versa, suponho que o senhor mesmo iniciará a correção desse mal-entendido.[30]

A carta de Margulies de 28 de julho lembrava repetidas vezes que, sem o Banco Anglo-Palestino, nenhum produto seria vendido, o projeto não teria a confiança do povo e toda a transferência "teria chances mínimas de ter sucesso" já que os emigrantes alemães teriam de ser avisados para não trabalharem por meio da Hanotaiah.[31]

Margulies esperava ser suficientemente ameaçador para obrigar o cônsul Wolff a retirar sua recomendação sobre Sam Cohen, a menos que ele quisesse comprometer o interesse da Alemanha em sua própria credibilidade. Mas a sugestão de constrangimento para o cônsul Wolff, a promessa de um fiasco para a política externa e para o comércio da Alemanha estavam todas envolvidas em uma linguagem cordial e frases indiretas. Nenhuma ameaça deve ser levada tão a sério quanto as ditas com um sorriso. Margulies sorria a cada sentença.

Ele terminou sua cordial missiva: "E você, meu muito estimado cônsul-geral, [...] entenda que nesse caso o inesperado pode desempenhar um papel muito grande. E essas coisas inesperadas estão não tanto nas mãos daqueles que depositam o dinheiro na Alemanha, mas nas mãos daqueles que devem vender as mercadorias aqui". Margulies, então, avisou Wolff de que a Conferência das Instituições apresentaria em breve um plano para um esquema de transferência unificado. Depois da apresentação, eles esperavam que o cônsul renunciasse ao plano da Hanotaiah e endossasse o novo grupo.[32]

Em 28 de julho, enquanto Margulies pressionava o cônsul Wolff em Jerusalém, E. S. Hoofien, do Banco Anglo-Palestino em Londres, planejava sua estratégia para intervir em Berlim. Hoofien estava estudando o problema quando recebeu a visita de dois homens: Moshe Mechnes e sr. Sam Cohen. Os coproprietários da Hanotaiah queriam discutir detalhes da transferência, que deveria ser encaminhada por meio de uma conta no Banco Anglo-Palestino. Hoofien pediu que se sentassem, e a conversa foi direto ao conflito.[33]

Sem economizar palavras, Hoofien contou que tinha grandes apreensões com relação aos acordos recentes da Hanotaiah com o Ministério da Economia do Terceiro Reich.[34]

Isso deveria ser revertido. Se a Hanotaiah não revertesse isso, a comunidade palestina e o Banco Anglo-Palestino fariam isso por eles. A lógica era simples. Se a ZVfD de Landauer recomendasse especificamente contra o método de transferência da Hanotaiah, os judeus alemães nunca participariam. Os judeus alemães queriam uma transferência segura e confiável. O menor indício de instabilidade os afastaria. É claro, muitos judeus prefeririam o risco financeiro de transferir via Hanotaiah ao risco físico de permanecer na Alemanha. Mas mesmo esses bens não seriam usados pela Hanotaiah. Para extrair o valor dos bens bloqueados, a Hanotaiah e/ou Sam Cohen teriam de vender as mercadorias na Palestina. Isso nunca aconteceria. Com o Banco Anglo-Palestino, a Yakhin e a Conferência das Instituições abstendo-se de toda a operação, a transferência de Cohen se tornaria intocável. Os bens seriam boicotados porque eram de origem alemã ou porque representavam um tratado comercial ilegal. Os alemães sairiam do projeto inviável e sem dúvida rejeitariam todas as negociações futuras com a Hanotaiah ou Sam Cohen e, com isso, também com todos os sionistas.

Em suma, Hoofien disse à Hanotaiah, em 28 de julho, que eles eram os orgulhosos proprietários de um acordo exclusivo e sem valor, mas que poderiam chegar a outra solução. Ele concordou que a Hanotaiah tinha todo direito de conduzir seu negócio agrícola, mas nenhum direito de adquirir um monopólio. Além disso, a Hanotaiah não deveria vender mercadorias, nem deveria ser o fator de controle na transferência com o reembolso para os emigrantes, de acordo com seus critérios. A proposta de Hoofien era esta: primeiro, o Banco Anglo-Palestino estabeleceria uma conta de transferência para a Hanotaiah Ltd., mas seria uma conta comum, sem que o banco assumisse qualquer responsabilidade e declarando isso abertamente. Segundo, os fundos processados por meio da conta só poderiam pagar por terra e instrumentos agrícolas – nada de mercadorias em geral. Terceiro, a Hanotaiah não teria nenhum monopólio; o banco garantiria privilégios idênticos para empresas concorrentes. Quarto, a Hanotaiah deveria "se manter em seu papel de empresa agrícola".[35]

Cohen estava ouvindo um ultimato e vinha de um banco que incorporava a autoridade da Organização Sionista. Era o momento de escolhas difíceis. Era tudo de nada ou parte de algo.

Cohen escolheu algo. Mechnes aprovou. Eles então entregaram a Hoofien o decreto de transferência de 18 de julho e pediram que ele propusesse quaisquer emendas que fossem adequadas. Voltariam, então, a Berlim e pediriam ao Ministério da Economia que ratificasse as mudanças.[36]

O sr. Sam Cohen havia finalmente concordado em desistir. Não havia necessidade de recriminações, nenhuma necessidade de explicações sobre todas as revogações e intrigas anteriores. Tudo havia ficado no passado. Chamemos de falta de comunicação. O importante agora era o compromisso de Cohen de se retirar – dita perante seu sócio Mechnes e o chefe do Banco Anglo-Palestino, sem nenhuma possibilidade de mal-entendido.

Restava apenas que o cônsul Wolff mudasse sua recomendação para a nova empresa de investimentos do Banco Anglo-Palestino e da Conferência de Instituições. Margulies estava fazendo todo o possível com o próprio cônsul. Hoofien trabalharia com Schmidt-Roelke.

Uma correspondência interagências foi determinada por Hoofien a partir do escritório do Banco Anglo-Palestino em Londres para Landauer na ZVfD. Isso dava a impressão de que as duas entidades coordenavam projetos com regularidade e se comunicavam informalmente. Apesar de a nota ser endereçada à ZVfD, era completamente dirigida aos olhos de Schmidt-Roelke.[37]

A correspondência de Hoofien declarava:

> Durante os últimos poucos dias, ouvi do senhor, assim como do sr. Sam Cohen, que [...] o Ministério da Economia do Terceiro Reich aprovará certos procedimentos para a transferência do capital judaico para a Palestina [...] de tal maneira que nosso banco abrirá uma conta com o Reichsbank no qual os fundos para o crédito da Hanotaiah serão depositados. Expressei, assim, imediatamente minha surpresa sobre [...] uma associação entre nosso banco e a Hanotaiah sem que tivéssemos sido consultados.[38]

A nota admitia que Hoofien havia pedido a seus gerentes na Palestina para checarem as atividades, autorizações e qualquer certificação que Sam Cohen tinha com o cônsul alemão. "Hoje, recebi uma resposta", declarou Hoofien, "que afirmava – igual à própria informação que recebi do sr. Cohen – que não havíamos autorizado de forma alguma isso, ademais, as autoridades oficiais judaicas nunca autorizaram as ações do sr. Cohen e este nunca informou o consulado-geral dessas coisas. No entanto, o consulado-geral informou nosso escritório de que está firmemente a favor de um monopólio da Hanotaiah."[39]

Rejeitando os avisos do cônsul Wolff, a correspondência primeiro citava as palavras de Wolff: "Como coloca o cônsul-geral, se sairmos, a questão prosseguirá sem nós, só com a participação da Hanotaiah e do Banco Temple". Hoofien então fez exatamente isso – ele optou por sair. E explicou:

> A Hanotaiah é uma empresa agrícola e nada mais. Nem é a única [...] Colocá-la como uma questão central para as importações palestinas da Alemanha [...] seria [...] dar-lhe uma tarefa impossível. Se formos declarar que fundos estão depositados em nossa conta com o Reichsbank e nos tornarmos, portanto, participantes

> na operação de transferência, assumimos uma obrigação moral em relação ao público alemão que não estamos preparados para assumir. O senhor poderia, então, informar ao Ministério da Economia do Terceiro Reich que estamos impossibilitados de participar do acordo descrito na carta de 18 de julho.[40]

Depois de desistir, Hoofien apontou:

> A possibilidade parece permanecer aberta de que a operação seja implantada sem nossa participação, como o cônsul-geral em Jerusalém indicou [...] mas duvido muito de que isso signifique algo se o público alemão e o palestino descobrirem que nós preferimos não participar.[41]

Como fez com Mechnes e Cohen, Hoofien deu ao Terceiro Reich uma saída respeitável. Ele relatou toda a conversa com Cohen e Mechnes naquele dia, incluindo sua oferta de trabalhar com a Hanotaiah se eles limitassem seu envolvimento a atividades agrícolas, não tivessem nenhum monopólio e se subordinassem à empresa de investimentos do banco. Hoofien afirmou que tanto Cohen quanto Mechnes "me falaram que estavam preparados para aceitar nossos desejos em todos os aspectos" e dispostos a pedir ao Terceiro Reich para adotar todas as emendas que Hoofien achasse corretas.[42]

O que seria correto?

> Estou preparado para estabelecer na Palestina uma agência para lidar com as exportações da Alemanha e chegar a um acordo apropriado com o Ministério da Economia do Terceiro Reich, se você [Landauer] me disser que o ministério quer isso. Eu estaria pronto para viajar para Berlim com esse propósito.[43]

Hoofien acrescentou que exatamente quando estava ditando a correspondência, recebeu outro telegrama da Conferência das Instituições. A Agência Judaica havia se juntado à Conferência, unificando, assim, o apoio sionista aos esforços do Banco Anglo-Palestino.

Hoofien explicou que a Conferência

> fala com autoridade. É composta de representantes de todas as principais lideranças judaicas [...] [e ela] me informa que pedirá ao consulado [...] para considerar a Conferência junto com nosso banco como os únicos representantes das autoridades judaicas na Palestina.[44]

A posição de Hoofien: o Banco Anglo-Palestino, a instituição financeira central, e a Conferência das Instituições, representando todas as entidades políticas e comerciais importantes, queriam que o acordo da Hanotaiah mudasse. Até o sr. Sam Cohen e a Hanotaiah agora queriam que o acordo mudasse. Somente um homem agora estava atrapalhando o caminho correto. Esse homem era o cônsul-geral Heinrich Wolff. Hoofien colocou o problema nas costas do cônsul, afirmando que, depois que a delegação judaica apresentasse sua autoridade *bona fide*, "dependeria do consulado-geral aceitar esse pedido". Ele acrescentou que, se o cônsul Wolff entendesse verdadeiramente os poderes representados pela Conferência das Instituições, "dificilmente deixará de fazê-lo".[45]

A correspondência de Hoofien para Landauer direcionada para Schmidt-Roelke foi recebida no escritório da ZVfD em Berlim no dia 31 de julho de 1933. Landauer imediatamente a levou para o escritório de Schmidt-Roelke com uma nota anexada:

> Adjunto uma cópia da carta endereçada a mim de Londres pelo diretor do Banco Anglo-Palestino, sr. S. Hoofien [...] Embora esta carta esteja escrita no estilo de uma correspondência interagência, ela contém algumas importantes informações que desejo que cheguem a sua atenção.[46]

Landauer prometeu telefonar mais tarde.

Schmidt-Roelke foi confrontado naquele dia, 31 de julho, com uma montanha de relatórios, memorandos e telegramas que lidavam com a questão sobre se Sam Cohen era o homem que o Terceiro Reich achava que era.

Mas o cônsul Wolff, o homem do Terceiro Reich em cena, havia investigado todas as acusações. Wolff informou que simples inveja empresarial era a base para as súbitas críticas. Ele recomendou, em termos fortes, que o Terceiro Reich honrasse o acordo com a Hanotaiah e ignorasse as críticas. Quaisquer deficiências do plano seriam superadas com o tempo.

Mas agora o próprio chefe do Banco Anglo-Palestino havia escrito que Wolff se equivocara sobre Cohen. Se o próprio Cohen concordasse que o cônsul entendera mal sua autoridade, isso certamente resolvia a questão. Sem o esclarecimento de Cohen, não havia praticamente nenhuma forma de decifrar quem estava correto.

Obviamente, a única solução era trazer Cohen e Landauer juntos com outras partes interessadas para discutir a questão frente a frente. Schmidt-Roelke instruiu um de seus principais subordinados, o dr. Eberl, para contatar Cohen em Londres, colocá-lo a par das informações conflituosas e da declaração de Hoofien de que Cohen havia voluntariamente se retirado da transferência.[47] O comunicado de 31 de julho do dr. Eberl a Cohen, incluindo o texto completo da carta de 28 de julho de Hoofien, chegou a Londres no dia seguinte.

Mais tarde, em 1º de agosto, Sam Cohen respondeu para esclarecer todas as dúvidas:

> Meu estimado dr. Eberl: respondo esta carta para o senhor porque foi quem conduziu todas as negociações comigo e está bem familiarizado com o assunto. Tenho, por mais de três meses e meio, gasto todas as minhas energias, minhas habilidades, minhas intenções e minha influência preparando a base para meu projeto na Palestina. Trabalhei com igual intensidade na implantação do projeto em Praga, Amsterdã e Londres. Toda a influência e todas as conexões que fui capaz de reunir e que me foram acessíveis tornaram possível colocar esse projeto de pé, apesar dos grandes obstáculos.[48]
>
> Sem o grupo Hanotaiah na Palestina, incluindo os fazendeiros, as sociedades cooperativas, industriais e comerciantes, nunca teria sido possível encontrar interesse no projeto. Todas as autoridades competentes na Palestina e em Londres aprovaram meu

projeto. Esse sucesso puramente pessoal trouxe a inveja de meus concorrentes sujos e seus capangas. A concorrência usou todos os meios possíveis para destruir o projeto. Qualquer coisa que eles não conseguiram fazer por meio de argumentos e provas objetivas tentaram através da difamação.[49]

Se havia alguma dúvida no Ministério das Relações Exteriores da renúncia de Cohen à transferência ou à admissão da Hanotaiah de sua incapacidade em executar as vendas das mercadorias, ou ao seu desejo de se subordinar ao Banco Anglo-Palestino, as próximas sentenças respondiam à pergunta. Palavras de Cohen:

> Nenhum argumento objetivo é possível contra meu projeto e contra a Hanotaiah; esta é a única empresa do país que pode, com minha ajuda e colaboração, implantar esse contrato. Nenhum banco é necessário para sua implantação. A Hanotaiah tem suficiente capital para fazer isso [...] O sucesso é absolutamente garantido.[50]

E acrescentou:

> O sr. Hoofien falou-me em muitas palavras que não tinha intenção de destruir esse acordo e que não tinha nenhuma objeção a ele. A única razão para escrever aquela carta [de 28 de julho] para o dr. Landauer foi a declaração deste de que conseguiria obter um acordo melhor. O sr. Hoofien contou-me que não assumiria nenhuma responsabilidade por um possível cancelamento desse acordo e que cobraria do dr. Landauer essa responsabilidade.[51]

Essas palavras eram potencialmente mortais contra Georg Landauer, um judeu alemão, um homem que havia se levantado contra o Terceiro Reich e prometido frustrar – na verdade, desafiar – decretos econômicos criados para estimular o emprego, romper o boicote e conseguir os objetivos nazistas.

Naquele momento, nada era mais fácil na Alemanha nazista do que denunciar um judeu por sabotagem econômica. Tal denúncia – justificada ou não – normalmente resultaria em detenção imediata em Dachau, sem julgamento. Muitos desses detentos nunca mais eram vistos. Foi sorte de Landauer que Schmidt-Roelke era um estadista da velha guarda dos dias de Weimar. Se as palavras de Cohen tivessem sido lidas por um *kommissar* do PNSTA, não teriam sido ignoradas.

Cohen lembrou ao Terceiro Reich da sua utilidade na transferência para eles – a sabotagem do boicote antinazista que ameaçava quebrar a Alemanha no inverno. Palavras de Cohen:

> Pessoalmente, desejo enfatizar que, sem o grupo da Hanotaiah e meus intensos esforços e trabalho, seria impossível vender qualquer significativa quantidade de mercadorias na Palestina durante os próximos seis meses. Torno meus serviços completamente disponíveis aos senhores e ao Ministério da Economia do Terceiro Reich pelos próximos seis meses.[52]

Cohen não poderia ter sido mais explícito. A transferência da Hanotaiah não tinha limites de tempo nem teto financeiro e, na verdade, estava estruturada para acomodar emigrantes pelos próximos anos. Mas ambos os lados sabiam que não haveria anos de transações frutíferas, se o Terceiro Reich não conseguisse sobreviver até o próximo inverno – "os próximos seis meses". Como sempre, o sr. Sam Cohen selecionou suas palavras com cuidado, e enfatizou-as apenas com bons argumentos.

Defesas, negações e derrogações registradas, Cohen, entretanto, recusou o convite de Eberl para se encontrar com Landauer.[53] Não ficou claro se ele estava, na verdade, com medo de voltar à Alemanha. Cohen havia garantido várias vezes ao Ministério das Relações Exteriores que estaria disponível para viajar de Londres a Berlim durante esse período, se houvesse questões a serem resolvidas. Agora, nesse momento de pressão, no entanto, ele se recusou a fazer uma reunião com Landauer, e alegou estar preocupado, presumivelmente com a transferência e a questão antiboicote. "Se não fosse pelo fato de que me encontro no momento em negociações em Londres sobre essa questão que não pode ser adiada", escreveu Cohen ao dr. Eberl, "iria para Berlim para as discussões."[54]

Cohen ampliou um pouco essas reuniões urgentes em Londres. Afirmou que elas envolviam Pinchas Rutenberg, que, depois de "longas e difíceis negociações", fora convencido "do meu projeto [...] Ele é um dos industriais mais influentes e poderia se tornar um dos maiores consumidores [de máquinas alemãs]. Amanhã vou negociar com o vice-prefeito de Tel Aviv e espero listá-lo entre os apoiadores de meu plano".[55]

A correspondência de Cohen raras vezes carecia de nomes importantes e acontecimentos pendentes. Essa correspondência não era diferente.

Não há uma maneira de saber por que Cohen se recusou a encontrar Landauer, mas ele escreveu que Moshe Mechnes estaria em Berlim e poderia ser convocado para participar de reuniões.[56] Portanto, o confronto decisivo que Schimdt-Roelke havia desejado não se materializaria. Apesar disso, mais uma sessão final de negociações no escritório de Hartenstein seria necessária para resolver de alguma forma a questão de quem deveria realizar a transferência e em quais termos. Uma data foi marcada: 7 de agosto de 1933.

26

O ACORDO DE TRANSFERÊNCIA

Na tarde de 7 de agosto de 1933, a delegação sionista chegou a Wilhelmstrasse 76 e anunciou ao guarda que era esperada para uma reunião. Este acompanhou o grupo até a sala de reuniões do Ministério da Economia. Eles entraram um a um: Georg Landauer, diretor da Federação Sionista Alemã; E. S. Hoofien, diretor do Banco Anglo-Palestino; Arthur Ruppin, especialista de emigração da Organização Sionista; e Moshe Mechnes, coproprietário da Hanotaiah Ltd. Hans Hartenstein, diretor do Escritório de Controle de Divisas Estrangeiras, cumprimentou com cortesia os líderes judeus e fez de tudo para que se sentissem bem-vindos.[1]

Indubitavelmente, foi só então que o sr. Sam Cohen entrou na sala. Com o bigode bem aparado e a gravata com um nó perfeito, Cohen parecia elegante como sempre, mantendo-se firme diante das circunstâncias. Em sua carta de 1º de agosto para o dr. Eberl, Cohen prometera não participar desse embate, mas isso havia sido, provavelmente, antes de saber do relatório de 27 de julho do cônsul Wolff, que o apoiava completamente. O relatório de Wolff não havia sido revogado pelo Ministério das Relações Exteriores, então, até o começo da reunião, o sr. Sam Cohen ainda tinha o poder da transferência.[2]

O Terceiro Reich e a delegação sionista conversaram por algum tempo. Dinheiro. Emigração. Boicote. Regulamentações. Prazo. Opinião pública. Boicote. Moedas estrangeiras. Exportações. Boicote.[3]

Hoofien e Landauer tentaram ao máximo persuadir Hartenstein de que não haveria transferência bem-sucedida se ela fosse controlada por Sam Cohen e a Hanotaiah.[4] Senator acreditava que, sem uma transferência viável, o Terceiro Reich não encontraria alívio no boicote antinazista.[5] Mas a posição de Cohen era de que suas vastas conexões pessoais poderiam realizar o que os organismos oficiais nazistas e mesmo o Banco Anglo-Palestino não conseguiriam – romper o boicote.[6] Afinal, eles estavam sujeitos à pressão pública. Como um empresário privado, Cohen não estava. Mechnes, que prometera acatar o compromisso feito a Hoofien em Londres, só queria que a Hanotaiah fosse incluída em qualquer acordo que fosse finalmente aprovado.[7]

No entanto, Hartenstein era incapaz de decidir a favor de Hoofien e Landauer. Ele não poderia passar por cima do Ministério das Relações Exteriores e estava obrigado a criar uma autoridade da transferência com qualquer grupo sionista que fosse autorizado pelo cônsul Heinrich Wolff. Na visão do Terceiro Reich, talvez Wolff e Cohen estivessem certos: talvez as entidades públicas não conseguissem realizar com êxito uma guerra contra o boicote; somente usando com cuidado sabotadores como Cohen, o movimento poderia ser parado. Até onde Berlim sabia, Cohen havia sido fundamental para desestabilizar as atividades decisivas do boicote em Londres, Amsterdã e em outros lugares. Portanto, mesmo se estivesse convencido de que era um erro, Hartenstein estava obrigado a manter o atual acordo de RM 3 milhões a favor de Sam Cohen. Landauer e Hoofien recusaram-se a aceitar isso e pediram a Cohen que cedesse. Mas Cohen não o fez.[8]

Enquanto o impasse continuava em Berlim, uma situação parecida acontecia em Jerusalém. Margulies e uma delegação da Conferência das Instituições estavam reunidos com o cônsul Wolff, solicitando que ele fizesse uma emenda a seu endosso imediatamente, em vista da conferência decisiva e final que acontecia naquele momento em Berlim.[9] Wolff não aceitava. Reverter sua posição agora seria se mostrar incompetente, ou até alguém não confiável.

A delegação palestina continuou a pedir e pressionar. Eles insistiam que Hoofien era o único negociador autorizado e que só a empresa de investimentos do Banco Anglo-Palestino poderia ser a entidade de transferência. A delegação até se ofereceu para garantir à Hanotaiah uma posição proeminente dentro da empresa de investimentos, se o cônsul conseguisse ampliar seu endosso.[10] O tempo estava se esgotando, mas Wolff não saía do lugar.

A milhares de quilômetros de distância, a reunião no escritório de Hartenstein arrastava-se até o impasse. Cohen e Hoofien concordavam que um monopólio era necessário para uma transferência bem-sucedida, mas cada homem insistia que seu lado era o mais confiável para esse monopólio.[11] Sem progresso visível, Hartenstein pensava em terminar a reunião.

Enquanto isso, em Jerusalém, o cônsul Wolff discutia com a delegação sionista até que eles finalmente disseram algo que mudou sua opinião. Não há registro do argumento convincente que Margulies e os delegados da conferência subitamente apresentaram. Mas Wolff era vulnerável dentro do novo contexto nazista. Ele tinha uma esposa judia e fortes ligações com organizações judaicas na Palestina. Tinha até acordos comerciais secretos com Sam Cohen, incluindo alguma terra que o cônsul havia adquirido por meio da Hanotaiah.[12]

Exatamente às 13h30, horário de Jerusalém, o cônsul Wolff enviou um telegrama ao Ministério das Relações Exteriores:

> PARA O MINISTÉRIO DA ECONOMIA DO TERCEIRO REICH PARA A REUNIÃO DESSA TARDE, EM VISTA DA CRESCENTE OPOSIÇÃO AO ACORDO COM SAM COHEN NO FORMATO ATUAL [...] UM COMITÊ FORMADO HÁ ALGUM TEMPO PARA NEGOCIAR COM A ALEMANHA E CONSISTINDO DE FAZENDEIROS, TRABALHADORES INDUSTRIAIS, IMPORTADORES E CONSUMIDORES ASSUMIU A QUESTÃO DA TRANSFERÊNCIA SOB A LIDERANÇA DO BANCO ANGLO-PALESTINO. ACREDITA-SE QUE EM VISTA DE SUA AMPLA REPRESENTAÇÃO ELE PODE ABSOLUTAMENTE GARANTIR A IMPLANTAÇÃO DO PLANO DE TRANSFERÊNCIA. UMA DELEGAÇÃO ME VISITOU HOJE, AFIRMANDO QUE HOOFIEN RECEBEU AUTORIDADE ILIMITADA E ÚNICA PARA [...] O PLANO DE TRANSFERÊNCIA. UMA ORGANIZAÇÃO GLOBAL ESTÁ SENDO FORMADA. O COMITÊ CONCORDA COM A INCLUSÃO DA HANOTAIAH. MINHA IMPRESSÃO É DE QUE EM VISTA DESSES ACONTECIMENTOS O PLANO DE TRANSFERÊNCIA TEM POSSIBILIDADE DE SER BEM-SUCEDIDO SOMENTE DENTRO DESSA BASE AMPLA E RECOMENDO A SAM COHEN QUE ACEITE.[13]

Precisamente às 14h10 em Berlim, um mensageiro do Deutsche Reichspost entrou nos escritórios do Ministério das Relações Exteriores do Terceiro Reich em Wilhelmstrasse e entregou o telegrama do cônsul Wolff. Estava direcionado para o responsável pela Palestina dentro do Departamento Oriental.[14] Em outra parte do complexo Wilhelmstrasse, a reunião de Hartenstein chegava a um fim frustrante. Hartenstein pode ter dito a Hoofien e Landauer que o Ministério da Economia relutantemente não tinha alternativa a não ser apoiar o acordo com a Hanotaiah. Porém, mais ou menos nesse momento, o funcionário viu que o telegrama do cônsul Wolff era, na verdade, dirigido à reunião de Hartenstein. Ele imediatamente passou a mensagem para o escritório de Hartenstein por telefone.[15]

Hoofien, Landauer, Cohen e os outros ainda não haviam saído da sala de reunião quando a notícia chegou. Um momento de silêncio se passou desde que o telegrama começou a ser lido. Não se sabe se Hartenstein leu em voz alta ou se simplesmente passou a nota para Cohen. Independente disso, o sr. Sam Cohen entendeu a mensagem.[16] Ele, finalmente, não tinha mais nenhum endosso. A nova recomendação de Wolff era clara. Cohen aceitou a derrota com elegância. Concordou em renunciar sua transferência em favor de uma empresa de investimentos a ser estabelecida pelo Banco Anglo-Palestino. A Hanotaiah recuaria e funcionaria como uma das várias empresas agrícolas participantes.[17] Estava terminado.

Três dias depois, em 10 de agosto, Hartenstein apresentou um decreto revisado que autorizava Hoofien a criar dois centros de compensação, um sob a supervisão da ZVfD em Berlim, outro sob a supervisão da empresa de investimentos do Banco Anglo-Palestino na Palestina. A corporação de Berlim foi chamada de Palastina-Treuhandstelle zur Beratung deutscher Juden GmbH – a Sociedade de Investimentos na Palestina para Auxílio dos Judeus Alemães. Como estava em voga no Terceiro Reich, um acrônimo apropriado foi imediatamente inventado: Paltreu. Correspondente à Paltreu era a Haavara Trust and Transfer Office Ltd. em Tel Aviv. Geralmente chamada de Haavara Ltda., essa corporação estava organizada sob a lei comercial palestina e era operada por gerentes de negócios. Suas ações eram todas do Banco Anglo--Palestino.[18] *Haavara*, a palavra hebraica para transferência, rapidamente se tornou um sinônimo de *transferência*.

Paltreu e Haavara administrariam, cada uma, duas contas separadas ou *Kontos*. Konto I era para os emigrantes existentes. Eles depositariam seus marcos na conta bloqueada da Paltreu na Alemanha. As exportações alemãs então seriam vendidas na Palestina, os lucros seriam depositados na conta de balanço da Haavara. O decreto de Hartenstein especificava que o equivalente aos marcos bloqueados "seriam pagos [pela Haavara] em dinheiro, em libras, na Palestina de acordo com as solicitações". A transferência daria, assim, aos emigrantes o dinheiro de que eles precisavam para recomeçar a própria vida.[19]

Konto II estava reservada para os chamados emigrantes em potencial ou aqueles que queriam investir na Palestina como um lar nacional judeu. Os judeus alemães poderiam voluntariamente depositar seus marcos nessa segunda konto, mas não poderiam ser transferidos até que os depositantes emigrantes da primeira konto tivessem sido reembolsados. Assim, esses potenciais milhões de reichmarks congelados representariam um dinheiro de longo prazo que os sionistas poderiam utilizar para investimentos e projetos de desenvolvimento. Aqueles que ficassem para trás continuariam a financiar a expansão do lar judeu em prol daqueles que concordassem em emigrar.[20]

Várias cartas de confirmação adicionais e aperfeiçoamentos processuais foram trocados entre Hoofien e Hartenstein nos dias imediatamente após aquela reunião de 7 de agosto. Essas várias cartas foram burocraticamente anexadas ao decreto 54/33 do Terceiro Reich. Juntas, elas se tornaram o que seria conhecido como o Acordo de Transferência.[21]

Depois de implorar aos apoiadores e aliados dos judeus por décadas, os sionistas perceberam que o momento de transferência viria não dos amigos, mas dos inimigos, como Herzl previra.

Quarenta anos de luta para criar um Estado judeu haviam chegado a uma mudança súbita e espetacular. Por quarenta anos, não havia dinheiro, terra e homens suficientes. Enquanto faltassem esses fatores essenciais, o Estado judeu *também* nunca existiria. Mas em um escritório do Wilhelmstrasse, no dia 7 de agosto de 1933, isso tudo mudou. Alguns poucos homens que trabalhavam com telegramas, cartas de apresentação, imagens, o poder do preconceito e da pretensão, alguns poucos homens que viram uma oportunidade para a salvação dentro do abismo da injustiça nazista, aqueles poucos homens conseguiram resolver isso.

A partir de então, quando os judeus fossem ameaçados, como sempre eram, como sempre seriam, eles teriam uma nação própria para chamar de lar. Uma nação onde os judeus nunca entrariam como refugiados ou estrangeiros, uma nação na qual todos os judeus entrariam como cidadãos.

O preço dessa nova nação seria o abandono da batalha contra a Alemanha nazista. Vários setores do judaísmo definhariam, mas a maioria sobreviveria – palavras de Herzl. Dessa vez, nesse momento crucial e sem paralelos, a emergência seria usada para assegurar um futuro, não resgatar um passado. Dessa crise de humilhação, agonia e expulsão viriam um refúgio, uma nação e um novo judeu, com um novo lar que seria seu. Esses poucos homens estavam dispostos a tomar essas decisões. Era loucura? Ou genialidade?

PARTE

V

A DECISÃO DE BOICOTAR

27

AGORA OU NUNCA

Uma coisa era os sionistas subverterem o boicote antinazista. O sionismo precisava transferir o capital dos judeus alemães, e as mercadorias eram o único meio disponível. Mas logo os líderes entenderam que o sucesso da futura economia palestina judaica estaria intimamente ligado à sobrevivência da economia nazista. Assim, a liderança sionista foi obrigada a ir mais longe. A economia alemã teria de ser salvaguardada, estabilizada e, se necessário, reforçada. Dessa forma, o partido nazista e a Organização Sionista compartilhavam um interesse comum na recuperação da Alemanha. Se a economia de Hitler caísse, os dois lados estariam arruinados.

David Werner Senator deixou claro o interesse sionista na economia do Terceiro Reich para a Organização Sionista. Em 24 de julho, em Londres, mesmo antes da consumação do Acordo de Transferência, Senator apresentou um memorando longo, complicado e confidencial ao Executivo Sionista. Seu memorando delineava quão grande se tornaria a transferência. Seria mais do que uma empresa de investimentos – se tornaria um verdadeiro Banco de Liquidação, embora o memorando de Senator aconselhasse que "esse nome deveria, é claro, ser evitado". Tal empreendimento tão grandioso, sugeria Senator, teria de ser supervisionado por uma combinação de investidores europeus e americanos.[1]

Mais importante, esse massivo Banco de Liquidação emitiria títulos de desenvolvimento que "seriam cotados nos mercados internacionais – Londres,

Nova York, Cairo [...] e Jerusalém, se uma Bolsa de Valores fosse criada lá".[2] No final, uma instituição para o comércio da transferência foi criada na Palestina. Ela mais tarde se transformaria na Bolsa de Valores de Tel Aviv.[3]

Os títulos de desenvolvimento desse Banco de Liquidação forneceriam capital para a infraestrutura do Estado judeu, como Arlosoroff e Herzl imaginaram. Como esses títulos seriam apoiados por contas bloqueadas, Senator levantou uma questão que não havia sido pensada – a necessidade de estabilizar o marco alemão. Boicotes e situações complicadas na economia haviam tornado o reichmark uma moeda ameaçada. Quanto menos valiam os reichmarks, mais deles seriam necessários para igualar uma libra ou um dólar e, portanto, maior a perda na troca sofrida pelos emigrantes. Assim, para evitar que os emigrantes recebessem progressivamente menos, o governo alemão teria de fornecer uma garantia para manter os marcos da transferência fluindo em níveis suficientes, sempre para pagar juros e a origem nos títulos de desenvolvimento – não importando a desvalorização do marco.[4]

Eram conceitos complicados de alta finança que Senator apresentava. Eram difíceis de compreender e poderiam ainda ser mais difíceis de implantar. Mas no parágrafo 16 de seu memorando, ele estimava quanto dinheiro estava em jogo. Os títulos vendidos de depósitos bloqueados dos judeus alemães poderiam chegar a 150 milhões de dólares em apenas dois anos. Esses títulos poderiam exigir meros 7% de juros, com o pagamento da origem podendo ser adiado durante os primeiros cinco anos. A partir de então, a origem seria paga em partes iguais pelas próximas duas décadas.[5]

Os sionistas estavam, de repente, cuidando de uma quantia gigantesca de dinheiro congelado. Eles poderiam usar esse dinheiro para criar um banco. Esse banco poderia levantar capital para construir o Estado de Israel por meio de títulos de desenvolvimento que seriam pagos com o comércio palestino criado pela expansão. Mesmo assim, o pagamento ocorreria sob as taxas mais vantajosas. Os títulos teriam lastro nos sperrmarks judaico-alemães que seriam estabilizados por alguma garantia esperada do Terceiro Reich dos marcos necessários para o pagamento de títulos, mesmo se a moeda desvalorizasse em virtude da deterioração da economia nazista. Caso contrário, o valor de uma quantidade de reichmarks, digamos RM 1 milhão, poderia diminuir para praticamente nada.

O memorando de 24 de julho de Senator admitia que "seria possível obter tais garantias de transferência [...] somente contra certas concessões do lado judeu [...] Podemos oferecer [...] certas facilidades de exportação para os produtos alemães. Tais facilidades já são vistas com alguma ansiedade pelo governo alemão em vista do recente declínio rápido nas exportações alemãs". Aqui, Senator estava provavelmente falando das exportações ampliadas para todo o Oriente Próximo, talvez além dele. Senator também sugeriu que o Banco de Liquidação deveria, na verdade, fazer empréstimos de desenvolvimento para a Alemanha e, "assim, tornar possível um programa de aumento do emprego por parte do governo alemão".[6]

O memorando de Senator reconhecia que os sionistas sabiam como os alemães estavam desesperados. Palavras de Senator:

> Das negociações preliminares [...] com o Ministério da Economia, sabemos que há uma importância especial ligada a cada medida [...] para combater a atual tendência em declínio das exportações alemãs. O governo alemão sabe muito bem, por sua experiência durante a Guerra, que um declínio nas exportações significa não só a perda de pedidos por um ou dois anos, mas que os obstáculos [comerciais] [...] aumentam progressivamente, e que reconquistar mercados já perdidos só é possível com grande dificuldade e gastos, e mesmo assim só parcialmente.

Reconhecendo que o boicote já tinha levado as exportações alemãs ao ponto de ruptura, Senator declarou que os sionistas poderiam, pelo menos "ajudar a Alemanha [...] a evitar o quase certo rompimento das relações comerciais".[7]

Tomando uma consciência atenta da questão do desemprego na Alemanha de Hitler, Senator acrescentou: "Sabemos que um dos principais objetivos do governo alemão é fornecer trabalho para os desempregados". Senator explicou que a comunidade judaica remanescente na Alemanha teria poucas chances de ganhar a vida, a menos que todo o nível de emprego melhorasse. Dessa forma: "Devemos [...] oferecer ao governo alemão alguma ajuda com seu programa para criação de empregos". Por exemplo, o Banco de Liquidação, além de fornecer empréstimos para geração de empregos, compraria ações de grandes empresas alemãs, como as ferrovias.[8]

O longo memorando sobre a transferência escrito por Senator não era o único relatório do Executivo da Organização Sionista considerado no final de julho. Na mesma época, um segundo memorando foi escrito por Leo Motzkin, chefe do Comitê das Delegações Judaicas em Genebra.[9] Não falava em altas finanças e empréstimos de longo prazo, mas em crimes e danos de longo prazo contra o povo judeu na Alemanha. O relatório começava assim:

> Durante quase seis semanas [...] estive em contato com judeus de todas as áreas. Professores, médicos, promotores, industriais e empresários, jovens e velhos, de cidades tão distantes quanto Danzig e Aachen [...] Todos afirmaram que estavam vivendo em um verdadeiro inferno [...] O número real de crueldades e de violência perpetrada contra os judeus [...] nunca será conhecido. Esses relatórios que foram publicados no exterior são somente uma pequena fração do que realmente ocorreu.[9]

Depois de listar uma série de atrocidades e confirmar a completa impossibilidade de um futuro para os judeus na Alemanha, o relatório de Motzkin dividia o judaísmo alemão em cinco categorias. Primeiro, os "sionistas genuínos", que estavam rapidamente deixando a Alemanha sem pensar em quem deveria ficar para trás para organizar o êxodo. Segundo, os não sionistas, que agora esperavam encontrar segurança no movimento sionista. Terceiro, os antissionistas, que iriam para a Palestina se nenhum outro lugar estivesse disponível, mas a emigração desse grupo dependeria de levar "a cultura, os costumes, as maneiras e a língua alemã com eles".[10]

> A quarta categoria consistia no judaísmo estabelecido que atribuía o desastre total que havia caído sobre o judaísmo alemão aos judeus do leste, que eram todos sionistas. Eles não querem ir para a Palestina [...] [Acreditam] que os judeus na Alemanha deveriam ficar satisfeitos em serem considerados uma espécie

> inferior da humanidade. A quinta categoria são os [...] judeus alemães nacionalistas. Eles não são 100%, mas 101% alemães.[11]

A questão: exceto pela pequena porcentagem de sionistas genuínos ou recém-convertidos, quase todos os judeus estabelecidos na Alemanha ainda atacavam o lar nacional judeu e a filosofia sionista. Estavam desesperados, mas pareciam preferir uma morte alemã a uma vida palestina. No entanto, o relatório enfatizava o fato inegável de que os jovens judeus alemães, mesmo da quinta categoria, estavam se voltando para o nacionalismo judaico. O que não conseguimos fazer em trinta anos, Hitler conseguiu de um dia para o outro.[12]

A conclusão do relatório:

> A maioria da velha geração de judeus alemães não pode ser deslocada, pois está muito enraizada no solo do país. Grande parte não quer ir embora. Mas a juventude está ansiosa para começar uma nova vida como judeus, e todo esforço deveria ser feito para resgatá-los da [...] destruição completa.[13]

No entanto, o relatório acrescentava que, enquanto a emigração salvaria a juventude, somente um boicote internacional intensificado ajudaria a geração mais velha a sobreviver em um Reich hostil.

> O boicote dos produtos alemães em vários países está tendo uma grande influência material sobre o comércio do país, e os efeitos são inegavelmente sentidos. [E é] a única arma que pode [...] [influenciar] a ordem atual para refrear a violência da base.

O relatório recomendava que o boicote aumentasse e fosse prorrogado. A ação concentrada contra mais umas poucas indústrias intensificará a já séria situação econômica na Alemanha e forçará a ordem atual a mudar suas táticas.[14]

O relatório apresentado através de Motzkin pode ter parecido um compromisso razoável. Transferir aqueles que acreditavam para a Palestina. Ao mesmo tempo, continuar o boicote para obrigar a Alemanha a retirar a perseguição sobre os que tivessem permanecido. Infelizmente, o Terceiro Reich estava disposto a liberar um grande número de judeus para a Palestina como forma de expulsá-los, mas não estava disposto a permitir que levassem seus bens, a menos que os sionistas interviessem contra o boicote. A menos que os bens precedessem os emigrantes, não haveria nenhuma nação real para emigrar. O relatório do boicote de Motzkin foi rejeitado. O relatório de Senator para a estabilização da economia alemã foi aceito. Era simplesmente uma questão de prioridades.

* * *

O que começou como uma tarefa puramente nobre na mente de alguns poucos sionistas alemães rapidamente se diluiu em um grande bazar de oportunidades de negócio. A noção da transferência estava impregnada das transações comerciais com a Alemanha. Quando completa, a Palestina possuiria a base comercial-industrial necessária para suprir as necessidades da população, fornecer empregos e classificar o Estado judeu como um membro entre as nações no comércio mundial. Isso era racional. Uma verdadeira nação era mais do que um refúgio, mais do que uma comuna. Era uma terra onde os cidadãos poderiam viver, trabalhar e prosperar em paz. Portanto, a transferência de máquinas industriais para construir fábricas era intrínseca à construção do Estado tanto quanto a transferência de camas de hospital e instrumentos para irrigação.

O comércio de Israel deveria ser tão diversificado quanto qualquer nação. Na verdade, esse era um recurso especial da autodeterminação sionista. Enquanto as oportunidades econômicas judaicas haviam sido historicamente restritas, as oportunidades em Israel seriam ilimitadas – incluindo a oportunidade de ganhar o pão através do suor e do trabalho em campos e fábricas.

Mas no verão de 1933, à medida que o aparato de transferência se desenvolvia, o limite entre o bem-estar e a boa sorte ficou indefinido. O que era a construção do Estado e o que era puro oportunismo comercial? Na verdade, esse conflito representava a falha crítica nas ações do sr. Sam Cohen. Por essas falhas,

Cohen foi substituído por uma frota de corretores e empresas que tinham o selo de aprovação da Organização Sionista, mas eram, todavia, bastante comerciais. Dessa forma, logo se tornou impossível distinguir entre o peso infeliz de fazer negócios com o Terceiro Reich para facilitar a emigração e a alegria dos empreendedores loucos para lucrar com o capital preso dos judeus da Alemanha.

Por exemplo, no verão de 1933, uma nova editora foi formada em Londres, dirigida pela importante editora palestina Shoshana Persitz. Sua diretoria incluía notáveis como o financista Robert Waley-Cohen, o reitor da Universidade Hebraica, Judah Magnes, o industrial palestino Pinchas Rutenberg e o diretor do FNJ Menahem Ussischkin. O empreendimento seria chamado de Palestine Publishing Company. Sua viabilidade baseava-se na compra de 80 mil libras (400 mil dólares) em impressoras e outros equipamentos litográficos da Alemanha, e dos quais apenas metade seria paga em libras. O restante seria pago em marcos bloqueados. Para completar a transferência, a Palestine Publishing depositaria ações minoritárias em vez de dinheiro na conta de saldo. Assim, uma nova indústria era criada para a Palestina, que seria financeiramente impossível exceto pela transferência.[15]

No início de agosto, vários dos criadores da transferência original em Jerusalém, incluindo Felix Rosenbluth e Arthur Landsberg, formaram a Exim, uma empresa para importar aço da Alemanha por meio do aparato da transferência. A primeira transação comprou RM 500 mil em aço alemão, sendo que somente 40% seriam pagos em moeda estrangeira. O restante seria pago em marcos bloqueados. Não havia nenhum caráter público para essas empresas, nenhum subproduto assistencial resultante das vendas da Exim. Apesar de o aço ser vital para a construção e as fábricas, a Exim era, na verdade, somente uma empresa que vendia produtos de aço alemão por meio da transferência.[16]

Em agosto, outro grupo de investidores decidiu estabelecer uma cervejaria na Palestina. O governo alemão concordou em transferir equipamentos de cervejas avaliados em RM 750 mil (250 mil dólares), 90% disso pago em sperrmarks. O equilíbrio seria feito pela moeda estrangeira fornecida em parte pelo Comitê Econômico Americano para a Palestina em Nova York.[17]

A Palestine Publishing Company, a Exim e a nova cervejaria representavam somente uma fração dos investimentos alemães-palestinos que surgiriam durante julho e agosto, quando a prosperidade criada dentro da transferência tornou-se conhecida nos círculos de negócios. Esses acordos comerciais eram um pouco mais do que tirar vantagem da crise que o judaísmo alemão enfrentava? Ou eram esforços legítimos para construir o lar judeu ao desenvolver a economia palestina? Todas as empresas na Palestina, é claro, expandiam a economia nacional judaica ao fornecer empregos, serviços, produtos e capital. Contudo, em 1933, todas as nações e seus cidadãos lutavam para se recuperar da Depressão. Aqueles que colocavam o boicote contra a Alemanha antes dos acordos comerciais lucrativos estavam se sacrificando na luta contra Hitler. Empreendedores palestinos simplesmente concluíam que não poderiam se dar ao luxo de fazer parte dessa luta. Uma nação estava sendo construída. No momento, não poderia haver guerras. Apenas alianças.

Uma aliança com a Alemanha baseada no comércio rapidamente mudou a ênfase sionista na crise do povo preso para a crise do dinheiro preso. No final de julho, ativistas da transferência falavam cada vez mais em "salvar a riqueza" e "resgatar o capital" da Alemanha nazista. O impacto sobre os judeus alemães parecia ser uma questão secundária. Foi essa acusação que levou à rejeição do sr. Sam Cohen. E foi para evitar a exploração do setor privado que o Executivo Sionista havia convencido Cohen a colocar seu acordo feito em meados de maio sob "supervisão nacional". Isso significava compartilhar a transferência com a empresa rival Yakhin, operada pela Histadrut, o conglomerado trabalhista oficial essencialmente controlado pelo Mapai. Yakhin e Hanotaiah haviam, por fim, assinado um acordo de cooperação, mas a Yakhin acabou juntando-se à Conferência das Instituições.

No entanto, em 31 de julho, em uma sessão do Executivo da Histadrut, chamada para revisar a transferência, os líderes da Histadrut reconheceram que, desde o começo, o principal interesse era formar um investimento especial combinado para usurpar o projeto da Hanotaiah. Assim, os líderes da Histadrut revelaram um plano de uma espécie de empréstimo obrigatório que os emigrantes alemães estenderiam a uma subsidiária da Yakhin chamada Nir, que compraria produtos alemães para venda na Palestina usando fundos bloqueados. Mas, em vez de depositar todos os lucros na conta de balanço da Palestina, completando assim a transferência, a Nir converteria essencialmente dois terços da transação em um empréstimo compulsório de quinze anos, usando o dinheiro para grandes compras de terra e construção de casas.[18]

Um dos líderes participantes da reunião de 31 de julho contestou: "Francamente, esse empréstimo obrigatório me cheira mal. Os judeus na Alemanha poderiam afirmar que estão sendo forçados a pedir dinheiro emprestado, enquanto os judeus nos Estados Unidos, não". Tal hesitação foi deixada de lado, no entanto, quando os líderes da Histadrut concordaram que tarefas "construtivas" eram da mais alta prioridade. E, a menos que organismos públicos como a Histadrut tomassem o controle, "seriam controlados por gangues de especuladores".[19]

A atitude dos líderes da Histadrut era típica da liderança do Mapai e de seus aliados, que viam a riqueza dos judeus alemães como o refém mais precioso do Terceiro Reich. Como parte desse pensamento, Georg Landauer e a ZVfD lutaram pelas regulamentações alemãs que evitariam que os judeus alemães usassem suas riquezas de outras formas que não fosse o investimento na Palestina. Em 17 de agosto, dez dias depois que o Acordo de Transferência foi selado no Wilhelmstrasse, Landauer enviou uma carta a Hans Hartenstein. As palavras de Landauer: "Procuramos métodos para garantir que as somas que entrarem na Palestina, no âmbito da atual concessão de três milhões de marcos, ficarão, na verdade, investidas lá. Também procuramos soluções para evitar que as pessoas usem essa concessão de forma indireta para estabelecer meios seguros de viver em outros países".[20]

Landauer recomendou que a certificação de emigrantes da ZVfD fosse condicionada à compra de terras na Palestina, extensível a um empréstimo à Nir ou à participação em qualquer investimento aprovado na Palestina. As palavras de Landauer: "Portanto, eu gostaria de sugerir que o Escritório de Auxílio à Emigração [...] receba instruções para que os pedidos de emigrantes baseados em contratos com empresas de colonização palestina tenham *status* de prioridade". Landauer lembrou Hartenstein de que a base legal para tal acordo já estava, em essência, nos livros, por causa das regulamentações monetárias que obrigavam o Escritório de Auxílio à Emigração a verificar exatamente quanto dinheiro um indivíduo precisava para se realocar.[21]

A carta de 17 de agosto de Landauer terminava com uma defesa preventiva contra a crítica óbvia: "É claro que não queremos evitar a emigração dos judeus para outros países. Queremos apenas assegurar a aplicação da concessão de três milhões de marcos no sentido em que foi garantida".[22] Mas Landauer e seus associados sabiam que, sem dinheiro, um refugiado estava escapando para uma vida de alimentação comunitária e quase fome absoluta, uma vida que quase sempre excluía a possibilidade de uma família inteira fugir por simples falta de dinheiro. Além disso, os refugiados estavam com acesso barrado nos Estados Unidos e em outros países, a não ser que possuíssem dinheiro suficiente para provar que não dependeriam de serviços públicos.

Mas, sem o certificado especial que Landauer pedia, a transferência poderia se mostrar uma falsa vantagem. Muitos judeus alemães estavam desesperados para deixar a Alemanha por um tempo curto, esperando que o terror de Hitler pudesse diminuir. Os judeus alemães estavam dispostos a transferir seu dinheiro para a Palestina por um tempo e depois retransferi-lo para um destino mais atraente como a Holanda ou a França. No entanto, o impacto mais impressionante do processo de certificação da ZVfD era que, com poucas exceções, um judeu alemão não poderia se salvar com seus bens, a menos que fosse através da Palestina.

Refugiados sem dinheiro já estavam esgotando os recursos de caridade da Europa. Tinha sido uma estratégia sionista em abril de 1933 para desviar as doações de auxílio para o trabalho construtivo na Palestina. Chaim Weizmann havia feito uma série de discursos para grupos judeus nesse sentido, pedindo que eles só olhassem para a Palestina e renunciassem a qualquer esforço sério para manter refugiados na Europa. Um discurso feito em 29 de maio em Paris foi impresso palavra por palavra em jornais judaicos e palestinos nas semanas seguintes. Em um momento em que os cientistas raciais nazistas acusavam os judeus de serem ou transmitirem uma doença racial infecciosa, a escolha de palavras de Weizmann era irônica: "E aqui devo falar francamente de um assunto muito doloroso e delicado: esses refugiados são os hospedeiros de uma nova epidemia de antissemitismo".[23]

O efeito da retórica herzliana de Weizmann era fazer que os judeus nos países vizinhos se perguntassem se não estavam importando o antissemitismo alemão com seus refugiados. A questão verdadeira de Weizmann estava em outro ponto do discurso: "É verdade que graças à generosa hospitalidade [...] algumas dezenas de milhares encontrarão refúgio na França, na Tchecoslováquia, na Suíça ou na Holanda; mas [...] não devemos ter ilusões [...] O mundo já está cheio – e os países vizinhos da Alemanha logo ficarão saturados [...] O que vai acontecer com esses 200 mil [judeus alemães] que podem se encontrar na sarjeta amanhã ou no dia seguinte? Estão condenados a um destino que não é nem vida nem morte". A resposta não era um porto seguro na Europa, dizia Weizmann. A resposta era um lar na Palestina.[24]

Weizmann pedia aos judeus para que lutassem por direitos nacionais, não direitos civis. As energias não deveriam ser devotadas a combater o Terceiro Reich, mas para a construção de Israel. Caso contrário, o mesmo drama se repetiria em vários países em virtude do caráter irreprimível do antissemitismo. Dessa vez, a crise teria de criar não um refúgio temporário, mas um lar permanente. As palavras contundentes e idealistas de Weizmann marcaram a liderança sionista como não disposta a proteger os direitos judaicos na Europa no momento em que os judeus mais precisavam de proteção.

Com foco na Palestina como o único destino legítimo para a emigração em larga escala, a Organização Sionista rejeitou oportunidades para reassentar judeus alemães em lugares seguros ou lares que não fossem Eretz Yisrael (Terra de Israel). Por exemplo, em meados de julho, a Austrália anunciou que estava disposta a aceitar milhares de famílias judaicas alemãs para se assentarem na região do norte ao redor de Darwin.[25] Antigas organizações de colonização judaica haviam assentado com sucesso mil famílias judaicas na Crimeia e mais mil na Ucrânia durante a primeira metade de 1933,[26] e uma proposta de um lar judaico na Manchúria viera do Japão. Durante anos, milhares de judeus russos e britânicos viviam em Xangai e em outras cidades asiáticas. A maioria havia chegado depois da Revolução Russa; outros representavam interesses comerciais britânicos. Líderes japoneses que controlavam a Manchúria lembravam-se bem da ajuda do financista judeu Jacob Schiff na derrota dos russos durante a Guerra Russo-Japonesa de 1904-1905. Assim, responderam favoravelmente a ideias apresentadas pelos sionistas de Xangai para converter parte da Manchúria em um lar judeu.[27]

Mas as oportunidades de assentamentos na Austrália, na Rússia e na Manchúria foram rejeitadas pela Organização Sionista. O reassentamento significava mais dispersão e pouco mais do que outro cenário para perseguições, quando os judeus se tornariam novamente convidados em uma nação anfitriã. Um retorno a suas terras na Palestina constituía a única forma de acabar com séculos de nomadismo catastrófico.

A posição sionista era clara: Palestina ou nada. Agora ou nunca.

28

A AMEAÇA MAIOR

Enquanto os sionistas se preparavam para uma operação Palestina do agora ou nunca, o hitlerismo espalhava-se dramaticamente para quase todos os países onde viviam alemães. Explorando qualquer preconceito local que podia ser aproveitado, alemães criaram partidos parecidos com o nazista, determinados a contaminar seus países anfitriões com a ideologia ariana. No verão de 1933, a ameaça nazista estava rapidamente se tornando global.

ÁUSTRIA. *Viena, 22 de julho*: a imprensa e o gabinete austríacos estão divididos sobre a possibilidade de introduzir cotas para judeus nas vagas de emprego e nas faculdades. *Innsbruch, 2 de agosto*: ataques antissemitas nas províncias aumentam enquanto nazistas austríacos maltratam judeus e pintam a palavra *Jude* em lares judaicos. *Viena, 14 de agosto*: os comerciantes judeus descobrem que existe um boicote antijudaico silencioso, estimulado pelo partido nazista austríaco.[1]

MÉXICO. *Cidade do México, 24 de julho*: uma organização de ideólogos nazistas conhecida como Confía, apoiada por industriais de direita, pede ao governo para declarar os empresários judeus como estrangeiros e aumentar seus impostos em 500%. *Guadalajara, 18 de agosto*: autoridades locais investigam todos os empresários judeus por violações comerciais.[2]

TCHECOSLOVÁQUIA. *Praga, 31 de maio*: Estudantes nazistas da Universidade de Praga impedem planos de contratar um professor judeu e pedem expulsão de todos os outros.[3]

HOLANDA. *Amsterdã, 20 de agosto*: um partido nazista holandês cria vários incidentes antissemitas. O governo holandês prepara leis que impedem os camisas-pardas e a insígnia nazista.[4]

ESTADOS UNIDOS. *Chicago, 29 de julho*: grupos sociais germano-americanos organizados em células nazistas exigem que a bandeira suástica seja hasteada na feira alemã-americana no Século do Progresso. Funcionários recusam-se. *Springsfield, Nova Jersey, 9 de agosto*: sete mil membros de uma sociedade de corais alemã que realizavam uma festa ao ar livre são inesperadamente "bombardeados" por um avião soltando panfletos e pedindo para que se voltassem para o hitlerismo.[5]

ROMÊNIA. *Czernowitz, 21 de junho*: a Guarda de Ferro, organização na linha do nazismo, consegue convencer oficiais do Exército a banir um jornal local crítico das atividades antissemitas. *Bucareste, 15 de agosto*: negando uma afirmação da Guarda de Ferro de que uma cota estudantil para judeus havia sido instituída, funcionários da educação admitem que a diminuição de espaço exigiu a limitação do número de estudantes, mas dizem que a religião não é um fator.[6]

CANADÁ. *Hamilton, 1º de julho*: o Clube da Suástica levantou placas de 2 metros de altura nas praias declarando: "Nenhum judeu é permitido nesta praia a 250 metros de cada lado desta placa". *Toronto, 16 de agosto*: os quatrocentos membros do Clube da Suástica atacam um jogo de *softball* de judeus desenrolando bandeiras nazistas e gritando "Heil Hitler". O tumulto se intensifica em um motim por toda a cidade envolvendo 8 mil pessoas. A polícia patrulha bairros de judeus até as 4h da manhã para evitar ataques de gangues. Depois disso, a polícia proíbe a exibição de suásticas em qualquer forma.[7]

HUNGRIA. *Debreczen, 27 de agosto*: os nazistas húngaros afixam cartazes antijudaicos. Tropas de assalto locais protegem os cartazes, mas a polícia finalmente aparece, prende os nazistas e remove as placas.[8]

INGLATERRA. *Londres, 20 de julho*: fascistas britânicos usando camisas negras e suásticas organizam uma contrademonstração enquanto os judeus britânicos protestavam contra o hitlerismo. Unidades especiais de polícia entram em ação contra ameaças de violência fascistas. *Londres, 30 de julho*: muitos jornais importantes, incluindo o *The Daily Mail*, imprimem artigos enaltecendo o hitlerismo. Uma suástica aparece proeminente no topo da coluna do *The Daily Mail*, e seu publisher, lorde Rothermere, endossa pessoalmente o movimento nazista.[9]

BRASIL. *Rio de Janeiro, 2 de agosto*: os nazistas brasileiros, conhecidos como partido integralista, começam uma campanha para "limpar" a nação dos judeus que "vinham ao Brasil para roubar os brasileiros pobres". Os integralistas defendiam uma "Pátria Fascista".[10]

PALESTINA. *Jerusalém, 1º de abril*: a liderança árabe adota o hitlerismo como a tão esperada arma antijudaica. O mufti de Jerusalém, líder da comunidade árabe na Palestina, notifica o Terceiro Reich de que "os muçulmanos dentro e fora da Palestina dão as boas-vindas ao novo regime alemão e esperam uma expansão dos regimes fascistas e antidemocráticos em outros países". Ele acrescenta que os muçulmanos em todos os lugares ajudarão qualquer campanha nazista criada para "atacar a prosperidade judaica". *Haifa, 1º de junho*: cristãos alemães realizam uma marcha completa com uniformes de camisas-pardas com suásticas.[11]

POLÔNIA. *Bendzin, 15 de agosto*: camisas-pardas poloneses colocam um fim a um ato antissemita depois de uma ordem da polícia para se dispersarem, mas saem pelas ruas atacando cidadãos judeus. Reforços da polícia finalmente diminuem a desordem. *Czestochowa, 21 de agosto*: após ataques de rua aleatórios contra judeus, fascistas poloneses recebem sentenças de prisão, sua divulgação é suspensa, e a sede fechada.[12]

IRAQUE. *Bagdá, 20 de agosto*: simpatizantes nazistas aceleram uma onda de perseguição contra a antiga comunidade judaica babilônica. Em um tumulto, árabes com bandeiras negras fascistas e inscrições antijudaicas marcham por um distrito judeu. Policiais olham passivos enquanto os judeus são atacados.[13]

SUÉCIA. *Estocolmo, 10 de junho*: Autoridades governamentais descobrem planos do Terceiro Reich para gastar 10 milhões de dólares na propaganda de um gigantesco Estado alemão que ocupa toda a parte norte da Europa central. Dirigido por nazistas suecos de ancestralidade alemã, um primeiro passo estabelecerá um jornal e uma editora nazistas. *Malmö, 21 de agosto*: apesar de os moradores de toda a província de Skane resistirem à ideologia, os nazistas suecos conseguem recrutar algumas pessoas entre os estudantes da Universidade de Lund.[14]

No final de junho e início de julho, vários órgãos nazistas, principalmente na Romênia e na Áustria, defenderam uma convenção internacional ariana para organizar a emigração forçada de todos os judeus de todos os países para um "Estado Nacional judeu". Um chamado à convenção notava que a Palestina não poderia receber os milhões de judeus no mundo. Portanto, um lugar maior, igualmente remoto, seria designado. Madagascar foi sugerido. No final de junho, os partidos nazistas em 22 países concordaram em participar do movimento.[15]

Os líderes judeus que esperavam que o hitlerismo pudesse desaparecer ou que, de alguma forma, Hitler pudesse ser chamado à razão, foram finalmente convencidos no verão de 1933 de que não haveria acordo. No auge do pânico com o desemprego na Alemanha, em 2 de julho, Hitler garantiu mais uma vez aos líderes da SA reunidos do país inteiro que, embora as táticas pudessem ser mais reprimidas, não haveria nenhuma ideia de alterar o objetivo final do Nacional Socialismo: a aniquilação rápida da existência dos judeus.[16]

No verão, as palavras e as ações de Hitler forçaram os líderes judeus a começarem a ver os judeus alemães como completamente condenados. Por exemplo, no final de julho, Stephen Wise enviou um relatório da Europa aconselhando o Congresso: "Tenho uma quantidade imensa de provas que mostram que a situação judaica na Alemanha está perdida". Alguns dias depois, o dr. Joseph Tenenbaum, um dos principais defensores do boicote no Congresso, contou a outros líderes que não adiantava adiar a proclamação do boicote com a esperança de que o judaísmo alemão pudesse ser salvo. "Essa esperança", disse Tenenbaum, " [...] agora parece ter desaparecido para sempre."[17]

Se o nazismo sobrevivesse, todos os judeus da Alemanha morreriam. Se o nazismo fosse derrubado em meio a um levante econômico, os judeus da Alemanha sofreriam represálias sangrentas. Mas a questão era agora maior do que os 600 mil judeus na Alemanha. Na mente dos líderes judeus, o futuro de milhões de judeus de toda a Europa estava em jogo.[18] O que fosse feito agora seria um exemplo para outros governos que precisam lidar com a ascensão do nazismo.

Quando os líderes sionistas do campo do Mapai olhavam para essa ameaça global à sobrevivência judaica, isso só reforçava a determinação de compelir a crise para se levar a um Estado judeu. Os judeus conseguiriam se reassentar com sucesso no Leste Europeu, na América Latina, na Europa ocidental, até mesmo nos Estados Unidos? O antissemitismo tradicional e o novo nazismo prosperavam em todas as terras. Alguns desses movimentos nazistas e antissemitas floresceriam, outros regrediriam. Mas a ameaça sempre permaneceria – seja qual for a cor da camisa, sob qualquer cor de bandeira. Um judeu fora de sua pátria era um judeu esperando pelo próximo *pogrom*.

Alguns dos lutadores mais eficientes são aqueles que usam o peso e a força do próprio adversário. Essa era a defesa dos sionistas do Mapai. Das tentativas para destruir surgiria o ímpeto final para levar à vitória da causa judaica: um Estado.

Mas a esmagadora maioria dos judeus e sionistas não havia desistido da existência judaica na Diáspora. Eles não estavam dispostos a pagar o preço da estratégia de defesa do Mapai. Não conseguiriam ficar parados e sofrer os golpes de Hitler esperando que estes pudessem ser convertidos em vitória. Esses judeus não poderiam ficar parados e testemunhar a desintegração da comunidade judaica na Europa. Haviam visto todos os esforços razoáveis para bloquear os planos de Hitler falharem. Persuasão moral, pressão diplomática, ataques econômicos – tudo isso havia fracassado. Os judeus voltados para sua defesa viam apenas uma solução: boicote, rigoroso e amplo, até que a Alemanha quebrasse. A Alemanha deveria ser esmagada, não somente punida.

Aqui estava um terrível dilema: os judeus deveriam se transferir para sua própria nação em Israel, abandonando a existência em um mundo que, em termos judaicos, só poderia ser julgado pelos *níveis* de ódio contra eles encontrado de um lugar para o outro, de uma era para a outra? Ou os judeus deveriam se manter firmes e defender o direito de existirem em qualquer lugar do mundo? Era uma escolha. Simples e direta. Uma escolha.

29

PRÓXIMO AO PONTO DE RUPTURA

Aqueles que escolheram lutar contra Hitler tinham todas as razões para se sentir encorajados durante o verão de 1933. A indústria alemã estava se esfacelando em uma conhecida reação em cadeia de crises.

O transporte de cargas e as viagens em transatlânticos haviam sido uma grande fonte de moedas estrangeiras para o Terceiro Reich. Mas o boicote antinazista havia praticamente levado toda a indústria à bancarrota. No final de julho, na reunião anual de acionistas da Hamburg-American Line, o presidente, dr. Max von Schinkel, e todos os diretores anunciaram a demissão coletiva com esta declaração: "O descontentamento do mundo em relação à Alemanha e o boicote estão se fazendo sentir com bastante força. Isso prejudicou bastante os negócios da Hamburg-American e continuará a prejudicar [...] toda a indústria naval alemã em geral".[1] *The Philadelphia Record*, ao comentar as falências navais, publicou o seguinte editorial:

> Em um mundo civilizado, os nazistas não podem perseguir 600 mil alemães ameaçando matá-los simplesmente porque são judeus sem despertar a indignação internacional. O ressentimento se faz sentir – e com razão – em uma ampla recusa a comprar bens ou viajar nos barcos de uma grande nação que passa por um período de repulsiva barbárie.[2]

Ao mesmo tempo, a Câmara de Comércio de Solingen, no coração da região produtora de ferro da Alemanha, previa o mesmo destino para a indústria de ferro, dada "a enorme diminuição de possibilidades de exportação". As exportações de máquinas pesadas estavam somente na metade do nível de lucratividade de 1930.[3] A indústria médica também cambaleava. Berlim, conhecida no passado como a capital médica da Europa, sofria um declínio de 50% em seu lucrativo mercado de pacientes estrangeiros. As instituições educacionais alemãs receberam um golpe ainda pior. As doações estrangeiras, vitais para o financiamento acadêmico alemão, diminuíram em 95%.[4]

A queda do superávit das exportações alemãs – que diminuiu 68% de maio para junho – continuou caindo durante julho e o início de agosto. O superávit de exportações sobre as importações era a medida tradicional da capacidade da superindustrializada Alemanha em pagar pelas matérias-primas necessárias para manter suas fábricas funcionando e pagar os serviços mensais da dívida de RM 50 milhões. Mas, no verão, a balança comercial da Alemanha havia caído tanto que o superávit de exportações havia ficado ultrapassado como um indicador verdadeiro do declínio do Terceiro Reich. Ganhou-se tão pouca moeda que a Alemanha não conseguia comprar muitas mercadorias vitais. E a indústria alemã havia reduzido suas importações normais de matérias-primas, porque a reação em cadeia da escassez interrompera ou diminuíra certos processos de fabricação. A proporção da balança comercial foi equilibrada com o cancelamento de importações não essenciais. Por exemplo, a borracha usada em calçados esportivos foi simplesmente eliminada. Portanto, o número total das *exportações* – sem se preocupar com a proporção do superávit – no verão estava se tornando a medida mais válida. As exportações totais para seus vizinhos europeus haviam caído pelo menos 23% no primeiro semestre de 1933, em comparação ao ano anterior, de acordo com os números do próprio Terceiro Reich. Exportações totais haviam diminuído para RM 385 milhões.[5] As verdadeiras perdas eram, provavelmente, muito maiores, já que a falsificação estatística era uma política oficial nazista. Mas mesmo essas admissões eram ameaçadoras para uma nação que dependia absolutamente de exportações abundantes.

Somado ao prejuízo do boicote, havia também o agravamento da situação econômica doméstica causada pela pauperização dos judeus. Nas empresas em que estes se consolidaram, o resultado era calamitoso. A vasta indústria vinícola da Alemanha era um exemplo perfeito. Proibir os judeus de plantarem uvas ou fabricarem e venderem vinho ameaçava eliminar grandes setores da indústria alemã. Os viticultores não judeus, incluindo muitos nazistas ativos, pediram ao governo para retirar a exclusão. Uma publicação nazista no território do Palatinado, *Landauer Anzeiger*, admitiu abertamente que, sem os judeus, a indústria de vinho da região seria completamente destruída, acrescentando que, se "a participação dos judeus no comércio de vinho, até o momento, atingia 80%, chega-se à conclusão de que, mesmo sob as condições mais favoráveis, os produtores somente venderão metade neste outono do que [...] precisam vender. Tendo em vista as grandes dívidas dos produtores, cresce o perigo de uma terrível catástrofe de preços".[6]

Uma tentativa de excluir todos os judeus da indústria de tabaco da região do Palatinado não poderia ser implantada porque simplesmente não havia ninguém para substituí-los.[7]

Uma situação análoga ocorreu no campo metalúrgico. Em meados de julho, *kommissars* nazistas exigiram a expulsão de seis membros judeus da organização comercial da indústria. Os seis eram os especialistas com maior conhecimento na área. Assim que os substitutos arianos foram instalados, no entanto, a organização percebeu que não havia ninguém capaz de fazer o trabalho. Então, os seis judeus expulsos foram imediatamente recontratados como "consultores".[8]

Tão prejudicial quanto para a economia alemã era a saída maciça de empresas estrangeiras. Antes de 1933, centenas de empresas europeias e americanas mantinham operações importantes na Alemanha. Mas, no verão de 1933, a Alemanha presenciava uma fuga corporativa em massa. Cada empresa estrangeira que saía do solo alemão deixava muitos alemães desempregados e oportunidades perdidas para outras empresas. O governo alemão tentava abafar as notícias sobre essas saídas, mas os bancos sabiam a verdade: empréstimos não pagos, depósitos reduzidos e o fim virtual dos empréstimos normais com juros.

Diretores desesperados do prestigioso Dresden Bank esperavam pedir ajuda à fraternidade internacional dos banqueiros. Em um dramático apelo por escrito enviado em meados de julho para um grande banco francês, o Société Générale, o Dresden Bank declarou aflito:

A propaganda de atrocidades [...] que ataca o comércio alemão [...] baseia-se em mentiras e distorções de fatos. A completa tranquilidade reina na Alemanha, e qualquer pessoa que não faça parte pode se convencer imediatamente de que ninguém está impedido de uma busca lícita de seus negócios privados e profissionais. Ficaríamos felizes se, no interesse das relações comerciais internacionais, vocês espalhassem a verdade e fizessem o máximo para pôr um fim com rapidez ao boicote dos produtos alemães.[9]

O apelo bastante incomum provocou uma resposta igualmente incomum da Société Générale, que, por décadas, havia tido relações profissionais cordiais com o Dresden Bank. A resposta da Société Générale, que no final chegou aos jornais mundiais, dizia que, "ao abrir nossa correspondência, encontramos uma circular impressionante de seu estimado banco. Pedimos que preste atenção ao fato de que uma empresa francesa nunca enviaria material de propaganda junto com correspondência comercial. Somos, assim, obrigados a assumir que a falta de tato de sua carta é fruto de um mau gosto inato. Quanto à perseguição sistemática dos judeus pelo seu governo, sabemos em que acreditar. Sabemos [...] que médicos foram demitidos de hospitais, advogados perderam a licença e lojas foram fechadas [...] Toda nação é seu próprio mestre, então não é função nossa interferir [...] No entanto, somos livres para voltar nossa solidariedade comercial para nossos amigos e não para uma nação cujo objetivo é destruir a liberdade individual. Asseguramos-lhes, cavalheiros, que continuaremos a estimar seu banco, mas não podemos estender nossa simpatia à Alemanha em geral, porque não podemos esconder nossa convicção de que o Partido Nacional-Socialista estenderá seu desejo de poder a outros países na primeira oportunidade. Você nos pede para passar essa circular. Tenha a certeza de que o faremos, junto com nossa resposta. Atenciosamente, Société Générale, Paris".[10]

A contínua deterioração da economia nazista no verão de 1933 provocou outra sequência de truques para ganhar tempo. O primeiro foi uma série de subsídios industriais especiais de muitos milhões de reichmarks. Mas o regime estava ficando sem reichmarks. O governo voltou-se para o Reichsbank, mas este, também, não tinha recursos suficientes para ajudar. Assim, o próprio Reichsbank pediu um empréstimo.

Em algum momento, no final de julho, intermediários alemães aproximaram-se de corretores de Londres pedindo um embaraçoso pequeno empréstimo de RM 40 milhões ou pouco mais de 3 milhões de libras. Uma vez conhecido, o pedido causou uma rodada de risos sarcásticos na comunidade financeira de Londres. O *Investor's Review* deu a notícia como se fosse piada na edição de 5 de agosto:

> Vimos uma carta escrita por um corretor financeiro em Berlim [...] [que] joga um pouco de luz sobre a terrível situação à qual o hitlerismo reduziu a Alemanha [...] Quem a escreveu afirma que o próprio Reichsbank alemão pediu que ele negociasse um empréstimo [...] de 40 a 50 milhões de marcos! Que o Reichsbank, antes talvez uma das maiores instituições financeiras do continente, precise vir mendigar em Londres [...] uma soma tão irrisória é [...] alarmante [...] Então não surpreende ouvir aquela opinião oficial de que o hitlerismo chegará a um fim sanguinário antes do ano-novo.[11]

Como Londres se tornara um mercado perdido, a Alemanha recorreu a Nova York para que ajudasse a financiar um subsídio para uma cadeia de lojas, a Kaufhaus des Westens. Uma soma ainda menor foi pedida, dessa vez apenas RM 14,5 milhões, por volta de 5 milhões de dólares. O Chase National disse não. A Alemanha então se aproximou de mercados financeiros menores na Europa. Um atrás do outro, todos disseram não. Muitos se recusaram até a considerar o empréstimo. O regime de Hitler finalmente se voltou para dentro e exigiu que o Dresden Bank emprestasse os RM 14,5 milhões. O Dresden já havia sofrido com a inadimplência de lojas e departamentos, e estava extremamente relutante em emprestar mais fundos. Mas o Reichsbank insistiu, respaldando o acordo com uma "garantia" amorfa.[12]

Ao informar o fiasco do empréstimo de RM 14,5 milhões, o cônsul-geral americano em Berlim, George Messersmith, confirmou que o pedido de empréstimo fora feito em nome de Hjalmar Schacht. O deprimente fracasso, informou Messersmith, deixou claro a Schacht que "bancos estrangeiros, independentemente da nacionalidade, estão no momento evitando aumentar de qualquer forma seus compromissos na Alemanha". O Mago havia admitido isso tanto publicamente quanto ao correspondente em Berlim de um jornal financeiro holandês, o *Algemeen Handelsblad*. Respondendo a uma pergunta sobre as consequências econômicas da campanha antissemita do Terceiro Reich, Schacht declarou: "A Alemanha não precisa, de nenhuma forma, de assistência financeira internacional".[13]

Em uma segunda entrevista logo depois, publicada pelo jornal alemão *Deutsche Allgemeine Zeitung* usando um despacho holandês, Schacht avisou que, se o mundo não comprasse produtos alemães, então a Alemanha simplesmente não pagaria suas dívidas ou pagaria com instrumentos financeiros, como certificados. Schacht declarou que, diante do declínio do comércio exterior, os credores da Alemanha poderiam aceitar essas garantias ou não receberiam nada.[14] Mesmo Schacht não conseguia mais negar que a Alemanha nazista havia se tornado diplomática e economicamente isolada. A recuperação econômica que os nazistas buscavam com tanto fervor tornava-se cada vez mais uma ilusão.

Mais truques para ganhar tempo seriam necessários. Para manter os empregados da indústria naval trabalhando um pouco mais, regras rigorosas criadas em meados de agosto exigiam que as empresas alemãs enviassem seus produtos por meio de navios alemães. Os regulamentos das empresas proibiam pagamentos em dinheiro para empresas navais estrangeiras, obrigando, assim, todos os passageiros que passavam pela Alemanha a navegarem em barcos alemães. Mas a ajuda mal concebida na verdade roubava das linhas alemãs um importante centro de lucro – reservas e troca de passageiros com navios estrangeiros.[15]

Um igualmente autodestrutivo resgate foi imposto sobre a indústria têxtil, em que o desemprego em alguns lugares chegava a 50%. A recuperação havia sido bloqueada de todas as formas pelo boicote. Assim, os nazistas mudaram um pouco o *design* e a cor dos uniformes. Teares inativos foram religados e folhas de pagamento das fábricas aumentaram em consequência da corrida das empresas têxteis para produzir materiais para os novos uniformes. Mas um público empobrecido não conseguia produzir demanda suficiente, e muitos produtos novos eram enviados, com grandes perdas, aos mercados estrangeiros. Assim, os ganhos com as vendas caíam diante dos aumentos da produção.[16]

Outro truque era o suborno descarado de autoridades estrangeiras e incentivos em dinheiro aos grupos de interesse especial para que comprassem produtos alemães. Por exemplo, em agosto, I. G. Farben, um dos maiores empregadores da Alemanha, negociou com o governo romeno para suspender sua quase oficial proibição de compra de produtos alemães, que era protecionista na origem, mas alimentada por grupos de boicote antinazista. Por meio da missão diplomática alemã em Bucareste, com o endosso total do Ministério das Relações Exteriores, Farben ofereceu à Romênia uma barganha complexa, mas irresistível.

Primeiro, Farben compraria grãos romenos no valor de RM 17 milhões, sendo que metade seria importada para a Alemanha para competir com a produção alemã. Os restantes RM 9 milhões seriam vendidos por Farben para outros países. Segundo, Farben intermediaria 100 mil toneladas de trigo para o mercado mundial e até pagaria 10% do preço como apoio, na verdade subsidiando os produtores de trigo romenos.[17]

Terceiro, das moedas estrangeiras recebidas pela Alemanha pela venda dos produtos romenos, o equivalente a RM 2,5 milhões seriam enviados ao Banco Nacional romeno. Além disso, quase 25% das vendas dentro da Alemanha seriam convertidas em moedas estrangeiras e também enviadas ao Banco Nacional romeno. Em quarto lugar, boa parte dos envios de grãos para o mundo seria feita através de barcos romenos, em competição direta com as companhias alemãs. Tudo isso em troca da permissão de Bucareste para que os produtos de I. G. Farben, no valor de RM 13,6 milhões, fossem vendidos na Romênia.[18]

Apesar desses acordos unilaterais, Farben foi obrigado a dar um suborno de RM 250 mil para altos funcionários do governo romeno para "propósitos partidários". Uns RM 125 mil adicionais foram para os nacional-socialistas da Romênia, presumivelmente para garantir o apoio dos consumidores aos produtos de Farben. Para acalmar a oposição pública ao comércio com a Alemanha, Farben destinou RM 125 mil para fundos ilícitos "a fim de exercer influência sobre a imprensa e pessoas [importantes]".[19]

Mas, depois que todos os subornos foram pagos e os favores comerciais e as concessões de moedas estrangeiras liberados, I. G. Farben poderia continuar empregando os trabalhadores de sua linha de montagem por mais um tempo. E a Alemanha reteria em torno de RM 10 milhões em divisas estrangeiras tão necessárias. Além dos benefícios de curto prazo, os arranjos complexos dramatizavam uma realidade mais dolorosa: o boicote antinazista tornara mais fácil e mais lucrativo para a Alemanha vender os produtos de outra nação do que os seus próprios no mercado mundial.

* * *

Parecia não haver maneira de a liderança nazista neutralizar o boicote com sucesso, a não ser com a esperança de que a transferência levasse o judaísmo mundial a acabar com sua guerra econômica. Mas, apesar das ações dos líderes sionistas para quebrar o boicote, o ímpeto popular dos judeus não diminuiria. No início de agosto, um Adolf Hitler frustrado teve uma reunião em Obersalzberg com dois americanos influentes dentro da organização National City Bank de Nova York. Um era Henry Mann, vice-presidente, representando as operações alemãs do banco. O segundo era o coronel Sosthenes Behn, que era diretor do banco e presidente da International Telephone and Telegraph (ITT). Os dois americanos mostraram a Hitler o clima geral nos Estados Unidos contra a Alemanha. Behn então questionou qual o grau de segurança dos investimentos estrangeiros na Alemanha nazista. Hitler garantiu a Behn que o capital estrangeiro, como o da General Motors, estava seguro se usado de acordo com as regulamentações. Hitler queixou-se de que a sórdida imagem de uma Alemanha violenta e hostil para as empresas estrangeiras era somente outro produto da imaginação criado pela propaganda de atrocidades. Isso o levou a falar sobre o boicote antinazista. E aqui Hitler ficou visivelmente empolgado. "Essas medidas sem sentido não atacam somente a Alemanha", gritou o *Führer* enraivecido, "mas, ao enfraquecer o poder de compra alemão nos mercados mundiais, atacam outros países também". Hitler insistiu veementemente que o boicote iria "entrar em colapso por si só." Portanto, ele continuou, seria melhor dizer e fazer o mínimo possível.[20]

No início de agosto, Goebbels mostrava a mesma angústia em relação ao boicote. Falando em um festival em Stuttgart, Goebbels admitiu que esperava ver o dia em que o Terceiro Reich "romperia o boicote de ferro com o qual o mundo nos prendeu".[21] Logo depois disso, Goebbels sentiu-se incapaz de seguir o conselho do *Führer* de fingir que o boicote não existia. Participando do Congresso anual do PNSTA em Nuremberg, ele confessou: "Ainda nos sentimos presos e ameaçados por essa conspiração muito bem pensada [...] Esse boicote está causando muita preocupação, porque paira sobre nós como uma nuvem".[22]

O regime tentou enganar a população cheia de queixas com estatísticas de desemprego manipuladas. Por exemplo, o número de desempregados era artificialmente diminuído com a subtração de judeus, marxistas e pacifistas. Além disso, os homens alemães entre 16 e 25 anos eram removidos em massa de seus empregos para abrir espaço para pais de família mais velhos. Os jovens arianos eram então encaminhados a campos de trabalho voluntários, onde poderiam receber algum seguro-desemprego e ser removidos das estatísticas de desempregados. Aqueles que se recusavam a ir para os campos de trabalho, perdiam os benefícios de desemprego e eram retirados das estatísticas do mesmo jeito.[23]

As mulheres também estavam sendo demitidas em grande número, por causa da noção nazista de que as boas mulheres arianas deveriam ceder lugar para os homens no mercado de trabalho. Muitas delas eram realocadas como domésticas, recebendo pouco mais do que casa e alimentação. Outras eram instruídas a ter filhos e cuidar de casa. Nos dois casos, mulheres desempregadas eram retiradas das estatísticas. Milhares de chefes de família do sexo masculino eram, da mesma forma, eliminados das fileiras de desempregados, seja pela colocação em programas de trabalho público sem sentido, nos quais recebiam misérias, seja pelo reassentamento em fazendas.[24]

Ilusões mais tangíveis foram criadas ao coagir empregadores a ter mais empregados do que o necessário. Em meados de agosto, as empresas de mineração do Ruhr estavam empregando 30 mil a mais do que justificava a exigência do mercado. Parte disso era realizada por meio de uma semana mais curta de trabalho, o que roubava daqueles que tinham um emprego o salário integral que normalmente receberiam. E ninguém tinha autorização para um segundo emprego. Tal "trabalho clandestino" era estritamente proibido.[25]

Na verdade, todo o patriotismo da economia nazista havia se tornado, em agosto de 1933, um mero símbolo de frustração para milhões de alemães. O pânico do desemprego de julho havia diminuído um pouco depois que Tropas de Assalto dissidentes foram capturadas. No entanto, o clima de *laissez-faire* econômico defendido no pacto Schmitt-Hitler e a proibição de atividades antissemitas violentas foram deixados de lado em agosto como uma retórica inexecutável.

O tempo estava se esgotando para a Alemanha. O inverno se aproximava. A construção, a agricultura, os serviços públicos e os campos de trabalho voluntários dependiam completamente de atividades ao ar livre e tempo bom. Sem trabalhos de meio período ou sazonais disponíveis, seria um inverno de desespero e insatisfação.[26]

Goebbels poderia culpar as "algemas" do boicote antinazista liderado por judeus, mas tais desculpas só encorajavam as facções dissidentes a afirmar a própria autoridade como fizeram durante o pânico do desemprego de julho. Percebendo que o regime se manteria ou cairia com o sentimento popular naquele inverno, a liderança do Terceiro Reich ansiosamente se preparava. O Ministério das Finanças e grupos partidários estabeleciam apelos "voluntários" para os desempregados, nos quais as contribuições eram automaticamente deduzidas de quem recebia salário.[27]

Uma segunda campanha pedia que fazendeiros, principalmente os da Prússia oriental, guardassem safras não debulhadas em seus celeiros. Assim, em vez de os empregos agrícolas terminarem com a colheita, eles continuariam durante os meses de inverno com as mãos da colheita limpando os grãos. Mas, na metade de agosto, a campanha havia provado ser um fracasso, pois fazendeiros loucos por dinheiro venderam suas colheitas antecipadamente. Em massa, a ajuda para as colheitas já estava voltando para a cidade esperando a próxima assistência do Terceiro Reich.[28]

Uma brilhante solução para toda a questão do desemprego foi finalmente concebida pelo próprio chanceler Hitler. Sua ideia: exigir que 200 mil mulheres trabalhadoras se casassem e deixassem o emprego, abrindo caminho assim para que 200 mil homens sustentassem suas famílias. As 200 mil mulheres recém-casadas teriam bebês e montariam casas que exigiriam móveis, eletrodomésticos e outros artigos do lar, que criariam a demanda por outros 200 mil homens que então poderiam se casar com um segundo grupo de 200 mil mulheres, que então novamente montariam casas exigindo produtos para um terceiro grupo de 200 mil. Esse processo continuaria até que todas as mulheres qualificadas fossem afastadas da força de trabalho e firmemente plantadas em seus lares tendo bebês e criando, assim, uma demanda de consumo cada vez maior.[29]

No fervor dos tempos, casamentos em massa eram certamente possíveis. Mas um casamento sem dinheiro não poderia gerar demanda instantânea por móveis e eletrodomésticos. O plano de 200 mil casamentos era uma visão típica da abordagem nazista para recuperação econômica, e entre os diplomatas a proposta tornou-se um exemplo absurdo.[30]

"Pão e salsicha para todos" era o slogan nazista em Berlim. Mas, nas províncias distantes, onde as facções nazistas dominavam, as pessoas queriam resultados. Na matéria principal de 21 de agosto no *The New York Times*, o correspondente Frederick Birchall, ao retornar a Berlim depois de cobrir a conferência de boicote em Amsterdã, especulou: "A perspectiva para o inverno, portanto, está longe de ser promissora. Mas até onde a crise econômica pode afetar o domínio nazista sobre a Alemanha é algo muito duvidoso. 'Pão e salsicha para todos' era a promessa deles. Mas, se não conseguirem cumprir, quem os colocará para fora? E por quem serão substituídos?".[31]

Alguns dias depois, um artigo deu continuidade no *Times*, vindo de Berlim, mas sem assinatura. Depois de explicar a duplicidade das estatísticas mais recentes sobre o desemprego, o artigo avisava:

> Tanto as estatísticas como os esforços de propaganda do regime nacional-socialista são sinais da sua percepção de que permanecerá ou cairá de acordo com sua solução para o problema do desemprego. Todo o país está assistindo a esses esforços, tanto com esperança quanto com ceticismo. A situação trabalhista durante o próximo inverno irá determinar o destino do hitlerismo. Indicativo do clima de uma grande parte da população é o verso que seu correspondente ouviu várias vezes durante minhas viagens por toda a Alemanha:
>
> Se Hitler não nos der pão,
> Logo morto todos o verão.[32]

Em 24 de agosto de 1933, o correspondente do *Chicago Daily News*, John Gunther, informava de Viena:

> O dr. Hjalmar Schacht [...] escapou por pouco de ser assassinado por Tropas de Assalto rivais, disse hoje o jornal de Praga, *Sozial Demokraten*, cujos exemplares foram recebidos aqui. De acordo com relatos, "O dr. Schacht notou alguns dias atrás que estava sendo seguido por indivíduos misteriosos e apelou para a polícia secreta [Gestapo] por proteção". Ontem, três membros da Tropa de Assalto foram presos e cinco fugiram, disseram, quando o dr. Schacht foi seguido por oficiais da polícia que montaram uma armadilha para os supostos agressores. Uma busca [...] revelou um plano de assassinato. O dr. Schacht foi considerado muito conservador em suas políticas, e os extremistas queriam deixar a revolução nazista mais socialista.

Gunther acrescentou que o relatório não fora confirmado oficialmente.[33]

O movimento antinazista via os sinais de destruição econômica e política e ganhava coragem. Os boicotadores acreditavam que, para salvar a Europa do nazismo, o exemplo deveria ser estabelecido na Alemanha. O preço da guerra contra os judeus teria de ser o isolamento comercial e a ruína econômica. E, assim, os boicotadores levaram o slogan de forma séria: a Alemanha cairia naquele inverno.

30

UNTERMYER ASSUME O COMANDO

O futuro do boicote antinazista e sua esperada vitória no inverno dependiam, em última instância, de somente um único fator: *organização*. Como os principais organismos judaicos haviam rejeitado o boicote, o movimento residia nos porões, nas salas de visita e nos quartos de hóspedes de líderes devotados como Samuel Untermyer, capitão Joseph Webber e milhares de trabalhadores anônimos ao redor do mundo. Organizações *ad hoc* de boicote, embora tivessem o apoio popular de massas, não possuíam dinheiro. Untermyer doou pessoalmente a maior parte do dinheiro envolvido em suas atividades.[1] Os fundos que apoiavam a Organização do Capitão Webber vinham, sem dúvida, de seu próprio bolso. Trabalhando com recursos tão parcos, os líderes do boicote tentavam lutar tanto contra Adolf Hitler quanto contra as organizações judaicas estabelecidas cujos orçamentos comparativamente superiores estavam voltados para sabotar o boicote ou para permanecer prejudicialmente neutros.

A crise de organização havia ficado clara quando Untermyer realizou sua conferência em Amsterdã. Depois que as manchetes saíram e as estratégias de batalha foram traçadas, a Federação Econômica Judaica Mundial resultante era uma organização sem infraestrutura. Eles esperavam que lorde Melchett conseguisse manobrar as organizações judaicas britânicas para que estas entrassem na Federação, mas essa esperança foi destroçada pelos líderes anglo-judeus, pela hierarquia sionista e por Stephen Wise, cada um por suas próprias razões.

Logo depois de Amsterdã, lorde Melchett, de modo bem discreto, dissociou-se da Federação. O tio de Melchett, lorde Robert Mond, assumiu seu lugar, mas seu envolvimento foi mais simbólico do que funcional. No início de agosto, Melchett havia abandonado completamente o movimento de boicote. Ele, um sionista de longa data, decidira que a melhor forma de derrotar o hitlerismo era usá-lo para estabelecer o Estado judeu. O valor da mudança de Melchett de uma solução do boicote para uma solução sionista era bastante aparente. No começo de agosto, os grupos sionistas em Londres falavam publicamente na nomeação de Melchett à presidência da Organização Sionista no próximo 18º Congresso Sionista. O *The London Jewish Chronicle* até publicou um editorial a favor de sua eleição.[2] Em agosto de 1933, lorde Melchett havia mudado completamente de posição.

A Federação Econômica Judaica Mundial de Untermyer, nesse ponto, não tinha endereço, número de telefone, nenhum escritório, nenhuma estrutura real, mas Untermyer tinha um poderoso recurso: as pessoas. Em apenas uns meses, ele havia deslocado Stephen Wise da vanguarda da defesa judaica. Para milhões de judeus, e não judeus também, Untermyer era o herói do momento, lutando sozinho contra Hitler enquanto todos os outros líderes judeus tinham medo. Untermyer tinha a intenção de usar seu apoio popular para pressionar o ainda relutante Congresso Judaico Americano a abandonar Wise e se juntar imediatamente ao movimento. Isso evitaria o atraso de esperar pela Segunda Conferência Judaica Mundial de Wise, que seria realizada em setembro.[3]

Enquanto lutava contra o problema de organização do boicote, Untermyer também percebeu o quanto era crucial a participação americana. Na conferência de Amsterdã, ele descobriu que, apesar de não ter organização formal, o boicote estava funcionando bem na Europa e na região do Mediterrâneo. Holanda, Tchecoslováquia e Polônia, por exemplo, eram países com boicotes bem consolidados e altamente eficientes. O Egito estava forçando um bloqueio comercial praticamente hermético.[4]

Untermyer entendeu as razões para o sucesso inicial do boicote na Europa e no Mediterrâneo, mesmo na ausência de uma organização real. Em primeiro lugar, os países eram todos menores, menos populosos e menos diversificados em termos étnicos do que os Estados Unidos. Um grupo menor de líderes poderia reunir uma grande porção da população nacional. Em segundo, as linhas de comércio na Europa não eram tão diversificadas como nos Estados Unidos. O estrangulamento de certos canais estratégicos em muitos países europeus era suficiente para asfixiar as exportações alemãs. Terceiro, os boicotes tinham o apoio oficial das organizações trabalhistas, órgãos religiosos judaicos do Leste Europeu e, em certa extensão, dos próprios governos nacionais. Com recursos tão grandes disponíveis, os movimentos com falta de pessoal recebiam uma inesperada energia.[5]

Por outro lado, o boicote nos Estados Unidos estava ficando bem para trás. As importações alemãs para o país nos primeiros meses de 1933 haviam caído pelo menos 22% abaixo do nível de 1932.[6] Mas as importações teriam de cair rapidamente para 50%, para 70% do nível de 1932, como acontecera nos mercados europeus, se o objetivo fosse quebrar a Alemanha. Untermyer sabia que, para conquistar essa eficácia, ele precisaria do que não tinha: uma organização bem financiada capaz de cobrir o vasto território dos Estados Unidos.[7]

Em 31 de julho, Samuel Untermyer viajou de Plymouth, na Inglaterra, triunfante. Durante uma conferência para a imprensa pouco antes de o navio partir para Nova York, Untermyer afirmou que sua conferência de Amsterdã havia sido um sucesso total, principalmente se levado em conta o prazo curto de preparação. Ele insistia que o boicote, com apenas um pouco mais de intensificação, ganharia. "Os fluxos espontâneos de não judeus, além de judeus", proclamou Untermyer, "confirma a visão de que isso [o boicote] pode ser pensado como um levante mundial da civilização [...] independentemente de raça e credo, contra o mais inacreditável crime dos últimos séculos."[8] Em uma semana, Untermyer chegaria a Nova York, o novo defensor dos judeus. Ele então chamaria a população judaica dos Estados Unidos para seu lado. E esperava que a liderança do Congresso os seguisse.

* * *

Três de agosto de 1933, 20h15, em uma sala de reuniões no Hotel New Yorker, o presidente do Congresso Judaico Americano, Bernard Deutsch, participava de uma reunião especial do Comitê Administrativo. Pelas regras do Congresso, o Comitê Administrativo decidia a política; o Comitê Executivo implantava as decisões. Assim que a sessão do Administrativo foi iniciada,

Deutsch explicou a crise: primeiro, Samuel Untermyer estava voltando para Nova York. Segundo, a conferência de Amsterdã havia "recebido muita publicidade aqui". Terceiro, ao chegar, Untermyer "seria atendido com muitas aclamações por comitês de boas-vindas". Deutsch era forçado a admitir que Untermyer, sozinho, havia ofuscado o Congresso. Proclamou o boicote global sem que o Congresso tivesse tomado uma decisão. A relutância para se juntar ao movimento de boicote era agora "uma tormenta levantada por todos os lados por vários setores do Congresso exigindo uma postura determinada".[9]

Deutsch explicou que o Congresso ainda estava esperando o sinal do dr. Wise, naquele momento na Europa. Havia sido enviado um telegrama para Wise pedindo suas "últimas opiniões" e instruções, já que a decisão sobre o boicote deveria ser anunciada na reunião do Comitê Executivo do dia 6 de agosto. Essa decisão já havia sido adiada inúmeras vezes. Então, Deutsch relatou a resposta de Wise: participar do boicote agora "seria indesejável e perigoso [...] É absolutamente necessário adiar qualquer decisão" até a reunião preparatória da Segunda Conferência Judaica Mundial em Praga, em 18 de agosto.[10]

O mundo estava exigindo ação. Wise estava aconselhando o adiamento. Qual deveria ser o anúncio de 6 de agosto, boicote ou não boicote?[11]

Os membros argumentaram de um lado e do outro. Os relutantes não tinham exata clareza de por que se opunham ao boicote: talvez não funcionasse... Talvez ofendesse um frágil acordo consultivo recentemente feito com o Comitê Judaico Americano e a B'nai B'rith – isso para fazer algum esforço débil de unidade... Talvez Wise ficasse mal se o boicote fosse declarado em sua ausência e contra seu conselho específico... Talvez um boicote liderado por judeus afastasse a comunidade cristã – e o velho medo, o boicote poderia provocar a represália alemã contra os judeus.[12]

O dr. Joseph Tenenbaum, um forte defensor do boicote desde o início, falou para os líderes: "Se o Congresso Judaico Americano decidir a favor ou contra o boicote, as condições dos judeus na Alemanha não vão piorar nem melhorar [...] Agora é o momento de agir, porque, nas últimas seis semanas, um raivoso antissemitismo sem paralelos estourou [...] Hitler declarou que 'não haverá nenhuma mitigação da questão judaica' [...] O boicote está sendo feito sem o Congresso [...] porque o Congresso não teve a coragem ou a convicção de ter [...] uma posição".[13]

Tenenbaum previu que a American Federation of Labor seguiria o exemplo do Trades Union Congress da Inglaterra e declararia abertamente o boicote. Ele afirmou que na Europa, sobretudo na França e na Polônia, o boicote era extremamente eficiente e a contribuição dos Estados Unidos poderia fazer a diferença. Já estava atrasado, admitia Tenenbaum, mas, se o Congresso não proclamasse seu apoio para o boicote na sessão do Executivo de 6 de agosto, seria tarde *demais*. Citando as exigências dos líderes do Congresso de todo o país, Tenenbaum formalmente propôs instruir o Comitê Executivo a proclamar o boicote na reunião de 6 de agosto e "concentrar todos os esforços" para que ele funcionasse.[14]

O sr. Leo Wolfson falou depois do apelo dramático de Tenenbaum sugerindo que a reunião de 6 de agosto fosse adiada até que Stephen Wise voltasse da Europa. O sr. Isidore Teitelbaum foi além e recomendou que toda a noção de boicote fosse abandonada como uma má ideia; ele preferia lutar contra a Alemanha "diplomaticamente e apelando ao sentido de justiça americano para ajudar os judeus na Alemanha".[15]

As sugestões de Wolfson e Teitelbaum foram respondidas imediatamente pelos defensores do boicote. O sr. Morris Margulies declarou: "Temos todas as informações de que precisamos sobre esse problema [...] Não deveríamos esperar pelo dr. Wise para tomar alguma ação". Ele enfatizou que Samuel Untermyer, sozinho, havia realizado um boicote eficiente, e o Congresso deveria sem demora apoiar seu grupo. O sr. Herman Speier interveio afirmando que o Congresso não poderia "declarar" um boicote se quisesse, porque este já estava em andamento. O melhor que o atrasado Congresso poderia esperar fazer era "endossar" o movimento existente. Mas isso era urgente, mesmo que só fosse para ajudar Untermyer.[16]

Com o conflito concentrado no fracasso da liderança de Stephen Wise, o sr. Zelig Tygel pediu a seus colegas que decidissem pelo boicote e simplesmente telegrafassem a notícia para Wise na Europa.[17] O dr. Samuel Margoshes, um dos primeiros defensores do boicote, lembrou-lhes de que Samuel Untermyer estava voltando para os Estados Unidos com a força de Amsterdã atrás de si. Todo mundo sabia que Untermyer construiria um "grande e importante movimento de boicote por todos os Estados Unidos [...] Deveríamos juntar nossas forças com as dele agora, criando uma organização que inclua o Congresso

Judaico Americano". Margoshes deplorou a estratégia de adiamento de Wise: "O momento de agir é *agora* [...] não adiar por dois ou três meses".[18]

Era quase meia-noite. Os homens do Congresso estavam cansados do debate. Foi votada a moção de Wolfson para adiar a reunião de 6 de agosto. Pouco antes da votação, Tenenbaum reiterou seu apelo contra o atraso.[19] Vinte e dois dos vinte e cinco homens reunidos votaram. Dez para endossar o boicote no dia 6 de agosto. Doze pelo adiamento. A nova data para uma decisão seria 20 de agosto de 1933.[20]

* * *

No fim da manhã de 6 de agosto de 1933, o navio francês *Paris* passou pela Estátua da Liberdade. Samuel Untermyer estava a bordo, voltando triunfante para os Estados Unidos como o principal adversário de Adolf Hitler. Esperando-o estava uma comunidade judaica ansiosa para segui-lo e uma comunidade não judaica pronta para se integrar. Quando o *Paris* se aproximou da cidade, foi recebido por barcos alugados com enormes cartazes proclamando Untermyer "Nosso Líder" e parabenizando-o pela grande conquista em Amsterdã. Uma banda a bordo de um barco tocava músicas de boas-vindas enquanto seguia o *Paris* pelo cais. Assim que a prancha foi baixada no Píer 15, duas dúzias de representantes das organizações judaicas e civis, junto com um bando de jornalistas, correram para a cabine de Untermyer para uma rodada de saudações e uma rápida conferência de imprensa.[21]

Untermyer falou das grandes conquistas contra a sobrevivência econômica nazista, mas declarou que os Estados Unidos deveriam agora acompanhar os outros países. "Não é uma luta dos judeus, mas da humanidade", disse ele. "Estamos lutando por todos os cidadãos amantes da liberdade, de qualquer raça ou credo."[22]

Esperando no píer quando Untermyer desceu a prancha, estavam 5 mil apoiadores: os Judeus Veteranos de Guerra e os Legionários Americanos em uniforme completo, membros da Organização Sionista da América, Hadassah e vários outros grupos judeus e não judeus. Eles haviam esperado por horas. Quando o agressivo guerreiro de 75 anos foi ajudado para atravessar a multidão, ele parou para se dirigir a um comitê de recepção ao lado do navio. Ao chegar finalmente à rua, mais 10 mil apoiadores esperavam sua passagem.[23] Os aplausos a favor de Untermyer eram aplausos a favor do boicote. Os judeus americanos que demoraram tanto a acompanhar seus compatriotas em outros países agora estavam gratos de que alguém os liderasse.

Untermyer foi conduzido a um carro que o aguardava. Da rua 15 Oeste, foi levado com escolta de motocicletas da polícia até a American Broadcasting Company, onde uma conexão de rádio nacional esperava.[24] Dos estúdios da WABC, Untermyer procurou chamar a nação e obrigar as organizações judaicas existentes, principalmente o Congresso, a se juntar à luta do boicote. Suas palavras eram dirigidas a judeus e não judeus: "Meus amigos: que prazer, alívio e sensação de segurança por estar mais uma vez em solo americano! Os pesadelos [...] pelos quais passei nessas duas semanas na Europa, ouvindo as tristes histórias dos refugiados [...] descrições de mendicância. Eu aprecio profundamente a entusiasmada recepção pela minha chegada hoje, que entendo não ser dirigida pessoalmente a mim, mas à guerra santa pela causa da humanidade na qual embarcamos".[25]

Ele rapidamente se voltou para o maior obstáculo do boicote – os líderes judeus. Primeiro, o Comitê Judaico Americano: "Poucos em número, mas poderosos em influência, os nossos desconsiderados, mas sem dúvida bem-intencionados, judeus parecem obcecados e amedrontados com a simples menção da palavra *boicote*. Isso significa e evoca neles imagens de força e ilegalidade, tais como em ocasiões no passado caracterizaram as lutas entre sindicatos e seus empregadores. Como essas tímidas almas são capitalistas e empregadoras, a palavra e tudo que implica é odioso para seus ouvidos".[26]

"Esses cavalheiros não sabem o que estão falando ou pensando. Em vez de se submeterem ao medo vago e a ideias descabidas, nosso primeiro dever é educá-los [...] [que] o boicote é nossa única arma eficiente [...] O que, então, esses cavalheiros amigáveis realizaram ou esperam realizar [...] através de seus métodos 'de espanador'. Você não pode apagar um fogo [...] somente olhando ou até que as chamas loucas, alimentadas pelo vento de ódio, destruam tudo. O que estamos propondo, e já avançamos muito em direção a isso, é dar sequência a um boicote econômico puramente defensivo que minará o regime de Hitler [...] ao destruir seu comércio de exportação no qual se baseia sua existência".[27]

Untermyer voltou-se, então, para o Congresso e Stephen Wise: "Eu me recuso a incluir o Congresso Judaico Americano nesse apelo porque estou satisfeito que 95% de seus membros já estão conosco e são erroneamente retratados por dois ou três homens agora no exterior [...] peço que antes da reunião [preparatória da Conferência Judaica Mundial] a ser realizada neste mês em Praga [...] eles instruam esses falsos líderes em termos bem claros com relação à posição que devem ter [...] ou renunciar a seus cargos. Um deles, geralmente reconhecido como o chefão dos corruptores, está passeando pelo continente, engajado em sua atividade favorita de espalhar a discórdia, afirmando em um momento e lugar que está a favor e apoia o boicote, e em outro que se opõe ou é indiferente, tudo dependendo da audiência a quem está se dirigindo".[28]

Com a nação ouvindo, Untermyer explicou como o mundo todo já havia feito "progressos surpreendentes e gratificantes" na guerra econômica contra o nazismo. Eram os Estados Unidos e a Inglaterra que estavam "organizados menos adequadamente". Ele admitia: "Conosco nos Estados Unidos, o atraso era em parte por causa da falta de fundos e o vasto território a ser coberto, mas esperamos que essa condição seja logo corrigida. A lição objetiva que estamos determinados a ensinar é tão importante para toda a humanidade, que não podemos ousar falhar".[29]

"Cada um de vocês, judeus ou gentios, que ainda não se alistaram na guerra sagrada deveriam fazer isso agora [...] Não é suficiente que deixem de comprar produtos feitos na Alemanha. Vocês devem se recusar a negociar com qualquer comerciante que venda mercadorias de fabricação alemã ou que use os navios desse país [...] Para nossa vergonha [...] há uns poucos judeus entre nós, mas felizmente só uns poucos, tão carentes de dignidade e autorrespeito que [...] viajam em navios alemães onde são desprezados [...] Seus nomes deveriam ser alardeados por toda parte. São traidores de sua raça.[30]

"Concluindo [...] com seu apoio e o de nossos milhões de amigos não judeus, colocaremos o último prego no caixão da intolerância e do fanatismo que ousou levantar sua cabeça feia para desgraçar a civilização do século XX."[31]

Em seu sermão a partir do estúdio, Samuel Untermyer esperava que os judeus dos Estados Unidos se livrassem da antiga liderança e se unissem a sua desafiadora cruzada.

Na manhã seguinte, 7 de agosto, Untermyer recebeu um telefonema de um indignado Bernard Deutsch, presidente do Congresso Judaico Americano. Deutsch explicitamente condenou o discurso no rádio como um terrível ataque contra Wise. Não se sabe exatamente como Untermyer respondeu, mas o corajoso líder do boicote dever ter certamente se imposto. Naquela tarde, uma delegação especial de quatro homens do Congresso se reuniu com Untermyer pedindo para se unir seu movimento.[32]

Untermyer diferiu pouco de sua transmissão de rádio. Ele aplaudiu a cooperação deles. Uma campanha do Congresso para arrecadar fundos deveria ser lançada em um concerto com a Liga Americana para Defesa dos Direitos dos Judeus, que era o alter ego americano da Federação Econômica Judaica Mundial. Esses fundos eram desesperadoramente necessários para espalhar o boicote pelo interior americano, onde estava forte, mas não completo. Untermyer lutava para que Wise fosse instruído sem demora de que deveria anunciar que o Congresso estava a favor do boicote.[33]

Imediatamente depois que a delegação do Congresso deixou Untermyer, ele telegrafou para Wise na Europa pedindo para que, diante da enorme pressão popular, finalmente se declarasse a favor. O cabograma também deixava claro que o Congresso pretendia juntar suas forças com o grupo de Untermyer. A decisão seria ratificada em 17 de agosto e anunciada ao público em uma sessão do Comitê Executivo em 20 de agosto.[34]

Naquela manhã, 7 de agosto, líderes do Congresso e Samuel Untermyer em Nova York tinham todas as razões para acreditar que uma aliança pró-boicote bem-sucedida seria logo consumada, e isso poderia derrubar a economia alemã. Eles não tinham como saber que, no momento em que solidificavam seus planos, um grupo de líderes sionistas e o sr. Sam Cohen reuniam-se em Berlim com o governo alemão para selar o Acordo de Transferência, criando, assim, não um boicote econômico, mas uma ligação econômica entre a Alemanha e a Palestina.

* * *

Stephen Wise não ficou satisfeito quando recebeu o cabograma de 7 de agosto do Congresso. Ele havia realizado milagres políticos para chegar a seu momento em Genebra, mas o encontro de Amsterdã havia deixado óbvia a necessidade de uma reunião do Congresso Judaico Mundial para planejar ou declarar um boicote global. Untermyer já havia feito isso.

E agora, enquanto Wise ainda estava na Europa, sua base nos Estados Unidos estava à beira de se unir à organização essencialmente inexistente de Untermyer. Isso era uma ameaça a tudo. Na visão de Wise, a Federação de Untermyer não só diluiria os recursos do boicote antinazista, mas também criaria a entidade mundial que Wise queria estabelecer.

O telegrama do Congresso anunciava nada menos do que o triunfo de Samuel Untermyer e o destronamento de Stephen Wise. Este respondeu:

> DECISÃO UNÂNIME CONFERÊNCIA GENEBRA CINCO DE SETEMBRO ESSENCIAL [...] DECISÃO QUASE CERTA A FAVOR BOICOTE PÚBLICO MAS DEVE [SER] OFICIAL [...] PROCLAMADOS AUSPÍCIOS JUDEUS INTERNACIONAIS GENEBRA PONTO SUGIRO SUA RESOLUÇÃO 17 [AGOSTO] AUTORIZEM SEUS REPRESENTANTES GENEBRA PROPOR RESOLUÇÃO BOICOTE [...] UNTERMYER AMSTERDÃ FIASCO TODO LUGAR DESACREDITADO MELCHETT RECUSOU PRESIDÊNCIA PEÇO ADIAR DECISÃO RELATIVA COOPERAÇÃO ATÉ GENEBRA.[35]

A mensagem dele: uma resolução pró-boicote agora prejudicaria a Segunda Conferência Judaica Mundial. Unir forças com Untermyer, que não representava ninguém e não era capaz de liderar o boicote, também minaria a Conferência. Em outras palavras, continuar não fazendo nada.

Wise não via nenhum valor em ajudar Untermyer na luta contra Hitler. O show deveria continuar em Genebra. E para Wise, deveria ser um monólogo.

* * *

Stephen Wise tinha o cuidado agora de reter o apoio do Congresso Judaico Americano. Em 14 de agosto, poucos dias depois de receber o pedido de declarar-se a favor do boicote, o rabino Wise fez exatamente isso. Em um discurso para a comunidade judaica de Praga, ele declarou publicamente: "Judeus decentes e que se autorrespeitam não podem fazer negócios com a Alemanha de forma alguma, comprar, vender ou manter [...] comércio com a Alemanha ou viajar em navios alemães". E prometeu que uma reunião da comissão preparatória no dia seguinte tomaria decisões vitais a serem implantadas na Segunda Conferência Judaica Mundial em Genebra no dia 5 de setembro.[36]

Quando a declaração de boicote do rabino Wise chegou a Nova York, repórteres contataram Untermyer atrás de seu comentário. Com cuidado, já que o objetivo era uma união estratégica com as forças de Wise, Untermyer deu uma declaração de apenas uma linha: "Fico feliz em saber que finalmente o rabino Wise se pronunciou definitivamente a favor do boicote".[37]

No dia seguinte, 15 de agosto, a comissão preparatória do Congresso Judaico Mundial reuniu-se em Praga. Wise falou à comissão que a Segunda Conferência Judaica Mundial certamente tornaria oficial o boicote global.[38] Enquanto a Federação Econômica Judaica Mundial de Untermyer tinha visões de planos grandiosos para redirecionar o comércio evitando a Alemanha, faltavam-lhe os escritórios locais, o correio, as contas de telégrafo, os mimeógrafos, os telefones, a força de trabalho que tinham os membros das organizações do futuro Congresso Judaico Mundial. Somente a máquina pró-boicote de Wise poderia criar a rede global necessária para enfraquecer o Terceiro Reich.

Respondendo à enorme pressão pública, os líderes do Congresso Judaico Americano sentiram-se forçados a ignorar o pedido de Stephen Wise de não aprovar a resolução do boicote. Na reunião do Administrativo de 17 de agosto, muitos membros se sentiram incapazes de permanecer publicamente em silêncio por mais tempo. Depois de uma longa e dissonante discussão, o dr. Samuel Margoshes mostrou uma resolução de compromisso que autorizava Stephen Wise a votar em Genebra a favor do boicote. Mas também direcionava o Comitê Executivo do Congresso a anunciar no dia 20 de agosto que estava finalmente pronto a "cooperar com todas as agências judaicas agora engajadas no [...] movimento de boicote, [assim] [...] uma organização pró-boicote consolidada poderia [...] listar o apoio dos judeus assim como da população não judaica dos Estados Unidos".[39] A maioria votou a favor da resolução de Margoshes.[40]

Depois de considerar, Untermyer concordou com o acordo, subordinando-se ao Congresso Judaico Mundial de Wise. O movimento de Untermyer, imbuído com o espírito de luta, mas sem uma organização, teria agora de esperar até o início de setembro, quando a Conferência de Genebra declararia o boicote mundial. Seria da forma de Wise. Mas Untermyer, embora superado, tinha conseguido. Ele havia forçado o Congresso Judaico Americano a se comprometer com o boicote sem demora. É claro que cada dia era precioso se quisessem um triunfo no inverno, mas Untermyer sabia que não poderia criar sua própria infraestrutura nacional e mundial durante as poucas semanas que esperaria para unir seu movimento à organização de Stephen Wise.

Não havia como voltar atrás. Em pouco mais de 48 horas, o Congresso Judaico Americano, a maior confederação judaica do mundo, representando centenas de milhares de judeus americanos, falando em nome de 25% de todos os judeus do mundo, compreendendo milhares de clubes masculinos, irmandades, grupos de bairro, associações trabalhistas e congregações de sinagogas, finalmente se juntaria à guerra econômica contra Adolf Hitler.

* * *

Quase nenhum dos repórteres que apareceram na manhã de domingo, 20 de agosto, sabia por que o Executivo do Congresso havia convocado uma sessão de emergência. O dr. Joseph Tenenbaum, presidente do Comitê Executivo, anunciara a reunião em um *press release* na noite anterior, mas evitou com cuidado qualquer referência ao boicote.[41] No entanto, a sala de conferências no Hotel New Yorker estava lotada de jornalistas e líderes do Congresso.

Bernard Deutsch começou quase rotineiramente, pedindo um programa emergencial para ajudar os judeus alemães. Mas, nesse momento, Deutsch chocou o público ao declarar que o último elemento do programa seria a completa implantação do boicote antinazista nos Estados Unidos.[42]

Os líderes do Congresso explicaram que haviam esperado todo esse tempo, baseando-se na esperança de que o presidente Roosevelt condenasse publicamente o nazismo, como os líderes de outras nações tinham feito. Deutsch e Wise usaram todos os canais privados para levar Roosevelt a fazer essa declaração, mas o presidente não fez nada para ajudar. Ele nem mesmo suspendeu procedimentos artificialmente duros que negavam diariamente vistos a judeus alemães desesperados que tentavam fugir por meio dos consulados americanos na Alemanha. Essas recusas ocorriam mesmo quando outras nações haviam aberto os braços para milhares de refugiados. O resultado era uma situação miserável e de superpopulação de refugiados na Europa que os Estados Unidos se recusavam a aliviar.[43]

"O público americano pode perguntar, com toda a razão", disse um frustrado Deutsch, "por que o governo dos Estados Unidos continua a manter um silêncio diplomático em relação a um país cujo tratamento aos seus nacionais trai todo instinto humano e onde os americanos são repetidamente atacados, presos e detidos; onde as empresas americanas recebem ordens de demitir seus empregados judeus; [...] e cujo governo tem a temeridade de enviar propagandistas políticos pagos aos Estados Unidos para espalhar o ódio racial e a intolerância."[44]

Era incompreensível, Deutsch disse, que os Estados Unidos há muito tempo já haviam cortado as relações comerciais com a Rússia e ainda não haviam reconhecido diplomaticamente a União Soviética – isso para protestar contra o abuso da Rússia contra seus cidadãos e sua recusa a acatar os acordos internacionais. Entretanto, as relações econômicas e políticas continuavam a prosperar com a Alemanha. *Por que*, exigia Deutsch contundente, os agitadores *comunistas* eram deportados dos Estados Unidos quando "todo barco que chegava da Alemanha traz novos propagandistas e células nazistas?"[45]

Quando o dr. Tenenbaum subiu ao palco, continuou no tema. "Não sabemos", disse ele, "quem tem a responsabilidade de persuadir o presidente [...] para ceder a seu impulso nativo de magnanimidade e sentido de justiça [...] Enquanto as pessoas, os líderes do pensamento e a ciência neste país, e os líderes do Senado e da Câmara dos Deputados se aliaram em protesto contra as atrocidades e as desumanidades [...], o governo simplesmente fracassou em cumprir seus deveres."[46]

Tenenbaum, que havia pesquisado a legalidade da ação de boicote internacional, defendeu a campanha antinazista como uma obrigação da civilização inerente na carta da Liga das Nações. "Todas as pessoas", Tenenbaum declarou, "têm o direito, não o dever, de se recusar a apoiar a estrutura econômica de um país que ameaça sua vida e propriedade – não pode haver maior justificativa moral para dar um passo tão extremo."[47]

Recitando estatísticas que testemunhavam a situação desesperadora do comércio alemão e explicavam como a sociedade superindustrializada da Alemanha dependia da prosperidade comercial, Tenenbaum previu: "Se a Alemanha nazista pode ser rodeada por um cordão de quarentena econômica [...] um boicote bem organizado, não há dúvidas de que a chamada 'segunda revolução' que Hitler teme logo acontecerá".[48]

Voltando-se para as perdas que os investidores americanos sofreriam se o comércio e a capacidade de pagar os títulos da Alemanha entrassem em completo colapso, Tenenbaum declarou: "Há momentos em que os benefícios materiais se tornam insignificantes em comparação com as obrigações morais inerentes à humanidade. Se a Alemanha tiver a permissão de continuar na estrada íngreme da total desintegração de tudo que a civilização defende [em direção] a uma guerra e à pestilência moral, [então] os sacrifícios que a humanidade será forçada a oferecer [...] para se livrar dessa gigantesca ameaça excederá tudo o que é imaginável em [...] produtos materiais".[49]

Tenenbaum apresentou, então, o consultor do boicote do Congresso, dr. Max Winkler, professor de economia no City College de Nova York. Winkler explicou como as estatísticas nazificadas escondiam os verdadeiros problemas econômicos na Alemanha e como a dependência industrial alemã tornou o boicote a única arma anti-Hitler que poderia triunfar.[50]

Houve mais declarações nobres sobre a necessidade de lutar contra Hitler, o valor do boicote, a justificativa e os efeitos devastadores que o boicote infligiria. À medida que os discursos prosseguiam, no entanto, muitos começaram a perceber que isso era só retórica. Os líderes locais presentes na reunião sabiam que o momento de falar e esperar já havia passado. Os americanos precisavam de uma organização concreta, de um *plano*. Um orador estava apresentando uma questão teórica quando o grupo de repente se rebelou. Um homem na plateia gritou: "Vamos fazer algo real em relação a tudo isso!". Outro gritou: "Em vez de liderar as massas [...] o sr. Deutsch e o dr. Wise obstruíram o movimento do boicote e não cumpriram o dever para com o povo judeu!". Um rabino gritou: "Devemos lançar um *cherem* [uma excomunhão ou maldição] sobre os judeus que lidam com ou importam produtos alemães!". Outros protestavam implacavelmente que muito tempo havia sido desperdiçado.[51]

Então Joseph Schlossberg, secretário-tesoureiro do Sindicato Unificado dos Alfaiates, levantou-se e opinou contra *qualquer* boicote, antinazista ou qualquer outro. Schlossberg afirmou que boicotes eram meras peças propagandísticas criadas para "jogar gasolina no incêndio do mundo operário". Eram ruins para os trabalhadores.[52]

Essa declaração levou a reunião ao caos com os delegados denunciando, furiosos, os comentários de Schlossberg. O dr. Tenenbaum mal conseguia colocar ordem de novo na reunião. Um proeminente advogado trabalhista levantou-se e declarou que Schlossberg estava sozinho, que todos os sindicatos – judeus e não judeus – estavam "a favor do boicote de Hitler e seu bando".[53]

Em meio ao tumulto, um rabino levantou-se para falar. Seu nome era Jacob Sunderling. Meses antes, ele havia falado dos indescritíveis horrores que os judeus enfrentavam na Alemanha em uma conferência de emergência realizada pelos membros do Comitê Judaico Americano. Naquela ocasião, foi silenciado. Mas desde aquele dramático momento no início de abril, o rabino Sunderling se tornara uma figura de destaque nos círculos antinazistas.

Não sendo mais um homem para ser deixado de lado em eventos públicos, o rabino Sunderling falou e a multidão ouviu: "Eu me levanto, como judeu alemão. Eu me levanto como um homem cujos parentes e amigos, no momento, estão sofrendo com todas as coisas que vocês ouviram e nós conhecemos. E se eu deploro uma coisa, é que a discussão sobre a necessidade de um boicote esteja acontecendo. Estou 1.000% a favor de um boicote – apesar do fato de saber que meu próprio povo sofrerá".[54]

Ele, então, explicou com seu jeito humilde, e nas palavras mais simples possíveis, o que todo judeu no mundo precisava compreender para que o judaísmo europeu sobrevivesse: "Senhoras e senhores, vocês não entendem. Ainda acreditamos que [...] uma forma diplomática em certos lugares da Europa ou aqui trará, finalmente, resultados. Não vai. Por uma razão – estamos sozinhos. Devemos lutar nossa própria batalha. Devemos morrer nossa própria morte. Se não os ajudarmos, ninguém irá ajudá-los. Eles registrarão os fatos. Deplorarão as coisas. Mas não *farão* nada a menos que os judeus deem o primeiro passo.[55]

"De onde vem você? De que lado você quer estar? Está conosco – ou com nosso inimigo!" Ele deixou claro que não havia meio-termo de nenhum jeito. "E se você *não* está conosco, está contra nós. *Isso é o boicote!*"[56]

Muitos na plateia choraram abertamente. Outros tentaram esconder suas lágrimas. Era necessário agir. Um plano, ou pelo menos, um líder. Isso ficou claro a todos na conferência. Eles pediram por Samuel Untermyer. Então, em uma resolução unânime, o Comitê Executivo votou por ligar para o defensor do boicote em sua casa para receber a orientação que ele tivesse a dar.[57]

Quando a figura anciã de Untermyer apareceu na porta, toda a reunião – pró ou contra o boicote – se levantou para uma salva de aplausos espontâneos.

Untermyer não podia oferecer à multidão nada mais específico do que Tenenbaum ou Max Winkler, porque estavam todos esperando a estrutura organizacional a ser formada em Genebra sob Stephen Wise. Mesmo assim, Untermyer deu-lhes esperança. Suas palavras foram breves: "Quero agradecer por terem me convidado. E quero lhes dar os parabéns [...] pela resolução pró-boicote. Era o que eu tinha esperado e desejado, e sei que muitos aqui estavam a favor disso [...] Vocês podem se lembrar do efeito do boicote judaico contra Henry Ford [...] Bem, o que fizemos ali em pequena escala, podemos cumprir em grande escala [...] [A Alemanha] não pode suportar a pressão econômica que estamos colocando em cima dela [...] [mas] isso não é um assunto para oratória. É um assunto para se trabalhar. Trabalho bom, árduo e prático". O líder do boicote mundial os exortou: "Espero que vocês sigam daqui e todos façam sua parte. Se fizerem, a Alemanha cairá neste inverno!".[58]

Todas as pessoas da sala estavam cientes do calendário. Faltavam poucos dias para empurrar a Alemanha para um levante. Nesse momento de triunfo potencial, era essencial que todos os judeus se unissem no mundo. Pelo menos por alguns meses, até que a vitória sobre Hitler ocorresse. Eles estavam conscientes de que, no próximo dia 21 de agosto, a entidade judaica mais organizada no mundo se reuniria em Praga. Em 21 de agosto, o movimento sionista – todas suas facções e alas, seus partidos e coalizões – se reuniria no 18º Congresso Sionista.

Untermyer falou à audiência que havia acabado de telegrafar aos líderes sionistas em Praga pedindo que se juntassem ao movimento de boicote. E era sabido que os sionistas revisionistas pretendiam fazer de Praga um campo de batalha para destronar o Mapai e levar o sionismo à guerra total contra a Alemanha. Se na presença das próprias consciências coletivas como judeus e sionistas, o 18º Congresso Sionista seguisse a exigência dos revisionistas e da base para voltar o movimento para o boicote, então o regime de Hitler *cairia*.

Todos os olhos agora se voltavam para Praga.

PARTE VI

A BATALHA POR PRAGA

31

MANOBRAS PRÉ-CONGRESSO

No momento de maior desafio do sionismo, o movimento era um emaranhado confuso e contraditório. A Organização Sionista era um governo sem terra. Sob sua autoridade existiam federações territoriais de todos os países, uniões religiosas e filosóficas, partidos políticos, facções e grupos dissidentes. Cada um estava envolvido em lutas ideológicas e pessoais que colocavam facção contra facção, criando alianças bizarras, geralmente temporárias. Frequentemente, havia alianças separadas para questões diferentes. Uma facção poderia se juntar a sua nêmesis filosófica sobre uma questão religiosa e depois se opor àquele mesmo aliado temporário em uma questão de imigração. Dessa forma, o sionismo se parecia com qualquer democracia, que é, afinal, pouco mais do que um método civilizado de discordância constante.

Seria uma simplificação caracterizar o choque entre Mapai e o revisionismo somente como uma disputa em relação à crise de Hitler. Questões amplas dividiam esses dois campos: políticas trabalhistas, atitudes sobre imigração, filosofia econômica, identidade religiosa e questões de soberania. Mas, com a aproximação do 18º Congresso Sionista, a constelação de conflitos entre o Mapai e o revisionismo focava-se de forma mais espetacular na resposta sionista ao nazismo.

A luta Mapai-revisionistas não era a única fissura na política sionista. Por exemplo, o movimento estava dividido sobre se Chaim Weizmann deveria retomar a presidência da Organização Sionista. Em julho de 1933, Weizmann na verdade havia viajado para a convenção sionista em Chicago, em parte na esperança de ganhar os delegados dos Estados Unidos para apoiá-lo na reeleição em Praga. O cenário turbulento da convenção em Chicago dividiu a comunidade sionista americana em duas partes iguais, com Stephen Wise liderando a metade que se opunha ao retorno de Weizmann.[1]

Além dessa divisão estava a precondição para que Weizmann reassumisse a presidência: a expulsão completa de todos os revisionistas do movimento sionista. Portanto, um voto para Weizmann era um voto para expulsar Jabotinsky e seus apoiadores. Isso empurrava Stephen Wise, do Partido Sionista Geral, ainda mais para o lado dos revisionistas, porque um voto para os revisionistas não era só um voto pelo boicote, mas um voto contra Chaim Weizmann.

Outro grande conflito colocava os religiosos sionistas Mizrachi contra a própria Organização Sionista. Essa luta, essencialmente ao redor de questões sobre o predomínio religioso na Palestina judaica, era tão importante quanto a questão de Weizmann, porque o Mizrachi possuía um voto decisivo. Assim, em Praga, o apoio do Mizrachi para os revisionistas seria, em grande parte, um esforço para obrigar o tabuleiro religioso contra a corrente sionista mais secular.

Apesar das alianças assumidas, a questão de se os revisionistas ou o Mapai seriam vitoriosos era, na verdade, impossível de responder. O Mapai tentava garantir seu sucesso ao comparar continuamente o revisionismo ao nazismo e enfatizando o assassinato de Arlosoroff como prova de que os revisionistas eram terroristas que não possuíam lugar no movimento sionista.[2]

Pouco antes das eleições mundiais para delegados no Congresso Sionista, os próprios revisionistas sucumbiram a uma luta partidária e acabaram se dividindo em partidos majoritários e minoritários. A maioria seguiu Vladimir Jabotinsky pessoalmente. A minoria, liderada por Meir Grossman, chamou-se alternativamente Revisionistas Grossman ou Revisionistas Democráticos. A divisão foi essencialmente desastrosa para os dois lados; as duas facções ainda agiam juntas em questões vitais. Mas essa divisão temporária permitiu que as comissões de eleição influenciadas pelo Mapai desclassificassem as listas dos candidatos da maioria de Jabotinsky em várias localidades, baseando-se em detalhes técnicos.[3]

Em meados de julho, escritórios de eleição para o Congresso foram abertos em praticamente todos os países de todos os continentes – desde fortalezas tradicionais sionistas como Polônia e Canadá até escassas comunidades sionistas no Uruguai e na Nova Zelândia. Dependendo das regras sionistas em cada país, os eleitores poderiam dar seus votos a qualquer partido forte o suficiente para se classificar para a eleição local. Os partidos, por sua vez, mandavam delegados para o Congresso baseando-se na força eleitoral. Qualquer judeu pagando o *shekel* bíblico (em torno de 25 centavos de dólar) poderia votar.

Levou-se dias para a contagem dos votos – mais de 500 mil no mundo inteiro. Acusações e contra-acusações de terrorismo eleitoral e fraude levaram a inúmeras queixas e recontagens pós-eleições. Mas, quando chegou ao fim, o Mapai havia conquistado 44% dos delegados, um crescimento, já que haviam recebido um terço nas eleições que aconteceram dois anos antes. Os dois partidos revisionistas atraíram por volta de 20% dos votos, uma queda de aproximadamente um quarto em relação ao ganho de dois anos antes.[4]

A derrota acabou com o sonho de Jabotinsky de liderar uma revolta dos eleitores do mundo contra o *establishment* sionista. Enquanto os revisionistas com alianças haviam mantido antes um tênue controle do movimento, eles eram agora a terceira força. Além disso, com o Mapai capaz de realizar uma aliança com os Sionistas Gerais, a segunda força, e o pequeno Sionistas Radicais, o revisionismo se tornara uma minoria isolada dentro do movimento.[5] O poder das acusações do Mapai e o retrocesso do assassinato de Arlosoroff estavam apagando a postura revisionista em relação a Hitler. A única forma para Jabotinsky salvar seu movimento e forçar o sionismo a se juntar à campanha antinazista era por meio de uma luta por direito à palavra no próprio 18º Congresso Sionista. Jabotinsky estava convencido de que, com o mundo assistindo, ele poderia tocar o coração e a consciência dos delegados, fosse qual fosse o partido.

O Mapai estava igualmente determinado a que seu controle de 44% deveria ser usado para expulsar toda a comunidade revisionista – quase um quinto do movimento – e depois transformar toda a Organização Sionista em uma mera extensão do próprio Mapai. Para conseguir isso, eles teriam de bloquear qualquer debate público sobre a ameaça de Hitler que poderia influenciar os outros delegados a uma súbita coalizão emocional com os revisionistas.[6]

Uma sólida minoria de sionistas era motivada pela religião, mas os outros eram motivados pelo histórico do antissemitismo. A enorme maioria era formada por pessoas comuns: sapateiros, professores, médicos, jornalistas, escriturários. Eles deram as mãos a refugiados torturados e leram cartas contrabandeadas daqueles que ainda estavam dentro do Terceiro Reich. Como todos os outros judeus, os sionistas estavam furiosos. Os movimentos de boicote mais fortes estavam nas comunidades com mais sionistas na Palestina, Polônia, Egito e França. Essa devoção anti-Hitler existia em todas as linhas partidárias – Mapai, Revisionistas, Mizrachi, Sionistas Gerais, Sionistas Radicais.

Mas os sapateiros e os comerciantes do movimento sionista seguiam seus líderes. Em muitas ocasiões, esses líderes, principalmente os revisionistas e o religioso Mizrachi, haviam concluído que o sionismo estava obrigado a se unir aos judeus em todo o mundo e combater o nazismo. Mas os líderes do Mapai e suas facções aliadas haviam concluído que a única resposta *realista* do sionismo era trabalhar com o regime alemão e salvar a riqueza dos judeus para o futuro da nação judaica, para que a Palestina pudesse rapidamente se tornar forte o suficiente para começar a verdadeira imigração. Esses líderes do Mapai estavam implantando uma decisão dolorosa diante da monumental resistência popular. O Mapai estava, de fato, liderando uma guerra de salvação. Eles fariam o que fosse necessário com o mesmo vigor e desumanidade que qualquer outro que lutasse em uma guerra com balas, bombas e boicotes. Essa desumanidade incluiria silenciar a oposição.

Em Praga ficou óbvio que silenciar a ampla oposição seria um grande desafio. A comunidade principal nos Estados Unidos – Nova York – enviara uma exigência definitiva de que o Congresso de Praga publicamente endossasse e participasse do boicote de Samuel Untermyer.[7] Sentimentos semelhantes surgiam em organismos sionistas locais ao redor do mundo. De diversas formas, a Organização Sionista enfrentava a mesma crise que o Congresso Judaico Americano. Em ambos os casos, a militância de base e os líderes locais exigiam o boicote; nos dois casos líderes influentes impediam e frustravam a decisão.

* * *

Desde o início, o Terceiro Reich vira o 18º Congresso Sionista como o momento dramático em que a conspiração judaica internacional, tudo de acordo com o mito nazista estabelecido, consolidaria e finalizaria a morte econômica da Alemanha. A motivação principal do Terceiro Reich para cooperar com os sionistas alemães e a hierarquia sionista era dividir o movimento, suborná-lo até a submissão e privá-lo desse momento de consolidação. A Conferência de Amsterdã havia sido explicada pelos sionistas e líderes judeus estabelecidos como uma reunião não autorizada e sem sentido de dissidentes sem poder. A próxima conferência de Stephen Wise em Genebra era descartada da mesma forma. Os líderes sionistas asseguraram ao Terceiro Reich que o Congresso de Praga era uma reunião fundamental, a única conferência com o poder de declarar e implantar a política judaica – e que a política rejeitaria o boicote a favor da cooperação para a transferência.

Mas a mente nazista havia sempre visualizado os congressos sionistas como o lugar de nascimento das conspirações judaicas. O cônsul Wolff apelara a esse medo no começo de julho quando prometeu a Berlim que o sr. Sam Cohen e seus associados estavam fazendo o possível para cancelar o Congresso "porque esperavam que os discursos e as resoluções [...] causariam maior hostilidade e aumentariam o boicote antialemão".[8] E, de fato, desde a primavera, os sionistas alemães pressionavam o Executivo Sionista em Londres para cancelar ou adiar o evento. A tentativa final, um pedido coletivo escrito em Estrasburgo em 4 de agosto, avisava:

> Fica absolutamente claro para nós que hoje nenhum Congresso Sionista se reunirá sem levantar um forte protesto contra o governo alemão. O governo alemão, por sua vez [...] será forçado a reagir a esse protesto proibindo as organizações sionistas [...] e *aliyah* organizados [...] e ao tornar impossível a liberação do capital judaico da Alemanha; também não deveria ser ignorado que essa reação poderia significar um perigo considerável para o corpo e a vida de grande parte dos sionistas alemães [...] Exigimos que vocês [...] adiem o Congresso [...] Imploramos que este seja o último aviso, que chega até vocês vindo de pessoas responsáveis do movimento na Alemanha, e seja levado em séria consideração.[9]

Por mais que o Executivo Sionista em Londres simpatizasse com o pedido dos sionistas alemães e aceitasse esse raciocínio, o Executivo não poderia parar o Congresso. Qualquer tentativa de fazer isso demonstraria uma clara capitulação às ameaças de Hitler. Se o Executivo não convocasse o Congresso, alguém faria isso, sem dúvida os revisionistas, que então teriam uma prova real de que a Organização Sionista não servia mais aos interesses dos judeus. Londres insistiu para que o Congresso fosse realizado.[10]

Incapazes de adiar o Congresso de Praga por meio da pressão sobre os sionistas alemães, os nazistas apostaram que o Acordo de Transferência, assinado em 7 de agosto, obrigaria o movimento sionista a silenciar suas bases. Hans Hartenstein expressou isso em uma carta de 10 de agosto para Schmidt-Roelke, explicando o Acordo de Transferência: "Parece-me que essa forma é realmente a melhor garantia de um efeito mais forte possível sobre as medidas do boicote judaico".[11]

No entanto, as esperanças nazistas de um 18º Congresso Sionista inócuo logo se dissolveram. No mesmo dia em que o Acordo de Transferência foi selado, 7 de agosto, Samuel Untermyer voltou aos Estados Unidos para convencer judeus, não judeus e sionistas leais a aderir ao boicote. Em 11 de agosto, o *chargé d'affaires* alemão em Washington, Rudolf Leitner, mostrou a Cordell Hull uma transcrição do *The New York Times* da transmissão de rádio do "chamado ao boicote" nacional de Untermyer, e protestou nos termos mais severos. Hull era um forte defensor, talvez o autor, da política de não interferência de Franklin Roosevelt. Mas, no momento, mesmo ele havia sido pego pela indignação nacional e respondeu a Leitner com um ataque descontrolado ao nazismo. Recitou uma litania das atrocidades alemãs, perguntando o que Leitner realmente esperava que ele fizesse. "O melhor remédio", disse Hull, "será que o povo ou o governo alemães, ou ambos, parem com suas atividades contra os judeus. [Somente] isso nos permitirá fazer apelos adequados para suspender o boicote."[12]

Convencido de que o Congresso de Praga não seria cancelado, o Terceiro Reich começou uma sequência de avisos bastante visíveis para convencê-lo a se abster de uma cruzada antialemã. A pressão sobre os sionistas alemães aumentou. Os líderes eram subitamente presos, as reuniões eram inexplicavelmente invadidas e os registros da ZVfD foram confiscados de forma arbitrária. No dia 16 de agosto, em um apelo público, o jornal da ZVfD, *Juedische Rundschau*, declarou:

> Não é dever do Congresso declarar guerra, mas em um espírito sionista, através de medidas práticas, trazer encorajamento espiritual e

> alívio na situação [...] É por isso que os sionistas alemães insistem que o presente Congresso não aconteça [...] No entanto, como o Congresso não foi adiado, é o dever do [...] Executivo [sionista] estabelecer um espírito de responsabilidade criativa [...] para permitir a emigração judaica em massa da Alemanha para a Palestina. [13]

Claro que ninguém tentou organizar as eleições sionistas na Alemanha. Quando ficou óbvio que o Congresso poderia declarar guerra contra Hitler, os sionistas alemães decidiram não mandar uma delegação designativa. Mesmo sionistas alemães completamente desconectados do Congresso foram chamados a deixar Praga antes da sessão de abertura para evitar qualquer equívoco. Embora notícias nos jornais de todo o mundo enfatizassem repetidas vezes a ausência dos sionistas alemães, na verdade, Martin Rosenbluth participaria secretamente como o observador da ZVfD e fez o que pôde para evitar atividades pró-boicote. [14]

A dissociação visível da ZVfD de Praga não importou aos nazistas. Em 17 de agosto, o jornal pessoal de Hitler, *Volkischer Beobachter*, publicava seu artigo principal sobre o 18º Congresso Sionista, escrito por Alfred Rosenberg, filósofo de Hitler e líder de política exterior do PNSTA. Insistindo que o boicote era coordenado por "sionistas", Rosenberg prometeu vingança contra todos aqueles "culpados de conspirações e contra todos os seus cúmplices" – uma clara referência aos sionistas alemães. O fato de lorde Melchett ter assumido uma renovada posição de liderança no movimento sionista e a expectativa de desempenhar um papel importante em Praga era a prova para Rosenberg de que "o castelo em Londres do líder sionista Melchett é, na verdade, o centro do judaísmo mundial para o boicote antialemão". Em um aviso incontestável, Rosenberg escreveu:

> a Alemanha acompanhará de perto os acontecimentos do Congresso sabendo que as reais intenções não serão mostradas nos discursos públicos; resoluções secretas serão adotadas seguindo as linhas definidas pelos *Protocolos dos Sábios do Sião*. [...] Decisões reais resultarão de discussões secretas entre cavalheiros de Nova York, Amsterdã, Paris e Londres.[15]

Germania, o jornal católico controlado pelo vice-chanceler, Franz von Papen, avisou da mesma forma: "Devemos acompanhar de perto o Congresso porque o judaísmo internacional, como já vimos no passado, não lutará abertamente, mas fará que outras forças trabalhem por ele". [16]

O correspondente Hugh Jedell, do *The New York Times*, resumiu a apreensão alemã em um artigo enviado de Berlim no dia 18 de agosto: "O Congresso sionista [...] é provavelmente mais importante para a nova Alemanha do que foi a Conferência Econômica Mundial". Jedell explicou que a convenção de Praga tinha o poder para estimular o boicote antinazista.[17] O que seria decidido pelos sionistas em Praga provavelmente teria mais impacto sobre a recuperação econômica da Alemanha do que todos os acordos comerciais que o Terceiro Reich conseguisse negociar. E os alemães sabiam disso.

Em resposta às colunas acusatórias de Alfred Rosenberg e outros porta-vozes nazistas, o *Juedische Rundschau* publicou um editorial raramente desafiador negando que a conferência de Praga se uniria ao boicote, mas explicando por que essa mesma conferência denunciaria quase certamente a ética nazista. "Certamente nem mesmo os nazistas esperam que concordemos que os judeus são uma raça inferior", declarou o *Juedische Rundschau*. Os nazistas rapidamente suspenderam o *Juedische Rundschau* por seis meses.[18] Esse foi outro aviso. O privilégio sionista na Alemanha poderia ser retirado com uma canetada.

* * *

A constituição da Organização Sionista dizia que seu Conselho Geral deveria se reunir pouco antes de cada Congresso. Esse conselho, normalmente chamado de Comitê de Ações, era formado por várias dezenas de líderes, proporcionalmente aos vários partidos. A função do Comitê de Ações era decidir toda a política, incluindo a organização do próprio Congresso.

Se os revisionistas tivessem seus direitos minoritários no Comitê de Ações, eles exigiriam que o Congresso debatesse a crise alemã e votasse sobre o boicote. E eles bloqueariam a supremacia do Mapai em outras questões. O Mapai poderia contar com o apoio de elementos substanciais dos Sionistas Gerais e dos Sionistas Radicais. Mas outros grupos, principalmente o religioso

Mizrachi, poderiam se alinhar com os revisionistas para derrotar as intenções do Mapai. Estes, então, sabiam que era imperativo excluir os revisionistas de seu lugar de direito no Comitê de Ações.[19]

A primeira sessão do Comitê de Ações foi marcada para 15 de agosto. Naquele mesmo dia, enquanto viajava para Praga, Vladimir Jabotinsky recebeu a notícia de que não possuía visto para entrar na Tchecoslováquia. A razão alegada: Jabotinsky não o solicitou através do Escritório do 18º Congresso Sionista, que automaticamente o emitiria. Em vez disso, em um ato deliberado de dissociação, Jabotinsky pediu o visto por meio dos canais consulares normais. Foi recusado, alegadamente como uma omissão. Na verdade, o Ministério do Interior tcheco temia que a presença de Jabotinsky pudesse levar à violência.[20] Consequentemente, Jabotinsky não conseguiu nem assumir seu lugar no Comitê de Ações nem liderar seus apoiadores por meio da corrida de obstáculos políticos que o Mapai planejava.

Os apoiadores de Jabotinsky rapidamente exigiram seus lugares no Comitê de Ações e começaram a pressionar o Ministério das Relações Exteriores tcheco para liberar o visto.[21] O Mapai refutou tentando cancelar todo o Comitê de Ações por meio da maioria da sua coalizão. No último minuto, Leo Motzkin, presidente do Comitê, foi forçado a anunciar um adiamento da reunião inicial. Os Sionistas Gerais, no entanto, romperam com eles na questão, cogitando que a hegemonia do Mapai poderia atacar, no final, os outros partidos também.[22] Os Sionistas Gerais, controlando quase 25% dos delegados, poderiam se juntar aos revisionistas e ao Mizrachi para superar a postura unilateral do Mapai. Por isso, este recuou.

Em 17 de agosto, às 16h30, o Comitê de Ações finalmente se reuniu. Chaim Weizmann, um sionista geral, boicotou a sessão e pediu que seu nome fosse removido da lista de oradores do Congresso, porque os revisionistas haviam recebido permissão para participar.[23] Depois de duas horas de preliminares, o revisionista Joseph Schechtman exigiu que o Congresso se concentrasse na crise dos judeus alemães, enfatizando que "o Congresso não deve permanecer em silêncio com relação ao boicote".[24]

Nahum Goldmann, sionista radical e organizador da conferência de Genebra, concordou que a crise dos judeus alemães teria de ser levantada, provavelmente em uma sessão especial, mas que o boicote em si não deveria ser mencionado.[25] Goldmann, como Wise, queria que a declaração mundial fosse pronunciada em Genebra e em nenhum outro lugar.

O dr. Arthur Ruppin, um dos principais negociadores da transferência, insistiu que "nesse Congresso não podemos nos limitar a reprovar o governo alemão por seus pecados contra os judeus alemães. Nossas críticas devem ser aliadas a um esquema construtivo [para desenvolver a Palestina]. A relação entre os dois deve ser bem equilibrada. Não devemos esquecer que a execução de qualquer plano construtivo pressupõe boa vontade por parte do governo alemão [...] Se falharmos em encontrar a solução correta, o governo alemão resolverá o problema judaico de forma unilateral".[26]

O Comitê de Ações finalmente decidiu discutir a questão do judaísmo alemão em uma sessão especial. Mas qualquer plano ou resolução específica seria feito por uma "Comissão Alemã" especial, que tomaria a decisão *pelo* Congresso.[27] Os revisionistas aceitaram isso porque, pelas regras, se discordassem da maioria da comissão, poderiam submeter uma posição de minoria e insistir no voto geral para ver qual era o mais aceitável. Esse era o melhor método para garantir que as exigências de boicote dos revisionistas finalmente chegassem aos delegados.

As decisões para discutir a questão alemã abertamente e apontar uma comissão foram vitórias preliminares para o esforço de mobilizar o movimento sionista contra a Alemanha nazista. Mas os líderes do Mapai na sessão de 17 de agosto do Comitê de Ações sentiam que a questão mais urgente não era Hitler, mas Jabotinsky. Eles queriam sufocar todas as discussões e ações contra os nazistas e, no lugar, devotar todas as energias para combater o revisionismo. Com isso em mente, o líder mapai David Ben-Gurion recitou uma lista de "atos de terror" de judeus palestinos e exigiu uma segunda comissão especial sobre o assassinato de Arlosoroff – antes mesmo de o julgamento por assassinato em Jerusalém ser concluído. Stephen Wise, representando os sionistas americanos no Comitê de Ações, precisava dos revisionistas para obrigar o boicote dentro do movimento sionista; e, é claro, enquanto eles permanecessem na estrutura de poder sionista, Weizmann não aceitaria a presidência. Assim, Wise posicionou-se contra essa comissão investigativa. Recriminações, disse Wise, não tinham vez em Congresso com tantas questões importantes a serem decididas.[28] O nazismo era a crise, não o revisionismo.

Então, Berl Katznelson, um dos aliados mais próximos de Ben-Gurion, pediu para ser reconhecido por um gesto urgente. "Fico triste de não tomar parte na discussão sobre a situação dos judeus alemães", disse Katznelson. "Sinto, no entanto, que não poderia participar em uma discussão sobre o judaísmo alemão antes de entregar a mensagem que meus amigos da Palestina me confiaram." Katznelson, então, leu uma declaração preparada:

> O assassinato de Arlosoroff revelou-nos o terrível abismo que a Organização Sionista enfrenta. Investigações mais profundas confirmaram nossos medos [...] Dentro de um dos partidos que pertence à Organização Sionista, dentro do Partido Revisionista, existem grupos terroristas. Eu enfatizo: *grupos*, não *um* grupo.[29]
>
> A própria existência de tais grupos é um golpe duro para o movimento sionista, para seu caráter moral e para seu poder de direção política. A existência dessa impureza em nosso meio é uma desgraça nacional, uma traição da cultura de nossas gerações [...] É o dever mais importante do movimento sionista [...] extirpar esse mal de nosso meio antes que comece a destruir nossas esperanças.[30]

Horas de debates violentos e acusatórios se seguiram, mas a decisão de apontar uma comissão antirrevisionista foi adiada.[31] Os revisionistas sobreviveram, e seu programa anti-Hitler ainda tinha uma chance de ser apresentado ao Congresso.

Mas o Mapai poderia ainda evitar essa luta se os revisionistas pudessem ser excluídos do *presidium* do Congresso. O *presidium* era o painel de coalizão governista criado pelo Comitê de Ações. Sentado na frente do palco do Congresso, ele tinha o poder de decidir sobre pontos parlamentares, reconhecer oradores e decidir sobre questões da agenda. Normalmente, o *presidium* era constituído de acordo com a força relativa dos partidos.

Assim, uma renovada campanha difamatória contra o revisionismo foi lançada pelos líderes do Mapai nas antessalas e jornais de Praga. A esperança era agora influenciar os delegados a apoiarem a exigência do Mapai de que os revisionistas fossem excluídos do *presidium*. Ben-Gurion disse a repórteres que o revisionismo não era nada mais do que "pseudossionismo hitlerista" e que a luta do trabalhismo contra ele era "uma luta de vida e morte no sentido mais forte da palavra".[32]

As difamações públicas eram captadas por agências de notícias e impressas em jornais de todo o mundo. O antagonismo judeu *versus* judeus desanimava judeus e não judeus simpatizantes. Muitos ao redor do mundo que haviam olhado para o Congresso Sionista como um grande evento na guerra contra o Terceiro Reich, viam agora somente um espetáculo de recriminações.[33] As prioridades sionistas tornaram-se evidentes. E somente a Alemanha sentia prazer com a manifestação, já que a guerra contra o revisionismo era um substituto completo à guerra contra o boicote antinazista.

* * *

Para equilibrar as percepções públicas do Congresso como uma convenção de desavenças sem nenhuma ação concreta, o Mapai decidiu apresentar abertamente suas propostas para ajudar o judaísmo alemão. O plano do Mapai era uma síntese de nobres esperanças de longo prazo e realidades instantâneas em curto prazo por meio do ainda secreto Acordo de Transferência. Pedia a salvação de aproximadamente 250 mil judeus alemães nos próximos dez anos. Esse número representava quase metade dos judeus ainda na Alemanha. A presunção era de que metade do judaísmo alemão já havia perdido todos os meios de sobrevivência econômica sem esperança de recuperar seu meio de subsistência.

O plano funcionava desta maneira: aproximadamente mil famílias judaicas poderiam ser assentadas na Palestina imediatamente. O resto do quarto de milhão logo emigraria para outros países, sobretudo os Estados Unidos, que por anos teve uma cota de imigração alemã praticamente não utilizada. Com a aquisição de mais terras e o desenvolvimento na Palestina, uma porcentagem de judeus que haviam emigrado para outros países voltariam a emigrar, dessa vez para o destino final, Eretz Yisrael. Essa emigração em longo prazo, e em dois estágios, para a Palestina aconteceria durante a próxima década e, no final, levaria entre 60 mil e 100 mil dos 250 mil emigrantes idealizados. O restante – 60% a 75% – seria assimilado nas nações receptoras.[34]

O plano do Mapai, formulado pelo dr. Arthur Ruppin com o Acordo de Transferência em mente, era uma repentina admissão aberta de que a Palestina simplesmente não conseguiria resolver toda a crise judaica alemã. O máximo que poderia fazer era absorver mil famílias por vez, e um número grande não especificado ao longo dos anos. É claro, o aspecto não mencionado do programa do Mapai era que o plano de Ruppin ajudaria ativamente só os judeus alemães que quisessem se comprometer com a Palestina como *destino final*.[35]

Embora cheio de grandes números, o plano do Mapai era visto por muitos como pouco mais que uma noção amorfa de resgate. Ele não acrescentava quase nada aos milhares de certificados de imigração de emergência dados pelo governo britânico naquela primavera. E o plano do Mapai não era particularmente completo no sentido sionista, porque o esquema de dois estágios prolongado poderia falhar com os judeus alemães de cultura europeia simplesmente recomeçando a vida nos países do primeiro estágio e esquecendo qualquer compromisso com a Palestina cinco ou dez anos depois. No entanto, Ruppin sabia que todos os depósitos dos emigrantes judeus alemães no proposto Banco de Liquidação seriam reembolsados somente no momento da chegada definitiva à Palestina. Se, de um quarto de milhão de judeus alemães, somente mil famílias chegassem à Palestina imediatamente para receber seus reembolsos, e não mais do que 50 mil ou 100 mil fizessem o mesmo uma década depois, a transferência acrescentaria um significado imensurável para o desenvolvimento palestino. O plano de Ruppin significava que poucos bens transferidos seriam devolvidos e que, mesmo esses, seriam reembolsados em muitos anos.

Os revisionistas imediatamente rejeitaram o conceito do Mapai por ser muito pouco para pouca gente em um longo período de tempo. Os revisionistas, em vez disso, defenderam o isolamento político e econômico do regime de Hitler até que ele acabasse com o terror antissemita – o que era improvável – ou os judeus tivessem o direito de partir para a Palestina com todos seus pertences e posses para que pudessem reconstruir apropriadamente sua vida.[35] O plano revisionista era militante e defensivo, mas orientado à Palestina. Na verdade, era simplesmente o plano do homem comum repetido em todo o mundo por sionistas e não sionistas, judeus e não judeus: combater o hitlerismo com todas as armas políticas e econômicas enquanto, ao mesmo tempo, se levasse os judeus perseguidos para a Palestina.

Na sexta-feira, 18 de agosto, quando o Comitê de Ações se encontrou para reconsiderar a questão do *presidium*, os partidos rivais chegaram novamente a um beco sem saída, principalmente porque o Mizrachi continuava a apoiar o direito dos revisionistas de participar no movimento. Mas, antes de terminar a sessão da sexta-feira, as forças do Mapai haviam conseguido criar a Comissão Especial sobre o Terrorismo Palestino. A nova comissão fora criada para indiciar todo o Partido Revisionista pelo assassinato de Arlosoroff e sentenciar os milhares de membros do partido no mundo todo a um ultimato: renúncia ao revisionismo ou expulsão permanente do movimento sionista.[37] O crepúsculo trouxe o sabá e evitou mais debates sobre o *presidium*.

Porém, durante a sessão de domingo, 20 de agosto, a questão do *presidium* foi violentamente discutida. O papel revisionista, nesse momento, havia ficado mais evidente. No final daquele dia, o Comitê de Ações soube da decisão do Congresso Judaico Americano de formalmente se juntar ao movimento pró-boicote de Untermyer. Um telegrama enviado por Untermyer a Louis Lipsky, líder americano do Partido Sionista Geral, especificamente defendia que os líderes lessem um "manifesto pró-boicote" para os delegados de Praga e defendia uma resolução de participação na guerra econômica.[38]

O "manifesto pró-boicote" recebido por Lipsky foi montado especificamente para apelar aos delegados dos Sionistas Gerais, porque eles tinham o potencial de se juntar aos revisionistas, ao Mizrachi e aos Sionistas Radicais para derrotar a forte política antiboicote do Mapai. O manifesto continha muitos elogios ao chefe dos Sionistas Gerais, Chaim Weizmann, como "o maior líder judeu de nossa geração", e eloquentes lembranças de que "o atual Congresso está entre um dos mais importantes da história da Palestina". O manifesto de Untermyer garantia que a "Alemanha é mantida ignorante sobre a opinião mundial. O boicote é a única linguagem que eles entendem. Somente um colapso econômico abrirá os olhos do povo alemão". Mais importante, Untermyer afirmava que o boicote e o resgate orientado à Palestina não eram mutuamente exclusivos: "O boicote logicamente anda de mãos dadas com o movimento que eu apoio de coração: assentar na Palestina o máximo de judeus que as possibilidades limitadas e o tamanho da terra puderem absorver".[39]

Untermyer terminou com um lembrete: "Se o judaísmo mundial e o mundo civilizado, enquanto isso, não pararem e [em vez disso] tolerarem a cruzada medieval da Alemanha, então o antissemitismo global será encorajado [...] assim a única chance de ajudar seus irmãos perseguidos será perdida".[40] Se esse manifesto, que essencialmente defendia a estratégia revisionista, seria lido em voz alta para os delegados do Congresso, e sua mensagem, então votada, se tornou uma decisão para o *presidium*.

O Comitê de Ações do domingo durou até bem depois da meia-noite. O Mapai não concordava com a presença de nenhum revisionista. Estes usavam seu poder de minoria para bloquear a formação de qualquer *presidium* sem eles. Finalmente, a sessão paralisada simplesmente se dispersou. Os membros, já cansados de discussões, voltaram a seus quartos de hotel para dormir umas poucas horas antes do início oficial do Congresso na segunda-feira à tarde – pela primeira vez em sua história, sem um *presidium*.[41] Enquanto os líderes do movimento sionista dormiam, pouco antes do amanhecer na segunda-feira, ninguém poderia prever o que aconteceria.

32

A ABERTURA DO 18º CONGRESSO SIONISTA

Sete colinas habitadas por catedrais góticas, monumentos românicos e salões suntuosos fizeram de Praga "a cidade das cem cúpulas". Uma rede de pontes cruzando o rio Moldávia liga as margens esquerda e direita da cidade. À esquerda, o medieval castelo Hradcany, destacando-se sobre um vasto complexo de jardins, parques e igrejas marrom-acinzentadas. Na margem direita, a congestionada "cidade velha", com suas ruas estreitas, torres do relógio e galerias de arte.

Os judeus sempre representaram um segmento cultural e econômico fundamental da Boêmia. A Althneuschul de Praga, a mais antiga sinagoga da Europa, foi concluída em 1270. O interior estreito da sinagoga, agraciado pelo teto em forma de abóbada e janelas altas, ostentava uma grande e ornamentada bandeira de amizade concedida em 1648 pelo monarca alemão Frederick III. Uma prefeitura judaica fora criada no distrito judeu de Praga durante o século XVI; um grande relógio com algarismos em hebraico foi acrescentado em 1754. Divididos entre as identidades alemã e tcheca, a comunidade judaica de Praga era conhecida por seus rabinos, acadêmicos e artistas ilustres.[1]

Em 1930, Praga, com sua população judaica de 40 mil pessoas, era respeitada como o bastião dos direitos judaicos e do ativismo sionista. O primeiro presidente da Tchecoslováquia, um católico chamado Thomas Masaryk, sentia que era seu dever cristão ajudar a destruir o antissemitismo. Ele tinha contatos próximos no movimento sionista americano, incluindo o juiz Louis

Brandeis e Stephen Wise. Na administração Masaryk, a Tchecoslováquia abriu seus braços para judeus alemães em fuga.[2]

O Congresso não era o único evento sionista em Praga no final de agosto. A competição atlética judaica, os Jogos Maccabi, organizados por lorde Melchett, seriam realizados em Praga, assim como a convenção da Organização Internacional das Mulheres Sionistas, a convenção do Partido Sionista Geral e a assembleia do Conselho Geral da Agência Judaica. As ruas de Praga estavam adornadas com galhardetes e bandeiras com a estrela de Davi. Bandeirinhas azuis e brancas estavam por toda parte. Grandes placas ao longo das principais estradas davam as boas-vindas aos mais de 10 mil visitantes sionistas em seis línguas – com o alemão tradicional de Praga notavelmente ausente.[3] Quando o sol saiu na "cidade das cem cúpulas", em 21 de agosto de 1933, este era o lugar mais lógico e hospitaleiro na Europa para um levante internacional decisivo contra o Terceiro Reich.

Durante toda a tarde, espectadores e participantes lotaram a enorme Sala de Concertos Lucerno. Policiais à paisana protegiam contra as ameaças de ataques nazistas. Quando os espectadores entravam no hall central, viam um enorme retrato de Theodor Herzl pendurado sobre o palco, no meio de bandeiras tchecas e sionistas. Embaixo do retrato de Herzl, bem ao lado do pódio do orador, uma cadeira vazia coberta por um pano negro significava a perda de Chaim Arlosoroff. Às 20h, cerca de 5 mil pessoas já haviam entrado, com mais alguns milhares do lado de fora, impossibilitados de entrar. Todas as cadeiras, e até mesmo o espaço nos corredores, estavam tomadas.[4]

A atmosfera era tensa; a esperada luta entre o Mapai e o revisionismo era o tópico das conversas por toda a plateia. Pouco depois das 20h, o presidente do Comitê de Ações, Leo Motzkin, apareceu. Depois dos aplausos, Motzkin conduziu os membros do Comitê, todos de *smoking*, para suas cadeiras no palco. Então, David Ben-Gurion, agora representando a maior força no movimento sionista, dirigiu a delegação do Mapai para suas cadeiras. Enquanto caminhavam, receberam uma longa ovação do grande número de apoiadores dos trabalhistas na sala.[5]

Outros VIPS estavam a ponto de subir ao palco quando, de repente, uma grande animação foi ouvida do lado de fora. A plateia voltou-se para ver. Era Jabotinsky. Seus apoiadores haviam pressionado com sucesso o Ministério das

Relações Exteriores, e seu visto havia finalmente saído. Jabotinsky sentou-se, feliz com as saudações dos apoiadores revisionistas por todo o salão.[6]

Quando o tumulto diminuiu, a cerimônia inaugural continuou. A audiência levantou-se quando Nahum Sokolow, presidente da Organização Sionista, entrou trazendo o corpo diplomático, que incluía o representante pessoal de Masaryk, o embaixador polonês em Praga, um funcionário oficial da embaixada britânica representando o Mandato e diplomatas gregos e espanhóis representando a Liga das Nações. A Organização Sionista, tendo recebido *status* quase governamental pela Liga das Nações, não era só uma associação de ativistas; era o oficialmente reconhecido governo em espera judeu. Na verdade, praticamente todo o futuro governo judeu estava no momento esperando no Lucerno. O aplauso continuou até que o corpo diplomático tomasse seu lugar no palco.[7]

Sokolow então bateu o martelo três vezes, calando de imediato todos no salão. Ele declarou oficialmente aberto o 18º Congresso Sionista. Isso fez que os delegados festejassem. Sokolow, então, fez um sinal para o diretor do coral, que conduziu um coro de refugiados, ex-membros da Sala de Ópera de Berlim, em um curto programa de canções hebraicas seguidas pelo coro "Aleluia" de Handel. Cada diplomata ofereceu, então, uma pequena saudação, seguida por uma declaração especial de solidariedade de Neville Laski do Conselho de Deputados. Seus comentários provocaram uma longa ovação.[8] Se as forças tradicionalmente antissionistas que Laski representava estavam abandonando sua oposição, isso significava realmente uma nova era para o sionismo.

Cerimônias preliminares finalizadas, o dr. Sokolow voltou ao palco para seu discurso de abertura. Para evitar o alemão, a língua tradicional do Congresso, o dr. Sokolow alternava entre inglês, francês, hebraico e, ocasionalmente, iídiche. Quando mencionou Chaim Arlosoroff, toda a assembleia levantou-se espontaneamente para uma curta homenagem de silêncio.[9] No entanto, o verdadeiro poder de sua mensagem era uma cristalização da escolha histórica que o mundo enfrentava.

"Reunimo-nos nesta ocasião em um momento de atribulação e sofrimento", começou o dr. Sokolow. "A emancipação teve suas bases abaladas, [...] lançada na confusão como por um tremor de terra. De repente, deparamo-nos com a *ruína* da emancipação judaica em um dos maiores países da Europa."[10]

Com a voz trêmula pela ênfase, ele continuou: "A falsidade da assimilação e o mimetismo que se usou para fazer nosso povo acreditar que o antissemitismo era um episódio passageiro que logo seria esquecido, um bicho-papão para amedrontar nossas crianças [...] É uma amarga ironia que o movimento assimilacionista devesse ter mais força na Alemanha". Ele parou repentinamente e exclamou em inglês: "Alemanha de Goethe, Schiller e Lessing, onde está você agora!".[11]

Falando mais para os judeus do mundo do que para os sionistas no salão, o velho Sokolow fez então uma pergunta dramática: "Povo judeu! Quanto tempo poderemos continuar assim? O tempo pressiona, o chão se abre sob nossos pés. Se não for muito tarde para salvar, devemos salvar quem conseguirmos [...] O sionismo deve, nestes dias, se tornar a preocupação de todo o povo judeu e da raça humana [...] A manutenção do *status quo* tornou-se impossível [...] Como vocês veem a segurança da futura existência do povo judeu que está agora à mercê do machado? E para o mundo civilizado, eu pergunto, essa nação deveria estar agora e para sempre vagabundeando, deveria nosso povo para todo o sempre ser transferido [...] tentando encontrar descanso sem nunca encontrá-lo? Essa não é uma situação que zomba dos conceitos mais elementares da humanidade e da civilização?".[12]

"O que, então, devemos fazer?", ele exigiu. "Se é impossível restabelecer os refugiados a seus países ou recebê-los em outro país, então o país de seus ancestrais deve ser dado a eles. Nada é mais direto nem mais justo. Esse é o problema que o mundo político internacional deve enfrentar." Respondendo emocionado à sua própria pergunta, Sokolow exclamou: "A ideia do sionismo como a solução para a questão judaica deve agora se levantar novamente perante o mundo como um novo amanhecer!".[13]

Ele reconheceu que agora uma grande escala de ação era necessária. "Dois caminhos estão agora abertos para a solução desse problema, um fácil e outro difícil. O caminho mais fácil é ficar animado, protestar e argumentar. O mais árduo é aumentar em dez vezes o trabalho do Fundo para a Fundação da Palestina e o Fundo Nacional Judaico." Ele então desceu do palco sob uma impressionante ovação de pé.[14]

O líder do Mapai, Berl Katznelson, concluiu a sessão inaugural com um comovente elogio a Arlosoroff, chamando-o de o "mais jovem e dotado líder sobre quem todo o movimento sionista depositava suas esperanças [...] Todo o Congresso deve lamentar sua perda [...] A bala que feriu Arlosoroff também feriu o coração de todo o movimento".[15]

Os delegados foram tocados por Nahum Sokolow, que exigia uma solução para a tragédia alemã e suas implicações para a Palestina. Mas os líderes do Mapai queriam que os delegados soubessem que eles tinham uma crise igualmente importante para considerar – as consequências do assassinato de Arlosoroff para o movimento sionista. Com o fim da cerimônia de abertura, os delegados ainda não sabiam qual das duas questões predominaria. Isso seria respondido durante os próximos dias nas sessões de trabalho, quando o Mapai e as forças revisionistas competiriam por qual crise era a mais importante.

33

O PRIMEIRO VAZAMENTO

A pompa e a paixão da sessão de abertura do 18º Congresso Sionista ocultaram as lutas que estavam acontecendo. No dia 21 de agosto, antes do martelo de abertura do dr. Sokolow, os campos do Mapai e os revisionistas haviam se reunido para rever suas táticas.

A estratégia revisionista contrapunha um plano de nove pontos para a Palestina que cobria uma série de questões sionistas.[1] Mas o próprio Vladimir Jabotinsky entendeu que o triunfo político nos próximos dias seria impossível. Assim, na conferência para acertar a estratégia revisionista, Jabotinsky falou a seus seguidores para olharem além da convenção de Praga. Ele esperava que o Mapai tivesse sucesso na luta para isolar o revisionismo. Mas previa que, depois de dois anos de liderança dominada pelo Mapai, o movimento sionista estaria completamente frustrado. "O Congresso de 1933", ele declarou, "está abrindo caminho para uma vitória revisionista [no Congresso] em 1935." Por essa razão, Jabotinsky mandou que seus seguidores evitassem ataques emocionais durante o processo – a menos que os Trabalhistas tentassem converter o Congresso em um tribunal ilegal para indiciar e expulsar os revisionistas pelo assassinato de Arlosoroff.[2]

Enquanto os revisionistas esperavam pouco sucesso imediato para seus objetivos, eles exigiam ação imediata com relação à crise de Hitler. Em um discurso comovente, Jabotinsky insistiu que todas as energias fossem direcionadas para forçar o Congresso a se unir ao movimento de boicote. Nada menos do que uma "luta sem misericórdia" seria aceitável, gritou Jabotinsky. "O atual Congresso tem o dever de colocar o problema dos judeus na Alemanha antes do mundo inteiro [...] Estamos conduzindo uma guerra contra assassinos [...] [Devemos] destruir, destruir, destruí-los – não só com o boicote, mas politicamente, apoiando todas as forças para isolar a Alemanha do mundo civilizado."[3]

Naquela mesma tarde, enquanto Jabotinsky exortava seus seguidores a adiar suas queixas políticas em favor da guerra contra o nazismo, o líder trabalhista David Ben-Gurion, falando na conferência de estratégia do Mapai, exigia que seus seguidores fizessem o oposto. A tarefa mais importante do momento, declarou Ben-Gurion, era limpar o movimento do revisionismo e aumentar as fronteiras políticas do Mapai para cobrir toda a Organização Sionista. O Partido Trabalhista, controlando 44% dos delegados, *era* o movimento, disse Ben-Gurion. Essa nova realidade, explicaram os líderes do Mapai, exigia uma nova constituição para permitir que o Executivo Sionista expulsasse grupos "indisciplinados" e/ou os privasse da cota a que tinham direito dos certificados de imigração. Ben-Gurion propôs dar aos revisionistas a escolha inquisitorial de jurar lealdade à nova organização dominada pelo Mapai ou abandonar o movimento de vez.[4]

Depois de suas conferências de estratégia, os revisionistas e o Mapai participaram da sessão inaugural do Congresso. Mas o perigo dramatizado pelas palavras do dr. Sokolow não diminuiu o conflito entre as facções. Nem bem a cerimônia havia terminado, o Comitê de Ações reunia-se para outra sessão de emergência para tentar formar um *presidium*. Os membros do Comitê brigaram a noite toda, com os revisionistas recusando-se a permitir um debate sobre o assassinato de Arlosoroff, insistindo no debate sobre a crise alemã. Isso somente redobrava a relutância do Mapai em permitir que os revisionistas tivessem um lugar no *presidium*, o que decidiria, por fim, essas questões. A reunião que durou a noite toda terminou novamente sem uma decisão. O impasse significava que o Congresso teria de funcionar sem uma coalizão dirigente.[5]

Várias horas depois que o Comitê de Ações acabou em frustração, a sessão do Congresso da terça de manhã, 22 de agosto, foi constituída. As sessões de trabalho seriam realizadas na câmara do Conselho da Cidade de Praga. Weizmann novamente se recusou a participar, porque os revisionistas ainda não haviam sido expulsos. E quando o dr. Sokolow bateu o martelo na manhã de terça para iniciar os trabalhos, os delegados puderam ver claramente que nenhum *presidium* havia sido formado. Por falta de uma solução melhor, Sokolow dirigiu a sessão.[6]

Sem um *presidium*, as questões de pauta não puderam ser decididas, então os problemas mais urgentes não foram discutidos. Em vez disso, a principal questão da sessão foi um discurso do professor Selig Brodetsky, um sionista geral e o homem de ligação da Organização Sionista com o governo britânico. Brodetsky pediu que os portões da Palestina fossem abertos, afirmando que centenas de milhares de judeus poderiam e deveriam ser absorvidos pela Palestina nos próximos anos. Assim, em uma década, milhões de judeus poderiam viver e prosperar em Israel.[7]

Toda a questão de "quantos e com que velocidade" era bastante controversa entre os delegados. A noção de Brodetsky de "centenas de milhares" em oposição ao "plano de mil famílias" do Mapai colocou em evidência que esse plano de emigração em dois estágios era insuficiente. A multidão aplaudia as palavras de Brodetsky, que lembravam o ponto de vista revisionista. Mas, para evitar qualquer indício de que os Sionistas Gerais tinham afinidade com os revisionistas, Brodetsky acrescentou um elogio a Arlosoroff. E isso levou a reprimendas. "Esse Congresso", avisou Brodetsky, "deve de uma vez por todas resolver o problema da unidade dos esforços sionistas. Isso não significa que todos os sionistas devem pensar igual, mas pode e deve significar que todos os sionistas devem *agir* da mesma forma". Aqui Brodetsky aludia ao futuro movimento do Mapai para obrigar os revisionistas a renunciar ao revisionismo ou sofrer a expulsão do movimento. Em uma defesa emblemática, o professor Brodetsky declarou: "Não é Inquisição, mas disciplina que eu peço".[8]

Depois do discurso do professor Brodetsky, o Comitê de Ações entrou em outra sessão, dessa vez para discutir as recomendações finais da Comissão Especial sobre os Judeus Alemães. Como o esperado, os desacordos dominaram. No final daquela manhã de terça, a Comissão Especial sobre os Judeus Alemães juntou-se aos órgãos deliberativos sionistas e declarou estar em um beco sem saída. Os revisionistas estavam autorizados a apresentar a sua posição minoritária para votação no Congresso.[9] As recomendações conflituosas da comissão deveriam ser apresentadas na sessão do Congresso naquela tarde de terça-feira, mas, sem *presidium* para determinar a pauta, o debate programado sobre a Alemanha foi adiado.[10]

A sessão da tarde de terça-feira ficou limitada a mais discursos e a mais negociações a portas fechadas sobre a formação do *presidium*. Apesar dos pedidos dos pacificadores e intermediários, todos os compromissos foram rejeitados. No entanto, a menos que o impasse do *presidium* fosse resolvido logo, a questão teria de ser levada ao plenário.[11]

Enquanto praticamente todas as funções importantes em 22 de agosto eram congeladas pelo conflito entre facções, os editores do *Vossische Zeitung* em Berlim analisavam uma informação extraordinária. A cobertura do 18º Congresso Sionista apresentava muitos acontecimentos, mas anexado ao resumo de Praga estava um relatório que vazara e que contava que uma empresa de investimentos organizada em Berlim havia negociado com sucesso a transferência dos bens judaicos para a Palestina. De acordo com o relatório, o acordo permitiria que os judeus comprassem até RM 3 milhões em máquinas alemãs e recebessem o crédito pelas vendas nas contas palestinas. Além disso, os sionistas alemães que emigravam poderiam transferir um capital adicional de RM 3 milhões para a Palestina em dinheiro.[12]

A nota sobre a transferência do *Vossische Zeitung*, no entanto, não estava de todo correta. Era improvável que qualquer autoridade do governo do Terceiro Reich ou fonte da ZVfD tivesse vazado as informações, porque o item confundia compras de máquinas e bens de emigração como assuntos distintos. É mais provável que a notícia tivesse vazado por fontes nazistas não oficiais na Alemanha ou dissidentes sionistas em Praga. Em ambos os casos, os delegados teriam logo de se decidir de uma forma ou de outra: boicotar a Alemanha ou comprar mercadorias nazistas para facilitar a emigração e uma transferência de bens. O artigo de *Vossische Zeitung* apareceria nas edições dos próximos dias.

* * *

A sessão de quarta à tarde, 23 de agosto, foi tão complicada quanto as outras. Nenhum *presidium* estava disponível para decidir os assuntos da pauta, sobretudo a questão principal sobre se o assassinato de Arlosoroff ou a ameaça de Hitler seria o ponto focal do debate. Frustrado, o partido religioso Mizrachi apresentou uma moção para uma votação no plenário com o objetivo de acabar com o impasse no Comitê de Ações, permitindo que os delegados elegessem diretamente um *presidium* com igual representação de todos os partidos. Essa moção foi bloqueada pelo Mapai, porque era irregular. O Mizrachi recusou-se a aceitar o veto do Mapai, forçando uma votação sobre a própria questão do voto. Essa manobra o Mapai não conseguiu bloquear. A votação sobre a questão do voto resolveria o fiasco do *presidium* de uma vez por todas.[13]

Enquanto a votação estava acontecendo em Praga, as notícias do Acordo de Transferência espalharam-se por toda a Alemanha, e a maioria dos jornais alemães trazia o tema.[14] Mas aqueles jornais não chegaram a Praga pela votação da tarde. Assim, o Acordo de Transferência não era ainda um fator. A votação sobre a questão do *presidium* seria uma resposta à questão do isolamento revisionista *versus* o domínio do Mapai.

Todos os delegados do Mapai, é claro, votaram para derrotar a moção do Mizrachi. Os delegados do Mizrachi e os revisionistas votaram a favor. Os Sionistas Gerais e os Sionistas Radicais, no entanto, estavam divididos em linhas intrapartidárias. Um Congresso tenso esperou que os votos dos trezentos delegados fossem contados um por um. Só no último momento o resultado ficou claro: 149 votos para a moção Mizrachi-revisionista, 151 contra. A moção para votar foi derrotada por dois votos.[15]

Logo em seguida, as forças do Mapai nomearam Leo Motzkin para presidente do Congresso e para supervisionar pessoalmente a formação de um *presidium*. O Mizrachi e os revisionistas imediatamente declararam que não participariam. E, naquela tarde, Motzkin e líderes do Mapai formaram um *presidium* principalmente de sionistas trabalhistas, com representação simbólica dos Sionistas Gerais e dos Sionistas Radicais.[16] O 18º Congresso Sionista seria, a partir de então, dirigido pelo Mapai.

As notícias do Acordo de Transferência ainda não haviam chegado aos olhos e ouvidos dos delegados em Praga. Mas a ZVfD em Berlim estava segura de que, dentro de horas, elas seriam conhecidas em todo o mundo. Para ajudar a determinar o tamanho do golpe da revelação, a ZVfD lançou seu próprio *press release* durante a tarde de 23 de agosto. O *release* confirmava que o acordo fora realizado entre a ZVfD e o ministro da Economia, Kurt Schmitt, permitindo a transferência para a Palestina de RM 3 milhões em bens judaicos por meio da venda de mercadorias. A ZVfD esperava que seu comunicado fosse visto como um grande avanço.[17]

Ao mesmo tempo, em Praga, o dr. Arthur Ruppin disse aos repórteres que apresentaria aos delegados do Congresso uma explicação sobre o acordo alcançado com o Terceiro Reich. Ele diria pouco, apenas contaria, na verdade, que os RM 3 milhões seriam transferidos – por volta de 1 milhão de dólares – com a compra de produtos alemães por meio do Banco Anglo-Palestino. Em meio aos jornais alemães que chegavam a Praga, as notícias da declaração da ZVfD e o anúncio do dr. Ruppin, todo o Congresso foi tomado, à noite, por especulações sobre as possibilidades e consequências de um acordo de transferência entre o Terceiro Reich e os sionistas.[18]

* * *

Embora o Acordo de Transferência tenha sido selado em 7 de agosto de 1933, com compromissos verbais, os pontos técnicos não foram concluídos até 22 de agosto, quando o Congresso estava em sessão. Na manhã de 24 de agosto, as notícias chegaram aos jornais de toda a Europa, Estados Unidos e Palestina.[19] Os delegados sionistas em Praga entraram na sessão da manhã na quinta-feira, 24 de agosto, ansiosos por saberem mais. Cada um tinha sua própria noção de se o acordo representava uma traição ao povo judeu ou um movimento ousado para salvar os judeus alemães e criar uma fonte abundante para a Eretz Yisrael.

Com um *presidium* controlado pelo Mapai agora pronto, a sessão adiada duas vezes sobre a crise de Hitler poderia acontecer. Três grandes itens da pauta foram marcados. Primeiro, um relatório feito por Sokolow que resumia "o estado do povo judeu" ao redor do mundo – uma apresentação tradicional que fora adiada por causa da questão de quão forte deveria ser a condenação contra a perseguição alemã. O segundo explicaria o esquema de imigração em dois estágios propostos por Ruppin e o Acordo de Transferência. O dia terminaria com uma decisão do Congresso sobre as resoluções da comissão comprometendo o movimento sionista a lutar contra Hitler ou a trabalhar com ele. Os revisionistas colocaram suas esperanças nesse evento final; se, de alguma forma, eles pudessem apresentar seu relatório minoritário e forçar um debate sobre as vantagens, acreditavam que poderiam influenciar as consciências dos delegados.

Esse também foi o dia em que os nazistas ouviram com atenção mais intensa. Os líderes nazistas haviam avisado de modo claro: a esterilidade da resolução alemã no Congresso, a supressão total de qualquer boicote ou quaisquer protestos e a completa ausência de uma manifestação hostil contra a Alemanha – esses seriam os pré-requisitos para cooperações futuras.

Assim, em seu discurso, Sokolow fez o melhor para soar desafiador, mas evitou ofender o Terceiro Reich. Suas referências à Alemanha eram oblíquas: "A tragédia da Diáspora judaica foi revelada na Alemanha de uma maneira sem precedentes em séculos [...] Não só o judaísmo alemão, mas todo o povo judeu é atacado quando se fala da inferioridade da raça judaica, e quando a honra judaica é degradada de uma forma tão extrema [...] É impossível para nós permitir que o antissemitismo mostre sua fúria sem nosso protesto energético e enfático".[20]

No entanto, Sokolow acrescentou depressa: "Não é nossa tarefa influenciar ou criticar os desenvolvimentos internos do povo alemão, que sofreu gravemente por meio da guerra e de suas consequências. Não estamos aqui reunidos para criticar qualquer nação ou Estado. Não é parte do programa [...] da Organização Sionista atacar esta ou aquela organização estatal, este ou aquele sistema econômico. Nosso dever é falar a verdade".[21]

Por outro lado, Sokolow, usando as palavras do juiz Brandeis, gritou para uma multidão alucinada: "Os judeus nunca esquecerão e nunca perdoarão o insulto da Alemanha [...] Os judeus respeitarão a antiga Espanha mais do que a atual Alemanha, porque é melhor ter um completo êxodo de judeus do que ser degradado dessa maneira". Os aplausos continuaram enquanto Sokolow terminou com o aviso inflamado, embora vazio: "Não há nenhuma capitulação, nenhuma rendição, sem palavras complacentes!".[22]

Tal oratória colocava uma corda frouxa entre o expectante mundo judaico e o atento Terceiro Reich. Mas, se os delegados tinham alguma ilusão, o próximo discurso, o relatório ansiosamente esperado do dr. Ruppin, mudou suas opiniões. As primeiras palavras do dr. Ruppin foram estas: "Meu discurso sobre a adaptação dos judeus alemães para a vida palestina, e o assentamento deles ali, irá levá-los dos altos picos do debate político para os baixos vales dos problemas econômicos".[23]

Uma progressão de estatísticas econômicas seguiu-se. Ruppin detalhou os números de judeus alemães perseguidos sem trabalho, profissão por profissão, e explicou por que eles não tinham esperança de ganhar a vida sob o regime nazista. Delineou, então, o plano de emigração. Duzentos mil judeus deixariam a Alemanha para uma grande quantidade de nações. Por causa da falta de água e do despreparo econômico, a Palestina só poderia aceitar mil famílias agora – cerca de 4 mil pessoas. Somente entre 50 mil e 100 mil mais poderiam emigrar na próxima década.[24] "Receio que desapontarei todos aqueles", disse o dr. Ruppin, "que tinham a esperança de dizer que a Palestina absorveria muitos imigrantes alemães em pouco tempo [...] O número de judeus alemães que podem ser levados para a Palestina depende do capital que eles trazem e das somas com que o judaísmo mundial contribuir para esse fim. É muito difícil, no momento atual, dizer qualquer coisa sobre esses fatores."[25]

Tudo parecia muito burocrático para um êxodo. E, é claro, o dr. Ruppin não mencionava que os bens dos judeus alemães não seriam reembolsados, a menos que eles chegassem à costa da Palestina. Mas deixou um ponto eminentemente claro: "Devemos, sem dúvidas, ajudar somente os judeus que quiserem ir à Palestina. Emigrantes que prefiram ir para outros países são perfeitamente livres para fazer isso".[26]

A questão urgente do Acordo de Transferência era então resumida em apenas uma ou duas sentenças. Ele simplesmente explicou que a questão do capital judeu alemão era promissora, porque um acordo de emigração fora feito com o Terceiro Reich. Quem tinha feito o acordo? "Há alguns meses", contou o dr. Ruppin, "o sr. Sam Cohen teve a sabedoria de conduzir, com grande cuidado e diligência, negociações com as autoridades competentes na Alemanha [...] permitindo que os judeus que desejassem emigrar para a Palestina levassem com eles parte de seu capital em forma de dinheiro e mercadorias. Mais tarde, vocês serão informados de alguns dos detalhes nessa questão pela Comissão Alemã. Com base nessas negociações, eu sinto [...] não haverá nenhum obstáculo para uma imigração organizada dos judeus da Alemanha junto com a permissão para levar parte de suas propriedades."[27]

Sam Cohen, que participava do Congresso como um delegado suplente de Luxemburgo, não hesitou em conceder entrevistas à imprensa logo depois. Confirmou que fora ele quem convencera o Ministério da Economia do Terceiro Reich, durante mais de dois meses de negociação, a transferir os bens dos judeus alemães para a Palestina.[28]

Com o encerramento da sessão de quinta-feira de manhã, as coisas ainda estavam bem confusas. As notícias do jornal sobre o Acordo de Transferência foram curtas e indistintas. A "apresentação" do dr. Ruppin fez uma menção fugaz e ambígua, tratando a questão como uma conquista orgulhosa. E todo o acordo fora colocado, com sucesso, nos ombros de ninguém menos que o sr. Sam Cohen. Se ocorresse um retrocesso, ele seria o culpado. De sua parte, Cohen estava disposto a correr o risco. Em troca de fornecer a possibilidade de negar tudo para as instituições sionistas, Cohen estava recebendo sua glória conquistada com dificuldade. Ironicamente, logo depois, o dr. Ruppin providenciou para que maior parte dos rascunhos do seu discurso ainda não impresso tivesse toda e qualquer referência ao Acordo de Transferência ou ao sr. Sam Cohen apagada.[29] O dr. Ruppin aparentemente preferia que a história acreditasse que nunca havia nem mencionado o assunto.

34

CONFRONTO COM O NAZISMO

O anoitecer de quinta, 24 de agosto, trouxe o confronto com a Alemanha nazista. O Congresso foi retomado apenas umas poucas horas depois da revelação da transferência pelo dr. Ruppin. A significação completa do acordo ainda não havia sido compreendida. Na primeira vez que foi ouvido, parecia um projeto nobre. Os emigrantes judeus alemães teriam a possibilidade de levar parte de seus bens para a Palestina. Quem poderia argumentar contra tal arranjo? Mas o labirinto de cláusulas e condições especiais anexadas à Haavara era ainda desconhecido. A magnitude do tráfego de mercadorias, os empreendimentos econômicos cooperativos entre as fontes do Terceiro Reich e da Palestina, o planejado Banco de Liquidação, os fatos ao redor dos empréstimos compulsórios, o real mecanismo de transferência e os perigos financeiros para os judeus alemães – tudo isso era desconhecido.

Além disso, não havia tempo para se aprofundar na labiríntica questão da transferência. Agora, a questão principal que os delegados enfrentavam era a resolução sobre a Alemanha. A Comissão Alemã formulou duas resoluções principais, recitando as queixas e os interesses dos trabalhistas, dos Sionistas Gerais, dos Sionistas Radicais e do Mizrachi. Mas essas resoluções contraditórias, unidas à força, estavam tão destituídas de uma provocação contra a Alemanha, com uma subserviência tão clara[1] e tão contra o boicote antinazista que os revisionistas as rejeitaram por completo. Ao bloquear a aprovação unânime necessária para adotar uma resolução, os revisionistas exigiram que sua própria resolução minoritária que defendia o boicote fosse debatida e votada.

Esse era o momento que os revisionistas esperavam. Se um excelente orador como Vladimir Jabotinsky conseguisse evocar as paixões dos delegados para votar a favor da resolução da minoria, aquele simples momento de desobediência determinaria o destino da guerra judaica contra Hitler. O boicote antinazista era algo muito desejado no coração de quase todos os sionistas; somente as reivindicações de um pequeno grupo de líderes alinhados com o Mapai impedia um compromisso sionista mundial a favor do boicote. Uma resolução do Congresso seria a justificativa que qualquer organismo sionista, de Paris a Hong Kong, precisava para devotar seus recursos à luta. É claro, liderando esse ato mundial de autodefesa judaica estaria Jabotinsky. Isso restabeleceria a liderança do revisionismo dentro do movimento.

Logo depois que a sessão foi iniciada, o presidente do *presidium*, Leo Motzkin, falou aos delegados que o Comitê de Ações havia criado uma Comissão Especial sobre os Judeus Alemães para estudar o problema e preparar resoluções para o Congresso.[2] O secretário então leu a resolução da maioria apoiada pelo Mapai:

> O 18º Congresso Sionista [...] considera seu dever dar expressão [...] a sua consternação com o trágico destino dos judeus alemães e sua indignação com a discriminação e degradação impostas sobre eles. Depois de um século da emancipação judaica [...] os acontecimentos na Alemanha atual chegaram tão longe que meio milhão de judeus estão privados de seus direitos humanos elementares, [a ponto] de, através da sanção oficial do preconceito racial, a dignidade e a honra do povo judeu serem insultadas e [a ponto] de uma política e uma legislação ser criadas, cujos princípios fundamentais devem destruir as bases da existência do povo judeu.[3]

Palavras de "consternação" caracterizavam o resto da resolução. Substantivos e verbos leves junto com a introdução de cláusulas nobres foram apresentados. Quando a resolução mencionava a "supressão dos direitos dos judeus por todos os poderes do Estado, algo único em seu âmbito e inconcebível no século XX", ela chamava a perseguição de uma reivindicação "da antiquíssima questão judaica como descrita por [...] Theodor Herzl".[4]

A resolução terminava com a sentença:

> Em associação com nossos protestos [...] a vontade determinada do povo judeu de reconstruir seu Lar Nacional [...] representará a prova mais forte de nossa solidariedade nacional com os judeus da Alemanha.[5]

Em outras palavras, eles deveriam lutar contra Hitler, e os direitos do povo judeu seriam preservados somente de uma forma: um Estado judeu.

Por outro lado, a resolução da minoria revisionista era nada menos do que uma declaração de boicote, mesmo evitando, de forma inteligente, o uso da palavra *boicote* e até se abstendo de mencionar a Alemanha. Se os revisionistas quisessem um mero protesto simbólico, teriam injetado uma linguagem mais inflamada, mas queriam de verdade que sua resolução ganhasse. Evitaram deliberadamente usar palavras que tornariam a resolução inaceitável para o delegado médio, mesmo os do Mapai. Ainda assim, as frases continham a essência de um compromisso inegável com a guerra econômica.

A resolução revisionista declarava:

> O Congresso dá as boas-vindas à decisão das massas judias em todos os países de usar seu poder de compra e sua influência econômica [...] como um fator do mercado mundial para o benefício de produtos somente daqueles Estados que reconhecem constitucionalmente o princípio da plena igualdade para seus cidadãos judeus. O Congresso resolve apoiar ativa e energicamente o movimento sionista ao estender e organizar toda tentativa séria de implantar essa medida protetora das massas judaicas.[6]

Mas o argumento revisionista nunca seria ouvido. Motzkin anunciou que, depois que as resoluções fossem apresentadas, não haveria debate, isso por decisão do *presidium* dominado pelo Mapai. O delegado revisionista M. Hoffman, fundador do Betar, levantou-se e contestou. Os revisionistas tinham uma resolução minoritária, e, de acordo com as regras, isso deveria ser abertamente discutido. O sionista radical Nahum Goldmann respondeu contra o debate, afirmando que a Comissão sobre judeus alemães já havia debatido essas resoluções por vários dias sem nenhum progresso. Ele pediu que o Congresso mostrasse unidade ao considerar somente a resolução do Mapai.[7] Para Goldmann, evitar a declaração de boicote dos revisionistas também preservava a ideia irreal de que o Congresso Judaico Mundial de Wise seria o primeiro a declarar o boicote mundial, algo que tanto cobiçava.

Um intenso protesto começou com os revisionistas exigindo um debate apropriado para a resolução da minoria. Em meio ao tumulto, Jabotinsky finalmente teve permissão para fazer uma breve declaração, na verdade um apelo: o nazismo estava colocando em perigo as "bases mais seguras da existência de todos os judeus no mundo [...] Deve ser visto e tratado como uma questão não só dos judeus alemães, mas de todo o povo judeu. Portanto, é dever do judaísmo mundial reagir com todas as formas de defesa justas [...] contra essa tentativa de destruir o povo judeu".[8] Além dessas poucas palavras, nenhum outro comentário foi permitido.

Motzkin, então, leu a resolução do Mapai mais uma vez. Sua oratória era tão forçada e tão artificialmente exaltada, que Jabotinsky o ridicularizou abertamente imitando suas palavras enquanto o outro as emitia. Em determinada hora, em uma inflexão exagerada, Jabotinsky recitou uma famosa citação latina: "*Quousque tandem, Catilina, abutere patientia nostra?*". A citação refere-se à reclamação de Cícero contra um discurso asqueroso no Senado feito pelo arquicriminoso e conspirador romano Lúcio Sérgio Catilina – "Oh, por favor, Catilina, diga-me por quanto tempo você continuará abusando de nossa paciência!".[9]

Motzkin ignorou a ridicularização de Jabotinsky, completou sua leitura e então ordenou que a assembleia votasse. Os revisionistas recusaram-se a participar. No alvoroço, talvez apenas para se chegar a algum tipo de decisão, todos os delegados não revisionistas, já cansados – incluindo o Mizrachi –, votaram pela resolução da maioria – 265 votos. Como os revisionistas se recusaram a votar, não se registrou nenhuma oposição.[10]

Quando os revisionistas então exigiram que sua resolução minoritária fosse, pelo menos, colocada em votação, Motzkin e o *presidium* negaram também essa moção.[11] Isso destruiu a última esperança revisionista de que talvez tanto a inócua resolução da maioria como a resolução pró-boicote da minoria fossem adotadas. Nesse momento, o Congresso tornou-se um completo pandemônio.

Os revisionistas, como grupo, começaram uma retirada como protesto. Enquanto as forças do Mapai e dos revisionistas se enfrentavam, gritavam-se ameaças e insultos. Auxiliares que tentavam intervir eram tratados com violência por raivosos Betarim. Jabotinsky e sua esposa foram cercados de repente por um bando de desordeiros do Mapai. Um empurrou a sra. Jabotinsky, o que fez que um grupo de Betarim viesse correndo. A batalha havia começado, com gritos de desdém e exaltação enquanto Jabotinsky fugia o mais rápido possível em meio aos socos. Somente um esquadrão da polícia poderia separar os combatentes. Os dois lados foram expulsos do salão, e as portas, trancadas. Jabotinsky foi chamado para prestar queixas, mas se recusou.[12]

Naquela hora de oportunidade suprema, nem punhos nem vozes se levantavam contra Hitler. Era muito mais fácil lutar um contra o outro. E assim o momento da consolidação foi deixado para trás.

A Organização Sionista havia fracassado. Mas a questão permanecia: o *movimento* sionista – os homens e as mulheres ao redor do mundo que acreditavam ter direito tanto a uma nação judaica quanto à defesa judaica –, essas pessoas aceitariam esse fracasso? Havia um momento para ser sionista e outro para ser judeu. Somente uma questão poderia fazer que eles entendessem a diferença. Essa questão era o recentemente revelado, mas pouco compreendido, Acordo de Transferência.

35

INTERPELAÇÃO

A Alemanha gostou do que aconteceu em Praga em 24 de agosto. Antes do final do dia, a suspensão de seis meses do *Juedische Rundschau* fora removida sem explicação. Como que para se justificar, o *Rundschau* rapidamente imprimiu uma cobertura do Congresso que explicava:

> Dentro do Congresso era só o pequeno, mas militante, grupo de revisionistas que queria converter a Organização Sionista em um tipo de unidade de combate. Esse grupo [...] [propôs] uma resolução pró-boicote [...] O Congresso derrotou essa moção por uma vasta maioria, que levou a cenas turbulentas [...] O Congresso [...] claramente demonstrou que o sionismo não luta com armas daquele tipo.[1]

O *Der Deutsche*, o jornal da Frente Trabalhista Nazista, dedicou a maior parte da primeira página de 25 de agosto a uma reação positiva do plano de emigração do dr. Ruppin.

> A visão do Congresso Sionista representa uma proposta que é aceitável e interessante. Sem dúvida, os judeus que vivem na Alemanha têm todos os tipos de oportunidades para viverem

bem no mundo, mesmo fora da Palestina [...] A emigração de uma grande parte dos judeus da Alemanha daria, entre outras coisas, espaço aos desempregados alemães.[2]

O *Der Deutsche* acrescentou, no entanto, que a questão de quantos bens judaicos poderiam ser transferidos ainda estava em debate.

Os jornais alemães continuaram seus excitantes vazamentos sobre o Acordo de Transferência.[3] Muitos judeus ao redor do mundo começavam a entender do que se tratava esse Acordo de Transferência. Era mais do que apenas uma transferência de bens. Era uma transferência de bens *em troca* de um mercado na Palestina.

Investidores com bônus, empréstimos e investimentos alemães ao redor do mundo ouviram pedidos para renunciar à comercialização de produtos nazistas para aliviar suas perdas em caso de colapso na economia do Terceiro Reich. Mas agora a Organização Sionista estava disposta a trair o boicote em troca do mesmo estímulo econômico de que muitos no mundo deviam abrir mão. Na mente dos judeus participantes do boicote, o Acordo de Transferência era uma transgressão impensável do boicote – fantasiada de emigração, racionalizada pela necessidade urgente de desenvolver a Palestina, mas mesmo assim uma grande ruptura no boicote.

Os telegramas antitransferência começaram a chegar a Praga na manhã de sexta, 25 de agosto.

> *Paris*: PROFUNDAMENTE SURPRESO COM NOTÍCIAS SOBRE NEGOCIAÇÕES DE RUPPIN COM GOVERNO NAZISTA REF EXPORTAÇÃO CAPITAL EMIGRANTES JUDEUS NA FORMA DE BENS NAZISTAS PONTO [...] ACORDO É INADMISSÍVEL PORQUE VAI CONTRA O MOVIMENTO DE BOICOTE E É IMORAL PARA JUDEUS PONTO [...] PEDIMOS QUE DESAPROVEM ESSAS NEGOCIAÇÕES PONTO [...] ASSINADO COMITÊ DOS JUDEUS ALEMÃES PERSEGUIDOS.[4]

> *Varsóvia*: SOUBEMOS DA DECLARAÇÃO DE RUPPIN REF ACORDO SUPOSTAMENTE FECHADO COM GOVERNO ALEMÃO PONTO REJEITAMOS CATEGORICAMENTE IDEIA DE NEGOCIAÇÕES COM GOVERNO NAZISTA PONTO SE ESSAS NEGOCIAÇÕES E ACORDO REALMENTE ACONTECERAM AS ORGANIZAÇÕES

ABAIXO ASSINADAS PROTESTAM EM NOME DOS MUITOS MILHÕES DE JUDEUS POLONESES PONTO [...] NOSSO PROTESTO É MAIS VIGOROSO UMA VEZ QUE ESSE ACORDO FOI CONCLUÍDO ÀS VESPERAS DO CONGRESSO JUDAICO MUNDIAL EM GENEBRA ASSINADO UNIÃO CENTRAL DE COMERCIANTES UNIÃO CENTRAL DE ARTESÃOS JUDEUS UNIÃO CENTRAL DE VAREJISTAS.[5]

Nova York: HÁ ALGUNS DIAS MANDEI LONGO TELEGRAMA A LIPSKY PEDINDO RESOLUÇÃO BOICOTE [...] PEDINDO PARA SER LIDO NA CONVENÇÃO ALGO QUE RESPEITOSAMENTE INSISTO PONTO SINTO CONVENÇÃO DEVERIA TAMBÉM VOTAR SOBRE RESOLUÇÃO BOICOTE DE QUALQUER FORMA ASSINADO UNTERMYER.[6]

Telegramas de importantes membros da comunidade sionista não dissuadiram as forças do Mapai de realizar seu programa. A sessão da manhã de sexta-feira, 25 de agosto, começou com um anúncio de Ben-Gurion de que, a partir de agora, os *halutzim* deveriam ter prioridade no recebimento de certificados de imigração de trabalhadores para a Palestina.[7] Os halutzim eram os jovens pioneiros do movimento sionista. Jovens idealistas entram no programa, depois passam por campos de treinamento conhecidos como *hachsharah* para aprender as habilidades manuais e agrícolas, bem como as ideias filosóficas necessárias para se tornarem líderes em Eretz Yisrael. Quando a Palestina judaica fosse criada, os halutzim selecionados imigrariam e assumiriam posições centrais na força de trabalho e nos *kibbutzim*. Em 1933, mais da metade da força de trabalho judaico-palestina e cerca de 80% dos *kibbutzniks* eram halutzim. A imensa maioria dessa vanguarda sionista tinha pensamentos socialistas e era membro ativo do Mapai.[8]

No entanto, na Alemanha, havia menos de 3 mil halutzim,[9] e muitos deles eram não alemães que viviam no Terceiro Reich. Sem dúvida, as massas pauperizadas de judeus alemães – tradicionalmente não envolvidas no treinamento de jovens sionistas – teriam grande dificuldade em ser selecionadas para a entrada na Palestina. No entanto, o Mapai queria que a cota de imigrantes trabalhadores fosse preenchida não tanto por halutzim alemães, mas por halutzim da Polônia, Tchecoslováquia, Romênia e de outros países. O dr. Ruppin, na verdade, tinha dado a dica de que a grande estrutura palestina a ser montada a partir da crise alemã deveria servir às necessidades das comunidades judaicas em toda a Europa, não apenas na Alemanha.[10]

Os halutzim estavam, é claro, muito bem preparados para a vida dura e as condições de trabalho na Palestina. Muitos imigrantes de classe média, semelhantes aos judeus alemães, fracassaram na Palestina por falta de treinamento manual ou agrícola adequado. Mas Ben-Gurion enfatizou suas prioridades ideológicas quando falou ao Congresso naquela manhã de sexta-feira por que os halutzim deveriam ser levados primeiro: "Se essa é uma guerra de classes, devemos seguir em frente. Mas o problema entre o capital e o trabalho não pode ser decidido no Congresso Sionista [...] O Congresso Sionista deve se preocupar somente com a forma mais rápida de construir a Palestina". Nem ele estava interessado em ampliar o programa de halutz para incorporar aqueles que não eram seguidores sinceros da política do Mapai. Na verdade, ele tinha a intenção de manter longe os elementos indesejáveis, incluindo os revisionistas.[11] O resultado seria um Estado judeu criado à imagem do Mapai.

A exigência de Ben-Gurion provocou críticas dos outros grupos, que entenderam que o controle do Mapai permitiria agora que ele usurpasse todo o sistema de certificados de imigração. Mas, enquanto o Mizrachi, os Sionistas Gerais e os Sionistas Radicais estavam ocupados respondendo à posição sobre imigração do Mapai, os delegados revisionistas pensavam no Acordo de Transferência. Embora tenham saído em massa na noite anterior, quando a resolução sobre o boicote não foi colocada em votação, eles decidiram permanecer para as sessões subsequentes. O Acordo de Transferência, ainda mergulhado em ambiguidades, havia levantado uma onda de protestos ao redor do mundo. Se o acordo fosse o que os revisionistas suspeitavam, os detalhes deveriam ser transmitidos ante os delegados, a mídia internacional e o judaísmo mundial.

O *presidium* poderia bloquear quase qualquer tentativa de debater a questão da transferência. Mas um dos revisionistas acreditava que poderia driblar o *presidium* ao invocar o direito de *interpelação*. O procedimento parlamentar da interpelação garantia aos delegados o direito de introduzir uma questão especial para esclarecimento. No meio da sessão de sexta-feira, Meir Grossman levantou-se e anunciou: "A facção Revisionista Democrática coloca a seguinte questão [...] Nos jornais de ontem, havia uma reportagem de que um acordo fora concluído entre os sionistas e o governo alemão [...] que a Palestina comprará produtos da Alemanha no valor de 3 milhões de marcos e que, em troca, o governo alemão liberará uma quantia igual de propriedade dos judeus".[12]

Os comentários inesperados de Grossman chamaram a atenção dos delegados. Ele continuou a protestar que o Acordo de Transferência separaria o movimento sionista do judaísmo mundial que estava disposto a boicotar Hitler. "Consideramos esse acordo indigno e incompatível com os interesses morais e materiais do povo judeu", declarou Grossman. "Estamos perguntando ao Executivo se esse acordo foi concluído com o encorajamento do Executivo ou seu conhecimento e quais agências ou escritórios da Organização Sionista estão participando nessas negociações."[13]

"Consideramos que esclarecer essa questão é algo urgente e importante, em especial porque ontem a maioria do Congresso se recusou a fazer um debate geral sobre os eventos na Alemanha e tornou impossível, portanto, a investigação detalhada desses eventos. Esperamos que o Executivo responda a essa indagação depressa e, assim, dê ao Congresso uma oportunidade para discutir. Meu partido levantou esse assunto porque é mais uma prova da necessidade de vigilância. Estamos acossados por perigos, e certas pessoas não são tão confiáveis quanto pensávamos."[14] Nesse momento, Grossman recebeu uma salva de aplausos dos delegados.

Até esse momento, os líderes sionistas envolvidos no Acordo de Transferência foram capazes de evitar a questão de suas participações. Ruppin havia identificado o sr. Sam Cohen como o negociador do acordo. Se, de fato, o Acordo de Transferência fora negociado e seria implantado pela Organização Sionista ou seus componentes, a sessão plenária do Congresso teria o direito de discutir e ratificar a questão.

Grossman esperava por sua resposta. Os delegados curiosos e agora apreensivos de todos os partidos aguardavam. O que era o Acordo de Transferência e quem era responsável por ele?

O *presidium* reuniu-se brevemente, e Grossman recebeu sua resposta: em virtude da aproximação do pôr do sol, o Congresso encerraria para o sabá. Motzkin bateu o martelo, e a sessão terminou.[15]

Antes de os delegados e repórteres se dispersarem, no entanto, Jabotinsky convocou uma coletiva de imprensa improvisada do lado de fora do salão. Mais de cem jornalistas e muitos delegados reuniram-se ao redor de um exaltado orador que apresentou todo o discurso antinazista que não pôde fazer no dia anterior. Ele atacou tanto a recusa do Congresso em aderir ao boicote quanto o Acordo de Transferência. "Simpatizamos com a posição de nossos irmãos alemães. Deixemos que permaneçam leais à Alemanha. Mas o hitlerismo é um perigo para os 16 milhões de judeus em todo o mundo, e [...] os judeus alemães não podem nos influenciar a não lutar contra nosso inimigo. Nosso inimigo deve ser destruído!"[16]

Jabotinsky declarou, então, que como a Organização Sionista se recusara a estabelecer a rede internacional necessária para o boicote, os 100 mil membros dos revisionistas, todas suas sedes e todos seus recursos no mundo inteiro fariam isso. Não haveria nenhuma negociação sobre liderança com pessoas como Samuel Untermyer. Os revisionistas cooperariam completamente com todos os grupos de boicote existentes. Com relação ao Acordo de Transferência, Jabotinsky o denunciou como humilhante. E prometeu que os judeus na Palestina nunca abandonariam o boicote, nunca comprariam produtos alemães importados por meio do acordo, e que este e as pessoas ligadas a ele estavam condenados. Jabotinsky pediu que os judeus do mundo se unissem, abandonassem a Organização Sionista e assumissem seu lugar de direito nas trincheiras econômicas no confronto contra Hitler.[17]

* * *

A sessão de sábado à noite, logo depois do sabá, estava reservada para o debate geral. O Mapai e seus aliados queriam suprimir qualquer discussão sobre o Acordo de Transferência e, em vez disso, continuar a guerra verbal contra o revisionismo. Mas, antes que a mesa pudesse designar o primeiro orador, Meir Grossman invocou novamente seu privilégio de interpelação. "Ontem pedimos uma interpelação urgente ao Executivo e pedimos uma resposta", declarou Grossman. "Nesse ínterim, a imprensa inglesa publicou reportagens sobre um acordo entre a Alemanha e os sionistas – uma questão que os ingleses não conseguem entender [referindo-se à vantagem comercial da Alemanha]. Pedimos que o Executivo [...] responda hoje a nossa solicitação urgente."[18]

O presidente do *presidium*, Motzkin, respondeu: "Nos regulamentos sobre interpelação, não há nada que diga quando uma interpelação é *urgente*".[19]

Grossman atacou de volta: "Proponho que o Congresso determine a urgência de nossa interpelação e instrua o Executivo a fornecer uma resposta até amanhã".[20]

Nesse ponto, Berl Locker falou. Ele era o membro do Executivo que havia trabalhado com Sam Cohen em seu acordo inicial em maio. Locker declarou: "A interpelação a que se refere o sr. Grossman não tem nenhuma conexão com qualquer ação ou negociação conduzida ou ordenada pelo Executivo. Em vista de hoje ser o sabá, o Executivo não teve oportunidade de realizar uma reunião. Mas tratará da interpelação em sua próxima sessão e informará ao Congresso se submeterá suas descobertas nessa matéria para o Congresso ou a um comitê".[21]

Antes que Grossman pudesse responder, Motzkin falou: "Reconhecemos essa declaração do Executivo. Só quero dizer que depende inteiramente dele dar ou não uma resposta. Passaremos agora ao debate geral".[22]

Locker evitara uma reação imprevisível dos delegados primeiro ao mentir sobre o envolvimento do Executivo e depois ao parecer razoável oferecendo-se para investigar e depois informar ao Congresso *ou* a um comitê. O *ou* foi cuidadosamente acrescentado para que o Executivo pudesse simplesmente fazer um relatório a um "comitê" e ainda assim cumprir a promessa feita perante todo o *plenum*.

Para afastar o Congresso da transferência e voltar ao inimigo preferido do Mapai, o líder trabalhista palestino Zalman Rubaschov – que mais tarde se tornaria o presidente israelense Zalman Shalazar –, lançou, então, um ataque ácido contra os revisionistas caracterizando-os como uma "gangrena" que deveria ser eliminada no momento certo. Ao ouvir as palavras de Rubaschov, Jabotinsky ficou de pé à vista de todos e saiu do salão. Rubaschov, ainda mais enfaticamente, pediu a seus companheiros trabalhistas que removessem os "elementos perniciosos e desprezíveis de nosso meio".[23]

Joseph Schechtman, um companheiro de Jabotinsky, levantou a voz para uma refutação revisionista. No entanto, antes que sua primeira sentença fosse concluída, toda a delegação do Mapai se levantou e saiu. Enquanto saíam, Schechtman denunciou sua "resolução de água com açúcar sobre a situação alemã" e a recusa do Congresso de se juntar ao boicote de "uma capitulação às forças da Alemanha hitlerista".[24]

Quando a sessão finalmente voltou, os revisionistas estavam ansiosos para exigir mais detalhes sobre o Acordo de Transferência. Mas os procedimentos foram interrompidos por algo que muitos acreditaram ser uma emergência encenada. Alguém entregou, com dramaticidade, um telegrama a Motzkin: este reagiu com uma expressão de choque. O *presidium*, então, passou o telegrama de mão em mão, sussurrando entre si e anunciou que a sessão seria adiada imediatamente.[25]

O *presidium* não fez nenhum anúncio formal, mas espalhou rapidamente a notícia de que o telegrama viera da Palestina e afirmava que um dos revisionistas em julgamento pelo assassinato de Arlosoroff havia "confessado o crime". O Mapai poderia agora convencer o Congresso, em um momento de emoção, a expulsar todo o Partido Revisionista. Os trabalhistas ficaram extasiados. Os revisionistas reagiram às notícias com confusão e medo.[26]

Ambos os grupos conferenciavam no *lobby* quando Jabotinsky voltou de sua saída anterior. Seus companheiros explicaram nervosos as notícias do telegrama da Palestina. Jabotinsky imediatamente começou a rir. Ele reuniu seus seguidores em uma convenção do partido e pediu que não se desesperassem. "Garanto que o telegrama é falso [...] É tarde, e eu os aconselho a dormir. E quando acordarem de manhã, descobrirão que o telegrama era falso."[27]

No dia seguinte, os delegados do Congresso rapidamente descobriram que o "telegrama da confissão" era realmente falso.[28] Mesmo assim, o falso alarme servira para evitar por mais um dia o debate sobre a questão realmente preocupante: o Acordo de Transferência. Mas esse assunto se tornaria logo irresistível. Os nazistas estavam lançando uma guerra de propaganda e tinham mais notícias para divulgar.

36

A LARANJA DOURADA

Oficiais do Terceiro Reich reagiram nervosamente à ruptura de Jabotinsky com a Organização Sionista. Seu anúncio de 25 de agosto de que o revisionismo usaria seus recursos internacionais para coordenar o boicote levou os líderes nazistas a suspeitarem de que Jabotinsky era o outro lado do sionismo, trabalhando pelo fim da economia alemã. Alfred Rosenberg, teórico pessoal de Hitler sobre questões judaicas e sionistas, imprimiu um editorial violento no *Volkischer Beobachter* de 26 de agosto. Ele classificou a resolução majoritária sobre a situação alemã de "uma chocante interferência na política interna da Alemanha". Como o Congresso "não era corajoso o suficiente para expulsar o grupo liderado por Jabotinsky", Rosenberg concluiu que "o judaísmo está instigando uma nova campanha contra a Alemanha". E alertou que os textos das resoluções do Congresso seriam rigorosamente examinados para determinar exatamente qual seria a política do sionismo.[1]

Jabotinsky tentou não decepcionar os preocupados nazistas. Seus seguidores organizaram reuniões abertamente pró-boicote com empresários visitantes em Praga. Uma ideia era garantir que importadores que mudassem para fornecedores não alemães não tivessem dificuldades em estabelecer novos créditos.[2] A lógica era inevitável. Se uma rede financeira global patrocinada pelos judeus conseguia *promover* as exportações alemãs, uma rede global patrocinada pelos judeus poderia *prejudicá-las*.

Jabotinsky também anunciou que havia enviado um telegrama a Samuel Untermyer:

GOSTARIA DE COORDENAR ATIVIDADE BOICOTE REVISIONISTAS COM SUA FEDERAÇÃO PONTO POR FAVOR INSTRUA SEU REPRESENTANTE DE PARIS.

Elias Ginsburg, um organizador importante de Jabotinsky nos Estados Unidos, já era um dos principais ativistas pró-boicote de Untermyer. Para enfatizar sua disposição para apoiar Untermyer, Jabotinsky garantiu a Ginsburg: "Não preciso acrescentar que importância decisiva associamos à personalidade do sr. Untermyer e à Federação dirigida por ele. É nosso desejo fervoroso coordenar toda nossa atividade com esse poderoso fator".[3]

Fora de Praga, onde os judeus começavam a sentir um profundo sentimento de traição, havia conversas diretas sobre renunciar à Organização Sionista se o preço da lealdade exigisse o abandono da guerra sagrada contra Hitler. Um dos mais francos era, claro, Untermyer. Durante um discurso em Youngstown, Ohio, no dia 27 de agosto, para membros da B'nai B'rith de três estados – transmitido nacionalmente pela rádio CBS –, Untermyer apelou para que a base da B'nai B'rith rompesse com seus líderes nacionais e entrasse na cruzada pró-boicote. "Seus representantes no leste [...] cometeram um grave erro ao se alinharem com o Comitê Judaico Americano na oposição ao [...] boicote, que é a única arma disponível [...] [contra] a bárbara campanha de extermínio [de Hitler]. Vocês, portanto, estão, sem saber, negando a seus próprios irmãos na Alemanha [...] a única esperança [deles] de ajuda eficiente."[4]

Ele explicou: "Esses cavalheiros [o Comitê] são um organismo autonomeado, que se autoperpetua, que não representa ninguém mais do que eles mesmos. Ao contrário da sua organização, eles não possuem nenhum mandato específico de nenhum setor do povo judeu e, portanto, não precisam prestar contas a ninguém pelas medidas que eles mesmos nomeiam". Os membros da B'nai B'rith precisavam entender como foram enganados, disse Untermyer. O Congresso havia "visto o erro de suas políticas e teve a coragem de mudar" e se juntar ao movimento pró-boicote. A B'nai B'rith não faria o mesmo?[5]

Voltando-se para a Organização Sionista e o Acordo de Transferência, as ameaças de Untermyer eram igualmente expostas. "A Organização Sionista não tinha por que entrar em tal negociação." E avisou: "Se eles concordarem com qualquer um desses termos, ou com qualquer outro que permita salvar apenas um número limitado de judeus alemães que conseguirem levar para a Palestina [...] [então], certamente destruirão sua organização nesse país".[6]

Untermyer, um importante sionista americano apoiador da Palestina, sabia que a ala americana da Organização Sionista era uma coluna indispensável sobre a qual todo o movimento mundial se equilibrava. Números, contribuições e envolvimento político faziam do judaísmo americano uma potência no sionismo. Essa potência poderia ser desligada – ou reconectada em outro objetivo, principalmente o revisionismo, que queria estabelecer uma organização sionista mundial rival.

O defensor mais conhecido do boicote disse à B'nai B'rith que entendia bem a razão dos vários delegados de Praga. "[Eles] foram avisados de que, se votassem pelo boicote, as absurdas negociações abortivas [...] para permitir que os judeus alemães fossem tirados da Alemanha seriam encerradas." Untermyer declarou que desejava que as negociações *fossem* extintas, porque: "Está jogando nas mãos do inimigo e destruindo a única oportunidade [...] para libertar suas vítimas, trazendo a queda econômica certa ao regime de Hitler".[7]

Pedindo para que judeus e não judeus, em todo o lugar do mundo, resistissem à ideia do Acordo de Transferência, Untermyer terminou seu discurso com estas palavras: "É simplesmente inconcebível que nos tornemos parte de um acordo tão profano".[8]

Estava claro para os líderes do partido nazista que elementos sionistas dissidentes poderiam atrapalhar a relação que a Alemanha havia criado com a Organização Sionista. Assim, em 27 de agosto, mais vazamentos saíram na imprensa de Berlim. Dessa vez, no entanto, as matérias não eram do Acordo de Transferência *per se*, mas de uma das mais puras promessas comerciais entre Palestina e Alemanha. O assunto eram laranjas.

A Alemanha não apenas detinha o poder sobre o crescimento futuro da Palestina judaica, mas também sobre a própria existência da Palestina judaica. O centro da economia da Palestina estava baseado em apenas um fator: exportações de cítricos, contabilizando uns 80% das exportações e quase o mesmo do produto nacional bruto. A Grã-Bretanha era a principal compradora. A segunda maior era a Alemanha. Os importadores do Terceiro Reich compravam quase 19% da safra palestina, e em 1933 esperavam aumentar substancialmente esse número à medida que a colheita crescesse. Sem uma venda bem-sucedida da colheita de 1933-34, a economia palestina seria arruinada da noite para o dia.[9]

A Palestina não desenvolveu uma economia mista. Suas chamadas fábricas eram, em geral, nada mais do que oficinas. Seu segundo mais importante produto era o sabão, que representava apenas uma pequena porcentagem de seu produto nacional bruto.[10] Além disso, as laranjas tinham um tempo próprio. Elas precisavam ser colhidas, processadas, empacotadas, enviadas, distribuídas e vendidas em um calendário muito estrito. Atrasar qualquer parte da viagem em apenas umas semanas poderia devastar toda a safra.

A colheita de laranjas na Palestina em 1932 foi de 4,3 milhões de caixas – quase um milhão de caixas a mais do que em 1931. Em meados de 1933, a maioria dos especialistas esperava a próxima estação para colher mais de 6 milhões. Os vendedores declararam que a Palestina estava "se afogando em frutas". Mas o mundo estava em um estado de depressão. As divisas estrangeiras na Alemanha foram restritas a importações não essenciais. Aliás, as laranjas espanholas ameaçavam com um preço perigosamente mais baixo que as laranjas jaffas palestinas.[11]

Nada poderia ser mais fácil para a Alemanha do que proibir as importações das laranjas palestinas. O resultado teria sido o súbito, talvez insuperável, desastre econômico. Mas a Alemanha tinha várias razões para querer que o comércio de laranjas da Palestina crescesse. Por um lado, se a Palestina fosse o recipiente dos judeus alemães, seria necessário que fosse viável. Comprar as laranjas era, portanto, tão essencial para o planejamento nazista quanto resolver a questão judaica. Na verdade, em grande parte, comprar laranjas *era* resolver a questão judaica. Além disso, um contínuo poder de compra alemão na Palestina era o maior motivo para o movimento sionista se abster do boicote. Se a Alemanha não conseguisse vender suas exportações, não haveria dinheiro para comprar 15% ou mais da safra de cítricos de 1933-34.

Ademais, tendo em vista as dificuldades esperadas, todas as questões sobre alimentação na Alemanha tinham de ser acompanhadas tanto pelo Ministério de Alimentos do Terceiro Reich quanto pelo departamento do partido nazista responsável pelo comércio agrário, conhecido como Landhandelsbund.

Totalmente fora dos contatos sobre a transferência, as negociações aconteceram durante alguns meses entre o Landhandelsbund, sionistas alemães e plantadores de cítricos palestinos.[12] A Alemanha queria comprar mais laranjas, mas não conseguia arranjar moedas estrangeiras.

Em 27 de agosto, o *Berliner Tageblatt* deu um furo de reportagem: um grande acordo estava perto de ser finalizado. O Landhandelsbund compraria cerca de RM 10 milhões em cítricos palestinos na próxima colheita; em troca, a Palestina compraria o dobro, talvez o triplo dessa quantidade em produtos alemães. Nenhum dinheiro estaria envolvido; era uma troca direta. Todos os bens e produtos seriam enviados em navios alemães.[13]

Os judeus estavam confusos e se sentiram provocados pelo altamente emotivo e ainda nebuloso Acordo de Transferência. Mas esse pacto claramente compreensível de comércio mútuo entre Palestina e Alemanha levou a comunidade judaica e até os não judeus a uma quase universal indignação contra toda a questão dos acordos do sionismo com o regime de Hitler. Logo apelidada de "Laranja Dourada", as revelações concentraram repentinamente a questão de forma clara na mente de quase todo mundo. A Palestina e a Alemanha eram parceiras comerciais.

No início, o acordo das laranjas não foi levado a sério. Os jornais de Londres publicaram a história com ceticismo nas edições de domingo, 27 de agosto. Multidões de cidadãos enraivecidos ligaram para a sede da Organização Sionista em Londres exigindo informações. Quando a Organização negou conhecer esse acordo da laranja, as pessoas voltaram-se para a Jewish Telegraphic Agency atrás de detalhes. A ATJ, no entanto, podia fornecer poucas informações a mais do que reproduziu dos jornais de Berlim.[14]

Correspondentes perplexos dos principais jornais e serviços de notícias em Londres e na Palestina também tentaram em vão verificar a notícia. Ninguém sabia de nada. Em Praga, os líderes sionistas divulgaram somente enfáticas negativas de que, independentemente do que fosse esse acordo das laranjas, não tinha relação com o Acordo de Transferência.[15]

Os defensores do boicote tentavam fazer com que a Alemanha passasse fome naquele inverno. Eles não podiam acreditar que a Palestina frustraria esse esforço que estava tão perto do sucesso com um acordo para enviar alimentos a um Terceiro Reich sem dinheiro. O capitão Webber, líder britânico do boicote, foi rápido em divulgar uma declaração de descrença: "O propósito central da Liga de Comércio de Produtos da Terra da Alemanha [Landhandelsbund] é tentar ridicularizar o boicote judaico. Na semana passada, ouvi um rumor de que a Landhandelsbund estava se preparando para lançar algo desse tipo e recebi garantias pessoais da Organização Sionista de que não havia nada nesse sentido. Qualquer acordo entre a Alemanha e a Palestina é naturalmente um acordo entre a Alemanha e os judeus; portanto, a Organização Sionista seria a primeira a saber. Tenho certeza de que a notícia desta noite não tem fundamento de fato. Considero uma tentativa de nos depreciar, sobretudo aos olhos dos Estados Unidos".[16]

Tudo estava ficando confuso. O Acordo de Transferência [...] o acordo de comércio. Sem dúvida, era tudo parte do mesmo arranjo? Ou não? A mídia, a comunidade diplomática, os judeus do mundo, o movimento sionista – estavam todos misturando maçãs e laranjas na compreensão dos dois acordos. Respostas eram exigidas. A atenção estava voltada para a sessão plenária da noite de segunda-feira, 28 de agosto. Não só a interpelação de Grossman deveria ser respondida, mas os delegados debateriam as alegações de assassinato de Arlosoroff. Os delegados estavam claramente tensos, e o debate prometia ser explosivo. Os organizadores do Congresso não podiam permitir o confronto.

Assim, a sessão foi simplesmente cancelada.[17]

Sem nenhuma resposta crível para as notícias sobre o acordo das laranjas, jornalistas indecisos dos Estados Unidos, da Europa e da Palestina mandaram seus despachos. Os artigos saíram nas edições de terça-feira, 29 de agosto.

> *The New York Times*: NAZISTAS ANUNCIAM ACORDO COM A PALESTINA [...] "*Berlim*. Um surpreendente anúncio da Liga de Comércio de Produtos da Terra da Alemanha [Landhandelsbund] [...] indica, se correto, que o muito divulgado boicote judaico de produtos alemães tem certas reservas [...] O acordo, segundo esse anúncio, afirma que a Alemanha importará entre 8 e 10 milhões de marcos em laranjas jaffa [...] [e] a Palestina [...]comprará 20 milhões em produtos industriais alemães. As exportações para a Palestina consistem principalmente de máquinas agrícolas, motores,

refrigeradores, têxteis [...] e máquinas para [...] pequenas fábricas de botões, artigos de couro, móveis de vime e outros produtos domésticos [...] As mercadorias serão enviadas em navios alemães."[18]

Palestine Post: PALESTINA NEGOCIA COM NAZISTAS [...] "*Berlim*. O Handelsbund [...] do partido nazista, declarou que o acordo com a Palestina no qual [...] laranjas seriam importadas para a Alemanha em troca da importação de [...] artigos manufaturados é o resultado de negociações realizadas nos últimos três anos com várias cooperativas palestinas. Também declara que uma comissão alemã irá se dirigir à Palestina para organizar os detalhes."[19]

Jewish Daily Bulletin: GOVERNOS BRITÂNICO E PALESTINO, JUNTOS COM SIONISTAS, NEGAM INFORMAÇÕES SOBRE ACORDO DA LARANJA REVELADO POR NAZISTAS [...] "*Londres*. Existe uma considerável mistificação aqui com relação ao pretenso acordo nazipalestino [...] com a impressão geral de que as notícias [...] são incorretas e uma tentativa de criar um sentimento entre os judeus que levará ao fim do boicote [...] O governo palestino e o Colonial Office britânico negam qualquer conhecimento desse [...] espantoso e ambíguo acordo. É apontado [por fontes judaicas e sionistas] que [...] para além do aspecto moral do acordo sobre o boicote antinazista, o acordo representaria um péssimo negócio."[20]

Haaretz: SOBRE A QUESTÃO DO ACORDO POR UM ENVIO DE LARANJAS PARA A ALEMANHA [...] "*Berlim*. O Landhandelsbund [...] do Partido Nazista [disse que] [...] o acordo para o envio de laranjas no valor de 18 milhões de marcos [...] ainda *não* foi definitivamente concluído. As negociações estão sendo feitas pelo Ministério de Alimentos do Terceiro Reich."[21]

Denúncias bem formuladas feitas por líderes sionistas e pela base em todo o mundo chegavam ao serviço postal especial na sala onde se realizava o Congresso. Um dos mais ameaçadores vinha do rabino Abba Hillel Silver, de Cleveland, uma das figuras mais importantes do sionismo americano. Repetindo a essência de seu protesto, o rabino Silver contou ao entrevistador da Jewish Telegraphic Agency: "Se os informes desses dois acordos estiverem corretos, e eu os considero inimagináveis e inconcebíveis, então todo judeu que for à Palestina se tornará um importador de bens alemães para a Palestina, e isso em um momento em que negamos ao judaísmo [...] do mundo inteiro o direito de comercializar com a Alemanha".[22]

Incapaz de dissimular sua fúria, o rabino Silver declarou: "A própria ideia do judaísmo palestino negociando com Hitler em vez de exigir justiça para os judeus perseguidos da Alemanha é impensável. Alguém poderia pensar que toda a questão era apenas uma venda comum e que os judeus da Palestina queriam ganhar umas poucas barganhas. O judaísmo palestino deveria mostrar o caminho da ação unificada e não se mostrar disposto a ludibriar o resto do mundo por um milhão de caixas de laranjas".[23]

Sabendo muito bem que a ATJ distribuiria seus comentários ao mundo inteiro, o rabino Silver fez a seguinte declaração: "Isso é um teste. A Palestina sempre pediu aos judeus do mundo que se sacrificassem por ela. Agora, chegou o momento de perguntar: será que a Palestina fará um sacrifício comercial pelos 15 milhões de judeus do mundo? Dizemos aos judeus palestinos, *nós* não vamos fazer comércio com o inimigo e não vamos permitir que os judeus da Palestina o façam".[24]

Untermyer enviou a Praga um cabograma que exigia que os líderes sionistas negassem completamente o acordo da laranja. As notícias estavam "provavelmente incorretas", dizia o telegrama de Untermyer, e eram sem dúvida "espalhadas para atacar o boicote que cresce diariamente de maneira formidável". Ele então insistiu que o 18º Congresso Sionista renegasse qualquer pacto de comércio de mercadorias nazistas, porque "o judaísmo mundial não tolerará qualquer acordo com a Alemanha e denunciará qualquer organismo que ousar vender nossos direitos naturais por um pouco de sopa. Somos palestinos leais", avisou Untermyer, "mas o resultado dessa luta é muito mais importante do que vender laranjas".[25] Especificando as consequências, Untermyer ameaçou que, a menos que o acordo das laranjas fosse imediatamente investigado e negado, uma convenção dos sionistas americanos se reuniria sem demora para repudiar o acordo, ordenar o retorno imediato de toda a delegação americana de Praga e formalmente dissociar o sionismo americano da Organização Sionista.[26]

Se os organizadores do sionismo americano ordenassem que seus trinta delegados voltassem para casa, cerca de 10% do Congresso sairia. Mesmo os delegados americanos do Mapai seriam obrigados a retornar se Untermyer conseguisse persuadir a sede americana do Mapai a aprovar uma resolução obrigatória que os convocasse de volta. Elementos não americanos do Mizrachi e do revisionismo ficariam felizes em segui-los, subtraindo outros trinta ou quarenta delegados. E, como os delegados americanos tinham grande força no Partido Sionista Geral e no pequeno Partido Sionista Radical, talvez outros dez delegados também fossem compelidos a ir embora. Untermyer, portanto, tinha o poder de provocar a saída de sessenta a oitenta delegados, ou por volta de 25% de todo o Congresso. Mas, além de meros números, a delegação americana desempenhava um papel político e financeiro indispensável em quase todos os esforços sionistas, e isso, também, seria perdido.

Ele já havia feito isso antes. Apenas no mês anterior, Untermyer criara – num curto prazo – a Federação Econômica Judaica Mundial em Amsterdã. E menos de dez dias antes do 18º Congresso Sionista, Untermyer havia convencido o Congresso Judaico Americano a abandonar a liderança de Stephen Wise e, por meio de resolução, obrigá-lo a declarar o boicote. Os homens fortes do movimento sionista americano estavam todos em Praga. Untermyer poderia operar nos Estados Unidos sem nenhum questionamento e, de fato, já havia convencido as organizações sionistas regionais de Nova York a exigir que Praga aprovasse uma resolução pró-boicote.[27]

Untermyer não era alguém com quem se pudesse brincar, e os líderes do Congresso sabiam disso.[28]

* * *

A sessão da manhã de terça-feira, 29 de agosto, não pôde ser adiada. O rabino Stephen S. Wise estava entre os primeiros agendados para falar, cheio de reclamações contra o Mapai. Primeiro, os Trabalhistas estavam perto de conseguir o retorno de Chaim Weizmann à presidência da Organização Sionista; Wise desprezava Weizmann e estava determinado a evitar sua nova ascensão.

Segundo, como o Mapai temia o boicote que Wise proclamaria em Genebra e a concorrência do Congresso Judaico Mundial, os líderes do Mapai forçaram subitamente o Comitê de Ações a retirar seu endosso da conferência de Genebra. Terceiro, os líderes do Mapai encorajaram o Conselho de Deputados a retirar o copatrocínio da conferência de Genebra e organizar uma contraconferência própria em conjunto com a Organização Sionista, dessa vez para coordenar as doações de assistência no mundo inteiro.[29]

Wise não estava ganhando. A melhor forma de atacar o Mapai era por meio de uma defesa dramática dos revisionistas, ligando essas políticas inaceitáveis a Weizmann. Wise começou seu discurso com uma reprimenda pungente ao discurso de Weizmann em Chicago, quando este defendeu assentamentos judaicos restritos. Um por um, Wise continuou depreciando uma série de outras atitudes controversas de Weizmann. Se os delegados o apoiassem, Wise advertiu, o movimento nunca se recuperaria.[30]

Continuando o ataque, Wise voltou-se diretamente aos planos do Mapai de imigração seletiva para os halutzim, que eram treinados desde criança na idealista sociedade de trabalhadores que o Mapai esperava alcançar. "Utopia!", gritou Wise. "Isso é o que o Mapai está planejando criar na Palestina. Vocês podem, na verdade, fazer uma utopia na terra de Israel, mas não atrasem os reassentamentos em nome dessa possível utopia." Nesse ponto, os revisionistas aplaudiram com força, enquanto os membros do Mapai se levantaram para difamar e negar aquelas palavras aos gritos. Wise continuou, acusando os trabalhistas de tentar criar uma sociedade em Eretz Yisrael onde todos que não pensassem como eles ou pertencessem ao partido político deles seriam incapazes de ganhar entrada ou encontrar trabalho. Mais uma vez, os revisionistas aplaudiram, enquanto o povo do Mapai vaiava.[31]

Em um momento, o presidente Motzkin teve tanta dificuldade em conter as interrupções que ameaçou: se o Mapai não se comportasse, ele os puniria permitindo que Wise falasse além do limite de tempo. Essa ameaça conseguiu fazer que os desordeiros se comportassem por um breve período; isto é, até Wise terminar seu discurso provocador, declarando que o "Congresso deve criar a paz entre as facções. A maioria representada pelo Partido Trabalhista é responsável por continuar o trabalho na Palestina. Mas não devem dizer que somente os judeus que compartilham suas visões podem entrar".

Todo o grupo revisionista se levantou e aplaudiu com força, gritando palavras de apoio. O grupo do Mapai assobiou e vaiou, chamando Wise de "ignorante" e "mentiroso", afirmando que os revisionistas haviam contado mentiras para ele.[32]

O discurso abrasivo de Wise, vindo de um líder dos sionistas americanos, era um grande golpe para o prestígio do Mapai no Congresso. Seus comentários não faziam nenhuma referência ao Acordo de Transferência ou ao da laranja, provavelmente porque, como eram violações ao boicote, ele acreditava que essas questões deveriam ser confinadas à Conferência de Genebra. No entanto, outros não haviam esquecido. Meir Grossman levantou-se novamente para exigir uma resposta para sua interpelação.

"Há três dias", gritou Grossman, "nos disseram que teríamos uma resposta [...] Acredito que mostramos justiça ao esperarmos todo esse tempo." Ciente de que Berl Locker prometera anteriormente uma resposta tanto para o *plenum* do Congresso *ou* um "comitê", Grossman tentou evitar uma explicação a portas fechadas. "Não ficaremos satisfeitos apenas com uma resposta ao Comitê Político. Queremos uma resposta ao Congresso. Estou perguntando ao presidente se o Executivo nos dará uma resposta."[33]

Locker respondeu: "O fato de que tão poucas sessões foram realizadas é a razão pela qual a interpelação de Grossman não tenha sido respondida até agora. Mas esta é a nossa resposta: o Executivo [...] determinou que as negociações a que se referiam na interpelação não foram ordenadas pelo Executivo. Estamos preparados, no entanto, para fornecer detalhes adicionais para o Comitê Político. Deixaremos nas mãos do Comitê Político se comunicaremos ou não essa resposta à sessão do plenário".[34]

O presidente Motzkin acrescentou: "Quero lembrar a todos os interessados que o estatuto social afirma o seguinte a respeito da resposta a uma interpelação: '*A resposta pode ser dada oralmente ou por escrito, pode ser recusada pelo Executivo com suas razões*'".[35]

Se Locker acreditava que poderia negar a responsabilidade do Executivo porque o Banco Anglo-Palestino controlava o acordo, Grossman já estava um passo à frente. "Apesar de o sr. Locker declarar que a Organização Sionista não tem nada a ver com as negociações", Grossman acrescentou, "quero perguntar se o Banco Anglo-Palestino está sujeito ou não à supervisão do Executivo."[36]

A resposta era óbvia. Praticamente todo mundo no salão sabia que a Organização Sionista era dona do Banco Anglo-Palestino por meio de subsidiárias e essencialmente o controlava por meio do Executivo. Antes que Locker pudesse responder, no entanto, um delegado do Mapai, Israel Mereminski, levantou-se e interveio. "Para começar, o Executivo afirmou que não tem nada a ver com o acordo", falou Mereminski. "Na segunda parte de sua declaração, o Executivo afirmou que [...] isso era uma questão para o Comitê Político." Defendendo Locker com relação à necessidade de responder mais, Mereminski retoricamente perguntou: "O Executivo quer dizer que se recusa a fazer uma declaração completa antes que o Comitê Político – que lida com todas as questões políticas que afetam o Congresso – tenha a chance de examinar a questão e decidir se [...] a questão será submetida ao Congresso? Se esse for o caso, creio que é razão suficiente para não responder à pergunta de Grossman".[37]

Locker interveio: "Em minha opinião, o Executivo tem o direito de não responder a uma interpelação sem precisar declarar suas razões [...] O Executivo deseja [...] fornecer todos os detalhes que possui para o Comitê Político. Isso deve pôr fim à questão".[38]

Motzkin acrescentou um esclarecimento útil: "A declaração do sr. Locker deveria ser compreendida com o significado de que o Executivo dará suas declarações ao Comitê Político; o Congresso terá, então, o direito de tratar disso. É, evidentemente, possível, sr. Grossman, que, depois que o senhor ouvir a declaração do Executivo para o Comitê Político, decida retirar sua interpelação".[39] O comentário de Motzkin tinha a esperança de que talvez, se Grossman – um membro suplente do Comitê Político – recebesse as informações de forma privada atrás de portas fechadas, ele entenderia quão sensível era a questão e pouparia o Congresso de um relatório em plenário.

Mas Grossman evitou qualquer compromisso. E como o Congresso deveria realizar sua última sessão no dia seguinte, ele acrescentou uma nova exigência: "Proponho que o Congresso ordene ao Executivo que faça sua declaração ao Comitê Político *hoje*, e que a questão seja submetida ao Congresso [completo] esta noite ou amanhã de manhã".[40] Essa era uma exigência fundamental. Ao ter as declarações feitas ao Comitê Político dentro de poucas horas e relatadas imediatamente ao plenário, os delegados poderiam então conhecer todos os detalhes e votar pela anulação do Acordo de Transferência antes da dissolução do Congresso.

Motzkin olhou para o rosto dos delegados. Durante dias, eles foram bombardeados por rumores, vazamentos na imprensa e denúncias. As bases em casa estavam exigindo saber a verdade sobre o Acordo de Transferência. Uma resposta à interpelação de Grossman fora adiada três vezes, o debate havia sido evitado, e as sessões, canceladas.

Não era possível levar isso adiante. O presidente Motzkin voltou-se para Berl Locker e disse: "Pedimos ao Executivo para fornecer todos os detalhes ao Comitê Político *hoje*". Palmas vieram dos revisionistas. Antes que pudessem continuar, Motzkin acrescentou: "Com relação à segunda parte [informar as descobertas para todo o Congresso], falaremos sobre isso amanhã. Agora vamos prosseguir com o debate geral".[41] É duvidoso que em sua exuberância os revisionistas ainda estivessem prestando atenção. O importante é que finalmente os delegados descobririam o que precisavam saber sobre as negociações com a Alemanha e o que era, na verdade, o Acordo de Transferência.

37

O COMITÊ POLÍTICO

Eliezer Siegfried Hoofien estava aflito fazendo anotações. O judeu nascido na Holanda havia gozado de uma ascensão meteórica dentro do movimento desde seus primeiros dias como assistente financeiro no escritório de Colônia da Organização Sionista. Durante a Primeira Guerra Mundial, como gerente do Banco Anglo-Palestino, ele havia evitado o desastre financeiro imprimindo notas temporárias quando a moeda otomana caiu. Depois da guerra, como diretor-geral do banco, E. S. Hoofien envolveu-se em praticamente todos os aspectos do crescimento comercial da Palestina.[1]

Quando as possibilidades da transferência alemã correram o risco de ser destruídas, E. S. Hoofien foi chamado como um salvador financeiro para recuperar a oportunidade. Na verdade, ele havia criado quase sozinho os intricados procedimentos bancários da transferência. Para o pequeno círculo de sionistas que sabiam de suas recentes conquistas no Wilhelmstrasse, ele era um verdadeiro herói.

Mas, agora, E. S. Hoofien estava fazendo anotações. O homem de óculos havia aproveitado uns poucos dias de descanso em um hotel de fronteira tcheca antes de completar sua viagem transcontinental.[2] Ele havia trabalhado muito para conseguir algo de valor histórico, algo do qual pudesse se orgulhar, uma redenção e um alicerce. Profundamente motivado, via o trabalho como uma tarefa sionista, não bancária. Ele sabia que tinha a bênção da liderança. Mas agora era chamado para se defender perante questionadores hostis. Colocar a responsabilidade pelo Acordo de Transferência nas costas do sr. Sam Cohen não era suficiente. Todo mundo agora sabia que o Banco Anglo-Palestino estava envolvido. Assim, E. S. Hoofien teria de interceptar a culpa. Isso ele não queria fazer.

O Comitê Político se reuniria às 17h naquele dia. Hoofien seria a principal testemunha. O mais rápido possível, ele começou a esboçar notas em um pequeno bloco do Grand Hotel Steiner, cada folha marcada com o símbolo do hotel. "Em primeiro lugar, é necessário remover as falsas impressões que talvez existam por aí", escreveu Hoofien, "como se eu ou o banco, sem sermos autorizados, apenas por causa de um zelo mal concebido, nos metemos em uma aventura política" – ele riscou a palavra "aventura" e escreveu "empreendimento" – "[...] nos metemos em um empreendimento político do qual vocês, que entendem melhor dessas coisas, agora têm a obrigação de se libertar."[3]

> Quando o falecido Arlosoroff soube das negociações da Hanotaiah, ele telegrafou para aquela empresa dizendo que eles não tinham o direito de permitir que esse acordo permanecesse privado, mas que deveria ser colocado sob controle nacional. Esse telegrama existe e eu o vi.[4]

Hoofien claramente especificou que o Executivo era o responsável, não o Banco Anglo-Palestino ou ele mesmo, E. S. Hoofien.

> O dr. Senator [do Executivo da Agência Judaica] estava presente nas conversas do sr. Sam Cohen com o Ministério da Economia. Nosso escritório [do banco] na Palestina informou ao Executivo [em Londres] por carta sobre essa questão assim que fomos envolvidos. Foi a ZVfD que exigiu esse acordo e nossa participação.[5] A Conferência das Instituições [...] na qual todas as instituições de autoridade do Yishuv [judaísmo palestino] estão representadas, também exigiu explicitamente nossa intervenção [...]

Hoofien explicou por que o Acordo de Transferência era crucial. O Terceiro Reich estava empobrecendo todo o judaísmo alemão. A única forma de parar isso era a intervenção econômica na qual o sionismo poderia reclamar o direito de salvar alguns bens por meio de mercadorias.

> Nosso raciocínio é o seguinte: nós, ou seja, a economia palestina, não podemos renunciar a nossos direitos na Alemanha. Não podemos nos dar ao luxo de rejeitar mercadorias que não incorrem em débito e que, na verdade, constituem meramente a liquidação de uma dívida justa. Rejeitar as mercadorias seria o mesmo que dar um presente à Alemanha [os bens judeus]. E é isso que os oponentes querem que o Yishuv faça. Mas o Yishuv adquiriu seu pensamento econômico na escola mais difícil e aceitará os produtos.[6]

Continuando sua defesa, Hoofien escreveu:

> O contra-argumento usa [...] a questão sentimental, ou seja, de que com a Alemanha de hoje ninguém pode negociar. O Yishuv não leva em conta esse argumento porque sabe que não pode receber o dinheiro de um devedor sem falar com ele e sem resolver a questão. Mesmo nas resoluções adotadas [pelo Congresso] sobre uma emigração organizada, as negociações e os acordos com o governo da Alemanha são necessários – vocês mesmos deixaram esse argumento de lado.[7]
>
> Os oponentes não podem dizer, como ouvi durante conversas e discussões, que a coisa deveria ser feita, mas de forma nenhuma por um organismo oficial. O Yishuv não entende tamanha covardia [...]

Hoofien parou, riscou a palavra "covardia" e trocou por "evasão":

> [...] não entende tamanha evasão. Se é interesse judaico que a Palestina receba suas dívidas com a Alemanha e se corresponde à dignidade judaica que as negociações sejam feitas [...] então

> é direito e obrigação das principais instituições econômicas do Yishuv tratar desse assunto [...] Se não for do interesse e do orgulho judeu, então ninguém deveria fazer.[8]

Mencionando a questão da indignação mundial, Hoofien escreveu:

> Se as massas judaicas estão indignadas – o que é justificado – e se opõem a ver claramente a importância da questão para o Yishuv, então o dever dos líderes é instruir e iluminar o povo, [...] não fugir covardemente [...] e sacrificar os interesses da construção da Palestina à opinião pública.[9]
>
> O segundo argumento [...] é que esse acordo rompe o boicote [...] Apesar do fato de que o boicote *não* foi formalmente declarado como parte do programa político da Organização Sionista, e sem analisar aqui a questão de se o boicote é uma arma correta ou errada [...] deve ser enfatizado explicitamente mais uma vez que todo o argumento está errado e baseado em razões erráticas. O boicote faz sentido se [os bens transferidos] forem trocados por algo diferente dos bens comprados. Mas, quando a mercadoria não tem outro equivalente e, na verdade, representa a compensação para nossas exigências, então o boicote é pura insanidade.[10]

Hoofien continuou escrevendo defesas, análises racionais e elucidações. Seu ponto de vista estava focado totalmente na necessidade de salvar os bens judeus. Se o boicote antinazista fosse bem-sucedido, acreditava, os judeus alemães ficariam pauperizados de qualquer forma. Por que não converter parte dessa tragédia para a reconstrução na Palestina e, assim, ajudar a evitar emergências futuras por meio do estabelecimento de um Estado judeu? Resistir a esse imperativo, afirmou Hoofien, criaria a guerra entre os sionistas e a Organização Sionista.[11]

> Se vocês querem entrar nesse conflito absurdo com o Yishuv, enquanto o mundo todo – depois de uma silenciosa análise do futuro [...] – avalia quanto o Yishuv está certo e o quanto vocês

> estão errados, então fiquem à vontade. Somente não finjam que não foram explicitamente avisados e no momento apropriado. Eu considero a decisão de vocês [...][12]

Não havia tempo para completar as notas. As sessões do Comitê Político começariam.

Hoofien entrou com suas anotações na sala de reuniões. Os membros do Comitê incluíam Meir Grossman, Stephen Wise, Menahem Ussischkin, David Ben-Gurion e muitos outros. Como testemunhas estavam E. S. Hoofien, Berl Locker, o dr. Arthur Ruppin e o sr. Sam Cohen.[13]

Locker começou afirmando que o Executivo Sionista "não conduziu negociações que levassem à conclusão do Acordo de Transferência com a Alemanha. O sr. Sam Cohen, que estava em Londres no início de junho, mostrou ao Executivo uma carta [...] do Ministério da Economia da Alemanha, que resultou das negociações conduzidas pelo sr. Cohen em nome da Hanotaiah. O governo alemão deixava claro, naquela carta, que estava pronto para permitir que judeus que emigravam para a Palestina levassem com eles RM 15 mil em dinheiro e RM 10 mil em produtos alemães. O acordo previa um total de RM 1 milhão, e o ministério alemão estava preparado para aumentar esse valor no futuro. Também contemplava a formação de um Banco de Liquidação [...] Durante essas conversas com o sr. Cohen, pensou-se que seria melhor se seu acordo não fosse confinado à Hanotaiah, mas abrangesse outras organizações também. O Executivo não estava, de forma nenhuma, encarregado das negociações".[14]

A próxima testemunha era E. S. Hoofien. A sua frente havia notas detalhando a total cumplicidade do Executivo Sionista. Mas Locker havia acabado de afirmar que o Executivo não estava nem um pouco envolvido, que toda a questão fora feita por Sam Cohen. Se Hoofien lesse algo dessas nove páginas, iria contradizer totalmente Locker, o Mapai e todo o Executivo, além de provavelmente destruir o Acordo de Transferência.

Assim, em vez de ler a parte da frente do bloco, ele leu o verso, que possuía pouco mais do que sua cronologia dos eventos escrita à mão. "Em 19 de maio", começou Hoofien, "o Ministério da Economia alemão enviou um comunicado para o sr. Sam Cohen, apresentando as propostas às quais o sr.

Locker já se referiu." Levantou-se uma oposição ao monopólio da Hanotaiah. Em julho, ele [Hoofien] conferenciou com o dr. Landauer em Berlim e sugeriu que o Banco Anglo-Palestino "não estava ansioso" para se envolver no acordo de Cohen. Uma Conferência de Instituições foi então formada na Palestina, lembrou Hoofien, lendo sua cronologia quase linha por linha. Eles pediram que "o Acordo de Transferência fosse colocado em curso".[15]

Hoofien lembrou o acordo de 7 de agosto no Wilhelmstrasse e seus esforços subsequentes para completar todos os detalhes do procedimento. Admitiu que o Banco Anglo-Palestino ajudou a criar a empresa de investimentos de Berlim que serviria como Banco de Liquidação. Mas a única função do Anglo-Palestino, argumentou, seria fazer os procedimentos de venda de mercadorias alemãs até que os judeus alemães chegassem a Eretz Yisrael para serem reembolsados. O motivo era coletar de forma organizada o dinheiro dos emigrantes. E os negociadores, disse ele, eram orientados o tempo todo pela Conferência de Instituições.[16] Hoofien havia evitado implicar o Executivo Sionista ao identificar a Conferência das Instituições como a fonte de sua autoridade. A história de Locker permanecia incontestável.

Então, o dr. Ruppin testemunhou. Ele argumentou que, sem esse acordo com o Terceiro Reich, a emigração organizada seria impossível. Nada no acordo violava o boicote porque nenhum dinheiro novo entraria na Alemanha como resultado das transações. O dr. Ruppin não explicou que, depois da transferência dos primeiros 3 milhões de reichmarks, todas as outras transferências de mercadorias envolveriam pagamentos pelo menos parciais em moeda estrangeira. Também não discutiu os vários empreendimentos comerciais associados que eram organizados em parte sobre os bens transferidos e em parte em moeda estrangeira.[17]

Pergunta: era possível abolir o Acordo de Transferência? Ruppin disse que, na verdade, era possível, mas que tal ato seria completamente irreconciliável com os interesses do sionismo, da Palestina e do judaísmo alemão.[18]

O testemunho final foi dado pelo sr. Sam Cohen, cujos comentários foram breves. Ele basicamente reiterou as afirmações de Hoofien e Ruppin, acrescentando que a isenção de divisas original permitia que os emigrantes com destino à Palestina levassem as mil libras necessárias, mas que os detalhes "não estavam fechados. Essa concessão poderia ser facilmente retirada". Ao negociar o Acordo de Transferência, a isenção da moeda foi totalmente estabilizada. A prova de que não era vantajoso para a Alemanha, disse Cohen, era o fato de que as autoridades monetárias do Terceiro Reich se opuseram a uma boa parte do plano, porque ele não fornecia moedas estrangeiras à Alemanha.[19]

Inúmeras questões foram levantadas pelos membros do Comitê Político. Hoofien forneceu a maior parte das respostas. O Acordo de Transferência permitiria que a Alemanha enviasse produtos para o mercado palestino, destruindo assim os produtos manufaturados locais? *Não exatamente*. O Acordo de Transferência aumentaria as oportunidades de emprego para os trabalhadores alemães? *É claro que sim, mas não tanto*. Os oficiais alemães agiram de forma hostil e depreciativa? *Não, no geral, e além disso o acordo era bom do ponto de vista judeu*. Quantas famílias poderiam realmente emigrar com parte de seus bens no futuro próximo? *Provavelmente umas 2 mil famílias. Em torno de 650 indivíduos já haviam emigrado [...] [e] trouxeram com eles 650 mil libras [mais de 3 milhões de dólares]*.[20]

A certa altura, Menahem Ussischkin, chefe do Fundo Nacional Judaico, começou a criticar o Acordo de Transferência e o papel do Banco Anglo-Palestino. Como um dos fundadores do banco, os comentários de Ussischkin eram levados a sério. Colocando de lado as questões morais, perguntou Ussischkin, como um banco poderia se envolver em algo tão controverso assim? Um cavalheiro sentado ao lado de Hoofien passou-lhe uma nota: "Uss. definitivamente quer que você saia dessa – não tenha dúvidas. Ele só quer lhe dar um motivo adequado para isso". Hoofien, mesmo assim, citou as obrigações políticas do banco. Nisso, o cavalheiro ao lado de Hoofien passou outra nota: "Você colocou o caso do Banco Anglo-Palestino muito bem, *mas* [...] um banco foge de tudo que é político [...] Eles não sabem o que os depositantes farão".[21]

As perguntas continuaram. Havia tantas facetas complicadas no Acordo de Transferência: moral, financeira, prática. O que diriam os britânicos, sendo que seus interesses comerciais na Palestina foram severamente atacados? Como os líderes sionistas deveriam responder às críticas furiosas dos judeus? Quão prejudicial seria o Acordo de Transferência para o boicote antinazista? Era o destino do sionismo trabalhar com antissemitas como Herzl havia ordenado? Ou era uma obrigação maior do sionismo lutar contra a perseguição aos judeus? As fundamentações e críticas iam e vinham. Era melhor lutar contra Hitler ou abrir mão da batalha e converter a perseguição nazista em uma salvação para o povo judeu? Todos os argumentos conhecidos eram colocados e refutados, considerados e reconsiderados.[22]

Quando a reunião do Comitê Político terminou, a maior parte de seus membros estava completamente confusa. De modo superficial, era fácil gritar denúncias como se tudo fosse branco ou negro, mas as questões eram tão monumentais, tão emocionais e associadas a tantas questões imponderáveis que se tornou impossível para a maioria dos membros adotar posturas claras tanto de endosso quanto de rejeição.

Alguns compararam o confronto com Hitler com o confronto com o faraó egípcio. Então, também era uma questão de libertar do cativeiro um povo teimoso e relutante, junto com seu gado, suas cabras e posses. Moisés deveria se abster de negociar com o faraó? Se ele fizesse isso, os judeus nunca teriam feito o êxodo para Israel com as posses necessárias para se estabelecerem. Hitler era o novo faraó, argumentavam as pessoas a favor do Acordo de Transferência. Os judeus alemães eram os descendentes dos escravos relutantes em partir. Como nos tempos do faraó, sem negociação, não haveria liberdade nem Israel.

Com todo esse conhecimento bíblico, no entanto, esses homens bem-intencionados se esqueceram de que Moisés não fez nenhum acordo e que a liberdade para os filhos de Israel fora assegurada não por prêmios, mas por pragas.

* * *

Os moderados que saíram da sessão de 29 de agosto do Comitê Político ainda estavam indecisos sobre o Acordo de Transferência, mas os extremos do sionismo – o Mapai e o revisionismo – só reforçaram suas atitudes anteriores. O Mapai ainda via a transferência como o começo da atuação nacional. Os revisionistas, mais do que nunca, viam a transferência como uma traição que o movimento sionista tinha o dever de negar. Agora que os representantes de todos os partidos haviam ouvido os testemunhos do Comitê Político pelo menos sobre os aspectos superficiais do acordo, os revisionistas acreditavam que poderiam apelar aos delegados para uma decisão de anulação. Como esperado, a única forma de o Mapai bloquear isso era intensificando suas alegações de que os revisionistas haviam matado Arlosoroff.

A interpelação de Grossman pedia que o Comitê Político apresentasse um relatório na sessão noturna de terça-feira ou na sessão final na manhã de quarta-feira, 30 de agosto. Mas o comitê precisava de muito mais tempo. As forças do Mapai também precisavam de mais tempo para fazer o *lobby* de uma resolução acusando os revisionistas pelo assassinato de Arlosoroff. Além disso, a rotina do Congresso ainda não havia sido concluída por causa de todos os atrasos. Os líderes do Congresso foram obrigados a estender a convenção até 3 de setembro.[23]

Com a interrupção do Comitê Político, seus membros foram diretamente para o salão principal para mais debates no plenário. Às 21h15, Motzkin pediu uma moção de ordem para a sessão geral. A frustração expressa pelos oradores iniciais refletia quão irritados estavam os delegados e quão impacientes por uma posição unificada. Um sionista geral austríaco eloquente, Oskar Gruenbaum, culpou tanto os revisionistas quanto o Mapai. "Fico imaginando uma cena. Estamos todos lutando sobre o gelo e este se quebra, e não percebemos que estamos nos afogando. Se continuarmos com uma política como esta, as ondas nos levarão e vocês compartilharão a culpa de que o judaísmo perde sua última chance – o sionismo."[24]

O próximo orador era um delegado polonês do Mapai que refletia a desilusão da base com a resposta de seu próprio partido a Hitler. "Estamos negligenciando o quadro geral em detrimento aos detalhes. O grande desastre nacional, a tragédia alemã, isso estamos explorando para coletar dinheiro e colonizar. Mas não é o suficiente. Todo o mundo judaico na Europa está psicologicamente pronto para a emigração. O que estamos fazendo para organizar esse movimento? [...] Entre mil e 2 mil certificados tendo em vista a agonia de 600 mil judeus é uma vergonha terrível."[25]

Mais tarde, Berl Katznelson, uma das figuras centrais do Mapai, subiu ao palco. Seu objetivo era direcionar a frustração dos delegados contra o revisionismo e desfazer as perdas sofridas mais cedo, quando Stephen Wise atacou toda a posição do Mapai de seu esconderijo sionista geral ostensivamente neutro. Assim, o discurso de Katznelson voltou-se primeiro contra Wise. "O dr. Wise é uma personalidade proeminente, e sua voz [...] é ouvida por todo o mundo. Mas quando essa voz é usada [...] para espalhar falsos conceitos, então isso é muito perigoso." Atacando Wise por ser pró-trabalhista nos Estados Unidos, mas antitrabalhista em Praga, Katznelson declarou: "Há judeus, sionistas, que são bem radicais. Eles ficam animados com liberdade, progresso, direitos trabalhistas e democracia. Mas todo seu radicalismo e seus conceitos progressistas estão confinados ao mundo não judeu. Quando se voltam para nós, esquecem os conceitos básicos de trabalho organizado e direitos sociais. No que diz respeito aos Estados Unidos, o dr. Wise é um homem muito progressista". Katznelson então se voltou para os revisionistas e gritou: "Nos Estados Unidos, seria impossível que o dr. Wise se tornasse o orador das forças negras [fascistas]".[26]

"Aqui é possível. Aqui as pessoas que, no mundo em geral, podem ser chamadas de quase socialistas, aqui trabalham até com [...] os revisionistas. Enquanto está aqui, ele [Wise] preferiu se associar àqueles que estão ajudando a criar uma atmosfera similar à de Hitler."[27]

Dirigindo-se aos delegados que criticam a reação apagada do Mapai contra a crise alemã, Katznelson gritou: "Não é nossa culpa não chegarmos ao Congresso com propostas. O sionismo caiu em um desastre terrível. O nosso é puramente um movimento de liberdade. Agora ele foi manchado com sangue, não podemos continuar com trabalhos construtivos [...] Se vocês tivessem lido [...] [as notícias do assassinato de Arlosoroff] na imprensa de Eretz Yisrael [...] que chegaram aqui hoje, entenderiam que esse Congresso não pode fazer nada, até estar livre dessa desgraça".[28]

Interrupções revisionistas foram feitas aos berros: "Então por que vocês reuniram o Congresso?". Katznelson devolveu: "*É por isso* que reunimos. Vocês acharam que poderiam fazer jogo duplo. Agiram como se não soubessem de nada [com relação ao assassinato de Arlosoroff], mas apareceram outros e revelaram tudo".[29]

Nesse ponto, Grossman, tentando lembrar a plateia do Acordo de Transferência, gritou em iídiche: "O que isso tem a ver com seus *negócios*?". A palavra "negócios" foi pronunciada não em iídiche, mas em inglês com uma inflexão hostil.[30]

Katznelson, ouvindo isso, atacou Grossman por insistir em interpelações sobre o Acordo de Transferência enquanto se recusava a discutir a morte de Arlosoroff. "Admiro a equanimidade de Grossman", Katznelson disse sarcasticamente. "Ele tem tempo e consegue permanecer em silêncio [a respeito de Arlosoroff]. Mas há coisas que não o deixam sossegado [como o Acordo de Transferência] e que ele exige que sejam tratadas imediatamente no Congresso. Isso ele exige, quando a questão pode ser apresentada para a imprensa. Mas ele, o homem dos revisionistas democráticos, permanece silencioso quando todos os dias saem coisas na imprensa [sobre o caso Arlosoroff] que só trazem vergonha [...] ao nosso movimento." Batendo pesado com as acusações de assassinato, Katznelson gritou: "Somente um de nós foi morto até agora. Ninguém pode garantir que amanhã não cairá um segundo [...] Portanto, o primeiro *negócio* do Congresso é libertar o sionismo disso agora mesmo!". Como Grossman, Katznelson saiu do iídiche para falar a palavra "negócio" em inglês e com um tom igual ou mais hostil.[31]

Foi assim que aconteceu. Hora após hora, noite após noite. A crise na Alemanha era omitida da pauta. A ameaça do hitlerismo era evitada. Os nazistas deviam estar sorrindo.

* * *

Na manhã de quarta-feira, 30 de agosto, os membros do Comitê Político haviam dormido uma noite com o assunto do Acordo de Transferência. Alguns membros convencidos ficaram inseguros; alguns inseguros ficaram convencidos. Assim, ainda não havia unanimidade quando o Comitê Político convocou sua segunda reunião, naquela manhã.

A sessão abriu com um discurso do professor Selig Brodetsky, que se envolvera profundamente nas negociações da transferência. Ele explicou como a Organização Sionista deu passos decisivos desde o início em resposta à ascensão de Hitler. Informações foram obtidas por meio de canais do governo britânico; e Neville Laski, do Conselho de Deputados, e Leonard Montefiore, da Associação Anglo-Judaica, foram influenciados para evitar uma "luta aberta contra o Terceiro Reich". Isso foi feito para manter as linhas de comunicação livres entre a Organização Sionista e Berlim. O Acordo de Transferência havia obviamente criado uma grande insatisfação em todo o mundo judaico, Brodetsky concordava, mas insistia que o acordo era necessário se quisessem que a emigração judaica alemã fosse organizada.[32]

As considerações do professor Brodetsky, no entanto, não satisfizeram Stephen Wise, que exigiu saber como se poderia evitar que os propagandistas nazistas usassem o Acordo de Transferência para desacreditar todo o movimento de boicote anti-Hitler. Brodetsky não conseguiu fornecer uma resposta sensata.[33]

Ciente do ultimato de Untermyer ao Congresso para repudiar o Acordo de Transferência ou sofrer a retirada da delegação americana, Wise apresentou seu próprio ultimato. Ou o Comitê Político esclarecia como o Acordo de Transferência *não* era uma violação grave ao boicote ou Wise apresentaria uma declaração em nome de toda a delegação americana condenando o acordo. Tal manobra quase certamente iniciaria a retirada prometida por Untermyer. Os defensores da transferência protestaram com veemência, mas Wise insistiu que tomaria medidas públicas, a menos que o comitê fizesse o que ele exigia.[34]

Recriminações e ameaças continuaram ao longo do dia enquanto o Comitê Político lutava para resolver a controvérsia da transferência.[35] Nenhum progresso foi feito, mas, no final da reunião, havia ficado claro que o controle do Mapai sobre o Congresso – com relação à questão da transferência – estava enfraquecendo. Havia agora uma clara possibilidade de que os imprevisíveis delegados do Congresso pudessem ser influenciados contra o acordo. Para alcançar esse objetivo, os revisionistas começaram a planejar uma resolução minoritária solicitando que todo o Congresso repudiasse o Acordo de Transferência e proibisse qualquer pacto futuro com a Alemanha.

Era verdade que a declaração anterior de boicote da minoria havia fracassado totalmente, mas, durante aquela luta, eles tiveram Stephen Wise trabalhando *contra* eles. Os revisionistas poderiam contar agora com um público consternado e enraivecido, além do apoio de Stephen Wise para que sua resolução tivesse pelo menos uma chance.

O Comitê Político de quarta-feira, 30 de agosto, terminou a tempo de os membros chegarem ao salão principal e participarem da última sessão de debate aberto. Os revisionistas estavam prontos para fazer da transferência um assunto importante. Nenhum deles estava programado para falar naquela noite, mas, quando Berl Locker subiu ao palco, os revisionistas estavam prontos.

Locker tentava melhorar a imagem do Mapai de apreensão com as divisões faccionais que impedia respostas apropriadas à crise de Hitler. Portanto, uma boa parte de seu discurso foi dedicada a uma leitura apaixonada da tragédia dos judeus alemães e à reação do Mapai a ela. "Sei que imediatamente, quando as primeiras notícias sobre eventos na Alemanha chegaram", Locker disse com uma voz dramática, "todo sionista e também todo judeu se perguntou como tirar o maior número de judeus possível da Alemanha e como eles podem ser levados a Eretz Yisrael." Nisso, os revisionistas na plateia caíram na gargalhada, com vários gritos: "Por meio de um acordo!".[36]

Instantaneamente, Locker parou para responder aos provocadores, declarando: "Se não estou errado, e tenho certeza de que não estou, dois dias antes do assassinato de Arlosoroff, um artigo apareceu contra ele por causa de sua posição sobre a questão do judaísmo alemão, e no mesmo jornal Jabotinsky escreveu que era possível [para os revisionistas] chegar a um acordo com Hitler".[37]

"Citações falsas! Citações falsas!", gritaram os apoiadores de Jabotinsky.

"Citações falsas?", respondeu Locker. "Não os ajudará nada se vocês chamarem essas citações de falsas. Garanto-lhes que tais coisas foram escritas." Acreditando que a interferência tivesse acabado, Locker continuou com seu discurso. Mas os revisionistas continuaram a interromper, gritando "certificados" contra a decisão do Mapai de pressionar pela prioridade dos certificados de imigração para seus próprios halutzim antes até que para os judeus alemães. Locker continuou: "Só posso dizer às pessoas que gritam a palavra 'certificado' que vocês têm um ponto de vista confortável [por não serem responsáveis pelas negociações de cotas com os britânicos como era o Mapai]. Quando somos bem-sucedidos em obter um grande número de certificados, vocês gostam. Mas quando o governo só dá uns poucos, então quem é culpado – o Executivo Sionista, Weizmann e o Mapai?". Os provocadores revisionistas responderam à pergunta: "A internacional [socialista]!".[38]

O escárnio e os conflitos continuaram até tarde naquela noite. Mais uma vez, nada foi realizado. Mas, assim como o Mapai havia sido capaz de bloquear os revisionistas de convencer os delegados a se oporem ao Acordo de Transferência, estes também haviam sido bem-sucedidos em evitar a expulsão de seu partido da estrutura sionista.

O Mapai compreendeu que estava perdendo sua guerra para destruir os revisionistas. Logo depois do fim da sessão, os líderes do Mapai reuniram-se em uma sessão de emergência do Comitê de Ações que durou a noite inteira para planejar a estratégia para a vitória final.[39] A grande ofensiva aconteceria no dia seguinte.

38

HATIKVA

Durante todo o Congresso, uma Comissão Especial sobre o Terrorismo Palestino foi o cenário das tentativas perversas do Mapai de associar todo o partido revisionista ao assassinato de Arlosoroff. Os revisionistas, como membros minoritários da comissão, haviam bloqueado qualquer recomendação unânime ao Congresso como um todo. Mas o Mapai conseguira finalmente marcar uma sessão especial exclusivamente devotada à questão da violência. Aquela sessão aconteceu na quinta-feira, 31 de agosto. O auge esperado atraiu centenas de espectadores adicionais e jornalistas que lotaram as cadeiras dos delegados e as galerias de visitantes. Esquadrões de policiais de Praga estavam posicionados por todo o salão antecipando os conflitos.[1]

A resolução da maioria do Mapai era, praticamente, uma ação que permitia ao Mapai indiciar e expulsar o revisionismo. A resolução instruía o Comitê de Ações a se reunir *depois* do encerramento do Congresso e da partida dos delegados. Um painel especial seria estabelecido para conduzir uma investigação na Palestina. O Comitê de Ações teria então o poder "da maneira mais efetiva [...] para remover da Organização Sionista aqueles elementos que eram responsáveis [pela violência]".[2]

O presidente Motzkin leu a resolução para os delegados, acrescentando que não haveria discussão. Jabotinsky levantou-se de um salto exigindo um debate com discursos limitados a três minutos. Ele prometeu que os revisionistas seriam corteses e cuidadosos. Motzkin perguntou se Jabotinsky concordaria que o *presidium* revisasse sua declaração com antecedência e censurasse qualquer comentário que não aprovassem. "Nunca", ele gritou. "Não aceitamos censura!" Implorou aos delegados que não "tolerassem um procedimento que é uma paródia" da democracia sionista. Mas, incapaz de fazer mais do que isso, Jabotinsky finalmente concordou em ler uma declaração editada que concordava com uma investigação, desde que também investigasse a luta de classes do Mapai, que ele afirmava ter gerado tais crises.[3]

Seguiram-se vários discursos enraivecidos e fúteis, mas, quando tudo terminou, 179 contra 62 votaram para estabelecer o painel de investigação. Quando os revisionistas tentaram apresentar sua resolução minoritária, ela foi negada. Jabotinsky desesperadamente pediu para subir ao palco e fazer uma declaração de defesa como um judeu falando para outros judeus. Não lhe foi permitido. "A justiça está morta!", gritaram os revisionistas. "Mentira! Mentira!", outros gritaram. "Assassinato jurídico!", eles gemeram. Um tumulto se seguiu. A porta para o exílio fora aberta. Os revisionistas sairiam por ela, mas somente depois de lutar. O caos continuou por quinze minutos, mas isso não mudou a votação.[4]

* * *

Durante a última semana de agosto, o Terceiro Reich continuou sua guerra de propaganda, deixando vazar mais notas sobre as negociações entre a Alemanha e o sionismo. A hierarquia sionista não abandonou sua defesa: o Acordo de Transferência era nada mais do que um acordo privado criado por um cidadão comum chamado Sam Cohen e supervisionado por uma instituição financeira privada, o Banco Anglo-Palestino. Essa história era suficiente por uns poucos dias enquanto o furor judaico internacional se diluía pela confusão contínua. Além disso, as divulgações mais espetaculares sobre o acordo das laranjas eram tão impossíveis de verificar que muitos acreditavam que era uma invenção nazista feita para dividir a solidariedade judaica.[5]

Mas, em 31 de agosto, o Terceiro Reich inflamou todo o assunto novamente ao vazar para a imprensa de Berlim o texto completo do Acordo de Transferência – o decreto 54/33, datado de 28 de agosto de 1933. Em linguagem burocrática estéril, o texto publicado explicava claramente ao mundo que a ZVfD estava oficialmente envolvida e que a Palestina havia recebido privilégios exclusivos de transferência de bens judaicos.[6] A ZVfD, sob essas circunstâncias, foi obrigada a confirmar o decreto do Terceiro Reich. Assim, os jornais da Europa e dos Estados Unidos informaram que o Acordo de Transferência entre instituições sionistas oficiais e o Terceiro Reich estava confirmado.[7] Como se quisesse deliberadamente misturar o acordo das laranjas e o Acordo de Transferência na mente do público, naquele mesmo 31 de agosto, o Departamento de Frutas do Landhandelsbund anunciou que o pacto da laranja jaffa estava agora selado por meio de negociações com duas importantes cooperativas, sob a égide de George Halperin, um funcionário do Banco Anglo-Palestino.[8]

Toda a raiva amortecida foi reanimada. Os judeus de todo o mundo lançaram uma onda de protestos. A Comunidade Judaica de Varsóvia enviou uma condenação imediata a Praga. Os Judeus Veteranos de Guerra em Nova York enviaram ao presidente Motzkin as resoluções dos JVG que denunciavam o Acordo de Transferência, o das laranjas e qualquer outra negociação entre o sionismo e a Alemanha de Hitler.[9] O *Jewish Chronicle* de Londres, refletindo o choque e a descrença anglo-judaica, na verdade reimprimiu o texto do Acordo de Transferência como uma piada com o seguinte prefácio:

> E que decreto! A primeira seção é chamada de "Transferência de Propriedade para a Palestina" [...] e deve ser lida na íntegra para que seu rico humor seja apreciado.[10]

Infelizmente, não era piada. Cada palavra publicada nos jornais de Berlim e reimpressa no *Jewish Chronicle* correspondia ao texto real do decreto 54/33. Em 2 de setembro, à sombra das últimas notícias, até mesmo alguns dos mais convictos defensores da transferência em Praga estavam mudando de opinião.

O único grupo disponível para liderar qualquer cruzada antitransferência, no entanto, eram os desacreditados revisionistas. Estes sabiam que, apesar de terem sido considerados na verdade *persona non grata*, ainda contavam com bastante apoio popular na questão de resistir aos acordos com a Alemanha. O 18º Congresso Sionista acabaria na noite seguinte, 3 de setembro. Poucas horas após a sessão final, muitos delegados teriam de correr para Genebra a tempo de participar da Segunda Conferência Judaica Mundial de Stephen Wise. No entanto, havia agora tal hostilidade generalizada aos acordos informados com a Alemanha, que existia de fato a forte possibilidade de que na última hora da sessão final uma resolução minoritária dos revisionistas revogando o Acordo de Transferência pudesse ser votada. A probabilidade de que isso realmente acontecesse seria vista na próxima reunião do Comitê Político, em que as posições finais dos partidos sobre a transferência seriam apresentadas.

O Comitê Político foi chamado para se reunir às 20h30 daquela noite, 2 de setembro. Os oponentes da transferência não ficaram desapontados. O dr. Israel Waldmann, dos Sionistas Radicais, disse que seu partido havia concluído que o acordo era "perigoso" e deveria ser revogado. Mas os radicais insistiram que a rescisão fosse feita de uma forma que não causasse descrédito ao movimento sionista. "Em vista de todas as complicações", disse Waldmann, "ficaríamos satisfeitos se uma resolução interna [secreta] fosse aprovada pedindo ao Comitê de Ações, em sua próxima reunião, que instruísse o Banco Anglo-Palestino a retirar-se do acordo." Meir Grossman respondeu: "Insistiremos em uma resolução aberta no Congresso contra o acordo e repudiando [...] negociações com o governo alemão".[11]

Os membros do Mapai no comitê defenderam com firmeza a transferência. Garantiram que o boicote, até a crise alemã em si, era secundário com relação às necessidades da Palestina. A Palestina representava uma obrigação histórica. O boicote e a crise alemã eram temporários. Berl Katznelson resumiu desta maneira: "Devemos salvar os judeus da Alemanha e suas propriedades, além de conseguir a transferência deles para a Palestina. Portanto, toda a discussão e excitação sobre o Acordo de Transferência estão equivocadas. O boicote anti-Hitler é um meio para se alcançar um objetivo – não um fim em si mesmo".[12]

O rabino Cziransky, da Polônia, apoiava a visão de Grossman: "Além de pensar no judaísmo alemão, devemos também considerar os judeus em outros países, onde o hitlerismo pode se desenvolver. Portanto, o Acordo de Transferência e as negociações com o atual governo alemão devem ser condenados pelo Congresso da forma mais vigorosa possível. O judaísmo polonês e mundial verão isso como uma traição nacional!".[13]

Stephen Wise declarou que a opinião mundial era absolutamente hostil ao acordo e inflexível a favor do boicote, e isso não podia ser ignorado. Ele rejeitava por completo a posição do Mapai de que a necessidade de fixar residência na Palestina tinha prioridade sobre todas as outras facetas da vida judaica, incluindo o boicote. Wise avisou que esse era só o começo: "Abrimos a porta". O Acordo seria "seguido por todos os tipos de sujeiras, e as vantagens seriam tiradas do *abmachung* [acordo]". Isso dividiria a própria integridade da "frente judaica" anti-Hitler. Wise insistiu que o Congresso aprovasse uma "resolução definitiva e inequívoca contra o Acordo".[14]

Hoofien respondeu às críticas, principalmente àquelas que culpavam o Banco Anglo-Palestino. Ele enfaticamente negou que o banco ou o gerente George Halperin estivessem, mesmo que indiretamente, envolvidos com o acordo das laranjas. Com relação ao Acordo de Transferência: "Não é verdade que o banco negociou com o governo alemão por conta própria. A iniciativa foi tomada por representantes do sionismo alemão e vários interesses palestinos. O banco não queria se envolver em questões políticas". Mas, no final, Hoofien concordou que estava disposto a sair, se alguém conseguisse retirá-lo sem condenações embaraçosas. "Se o órgão apropriado decidisse contra o Acordo", disse Hoofien, "o banco certamente se retiraria, mas seria pouco aconselhável referir-se ao banco em quaisquer resoluções apresentadas ao Congresso".[15]

O dr. Ruppin protestou: "Se o Congresso revogar o acordo, assumirá uma responsabilidade bastante pesada; colocará em perigo a existência de muitos judeus alemães. O Acordo de Transferência não interfere, de forma nenhuma, no movimento de boicote, já que nenhuma moeda nova entrará na Alemanha como resultado do acordo [...] A abolição [...] seria também perigosa para a existência das instituições sionistas, bem como para as facilidades para emigração da Alemanha". Tudo estaria perdido, ele tentou explicar.[16]

A maré de repente mudou quando Ruppin desistiu da história que eles vinham contando e que mantinha o Executivo Sionista fora da conjuntura e, portanto, evitava a questão da aprovação do Congresso. Ele finalmente admitiu: "As negociações foram conduzidas com o conhecimento do Executivo. Senator estava consciente de tudo que havia sido feito". Essa revelação agora colocava o acordo diretamente dentro da autoridade do Congresso.[17]

Então chegou a vez do professor Selig Brodetsky. Ele, o elo da transferência em Londres, estava finalmente preparado para fazer uma declaração difícil. Tentou reproduzir de que forma o melhor dos motivos estivera sempre no coração de todos os sionistas enquanto o movimento se dividia entre o instinto de lutar contra Hitler e a necessidade de negociar. "Muitas pessoas [em abril de 1933] estavam ansiosas para envolver a Organização Sionista no movimento pró-boicote", lembrou. "Mas todos os partidos tinham opiniões diferentes sobre a conveniência do boicote. Se negociações diretas pudessem ser realizadas com o governo em relação à posição dos judeus alemães, poucas pessoas poderiam objetar."[18]

Brodetsky então explicou como o Executivo Sionista havia sido superado pelos eventos. "Quando o sr. Cohen visitou Londres em maio, o rascunho do acordo estava quase concluído e a questão não era se ele *deveria ou não* continuar, mas se deveria permanecer um acordo com uma organização agrícola privada ou se interesses mais amplos deveriam ser incluídos." Então admitiu: "A responsabilidade do Executivo era, portanto, um tanto diferente daquela que poderia estar implícita em nossos discursos iniciais.[19]

"Tivemos de encarar o dilema: se era mais importante permitir que mais judeus deixassem a Alemanha com algo de suas propriedades para a Palestina ou se o acordo deveria ser revogado em vista de seus conflitos com o movimento pró-boicote." E, então, disse: "No geral, seria melhor se o banco se retirasse do acordo".[20]

Meir Grossman, tendo ouvido as palavras solenes de Brodetsky, declarou que os revisionistas proporiam que o Congresso adotasse uma resolução explícita de anulamento. Ele e Stephen Wise apresentaram o texto:

> Enquanto os judeus da Alemanha não recuperarem seus direitos legais e enquanto o governo alemão não [...] permitir aos judeus o direito de livre emigração, incluindo o transporte de todas suas propriedades, o Congresso Sionista considera inadmissível que [...] a Organização Sionista ou suas instituições subordinadas [como o Banco Anglo-Palestino] assinem qualquer acordo de qualquer tipo com o atual governo alemão.[21]

A resolução elaborada por Grossman e Wise incorporava a estratégia quintessencial de Moses: "Deixe meu povo sair, com todas as suas posses, e as pragas não acabarão enquanto vocês não permitirem".

Mas o alto escalão do Mapai endureceu. Moshe Shertok (Sharett), o líder político do Mapai, que mais tarde se tornaria o ministro das Relações Exteriores de Israel, censurou toda a conversa. "Foi sugerido que as negociações fossem conduzidas com o consentimento do Executivo. Isso não é verdade", rebateu Shertok. "O Executivo de Jerusalém certamente nunca considerou a questão, e foi oficialmente informado somente na véspera do fechamento do acordo." Ele deplorou até mesmo a sugestão de um conflito entre os interesses da Palestina e da Diáspora. Shertok declarou que, se o acordo pudesse, na realidade, facilitar a transferência da propriedade judaica alemã para a Palestina e permitir que os judeus se assentassem em Eretz Yisrael, então não se poderia interferir em nada.[22]

Uma resolução do Mapai foi estabelecida: "O Congresso recorre ao Comitê de Ações para exame cuidadoso da questão do Acordo com o governo alemão para a transferência de capital judeu para a Palestina, com uma instrução de que nada deveria ser feito [...] contrária à atitude do Congresso sobre a questão judaica alemã".[23] A "atitude do Congresso" era a resolução da maioria aprovada na noite de 24 de agosto que declarava que o sionismo e a emigração para a Palestina eram as reações apropriadas para o regime de Hitler.

Com Stephen Wise e Brodetsky contra a transferência, um grande segmento dos Sionistas Gerais estava agora pronto para renunciar ao acordo. Os Sionistas Radicais eram publicamente a favor da supressão do acordo, se isso pudesse ser feito com discrição. O antagonismo dos revisionistas e do Mizrachi em relação ao acordo era bem conhecido. E até mesmo notáveis, como Leo Motzkin, haviam finalmente decidido que o acordo era péssimo. Na verdade, Motzkin estava agora determinado a participar da conferência de boicote de Wise em Genebra assim que o Congresso de Praga chegasse ao fim.[24]

O Mapai sabia que estavam ficando isolados na questão. O Acordo de Transferência poderia, na verdade, ser repudiado no dia seguinte, na sessão final do Congresso. Na ausência de um Acordo de Transferência, só poderia haver o boicote, e ele significava o retorno do revisionismo. Isso não poderia ser admitido.

O Mapai tinha mais uma resolução que poderia exercer. Havia sido introduzida naquela noite de sábado, 2 de setembro, na sessão geral das 21h. A nova resolução declarava que, como parte da disciplina sionista, nenhum indivíduo ou grupo dentro da Organização Sionista teria a permissão de conduzir política externa, contatar governos estrangeiros ou a Liga das Nações, além de se envolver em quaisquer atividades de natureza política que infringissem as prerrogativas do Executivo Sionista. Isso tornava ilegais todas as formas de protesto antinazista, incluindo a campanha contra o Acordo de Transferência. Conforme essa resolução, todos aqueles que infrigissem as medidas disciplinares seriam suspensos e julgados por um tribunal especial. Com o veredicto de culpado, o tribunal teria o poder de expulsar a pessoa ou o partido da Organização Sionista.[25]

Os delegados reagiram à deliberação disciplinar do Mapai com uma onda de indignação. Membros de todos os outros partidos encheram a sala com protestos aos gritos e declarações acusatórias. A batalha durou horas enquanto os revisionistas e outros tentavam evitar uma votação. Mas o Mapai manteve seus 44% e uns poucos aliados em outros partidos.

Em algum momento desgastante durante a noite, o Mapai convocou uma votação. Alguns dizem que eram 3h da manhã. Outros, que já era depois de o sol ter nascido. Os delegados haviam ficado sem dormir, estavam famintos, estavam exaustos. Ninguém poderia afirmar quantos delegados sabiam que a votação estava sendo realizada. A resolução disciplinar foi apresentada. Dos 300 delegados, 152 votaram a favor, 13 contra.[26] O Mapai ganhou.

* * *

Em 3 de setembro de 1933, às 16h30, a sessão final do 18º Congresso Sionista começou para os trezentos delegados mais os suplentes, representantes em litígio, participantes especiais e observadores. Eles tinham passagens de trem e barco em seus bolsos, os olhos bem vermelhos e pouquíssima paciência. Muitos vieram de redutos sionistas nos Estados Unidos, Polônia e França. Mas muitos vieram de remotos enclaves sionistas no Chile, Iêmen e Hong Kong. Na sala, os delegados falavam vinte ou trinta línguas diferentes, geralmente de uma vez. Mesmo os procedimentos oficiais eram conduzidos em pelo menos três línguas. Os delegados tinham vários níveis de sofisticação. Alguns eram crentes fervorosos. Alguns eram céticos. Alguns exigiam a liderança. Alguns queriam simplesmente seguir. Mas, independentemente da pele escura ou branca, asiático ou europeu, poderoso ou discreto, todos tinham uma coisa em comum. Cada um tinha um voto.

Nesse último dia, todos os nós foram atados. O Congresso era mais do que um fórum para debate sobre a crise de Hitler. O antissemitismo russo, certificados de imigração para os iemenitas, preços de terra na Palestina, diálogo com líderes árabes, locais de treinamento para halutzim, experiências agrícolas em kibbutzim, acordos de empréstimos com bancos de Londres, reorganização da Agência Judaica, relações com não sionistas, o sistema escolar palestino, cumprimento do sabá – havia uma centena de emergências pressionando. A maioria dos delegados se preocupava com uma ou duas ou cinco ou seis das emergências, e meramente votava em bloco nas outras questões.

Nesse último dia, as muitas comissões e comitês especiais que haviam sido deliberados por dias em cada uma das questões importantes finalmente apresentariam suas recomendações ao plenário. O costume era ler essas volumosas resoluções em sucessão rápida com votações relâmpago, para que os delegados exaustos pudessem ir embora e voltar para casa.

Como em outros anos, os presidentes das várias comissões, comitês e subcomitês liam suas longas e complicadas resoluções sobre tudo, de alocação de orçamentos a questões religiosas. Com impaciência recorde, os delegados concordavam, enviando resolução atrás de resolução para o livro de estatutos. Contudo, mesmo os delegados, já esgotados do debate das últimas horas, não puderam deixar de questionar e exigir uma discussão quando estranhas e inesperadas resoluções começaram a aparecer. A primeira delas foi uma sutil mudança na constituição da Organização Sionista que permitia que o Comitê de Ações organizasse os congressos subsequentes com intervalos de três anos em vez de dois. A assembleia discutiu sobre essa mudança radical durante um longo e fatigante tempo, mas no final os votos do Mapai aprovaram a resolução.[27]

A próxima resolução importante tinha a ver com a questão do dr. Weizmann. Durante dias, o Mapai havia tentado convencê-lo a voltar à presidência da Organização Sionista. Weizmann recusara todos os pedidos, porque o Mapai não havia conseguido expulsar os revisionistas. Finalmente, Weizmann enviou uma mensagem – sem na verdade visitar o salão do Congresso – de que não aceitaria a presidência, mas dirigiria uma nova entidade com sede em Londres que seria conhecida como o Escritório Central para o Assentamento de Judeus Alemães. O Escritório coordenaria todas as questões de ajuda, de emigração e políticas que afetavam o judaísmo alemão, incluindo Haavara. Na Palestina, uma entidade irmã chamada Departamento Alemão seria dirigida pelo dr. Ruppin.[28]

Em essência, Weizmann não precisava mais da administração da Organização Sionista para guiar o destino do esforço nacional judeu. Esse destino agora repousava dentro das fronteiras do Terceiro Reich e dentro das contas numeradas do Banco de Liquidação, Paltreu e Haavara. Como o escritório de Weizmann operaria de forma semiautônoma em paralelo com o Executivo Sionista, ele e o Mapai poderiam tomar suas próprias decisões sem obstrução das facções. Na visão de Weizmann, a Organização Sionista, com todos os seus partidos, pontos de vista e comitês complexos, era muito ineficiente para realizar a tarefa. Um Estado deveria ser criado enquanto o fogo estivesse ardendo.

A resolução que criava o novo escritório foi aprovada.[29] A maior parte dos delegados que votava não tinha como saber que estavam criando uma entidade de elite que, durante os próximos quinze anos, tomaria, praticamente, todas as decisões de resgate vitais para o judaísmo alemão.

Como fora provado pelos revisionistas, não valia a pena se opor ao Mapai. Mas, na resolução sobre o Acordo de Transferência, os revisionistas desejavam que os delegados se levantassem e votassem de acordo com suas consciências. A imprensa, as cartas, os telegramas, os telefonemas, os desentendimentos no meio da noite, os momentos silenciosos e introspectivos de arrependimento que a maioria dos delegados tinha sentido certamente os levaria a votar pela revogação. Por outro lado, o Mapai olhava para o Acordo de Transferência como a pedra fundamental de tudo que viria: a compra de terras, a construção de escolas, o patrocínio dos halutzim, a redenção do futuro judaico. O escritório de Weizmann, a prioridade para o halutzim, a dominação indiscutível do Mapai – tudo isso dependia da próxima votação.

O Mapai já estava ocupado fazendo garantias pessoais aos delegados sobre o significado de suas resoluções: sim, existiam grandes problemas com o acordo e seu conflito com o boicote. Aqueles que haviam desenvolvido o acordo tinham até expressado sua disposição de abandoná-lo, mas uma humilhante rejeição do plenário não era o caminho. Na próxima reunião do Comitê de Ações, todo o programa seria harmonizado com o boicote ou revogado como queria o público. Essas eram as impressões que teve um grande número de delegados, incluindo alguns dos mais influentes, como o colíder da delegação americana, Louis Lipsky, um forte aliado de Weizmann, que acabara de ser indicado para o Executivo Sionista.[30]

O presidente do Comitê Político, Michael Ringel, leu o parágrafo da resolução da maioria que exigia que o "Congresso entregasse a questão da interpelação de 24 de agosto para o Comitê de Ações com a instrução de que nada deveria ser feito [...] que fosse contrário à atitude do Congresso sobre a questão dos judeus alemães".[31]

Então, foi a vez de Meir Grossman: "Estou propondo a seguinte resolução da minoria: 'Enquanto os judeus na Alemanha não receberem de volta seus direitos legais formais, e enquanto o governo alemão não [...] permitir aos judeus o direito de emigração livre levando todas as suas propriedades, o Congresso Sionista considera inadmissível que o Executivo da Organização Sionista ou suas instituições subordinadas assinem qualquer acordo de qualquer tipo com o atual governo alemão'".[32]

Grossman voltou-se para seus companheiros judeus e disse: "Com plena consciência da responsabilidade e no interesse dos judeus alemães, e não menos no interesse de todo o judaísmo mundial, devemos estar cientes de que não temos o direito, de forma alguma, de enfraquecer a atmosfera de protesto no mundo judaico de hoje. Disseram-nos que o Executivo não tem qualquer relação com essa ação. Mas eu declaro que pelo menos três membros do Executivo Sionista sabiam dessa 'ação'. Portanto, nós [o movimento] demos a essa 'ação' nosso endosso nacional e selo, e considero isso uma violação da *disciplina nacional*".[33]

Grossman voltou a própria arma do Mapai contra eles. O Acordo de Transferência, afirmava Grossman, era a violação máxima de disciplina. Suas palavras de encerramento: "É impossível sair deste Congresso sem condenar essa 'ação'. Nem o Executivo nem uma das instituições sob seu domínio têm o direito de assinar um acordo com um governo engajado em uma luta diária contra nós. Nossa resolução deve libertar a Organização Sionista dos danos causados por esse acordo!".[34]

Berl Katznelson, em nome do Mapai, levantou-se para responder: "Depois da declaração do sr. Grossman, sou forçado a dizer o seguinte: no Comitê Político essa questão foi discutida [...] por longo tempo em várias sessões

[...] Foi expresso o desejo do comitê de evitar, se possível, um debate no Congresso sobre a questão. Em todo corpo parlamentar, entende-se que existe, às vezes, importantes questões de política externa que devem ser tratadas discretamente e por pessoas que estão bem familiarizadas com o assunto".[35]

Katznelson então acusou Grossman de estar cometendo uma flagrante violação disciplinar. "Vimos hoje quantas pessoas que participam de organismos confidenciais vazam informações que nós explicitamente decidimos que seriam confidenciais", rebateu Katznelson. "Eles fazem isso se o assunto puder ser explorado por questões partidárias [...] A maioria do Comitê [Político] entendeu claramente que é a principal tarefa do sionismo e um dever sionista a negociação como judeus e como sionistas, além de ajudar os judeus em todos os países para os quais são forçados a emigrar. Ele precisam de apoio para salvar a própria vida e suas propriedades. Portanto, negociações devem ser feitas, mesmo quando isso envolve negociar [...] com fatores hostis. É assim que o sionismo foi entendido desde os dias de Herzl."[36]

"A ideia de um Banco de Liquidação está também ligada a negociações e muito frequentemente a circunstâncias difíceis e amargas. Algum tempo atrás, uma decisão instituiu o Escritório Central [de Weizmann], que hoje deveria se engajar em transferir judeus com suas propriedades da Alemanha para Eretz Yisrael", disse Katznelson. "Sobre essa resolução, que também está conectada com certas negociações, Grossman votou a favor."[37]

Katznelson terminou seu recurso declarando: "Não acreditamos que é possível arrastar um acordo financeiro para um debate político. Qualquer organismo sionista deve concordar que Eretz Yisrael é a questão principal, e é o dever principal para salvar a vida e os bens judaicos de todos os perigos aos quais estiverem expostos".[38]

Uma escolha apresentava-se diante dos exaustos delegados. A sessão final começou às 16h do domingo. Agora, aproximava-se a manhã da segunda-feira. Muitos estavam confusos com relação aos detalhes da questão, mas inúmeros também pareciam sentir que ela colocava o judaísmo e o sionismo em uma encruzilhada. O Acordo de Transferência, a liquidação e a transferência dos bens judaicos alemães [...] sim – isso criaria o Estado.

Por isso, votaram sim. Sim, para permitir que os líderes sionistas tomassem as complicadas e dolorosas decisões na privacidade de salas de convenção de partido e salões de conferência. Ao fazer isso, muitos compreenderam completamente que suas decisões eram, na verdade, a favor do Acordo de Transferência, para a construção da nação e para o movimento histórico decisivo no *continuum* da perseguição e da expropriação judaicas.[39]

Com o absoluto reconhecimento de que Israel se tornaria uma realidade, 77 delegados repentina e solenemente pediram que a bandeira branca com a estrela de davi azul-clara, por décadas o símbolo do movimento sionista, fosse designada oficialmente a bandeira nacional. Eles também decidiram que o "*Hatikva*", há décadas o hino simbólico do movimento sionista, se tornasse oficialmente o hino nacional. As duas moções foram adotadas.[40] Agora, eles tinham uma bandeira, um hino, um tesouro e um povo. A terra era o único elemento que faltava. Isso também viria por meio do poder do Acordo de Transferência.

Alguns poucos discursos de fechamento foram feitos, e por volta das 9h, depois de dezessete horas de debate e introspecção, o 18º Congresso Sionista foi encerrado. Os delegados saíram do salão cantando o hino nacional, "*Hatikva*". Em hebraico significa "esperança".

PARTE VII

DECISÃO EM GENEBRA

39

A SEGUNDA CONFERÊNCIA JUDAICA MUNDIAL

O último ato político do 18º Congresso Sionista foi todos cantando em uníssono o "*Hatikva*". Mas o gosto final desse Congresso deixou muitos no movimento confusos e amargurados com os fatos. Alguns acreditavam que o Acordo de Transferência seria enviado ao Comitê de Ações e silenciosamente revogado. Muitos acreditavam que o Acordo de Transferência estava oficialmente aceito como um ato desastroso mas necessário para salvar os judeus alemães e seus bens para o lar nacional judeu – no entanto, acordos puramente comerciais como o da laranja estavam explicitamente proibidos. Outros permaneciam com a impressão de que o acordo era meramente um contrato entre Sam Cohen, o Banco Anglo-Palestino e o Terceiro Reich – com absolutamente nenhum envolvimento sionista oficial. E havia aqueles que acreditavam que nem o Acordo de Transferência nem o acordo das laranjas existiam.[1]

Por exemplo, logo depois do Congresso, o *Jewish Chronicle* de Londres comentou sobre os dois acordos. Sobre o acordo da laranja, o *Chronicle* informou: "Agora, afirma-se definitivamente que, em sentido estrito, não existe nenhum acordo". Sobre a Haavara, o *Chronicle* informou:

> Foi realizado principalmente por uma empresa comercial privada na Palestina – a Hanotaiah. A Agência Judaica declarou, em uma linguagem um tanto quanto enigmática, que ela "não participa" de nenhuma forma no [...] acordo [...] O sr. Sam Cohen, que dizem ter conduzido as negociações, não deixa dúvida em relação à cooperação sionista [...] Deixamos aos outros que conciliem as palavras do sr. Cohen com as negações categóricas [...] recentemente ouvidas em Praga.[2]

Modern View, o semanário judeu de St. Louis, emitiu uma convocação aos líderes sionistas para que colocassem um fim à confusão.

> Uma verdadeira onda de protestos de todas as partes do mundo judaico resultou da notícia vinda de Berlim [de um acordo das laranjas] [...] [Isso] pode ser parte de um esquema nazista para desacreditar a sinceridade do boicote antialemão, [mas] cabe às [autoridades] sionistas a publicação de uma negação franca [...] [e] rapidamente.[3]

Quando um repórter perguntou a Stephen Wise como os acordos poderiam ter sido aprovados, ele respondeu: "Nenhum de nós no Congresso Sionista poderia ter certeza dos fatos [...] Eu lutei contra isso no Comitê Político. Fui derrotado por dois grupos; um consistindo daqueles que negaram de forma bastante categórica que existisse tal pacto, e o segundo [...] que tomou a posição de que [...] não comprar produtos da Alemanha é o mesmo que concordar com uma expropriação parcial [feita pelos nazistas]".[4]

E o membro do Executivo sionista, Louis Lipsky, publicou uma declaração na primeira página do *The New Palestine*, o jornal oficial da Organização Sionista dos Estados Unidos, declarando: "O acordo específico sobre o qual ocorreu tanta discussão na imprensa foi enviado à próxima reunião do Comitê de Ações. Entendo que o empreendimento será abandonado por seus criadores".[5] Quando escreveu essas palavras, Lipsky não sabia que a reunião do Comitê de Ações que mencionara, na verdade, nunca seria realizada. No dia em questão, quase ninguém apareceu; o comitê não conseguiu *quorum* suficiente para se reunir.[6]

Mas continuavam os vazamentos alemães, muitos dos quais eram publicados sem nenhuma negativa nos jornais palestinos, levando muitos a acreditar que o Acordo de Transferência *realmente* existia e envolvia, de alguma forma oficial, a Organização Sionista. Esse crescente grupo de crentes enraivecidos continuava a exigir que o acordo fosse revogado, e o boicote promovido. Previsível era o comentário do *The Jewish Chronicle*: "Não podemos deixar de ver os elementos gerais e desagradáveis dessa situação [...] Meio boicote não salvará os judeus alemães!".[7]

Em 5 de setembro de 1933, delegados das comunidades judaicas ao redor do mundo chegaram a Genebra. Muitos vieram diretamente de Praga. Uma vez em Genebra, entre companheiros a favor do boicote, esses delegados passaram por uma rápida mudança de atitude. Na atmosfera cheia de pressão do 18º Congresso Sionista, a palavra "boicote" era essencialmente *verboten*. Qualquer um pensando nisso era de imediato colocado na defensiva. Agora em Genebra, acontecia o exato oposto. Qualquer um que ousasse pensar em fazer comércio com o inimigo era um traidor, e todos os traidores do boicote deveriam ser expostos.

Stephen Wise prometera ao mundo que lideraria um boicote internacional organizado pelas organizações judaicas estabelecidas da Europa e da América do Norte. Além disso, o Congresso Judaico Americano havia prometido que a estrutura concebida em Genebra seria colocada à disposição de Samuel Untermyer. Com o Terceiro Reich anunciando ainda mais medidas bárbaras antissemitas apesar do Acordo de Transferência, e faltando poucos dias preciosos antes do inverno para dar o golpe mortal, os delegados de Genebra estavam determinados a fazer o que não puderam em Praga: criar uma organização mundial pró-boicote e interromper o Acordo de Transferência.

* * *

A Segunda Conferência Judaica Mundial seria breve. Concordou-se antecipadamente que o necessário não eram discursos, mas organização. Considerando que os delegados que participaram da conferência de Amsterdã representavam grupos simples, os cem delegados dos 24 países reunidos em 5 de setembro na Salle Centrale de Genebra representavam, na verdade, um setor substancial do *establishment* do judaísmo. A lista incluía: o Comitê das Delegações Judaicas, Paris; a União Central dos Judeus Búlgaros, Sofia; a Federação de Judeus Poloneses, Varsóvia; a Liga das Mulheres Judias, Genebra; o Conselho de Deputados dos Judeus Romenos, Bucareste; a Associação Iugoslava de Sinagogas, Belgrado; o Congresso Judaico Americano, Nova York; e os grupos judaicos centrais de Copenhagen, Vilna, Genebra, Florença, Varsóvia e Madri. Participando como enviado pessoal de Mussolini estava o rabino Angelo Sacerdoti, o principal rabino de Roma. Mesmo os líderes sionistas estavam lá, incluindo delegados da Federação Sionista da Suíça, o dr. B. Mossinson da Vaad Leumi, e Leo Motzkin do Comitê de Ações.[8] A ausência do Conselho de Deputados dos Judeus Britânicos foi especialmente notada, mas o anglo-judaísmo estava bem representado pela Federação Britânica de Organizações de Auxílio Judaico, a Federação das Sinagogas e a Federação Judaica Interuniversidades.[9]

Por volta das 20h, o rabino Stephen S. Wise subiu ao palco sob fortes aplausos e proclamou a abertura oficial da conferência. Depois que telegramas de encorajamento vindos das comunidades judaicas de todo o mundo foram lidos, Wise parou em frente ao atril. Era o seu momento.[10]

"Senhoras e senhores [...] judeus de todo o mundo concordaram que o problema principal na vida do judaísmo hoje está ligado à situação dos judeus alemães [...] Não é menos verdade, senhoras e senhores, que o problema judaico alemão é, em si mesmo, ofuscado e dominado por *uma questão*, que deve ser respondida pelo Congresso Judaico Mundial [...] Essa questão é: Deve haver um boicote mundial de todos [...] os produtos fabricados na Alemanha?"[11]

A multidão irrompeu em aplausos intensos. Então, sem mencionar a Organização Sionista pelo nome, Wise ampliou a questão para incluir os acordos negociados na mente de todo mundo. "Colocando de maneira ainda mais simples, os judeus devem ter qualquer relação, industrial ou econômica, com uma nação que declarou guerra [...] contra o povo judeu de todas as partes?"[12]

Ele então descreveu a diferença entre o boicote inicial e o que ele tinha em mente. "O movimento de boicote judaico desde o início tem sido absolutamente *espontâneo* [...] não imposto de cima. Cresceu a partir da angústia das massas judaicas, que inevitavelmente reagiram à declaração de guerra contra eles usando a única arma acessível às massas judaicas." A questão, falou Wise, era *organização*.

"Não tenho desculpas a oferecer pelo fracasso do Congresso Judaico Americano até o momento na declaração do boicote [...] É muito fácil para os desorganizados e irresponsáveis fazerem ameaças contra a Alemanha [...] Ao longo de seis meses, nós esperamos e esperamos, desejando que isso não fosse necessário."[13]

"Hoje, nós que somos responsáveis e os representantes autorizados de milhões de judeus em várias nações, enfrentamos uma grave situação [...] Podemos [...] esperar muito mais?" Em seu melhor estilo oratório, Wise respondeu a própria pergunta. "Não podemos mais esperar que o povo judeu fique do nosso lado e coloque sua fé em nós, a não ser que declaremos perante essa conferência que chegou a hora de um boicote organizado, *organizado*, ORGANIZADO – *tuchtig und grundlich* [total e eficiente] contra a Alemanha."[14]

Aqueles ali reunidos não eram um valente bando de líderes de base com muita energia, mas nenhuma organização. Em vez disso, eram diretores de organizações judaicas estabelecidas com orçamentos, sedes, gráficas e funcionários pagos. O que eles poderiam conseguir em uma semana, Untermyer demoraria meses para conseguir. Eles tinham recursos não só nas grandes cidades, mas nas pequenas e até em vilas. Esperar para juntá-los sob um mesmo teto para aproveitar seus recursos internacionais tinha valido a pena. Essas pessoas poderiam tornar o boicote vitorioso. Eles aceitaram a explicação de Wise sobre o atraso.

"Nós do Congresso Judaico Americano", gritou Wise, "não poderíamos, não iríamos, não queríamos organizar e proclamar um boicote judaico *mundial* [...] Durante seis meses, eu mantive isso porque acreditava que tal boicote poderia ser declarado *somente* por um órgão como o que se encontra hoje em Genebra e fala em nome de milhões de judeus. Qualquer decisão que possa ser tomada pelo Congresso Judaico Mundial será apoiada por completo pelo Congresso Judaico Americano, na verdade por todo o judaísmo dos Estados Unidos, o maior da Terra, consistindo em mais de um quarto da população de judeus do mundo."[15]

Se houvesse vozes que questionavam o lugar de Stephen Wise no movimento de boicote, elas pareciam agora caladas. Nada impediria essa reunião para juntar recursos para estrangular economicamente a Alemanha de Hitler. Os delegados sabiam que teriam também de parar o Acordo de Transferência. E eles tinham todas as intenções de forçar a Organização Sionista a abandoná-lo.

Aqueles que foram de Praga para Genebra, incluindo Wise, precisavam muito dormir. Assim, a conferência entrou em recesso depois do discurso de abertura de Wise. Mas, quando saíam da Salle Centrale na noite daquele 5 de setembro de 1933, estavam unidos em sua determinação de passar os próximos dois dias planejando forçar a Alemanha a cair naquele inverno.

* * *

Sob o código não escrito dos apoiadores do boicote, os judeus que comercializassem produtos alemães deveriam ser tratados como traidores e colocados em uma lista negra. Assim, nos primeiros dias de setembro, apelos espontâneos partiram de vários países para exigir que a Organização Sionista parasse de negociar com a Alemanha.[16] Se não? *Cherem.*

Durante séculos, o *cherem* foi a maldição da intocabilidade imposta contra os maiores inimigos do povo judeu e os pecadores mais repreensíveis. Uma vez pronunciada por um rabino contra um não judeu ou um objeto inanimado, a pessoa ou o objeto tornavam-se intocáveis para os judeus. Uma vez pronunciada contra um judeu, este era excomungado ou rechaçado, ou ambos. Qualquer um que descumprisse o *cherem* também seria amaldiçoado pelo *cherem*. A obediência a esse conceito variava de comunidade para comunidade. Os judeus modernos literalmente ignorariam um *cherem*. Os judeus ortodoxos, no entanto, consideravam o *cherem* tão inviolável quanto o próprio sabá. Além disso, o efeito coletivo de numerosos rabinos se unindo para um decreto de *cherem* poderia influenciar até judeus não ortodoxos a obedecê-lo. Em 1933, quando tradições religiosas profundas estavam arraigadas na grande maioria dos lares judeus, o conceito de *cherem* era poderoso para uma grande parte da população judaica, principalmente na Europa.[17]

Em 6 de setembro, a Assembleia de Rabinos Ortodoxos Hebreus dos Estados Unidos e Canadá concluíam sua convenção anual em Nova York. Dois honrados oradores participavam do grupo. O primeiro era William Sweet, que representava a Secretaria de Recuperação Nacional de Franklin Roosevelt. Sweet voou de Washington para pedir a influência dos rabinos para a SRN, que defendia o boicote contra empresas que não cooperavam com o esforço nacional de recuperação. O segundo orador era Untermyer, que denunciava aqueles que negociavam com Adolf Hitler para salvar alguns "poucos bens" que pertenciam a judeus alemães. Untermyer falou aos rabinos que um *cherem* era a única resposta a esses traidores. E deveria ser realizado imediatamente se quisessem que a Alemanha caísse neste inverno.[18]

Uma vez pronunciado, o decreto seria vinculado a centenas de congregações ortodoxas sob a autoridade da Assembleia. Os membros da sinagoga receberiam a ordem de não lidar com qualquer mercadoria alemã. Seriam obrigados a estender o *cherem* de intocabilidade a todos que negociassem. Se a Organização Sionista se tornasse intocável, os judeus ortodoxos, incluindo o Mizrachi, teriam de literalmente se separar do movimento.

Eliminar o judaísmo religioso do sionismo era um passo radical, mas muitos apoiavam. No dia da cerimônia, a convenção até recebeu um radiograma de encorajamento do rabino A. J. Kook, rabino-chefe da Palestina. Mas Untermyer acreditava que a excomunhão isolaria muitos judeus e daria ao boicote um caráter religioso que não corresponderia aos não judeus. Ele, portanto, pedia um *cherem* confinado somente às mercadorias alemãs. Isso fez que vários rabinos protestassem de modo preocupante. Mas a maioria concordou com Untermyer, votando por um *cherem* de intocabilidade, mas não pela excomunhão.[19]

O ritual solene começou quando duas velas negras altas foram colocadas sobre uma mesa separada por alguns metros, e em seguida acesas. Um rabino, usando o tradicional *talis* ou xale de orações, tocou três vezes o *shofar*, o tradicional chifre torcido de carneiro tocado no Dia da Expiação. Depois do toque do *shofar*, o rabino-chefe de Newark, rabino B. A. Mendelson, entoou o decreto em hebreu:

> Em nome da Assembleia de Rabinos Ortodoxos Hebreus dos Estados Unidos e Canadá e outras organizações rabínicas que se unem a nós em suas crenças, decidimos [...] como líderes de Israel, decretar um *cherem* sobre tudo que é fabricado na Alemanha de Hitler. A partir de hoje, devemos nos abster de qualquer material básico como metais, têxteis e outras coisas [...] que chegarem a nós por meio dos nazistas [...] Exigimos que ninguém viole, conscientemente, esse boicote que decretamos neste dia.[20]

O rabino Mendelson então pegou seu martelo e ritualmente extinguiu as chamas da vela. Enquanto as chamas se transformavam em fumaça, muitos na sala murmuraram: "Desse jeito, Hitler".[21]

* * *

O espírito do *cherem* foi se desenvolvendo entre os conferencistas em Genebra. A primeira sessão de trabalho em 6 de setembro tratou de criar um boicote mundial e o formato definitivo do Congresso Judaico Mundial. Dirigindo as deliberações estava Nahum Goldmann, uma das figuras sionistas mais respeitadas. Ele começou com uma confissão: "O que não pude falar em Praga, afirmo a partir desta plataforma como bom sionista e membro do Comitê de Ações: o sionismo não está em posição de lidar com os problemas dos direitos judaicos na Diáspora e só consegue tratar do trabalho de construção palestina [...] A Palestina não é a solução. A solução deve vir de dentro da Alemanha para evitar a destruição dos direitos judaicos em outros países".[22]

Goldmann falou aos delegados: "Devem existir duas organização judaicas separadas – uma para a construção da Palestina e outra para conduzir a luta pelos direitos judaicos. A segunda deveria ser proclamada nesta conferência". Ele reconheceu que tal organização mundial seria incompleta sem o Conselho de Deputados. "De todos os grupos da Europa Ocidental, o mais difícil de incluir é o inglês [...] [Mas] estou convencido de que, no final, vamos conseguir ganhar o Conselho de Deputados [...] Nenhum de nós subestima a importância deles."[23]

Os deputados, na verdade, estiveram próximos de Wise no patrocínio da conferência de Genebra. Mas a hierarquia sionista em Londres os tinha persuadido a abandonar todos os projetos que não estavam em harmonia com a política sionista. Goldmann sabia disso, mas relutava em dizer. "Não desejo entrar em detalhes dos motivos pelos quais o Conselho de Deputados permaneceu até o momento distante de tomar uma posição positiva", disse Goldmann. Mas, acrescentou, quando o Congresso Judaico Mundial se tornasse uma realidade, os deputados seriam incapazes de resistir à união. Portanto, a primeira tarefa da conferência, exigia Goldmann, era criar a organização necessária para conduzir uma guerra "amarga" e bem planejada contra a Alemanha nazista.[24]

Na sessão da tarde, os delegados debateram se sua organização deveria ser designativa ou eleita democraticamente. O dr. Henryk Rosmarin, um sionista geral polonês que acabara de chegar de Praga, argumentou de forma amargurada: "Alguns dias atrás um acordo foi assinado entre a Alemanha e a Palestina que traz vergonha ao povo judeu [...] Isso só foi possível [porque] não [...] há representação democraticamente eleita do povo judeu. [As eleições sionistas elegem partidos, não indivíduos.] Se tal autoridade [democraticamente eleita] existisse", garantiu Rosmarin, "nenhum judeu ousaria [...] entrar em negociações com o governo de Hitler".[25]

Mais tarde naquela mesma noite, Stephen Wise falou dos acordos sionistas durante um discurso formal. Ele pretendia analisar a ameaça da lei internacional lançada pelo regime nazista, para o benefício da imprensa local, que tinha alguma influência sobre a Liga das Nações com sede em Genebra. O boicote não era realmente parte da abordagem. Mas poucos minutos depois de iniciar seu discurso, Wise parou repentinamente para fazer um aviso público inesperado para a Organização Sionista: "Não acredito que o boicote tenha sido esmagado e violado por nossos companheiros judeus ou seus representantes na Palestina", disse Wise. "[Mas] se ficar provado para mim que qualquer judeu dentro ou fora da Palestina, ou qualquer representante de qualquer grupo de judeus, tenha tentado negociar com a Alemanha em busca de lucros ou algum ganho, atesto que a vida desse homem se tornará insuportável [...] Não estamos reconstruindo uma Terra Santa, de onde surgiram a Lei e os Profetas, para torná-la uma terra de lucros para alguns ao negociarem com o governo alemão."[26]

Enquanto Wise pronunciava essas palavras, na verdade tinha em mente o acordo das laranjas. Tentava racionalizar o Acordo de Transferência como uma necessidade lamentável, mas compreensível. Ele rapidamente continuou seu aviso com uma classificação: "Mas é bastante justo acrescentar que o Terceiro Reich cria suas próprias leis. Essas leis são implacáveis [...] O que deveria fazer um judeu na Alemanha se o país lhe dissesse: Você pode sair, pode deixar o Terceiro Reich [...] pode sair deste inferno [...] mas só pode levar parte do seu dinheiro com você. O resto deve deixar para nós para a compra de máquinas. Você pode sair sem qualquer outra condição. Eu consigo entender os judeus na Alemanha [ao concluir] [...] que, se eles não podem ir para Eretz Yisrael de nenhuma outra forma, podem ir dessa".[27]

"Pode ser que, se nós estivéssemos na Alemanha, também pagaríamos as sanções que um governo de Hitler, impiedoso e sem lei, pode exigir de nós. Mas repito que não haverá paciência [...] para qualquer judeu na Terra, se, em nome do lucro, ele violar a vontade do povo judeu e os preceitos da consciência humana ao fazer negócios com a Alemanha!"[28]

A condenação de Wise, na realidade a condenação do mundo judaico, foi provocada por revelações sobre o acordo das laranjas e o Acordo de Transferência. Mas, na verdade, estes eram apenas dois dos literalmente vários acordos comerciais importantes sendo negociados entre a Palestina e a Alemanha, enquanto Wise discursava. Havia cervejarias, padarias, siderúrgicas, fábricas de cimento, sistemas de irrigação, gráficas, consultórios médicos e muitas outras empresas estatais. Wise e os outros não entendiam realmente o que estava acontecendo. Nem quão célere era.

40

UM "COMITÊ JUDAICO CENTRAL"

Sete de setembro era o dia da decisão para a Segunda Conferência Judaica Mundial. O tom foi dado pelo primeiro orador na sessão plenária da manhã, E. Mazur, da Federação de Judeus Poloneses. Mazur quase não conseguia controlar seu ódio enquanto gritava: "Todo o acordo feito pelo Executivo Sionista é um *schande* [em iídiche, uma desgraça vergonhosa]. E essa conferência deve apresentar uma resolução de protesto [tanto] contra o acordo quanto contra as negociações [...] O boicote é o único meio [de defesa] à nossa disposição. Usá-lo provará que ainda temos o poder de resistir. [Portanto] o boicote deve ser organizado de tal forma que os judeus sejam moralmente incapazes de rompê-lo". Os delegados aplaudiram bastante.

C. Rasner, também da Federação de Judeus Poloneses, juntou-se a seu colega na condenação aos acordos com a Alemanha nazista e pediu aos delegados que votassem sanções específicas contra eles. "Os acordos feitos pelos sionistas com a Alemanha são uma *schande*", protestou Rasner. "Se o Congresso Sionista não teve a coragem para condená-los, é problema deles. Nós devemos fazer isso – da maneira mais incisiva possível."[2]

Nesse momento, Nahum Goldmann falou. Como co-organizador do Congresso Judaico Mundial e figura importante no movimento sionista, Goldmann era uma voz poderosa dentro da conferência. No dia anterior, havia confessado publicamente seus fracassos em Praga e depois defendeu um organismo mundial dedicado ao boicote internacional, mas as coisas estavam saindo do controle. Os delegados falavam abertamente sobre resoluções vinculativas de reprovação que, sem dúvida, estenderiam o boicote à própria Organização Sionista se a transferência não fosse revogada.

"Não tinha nenhuma intenção de participar dessa discussão", disse Goldmann, "mas sou realmente forçado [...] [Não] me interrompam porque só tenho dez minutos [pelas regras] [...] Entre o público judeu começou uma campanha [antissionista] por causa do acordo que foi assinado entre uma empresa de assentamento de terras na Palestina, que é uma empresa privada, e o governo alemão [...] Visto que estou entre aqueles que não têm nada com isso, mas que estão 100% a favor e prontos para compartilhar a responsabilidade, deixe-me dizer algumas poucas palavras sobre o assunto – não para convertê-los [...] mas, em vez disso, para esclarecer isso a vocês e ao público judeu que está aqui representado pela imprensa. Infelizmente, isso não foi possível no Congresso Sionista."[3]

"Em primeiro lugar", explicou, "a Organização Sionista não assinou nenhum tipo de acordo. Nem mesmo se envolveu nas negociações. A Hanotaiah fez esse acordo, e um banco sionista participou. A autoridade de gestão de moedas estrangeiras [do Terceiro Reich] decidiu permitir uma exceção para os judeus que emigrassem para a Palestina. Isso *não* significa uma ruptura com o boicote. Boicote significa estrangular as exportações da Alemanha e da entrada de pagamentos para a Alemanha. Aqui estamos lidando com dinheiro que *já está na* Alemanha; assim, quando esses produtos forem vendidos mais tarde, nenhum dinheiro adicional irá para Berlim."[4]

Os fundamentos de Goldmann não estavam funcionando. Em desespero, ele tentou fazer os conferencistas entenderem: "Disseram-nos que não devemos fazer acordos com a Alemanha. Isso é absurdo! Um povo deve ser capaz de negociar com qualquer Estado no mundo, principalmente durante um estado de guerra. Pensem nas negociações sobre os prisioneiros na Suíça entre as nações em guerra [...] O que está envolvido aqui é que essas pessoas que estão emigrando da Alemanha se tornariam, de outra forma, mendigos".[5]

Mas o apaixonado discurso de Goldmann não diminuiu sua convicção de que o Acordo de Transferência deveria ser interrompido. Um frustrado Goldmann, co-organizador da conferência, declarou categoricamente: "Estou dizendo que não permitiremos que esse fórum seja usado para manobras antissionistas e estou pedindo que não insistam em resoluções que sejam direcionadas contra a Organização Sionista. A conferência deve decidir sobre a questão do boicote. Mas o que foi feito aqui [com o Acordo de Transferência] foi absolutamente necessário e não é um crime".[6]

O próximo delegado respondeu: "Ao contrário da opinião do dr. Goldmann, essa conferência *está* autorizada a lidar com a questão de acordos com o governo alemão porque esse assunto está organicamente ligado à questão do boicote". Outro delegado acrescentou: "O dr. Goldmann esqueceu de falar sobre as [...] laranjas da Palestina [...] O que acontecerá é o seguinte: haverá uma loja na Palestina que defenderá o boicote de produtos alemães e a loja vizinha venderá esses produtos!".[7]

O dr. B. Mossinson, da Vaad Leumi, conselho nacional da Palestina judaica, levantou-se então para pedir aos delegados que não culpassem a Palestina. Mossinson afirmou que era pessoalmente contra os acordos e que a Palestina como um todo estava boicotando as mercadorias alemãs com vigor. "Esse acordo foi feito por indivíduos", alegou Mossinson, "e somente indivíduos são culpados de romper o boicote." O dr. Mordechai Nurock seguiu com uma exigência de que "todo traidor do boicote deve ser chamado de fura-greve". O dr. Nurock usou o termo "fura-greves" conscientemente, já que esse era o termo que o Mapai atribuía aos revisionistas que procuravam emprego fora do sindicato Histadrut.[8]

O dr. Rosmarin, no entanto, tentou pôr um fim à discussão usando o bom senso e a compreensão. "O boicote iniciou espontaneamente", começou. "A opinião pública judaica começou antes dos políticos [...] É provável que a liderança não tenha tido coragem de proclamar o boicote publicamente [...] Não é nenhum segredo que no Congresso Sionista ocorreram diferenças de opinião, mas tenho a coragem, como um sionista organizado, de dizer em cima desse palco que o boicote deveria ter sido proclamado lá."[9]

"No entanto, mesmo se pudermos entender as dúvidas que ocorreram lá, estas não devem ser repetidas aqui", o dr. Rosmarin falou. "Se tivéssemos proclamado o boicote há três meses, hoje não haveria desunião na opinião pública. O acordo palestino nos ataca porque ataca nossa dignidade e enfraquece a luta do povo judeu."[10]

"É óbvio que as discussões [...] têm sido apaixonadas, mas há situações – momentos na vida das pessoas – em que *nenhum compromisso* é possível. Estou de acordo com aqueles que falaram contra a transferência e [...] querem proclamar o boicote. Estou pedindo a vocês que não percam mais tempo discutindo. A questão já foi decidida. Vamos nos concentrar no que precisamos para a batalha do boicote. Assistência, implantação, atividades dos diversos comitês, e assim por diante."[11]

Os presentes na sala instantaneamente aplaudiram a clareza de Rosmarin, mas seu apelo não foi levado em conta. Goldmann continuou tentando persuadir seus companheiros judeus a não romper com a Organização Sionista. Ele também afirmou que o acordo da laranja – que ele condenava abertamente como motivado pela fome de lucros – era imperdoável. Mas, no final, acabou defendendo o Acordo de Transferência como uma obrigação histórica sionista.[12]

Depois de inúmeras horas de discussão, muitas delas fora das sessões formais, os delegados tomaram uma decisão. Em uma data futura, as eleições judaicas seriam realizadas no mundo todo, criando o desejado organismo representativo democrático. Enquanto isso, um autoproclamado Comitê Judaico Central seria indicado, provavelmente com sede em Paris ou Genebra, formado por dez ou doze líderes judeus. Esse comitê de elite coordenaria imediatamente os esforços de boicote de todas as organizações judaicas representadas na conferência.[13] Presumivelmente, esse Comitê Judaico Central ligaria fornecedores alternativos com compradores ansiosos na prometida reorganização do comércio mundial, que evitava a Alemanha, estenderia o boicote dos consumidores das grandes cidades para as áreas das províncias e se oporia de forma vigilante a qualquer permuta ou acordo comercial bilateral com os nazistas.

Mais tarde naquele dia, depois de os delegados labutarem por horas, uma resolução sobre o boicote foi finalmente formulada. Ela pedia um boicote judaico mundial a ser coordenado pelo Comitê Judaico Central, para que "o povo judeu não abandone a resistência legítima, honrada e pacífica à guerra iniciada contra o nosso povo". Nenhuma menção foi feita à resolução dos acordos da Organização Sionista com a Alemanha, mas as relações comerciais ou outras entre os judeus e a Alemanha eram expressamente proibidas.[15]

Nesse ponto, os rabinos-chefe de Roma e Florência retiraram-se. Eles haviam argumentado em nome de Mussolini contra qualquer resolução pró-boicote. Tendo fracassado, eles não queriam mais estar associados à conferência.[15] Os outros conferencistas permaneceram, mas poucos, se é que algum deles, tinham certeza de qual decisão tomar.

O debate geral formal recomeçou às 9h30 da noite. O último orador, por volta das 23h, foi Leo Motzkin, que fez um apelo solene. Ele pediu aos apoiadores do boicote que entendessem os sionistas que negociaram o Acordo de Transferência, afirmando: "Mesmo esse passo por parte de alguns sionistas, que dessa forma tentaram salvar o máximo de capital judeu alemão possível, pode ser justificado; não devemos falar de traição contra o povo judeu. Vocês devem entender isso!".[16]

"Pessoalmente, fui um dos que, em Praga, ficou contra esse acordo. E meu raciocínio era o seguinte. Apesar do fato de que dessa maneira milhares de judeus podem ser salvos e a mudança deles para a Palestina torna-se possível, isso viola a solidariedade judaica [...] Mas, ao mesmo tempo, devo pedir-lhes que compreendam que isso não é uma manifestação contra o judaísmo."[17]

Tecnicamente, o Acordo de Transferência foi entregue no 18º Congresso Sionista para o Comitê de Ações, que Motzkin dirigia. Suas últimas palavras para os delegados da conferência naquela noite foram: "Tenho desde o começo declarado que é um grande erro. Vou tentar impedir que esse erro seja cometido".[18] Motzkin havia, de fato, decidido fazer tudo que pudesse para derrubar o acordo na próxima reunião do Comitê de Ações, que deveria acontecer nas próximas semanas.

Mas o apelo de Motzkin pareceu ineficaz. A resolução de boicote da conferência estava em rota de colisão com o movimento sionista. Se o Comitê Judaico Central fosse estabelecido, ele estenderia sua influência até a Palestina, tornando, dessa maneira, impossível a venda de mercadorias alemãs. Isso bloquearia investimentos estrangeiros nos empreendimentos de transferência. Rapidamente teria um impacto no Banco Anglo-Palestino. Um boicote secundário, em último caso, se estenderia até a própria Organização Sionista. E, é claro, a resolução tornaria real o boicote global consolidado que a Alemanha tanto temia. Evitá-lo era o principal motivo da cooperação do Terceiro Reich com a Palestina.

Em suma, não haveria nenhuma solução sionista para a questão judaica alemã, não haveria nenhuma transferência e nenhum Estado judeu no futuro próximo, se a resolução que criava uma entidade global pró-boicote fosse implantada. Os membros do comitê de resoluções eram todos bons judeus, todos bons sionistas. O movimento sionista era, na verdade, o grande incentivo na formação do Congresso Judaico Mundial. Esses homens e mulheres nunca haviam presumido que teriam de escolher entre serem bons judeus e bons sionistas. Mas uma escolha era necessária.

41

O MOMENTO FINAL

Ao meio-dia da sexta-feira, 8 de setembro de 1933, os delegados e repórteres reuniram-se na Salle Centrale. Conflitos desagregadores, atrasos dolorosos e caos comunitário precederam esse momento. Por seis meses, Stephen Wise batalhou contra e surpreendeu todos os líderes do boicote, de Samuel Untermyer a lorde Melchett – sempre com base na decisiva e superior organização do boicote que surgiria dessa conferência de Genebra. Todo o trabalho organizativo de Wise fora devotado à realização desse único momento.

Os delegados e o mundo sabiam o que esperar. Wise havia deixado a convenção e a imprensa entusiasmadas em seu discurso de abertura com promessas de "organizar, *organizar*, ORGANIZAR". Havia falado sobre a inconveniência e a falta de utilidade de um boicote "espontâneo". Havia identificado a estrutura internacional como o ingrediente necessário que faltava para tornar o boicote anti-Hitler vitorioso. Agora chegava o momento em que a entidade de boicote global seria anunciada.

Nahum Goldmann abriu a sessão, anunciando ao salão lotado que os vários comitês da conferência haviam formulado resoluções divididas em duas partes. Ele acrescentou: "Não é segredo que a resolução sobre o boicote foi precedida de longas negociações. No final, chegamos a um acordo, no entanto. E acredito que esse texto possa ser aprovado por unanimidade".[1] Goldmann então anunciou: "Vou ler as resoluções [sem relação com o boicote] primeiro, porque são menos controversas". Ele então leu as resoluções que defendiam as eleições nas comunidades judaicas em todo o mundo para criar o Congresso Judaico Mundial como uma entidade representativa democrática para lutar pelos direitos judaicos. A multidão entusiasmada gritou em aprovação, e Goldmann afirmou que a resolução fora adotada por aclamação.[2]

"Agora peço ao dr. Wise que leia a resolução sobre o boicote."[3] Wise subiu ao atril para ler as seis sentenças divididas em dois parágrafos que o mundo judeu e, na verdade, todos os inimigos de Hitler esperavam. A última sentença era a principal. Ela explicaria a mudança de um boicote espontâneo para um organizado sob a coordenação de um Comitê Judaico Central.

Wise começou a ler: "A Conferência Judaica Mundial constata com profunda satisfação que, desde o início do regime de Hitler, e suas leis e atos antijudaicos, o povo judeu de modo instintivo e espontâneo usou a arma imediatamente acessível de autodefesa: o boicote moral e econômico. No espírito do autorrespeito individual e coletivo, o povo judeu, por meio do boicote, afirma que os judeus não podem ter nenhuma relação econômica ou outra com o governo nazista do Terceiro Reich" – essa era a referência aos acordos sionistas com a Alemanha – "e acredita que seu boicote deve continuar a ser compartilhado por milhões de não judeus em todas as terras, que entendem e simpatizam com o repúdio do povo judeu aos preceitos e às práticas antijudaicas dos nazistas".[4]

Wise continuou: "Quando o boicote judaico aos produtos alemães terminará não depende do povo judeu, mas do governo nazista. Essa instrumentalidade da pressão moral e econômica os judeus foram obrigados, com relutância, a adotar e utilizar. Mas eles não deixarão de usá-la até o momento em que o grande erro infligido sobre os judeus alemães for desfeito e estes mais uma vez retomarem o *status* e a posição que eram deles por direito antes da ascensão do governo de Hitler".[5]

A sentença final era para ordenar que o Comitê Judaico Central reforçasse a proibição sobre os judeus de manter relações com o Terceiro Reich – o que deveria acabar com o Acordo de Transferência e organizaria o boicote espontâneo. Wise leu: "A conferência de forma solene convoca o povo judeu a continuar lealmente em sua resistência legítima, honrada e pacífica contra a guerra travada pelo hitlerismo sobre os judeus alemães e sobre todos os judeus".[6]

Mas onde estava? Onde estava a cláusula de execução? Onde estava o Comitê Judaico Central? Onde estava a promessa de organização? Essa resolução meramente chamava à continuação do boicote *espontâneo*, o "desorganizado".

Eles haviam recuado. Não se sabe exatamente quando. Em algum momento depois que os repórteres saíram na noite de 7 de setembro, talvez no meio da noite, talvez na madrugada, talvez pouco antes do meio-dia. Mas em algum momento antes da cerimônia de 8 de setembro, a resolução do boicote da Segunda Conferência Judaica Mundial foi alterada.[7] O momento decisivo havia chegado, mas Wise, Goldmann e os outros do comitê de resoluções não conseguiram seguir adiante. Não, se isso significasse guerra contra o sionismo e subversão do que cada vez mais parecia uma oportunidade clara de redimir a nação judaica. Israel estava em jogo. O povo judeu estava em jogo.

Era uma escolha, e talvez desde Praga todos soubessem que escolha fariam, não importa o quanto protestassem e resistissem. Aqueles que entendiam mesmo uma fração do poder do Acordo de Transferência sabiam no coração que o Estado judeu se levantaria da angústia e das cinzas do judaísmo alemão – e, na verdade, o judaísmo alemão seria somente a primeira onda. O nazismo alcançaria toda a Europa. Setores inteiros do povo judeu poderiam sofrer, mas o principal permaneceria. Wise, Goldmann e outros viam as ramificações desmoronando e se agarravam à base com uma sensação de desespero e destino.

Wise provavelmente sabia disso há dias, enquanto tentava encontrar o verdadeiro significado do Acordo de Transferência. Dividido entre o instinto de luta e a necessidade de estabelecer um lar nacional judaico, o próprio Wise atuou sobre o conflito judaico fundamental, entre o chamado de Sião e a necessidade de conseguir igualdade na Diáspora. Dois dias antes, em 6 de setembro, Stephen Wise havia introduzido uma passagem inesperada e estranhamente melancólica em um discurso antes da conferência. Essencialmente, ele concordou que a destruição do judaísmo europeu seria um aviso sacrificial ao mundo sobre o futuro perigo de Hitler. Suas palavras foram: "Mais uma vez, o povo judeu parece chamado a desempenhar um grande papel na história, talvez o maior papel em todas as eras de sua trágica história. Mais uma vez, o povo judeu é chamado a sofrer, porque somos os servos sofredores da humanidade. Somos chamados a sofrer para que a humanidade e a civilização possam sobreviver e perdurar. Já sofremos antes.

Somos os eternos servos sofredores de Deus, daquela história mundial que é o julgamento do mundo".

"Não nos rebelamos contra o papel trágico que devemos cumprir se somente as nações da Terra conseguirem alcançar algum ganho, puderem lucrar como resultado de nossos sofrimentos e puderem perceber a tempo a enormidade do perigo que enfrentam com aquele inimigo comum da humanidade que não tem outro objetivo a não ser conquistar e destruir. Estamos prontos se as coisas preciosas e belas da vida puderem sobreviver. Esta é, mais uma vez, a missão dos judeus.[8]

Foi nesse mesmo discurso que Wise subitamente mudou de tópico e atacou as ligações comerciais sionistas com a Alemanha nazista.

O que passou na mente de Wise em 8 de setembro enquanto lia a resolução que renegava sua promessa internacional de organizar o boicote antinazista, ninguém nunca chegará a saber. A plateia da conferência, no entanto, não percebeu a sutil mudança, alheios de que a construção das palavras bem colocadas especificamente apagavam a autoridade coordenada que ele prometera. Quando a sexta e última sentença da resolução do boicote foi lida, todos assobiaram e aplaudiram. Goldmann aproveitou a oportunidade para dizer: "Noto que a resolução foi aceita por unanimidade". Ainda mais aplausos se seguiram.[9]

Wise até continuou com uma severa denúncia das relações comerciais com a Alemanha. Ele chamou isso de "o novo Bezerro de Ouro – a Laranja Dourada" e contou a uma plateia encorajadora: "Acho que falo o que pensam todos os judeus em todas as partes quando digo que sentimos aversão por qualquer judeu, dentro ou fora da Palestina, que realize qualquer tipo de acordo comercial com o governo nazista por qualquer razão". Ele acrescentou as classificações obrigatórias de que felizmente esses rumores não eram verdade.[10]

Após a resolução do boicote, Goldmann apresentou Leo Motzkin, que leu uma terceira resolução especial, esta sobre a questão judaica alemã. A eloquente declaração com cinco pontos condenava a perseguição nazista e defendia um programa sob os auspícios da Liga das Nações para financiar a emigração dos judeus alemães para a Palestina. A resolução da conferência sobre a questão judaica alemã, exceto por sua linguagem condenatória, era quase idêntica à aprovada em Praga. Goldmann então anunciou que essa terceira resolução também fora aprovada por unanimidade.[11]

Ele acrescentou que uma decisão especial fora feita para entregar "as questões políticas" da Segunda Conferência Judaica Mundial para o Comitê de Delegados Judaicos com sede em Paris até que as eleições internacionais criassem um Congresso Judaico Mundial. O Comitê de Delegações Judaicas era uma entidade de defesa judaica patrocinada pelos sionistas que, como a Organização Sionista, era reconhecida pela Liga das Nações. O presidente do Comitê de Delegações Judaicas era Leo Motzkin. O Comitê gerenciaria as "questões políticas" da conferência de Genebra junto com um painel de dez eminentes líderes judaicos e sionistas, incluindo Nahum Goldmann e Victor Jacobson, membro do Executivo Sionista.[12]

Apesar de as "questões políticas" da conferência tratarem principalmente da resolução especial que pedia a emigração organizada para a Palestina, elas também incluíam o boicote espontâneo. Dessa forma, a liderança do boicote mundial era entregue aos dirigentes e organizações sionistas. Esse era o destino do boicote internacional tão dolorosamente cultivado pelos judeus do mundo. O boicote seria conduzido por líderes que, na verdade, se opunham a ele.

Mais uma vez, depois de ler o texto da decisão, Goldmann anunciou a adoção por aclamação.[13]

Stephen Wise então se levantou para apresentar seus comentários finais. Deve ter sido um discurso difícil. Ele não poderia se gabar do triunfo em finalmente organizar o povo judeu. Em vez disso, tinha de fingir que a conferência de Genebra não era um fiasco para o movimento do boicote. Wise divagou um pouco e se contradisse. Na verdade, suas primeiras duas sentenças foram: "Acabamos de adotar uma resolução muito importante [sobre o boicote]. É verdade que nessa resolução não dissemos nada de novo para o povo judeu, mas ousamos acreditar que cumprimos o seu desejo e [...] demos nossa aprovação ao que as massas do povo fizeram instintivamente desde o início e exigiram de nós – ou seja, avançar com o boicote".[14]

Wise mais uma vez se sentiu obrigado a explicar: "Adiamos a ação [...] por meio ano na esperança de que uma mudança pudesse ocorrer na situação. Infelizmente, a situação ficou mais grave dia a dia, e agora não é mais do que preservação instintiva que nos leva a recorrer à [...] única arma que nos é acessível, isto é, o boicote moral e material [...] Não declaramos guerra contra a Alemanha, mas [...] estamos preparados para nos defender contra a vontade da Alemanha de Hitler de nos destruir. Devemos nos defender porque somos um povo que vive e deseja viver".[15]

Em um floreio dramático, ele declarou à multidão: "A última palavra que desejo falar a vocês é esta – Nosso povo vive – *Am Yisrael chai*!".[16]

Aplausos alucinados irromperam enquanto a plateia aproveitava o momento emotivo,[17] sem compreender que era uma ovação pelo fracasso. O objetivo da conferência – a criação de uma infraestrutura mundial para o boicote – nunca foi alcançado, sendo, na verdade, abandonado.

Poucos minutos depois, Nahum Goldmann formalmente declarou o fim da Segunda Conferência Judaica Mundial. Mesmo antes disso, os delegados já se dirigiam às portas, confiantes de que um boicote organizado seria triunfantemente conduzido pelos líderes da conferência. Um confronto dramático no corredor só reforçou essa visão. O correspondente de Munique do jornal pessoal de Hitler, *Volkischer Beobachter*, estava sentado na tribuna reservada à imprensa. Ele estava prestes a sair quando foi confrontado de repente por Stephen Wise. Enquanto a multidão os cercava, Wise disse ao nazista em um perfeito alemão: "Não posso deixar de me perguntar qual teria sido meu destino [...] se tivesse ido para Nuremberg [...] O representante do *Volkischer Beobachter* pode permanecer quieto aqui. Ele está seguro entre nós, e tudo que lhe pedimos é que divulgue a verdade. Não há nenhum segredo em nossos conselhos, e desejamos sobretudo que a Alemanha de Hitler descubra a verdade [...] em relação aos nossos sentimentos e atitudes".[18]

Drama, aplausos, discursos, muitas promessas, resoluções eloquentes e confrontos desafiadores fizeram da Segunda Conferência Judaica Mundial um espetáculo elaborado que agradou a audiência. Mas quando a resolução do boicote foi finalmente estudada, revelando uma óbvia ausência de qualquer avanço na organização do movimento anti-Hitler, rapidamente ficou claro que a conferência de Genebra simplesmente não promoveu a causa do boicote.

Uma coluna publicada no semanário judeu de St. Louis, *Modern View*, afirmava: "Depois de considerável debate e argumento, o comitê de resoluções da Conferência Judaica Mundial [...] apresentou um relatório de que falhou ao proclamar um boicote judaico mundial contra a Alemanha, mas que endossava o 'uso instintivo e espontâneo do boicote' que já existe". O *Jewish Chronicle* de Londres disse que as resoluções "não abriram novos caminhos e seriam aprovadas por qualquer reunião de judeus". Muitos outros jornais preferiram somente informar sobre a resolução sem comentá-la, enfatizando que a conferência defendeu a continuidade do boicote "espontâneo", com a palavra "espontâneo" sempre entre aspas. E, é claro, o próprio Stephen Wise disse aos delegados da Salle Centrale: "É verdade que nessa resolução não dissemos nada de novo ao povo judeu".[19]

De várias formas, Genebra havia sido uma encruzilhada – mais do que Nova York, Jerusalém, Londres, Amsterdã ou Praga –; havia sido a encruzilhada final. Uma incrível escolha fora feita. Stephen Wise e os outros líderes judaicos fizeram a escolha. Eles escolheram o caminho para a Palestina.

42

DEPOIS DE GENEBRA

A Segunda Conferência Judaica Mundial ocupava os pensamentos de Stephen Wise enquanto o trem ia para o norte, de Genebra para Paris. Decisões foram tomadas que somente Deus poderia julgar, apenas a história poderia justificar. Durante a viagem de várias horas, uma garota alemã de 17 anos, tímida e obviamente amedrontada, olhava de modo furtivo para Wise e seus acompanhantes. Wise não conseguiu deixar de perceber e, na verdade, ficou preocupado com a garota. Várias vezes tentou lhe falar, mas a menina só o olhava em silêncio. Finalmente, perto de Paris, ela teve coragem para perguntar: "Vocês estão vindo da Conferência Judaica Mundial em Genebra?".[1]

"Sim", respondeu Stephen Wise. "Por que você pergunta?" A garota não respondeu. Wise tentou várias vezes quebrar seu silêncio, mas ela não falou nada até pouco antes de sua parada. Era uma refugiada judia alemã, sem família, agora trabalhando como empregada em uma vila francesa. Na Alemanha, vivia em uma linda casa com sua família. Uma noite, os nazistas vieram e raptaram seu irmão. No dia seguinte, ele voltou em um caixão marcado "NÃO ABRA – TIRO EM FUGA".[2]

Wise perguntou à aterrorizada garota: "O caixão foi aberto?". Ela respondeu: "Sim, mas não me pergunte". No entanto, um momento depois, a garota reviveu a descoberta de que o rosto de seu irmão fora desfigurado a tiros.[3]

A trágica história e a própria garota não deixaram de comover Stephen Wise. Ele perguntou sem rodeios se ela achava que a Conferência de Genebra havia ajudado ou piorado a situação. A garota olhou para ele e respondeu: "*Es muss sein, es muss sein*" [O que deve ser, deve ser].[4] Ela então saiu do trem, mas seu último comentário atormentou Wise. Por várias semanas, ele não deixaria de lembrar em suas conversas privadas ou públicas aquele instante impreciso quando a jovem refugiada inocente falou estas poucas palavras: "O que deve ser, deve ser".[5]

Na sexta-feira, 15 de setembro, o rabino Wise chegou a Nova York. Ao contrário do retorno de Samuel Untermyer, não havia nenhum comitê de boas-vindas, nenhuma fanfarra, nenhuma transmissão de rádio. Depois de descansar no sabá, Wise chamou uma pequena conferência de imprensa em seu estúdio na Sinagoga Livre.[6]

Em uma dramática sessão marcada por explosões emocionais quase incontroláveis de Wise, ele tentou explicar suas atividades no exterior para os repórteres. Enfatizou que a situação dos judeus na Alemanha era mais grave do que qualquer um poderia imaginar. Somente a pressão internacional, de preferência a da Liga das Nações, junto com o boicote antinazista poderiam "acabar com o regime de Hitler". Mas, acrescentou, o mundo deve também estar preparado para organizar uma emigração da Alemanha. Um repórter perguntou por que Wise hesitou por tanto tempo sobre a questão do boicote e se a resolução de Genebra não era meramente uma repetição do boicote votado alguns meses antes pela Federação Econômica Judaica Mundial de Untermyer em Amsterdã.[7]

Wise respondeu emocionado e de forma defensiva: "Você pergunta [...] o que me levou a mudar de ideia? Desde o início acredito que o boicote era uma arma natural e inevitável nas mãos de judeus individuais contra o hitlerismo [...] Minha posição desde o começo tem sido a de que um boicote judaico mundial só poderia ser declarado contra a Alemanha por um órgão mundial judaico. Nunca mudei minha posição em relação a isso. Se o boicote deveria existir, insisti o tempo todo que os representantes do mundo se reunissem e declarassem tal boicote. Isso foi finalmente feito sob os auspícios da Conferência Judaica Mundial [...] e fui eu quem apresentou e pediu sua adoção unânime".[8]

Incapaz de conter sua amargura em relação à vitória de Untermyer, Wise acrescentou: "Não sei nada sobre a Federação Econômica Mundial, se tal organização existe. Acredito que houve uma conferência de uma dúzia ou quinze pessoas em Amsterdã, que se chamou Federação Econômica Judaica Mundial. Eu me recuso a discutir qualquer coisa que possa ter sido dita ou feita pela autodenominada Federação Econômica Judaica Mundial ou por seu líder [Samuel Untermyer]. Minha batalha é contra o hitlerismo. Nós, judeus, estamos engajados em uma guerra de autodefesa que usará todo átomo de energia dos judeus em todos os lugares. Pode haver judeus pouco preocupados com o perigo para o judaísmo mundial a ponto de estarem preparados para se desviar em contendas e bate-bocas. Eu me recuso a me desviar. Um guerra de cada vez".[9]

"Pela mesma razão, eu me recuso a permitir qualquer celebração pelo meu regresso ao Congresso Judaico Americano." Isso se referia à fanfarra para Untermyer quando de seu retorno de Amsterdã. "Não há ocasião, até onde vejo, para celebrações ou banquetes ou ações de graças, nem haverá nenhuma na vida judaica até depois do fim do regime de Hitler."[10]

Wise castigou os Estados Unidos por serem os únicos a rejeitar um número considerável de refugiados. E elogiou "países como Inglaterra, Espanha, Portugal, França, Bélgica, Holanda, Suíça, Tchecoslováquia, Polônia, Dinamarca e Áustria por ampliarem a hospitalidade aos refugiados judeus. Até esse momento, o único grande país que não ofereceu tal hospitalidade foi o nosso".[11]

No entanto, havia esperança, Wise explicou, porque a Palestina seria capaz de absorver entre 50 mil e 100 mil judeus alemães na próxima década. "Tal possibilidade está ficando mais provável por razões [...] difíceis de entender, a Alemanha permite que os judeus saiam do país para a Palestina e levem [...] mil libras de suas posses, o que não é verdade no caso de refugiados que fogem para outras terras." Esse comentário levantou a questão dos pactos entre a Alemanha e os organismos sionistas, incluindo o Acordo de Transferência.[12]

Wise respondeu que havia ainda grande confusão sobre se o Acordo de Transferência de fato existia, embora ele se opusesse inalteravelmente a um acordo que permite a emigração com bens por meio da venda de mercadorias. "Eu, de minha parte, senti e sinto que, de todos os lugares na Terra, a Palestina deve estar acima das suspeitas, e que nada poderia ser pior do que o boicote judaico contra a Alemanha ser violado pela Palestina e por aqueles que desejam ir para lá."[13] Wise estava furioso. Ele queria lutar. Mas sabia que nenhuma luta poderia ser vitoriosa.

Por mais alguns minutos, o rabino divagou entre diferentes posturas sobre o boicote, o que a conferência de Genebra havia conquistado de verdade e se o boicote seria ou não bem-sucedido. No final, começou de repente a contar sobre o incidente no trem, relatando como havia encontrado uma garota refugiada cujo irmão tivera o rosto desfigurado a tiros. "Esse é um exemplo dos horrores aos quais meu povo é sujeitado na Alemanha!", gritou.[14]

A coletiva de imprensa naquela manhã foi menos uma apresentação de fato do que uma declaração inconsciente de confusão sobre o que o judaísmo organizado havia feito e pretendiam fazer a respeito de Hitler. Poucos repórteres fizeram qualquer menção às declarações do dr. Wise.

Uma semana mais tarde, em 23 de setembro, às 21h, o dr. Wise foi até a sede do Congresso Judaico Americano para explicar suas atividades na Europa para vários membros do Comitê Administrativo do Congresso. Eles queriam respostas sobre o que havia acontecido com o boicote *organizado*, por qual motivo era necessário sabotar o trabalho de Untermyer e quais eram os fatos sobre o Acordo de Transferência. Dessa vez, o público de Wise era composto por pessoas que conheciam muitos pormenores dos protestos políticos que aconteceram no verão, pessoas com poder para colocar, nesse momento de prestação de contas, o Congresso contra Wise.

Depois de algumas palavras de apresentação, Wise começou a falar: "Acho que a melhor coisa a fazer seria contar a história cronológica, uma história que será mais ou menos cronológica em seu caráter. Meu trabalho já começou no navio indo para a Europa". Wise parou. "Se vou falar francamente hoje, deve ser com a compreensão de que você [Bernard Deutsch], como presidente, garantirá que nada do que eu disser será divulgado à imprensa. Não posso começar a falar as coisas que vou dizer [...] a menos, senhoras e senhores, que eu tenha a convicção de que nada será reproduzido." Tendo recebido a certeza de que precisava, Wise continuou.[15]

Ele tentou fazê-los compreender o bem incomensurável que ele havia causado para o movimento de protestos mundial. "Não houve nenhuma ação, não havia nenhuma *ideia* de ação na Europa até [...] Deutsch e eu [...]

enviarmos aqueles telegramas para a Polônia, a Romênia e a Tchecoslováquia [convocando para um dia mundial de protesto focado no ato de 27 de março no Madison Square Garden]. Todo o grande movimento de protestos na Europa foi resultado de nossa inspiração e sugestão [...] Só em 23 ou 24 de março foi que a agitação por toda a Europa e a Palestina começou, nem um dia antes [...] Até nosso último dia na Europa, eu nunca conheci alguém [...] que não sentia que as coisas estariam infinitamente piores na Alemanha se não fosse pela agitação liderada pelos americanos – infinitamente piores."[16]

Um momento depois, Wise se viu mais uma vez falando sobre a garota no trem. "Perguntei àquela garota se ela acreditava que tínhamos ajudado ou piorado", relatou Wise. "Sua resposta foi '*Es muss sein, es muss sein*', deve ser assim." Suas próximas palavras foram: "Quero que saibam, para sua satisfação, que hesitei, titubeei assim como qualquer um. Eu sabia da terrível responsabilidade. Mas tive a impressão, quero que vocês saibam, de que nossa agitação foi tremendamente útil. Todos os judeus alemães, cujo julgamento é válido, também pensam dessa forma".[17]

Ele retornou a um relato cronológico explicando sessões repletas de intrigas em Londres enquanto negociava com o Conselho de Deputados para apoiar a conferência de Genebra. Ele negou repetidas vezes a responsabilidade pelo cancelamento da reunião de Untermyer sobre o boicote em Londres, mas admitiu que se opunha a ela porque a Conferência Econômica Mundial se reunia no mesmo momento. Wise lembrou os acontecimentos tortuosos no 18º Congresso Sionista, seu fracasso em votar até a resolução de boicote dos revisionistas e a confusão sobre o Acordo de Transferência. "Os trabalhistas [Mapai] devem aceitar a responsabilidade [...] eles tinham quase a maioria; controlavam o Congresso; e não disseram nada do que devia ser dito sobre o boicote." Wise então falou de seus esforços repetidos, mas inúteis, para obrigar a revogação do Acordo de Transferência e, na verdade, de todas as relações entre as entidades sionistas e o Terceiro Reich.[18]

O rabino Wise tentou jogar a melhor luz possível sobre a Segunda Conferência Judaica Mundial realizada em Genebra. Apesar de exaltar sua aparência de união, ele foi forçado, no final, a enfrentar o fato de que o boicote não fora organizado, que Genebra havia fracassado em sua principal missão. O boicote, afirmava Wise, "é uma arma, mas não *a* arma [...] O presidente dos Estados Unidos e o primeiro-ministro da Inglaterra podem fazer mais do que cem boicotes".[19]

Wise falou por um bom tempo para o Comitê Administrativo, sozinho e sem interrupções, oferecendo análises precisas, explicações defensivas, visões incoerentes, observações emocionadas e negações desesperadas. Tentou explicar seus motivos, suas conquistas, suas contribuições, seus fracassos, suas decepções. Tanto para os críticos como para os apoiadores, Wise resumiu seus esforços com estas palavras emocionadas: "Dei o melhor de mim, dei toda a minha devoção e toda a força que possuo, para o Congresso Judaico Americano e a Conferência Judaica Mundial. Em troca, acho que tenho o direito de pedir a cooperação leal e fiel dos membros do Comitê Administrativo nos dias que estão por vir. Gostaria de sentir que, se os membros [...] concordam ou discordam de mim – afinal, não sou um árbitro, não sou um tirano, não tento impor minha vontade a este órgão –, posso ter cometido um erro no boicote, mas não acredito que o tenha feito".[20]

A primeira a falar depois da apologia de Wise foi a sra. Goldie Myerson, membro do Comitê Administrativo e proeminente líder do Mapai nos Estados Unidos. Ela declarou a Wise que não poderia esperar que os membros do Mapai se sentassem em silêncio diante de seus comentários sobre o Congresso Sionista. Outros tentaram conduzir a conversa para questões pragmáticas de cooperação com o movimento de Untermyer e se o relatório de Wise era aceitável. A sra. Myerson interrompeu e exigiu que alguns dos comentários do dr. Wise sobre o Mapai fossem retirados dos registros.[21] A sra. Goldie Myerson, mais tarde, mudaria seu nome para Golda Meir e se tornaria a mais memorável primeira-ministra de Israel.

As objeções da sra. Myerson foram finalmente impugnadas, e o debate seguinte girou em torno de se Stephen Wise havia se explicado de forma adequada. Em um comentário inadvertido, mas significativo, Bernard Deutsch, o mais leal aliado de Wise, declarou que o dr. Wise havia respondido satisfatoriamente ao que ele "tinha sido encarregado" de fazer na Europa. Stephen Wise de imediato se levantou para rejeitar essa linguagem acusatória, mesmo que involuntária. Wise negou que as injúrias de seus críticos, como Untermyer, fossem acusações válidas e pediu que os comentários de Deutsch fossem apagados dos registros.[22]

Então Joseph Tenenbaum, um dos principais defensores do boicote, apresentou uma moção de confiança, que acrescentava estes comentários: "O dr. Wise foi o primeiro a levantar a questão de um boicote, mas um boicote silencioso. Não é por causa dele que o boicote silencioso de nossa parte não foi colocado em ação [...] O dr. Wise não se opunha à resolução [do boicote], só a adiava. Sabíamos de suas [...] opiniões [pró-boicote] em Praga quando elas foram anunciadas por todo o mundo [...] Eu, portanto, defendo não só o endosso às ações do dr. Wise, mas para lhes assegurar que nossa lealdade é inabalável [...] e que estamos felizes em cumprimentá-lo aqui e agradecer-lhe por seu nobre trabalho na Europa, bem como aqui".[23]

Aqueles insatisfeitos com a declaração de Wise, principalmente o sr. Zelig Tygel, que se tornara um organizador de Untermyer, pressionaram por um debate com o objetivo de forçar Wise a cooperar com Untermyer.[24] Mas os apoiadores de Wise estavam em número maior que os críticos. Seus apoiadores não podiam abandonar o homem que devotara as energias de toda sua vida à defesa e ao progresso da comunidade judaica. E não podiam abandoná-lo, porque Stephen Wise *era* o Congresso. Sim, havia centenas de milhares de membros federados, com sedes regionais e organizações constituintes em dezenas de cidades; havia comitês, comissões e júris especiais e uma grande quantidade de vice-presidentes e funcionários e titulares. Mas, apesar de tudo isso, Stephen Wise *era* o Congresso. E eles não poderiam e não iriam abandoná-lo.

Nem Stephen Wise queria ser abandonado. Para Wise, não havia vida fora de sua devoção à causa da dignidade e dos direitos dos judeus. A liderança judaica era seu ar, seu sal, seu pão.

Em um momento de escolha, seus apoiadores exigiram uma decisão de total confiança em Stephen Wise. Finalmente, mesmo seus detratores não puderam se abster. A resolução foi aprovada por unanimidade.[25]

No dia seguinte, 24 de setembro, em uma coletiva de imprensa do Congresso, Wise anunciou a busca imediata da emigração dos judeus alemães, com uma especial disposição de que os emigrantes para a Palestina pudessem levar parte de seu capital, de acordo com o plano de Ruppin apresentado no 18º Congresso Sionista.[26]

Com relação ao boicote, Wise enfrentou perguntas duras de repórteres sobre a cooperação com Untermyer, a sabotagem de Wise da conferência de

Londres e sua postura em relação ao próprio boicote. Wise respondeu que cooperaria com a Liga para a Defesa dos Direitos Judaicos de Untermyer [o alter ego americano da Federação de Untermyer] se este cooperasse com o Congresso Judaico Americano. "O boicote começou muito antes de a Liga Americana para a Defesa dos Direitos Judaicos ser imaginada", disse Wise. "Quando fui pressionado a declarar o boicote, minha posição era esta: um boicote, sim, de todas as formas, o tipo mais duro e mais severo de boicote contra os produtos e bens alemães, mas havia [...] questões que me deixaram tocado e não tenho nem um pouco de vergonha de ter sido controlado por elas."[27]

"Alguns de vocês [repórteres] podem não ter pensado que era importante [...] mas em março e abril, um bem conhecido cidadão dos Estados Unidos cujo nome é Franklin Delano Roosevelt se preparava para se reunir em [...] uma Conferência Econômica Mundial [...] Como americano, confesso que considerei que não gostaria de [...] [tornar possível] uma conferência em Londres para organizar um boicote contra a Alemanha [...] no momento e no lugar em que [...] o presidente dos Estados Unidos havia convocado uma Conferência Econômica Mundial."[28] Com sua habilidade natural e costumeira, Wise falou desafiador: "Se isso foi um erro de julgamento, é algo a ser decidido, não por vocês, senhoras e senhores, mas pelo futuro".[29]

* * *

O outono aproximava-se, e o Terceiro Reich estava incerto se haviam conseguido evitar o boicote. O 18º Congresso Sionista terminara em 4 de setembro com uma garantia de que o boicote seria sufocado, mas os dias seguintes revelaram um drama contínuo de grandes acontecimentos com relação ao boicote. Em 6 de setembro, os 600 mil membros da Federação Sueca de Sindicatos adotaram o boicote – e suas contrapartes britânica e holandesa já haviam feito isso semanas antes. A Suécia estava entre os clientes mais importantes da Alemanha, e, como o governo sueco endossou abertamente a ação, o movimento foi considerado semioficial. Nos Estados Unidos, Untermyer mostrava ser incansável quando começou a construir uma infraestrutura nacional para extinguir os últimos mercados importantes da Alemanha. Como tantos sionistas proeminentes estavam em Genebra quando a conferência de

Stephen Wise promulgou a resolução do boicote "espontâneo", o Terceiro Reich novamente se perguntou se os sionistas não estavam jogando um jogo duplo.[30]

Em 13 de setembro de 1933, o órgão oficial de notícias do Partido Nazista, o *Volkischer Beobachter*, publicou uma notícia ameaçadora:

> É evidente que os sionistas são responsáveis pela resolução de boicote apresentada em Genebra. Com o rabino Wise e outros líderes do boicote em Genebra sendo diretamente retirados da Organização Sionista, não poderia ser diferente [...] Um boicote desse tipo é equivalente a uma declaração de guerra! [...] O Conselho de Deputados está fazendo um jogo duplo com a Alemanha. De um lado está colocando em cheque o movimento pró-boicote e, de outro, incitando o governo britânico a agir contra a Alemanha.[31]

A Alemanha nazista não teria nenhuma chance. Ela deveria estar pronta para o pior. No dia 13 de setembro, o chanceler Hitler e o ministro da Propaganda Goebbels entraram em uma sala de recepção onde a imprensa estrangeira e nacional aguardavam. Quando Hitler apareceu, um grupo de honra formado por guardas altos e musculosos, vestidos de camisas negras chamou a atenção com um bater vigoroso dos calcanhares, uma poderosa saudação de braços e um grito em uníssono de "Heil Hitler". O *Führer*, vestido com um terno azul-escuro, reconheceu o ritual com seu habitual gesto de retorno – o braço casualmente dobrado no cotovelo, a palma para fora.[32]

Goebbels caminhou até a frente e anunciou um programa de Auxílio de Inverno, para evitar a fome do povo alemão durante os difíceis meses seguintes. Começando imediatamente, todos os alemães deveriam fazer a refeição do meio-dia de domingo – tradicionalmente a refeição familiar mais elaborada –, em uma única panela que não custaria mais de 50 pfennings. Esse limite de custo restringiria a alimentação a variedades de pudins, mingaus, ensopados e sopa. As sobras deveriam ser doadas ao Auxílio de Inverno para alimentar os desempregados. Dias nacionais sem carne aconteceriam uma vez por semana, com o peixe recomendado para ajudar a debilitada indústria pesqueira. Todos os restaurantes públicos, hotéis e restaurantes em trens deveriam servir essas refeições como um exemplo para o resto do país.[33]

Os fazendeiros seriam obrigados a doar alimentos. Os varejistas deveriam contribuir com roupas quentes. Empresas de energia deveriam doar carvão e petróleo. Bens de auxílio chegariam às cidades menores por meio de uma imensa rede de distribuição organizada por empregados dos transportes, Exército, Polícia, bombeiros e voluntários nazistas. As estradas de ferro transportariam todos os bens sem custo, as empresas de ônibus forneceriam os veículos. As cidades mais difíceis de se chegar e as áreas rurais deveriam ser "adotadas" por locais mais afortunados.[34]

Uma segunda fase do Auxílio de Inverno envolvia um esforço de levantamento de fundos que Goebbels chamou de "inigualável" e "grandioso". Uma campanha de doação feita de porta em porta exploraria todos os lares urbanos e rurais. Qualquer alemão com uma conta de banco ativa era instruído a fazer uma dedução imediata. Os trabalhadores deveriam doar uma hora de salário todo mês. Todos esses doadores receberiam uma identificação especial ou uma placa em sua casa tornando-o imune aos coletores das ruas. Doações especiais entre todas as empresas e indivíduos eram incentivadas, principalmente de judeus e organizações de ajuda internacional, se eles quisessem evitar que os judeus morressem de fome naquele inverno. Acordos foram feitos para grandes contribuições exemplares: RM 100 mil dos quartéis-generais do PNSTA em Munique e do *Volkischer Beobachter*; vários bancos e empresas doaram de RM 30 mil a RM 50 mil cada; I. G. Farben superou todos eles com uma contribuição de RM 1 milhão.[35]

O fato de Hitler aparecer pessoalmente para o anúncio de Goebbels e o fato de a imprensa estrangeira ter sido convidada eram significativos. Essa seria a primeira batalha decisiva, a batalha pela sobrevivência. A Alemanha cairia no inverno? Adolf Hitler respondia com audácia ao mundo: *nein*!

* * *

O único homem que mais personificava o golpe mortal potencial contra a Alemanha era Samuel Untermyer. Depois de descobrir sobre o Acordo de Transferência e a recusa do 18º Congresso Sionista em participar do boicote, Untermyer despachou organizadores por todos os Estados Unidos para começar uma massiva campanha de arrecadação de fundos para sua nova organização pró-boicote. No momento em que o choque da inação de Genebra era registrado, a Liga Americana para a Defesa dos Direitos Judaicos de Untermyer convocou uma reunião de emergência com 250 líderes nacionais civis, empresariais e inter-religiosos.[36]

No dia 10 de setembro, diante de seus líderes no Hotel Astor de Nova York, Untermyer mandou um aviso a Hitler: "O dia do ajuste de contas chegou!". Em questão de horas, uma estratégia nacional havia sido formulada. Os Estados Unidos dividiram-se em doze zonas de boicote. Comitês de coordenação não sectários funcionariam em cada setor econômico para substituir os produtos alemães por outros de igual qualidade, preferivelmente americanos. Escritórios de boicote agiriam como câmaras de compensação para "reduzir as importações da Alemanha até não existirem mais".[37]

Muito do apelo seria "estritamente voltado aos negócios", envolvendo empreendedores cujo único interesse era desbancar seus concorrentes alemães. Protegidos da publicidade, um bom número de grandes corporações americanas poderia então, de modo discreto, conseguir um papel de liderança no boicote. O movimento seria levado a todos os bairros por meio de cartazes, placas, filmes e programas de rádio, todos eles de acordo com a Lei de Recuperação Nacional, o que tornava um ato patriótico trocar os produtos alemães por bens americanos. Um escritório de ligação internacional coordenaria ações com os *attachés* comerciais e as seções comerciais das embaixadas estrangeiras e dos consulados, apresentaria câmaras de comércio estrangeiras a fontes americanas e publicaria boletins comerciais semanais.[38]

As mulheres, a maior força comercial nos Estados Unidos, seriam a linha de frente da ofensiva. Além de organizar os consumidores, milhares de mulheres iam de loja em loja, identificando estoques remanescentes de produtos alemães e convencendo os comerciantes a devolvê-los ou retirá-los.[39]

Liderando a guerra ao lado de Untermyer estaria um "comitê de 100" localizado em todas as principais cidades. Os quinze principais membros desse comitê funcionariam como a entidade de tomada de decisões. Os delegados reunidos elegeram convenientemente J. George Fredman, dos Judeus Veteranos de Guerra; Elias Ginsburg, o principal revisionista americano; o líder sionista direto rabino Abba Hillel Silver, de Cleveland; Max Korshak, de Chicago; o editor J. David Stern, da Filadélfia, e dez outros.[40]

Para aplicar o boicote a toda a nação, era necessário meio milhão de dólares de uma vez. Um jantar inaugural foi organizado naquela noite, 10 de setembro, para lançar a campanha de arrecadação de fundos. Mais de 1.500 convidados foram encorajados pelo ex-embaixador dos Estados Unidos na Alemanha, James W. Gerard, o ex-secretário de Estado Bainbridge Colby e o ex-governador de Nova York, Al Smith. Os principais discursos de felicitações a Untermyer e que defendiam o boicote foram mais uma vez transmitidos ao vivo pelo rádio. E os jornais devotaram ampla cobertura para a nova organização pró-boicote.[41]

Durantes os dias e semanas seguintes, cem discípulos de Untermyer organizaram-se para levar a nação ao boicote. Doações começaram a chegar. Sedes foram abertas. As gráficas começaram a rodar. As mulheres tomaram as avenidas com suas faixas e pranchetas.[42]

Os especialistas industriais foram chamados a identificar fontes alternativas para os 7 mil produtos alemães ainda vendidos nos Estados Unidos. O boicote fora bem recebido nos lugares mais populosos do leste, do norte e do oeste, mas permanecia pouco desenvolvido no sul e no sudoeste. Por exemplo, 25% da beterraba doce usada pelas refinarias do sul vinham das fazendas alemãs em Vestfália. Mas uma ação rápida foi feita em 16 de setembro, quando o comitê pró-boicote da cidade de Kansas conseguiu a cooperação de dezesseis atacadistas regionais de comida para juntar as assinaturas de 8 mil varejistas exigindo que as refinarias substituíssem a beterraba doce alemã pelas cultivadas nos Estados Unidos e em outros lugares.[43]

Aos 75 anos, Untermyer organizou uma viagem turbulenta pela Filadélfia, Hartford, Chicago, St. Louis, São Francisco e outras cidades.[44]

E ele construiu uma organização nacional, ou pelo menos o esqueleto de uma. Demorou muitos meses, mas havia sedes distritais por todo o país e escritórios informais em dezenas de outras cidades. Centenas de milhares de dólares foram levantados nacionalmente para pagar pelos trens e telégrafos, cartazes e selos, telefones e telegramas, aluguéis e pequenas coisas, como café e bolachas, para os piquetes de dezembro.

Mas era tarde demais. Era muito tarde. Tudo havia demorado muito. No momento em que o esqueleto do boicote organizado por Untermyer estava de pé, o inverno já havia chegado. Muito tempo fora perdido. As exportações alemãs essenciais do final de verão, outono e início do inverno não foram suficientemente barradas para ter um impacto durante os sofridos meses de inverno. O grupo de Untermyer tentou. Mas eles simplesmente não conseguiram se organizar a tempo. Muitos perceberam a derrota mesmo antes do começo da campanha final, em 10 de setembro. Mas precisavam tentar. Acabaram forçados a aceitar a espantosa realidade: a Alemanha não cairia nesse inverno.

EPÍLOGO
OS ANOS DA TRANSFERÊNCIA

A Alemanha não caiu naquele inverno, mas o boicote antinazista continuou. Mês após mês e, na verdade, ano após ano, Samuel Untermyer trabalhou sem descanso para a queda econômica do Terceiro Reich. Havia confrontos periódicos com grandes lojas de departamentos, com indústrias americanas que compravam matéria-prima alemã e até com o correio dos Estados Unidos, que fechou contratos lucrativos com as linhas de navegação alemãs. O Terceiro Reich foi capaz de frustrar a eficiência completa do boicote ao exportar via outros países ou colocar etiquetas como "Made in Switzerland", "Made in Saxony" ou "Made in Austria" nas mercadorias alemãs.

As massas americanas e mundiais cansaram-se dos incessantes apelos ao boicote, trabalhadores centrais ficaram doentes e fundos secaram. Assim, bastiões vitais do boicote geralmente caíam na apatia ou na negligência. A vigilância constante era exigida para reconstruir as brechas. O boicote transformou-se em uma *cause célèbre* entre um grupo dedicado de voluntários, que estava sempre algumas horas atrasado para evitar uma entrega alemã ou com alguns dólares a menos para alcançar uma vitória regional.

Para a Alemanha, o boicote era um problema constante, que negava aos nazistas a recuperação econômica que eles buscavam. A cada outono, o Terceiro Reich anunciava um programa de Auxílio de Inverno para desfazer os danos econômicos das primaveras e dos verões anteriores. O Auxílio de Inverno tornou-se institucional, e os nazistas transformaram-no em um período patriótico de esforço. A odiada refeição de uma panela foi popularizada por uma variedade de truques – de elefantes de circo carregando cartazes pelas cidades a sofisticados espetáculos de teatro que apresentavam os melhores *chefs* alemães, em uniformes brancos, cada um com seu *gourmet* preparando uma refeição de 50 pfennings. Arrecadações de assistência de porta em porta tornaram-se uma questão célebre, com Hermann Goering e Magda Goebbels levando caixas para coletar moedas junto com a base pelas ruas. Mesmo quando o Auxílio de Inverno era pouco necessário, o Terceiro Reich o manteve para o moral permanecer alto.

O trabalho infatigável de Untermyer e dos outros defensores do boicote manteve a recuperação fora do alcance de Hitler. Isso forçou o Terceiro Reich a restringir de forma vigilante a violência antijudaica na Alemanha, já que cada incidente ajudava a intensificar o movimento antinazista. Em seus primeiros anos, o boicote também ajudou a evitar que Hitler cumprisse sua promessa de conquistar a Europa. Ameaçado pelo boicote, por barreiras comerciais antagônicas e pelas sempre negadas divisas monetárias, o Terceiro Reich foi, durante anos, incapaz de adquirir as matérias-primas necessárias para reconstruir sua máquina de guerra. Hitler foi várias vezes forçado a atrasar seu calendário de invasões. Hjalmar Schacht, encarregado de criar a economia de guerra, desenvolveu a única alternativa. Era o chamado Novo Plano, iniciado no final de 1934, quando a Alemanha se retiraria do comércio ocidental, faria acordos bilaterais com países do Oriente e subdesenvolvidos ricos em matéria-prima e alcançaria um alto nível de autossuficiência econômica. Dessa forma, a máquina de guerra poderia ser construída apesar da escassez de moedas estrangeiras.

Enquanto isso, a existência judaica na Alemanha sofria um desmantelamento rápido. As comunidades judaicas em muitos distritos provinciais e cidades praticamente desapareceram. O nicho em muitos setores econômicos desapareceu quando as indústrias e profissões acabaram com a participação deles. As contribuições culturais judaicas foram banidas. As bolsas de estudo nas universidades foi eliminada quase completamente, com poucas oportunidades para a juventude judaica avançar além da escola secundária.

As condições mais repressivas nas províncias obrigavam os judeus a migrar para as grandes cidades, como Berlim, Hamburgo, Frankfurt e Munique, onde as comunidades tinham permissão – em forma condensada – para manter uma subcultura especial de atividades religiosas, culturais e atléticas, um ressurgimento do hebraico e uma rápida integração com o movimento sionista. Os nazistas se deleitavam com a subcultura judaica e exigiam que ela prosperasse. Na verdade, toda reunião de judeus era aprovada e contava com a participação da Gestapo. Para os arianos, uma subcultura judaica ativa reforçava a questão de que eles eram estrangeiros e não tinham lugar na Alemanha. Em 1935, a existência judaica continuava a se contrair uma vez que um número reduzido de judeus conseguia sobreviver no Terceiro Reich. Sair era a única alternativa à inevitável inanição.

Enquanto a existência judaica se desmantelava na Alemanha, no entanto, ela se reconstruía na Palestina judaica. A Haavara trouxe muito do fundamental: carvão, ferro, cimento, fertilizante, sementes, martelos, serras e gente para cultivar. A Haavara também trouxe o capital: dinheiro, empréstimos, hipotecas, depósitos e créditos. Tudo isso produziu uma explosão econômica na Palestina judaica, que exigia que empresas fossem formadas, investimentos feitos e, mais do que tudo, empregos fossem criados.

A absorção da Palestina triplicou, talvez tenha quadruplicado, dentro de um ano ou pouco mais depois do Acordo de Transferência. A oportunidade econômica traduziu-se em um dramático aumento nos certificados de imigração sob a bianual "cota de trabalhadores". A maioria desses certificados era concedida aos halutzim do Mapai, os jovens pioneiros ansiosos para plantar as sementes, cavar as valas e jogar o cimento. Quanto mais prédios fossem construídos, mais *kibbutzim* estabelecidos e mais fábricas abertas, ainda mais vagas de emprego eram criadas para os halutzim. A espiral de expansão econômica aumentava o fluxo de imigrantes trabalhadores de apenas uns poucos milhares por ano antes do Acordo de Transferência para mais de 50 mil durante os dois anos seguintes. A maioria era halutzim do Mapai e somente uns 20% deles eram da Alemanha.

A rápida expansão econômica da Palestina judaica trouxe mais do que oportunidades para trabalhadores e para o comércio. Também desenvolveu uma necessidade para mais médicos, advogados, engenheiros, professores, funcionários de hotéis, restaurantes e empreendedores. Muitos desses nichos eram preenchidos por milhares de judeus alemães que vieram com certificados capitalistas ilimitados em razão da Haavara.

Em 1935, a necessidade da Palestina de vender mercadorias alemãs para compensar os depósitos judeus nas contas de transferência tornou-se maior do que se esperava. O mercado palestino estava ficando saturado. Assim, a Organização Sionista estabeleceu outra corporação de transferência, chamada Corporação Comercial do Oriente Médio e Próximo, de acrônimo NEMICO. A NEMICO operava uma rede de vendas regional no Iraque, Egito, Síria, Chipre e em outros lugares da região, que coordenava principalmente por meio do Banco Zilkha de Beirute. Os mercados do Oriente Médio abriram-se a uma vasta quantidade de exportações-chave alemãs, de Volkswagens a componentes para pontes. Isso funcionava junto com o Novo Plano de Hjalmar Schacht de trocar produtos alemães pelas matérias-primas das nações subdesenvolvidas.

Quando a NEMICO estava abrindo novos mercados para o comércio alemão, também fazia o mesmo com a indústria cítrica palestina. Ano após ano, os plantadores eram cada vez mais obrigados a se tornar provedores de produtos alemães para garantir compras vitais ao Terceiro Reich de laranjas e toranjas. A maioria das relações comerciais da Palestina com a Alemanha nazista permanecia um segredo do mundo judaico, mas muitos acordos foram expostos. As estatísticas comerciais publicadas pelos britânicos não poderiam esconder o aumento sem paralelos nas exportações alemãs para a Palestina. A Terceira Conferência Judaica Mundial realizada em Genebra em 1934 finalmente aprovou uma resolução que condenava o comércio palestino-alemão e exigia que a Organização Sionista acabasse com tais contatos. A pressão dentro do mundo sionista para repudiar o Acordo de Transferência e seu complexo de garantias tornou-se tão intensa em meados de 1935 que o Banco Anglo-Palestino anunciou que não estava mais disposto a atuar para a Organização Sionista.

A questão de abandonar a Haavara foi debatida durante um período de aumento da perseguição antijudaica. O Terceiro Reich estava descontente com a lenta saída judaica da Alemanha. A vida estava, portanto, tornando-se cada vez mais complicada. A lista de proibições contra os judeus ficou cada vez mais extensa. Eles não podiam nem mais entrar em várias cidades. O anúncio, em meados de 1935, de que leis raciais seriam decretadas na convenção de outono do PNSTA em Nuremberg pressagiou um ponto de mudança na campanha antissemita do Terceiro Reich. As leis privariam todos os judeus da cidadania alemã e de quase todos os direitos legais. Além do mais, as Leis de Nuremberg definiriam exatamente quem era "judeu" e deveria incluir aqueles com avós judeus. Isso estenderia o *pogrom* político a dezenas de milhares de judeus alemães que haviam anteriormente se sentido seguros em seus nichos na periferia da comunidade judaica.

Com o aumento das perseguições nazistas em 1935, o mundo, saturado com aproximadamente 100 mil refugiados sem um centavo, começou a fechar suas portas. A Palestina tornava-se o único refúgio disponível. O máximo de judeus deveria ser trazido da Alemanha o mais rápido possível – não para salvar sua cultura, não para salvar seu patrimônio, mas para salvar a vida deles.

Um confronto com relação ao Acordo de Transferência ocorreu no final de 1935 durante o 19º Congresso Sionista realizado em Lucerna, na Suíça. Os sionistas alemães receberam, dessa vez, permissão para participar, com Adolf Eichmann monitorando de longe todos os movimentos da delegação. Conscientes do acompanhamento de Eichmann a distância, os delegados alemães foram os principais oponentes de qualquer tentativa de boicote. Depois de um grande debate, o Congresso finalmente declarou que a Organização Sionista tomaria o controle total do Acordo de Transferência tirando-o das mãos do Banco Anglo-Palestino. O banco concordou transferindo suas ações da Haavara Ltda. para a Agência Judaica. Poucos dias depois, as prometidas leis de Nuremberg foram publicadas. O lugar para os judeus na Alemanha foi oficialmente dissolvido. O lugar para os judeus na Palestina foi tudo o que restou.

Apenas dois anos antes, a Palestina era uma região esparsamente povoada, sobretudo improdutiva, habitada por uns 800 mil árabes, alguns em vilas e cidades, mas a maioria em acampamentos rurais, em locais rochosos. Esses árabes coexistiam com dificuldades com aproximadamente 200 mil judeus religiosos e os pioneiros sionistas, 80 mil deles viviam em Jerusalém, o resto em um grupo de enclaves de assentamentos desconectados. De janeiro a dezembro de 1935, mais de 53 mil judeus europeus, incluindo quase 9 mil alemães, entraram na Palestina por meio de programas de trabalhadores e capitalistas, a maioria deles por causa da nova economia criada pela Haavara. Em 1936, a população judaica havia dobrado, e aqueles enclaves começaram a crescer e a se conectar. Assentamentos de cidades e *kibutzim* foram implantados por toda a planície costeira do Mar Mediterrâneo entre Tel Aviv e Haifa. A cidade de Haifa havia crescido até chegar a uma animada cidade de imigrantes alemães. Mais *kibutzim* apareciam por toda a Galileia ocidental. A Palestina estava a caminho de ter uma maioria judaica, a caminho de se transformar no Estado judaico.

Os árabes se revoltaram. Liderados pelo antissemita e pró-nazista Mufti de Jerusalém, ativistas árabes em abril de 1936 começaram uma campanha de seis meses de bombardeios, assassinatos, emboscadas, sabotagens e greves gerais. O alvo era tudo que fosse judeu ou britânico na Palestina, de sinagogas a agências de correio. Somente medidas rigorosas da Grã-Bretanha restauraram a fachada de ordem. No entanto, a violência árabe levou os britânicos a falarem abertamente em uma solução política permanente na Palestina, criando dois mini-Estados soberanos, um árabe e outro judeu. Pela primeira vez, a comunidade internacional discutia seriamente o estabelecimento não de uma colônia judaica, não de um pátria judaica, não de um pequeno distrito judaico autônomo, mas de um Estado soberano judeu. Os nazistas ficaram chocados.

Durante anos, os líderes nazistas cooperaram com os sionistas, não por simpatia pelo nacionalismo judeu, mas para efetuar a remoção dos judeus da Alemanha e romper com o boicote anti-Hitler. Por tudo isso, os líderes nazistas declararam regularmente a necessidade de um Estado judeu. Mas os conceitos arianos de inferioridade judaica nunca permitiram que eles de fato acreditassem que os judeus pudessem realmente construir um Estado. Porém, em meados de 1937, uma comissão do governo britânico formalizou a recomendação: a Palestina disputada deveria ser dividida em Estados árabe e judeu soberanos.

A hierarquia nazista dividiu-se em duas distintas escolas de pensamento. A primeira queria expandir a Haavara para concentrar o máximo possível de judeus na distante Palestina. Os judeus então ficariam isolados dos inimigos da Alemanha, como a França e a Grã-Bretanha. Mais tarde, quando a Alemanha estivesse pronta, talvez conseguisse enfrentar a "ameaça judaica" com os judeus concentrados e suscetíveis em uma região remota. A segunda escola de pensamento, liderada por Eichmann, acreditava que os judeus poderiam e criariam um Estado, que o Terceiro Reich fora enganado pela Haavara fornecendo homens e materiais, e que, uma vez estabelecido, o Estado se tornaria um "Vaticano judeu" dedicado à destruição alemã. A resposta de Eichmann era a dispersão em massa dos judeus completamente destituídos por todas as regiões remotas da América do Sul e da África, onde as populações locais se levantariam contra eles e os eliminariam.

No outono de 1937, depois de vários meses de incerteza, o *Führer* finalmente decidiu a favor da Haavara; o governo acrescentou sua insistência de que os judeus fossem expulsos não da Alemanha, mas de toda a Europa. A tentativa final de Hitler de se preparar para a guerra – o chamado Plano de Quatro Anos – estava finalmente em andamento. Ele esperava poder começar sua conquista da Europa no final de 1939. A Alemanha não queria outro problema judeu esperando, quando o Terceiro Reich tomasse as terras vizinhas.

Em 1937, a Alemanha não era mais um agressor impotente na Europa. O regime nazista estava em parte armado e era completamente perigoso. Ninguém na Europa queria provocar a Alemanha mantendo uma presença judaica. Como a Palestina era a única porta aberta para os judeus expulsos, os vizinhos da Alemanha começaram a firmar acordos de transferência com a Agência Judaica.

O primeiro foi a Polônia, que no final de 1937 autorizou uma empresa de transferência chamada Halifin Ltd. O que a Haavara havia feito para o judaísmo alemão e seus bens, a Halifin ("troca" em hebraico) começou a fazer para o judaísmo polonês e seus bens, embora em uma escala bem menor.

A construção da Palestina e a emigração de judeus se tornaram literalmente uma questão de vida ou morte. Cada acre, cada certificado, cada lugar em um navio com destino a Haifa significava outro judeu salvo da extinção na Alemanha. Como todo mundo sabia, o resto da Europa não estava muito atrás. Os seguidores de Hitler por toda a Europa haviam legitimado com sucesso a perseguição e a expulsão de judeus. No final de 1937, facções nazistas violentas e seus aliados por toda a Europa Central e Oriental estavam cansados de esperar. Quatro anos tinham se passado desde que Hitler assumiu o poder, e os judeus não tinham sido erradicados ainda. *Pogroms* locais tornaram-se comuns, não só na Alemanha, mas na Polônia, Hungria, Romênia, Iugoslávia, Lituânia e Áustria.

O tempo passava. Contudo, a Palestina estava longe de ser capaz de receber as centenas de milhares de pessoas que precisavam fugir da Europa. Ao mesmo tempo, as autoridades britânicas haviam praticamente fechado a Palestina para refugiados judeus a fim de aplacar a oposição árabe. As cotas de imigração de trabalhadores anteriormente usadas para a absorção econômica foram artificialmente diminuídas, permitindo que apenas algumas centenas de judeus desesperados entrassem na Palestina a cada mês. A única forma de continuar a transferência e o resgate era trazer grandes grupos dos chamados emigrantes capitalistas com mil libras cada um. Emigrantes capitalistas conseguiam evitar o sistema de cotas. Mas a empobrecida comunidade judaica alemã estava agora quase sem bens para depositar e transferir, e o Reichsbank não tinha mais como fornecer a moeda estrangeira exigida.

Agora cabia a Haavara adquirir as divisas estrangeiras necessárias para deixar os judeus em segurança. Trabalhando com o Ministério da Economia do Terceiro Reich e o consórcio internacional de bancos credores conhecido como Comitê Standstill, que dirigia vários aspectos do câmbio internacional da Alemanha, outra empresa de transferência foi formada. Esta se chamou International Trade and Investment Agency Ltda., com o acrônimo de INTRIA. Ela tinha a permissão de interceptar todas as doações de auxílio direcionadas aos judeus alemães e desviá-las para a Palestina. Um "marco de auxílio" especial foi introduzido pelo Terceiro Reich e vendido em bancos ao redor do mundo. Ao comprar esses marcos de auxílio, as pessoas nos Estados Unidos e na França poderiam enviar dólares a seus entes queridos desfavorecidos que ainda estavam na Alemanha. Um doador americano, por exemplo, compraria 100 dólares em marcos de auxílio no escritório da American Express em Nova York. A American Express creditaria na conta da INTRIA em Londres. A INTRIA, no entanto, não mandaria o dinheiro para o destinatário na Alemanha. Em vez disso, o dinheiro seria creditado em um escritório sionista na Palestina. A INTRIA enviaria, então, uma notificação ao escritório da Haavara em Berlim, instruindo-a a pagar ao receptor o *equivalente* a 100 dólares em reichmarks das contas bloqueadas judaicas que ainda não haviam sido transferidas. Dessa forma, 71 mil em doações de todo o mundo, totalizando quase 900 mil dólares, foram dirigidos à Palestina e infundidos ao esforço para construir o lar judeu. Uma vez na Palestina, o dinheiro era transformado em vários instrumentos financeiros e fornecido a emigrantes desesperados, permitindo que entrassem na Palestina.

E, ainda assim, o ritmo não era suficientemente rápido para a Alemanha nazista. Não importava quanto os sionistas expandissem a estrutura econômica da Palestina, os britânicos faziam tudo o que podiam para impedir a entrada de judeus. Com a guerra iminente, a Grã-Bretanha estava preocupada com o petróleo e a cooperação estratégica de grupos muçulmanos no Iraque, Egito e Índia que se opunham à entrada dos judeus na Palestina, mesmo sob essas circunstâncias terríveis. Em meados de 1938, uma conferência intergovernamental foi realizada em Evian na tentativa de resolver a crise tanto dos refugiados como dos judeus que ainda permaneciam na Alemanha. A Agência Judaica apresentou um plano para a venda de mercadorias alemãs com o objetivo de financiar o resgate dos judeus remanescentes na Alemanha e em outros países europeus e a transferência deles para a Palestina – o único porto seguro disponível. Mas nenhuma ação foi tomada nesse plano de transferência global. Poucos refugiados receberam ajuda.

A Alemanha nazista estava indignada. O mundo não cooperaria na expulsão dos judeus da Alemanha. No início de novembro de 1938, como um claro sinal de alerta, os nazistas organizaram um espantoso *pogrom* nacional. Em uma única noite, milhares de judeus foram arrastados para campos de concentração; bandos errantes tomaram as ruas, espancando e matando qualquer judeu que encontravam; quase todas as sinagogas na Alemanha foram incendiadas; milhares de vitrines de lojas de judeus foram quebradas em um ritual de ódio e sadismo que se tornou conhecido na história como a Noite dos Cristais – *Kristallnacht*.

No verão de 1939, a Áustria fora "incorporada" pela Alemanha; a Tchecoslováquia havia sido desmembrada sob as ordens de Hitler. A questão que ameaçava o mundo não era se a guerra viria, mas *quando*. E, ainda assim, os britânicos se recusavam a reabrir a Palestina para admitir os judeus desesperados para deixar a Europa antes do prometido banho de sangue. Em desespero, os líderes da Haavara iam de uma capital europeia para a outra para negociar acordos de transferência.

Uma haavara foi estabelecida no resto da Tchecoslováquia assegurada pela compra judaica de debêntures do Banco Nacional Tcheco. A Romênia concordou com uma haavara que financiava uma frota de cargueiros. A Hungria, a Itália e muitas outras nações sob influência fascista também assinaram acordos. No final do verão de 1939, acordos de transferência existiam em pelo menos seis países europeus.

A Palestina ainda não estava pronta, mas bastava para aquele conturbado momento. Os judeus europeus estavam enfrentando a aniquilação total, e o sionismo, por meio da mobilização desapaixonada de dinheiro e malícia, estava agora pronto para resgatá-los, pronto para recebê-los, pronto para redimi-los.

E então, em setembro de 1939, a Alemanha invadiu a Polônia. A Segunda Guerra Mundial havia começado. A Palestina, território sob administração britânica, foi forçada a romper todas as relações com a Alemanha. A revolta na Europa também obrigou a ruptura de outros acordos de transferência, a maioria deles nem chegou a ser implantada. A Alemanha tomou a Europa, conquistando ou estabelecendo Estados-fantoches com pouca dificuldade. Sua primeira ordem depois de cada conquista era criar guetos para os judeus e depois deportá-los para campos de concentração onde trabalhavam como escravos, geralmente até a morte. A certa altura, muitos judeus ficaram sob a jurisdição alemã. Eles não conseguiam ser transportados, abrigados e colocados para trabalhar com eficiência em campos de trabalho forçado. Esforços foram feitos pelos sionistas para enviá-los para a Palestina por meio de rotas desconhecidas de resgate. A Gestapo, trabalhando com unidades de resgate de elite sionistas conhecidas como Mossad, despachava judeus em caminhões, navios sem estabilidade e a pé via Turquia, Bulgária e Romênia. Quando a Grã-Bretanha parou de aceitá-los e a solução sionista não era mais viável, foi necessária uma nova solução. Em vastas fábricas de morte, os judeus seriam assassinados com gás e cremados. Os nomes Auschwitz e Treblinka foram acrescentados à memória da humanidade. Essa seria a Solução Final.

Só para Auschwitz foram enviados 6 mil por dia. Alguns foram enganados. A maioria sabia. O mundo exterior começou a suspeitar. Jornais informaram a existência de campos de extermínio, ilustrações na primeira página mostravam o Anjo da Morte pairando sobre os judeus da Europa, e as nuvens ao redor do mundo escurecendo-se com a fumaça dos seres humanos incinerados.

A luta por uma pátria judaica agora entrara em uma fase nova e ainda mais dolorosa. Sem a máquina de transferência, os comitês de resgate sionista eram forçados a escolher quem viveria e quem morreria. Eles não podiam salvar todo mundo espalhado em todas as partes. A prioridade fora colocada nos jovens e fortes, que poderiam sobreviver à árdua viagem à Palestina, geralmente na parte de trás de barcos avariados, espremidos entre uma parede suja e gelada, e um companheiro repugnante e faminto. Eles eram também escolhidos pela capacidade de sobreviver em uma terra adorada, mas hostil, atormentada pelo calor do deserto, inimigos árabes e senhores britânicos. Por fim, eram escolhidos para se tornar a nova estirpe do povo judeu que nunca ficaria parado na frente de um muro esperando a bala vir em sua direção, nunca ficaria parado em uma fila esperando que um homem com luvas brancas enviasse alguns para a direita e outros para a esquerda – nunca ficariam parados esperando a destruição. Eles lutariam primeiro.

No período entre o final de 1933 e 1941, mais de 30 milhões de dólares foram transferidos diretamente por meio da Haavara. Talvez outros 70 milhões de dólares tenham entrado na Palestina via acordos comerciais alemães secundários e transações bancárias internacionais especiais, durante um período em que o judeu palestino médio ganhava um dólar por dia. Algumas das principais indústrias de Israel foram fundadas com esse dinheiro, incluindo Mekorot, companhia nacional de água; Lodzia, uma importante empresa têxtil; e Rassco, incorporadora de terras. E vastas quantidades de materiais eram estocados, incluindo carvão, canos para irrigação e produtos de metal para empresas e empreendimentos que ainda não existiam.

De 1933 a 1941, aproximadamente cem assentamentos de imigrantes foram estabelecidos junto a corredores estratégicos na Galileia ocidental, na planície costeira e no norte de Neguev. Cerca de sessenta desses assentamentos foram estabelecidos entre 1936 e 1940. A maioria só foi possível porque fundos da Haavara ou relacionados fluíam das agências sionistas para a aquisição e o desenvolvimento de terras. E os assentamentos tornaram-se possíveis em grande parte porque a economia de Haavara expandira a cota de imigração de trabalhadores, permitindo o influxo de halutzim e colonos alemães. Em 1948, a delimitação desses assentamentos estratégicos aproximava-se das fronteiras do novo Estado judeu, pois cada assentamento não era somente uma demarcação da vida judaica, era também um posto avançado de defesa dos judeus onde batalhas eram travadas e uma linha de fronteira era, por fim, traçada.

Entre 1933 e 1941, 20 mil judeus alemães foram transferidos diretamente para a Palestina via Haavara. Muitos deles nunca receberam seu dinheiro e, em geral, quando recebiam, era parcialmente em dinheiro e, sobretudo, em ações obrigatórias e hipotecas. Outros 40 mil judeus alemães emigraram para a Palestina durante esse período através de aspectos indiretos e resultantes da transferência. Muitas dessas pessoas, em especial no final da década de 1930, tiveram a permissão de transferir réplicas reais de suas casas e fábricas – na verdade réplicas toscas de suas existências.

E algo intangível também foi transferido com os judeus alemães durante aqueles anos. Não tinha nada a ver com concreto ou movimentação bancária, mas com a cultura. Um gosto alemão pela música, pela arte, pelas casas impecáveis, por cafés com tortas de chocolate, por filosofia, por antiguidades, pelo teatro, pelas coisas mais finas que a batalhadora Palestina nunca tinha parado para desenvolver. Essas coisas intangíveis foram transferidas assim como todo o resto.

Depois da Segunda Guerra Mundial, quando centenas de milhares de judeus de uma dúzia de diferentes países vagavam pela Europa, sem pátria e abandonados, cada judeu remanescente de uma família, uma cidade ou um gueto, todos sobreviventes devastados sem lar e sem vida para retornar, após o Holocausto, em que o momento de reunião dos exilados estava em questão, Israel estava pronto. Uma nação estava esperando.

Quinze anos antes, o país não existia. Quinze anos antes, poucos conseguiriam ter visualizado o que viria, o que seria. Mas um pequeno grupo de homens conseguiu. Eles previram tudo. É por isso que nada iria pará-los; nenhuma força era grande demais que não pudesse ser superada. Esses homens eram os criadores de Israel. E, para conseguir isso, cada um tinha que colocar a mão no mais controverso projeto da história judaica – o Acordo de Transferência. Ele preparou o caminho para um Estado. Foi uma loucura ou um golpe de mestre?

POSFÁCIO*
O MOMENTO DA TRANSFERÊNCIA

Durante anos, estudiosos do Holocausto tiveram dificuldades para entender se os sionistas acertaram ou erraram ao negociar o Acordo de Transferência com o regime de Hitler. Esse arranjo transferiu cerca de 60 mil judeus e 100 milhões de dólares – quase 1,4 bilhão de dólares em 2001 – da Alemanha para a Palestina durante os anos pré-guerra. Para tanto, foram necessárias prolongadas negociações comerciais com os nazistas e a ruptura com o boicote global antinazista liderado pelos judeus que lutavam para derrubar o regime de Hitler em seus primeiros anos. O debate nos anos 1930 dividiu brevemente o mundo judaico antes de ser relegado ao mundo das necessidades silenciosas. Após o Holocausto, todo o assunto da Haavara, ou Transferência, havia se reduzido a uma obscura nota de rodapé. Apesar da enormidade de sua importância econômica e humana para os judeus da Europa e do desenvolvimento da Palestina, todo o assunto está notavelmente ausente de quase todas as histórias-padrão do período.

Mas o debate foi reavivado em 1984 quando o livro *Haavara – O Acordo de Transferência*, de Edwin Black, foi publicado e contou a história completa pela primeira vez, descrevendo com vivacidade em estilo tenso e rigor historiográfico as negociações minuto a minuto enquanto os sionistas corriam para salvar o que podiam diante de um futuro obscurecido pelo regime nazista e seu ferrenho antissemitismo.

As pessoas ainda debatem o Acordo de Transferência, geralmente da mesma forma pungente que os proponentes e oponentes fizeram em 1933. Mas o que os homens e mulheres daqueles anos obscuros demoraram para entender e dolorosamente aceitar é feito de forma confortável entre nós. Por quê? Porque aqueles que olham para trás não estavam lá, e não viveram as terríveis horas dos doze anos do Terceiro Reich.

Eu nasci na Polônia. Fui escondido em Vilna por minha babá católica polonesa, que me batizou, e só reencontrei meus pais depois da Guerra. É por isso que estou vivo hoje.

Passei toda a minha vida adulta na defesa organizada dos direitos e da dignidade dos judeus. É para isso que vivo hoje.

Situações desesperadoras, escolhas difíceis, possibilidades angustiantes e os debates entre resgate e auxílio preencheram meu mundo desde a infância. Então, eu compreendo as decisões difíceis que devem ser tomadas pela liderança, assim como entendo a necessidade urgente de todas as pessoas de confrontar essas decisões.

Em minha mente, o elemento mais importante e indispensável do Acordo de Transferência foi o resgate das pessoas. O resgate dos bens vem em segundo lugar. Mas, certamente, se o sionismo conseguisse resgatar pessoas somente se elas tivessem seus bens também resgatados, estes seriam necessários para mantê-las na Palestina; era dever dos sionistas negociar esses bens. A cruel realidade era que o preço de salvar essas vidas e esses bens era o comércio generalizado de produtos alemães.

Inquestionavelmente, sem o Acordo de Transferência, as propriedades do judaísmo alemão – e o povo que elas sustentavam – teriam sido completamente liquidadas pelos nazistas. As manchetes de hoje estão cheias de histórias de ouro, arte, seguros, propriedades roubadas dos judeus, além de trabalho escravo. É claro, o principal e mais inestimável roubo foi o da vida e da cultura judaica, que nunca poderão ser recuperadas. O Acordo de Transferência desempenhou um papel para cerca de 60 mil judeus que foram autorizados a viver e transferir uma parte mínima de suas posses para o único lugar do mundo que os aceitava – a Palestina.

A possibilidade para os subsequentes acordos de transferência negociados em outros países, como Tchecoslováquia e Hungria, é algo que nos faz pensar.

Se os outros acordos de Haavara tivessem sido implantados nos outros países europeus, só podemos imaginar quantas centenas de milhares de judeus poderiam ter sido salvos. Infelizmente, a guerra estourou antes que essas organizações de transferência pudessem fazer qualquer progresso significativo.

O contra-argumento é se foi correto negociar com o demônio, e se a negociação em si o fortaleceu. Décadas depois, é fácil ter uma visão crítica *a posteriori*. Aqueles que fazem isso não estavam lá, mas parecem pensar que livros, gravações e filmes podem recriar adequadamente o contexto. Estamos falando dos anos 1930 – uma época terrível para os judeus europeus. Mas ninguém naquele momento poderia imaginar quão ruim as coisas se tornariam. Mesmo Vladimir Jabotinsky, que se opunha à Haavara e que teve a visão de incitar todos os judeus a saírem da Europa, não poderia imaginar como a situação ia piorar. À luz da terrível realidade do Holocausto e da relutância do mundo em pará-lo, a decisão de transferir judeus e suas posses para a Palestina foi sensata.

Hoje, é fácil mostrar sabedoria e visão de forma retrospectiva. É fácil para nós julgar *a posteriori*. Porém, por mais que tentemos, não há nenhuma tecla de realidade virtual que nos leve à Alemanha nazista. Não podemos recriar a emoção e o contexto que existiam naqueles dias sombrios. Não podemos entender o que era certo e o que era errado tanto quanto as próprias comunidades ameaçadas. A verdadeira retrospectiva não pertence aos especialistas, mas à história.

Líderes judeus e sionistas da época confrontavam-se com uma história repetidamente marcada por *pogroms* e expulsões. Cada vez que emergíamos da crise, esperávamos o melhor. Sempre achamos que os tempos haviam mudado, que o esclarecimento havia chegado, que as coisas seriam melhores. "Como tudo poderia ficar pior que na Idade Média, pior do que na opressão czarista?", nos perguntávamos. Quão terrível poderia se tornar uma sociedade culta como a Alemanha, na qual os judeus mostravam com orgulho suas medalhas militares e sentiam-se falsamente integrados à sociedade? Mas "quão terrível" é, na verdade, a questão central que o sionismo sempre colocou [...] e sempre procurou evitar antes de descobrir a resposta.

Lembro-me de uma cena no filme *A Nau dos Insensatos*. O barco está voltando para o Terceiro Reich. Os judeus alemães estão sentados ao redor da mesa do capitão. Um judeu não consegue acreditar nas terríveis consequências que os esperam. "O que eles vão fazer", pergunta incrédulo, "matar um milhão de judeus?" Muitos judeus europeus seguiram para a própria morte, porque não conseguiam imaginar que tais atrocidades poderiam ocorrer.

Ninguém poderia. Os sionistas que negociavam o Acordo de Transferência não anteciparam os campos de concentração e a câmara de gás. Nenhuma pessoa civilizada poderia. Mas aqueles na liderança sionista entenderam um preceito: sempre pode ficar pior. Eles compreenderam que mesmo seus piores pesadelos poderiam de alguma forma se tornar mais e mais obscuros de maneira imprevisível – e, na verdade, ninguém foi capaz de explicar. Por essa razão, criar o Estado foi a prioridade sionista. A transferência foi o mecanismo deles. Os produtos alemães foram o meio odioso. Como resultado, vidas foram salvas, propriedades transferidas e um pilar indispensável de infraestrutura humana, econômica e física do futuro Estado de Israel foi erguido.

Motivado pelo desejo de salvar tanto a comunidade ameaçada quanto as futuras, os sionistas tiveram de assumir friamente as responsabilidades detestáveis, colocar a arma contra a própria cabeça e parar diante do demônio dentro de seu covil e negociar uma saída. Essa saída foi o Acordo de Transferência.

Certamente, aprendemos com o Haavara. Seu legado foi recuperado no resgate do judaísmo soviético, etíope, sírio, iraniano e iemenita. Os mecanismos e métodos são diferentes, mas sempre os mesmos imperativos permanecem. Em algum momento, quando o esforço de auxílio e defesa cede à pressa para resgatar, são necessárias negociações. Um mecanismo é necessário. Ele será criado.

Os inimigos do povo judeu e da nação judaica sempre afirmarão que os sionistas usaram a Transferência somente para promover a emigração. Somente para construir um Estado. Esse é o pretexto fácil para aqueles que não viram a cor do sangue judeu derramado. Mas nós vimos. As pessoas que estiveram lá sabiam bem. E graças à obra *Haavara – O Acordo de Transferência*, de Edwin Black, as gerações futuras também saberão o que as vítimas daqueles dias, por fim, descobriram de modo tão doloroso.

– Abraham H. Foxman, advogado, ativista norte-americano e diretor emérito nacional da Liga Antidifamação, ONG judaica internacional com sede nos Estados Unidos.

* Este posfácio foi escrito originalmente para a edição de 2001. (N. do Ed.)

NOTAS

ABREVIATURAS DAS PRINCIPAIS FONTES

AJA	Arquivo Judaico Americano	Cincinnati
AJCm	Comitê Judaico Americano	Nova York
AJCmA	Arquivo do Comitê Judaico Americano	Nova York
AJC	Congresso Judaico Americano	Nova York
AJCAdCom	Comitê Administrativo do Congresso Judaico Americano	Waltham
AJHS	Sociedade Americana de História Judaica	Waltham
ALM	Beit Lessin/Arquivo do Movimento Trabalhista	Tel Aviv
BDC	Centro de Documentação de Berlim	Berlim
BERL	Arquivo Bet Berl/Mapai	Kfar Saba
BBA	Arquivo B'nai B'rith	Washington, DC
BDBJ-A	Arquivo do Conselho de Delegados Judeus Britânicos	Londres
BPM	Microfilme dos Ensaios de Brandeis* em AJA	Cincinnati
BA	Bundesarchiv (Arquivo Federal Alemão)	Koblenz
CAJP	Arquivo Central do Povo Judeu	Tel Aviv
CZA	Arquivo Central Sionista	Jerusalém
DDF	*Documentos Diplomáticos Franceses*	Paris
DBFP	*Documentos de Política Externa Britânica*	Londres
DGFP	*Documentos de Política Externa Alemã*	Londres
18th ZC	18º Congresso Sionista	Viena
FA	Arquivo Ford	Dearborn
FRUS	*Relações Exteriores dos Estados Unidos*	Washington, DC

HAG	Arquivo Hagana	Tel Aviv
HS	*Hebrew Standard*	Nova York
HMSO	Papelaria de Sua Majestade	Londres
HIST	Arquivo Histtadrut	Tel Aviv
IfZ	Institut fer Zeitgeschichite	Munique
ICJ	Instituto de Judaísmo Contemporâneo	Jerusalém
YIVO	Instituto de Pesquisa Judaica	Nova York
ISA	Arquivo do Estado de Israel	Jerusalém
JABA	Arquivo Jabotinsky	Tel Aviv
JA Exec	Comitê Executivo da Agência Judaica	Jerusalém
JC	*Jewish Chronicle*	Londres
JDB	*Jetuish Daily Bulletin*	Nova York
JEF	Fórum Econômico Judeu	Londres
JLMA	Arquivo do Movimento Trabalhista Judeu	Nova York
JPSA	Sociedade de Publicação Judaica da América	Filadélfia
JWV	Arquivo dos Veteranos de Guerra Judeus	Nova York e Washington, DC
JBC	Arquivo do Comitê de Boicote Conjunto no AJA	Cincinnati
JR	*Juedishe Rundschau*	Berlim
LBI-A	Arquivo do Instituto Leo Baeck	Nova York
NA	Arquivo Nacional	Washington, DC
NYPL	Coleção de Manuscritos da Biblioteca Pública de Nova York	Nova York
NYT	*New York Times*	Nova York
PA	*Politische State Archives*	Bonn
PSA	Arquivo de Estado da Prússia	Berlim
PRO-FO	Registro Público/Ministério das Relações Exteriores	Londres
SA	Arquivo Sarnoff	Princeton
SR	Arquivo Sears Roebuck	Chicago
SC	Coleção Spertus College	Chicago

VB	Volkischer Beobachter	Munique
WA	Arquivo Weizmann	Rehovet
WWI	Weltwirtschafts Institut	Keil
WLB	*Wiener Library Bulletin*	Londres
YVA	Arquivo Yad Vashe	Jerusalém
ZA	Arquivo Sionista	Nova York
ZOE	Executiva da Organização Sionista	Londres
ZOA	Organização Sionista da América	Nova York

AUTORES/TRADUTORES

GB	George Bichunsky
YC	Yoni Cohen
DD	Danuta Dombrowska
EF	Egon Fain
HG	Hanna Günther
GG	Gali Gur
OH	Otto Hirsch
VH	Varda Hirsch
DN	Dan Niederland
MS	Manfred Seigfried
SS	Shlomo Sela
NS	Nathan Synder
GW	Gabi Witzum
GZ	George Zinnemann

* Os originais encontram-se na Universidade de Louisville.

CAPÍTULO 1

1. Arthur D. Morse, *While Six Million Died: A Chronicle of American Apathy* (Nova York: Ace, 1968), 101: John Fox, "Great Britain and the Jews, 1933", *Wiener Library Bulletin* XXVI (nos. 1-2 [1972], n.s. nos. 26-27): 40-46; telegrama, "The Secretary of State to the Chargé in Germany (Gordon)", *FRUS* (1933) II: 337: "Joint Statement by President Roosevelt and the German Representative (Schacht)", *FRUS* (1933) I: 505; *vide* Cordell Hull, *The Memoirs of Cordell Hull* (Nova York: Macmillan, 1948), I: 231, 383; *vide* Hull, *Memoirs*, II: 978; *vide* Naomi Cohen, *Not Free to Desist: The American Jewish Committee, 1906-1966* (Filadélfia: JPSA, 1972), 162; "Hull Obtains Consul's Data on Jews", *Chicago Sunday Tribune*, 26 de março de 1933.

2. Nathan Schachner, *The Price of Liberty: A History of the American Jewish Committee* (Nova York: AJC, 1948), Eric E. Hirshler, "Jews From Germany in the United States", *Jews From Germany in the United States*, ed. Eric E. Hirshler (Nova York: Farrar, Straus & Cuddahy, 1955), 72-75: Moses Rischin, *The Promised City: New York's Jews*, 1870-1914 (Cambridge, Mass.: Harvard, 1977), 95-98; *HS*, 15 de junho de 1894, citado em Rischin, 97; Edward E. Grusb, *B'nai B'rith: The Story of a Covenant* (N.Y.: Appleton-Century, 1966), vii, 12-23, 89-90, 113, 125.

3. Edward E. Grusd, *B'nai B'rith: The Story of a Covenant* (Nova York: Appleton--Century, 1966), vii, 12-23, 89-90, 113, 125.

4. Cohen, *Not Free*, 15-17; Schachner, 25-26.

5. Carta, Jacob Schiff para Max Warburg, 5 de novembro de 1915, citado em Cyrus Adler, *Jacob H. Schiff: His Life and Letters* (Garden City, Nova York: Doubleday, Doran, 1928), 11:190-91: *vide* carta, Jacob Schiff para Alfred Zimmermann, 9 de novembro de 1914, citado em Isaiah Friedman, *Germany, Turkey and Zionism*, 1897-1918 (Oxford: Clarendon, 1977), 205: *vide* Adler, *Schiff*, II: 181-82; Cyrus Adler, *Jacob H. Schiff: His Life and Letters* (Garden City, Nova York: Doubleday, Doran, 1928) II: 190-91.

6. Stephen Wise, *Challenging Years: The Autobiography of Stephen Wise* (Nova York: Putnam, 1949), 202-5; Rosenstock, 53-54; Frommer, 67, 528-529; Schachner, 28.

7. *Ibid.*, 205-6.

8. *Ibid.*, 207; Morton Rosenstock, *Louis Marshall, Defender of Jewish Rights* (Detroit: Wayne State, 1962), 52-53: ver Cohen, *Not Free*, 102-19; *vide carta*, Jacob Schiff para Solomon Schechter, 22 de setembro de 1907, e variados escritos de Jacob Schiff, 1915-1920, citado em Adler, *Schiff*, II: 166-69, 296-98, 307-20.

9. Rosenstock, 52-53; ver Cohen, *Not Free*, 102-19; *vide carta*, Jacob Schiff para Solomon Schechter, 22 de setembro de 1907, e variados escritos de Jacob Schiff, 1915-1920, citado em Adler, *Schiff*, II: 166-69, 296-98, 307-20.

10. Grusd, 185-86, 194-97; Schachner, 109-14; Morris Frommer, "The American Jewish Congress: A History, 1914-1950" (tese de doutorado não publicada, Ohio State, 1978), 37, 58, 60, 322, 337-41; Cohen, *Not Free*, 5, 20-21, 155, 193; ver Andre Manners, *Poor Cousins* (Nova York: Coward, McCann & Geoghegan, 1972), 275-77.

11. Comissão Real da Palestina, *Report of the Palestine Royal Commission* (Londres: HMSO, 1937), 2-5; Comitê de Estudo da Palestina da Esco, *Palestine: A Study of Jewish, Arab and British Policies* (New Haven: Yale, 1947), I: 17-18, 54, 333, 338-40, 366-81; Esco, II: 686-90; "Israel", *Encyclopaedia Judaica* (Jerusalém: Keter, 1972) IX: 248.

12. Yehuda Chorin, *Citrus in Israel* (Tel Aviv: Israel Periodicals, 1966), 26-27; Sophie A. Udin, ed., *The Palestine Year Book 5706: Review of Events, July 1944 to July 1945*, I (Washington, D.C.: ZOA, 1945), 209-10; ver "Minutes of Conversation on Jewish Labor in Offices of the Histadrut in T.A.", 4 de janeiro de 1933, BPM em AJA: Walter Laqueur, *A History of Zionism* (Nova York: Holt, Rinehart & Winston, 1972), 308, 315, 316.

13. Ver Nicholas Bethell, *The Palestine Triangle: The Struggle for the Holy Land, 1935-48* (Nova York: Putnam, 1979), 24; ver "British Policy in Palestine, 1922" (Livro Branco de Churchill), citado em Esco, I: 282-84; Esco, I: 256, 315-18; Esco, II: 645-48, 653-54: Colonial Office da Grã-Bretanha, *Palestine and Trans-Jordan for the Year 1932* (Londres: HMSO, 1933), 24-27; ver "Immigration to Palestine with Reference to German Jewish Refugees", PRO-FO 371/16767-1527, pp. 58-60.

CAPÍTULO 2

1. Carta, Alfred M. Cohen para Morris D. Waldman, 16 de fevereiro de 1933, AJCmA; *Annual Report of the Executive Committee, 27th Annual Report* (Nova York, 1934), BBA, 36.

2. Ver Stephen Wise, *Challenging Years: The Autobiography of Stephen Wise* (Nova York: Putnam, 1949), 236-37; ver *Annual Report of the Executive Committee*, BBA, 36; Moshe Gottlieb, "The Anti-Nazi Boycott Movement in the United States: An Ideological and Sociological Appreciation", Estudos Sociais Judaicos XXXV (jul.-out., 1973): 199, 211, 225; Edward E. Grusd, *B'nai B'rith: the Story of a Covenant* (Nova York: Appleton-Century, 1966), 201: Deborah Dash Moore, *B'nai B'rith and the Challenge of Ethnic Leadership* (Albany: Universidade Estadual de Nova York, 1981), 176.

3. Gottlieb, "Anti-Nazi Boycott Movement" (artigo), 211.

4. "Victory for Hitler is Expected Today", *NYT*, 5 de março de 1933; "Offices of Jews Raided", *NYT*, 6 de março de 1933.

5. Ver F. Thelwell, "Memorandum on the German Economic Situation, April 1933", 26 de abril de 1933, PRO-FO 371/16695-1527, pp. 1-3, 7-10; Dr. Joseph Goebbels, *My Part in Germany's Fight*, trad. Dr. Kurt Fiedler (Londres: Hurst & Blackett, 1935), 227-29; ver telegrama, "The Counselor of Embassy in Germany (Gordon) to the Secretary of State", 23 de março de 1933, *FRUS* 1933 (Washington, D.C.: Imprensa Oficial do Governo dos Estados Unidos, 1949), II: 328-29; "Reich Takes Over Rule of Hamburg", *NYT*, 5 de março de 1933; "Nazi Bands Stir Up Strife in Germany", *NYT*, 9 de março de 1933; "3 More Americans Attacked in Berlin as Raiding Goes On", *NYT*, 10 de março de 1933; "German Fugitives Tell of Atrocities", *NYT*, 20 de março de 1933; "Reports of German Atrocities Not Exaggerated, Declares Anglo--Jewish Doctor", *JDB*, 24 de março de 1933.

6. "3 More Americans Attacked", *NYT*, 10 de março de 1933.

7. "Protest Meeting at Madison Square Garden Decided on by American Jewish Congress", *JDB*, 14 de março de 1933.

8. Ver "Protest Meeting at Madison Square Garden", *JDB*, 14 de março de 1933.

9. Carta, M. D. Waldman para A. M. Cohen, 15 de março de 1933, AJCmA.

10. *Ibid.*

11. *Ibid.*; ver carta, S. S. Wise para L. D. Brandeis, 23 de março de 1933, em Carl Hermann Voss, ed., *Stephen S. Wise: Servant of the People* (Filadélfia: JPSA, 1969), 180-81.

12. *Ibid.*; ver "Speech of Hitler in Reischstag on His Policies for Germany", *NYT*, 24 de março de 1933; William L. Shirer, *The Rise and Fall of the Third Reich: A History of Nazi Germany* (Nova York: Fawcett Crest, 1960), 191-92.

13. *Annual Report of the Executive Committee*, BBA, 37, 39; Stephen Birmingham, *Our Crowd: the Great Jewish Families of New York* (Nova York: Dell, 1967), 416-28; Wise, 219.

14. Carta, Waldman para Cohen, 15 de março de 1933, AJCmA.

15. Telegrama, Harry Schneiderman para Alfred M. Cohen, 14 de março de 1933, AJCmA.

16. Carta, Waldman para Cohen, 15 de março de 1933, AJCmA; cabograma, Waldman para Cohen, 15 de março de 1933, AJCmA.

17. Entrevista com Morris Mendelsohn por Moshe Gottlieb, 20 de julho de 1965, transcrição do autor.

18. *Ibid.*

19. *Ibid.*; "Conference Called by the Jewish Congress Decides on Protest Demonstration", *JDB*, 21 de março de 1933.

20. *Annual Report of the Executive Committee*, BBA, 37.

21. Carta, Werner Senator para Berl Locker, 19 de março de 1933, CZA S49/381 (trad. GZ/EF).

22. Moshe Gottlieb, "The Anti-Nazi Boycott Movement in the American Jewish Community, 1933-1941" (tese de doutorado não publicada, estudos judaicos e do Oriente Próximo, Brandeis, 1967), 20.

23. Goebbels, 236-37; "Reich is Worried Over Our Reaction", *NYT*, 23 de março de 1933; ver "Herr Hitler's Nazis Hear an Echo of World Opinion", *NYT*, 26 de março de 1933.

24. Declaração, AJC, em Gottlieb, "Anti-Nazi Boycott Movement" (dissertação), 46.

25. "Nazi Foes Here Calmed by Police", *NYT*, 20 de março de 1933.

26. *Ibid.*; "Conference Called by the Jewish Congress", *JDB*, 21 de março de 1933; "American Jewry Protests", *JC*, 24 de março de 1933.

27. "Nazi Foes Here Calmed by Police", *NYT*, 20 de março de 1933; "Conference Called", *JDB*, 21 de março de 1933; "American Jewry Protests", *JC*, 24 de março de 1933.

28. Ver carta, John Haynes Holmes para Stephen Wise, 20 de abril de 1933, BPM at AJA; ver "Christian Leaders Protest on Hitler", *NYT*, 22 de março de 1933; ver comunicado de imprensa, *AJC*, 16 de setembro de 1933, BPM at AJA.

29. Entrevista com Morris Mendelsohn.

30. "Boycott Advocated to Curb Hitlerism", *NYT*, 21 de março de 1933; entrevista com Morris Mendelsohn.

31. "Vast Protest Movement Throughout Poland: Jews, Non-Jews Join in Demonstration", *JDB*, 29 de março de 1933; missiva, Embaixada Britânica, Varsóvia, para Sir John Simon, 29 de março de 1933, PRO-FO 371/16721-1556; "Poland Antagonized", *JC*, 31 de março de 1933; ver telegrama, "The Ambassador in Great Britain to the Foreign Minister", 8 de março de 1933, DGFP 1918-1945 (Londres: HMSO,

1957), ser. C, I: 124-25; telegrama, "The Deputy of Department IV to the Consulate General at Danzig", 10 de março de 1933, DGFP, 130; "The Minister in Poland to the Foreign Ministry", 19 de abril de 1933, e memorando anexo, 12 de abril de 1933, DGFP, 306-10; ver "In Europe's New Tenseness the 'Corridor' Looms Large", *NYT*, 19 de março de 1933.

32. "Polish Jews Condemn Germany", *NYT*, 21 de março de 1933: "Vast Protest Movement Throughout Poland", *JDB*, 29 de março de 1933.

33. Carl Herman Voss, *Rabbi and Minister: The Friendship of Stephen S. Wise and John Haynes Holmes* (Buffalo, Nova York: Prometheus, 1980), 275-76.

34. Carta, S. Wise para J. W. Mack, 8 de março de 1933, em Voss, ed., *Servant*, 180.

35. "Jews Here Demand Washington Action", *NYT*, 21 de março de 1933; "Protest on Hitler Growing in Nation", *NYT*, 23 de março de 1933.

36. Carta, S. Wise para L. D. Brandeis, 23 de março de 1933, em Voss, ed., *Servant*, 180-81; Wise, 218.

37. Morris Frommer, "The American Jewish Congress: A History, 1914-1950" (tese de doutorado não publicada, história, Estado de Ohio, 1978), 376-77; carta, Max J. Kohler para Cordell Hull, 28 de agosto de 1933, AJCmA.

38. Gottlieb, "Anti-Nazi Boycott Movement" (dissertação), 453, n. 5.

39. *Ibid.*, 49; ver telegrama, "The Secretary of State to the Chargé in Germany (Gordon)", 24 de março de 1933, *FRUS*, 330-31.

40. Martin Rosenbluth, *Go Forth and Serve: Early Years and Public Life* (Nova York: Herzl, 1961), 253 ver VB, 1º de abril de 1933 "Roosevelt Under Jewish Influence, Nazis Charge", *JDB*, 19 de maio de 1933; "Nazis Get Pick of Jobs", *NYT*, 20 de julho de 1933.

41. "Reich is Worried Over Our Reaction", *NYT*, 23 de março de 1933.

42. *Ibid.*; ver "Memorandum of Press Conference of the Secretary of State", 22 de março de 1933, *FRUS*, 327-28.

43. Nathan Schachner, *The Price of Liberty: A History of the American Jewish Committee* (Nova York: AJC, 1948), 113. Naomi W. Cohen, *Not Free to Desist: The American Jewish Committee, 1906-1966* (Filadélfia: JPSA, 1972), 162; ver "Hull Obtains Consul's Data on Jews' Cases", *Chicago Sunday Tribune*, 26 de março de 1933; ver telegrama, "The Secretary of State to the Chargé in Germany (Gordon)", 24 de março de 1933, *FRUS*, 330-31.

44. Ver "Jews Here Demand Washington Action", *NYT*, 21 de março de 1933.

45. *Ibid.*

46. Telegrama, "The Secretary of State to the Chargé in Germany (Gordon)", 24 de março de 1933, *FRUS*, 330-31; telegrama, "The Secretary of State to the Chargé in Germany (Gordon)", 26 de março de 1933, *FRUS*, 333-34.

47. Cohen, 338; ver Frederick Aaron Lazin, "The Reaction of American Jewry to Hitler's Anti-Jewish Policies 1933-1939 (dissertação de mestrado não publicada, ciências políticas, Universidade de Chicago, 1968), 22; ver "Jews Here Demand Washington Action", *NYT*, 21 de março de 1933.

48. Telegrama, "The Secretary of State to the Chargé in Germany (Gordon)", 24 de março de 1933, *FRUS*, 330-31.

49. Telegrama, "The Chargé in Germany (Gordon) to the Secretary of State", 25 de março de 1933, *FRUS*, 331.

50. Telegrama, "The Chargé in Germany (Gordon) to the Secretary of State", 26 de março de 1933, *FRUS*, 334.

CAPÍTULO 3

1. "Protest on Hitler Growing in Nation", *NYT*, 23 de março de 1933.

2. *Ibid.*

3. "Boycott Advocated to Curb Hitlerism", *NYT*, 21 de março de 1933; ver Morris Frommer, "The American Jewish Congress: A History, 1914-1950" (tese de doutorado não publicada, história, Ohio State, 1978), 313-16, ver 314, n. 29.

4. Entrevista com Morris Mendelsohn por Moshe Gottlieb, 20 de julho de 1965, transcrição do autor.

5. "O'Brien Reviews 4,000 Hitler Foes", *NYT*, 24 de março de 1933; "Protest on Hitler Growing in Nation", *NYT*, 23 de março de 1933.

6. Ver Dr. Joseph Goebbels, *My Part in Germany's Fight*, trad. Dr. Kurt Fiedler (Londres: Hurst & Blackett, 1935), 236-37, 269-70; ver "Reich is Worried Over Our Reaction", *NYT*, 24 de março de 1933; "Reich Warns Correspondents Not to Send Atrocity Reports", *NYT*, 24 de março de 1933; *ver* VB, 30 de março de 1933 e 31

de março de 1933; ver Lucy S. Dawidowicz, *The War Against the Jews, 1933-1945* (Toronto: Bantam, 1976), 70-71.

7. William L. Shirer, *The Rise and Fall of the Third Reich: A History of Nazi Germany* (Nova York: Fawcett Crest, 1960), 54; Nora Levin, *The Holocaust: The Destruction of European Jewry 1933-1945* (Nova York: Schocken, 1973), 23-25, 35; Isaiah Friedman, *Germany, Turkey and Zionism, 1897-1918* (Oxford: Clarendon, 1977), 317; Francis R. J. Nicosia, "Germany and the Palestine Question, 1933-1939" (tese de doutorado não publicada, história, McGill, 1977), 62.

8. James Pool e Suzanne Pool, *Who Financed Hitler: The Secret Funding of Hitler's Rise to Power, 1919-1933* (Nova York: Dial, 1978), 246.

9. Ver Shirer, 167, 192; Nicosia, 72-73.

10. Pool e Pool, 248, 413-14.

11. Relatório, F. Thelwell, "The Economic Situation in Germany, February, 1933", PRO-FO 371/16694-1527.

12. *Ibid.*; Shirer, 240-41.

13. Thelwell, "Economic Situation", PRO-FO 371/16694-1527.

14. *Ibid.*, 7-8.

15. Dawidowicz, 24-28, 47, 68-69; ver George L. Mosse, *The Crisis of German Ideology: The Intellectual Origins of the Third Reich* ("The Universal Library"; Nova York: Grosset & Dunlap, 1971), 242-43; *ver* Shirer, 586.

16. Thelwell, "Economic Situation", PRO-FO 371/16694-1527; Pool e Pool, 246; ver Shirer, 357.

17. Ver Dawidowicz, 68-71; ver "Reich is Worried Over Our Reaction", *NYT*, 23 de março de 1933: ver Goebbels, 236-39.

18. Dawidowicz, 43; Moshe Gottlieb, "The Anti-Nazi Boycott Movement in the American Jewish Community, 1933-1941" (tese de doutorado não publicada, estudos judaicos e do Oriente Próximo, Brandeis, 1967), 13-14; ver Marvin Lowenthal, *The Jews of Germany: A Story of Sixteen Centuries* (Nova York: Longmans, Green, 1936), 277.

19. Ver Levin, 43-44, 72-73; Lowenthal, 369-71; ver Stephen Wise, *Challenging Years: The Autobiography of Stephen Wise* (Nova York: G. P. Putnam, 1949), 247; ver Sidney Bolkosky, *The Distorted Image: German Jewish Perceptions of Germans and Germany, 1918-1935* (Nova York: Elsevier, 1975), 169-70.

20. Ver Carol Gelderman, *Henry Ford: The Wayward Capitalist* (Nova York: Dial, 1981), 218-21; Albert Lee, *Henry Ford and the Jews* (Nova York: Stein & Day, 1980), 25-28.

21. Pool e Pool, 86-87, 95, 101-2; Morton Rosenstock, *Louis Marshall, Defender of Jewish Rights* (Detroit: Wayne State, 1965), 128-41.

22. Lee, 42; Rosenstock, 145-47; David Lewis, *The Public Image of Henry Ford: An American Folk Hero and His Company* (Detroit: Wayne State, 1976), pp. 142-43.

23. Lewis, 143: Norman Cohn, *Warrant for Genocide: The Myth of the Jewish World Conspiracy and the Protocols of the Elders of Zion* (Nova York: Harper & Row, 1967), 138.

24. Pool e Pool, 90-91; "'Heinrich' Ford Idol of Bavaria Fascisti Chief", *Chicago Tribune*, 8 de março de 1923.

25. Pool e Pool, 91; *Detroit News*, 31 de dezembro de 1931, citado em Lee, 46; ver Lee, p. 51.

26. Lewis, 140; Rosenstock, 149-50, 169-70, 183-84.

27. Lewis, 140; Lee, 34, 38.

28. Rosenstock, 170.

29. Ver Lee, 38; Rosenstock, 188-89.

30. Lee, 38-39; 43-44; Rosenstock, 188-89. Ver Lewis, 140.

31. Lee, p. 39; Lewis, p. 140.

32. Rosenstock, 189-91.

33. Rosenstock, 190-92; Lee, 84-85; Lewis, 145.

34. Rosenstock, 191.

35. *Ibid.*

36. Rosenstock, pp. 197-98; Lewis, 147.

37. Gelderman, 235.

38. Lewis, 143; Adolf Hitler, *Mein Kampf*, trad. Ralph Manheim (Boston: Houghton--Mifflin, 1943), 639.

39. Hitler, 639, n. 1.

40. Rosenstock, 193; Lee, 84-85.

41. Salo W. Baron, *The Russian Jew Under Tsars and Soviets* (Nova York: Macmillan, 1976), 44-49.

42. Eric Hirshler, "Jews from Germany in the United States", em Eric Hirshler, ed., *Jews from Germany in the United States* (Nova York: Farrar, Straus & Cudahy, 1955), 62-64, 75-76; ver Cyrus Adler, *Jacob H. Schiff: His Life and Letters* (Garden City, Nova York: Doubleday, Doran, 1929), I: 42-154, e II: 117-38, 296-97; ver Hirshler, "Jews from Germany", em Hirshler, pp. 96-98; 72-76; Moses Rischin, *The Promised City: New York's Jews, 1870-1914* (Cambridge, Mass.: Harvard, 1977), 95-98.

43. Adler, *Schiff*, II, pp. 120-138.

44. Marvin Tokayer e Mary Swartz, *The Fugu Plan: The Untold Story of the Japanese and the Jews During World War II* (Nova York: Paddington, 1979), 46; Memorandum, Takahashi, em Adler, Schiff, I: 215-26; Stephen Birmingham, "Our Crowd: The Great Jewish Families of New York" (Nova York: Dell, 1967), 335.

45. Tokayer e Swartz, 46; memorando, Takahashi, em Adler, *Schiff*, I: 216, 228.

46. Nathan Schachner, *The Price of Liberty: A History of the American Jewish Committee* (Nova York: AJC, 1948), 7-8, 37-42; Adler, *Schiff*, II: 160-61.

47. Naomi W. Cohen, "The Abrogation of the Russo-American Treaty of 1832", Estudos Sociais Judaicos, XXV (Jan/1963): 21; Rosenstock, p. 75; Adler, *Schiff*, II, pp. 150-151.

48. Cohen, "Abrogation", 22-28, 35; Cyrus Adler e Aaron M. Margalith, *With Firmness in the Right; American Diplomatic Action Affecting Jews*, 1840-1945 (N.Y.: AJC, 1946), 285-289.

49. Cohen, *Not Free*, 89-90.

50. Cabograma, J. Schiff para Count Witte, em Adler, *Schiff*, II: 135, 138.

51. Carta, Schiff para o presidente Taft, 20 de fevereiro de 1933, em Adler, *Schiff*, II: 148.

52. Adler, *Schiff*, I: vii, ix.

CAPÍTULO 4

1. Ver Adolf Hitler, *Mein Kampf*, trad. Ralph Manheim (Boston: Houghton Mifflin, 1943), 454-55, 458-60, 638-40; ver discursos, Adolf Hitler, 28 de julho de 1922 e 10

de abril de 1923, em Norman H. Baynes, ed., *The Speeches of Adolf Hitler* (Londres: Oxford, 1942), I: 26, 42, 43.

2. "250,000 Jews Here to Protest Today", *NYT*, 27 de março de 1933; "55,000 Here Stage Protest on Hitler Attacks on Jews", *NYT*, 28 de março de 1933.

3. "Polish Jews Condemn Germany", *NYT*, 21 de março de 1933; "Protest Demonstration in Warsaw Forbidden on Grounds of Public Safety" e "Warsaw Bourse Closed in Sympathy with Protest", *JDB*, 28 de março de 1933; "Vast Protest Movement Throughout Poland: Jews, Non-Jews Join in Demonstrations" e "Mercantile Organizations in Poland Declare German Boycott", *JDB*, 29 de março de 1933; missiva, Embaixada Britânica, Varsóvia, para Sir John Simon, 29 de março de 1933, PRO-FO 371/16721-1556; ver "Boycott of German Goods by Morrocan Jewry", *JDB*, 31 de março de 1933; "World Reactions; An Outcry of Horror Everywhere", *JC*, 31 de março de 1933; "Move for Boycott Gaining in London", *NYT*, 25 de março de 1933; carta, Missão Diplomática Britânica em Kovno para Missão Diplomática Britânica em Riga, 28 de março de 1933, PRO-FO 371/17184-1556; "The Kolo Supports Boycott", *JC*, 28 de abril de 1933.

4. "German Ships Affected", *NYT*, 24 de março de 1933; atas, Reunião de Gabinete do Governo Alemão, 31 de março de 1933, NA T-120 rolo 1712, D792238/9 (trad. GZ); "Nazi Attacks Stir British Catholics", *NYT*, 24 de março de 1933.

5. "Speech of Hitler in Reichstag on His Policies for Germany", *NYT*, 24 de março de 1933; "Reich Warns Correspondents Not to Send Atrocity Reports", *NYT*, 24 de março de 1933.

6. "Nazi Attacks Stir British Catholics", *NYT*, 24 de março de 1933; "Move for Boycott Gaining in London", *NYT*, 25 de março de 1933.

7. "Hitler Debt Talk Points to Revisionism", *NYT*, 25 de março de 1933; "Decreasing Surplus of German Exports", *NYT*, 20 de março de 1933.

8. Martin Rosenbluth, *Go Forth and Serve; Early Years and Public Life* (Nova York: Herzl, 1961), 250-51.

9. Hitler, 308-21; discurso, Adolf Hitler, "Free State or Slavery", 28 de julho de 1922, em Baynes, 21-41; Francis R. J. Nicosia; "Germany and the Palestine Question, 1933--1939" (tese de doutorado não publicada, história, McGill, 1977), 57-64.

10. Ver Ludwig Pinner, *In Two Worlds: Siegfried Moses, On His Seventy-Fifth Birthday*, trad. EF (Tel Aviv: Publisher Bitaon Ltd., 1962); entrevista com Dr. Dolf Michaelis pelo autor, 1º de setembro de 1980; Donald L. Niewyk, *The Jews in Weimar Germany* (Baton Rouge: Universidade Estadual da Louisiana, 1980), 125.

11.-21. Rosenbluth, 250-54.

22. *Ibid.*, 253.

23. "Jews in Reich Deny Atrocities by Nazis", *NYT*, 25 de março de 1933; "250,000 Jews Here to Protest Today", *NYT*, 27 de março de 1933: *ver* Dawidowicz, 70.

24. Cabograma, Bertling, Amerika Institute, para M. D. Waldman, 25 de março de 1933, AJCmA.

25. Cabograma, Dr. Brund, Associação Nacional da Câmara de Comércio Alemã-Americana para Dr. Degener, Junta Comercial Alemã-Americana, 24 de março de 1933, AJCmA: ver "Jews in Reich Deny Atrocities by Nazis", *NYT*, 25 de março de 1933.

26. "250,000 Jews Here to Protest Today", *NYT*, 27 de março de 1933.

27. "Jews in Reich Deny Atrocities by Nazis", *NYT*, 25 de março de 1933.

28. Stephen Wise, *Challenging Years: The Autobiography of Stephen Wise* (Nova York: Putnam, 1949), 240-41.

29. "250,000 Jews Here to Protest Today", *NYT*, 27 de março de 1933.

30. "'We Ask Only for the Right', Says Wise", *NYT*, 28 de março de 1933.

31. Wise, 234-35; Nahum Goldmann, *The Autobiography of Nahum Goldmann: Sixty Years of Jewish Life*, trad. Helen Sebba (Nova York: Holt, Rinehart & Winston, 1969), 124-27: Morris Frommer, "The American Jewish Congress: A History, 1914-1950", (tese de doutorado não publicada, história, Estado de Ohio, 1978), 467; ver carta, Stephen Wise para Julian Mack, 29 de março de 1933, em Carl Hermann Voss, ed., *Stepen S. Wise: Servant of the People* (Filadélfia: JPA, 1969), 181-82.

32. Carta, S. Wise para L. D. Brandeis, 23 de março de 1933, em Voss, ed., Servant, 180-81; Moshe Gottlieb, "The Anti-Nazi Boycott Movement in the American Jewish Community, 1933-1941" (tese de doutorado não publicada, estudos judaicos e do Oriente Próximo, Brandeis, 1967), 38, 43.

33. Carta, S. Wise para William Rosenau, 19 de abril de 1933, em Voss, ed., Servant, 185-86.

34. "Nazis End Attacks on Jews in Reich, Our Embassy Finds", *NYT*, 27 de março de 1933.

35. Telegrama, "The Secretary of State to the Chargé in Germany (Gordon)", 24 de março de 1933, *FRUS* II: 330-31.

36. Telegrama, "The Chargé in Germany (Gordon) to the Secretary of State", 25 de março de 1933, *FRUS* 331-33.

37. "Nazis End Attacks", *NYT*, 27 de março de 1933; telegrama, Stephen S. Wise e Bernard S. Deutsch para Cordell Hull, 26 de março de 1933, NA 862.4016/136- GC.

38. Wise, 244-45.

39. Rosenbluth, 257-58; *ver* carta, S. Wise para J. H. Holmes, 3 de abril de 1933, em Voss, ed., Servant, 182-83.

40. Wise, xi-xiv, 23-26, 29, 31-34.

41. Carl Hermann Voss, *Rabbi and Minister: The Friendship of Stephen S. Wise and John Haynes Holmes* (Buffalo: Prometheus, 1980), 46-49.

42. Wise, 82-103: Voss, *Rabbi and Minister*, 101-3.

43. Wise, 161-81, 194-98; Voss, *Rabbi and Minister*, 182-83.

44. Wise, 202-9.

45. Voss, ed., Servant, xix, 128, 132-34, *ver* 134, 149.

46. Wise, 245; carta, S. Wise para L. D. Brandeis, 19 de setembro de 1933, BPM em AJA.

CAPÍTULO 5

1.-3. "35,000 Jam Streets Outside the Garden", *NYT*, 28 de março de 1933.

4. *Ibid.*; "55,000 Here Stage Protest on Hitler Attacks on Jews", *NYT*, 28 de março de 1933.

5. *Ibid.*; "250,000 Jews Here to Protest Today", *NYT*, 27 de março de 1933; "Chicago Jews Demand U.S. Act to Curb Nazis", *Chicago Daily Tribune*, 28 de março de 1933.

6. Stephen Wise, *Challenging Years: The Autobiography of Stephen Wise* (Nova York: Putnam, 1949), 250: "Jews Fast in Poland", *NYT*, 28 de março de 1933.

7. "55,000 Here Stage Protest", *NYT*, 28 de março de 1933.

8. "Smith Calls for a World-Wide Fight on Religious Bigotry", *NYT*, 28 de março de 1933.

9. "55,000 Here Stage Protest", *NYT*, 28 de março de 1933.

10. *Ibid.*; "250,000 Jews Here to Protest", *NYT*, 27 de março de 1933.

11. "55,000 Here Stage Protest", *NYT*, 28 de março de 1933.

12. *Ibid.*: "Leaders of Nations Send in Protest", *NYT*, 28 de março de 1933.

13. "'We Ask Only for the Right', Says Wise", *NYT*, 28 de março de 1933: carta, S. Wise para J. Mack, 29 de março de 1933, em Carl Hermann Voss, ed., *Stephen S. Wise: Servant of the People* (Filadélfia: JPSA, 1969), 181-89; ver entrevista com o rabino David Polish pelo autor, 18 de outubro de 1981; ver entrevista com Justine Wise Polier pelo autor, 21 de outubro de 1981.

14. "'We Ask Only for the Right'", *NYT*, 28 de março de 1933; ver carta, S. Wise para J. Mack, 29 de março de 1933, em Voss, ed., Servant, 181-82.

15. "'We Ask Only for the Right'", *NYT*, 28 de março de 1933: ver entrevista, Justine Wise Polier pelo autor, 21 de outubro de 1981.

16.-18. "'We Ask Only for the Right'", *NYT*, 28 de março de 1933.

19. "250,000 Jews Here to Protest Today", *NYT*, 27 de março de 1933; "50,000 Here Stage Protest", *NYT*, 25 de março de 1933.

CAPÍTULO 6

1. "Anti-Nazi Protest March Through New York Voted by American Jewish Congress", *JDB*, 21 de março de 1933; ver carta, Stephen Wise para Ruth Mack Brunswick, 6 de abril de 1933, em Carl Hermann Voss, ed., *Stephen S. Wise: Servant of the People* (Filadélfia: JPSA, 1969), 183.

2. Missiva da Associated Press (A.P.), *NYT*, 27 de março de 1933: ver missiva, Embaixada Britânica, Varsóvia, para Sir John Simon, 29 de março de 1933, PRO-FO 371/ 16721-1556.

3. "Move for Boycott Gaining in London", *NYT*, 25 de março de 1933; "Jews In England Boycott German Goods and Cafes", *Chicago Sunday Tribune*, 26 de março de 1933; "Equality for Jews in Reich Demanded", *NYT*, 27 de março de 1933.

4. "Christian Leaders Protest on Hitler", *NYT*, 22 de março de 1933; "Boycott Movement in Full Swing", *JC*, 24 de março de 1933; "Press German Boycott", *NYT*, 25 de março de 1933.

5. Martin Rosenbluth, *Go Forth and Serve; Early Years and Public Life* (Nova York: Herzl, 1961), 253; ver "Extract from Minutes of the Conference of Ministers", 7 de abril de 1933, DGFP 1918-1945 (Londres: HMSO, 1957), série C, I: 256-62; "55,000 Here Stage Protest on Hitler Attacks on Jews", *NYT*, 28 de março de 1933; ver "Boycott Spreads in Reich but Hitler Bans Violent Acts", *NYT*, 30 de março de 1933.

6. Dr. Joseph Goebbels, *My Part in Germany's Fight*, trad. Dr. Kurt Fiedler (Londres: Hurst & Blackett, 1935), 237; "55,000 Here Stage Protest", *NYT*, 28 de março de 1933.

7. Goebbels, 237.

8. Goebbels, 237-38; "Goebbels Warns of Action" e "55,000 Here Stage Protest", *NYT*, 28 de março de 1933.

9. "55,000 Here Stage Protest", *NYT*, 28 de março de 1933; "Hitlerites Order Boycott Against Jews in Business, Professions and Schools", *NYT*, 29 de março de 1933.

10. "Hitlerites Order Boycott", *NYT*, 29 de março de 1933; "55,000 Here Stage Protest", *NYT*, 28 de março de 1933.

11. "Hitlerites Order Boycott", *NYT*, 29 de março de 1933; "Boycott Spreads in Reich but Hitler Bans Violent Acts", *NYT*, 30 de março de 1933; ver "Facts Give Hider the Lie", *JC*, 31 de março de 1933.

12. "Boycott Manifesto Includes 11 Orders" e "Hitlerites Order Boycott", *NYT*, 29 de março de 1933.

13. "Boycott Spreads in Reich", *NYT*, 30 de março de 1933; ver Lucy S. Dawidowicz, *The War Against the Jews*, 1933-1945 (Toronto: Bantam, 1976), 71; ver "Boycott of Jews in Germany", *London Times*, 31 de março de 1933; ver ata, Reunião de Gabinete do Governo Alemão, 31 de março de 1933, NA T-120 rolo 1712, D792205 e ss.; ver carta, "M. Francois Poncet, French Ambassador in Berlin, to M. Paul-Boncour, Minister of Foreign Affairs", 5 de abril de 1933, DDF 1932-1939 (Paris: Imprimerie Nationale, 1967); série 1, III: 144.

14. Cabograma, Eric Warburg para Frieda/Felix Warburg, 29 de março de 1933, AJCmA.

15. Carta e anexo, Cyrus Adler para Mr. Waldman, 29 de março de 1933, AJCmA.

16. "Suggested Statement of Dr. Adler", 29 de março de 1933, AJCmA; ver "Boycott Warning Sent from Berlin", *NYT*, 31 de março de 1933.

17. Cabograma, Felix Warburg para Eric Warburg, 29 de março de 1933, AJCmA.

18. Pôster, citado em "Nazis Lay Boycott to 'Lies' of Jews", *NYT*, 1º de abril de 1933.

19. "Brooklyn Jews Protest", "Staten Islanders Add Protest" e "Urge Inquiry in Nazi Raids", *NYT*, 29 de março de 1933; "6,000 Gather in Protest", *NYT*, 31 de março de 1933, ver Werner E. Braatz, "German Commercial Interests in Palestine: Zionism and the Boycott of German Goods, 1933- 1934", *European Studies Review* (SAGE, Londres e Beverly Hills), IX (1979): 486; "Chicago Jews Demand U.S. Act to Curb Nazis", *Chicago Daily Tribune*, 28 de março de 1933; ver "Wave of Protest Against Persecutions in Germany throughout United States", *JDB*, 24 de março de 1933.

20. "Jews In Greece Start Boycott", *NYT*, 30 de março de 1933; "Boycott German Goods!" e "World Reaction; An Outcry of Horror Everywhere", *JC*, 31 de março de 1933; Braatz, 485, 495; ver "Belgian Government's Indignation" e "The Kolo Supports Boycott", *JC*, 28 de abril de 1933.

21. "German Business Protests Boycott", *NYT*, 31 de março de 1933; ver Braatz, 486-87; ver cartas, abril de 1933, NA T-120 rolo 4956, L370262/371913 (trad. GZ).

22. *Frankfurter Zeitung*, 30 de março de 1933, 1ª edição matinal (trad. MS); *ver* "Boycott Manifesto Includes 11 Orders", *NYT*, 29 de março de 1933; "Boycott Spreads in Reich" e "Says Nazis Want Jobs", *NYT*, 30 de março de 1933.

23. "German Business Protests Boycott", *NYT*, 31 de março de 1933.

24. *Ver* John L. Heineman, *Hitler's First Foreign Minister*; Constantin Freiherr von Neurath, *Diplomat and Statesman* (Berkeley: Universidade da Califórnia, 1979), 275, n. 41; ver ata, Reunião de Gabinete do Governo Alemão, 29 de março de 1933, NA T-120 rolo 1712, D792205 e ss. (trad. GZ); ver carta, "M. Francois-Poncet French Ambassador in Berlin, to M. Paul-Boncour, Minister of Foreign Affairs", 5 de abril de 1933, DDF, p. 155.

25. Ver ata, Reunião de Gabinete do Governo Alemão, 29 de março de 1933, NAT-120 rolo 1712, D792205 e ss. (trad. GZ); "Boycott Spreads in Reich", *NYT*, 30 de março de 1933.

26. Ata, Reunião de Gabinete do Governo Alemão, 29 de março de 1933, NA T-120 rolo 1712, D792205 e ss. (trad. GZ).

27. "Boycott Spreads in Reich" e "Says Nazis Want Jobs", *NYT*, 30 de março de 1933; telegrama, "The Chargé in Germany (Gordon) to the Secretary of State", 30 de março de 1933, *FRUS*, 1933 (Washington, D.C.: Imprensa Oficial do Governo dos Estados Unidos, 1949); II: 335-36; carta, "The Chargé in Germany (Gordon) to the Secretary of State", 2 de abril de 1933, *FRUS*, 347-50.

28. Cartas, "M. Francois-Poncet, French Ambassador in Berlin, to M. Paul-Boncour, Minister of Foreign Affairs", 5 e 7 de abril de 1933, DDF, 155, 185; telegrama, "Sir H.

Rumbold (Berlin) to Sir J. Simon", 1º de abril de 1933, DBFP, 1919-1939 (Londres: HMSO, 1956) série 2, V: 14-15; Heineman, 81.

29. "German Business Protests Boycott", *NYT*, 31 de março de 1933: ver "Nazis Cut Boycott to Day", *NYT*, 1 de abril de 1933.

30. "German Business Protests Boycott", *NYT*, 31 de março de 1933.

31. "Washington Urged to Block Boycott" e "Will Use Influence Quietly", *NYT*, 31 de março de 1933; telegrama, "The Chargé in Germany (Gordon) to the Secretary of State", 30 de março de 1933, *FRUS*, 335-36; ver telegrama, "The Chargé in Germany (Gordon) to the Secretary of State", 29 de março de 1933, *FRUS*, 334-35.

32. Telegrama, "The Chargé in Germany (Gordon) to the Secretary of State", 30 de março de 1933, *FRUS*, 335-37.

33. Ver carta, S. Wise para J. H. Holmes, 3 de abril de 1933, em Voss, ed., Servant, 181-82.

34. Carta, S. Wise para J. Mack, 29 de março de 1933, em Voss, ed., Servant, 181-82.

35. *Ibid.*

36. "Washington Urged to Block Boycott", *NYT*, 31 de março de 1933; ver "Jews Here Demand Washington Action", *NYT*, 21 de março de 1933.

37. Telegrama, "The Secretary of State to the Chargé in Germany (Gordon)", 30 de março de 1933, *FRUS*, 337.

38. *Ibid.*; ver Cordell Hull, *The Memoirs of Cordell Hull* (Nova York: Macmillan, 1948), I: 81, 85; "Hull Obtains Consul's Data on Jews' Cases", *Chicago Sunday Tribune*, 26 de março de 1933.

39. "Lords Cheer Plea for Jews in Reich", *NYT*, 31 de março de 1933; ver telegrama, "Sir J. Simon to Sir H. Rumbold (Berlin)", 2 de março de 1933, DBFP, série 2, IV: 436; *ver* "Aid for Jews Urged in Spirit of Balfour", *NYT*, 2 de abril de 1933; ver "The House of Commons and German Jewry", *JC*, 4 de agosto de 1933.

40. "Sir J. Simon to Sir H. Rumbold (Berlin)", 30 de março de 1933, DBFP, V: 9.

41. "Lords Cheer Plea for Jews in Reich", *NYT*, 30 de março de 1933; ver "House of Lords", *JC*, 7 de abril de 1933; Rosenbluth, 259-60.

42. Braatz, 486-87. Francis R. J. Nicosia, "Germany and the Palestine Question, 1933-1939" (tese de doutorado não publicada, história, McGill, 1977), 81-82.

43. Braatz, 486-87.

44. VB, 30 de março de 1933; *Der Angriff*, 30 de março de 1933, em "Nazis, Warned, Set on Plan of Boycott", *Washington Post*, 31 de março de 1933.

45. William L. Shirer, *The Rise and Fall of the Third Reich: A History of Nazi Germany* (Nova York: Fawcett Crest, 1960), 204-05, 265-66, ver 284, 358-59; *ver* Hjalmar Horace Greeley Schacht, *Confessions of "The Old Wizard": The Autobiography of Hjalmar Horace Greeley Schacht*, trad. Diana Pyke (Boston: Houghton Mifflin, 1956), 2, 6, 14.

46. Carta, "M. Francois-Poncet, French Ambassador in Berlin, to M. Paul-Boncour, Minister of Foreign Affairs", 5 de abril de 1933, DDF, 155-56 (trad. GZ).

47. Telegrama, "The Chargé in Germany (Gordon) to the Secretary of State", 30 de março de 1933, *FRUS*, pp. 335-36; carta, "The Chargé in Germany (Gordon) to the Secretary of State", 2 de abril de 1933, *FRUS*, 347-50; "Boycott Spreads in Reich", *NYT*, 30 de março de 1933; "Jews' Jobs sought for Nazi Backers", *NYT*, 31 de março de 1933.

48. Telegrama, "Sir H. Rumbold (Berlin) to Sir J. Simon", 1º de abril de 1933, DBFP, série 2, V: 14-15; carta, "Sir H. Rumbold (Berlin) to Sir J. Simon", 5 de abril de 1933, DBFP, série 2, V; 25; ver carta, "Chancellor Hitler to President Hindenburg", 5 de abril de 1933, DGFP, 253-55.

49. *Leipziger Tagezeitung*, 21 de março de 1933, in Gottlieb, "Anti-Nazi Boycott Movement" (dissertação), 31.

50. Ver carta, "M. Francois-Poncet, French Ambassador in Berlin, to M. Paul-Boncour, Minister of Foreign Affairs", 5 de abril de 1933, DDF, 160; ver "Rule by Aryans Decreed", *NYT*, 9 de abril de 1933; ver "1,500 Jewish Physicians Expelled from Sick Funds in Berlin; 6,000 in Reich", *JDB*, 7 de julho de 1933.

51. Ver "Geneva Sees Ground for Appeal on Jews", *NYT*, 1º de abril de 1933; ver "In Europe's New Tenseness the 'Corridor' Looms Large", *NYT*, 19 de março de 1933; ver "Polish Jews Condemn Germany", *NYT*, 21 de março de 1933; ver "Vast Protest Movement Throughout Poland", *JDB*, 29 de março de 1933; ver memorando, 12 de abril de 1933, no relatório "The Minister in Poland to the Foreign Ministry", DGFP, 307-10.

52. Ata, Reunião de Gabinete do Governo Alemão, 31 de março de 1933, NA T-120 rolo 1712, 0792205 e ss. (trad. GZ); ver carta, "The Chargé in Germany (Gordon) to the Secretary of State", 2 de abril de 1933, *FRUS*, 347-48; ver carta, "M. Francois-Poncet, French Ambassador in Berlin, to M. Paul-Boncour, Minister of Foreign Affairs", 5 de abril de 1933, DDF, 155; ver carta, "Sir H. Rumbold to

Sir J. Simon", 5 de abril de 1933, DBFP, série 2, V: 24-25; ver "Nazis Try to Rule on Foreign Policy", *NYT*, 2 de abril de 1933; ver "Boycott at an End, Germany Believes; Cabinet Against it", *NYT*, 3 de abril de 1933.

53. "Close Woolworth Shops", NYT, 29 de março de 1933; ver "Boycott Spreads in Reich", NYT, 30 de março de 1933; "German Business Protests Boycott", NYT, 31 de março de 1933; "Nazi Rifles Close Stores in Munich", *NYT*, 1º de abril de 1933.

54. Carta, "The Chargé in Germany (Gordon) to the Secretary of State", 2 de abril de 1933, *FRUS*, 347-48; "Memorandum of Trans-Atlantic Telephone Conversation", Phillips/Gordon, 2 de abril de 1933, *FRUS*, 345; ver telegrama, "M. Francois-Poncet, French Ambassador in Berlin, to M. Paul-Boncour, Minister of Foreign Affairs", 1º de abril de 1933, DDF, 127-28; ver "Nazis Try to Rule on Foreign Policy", *NYT*, 2 de abril de 1933; "Boycott at an End", *NYT*, 3 de abril de 1933; ver Heineman, 81.

55. Carta, "Chargé in Germany (Gordon) to the Secretary of State", 2 de abril de 1933, *FRUS*, 348; "Memorandum of Trans-Atlantic Telephone Conversation", Phillips/Gordon, 2 de abril de 1933, *FRUS*, 345; Heineman, 3-4, 71, 81.

56. Heineman, 4-6, 71, 81; carta, "Chargé in Germany (Gordon) to the Secretary of State", 2 de abril de 1933, *FRUS*, 348; telegrama, "M. Francois-Poncet, French Ambassador in Berlin, to M. Paul-Boncour, Foreign Minister", 1º de abril de 1933, DDF, 127-28 (trad. GZ); telegrama, "M. Francois-Poncet, French Ambassador in Berlin to M. Paul-Boncour, Foreign Minister", 7 de abril de 1933, DDF, 185 (trad. GZ).

57. Ata, Reunião de Gabinete do Governo Alemão, 31 de março de 1933, NA T-120 rolo 1712, 0792205 e ss. (trad. GZ); telegrama, "Sir H. Rumbold (Berlin) to Sir J. Simon", 1º de abril de 1933, DBFP, série 2, V: 14-15; Heineman, 81.

58. Ata, Reunião de Gabinete do Governo Alemão, 31 de março de 1933, NA T-120 rolo 1712, D792205 e ss. (trad. GZ); telegrama, "M. Francois-Poncet, French Ambassador in Berlin, to M. Paul-Boncour, Minister of Foreign Affairs", 7 de abril de 1933, DDF, 185; Heineman, 81.

59. Braatz, 487; ver telegrama, "The Secretary of State to the Chargé in Germany (Gordon)", 30 de março de 1933, *FRUS*, 337.

60. "Memorandum of Trans-Atlantic Telephone Conversation", Phillips/Gordon, 31 de março de 1933, *FRUS*, 342; ver "Memorandum of Trans-Atlantic Telephone Conversation", Phillips/Gordon, 31 de março de 1933, *FRUS*, 343.

61. Ver telegrama, "Sir H. Rumbold (Berlin) to Sir J. Simon", 1º de abril de 1933, DBFP, série 2, V: 14-15; "Memorandum of Trans-Atlantic Telephone Conversation", Phillips/Gordon, 31 de março de 1933, *FRUS*, 342: Heineman, 81.

62. "French Prepare to Boycott German Goods in Sympathy with Jewish Victims of Nazis", *NYT*, 1º de abril de 1933.

63. "Over 2,000 Attend Fur Trade Protest" e "Boycott German Goods!", *JC*, 31 de março de 1933; ver "Reich Merchants Appeal", *NYT*, 2 de abril de 1933; "Lists Big German Loss", *NYT*, 16 de abril de 1933.

64. "Toscanini Heads Protest to Hitler", "Nazis Hold 1-Day Boycott", "Little Violence in Reich" e "Reich Merchants Appeal", *NYT*, 2 de abril de 1933.

65. "Boycott of Jews in Germany", *London Times*, 31 de março de 1933.

66. "Threat to Foreign 'Campaign'", *London Times*, 1º de abril de 1933; "Nazis Lay Boycott to 'Lies' of Jews", *NYT*, 31 de março de 1933.

67. Goebbels, 239.

68. Meir Michaelis, *Mussolini and the Jews; German-Italian Relations and the Jewish Question in Italy, 1922-1945* (Oxford: Clarendon, 1978), 10-11, 14-15, 24-25, 30, 58-65.

69. Hitler, 681; Shirer, 97.

70. Michaelis, 49, 58-59; telegrama, "Sir H. Rumbold (Berlin) to Sir J. Simon", 30 de março de 1933, DBFP, série 2, V: 8.

71. Michaelis, 59; John Toland, *Adolf Hitler* (Nova York: Ballantine, 1976), 424; Elizabeth Wiskemann, *The Rome-Berlin Axis: A Study of the Relations Between Hitler and Mussolini* (Londres: Fontana Library, 1966), 44-45.

72. Telegrama, "Sir H. Rumbold (Berlin) to Sir J. Simon", 1º de abril de 1933, DBFP, série 2, V: 14-15, *ver* n. 4.

73. Wise, 248-50.

74. Telegrama, Oscar Wasserman para Cyrus Adler, 30 de março de 1933, AJCmA; ver "Boycott Warning Sent from Berlin", *NYT*, 31 de março de 1933.

75. "Boycott Warning Sent from Berlin", *NYT*, 31 de março de 1933.

76. Telegrama, "Sir H. Rumbold (Berlin) to Sir J. Simon", 1º de abril de 1933, DGFP, série 2, V: 14-15.

77. "Memorandum of Trans-Atlantic Telephone Conversation", Phillips/Gordon, 31 de março de 1933, *FRUS*, 343; ver "Memorandum of Trans-Atlantic Telephone Conversation", Phillips/Gordon, 2 de abril de 1933, *FRUS*, 345.

78. Ver carta, "The Chargé in Germany (Gordon) to the Secretary of State", 2 de abril de 1933, *FRUS*, 348; "Nazis try to Rule on Foreign Policy", *NYT*, 2 de abril de 1933: "Boycott at An End, Germany Believes", *NYT*, 3 de abril de 1933.

79. "Memorandum of Trans-Atlantic Telephone Conversation", Phillips/Gordon, 31 de março de 1933, *FRUS*, 342.

80.-82. *Ibid.*

83. Carta, "The Chargé in Germany (Gordon) to the Secretary of State", 2 de abril de 1933, *FRUS*, 347-50: ver "Boycott Spreads in Reich but Hitler Bans Violent Acts", *NYT*, 30 de março de 1933: ver carta, "Chancellor Hitler to President Hindenburg", 5 de abril de 1933, DGFP, 253-55; ver Dawidowicz, 77: ver "Nazis Cut Boycott to Day", *NYT*, 1º de abril de 1933.

84. Goebbels, 239; "Nazis Cut Boycott to Day", *NYT*, 1º de abril de 1933.

85. Goebbels, 239; "Memorandum of Trans-Atlantic Telephone Conversation", Phillips/Gordon, 31 de março de 1933, *FRUS*, 343; "Nazis Cut Boycott to Day", *NYT*, 1º de abril de 1933.

86. "Memorandum of Trans-Atlantic Telephone Conversation", Phillips/Gordon, 31 de março de 1933, *FRUS*, 343.

87. *Ibid.*: "Nazis Cut Boycott to Day", *NYT*, 1º de abril de 1933.

88. "Nazis Cut Boycott to Day", *NYT*, 1º de abril de 1933: ver carta, "The Chargé in Germany (Gordon) to the Secretary of State", 2 de abril de 1933, *FRUS*, 347-50.

89. "Nazis Cut Boycott to Day" e "Whips Crowd into Frenzy", *NYT*, 1º de abril de 1933.

90. "Whips Crowd into Frenzy", *NYT*, 1º de abril de 1933.

91. "Memorandum of Trans-Atlantic Telephone Conversation", Phillips/Gordon, 31 de março de 1933, *FRUS*, 343-44.

92. Wise, 247-50.

93. "Nazis Hold 1-Day Boycott", *NYT*, 2 de abril de 1933: "Speedy Collapse of Boycott", *JC*, 7 de abril de 1933: ver "Boycott Spreads Throughout Reich", *NYT*, 30 de março de 1933: ver "German Business Protests Boycott", *NYT*, 31 de março de 1933: ver "Facts Give Hitler the Lie", *JC*, 31 de março de 1933.

94. Ver "Boycott Spreads in Reich" e "Reich Warns Window-Breaking Hits Insurance Firms, Not Jews", *NYT*, 30 de março de 1933; "Nazis to Photograph Persons Who Try to Enter Jews' Stores", *NYT*, 31 de março de 1933: ver "Nazis and Jews",

London Times, 29 de março de 1933; ver "Nazis Cut Boycott to Day", *NYT*, 1º de abril de 1933.

95. Andre-Francois-Poncet, *The Fateful Years*, trad. Jacques LeClerq (Nova York: Harcourt, 1949), 78; ver "In Darkest Germany", *JC*, 31 de março de 1933; ver "Jewish Camp Set Saturday by Nazi Chiefs", *Washington Post*, 29 de março de 1933.

96. "Nazis Hold 1 Day Boycott", *NYT*, 2 de abril de 1933: "Jewish Lawyer Lynched", *JC*, 7 de abril de 1933.

97. Ver "Nazis Cut Boycott to Day", *NYT*, 1º de abril de 1933; "Threat to Foreign Campaign", *London Times*, 1º de abril de 1933; ver fotografia de A.P., *NYT*, 30 de março de 1933; ver "The Consul General at Berlin (Messersmith) to the Secretary of State", 31 de março de 1933, *FRUS*, 338-41; ver "Memorandum of Trans-Atlantic Telephone Conversation", Phillips/Gordon, 2 de abril de 1933, *FRUS*, 345; ver telegrama, "Sir H. Rumbold (Berlin) to Sir J. Simon", 1º de abril de 1933, DBFP, série 2, V: 16.

98. Wise, 245-47, 249-51; ver "'We Ask Only for the Right', Says Wise", *NYT*, 28 de março de 1933.

99. Fotografia, VB, 1º de abril de 1933; Goebbels, 239; ver Rosenbluth, 253.

CAPÍTULO 7

1. "Many Jews Flee Reich", *NYT*, 2 de abril de 1933.

2. "Refugee Jews Tax Paris Charity Funds", *NYT*, 3 de abril de 1933; "20 German Refugees Smuggle Themselves into Belgium", *JDB*, 6 de abril de 1933 Haaretz, 6 de abril e 9 de abril de 1933 (trad. G.G.); "German Ban Halts Tide of Refugees", *NYT*, 6 de abril de 1933; "23,000 Jewish Refugees Cross Swiss Border", *JDB*, 7 de abril de 1933; "Jewish Refugees in Holland", *JC*, 7 de abril de 1933; "10,000 Jews Flee Nazi Persecution", *NYT*, 15 de abril de 1933; "Sir John Simon Replies", *JC*, 21 de abril de 1933.

3. "10,000 Jews Flee Nazi Persecution", *NYT*, 15 de abril de 1933.

4. Salo W. Baron, *The Russian Jew Under the Tsars and Soviets* (Nova York: Macmillan, 1976), 44-46, 56-58, 182 -85; Abram Leon Sachar, *Sufferance is the Badge* (Nova York: Knopf, 1939), 229-34.

5. Theodor Herzl, *The Jewish State: An Attempt at a Modern Solution of the Jewish Question*, trad. Sylvie D'Avigdor (Londres: Escritório Central da Organização Sionista,

1936); ver Alex Bein, Theodore Herzl: *A Biography*, trad. Maurice Samuel (Filadélfia: JPSA, 1942), 114-16, 173-75.

6.-13. Herzl, 14-77.

14. Bein, 201-3, 225, 238-42, 251-54, 269-70, 319; Jessie E. Sampter, ed., *A Guide to Palestine* (Nova York: ZOA, 1920), 60; Bernard A. Rosenblatt, "The Jewish National Fund and the Jewish Colonial Trust", em Sampter, *Guide*, 64-65.

15. Ben Halpern, *The Idea of the Jewish State* (Cambridge: Harvard, 1969), 28-31, 152-153; Anna e Maxa Nordau, *Max Nordau: A Biography* (Nova York: Nordau Committee, 1943), 169-72; *ver* Bernard A. Rosenblatt e Jessie Sampter, "Factions and Tendencies in Zionism", em Sampter, ed., *Guide*, 101-7.

16. Chaim Weizmann, *Trial and Error: The Autobiography of Chaim Weizmann* (Nova York: Harper, 1949), 200-8.

17. Walter Laqueur, *A History of Zionism* (Nova York: Holt, Rinehart & Winston, 1972), 204-5, 251; ver Halpern, 31-32, 303-5, 313-15, 330; ver Susan Lee Hattis, *The Bi-National Idea in Palestine During Mandatory Times* (Haifa: Shikmona, 1970), 38-40, 83-84.

18. Ver Bein, 156-57, 238-39; ver Anna e Maxa Nordau, 182; ver Max Nordau, "Address at the Tenth Zionist Congress", 9 de agosto de 1911, em Max Nordau, *Max Nordau to his People* (Nova York: Scopus, 1941), 195-97; *ver* "Zionism", *Encyclopaedia Judaica* (Jerusalém: Keter, 1972), XVI: 1055-56.

19. Ver Max Nordau, "Le Travail Immediat" e "Hier, Aujourd'hui, Demain", *Le Peuple Juif*, 5 e 26 de novembro de 1920; ver Weizmann, 47; ver Joseph Schechtman, *Fighter and Prophet: The Vladimir Jabotinsky Story, the Last Years* (Nova York: Thomas Yoseloff, 1961), 350-51.

20. Halpern, 184-85; Schechtman, *Fighter*, 350-51; Weizmann, 47: ver Anna e Maxa Nordau, 281.

21. Joseph Schechtman, *Rebel and Statesman: The Vladimir Jabotinsky Story, the Early Years* (Nova York: Thomas Yoseloff, 1956), 350-51, 399-415: Schechtman, *Fighter*, 350-51; ver Laqueur, 341-45.

22. Recha Freier, *Let the Children Come: The Early History of Youth Aliyah* (Londres: Weidenfeld & Nicolson, 1961), 10-21.

23. George Warburg, *Six Years of Hitler: The Jews Under the Nazi Regime* (Londres: George Allen & Unwin, 1939), 129-31, 135-45; ver "East Prussia Ends Mail Delivery to Jews; Children are Forced Out of School", *JDB*, 17 de agosto de 1933: ver

"'Teaching Racial Madness" e "Too Terrible for Words", *JC*, 22 de setembro de 1933: ver "Guardian Describes Tortures Inflicted on Jewish Children in Schools in Upper Silesia", *JDB*, 10 de outubro de 1933.

24. Stephen Wise, *Challenging Years: The Autobiography of Stephen Wise* (Nova York: Putnam, 1949), 237; carta, Stephen Wise para L. D. Brandeis, 19 de setembro de 1933, BPM em AJA.

25. Carta, Dr. Franz Kahn aos Irmãos de Fé, 5 de março de 1933, CZA, S25/9703 (trad. GZ); ver carta, W. Senator para B. Locker, 19 de março de 1933, CZA S49/419 (trad. EF).

26. Martin Rosenbluth, *Go Forth and Serve: Early Years and Public Life* (Nova York: Herzl, 1961), 254-55.

27. *Ibid.*

28. *Ibid.* 256-58: *ver* Laqueur, 400.

29. Rosenbluth, 258-60.

30. *Ibid.* 259-60; *ver* "Lords Cheer Plea for Jews in Reich", *NYT*, 31 de março de 1933.

31. Rosenbluth, 260-61.

32. *Ibid.*, 261; ver telegrama, Chaim Weizmann para Israel M. Sieff, 16 de abril de 1933, em Camillo Dresner, ed., *The Letters and Papers of Chaim Weizmann*, XV, série A, Out/1930-Jun/1933 (New Brunswick, New Jersey: Transaction, 1978), Carta n. 363, pp. 402-3.

33. Carta, B. Locker para S. Wise, 4 de abril de 1933, BPM em AJA.

34. Shaul Esh, *Studies in the Holocaust and Contemporary Jewry* (Jerusalém: ICJ 1973), 54; carta, Berl Locker para Stephen Wise, 4 de abril de 1933, BPM em AJA: carta, Emanuel Neumann para S. Wise, 9 de maio de 1933, BPM em AJA.

35. Esh, 54; carta, B. Locker para S. Wise, 4 de abril de 1933, BPM em AJA; carta, E. Neumann para S. Wise, 9 de maio de 1933, BPM em AJA.

36. Telegrama, Organização Sionista e Conselho Nacional de Judeus Palestinos para a Chancelaria do Reich, 31 de março de 1933, NA T-120 rolo 4887, L318927 (trad. GZ); telegrama, Chaim Arlosoroff para a Organização Sionista, 2 de abril de 1933, CZA S25/9757, em Esh, 55, n. 33.

37. *Haaretz* e *Doar Hayom*, 2 de abril de 1933, em Esh, 55, n. 32; ver "Anti-German Boycott Will Stop if Nazi Boycott is Discontinued, says Vaad Leumi", *JDB*, 2 de abril de 1933.

38. Ver Nora Levin, *The Holocaust: The Destruction of European Jewry, 1933-1945* (Nova York: Thomas Y. Crowell, 1968), 82; ver "Unfinished Business Prolongs Sessions of Zionist Congress", *JDB*, 31 de agosto de 1933.

39. Halpern, 179-80; ver protocolo, Sessão Extraordinária da *JA*, 14 de abril de 1933, CZA S25/794 (trad. GB); ver protocolo, Sessão Extraordinária da *JA*, 16 de abril de 1933; CZA S25/794 (trad. do autor, pp. 3-4); ver carta, E. Neumann para S. Wise, 9 de maio de 1933, BPM em AJA.

CAPÍTULO 8

1. Carta, Werner Senator para Berl Locker, 19 de março de 1933, CZA S49/381 (trad. GZ).

2. Carta, W. Senator para B. Locker, 19 de março de 1933, CZA S49/381 (trad. GZ); ver carta, G. Landauer para W. Senator, 3 de março de 1933, CZA S49/381; ver "Nazis Bands Stir Up Strife in Germany", *NYT*, 9 de março de 1933; ver Shaul Esh, *Studies in the Holocaust and Contemporary Jewry* (Jerusalém: ICJ, 1973), 38, n. 26; ver Karl A. Schleunes, *The Twisted Road to Auschwitz: Nazi Policy Toward German Jews, 1933-1939* (Urbana: Universidade de Illinois, 1970), 195.

3.-6. Carta, Senator para Locker, 19 de março de 1933, CZA S49/381 (trad. GZ).

7. Arthur Schweitzer, *Big Business in the Third Reich* (Bloomington: Universidade da Indiana, 1964), 413-17; ver Gustav Stolper, *German Economy 1870-1940: Issues and Trends* (Nova York: Reynal & Hitchcock, 1940), 191-92.

8. Protocolo, Sessão Executiva da Agência Judaica, 9 de abril de 1933, CZA 825/794 (trad. GB).

9. Entrevista com Esther Aharony por Gali Gur, 31 de janeiro de 1981; entrevista com David Cohen por Gali Gur, 26 de março de 1981.

10. Cópia autêntica, Diretor da Polícia Kaiser-Alemã em Varsóvia, 17 de novembro de 1915, CZA K11/180-1 (trad. DD).

11. Carta, Dr. Jacob Thon para Sr. Sam Cohen, 23 de novembro de 1933, CZA K11/180-1 (trad. DD).

12. Entrevista com Dr. Nahum Goldmann, *Haaretz*, 16 de maio de 1927; entrevista com David Cohen por Gali Gur, 26 de março de 1981.

13. Entrevista com Esther Aharony; entrevista com Ovid Ben Ami por Gali Gur, 25 de janeiro de 1981.

14. Carta, G. Landauer para Sam Cohen, 31 de março de 1932 (datado incorretamente), CZA K11/180-1 (trad. DD); entrevista com Esther Aharony; ver Ernst Marcus, "The German Foreign Office and the Palestine Question in the Period 1933--1939", em Shaul Esh, ed., *Yad Vashem Studies in the European Jewish Catastrophe and Resistance*, II (Jerusalém: Yad Vashem, 1958): 182; ver carta, Landauer para Jacobsohn, 9 de junho de 1933, CZA S7/92 (trad. DD/GZ); ver carta, Sam Cohen para Dr. Eberl, 1º de agosto de 1933, NA T-120 rolo 4954, L369093/5.

15. Esh, *Studies in the Holocaust*, 45-46; Marcus, 181-83; ver carta, Landauer para Jacobsohn, 9 de junho de 1933, CZA S7/92.

16. Ver carta, Landauer para Cohen, 31 de março de 1932 (datado incorretamente), CZA K-11/180-1; ver cabograma, S. Brodetsky para Arlosoroff, 13 de abril de 1933, CZA S25/9706; carta, Landauer para Brodetsky, sem data (15-18 de abril de 1933), CZA S25/9706; ver ata, Sessão Executiva da JA, 9 de abril de 1933, CZA S25/794 (trad. GB); ver memorando, G. Landauer, 12 de maio de 1933, CZA S25/9707 (trad. EF); ver relatório "Some Theses to the Question of the Liquidation Bank", Chaim Arlosoroff, 19 de maio de 1933, CZA S25/9706 (trad. DD); ver carta, H. Fleiss para Arlosoroff, 10 de junho de 1933, CZA S25/9706 (trad. DD).

17.-18. Esh, *Studies in the Holocaust*, 45-46; ver Marcus, 181-82.

19. Esh, *Studies in the Holocaust*, 46.

20. Carta, G. Landauer para S. Cohen, 31 de março de 1932 (datado incorretamente), CZA K-11/180-1 (trad. DD).

21. Ver carta, M. Achi-Felix (Martin Rosenbluth) para Arlosoroff, 6 de abril de 1933, CZA S25/794 (trad. DD); carta para "Lieber Franz", sem assinatura, 4 de abril de 1933, CZA S25/794; carta, sem assinatura (Arlosoroff) para Chaim Weizmann, 4 de abril de 1933, CZA S25/794; carta, sem assinatura (Berl Locker) para Franz Kahn, 5 de abril de 1933, CZA S25/794; carta, G. Landauer para Prof. Brodetsky, sem data (abril de 1933), CZA S25/9706; cartas, sem assinaturas (Martin Rosenbluth) para G. Landauer, 19 de maio e 7 de junho de 1933, CZA L-13/138/II.

22. Cabograma, Brodetsky para Arlosoroff, 13 de abril de 1933, CZA S25/9706 (trad. GB).

23. Cabograma 613, Agência Judaica para Zionistburo, Londres, 4 de abril de 1933, CZA S25/9809 (trad. GB).

24. Carta, Departamento Central, Ministério das Relações Exteriores Britânico, para Chancelaria, Embaixada Britânica, Berlim, 27 de abril de 1933, PRO-FO 371/16721-1556; carta, A.C.C. Parkinson, Colonial Office, para Prof. Brodetsky, 8 de abril de 1933, PRO-FO 371/16721-1556.

25. Cartas, Departamento Central para Chancelaria, 17 de abril de 1933, e Parkinson para Prof. Brodetsky, 8 de abril de 1933, PRO-FO 371/16721-1556; Schweitzer, 192-93; Schleunes, 139.

26. Werner Feilchenfeld, Dolf Michaelis e Ludwig Pinner, *Haavara-Transfer Nach Palestina Und Einwanderung Deutscher Juden, 1933-1939* (Tubingen: Mohr Verlag, 1972), 21.

27. Cartas, Departamento Central para Chancelaria, 17 de abril de 1933, e Parkinson para Brodetsky, 8 de abril de 1933, PRO-FO 371/16721-1556.

28. *Ibid.*; carta, A.C.C. Parkinson para Brodetsky, 15 de abril de 1933, e nota, R.M.A. Hantke, 18 de abril de 1933, PRO-FO 371/16721-1556.

29. Carta, Brodetsky para Parkinson, 13 de abril de 1933, PRO-FO 371/16721-1556.

30. Carta, Parkinson para Brodetsky, 15 de abril de 1933, e nota, R.M.A. Hankey, 18 de abril, e J. C. Stendale-Bennett, 22 de abril de 1933, PRO-FO 371/16721/1556.

31. Cabograma, Brodetsky para Arlosoroff, 13 de abril de 1933, CZA S25/9706; carta, Landauer para Brodetsky, sem data (abril de 1933), CZA S25/9706; ver cabograma 613, Agência Judaica para Zionistburo, 4 de abril de 1933, CZA S25/9809; ver protocolo, Sessão Executiva da JA, 9 de abril de 1933, CZA S25/794 (trad. GB); ver também memorando, Chaim Arlosoroff, 19 de maio de 1933, CZA S25/9706 (trad. DD).

32. Carta, Landauer para Brodetsky, sem data (abril de 1933), CZA S25/9706 (trad. GZ).

33. Ver Dr. Werner Feilchenfeld, *Five Years of Jewish Immigration from Germany and Haavara-Transfer, 1933-1938* (Tel Aviv: Trust & Transfer Office "Haavara" Ltd., 1938), 5-10.

CAPÍTULO 9

1. Relatório, Berl Locker, 10 de abril de 1933, CZA S25/9809 (trad. EF); carta, B. Locker para Arlosoroff, 8 de abril de 1933, CZA S25/794.

2. Carta, B. Locker para Arlosoroff, 8 de abril de 1933, CZA S25/794; relatório, B. Locker, 10 de abril de 1933, CZA S25/9809.

3. "Drive Opened Here to Aid Reich Jews" e "Canadians Protest", *NYT*, 3 de abril de 1933.

4. Ver Mark Wischnitzer, *To Dwell in Safety: The Story of Jewish Migration Since 1800* (Filadélfia: JPSA, 1949), 122, 141-42, 145-46; Herbert Agar, *The Saving Remnant: An Account of Jewish Survival Since 1914* (Londres: Rupert Hart-Davis, 1960), 25, 30, 51-54, 64-69; "10,000 Jews Flee Nazi Persecution", *NYT*, 15 de abril de 1933.

5. Ver relatório, B. Locker, 10 de abril de 1933, CZA S25/9809; carta, M. Achi-Felix (Martin Rosenbluth) para Arlosoroff, 6 de abril de 1933, e Locker para Arlosoroff, 8 de abril de 1933, CZA S25/794; ver protocolo, Sessões Executivas da JA em 9, 14 e 23 de abril de 1933, CZA S25/794.

6. Ver "We Must Enlarge the Yishub", *New Palestine*, 20 de janeiro de 1933; ver "Dinner to Straus to Open Nova York Drive", *New Palestine*, 3 de março de 1933; ver *Great Britain Colonial Office, Palestine and Trans-Jordan for the Year 1932* (Londres: HMSO, 1933), 21; ver carta, E. Neumann para R. Szold, 27 de abril de 1933, e anexo "Exhibit C", BPM em AJA.

7. Protocolo do 19º Congresso Sionista, p. 78, citado em Yoab Gelber, *Hamediniut Hazionit Veheskem Ha-Haavara, 1933-1935* (Tadpis Mitoch: "Yalkut Moreschet", Hoveret 17), 99.

8. Ver "Sharp Jewish Labor Shortage in Palestine, Histadruth Appeals for New Chalutzim", *JDB*, 24 de fevereiro de 1933; ver "Jewish Labor Shortage in Palestine", *New Palestine*, 3 de março de 1933; "Pupils of Jewish Schools and Colleges Mobilized to Relieve Labor Shortage in Palestine", *JDB*, 9 de março de 1933.

9. Carta, B. Locker para Chaim Weizmann, 4 de abril de 1933, CZA S25/794.

10. Carta, W. Senator para Bernard Kahn, 6 de abril de 1933, CZA S49/381 (trad. EF).

11. *Ibid.*: ver Esco Foundation for Palestine, Inc., *Palestine: A Study of Jewish, Arab and British Policies* (New Haven: Yale, 1947), I: 316-19; ver *Great Britain Colonial Office, Palestine and Trans-Jordan for the Year 1930* (Londres: HMSO, 1931), 35-36, 41; ver *Great Britain Colonial Office, Palestine and Trans-Jordan for the Year 1931* (Londres: HMSO, 1932), 17-18, 23; ver *Great Britain Colonial Office, Palestine and Trans-Jordan for the Year 1932* (Londres: HMSO, 1933), 21, 26, 28.

12. Carta, Senator para Kahn, 6 de abril de 1933, CZA S49/381 (trad. EF).

13. Protocolo, Sessão Executiva da JA, 9 de abril de 1933, CZA S25/794 (trans. aut. 12; trad. GB).

14.-16. *Ibid.* (trans. aut. 3-12).

17. *Ibid.* (trans. aut. 11-14); ver protocolo, Sessão Executiva da JA, 16 de abril de 1933, CZA S25/794 (trans. aut. 6).

18.-19. Protocolo, Sessão Executiva da JA, 9 de abril de 1933, CZA S25/794 (*ver* trans. aut. 1-2).

20. Walter Laqueur, *A History of Zionism* (Nova York: Holt, Rinehart & Winston, 1972), 476-77; ver Golda Meir, *My Life* (Nova York: Dell, 1975), 138-39; ver Chaim Weizmann, *Trial and Error: The Autobiography of Chaim Weizmann* (Nova York: Harper, 1949), 300.

21. Protocolo, Sessão Executiva da JA, 9 de abril de 1933, CZA S25/794 (trans. aut. 4-5).

22.-25. *Ibid.* (trans. aut. 4-15).

26. *Ibid.* (trans. aut. 16); ver carta, Neumann para Szold, 27 de abril de 1933, BPM em AJA.

27. Extrato de atas de reunião da Executiva da JA, 23 de março de 1933, BPM em AJA; cartas, Maurice Hexter para Julius Simon e Nahum Sokolow, 24 de março de 1933, BPM em AJA.

28. Ver "Daily Report of the Activities of Emanuel Neumann, March 11 to March 17, 1933" e "Daily Activities of Emanuel Neumann, March 19 to March 28, 1933", BPM em AJA.

CAPÍTULO 10

1. Ver carta, Arlosoroff para Membros da Executiva, 7 de abril de 1933, BPM em AJHS; carta, E. Neumann para R. Szold, 27 de abril de 1933, BPM em AJA, 1-4; ver "Mizarchi Asks Removal of Dr. Arlosoroff Over Transjordan Negotiations", *JDB*, 27 de abril de 1933.

2. Carta, Neumann para Szold, 27 de abril de 1933, BPM em AJA; "Transjordan Chiefs Entertained", *London JC*, 21 de abril de 1933; "Dr. Weizmann and the Sheikhs", *Palestine Post*, 10 de abril de 1933.

3. "Dr. Weizmann and the Sheikhs", *Palestine Post*, 10 de abril de 1933.

4. Susan Lee Hattis, *The Bi-National Idea in Palestine During Mandatory Times* (Haifa: Shikmona, 1970), 19-21, 24-30, 43-45, 59-60, 64-67, 86-92, 115-16; ver Jacob Boas, "The Jews of Germany: Self-Perceptions in the Nazi Era As Reflected in the German Jewish Press, 1933-1938" (tese de doutorado não publicada, história, Universidade da Califórnia, Riverside, 1977), 13-14.

5. Hattis, 84-86, 95-96, 101-2: Walter Laqueur, *A History of Zionism* (Nova York: Holt, Rinehart & Winston, 1972), 258-59.

6. Carta, Neumann para Szold, 27 de abril de 1933, BPM em AJA.

7. Carta, B. Locker para Arlosoroff, 8 de abril de 1933, CZA S25/794.

8. Carta, "M. Achi-Felix" (Martin Rosenbluth) para Arlosoroff, 6 de abril de 1933, CZA S-25/794 (trad. DD).

9. Lucy S. Dawidowicz, *The War Against the Jews, 1933-1945* (Toronto: Bantam, 1976), 77-78; ver Dr. Joseph Goebbels, *My Part in Germany's Fight*, trad. Dr. Kurt Fiedler (Londres: Hurst & Blackett, 1935), 236-37; ver carta, "M. Francois-Poncet, French Ambassador to Germany, to M. Paul-Boncour, Foreign Minister", 5 de abril de 1933, DDF 1932-1939, série 1, III (Paris: Imprimerie Nationale, 1967), 155; ver ata, reunião de gabinete do governo alemão, 31 de março de 1933, NA T-120 rolo 1712, D792205 e ss.; ver também Raul Hilberg, *The Destruction of the European Jews* (Nova York: Harper Colophon, 1979), 21; ver relatório, Chaim Arlosoroff, 19 de maio de 1933, CZA S25/9706; ver carta, Jacob Billikopf para Herbert Lehman, 1º de setembro de 1933, BPM em AJA, 9-10.

10. "Nazis See Victory in their Boycott", *NYT*, 4 de abril de 1933; "German Ban Halts Tide of Refugees", *NYT*, 06 de abril de 1933; "20 German Refugees Smuggle Themselves into Belgium", *JDB*, 6 de abril de 1933; telegrafia sem fio para *NYT*, 7 de abril de 1933; "Boycott of Jews in Germany", *London Times*, 31 de março de 1933.

11. Protocolo, Sessão Executiva da JA, 14 de abril de 1933, CZA 5-25/794 (trad. GB).

12. Carta, Weizmann para Israel M. Sieff, 23 de abril de 1933, n. 2, em Camillo Dresner, ed., *The Letters and Papers of Chaim Weizmann* (New Brunswick, New Jersey: Transaction, 1978), XV, série A, Out/1930-Jun/1933, carta n. 364, p. 403; ver protocolo, Sessão Executiva da JA, 23 de abril de 1933, CZA S25/794 (trad. GB; trans. aut. 3).

13. Elias M. Epstein, "The Redemption of the Land", in Jessie Sampter, ed., *Modern Palestine: A Symposium* (Nova York: Hadassah, 1933), 91-92; ver *Great Britain Colonial Office, Palestine and Transjordan for the Year 1933* (Londres: HMSO, 1934), 27.

14. Carta, Weizmann para Sieff, 23 de abril de 1933, em Dresner, Carta n. 364, p. 403, n. 2; protocolo, Sessão Executiva da JA, 23 de abril de 1933, CZA S25/794.

15. Protocolo, Sessão Executiva da JA, 14 de abril de 1933, CZA S25/794 (trad. GB; trans. aut. 2).

16.-17. *Ibid.* (trans. aut. 2-4).

18. Protocolo, Sessão Executiva da JA, 16 de abril de 1933, CZA S25/794 (trans. aut. 3-4); ver protocolo, Sessão Executiva da JA, 23 de abril de 1933, CZA S25/794; ver carta, Neumann para Szold, 27 de abril de 1933, BPM em AJA, 1.

19. Protocolo, Sessão Executiva da JA, 16 de abril de 1933, CZA S25/794 (trans. aut. 3-4).

20.-21. *Ibid.* (trans. aut. 4-8).

22. *Ibid.* (trans. aut. 8); ver cabograma 620, JA para Zionistburo, 18 de abril de 1933 (datado incorretamente), CZA S25/9809; *ver* cabograma 620, Arlosoroff para Zionistburo, sem data, CZA S25/9809: ver carta, Neumann para Szold, 27 de abril de 1933, BPM em AJA, 1.

23. Carta, Neuman para Szold, 27 de abril de 1933, BPM em AJA, 1-2; ver carta, Weizmann para Sieff, 23 de abril de 1933, em Dresner, carta n. 364, p. 403, ver n. 2.

24. Carta, Neumann para Szold, 27 de abril de 1933, BPM em AJA.

25. Ver protocolo, Sessão Executiva da JA, 19 de abril de 1933, primeira sessão (trans. aut. 5), e protocolo, Sessão Executiva da JA, 25 de abril de 1933, CZA S25/794.

26. Cabograma 622, Arlosoroff para Zionistburo, Londres, CZA S25/9809.

27. Protocolo, Sessão Executiva da JA, 19 de abril de 1933, segunda sessão, CZA S25/794.

28. Protocolo, Sessão Executiva da JA, 23 de abril de 1933, CZA S25/794 (trans. aut. 6).

29. Ver Hilberg, 19-20, ver 19, n. 5; ver Dawidowicz, 71-72, 77-78.

30. Ver protocolo, Sessão Executiva da JA, 23 de abril de 1933 (trans. aut. 1) e protocolo, Sessão Executiva da JA, 9 de abril de 1933 (trans. aut. pp. 1-2), CZA S25/794.

31. Protocolo, Sessão Executiva da JA, 23 de abril de 1933, CZA S25/794 (trans. aut. 1-6, 12).

32.-34. *Ibid.* (trans. aut. 1-14).

35. Carta, Arlosoroff para Consul Wolff, 23 de abril de 1933, CZA S25/9809, em Yoab Gelber, *Hamediniut Hazionit Veheshem Ha-Haavara, 1933-1935* (Tadpis Mitoch: "Yalkut Moreshet"), Hoveret 17, 107 (trans. aut. 12-13); carta, Wolff para Mr. Pruefer, 24 de abril de 1933, CZA A-44/14 (trad. GZ).

36. Protocolo, Sessão Executiva da JA, 25 de abril de 1933, CZA S25/794 (trans. aut. 1-3).

37.-38. *Ibid.* (trans. aut. 2-4).

39. Ver relatório, Consul Wolff, 24 de abril de 1933, NA T-120 rolo 4954, L368911 (trad. GZ).

40. *Ibid.*; ver relatório, Alexander Sloan, Consulado Americano, Jerusalém, "Proposed Settlement of Arab Villagers on Household Plots Provided by Jewish Auspices", 1º de maio de 1933, NA 867N.00/174.

41.-42. Relatório, Wolff, 25 de abril de 1933, NA T-120 rolo 4954, L368911 (trad. GZ).

43. Gelber, 108 (trans. aut. 13): Shaul Esh, *Studies in the Holocaust and Contemporary Jewry* (Jerusalém: ICJ, 1973), 42 (trans. aut. 8).

CAPÍTULO 11

1. "Paris Boycott is Started" e "Jews in Istanbul Urge Boycott", *NYT*, 2 de abril de 1933.

2. "Canadians Protest" e "Refugee Jews Tax Paris Charity Funds", *NYT*, 3 de abril de 1933.

3. "Clash at Jewish Protest in Greece", *NYT*, 5 de abril de 1933; "Jews in Panama Boycott Germany" e "French Jews Press Boycott till Reich Ends Discrimination", *NYT*, 4 de abril de 1933.

4. "Foreign Reactions: Hitler Brings the World About His Ears"; *JC*, 7 de abril de 1933.

5. "15,000 Reds Cheer Attacks on Hitler", *NYT*, 6 de abril de 1933.

6. "Berlin Asks Curb on Silesia Terror", *NYT*, 7 de abril de 1933; "Attack German Buildings", *NYT*, 10 de abril de 1933; "Poles Burn German Papers", *NYT*, 12 de abril de 1933; relatório político, "The Minister in Poland to the Foreign Ministry", 19 de abril de 1933, e memorando adjunto, 12 de abril de 1933, DGFP 1918-1945 (Londres: HMSO, 1957), série C, I: 306-310.

7. "2 British Cities Ban Anti-German Signs", *NYT*, 10 de abril de 1933; "London Lifts Ban on Anti-German Posters; Cabinet Permits Jewish Boycott of Goods", *NYT*, 11 de abril de 1933.

8. "Lists Big German Losses", *NYT*, 16 de abril de 1933.

9. "Rumanian Jews Boycott Germans", *NYT*, 14 de abril de 1933.

10. "Antwerp Jews Boycott Germany", *NYT*, 18 de abril de 1933.

11. "Croatian Nationalists Start Boycott Against Boycotters", *JDB*, 20 de abril de 1933.

12. Ver "Nazis Begin to Dodge Anti-Semitic Boomerang", *NYT*, 2 de abril de 1933; *Haaretz*, 6 de abril de 1933 (trad. GG); "Hitler's Boomerang Policy", *JC*, 7 de abril de 1933.

13. *Haaretz*, 6 de abril de 1933 (trad. GG).

14. "Centre of Interest at Basle", *NYT*, 10 de abril de 1933; ver "Extract from the Minutes of the Conference of Ministers", 7 de abril de 1933, DGFP, 261-262.

15. "Hitler Policy Hits German Business", *NYT*, 10 de abril de 1933.

16. "More Moderation is Shown by Nazis", *NYT*, 12 de abril de 1933; ver carta, "Chancellor Hitler to President Hindenburg", 5 de abril de 1933, DGFP, 53-55; "Hitler to Clarify Policy on Jews", *NYT*, 19 de abril de 1933.

17. "The Groups Deny German Export Rise", *NYT*, 24 de abril de 1933.

18. F. Thelwell, "Memorandum on the German Situation, April 1933", 26 de abril de 1933, PRO-FO 371/16695-1527.

19. Carta, sem assinatura (B. Locker) para Franz Kahn, 5 de abril de 1933, CZA S25/794 (trad. DD).

20. Carta, B. Locker para a Executiva da Agência Judaica, 4 de abril de 1933, Arquivo Weizmann; ver carta, Locker para Weizmann, 4 de abril de 1933, WA (trad. NS).

21.-23. Carta, "Lionel" para Cyrus Adler, 3 de abril de 1933, AJCmA.

24. Telegrama, Cyrus Adler e Alfred Cohen para o Secretário de Estado Cordell Hull, 6 de abril de 1933, AJCmA.

25. *Ibid.*; telegrama, Cordell Hull, Secretário de Estado, para Cyrus Adler, 7 de abril de 1933, AJCmA.

26. "Drive Opened Here to Aid Reich Jews", *NYT*, 3 de abril de 1933.

27. Carta, G. Fredman para Cyrus Adler, 14 de abril de 1933, AJCmA; carta, Cyrus Adler para J. George Fredman, 19 de abril de 1933, AJCmA.

28. Editorial, *Der Tog*, 29 de abril de 1933, citado em "Jewish 'Day' Scores Anti--Parade Stand", *JDB*, 1º de maio de 1933.

CAPÍTULO 12

1. Ver Werner E. Braatz, "German Commercial Interests in Palestine; Zionism and the Boycott of German Goods, 1933-1934", *European Studies Review* (SAGE, Londres e Beverly Hills), IX: 490-491; ver carta, John Wanamaker Co., 21 de abril de 1933; carta, Finlândia, 17 de abril de 1933; carta, Associação dos Comerciantes de Couro de Bruxelas, 3 de abril de 1933; folheto de boicote, enviado pelo representante alemão no Egito, sem data; relatórios do Norte da África, Londres, Dinamarca, Romênia, Noruega, Irlanda e Estados Unidos, todos transmitidos pelo Ministério das Relações Exteriores da Alemanha a outras agências, todos em NA, T-120 rolo 4956, L370262/371913 (trad. GZ).

2. Carta, Câmara de Comércio, Muenster, 19 de abril de 1933, e carta, Câmara de Comércio, Offenbach, 9 de maio de 1933, NA T-120 rolo 4956, L370262, e ss. (trad. GZ).

3. Telegrama, "The Consul-General at Danzig to the Foreign Minister", 7 de maio de 1933, DGFP 1918-1945 (Londres: HMSO, 1957), série C, I: 111-12; ver n. 2; ver telegrama, "The Deputy Director of Department IV to the Consulate General at Danzig", DGFP, 130; ver "In Europe's new Tenseness the 'Corridor' Looms Large", *NYT*, 19 de março de 1933.

4.-9. "Extract from the Minutes of the Conference of Ministers", 27 de abril de 1933, DGFP, 250-62.

10. Memorandum by Moltke, 12 de abril de 1933, em "The Minister in Poland to the Foreign Ministry", 19 de abril de 1933, DGFP, 307-10.

11. Telegrama, "The Ambassador in Italy to the Foreign Ministry", 22 de abril de 1933, DGFP, 325; ver n. 1.

12-13. Relatório político, "The Minister in Poland to the Foreign Ministry", DGFP, 328-33.

14.-16. Telegrama, "The Minister in Czechoslovakia to the Foreign Ministry", 25 de abril de 1933, DGFP, 343; ver n. 2.

CAPÍTULO 13

1. "Boycott Chiefs View", *NYT*, 4 de abril de 1933.

2. "Sweep of Officials is Decreed in Reich", *NYT*, 13 de abril de 1933: ver carta, "The Chargé in Germany (Gordon) to the Secretary of State", *FRUS*, 1933, (Washington, D.C.: Imprensa Oficial do Governo dos Estados Unidos, 1949), II: 347-350.

3. "Demand New Move to Aid Reich Jews", *NYT*, 20 de abril de 1933; "Anti-Nazi Protest March Through New York Voted by American Jewish Congress", *JDB*, 21 de abril de 1933.

4. Ver carta, Wise para Ruth Mack Brunswick, 6 de abril de 1933, em Carl Hermann Voss, ed., *Stephen S. Wise: Servant of the People* (Filadélfia: JPSA, 1969), 183; carta, J. H. Holmes para Wise, 20 de abril de 1933, BPM em AJA; ver cabograma, Wise para Mr. Deutsch, em ata, AJCAdCom., 17 de agosto de 1933, AJHS, 1-2; "Dr. Wise's Report on his Activities in Europe", em ata, AJCAd, AJHS, 13; ver comunicado de imprensa, AJC, 25 de setembro de 1933, BPM em AJA, 4-5.

5. "Anti-Nazi Protest March Through New York Voted", *JDB*, 21 de abril de 1933.

6. *Ibid.*; "Demand New Move to Aid Reich Jews", *NYT*, 21 de abril de 1933; "Protest Parade on Nazi Book Burning Day to Be Largest Ever Staged Here", *JDB*, 5 de maio de 1933.

7. "Call 2,000,000 Jews to March in Protest", *NYT*, 21 de abril de 1933; "Protest Parade on Nazi Book Burning to be Largest Ever Staged Here", *JDB*, 5 de maio de 1933; "Colby to be Speaker at Hitler Protest", *NYT*, 9 de maio de 1933; "Jews of World Join in Great Demonstration Against Hitler Persecutions", *JDB*, 12 de maio de 1933.

8. "Frown on Parades as Hitler Protest", *NYT*, 28 de abril de 1933.

9. "A Universal Verdict", *NYT*, 29 de abril de 1933.

10. "250,000 to Protest", *NYT*, 4 de maio de 1933.

11.-12. "Schacht Aroused by Dispatch to The Times; Challenges Account of Nazi Rally Plans", *NYT*, 5 de maio de 1933.

13. Telegrama, "The President of the Reichsbank to the Foreign Ministry", 6 de maio de 1933, DGFP, 1918-1945 (Londres, HMSO, 1957), série C. I: 390-391: Hjalmar Horace Greely Schacht, *Confessions of "The Old Wizard": The Autobiography of Hjalmar Horace Greeley Schacht*, trad. Diana Pyke (Boston: Houghton Mifflin, 1956), 282.

14. Telegrama, "The President of the Reichsbank to the Foreign Ministry", 6 de maio de 1933, DGFP, 392; Schacht, 282.

15.-16. Telegrama, "The President of the Reichsbank to the Foreign Ministry", 6 de maio de 1933, DGFP, 390-93.

17. "German Dye Trust Hit by Reprisals" e "Untermyer Urges German Boycott", *NYT*, 8 de maio de 1933; ver "Extract from the Minutes of the Conference of Ministers", 7 de abril de 1933, DGFP, 262.

18. "Jews Invite Schacht", *NYT*, 8 de maio de 1933.

19. Ver carta, Wise para Albert Einstein, 9 de maio de 1933, em Voss, 188.

20. "Boycott of Reich Verified in Munich", *NYT*, 9 de maio de 1933,

21. Schacht, 283; Cordell Hull, *The Memoirs of Cordell Hull* (Nova York: Macmillan, 1948), I: 237.

22. Hull, 236-38.

23. William E. Dodd, Jr. e Martha Dodd, *Ambassador Dodd's Diary, 1933-1938* (Nova York: Harcourt, Brace, 1941), 4-5: Schacht, 283-84: Hull, 237-38.

24. Hull, 237-38; Schacht, 283-84.

25. Hull, 238.

26. Carta, Wise para Einstein, 9 de maio de 1933, em Voss, 187.

27. "Schacht Will Measure Cost of Anti-Semitism", *NYT*, 7 de maio de 1933.

28. "Untermyer Urges German Boycott", *NYT*, 8 de maio de 1933.

29. "100,000 March Here in 6-Hour Protest Over Nazi Policies", *NYT*, 11 de maio de 1933; "Jews of World Join in Great Demonstration Against Hitler Persecutions in Germany", *JDB*, 12 de maio de 1933; ver fotografia, "Anti-Nazi Demonstration Organized by the American Jewish Congress in New York, 10 de maio de 1933" em "United States", *Encyclopaedia Judaica* (Jerusalém: Keter, 1972), XV: 1629-30.

30. "100,000 March Here", *NYT*, 11 de maio de 1933; "Jews of World Join in Great Demonstration", *JDB*, 12 de maio de 1933.

31. "100,000 March Here", *NYT*, 11 de maio de 1933; "Jews of World Join in Great Demonstration", *JDB*, 12 de maio de 1933; ver Justine Wise Polier e James Waterman Wise, ed., *The Personal Letters of Stephen Wise* (Boston: Beacon, 1965), 9-10.

32. "100,000 March Here", *NYT*, 11 de maio de 1933; "Jews of World Join in Great Demonstration", *JDB*, 12 de maio de 1933; "50,000 Jews Unite in Chicago Protest", *NYT*, 11 de maio de 1933; ver "Paris Joins Protest", "Protest Goebbels Appointment" e "20,000 in Philadelphia Parade", *JDB*, 12 de maio de 1933.

33. Schacht, 284-85: ver telegrama, "The President of the Reichsbank to the Foreign Ministry", 15 de maio de 1933, DGFP, 423; ver carta, Wise para Einstein, 9 de maio de 1933, em Voss, 188: ver memorando confidencial, L.D.B. (Brandeis) para S.S.W (Wise), 11 de maio de 1933, BPM em AJA.

34. "Private and Confidential Bulletin", J.T.A., sem data, BPM em AJA; ver carta/diário, James G. McDonald para a Associação Policial Estrangeira, 3 de abril de 1933, BPM em AJA, 2-4; ver cartas, Wise para George Alexander Kohut, 26 de abril de 1933, e Wise para Einstein, 9 de maio de 1933, em Voss, 186-87; memorando confidencial, L.D.B. (Brandeis) para S.S.W. (Wise), 11 de maio de 1933, BPM em AJA; carta, Wise para L.D.B. (Brandeis), 12 de maio de 1933, BPM em AJA; ver carta, Joe Comming para Wise, 10 de maio de 1933, BPM em AJA; ver Naomi W. Cohen, *Not Free to Desist: The American Jewish Committee, 1906-1966* (Filadélfia: JPSA, 1972), 162: Schacht 284-85.

35. Schacht, 285; ver telegrama, "The President of the Reichsbank to the Foreign Ministry", 15 de maio de 1933, DGFP, 423.

36. Telegrama, "The President of the Reichsbank to the Foreign Ministry", 15 de maio de 1933, DGFP, 423-24; ver Schacht, 284.

37. Telegrama, "The President of the Reichsbank to the Foreign Ministry", 15 de maio de 1933, DGFP, 413-14.

CAPÍTULO 14

1. Isaiah Friedman, *Germany, Turkey and Zionism, 1897-1918* (Oxford: Clarendon, 1977), 3-6, 59-66, 73-90; H. G. Adler, *The Jews in Germany from the Enlightenment to National Socialism* (Notre Dame: University of Notre Dame Press, 1969), 104.

2. Friedman, 80, 197-201, 211-27, 339-41; ver *Great Britain Arab Office, The Future of Palestine* (Genebra, Suíça: "Imprimerie Centrale", 1947), 96-104.

3. Dickram Boyajian, *Armenia: TM Case for a Forgotten Genocide* (Westwood, New Jersey: Educational Book Crafters, 1972), 15, 145, ver 192-36.

4. Friedman, 400-2, 406; Francis R. J. Nocosia, "Germany and the Palestine Question, 1933-1939" (tese de doutorado não publicada, história, McGill, 1977), 23-27, 47-48, ver apêndice 8, p. 356.

5. "Is Palestine in Need of German Goods?" *Haaretz*, 16 de agosto de 1933, em relatório, Consulado Geral Americano em Jerusalém, 30 de agosto de 1933, NA

ADT-667N.6212/6; ver carta, Wolff para RFM, 3 de julho de 1933, NA T-120 rolo 4954, L368972/77; ver "Palestine as a German Export Market", *JR*, 25 de julho de 1933 (trad. GZ); ver Nicosia, 30-32, ver apêndices 6 e 7, pp. 354-55.

6. *Doar Hayom*, 27 de março de 1933, em Werner E. Braatz, "German Commercial Interests in Palestine: Zionism and the Boycott of German Goods, 1933-1934", *European Studies Review* (SAGE, Londres e Beverly Hills), IX (1979): 494-85.

7. *Haaretz*, 3 de abril de 1933 (trad. GG); ver ata confidencial, Comitê Econômico Americano pelo Comitê Executivo Palestino, 15 de maio de 1933, BPM em AJA; ver editorial, *Kol Israel*, 18 de maio de 1933, NA T-120 rolo 4028, L015469/72; ver cartas, Wolff para RFM, 28 e 30 de março, e telegrama, 31 de março, NA T-230 rolo 4028, L015398/406 (trad. GZ); ver relatório, "Jewish Boycott of German Goods and Opportunities for American Exporters", Consulado Geral Americano em Jerusalém para o Secretário de Estado, 7 de julho de 1933, NA ADT 667N.6212/2.

8. Joseph Schechtman, *Fighter and Prophet: The Vladimir Jabotinsky Story, The Last Years* (Nova York: Thomas Yoseloff, 1962), 139-40, 158-59, 164-72; *ver* 214-16; ver Walter Laqueur, *A History of Zionism* (Nova York: Holt, Rinehart & Winston, 1972), 343-59.

9. Hazit Haam, 22 de abril de 1933, em JABA (trad. GG); ver relatório, "Boycott of German Goods Expanding", Consulado Geral Americano em Jerusalém para o Secretário de Estado, 5 de abril de 1933, NA ADT 667N.6212/1; ver relatório, "Continued Boycott of German Goods", Consulado Geral Americano em Jerusalém para o Secretário de Estado, 26 de agosto de 1933, NA ADT 667N. 6212/7.

10. Carta, Wolff para RFM, 8 de maio de 1933, NA T-120 roll 4887, L319007/013 (trad. GZ); ver Braatz, 490-92.

11. Carta, Chancelaria, Embaixada Britânica, Berlim, para o Departamento Central, Ministério das Relações Exteriores, 6 de maio de 1933, PRO-FO 371/16723-1556; "Difficulties for Palestine Emigrants Made Despite Nazi Promise to Britain", *JDB*, 5 de maio de 1933.

12. Ver carta, G. Landauer para Prof. Brodetsky, sem data (meados de abril de 1933), CZA S25/9706 (trad. GZ).

13. Notas, R.M.A. Hankey, 18 de abril de 1933, e J. C. Stendale-Bennett, 22 de abril, e carta confidencial, A.C.C. Parkinson para Brodetsky, 15 de abril de 1933, em "Foreign Office Minute: Position of Jews in Germany", PRO-FO 371/16721-1556.

14. Carta, I. H. Wallace para R.M.A. Hankey, 21 de abril de 1933, e carta, Departamento Central para Chancelaria, Embaixada Britânica, Berlim, 27 de abril de 1933, PRO FO 371/16721-1556.

15. "Moses, Siegfried", *Encyclopaedia Judaica* (Jerusalém: Keter, 1972), XII: 415-16; ver "Note Concerning the Transfer Agreement", Sam Cohen, 9 de outubro de 1933, CZA Z4/3434.

16. "Note Concerning the Transfer Agreement", Sam Cohen, 9 de outubro de 1933, CZA Z4/3434.

17. Ver carta, Wolff para RFM, 25 de abril de 1933, NA T-120 roll 4954, L368911 (trad. GZ); ver nota, "Permission for Emigrants to Palestine to Deposit Monies on the Sperrkonto of the Firm Hanotaiah", Dr. Reichhardt pelo Ministério da Economia para Hanotaiah, 19 de maio de 1933, CZA K-11/180-2 (trad. GZ).

18. Karl A. Schleunes, *The Twisted Road to Auschwitz: Nazi Policy Toward German Jews, 1933-1939* (Urbana: Universidade de Illinois, 1970), 195-96; ver Werner Feilchenfeld, Dolf Michaelis e Ludwig Pinner, *Haavara-Transfer nach Palestina und Einwanderung deutscher Juden 1933-1939* (Tuebingen, 1972), 12 (trans. aut. 7); ver entrevista Dr. Dolf Michaelis com o autor, 1º de setembro de 1981, transcrição do autor 4-7, 61.

19. Entrevista com Dr. Michaelis, 1º de setembro 1981, transcrição do autor 61-68.

20. Nota, "Permission for Emigrants to Palestine to Deposit Monies", Dr. Reichhaldt pelo Ministério da Economia para Hanotaiah, 19 de maio de 1933, CZA K-11/180-2 (trad. GZ); ver entrevista, Dr. Michaelis, 1º de setembro de 1981, transcrição do autor 12-14; ver também cartas, Landauer para Jacobsohn, 9 de junho de 1933, e Landauer para Pinner, 3 de julho de 1933, CZA S7/92 (trad. GZ); ver Histadrut minutes, "Protocol on the Situation of Jews in Germany", Bellinson e Julius Berger, 14 de julho de 1933, ALM (trad. GG); ver também carta, Wolff para RFM, 27 de julho de 1933, NA T-120 rolo 4954, L369010/20 (trad. GZ); ver também carta, Herman Ellern para Schmidt-Roelke, 27 de julho de 1933, NA T-120 rolo 4954, L369051/2.

21. Ver Theodor Herzl, *The Jewish State: An Attempt at a Modern Solution of the Jewish Question*, trad. Sylvie D'Avigdor (Londres: Central Office of ZO, 1936), 34; ver nota, "Permission for Emigrants to Palestine to Deposit Monies", Dr. Reichhardt pelo Ministério da Economia para Hanotaiah, 19 de maio de 1933. CZA K-11/180-2 (trad. GZ); ver carta, Herman Ellern para Schmidt-Roelke, 27 de julho de 1933, NA T-120 rolo 4954, L369051/2; ver entrevista, Dr. Michaelis, 1º de setembro de 1981, transcrição do autor 13-14.

22.-25. Relatório confidencial, "Sir H. Rumbold to Sir John Simon", 11 de maio de 1933, PRO-FO 371/16751-1556, pp. 1-2.

26. *Ibid.*; *ver* memorando, "Sir E. Phipps (Berlin) to Sir J. Simon", 24 de outubro de 1933, DGFP, 1918-1945 (Londres: HMSO, 1957), série C.I: 713.

27.-30. Relatório confidencial, "Sir H. Rumbold to Sir J. Simon", 11 de maio de 1933, PRO-FO 371/16751-1556, pp. 2-3.

31. Schleunes, 140; "Jewish Reaction on Reich", *NYT*, 15 de maio de 1933.

33. "Jews Here Decree Boycott on Reich", *NYT*, 15 de maio de 1933.

33. "Jewish Reaction on Reich", *NYT*, 15 de maio de 1933; "Stores Find 'Made in Germany' a Handicap; Importers are Looking Elsewhere for Goods", *NYT*, 16 de maio de 1933.

34. "Reich Exports Cut by 10% in April", *NYT*, 17/5/33; "Reich Prices Rise; Nazis Are Worried", *NYT*, 22/5/33; ver Richard Grunberger, *The 12-Year Reich: A Social History of Nazi Germany, 1933-1945* (Nova York: Holt, Rinehart and Winston, 1971), 4.

35. Ver "The Reich Minister of Food and Agriculture to the Reich Chancellor", 12 de abril de 1933, DGFP, 287-88; ver "The Minister in Poland to the Foreign Ministry", 19 de abril de 1933, e "Memorandum", adjunto, 12 de abril de 1933, DGFP, 306-10; ver relatório político, "The Minister in Poland to the Foreign Ministry", 23 de abril de 1933, DGFP, 328-33; carta, "Minister Moltke to State Secretary Bulow", 26 de abril de 1933, DGFP, 351-53; ver telegrama, "The Ambassador in Italy to the Foreign Ministry", 22 de abril de 1933, DGFP, 325; telegrama altamente confidencial, "The Minister in Czechoslovakia to the Foreign Ministry", 25 de abril de 1933, DGFP, 343; ver n. 2; carta, "Sir H. Rumbold (Berlin) to Sir J. Simon", 5 de maio de 1933, DBFP (Londres: HMSO, 1956), 1919-1939, série 2, V (1933); 200-2.

36. Carta, "Sir R. Graham (Rome) to Sir J. Simon", 14 de abril de 1933, DBFP, 143; telegrama, "The President of the Reichsbank to the Foreign Ministry", 15 de maio de 1933, DGFP, 423-24; "Minute by an Official of Department II", 2 de maio de 1933, DGFP, 369-72; "Memorandum by the Reichswehr Minister", 15 de maio de 1933, DGFP, 435-36.

37. Telegrama, Moses, Berlim, para Mazurka, Lodz, 13 de maio de 1933, CZA K-11/180-1 (trad. DD).

38. Cartas, Landauer para Jacobsohn, 9/6/33, e Landauer para Pinner, 3/7/33, CZA S7/92; memorando, Landauer para Arlosoroff, 12/5/33, CZA S-25/9707 (trad. EF); ver entrevista com Chaim Arlosoroff, "What Does Palestine Have to Offer the German Jews?" *JR*, n. 41, 23/5/33 (trad. GZ).

39. Ver carta, Chaim Arlosoroff para Sima Arlosoroff, 21 de maio de 1933, em *The Writings of Chaim Arlosoroff*, Universidade de Tel Aviv (trad. GG); Sima Arlosoroff, em *Chaim Arlosoroff: A Selection of His Writings and Biographical Chapters*, 52 (trad. GG); ver Hans-Otto Meissner, Magda Goebbels, *The First Lady of the Third Reich*, trad. Gwendolin Mary Keeble (Nova York: Dial, 1980), 13-14.

40. Ver memorando, Landauer para Arlosoroff, 12 de maio de 1933, CZA S-25/9707 (trad. EF); ver memorando ultrassecreto, "Some Thesis to the Question of the Liquidations Bank", Chaim Arlosoroff, 19 de maio de 1933, CZA S-25/9706.

41. "Leipzig Fur Auction Fails", *NYT*, 13/5/33.

42. Relatório confidencial, "Sir H. Rumbold to Sir John Simon", 11 de maio de 1933, PRO-FO 371/16751-1556; ver discurso, Adolf Hitler para União dos Médicos, abril de 1933, em Norman H. Baynes, ed. e trad., *The Speeches of Adolf Hitler*, I (Londres: Oxford, 1942), 728-29; entrevista, Adolf Hitler por Bernard Ridder e William J. Margreve, Staats-Zeitung e Herald, em "Hitler, 'Man With a Holy Mission' Explains Jewish Stand to Ridder", *JDB*, 24 de maio de 1933; ver entrevista, Adolf Hitler por Anne O'Hare McCormick, "Hitler Seeks Jobs for All Germans", *NYT*, 10 de julho de 1933; ver discurso, Adolf Hitler, 24 de outubro de 1933, em Baynes, 729-30.

43.-44. Entrevista com Adolf Hitler por Ridder e Margreve, em "Hitler 'Man with a Holy Mission,' Explains Jewish Stand", *JDB*, 24 de maio de 1933.

45. Memorando, Landauer para Arlosoroff, 12 de maio de 1933, CZA S25/9707; ver também carta, Landauer para Pinner, 3 de julho de 1933, CZA S-7/92 (trad. GZ/ DD); telegrama, Moses, Berlim, para Mazurka, Lodz, 13 de maio de 1933, CZA K-11/180-1.

46. Telegrama, Moses, Berlim, para Mazurka, Lodz, 13 de maio de 1933, CZA K-11/180-1.

47. Nota, "Permission for Emigrants to Palestine to Deposit Monies", Dr. Reichardt pelo Ministério da Economia para Hanotaiah, 19 de maio de 1933, CZA K-11/180-2 (trad. GZ).

CAPÍTULO 15

1. Telegrama, Moses, Berlim, para Mazurka, Lodz, 13 de maio de 1933, CZA K-11/180-1 (trad. DD).

2. Carta, Landauer para Jacobsohn, 9 de junho de 1933, CZA S7/92 (trad. DD/GZ).

3. Ver declaração, RFM, em carta, Chancelaria, Embaixada Britânica, Berlim, para o Departamento Central, 23 de maio de 1933, PRO-FO 371/16724-1723.

4. Cartas, Landauer para Jacobsohn, 9 de junho de 1933, e Landauer para Pinner, 3 de julho de 1933, CZA S7/92; ver cartas, "President of the State Finance Office / Office of Foreign Currency to prospective emigrants to Palestine" em 2, 7 e 12 de junho de 1933, CZA S7/92.

5. Cartas, Landauer para Jacobsohn, 9 de junho de 1933, e Landauer para Pinner, 3 de julho de 1933, CZA S7/92; ver carta, sem assinatura (Martin Rosenbluth) para Landauer, 19 de maio de 1933, CZA L-13/138-II (trad. DD).

6. Carta, Landauer para Jacobsohn, 9 de junho de 1933, CZA S7/92 (trad. GZ/DD); ver "Note About the Transfer Agreement", Sam Cohen, 9 de outubro de 1933, CZA Z4/3434; ver relatório altamente confidencial "Some Theses to the Question of the Liquidation Bank", Chaim Arlosoroff, 19 de maio de 1933, CZA S25/9706 (trad. DD).

7.-9. Relatório altamente confidencial "Some Theses to the Question of the Liquidation Bank", Chaim Arlosoroff, 19 de maio de 1933, CZA S25/9706; ver também carta, H. Fleiss para Chaim Arlosoroff, 10 de junho de 1933, CZA S25/9706 (trad. DD).

10.-11. Relatório altamente confidencial "Some Theses to the Question of the Liquidation Bank", Chaim Arlosoroff, 19 de maio de 1933, CZA S-25/9706.

12. *Ibid.*; ver Theodor Herzl, *The Jewish State: An Attempt at a Modern Solution of the Jewish Question*, trad. Sylvie D'Avigdor (Londres: Escritório Central de ZO, 1936), 18, 29.

13. Carta, sem assinatura (Martin Rosenbluth) para Landauer, 19 de maio de 1933, CZA L-13/138-II (trad. DD); ver relatório, "Some Theses to the Question of the Liquidation Bank", Chaim Arlosoroff, 19 de maio de 1933, CZA S-25/9706; entrevista com Chaim Arlosoroff, "What Does Palestine Have to Offer the German Jews?" *JR*, n. 41, 23 de maio de 1933, 214 (trad. GZ); ver discurso, "Palestine and the Present Jewish Emergency", Chaim Arlosoroff, Selbstwehr, n. 21, 26 de maio de 1933 (trad. HG).

14. Entrevista com Dr. Chaim Arlosoroff, "What Does Palestine Have to Offer the German Jews?" *JR*, n. 41, 23 de maio de 1933, 214 (trad. GZ); ver Shaul Esh, *Studies in the Holocaust and Contemporary Jewry* (Jerusalém: ICJ, 1973), 42, n. 9 (trans. aut. 63).

15.-16. Entrevista com Dr. Chaim Arlosoroff, "What Does Palestine Have to Offer the German Jews?" *JR*, n. 41, 23 de maio de 1933, 214 (trad. GZ).

17. "Report from Germany", em protocolo, Sessão Executiva de ZO, 1º de junho de 1933, CZA L-13/138-1 (trad. DD).

18.-20. Declaração, RFM, em missiva, Chancelaria, Embaixada Britânica, Berlim, para o Departamento Central, 23 de maio de 1933, PRO-FO 371/16724-1723.

21. Declaração, Chaim Arlosoroff, "Palestine and the Present Jewish Emergency", *Selbstwehr*, n. 21, 26 de maio de 1933 (trad. HG); ver "Transportation of Jewish Capital from Germany to Palestine", *Haaretz*, 20 de julho de 1933 (trad. GZ).

22. Carta, sem assinatura (Martin Rosenbluth) para Landauer, 19 de maio de 1933, CZA L-13/138-11 (trad. DD).

23. Carta, Escritório Central Sionista para Sam Cohen, 30 de maio de 1933, NA T-120 rolo 4887, L015521 ou L319146 (trad. GZ).

24.-26. "Report from Germany", em protocolo, Sessão Executiva de ZO, 1º de junho de 1933, CZA L-13/138-I (trad. DD).

27. *Ibid.*; telegrama, ZO, Londres, para Agência Judaica, Jerusalém, 9 de junho de 1933, CZA L-9/441.

28. "Report from Germany", em protocolo, Sessão Executiva de ZO, 1º de junho de 1983, CZA L-13/138-I (trad. DD); telegrama, ZO, Londres, para Agência Judaica, Jerusalém, 9 de junho de 1933, CZA L-9/441.

29.-31. "Minutes of a Conversation with the Colonial Secretary", S. Brodetsky, 1º de junho de 1933, CZA S25/9706 (trad. YC).

32. Telegrama, Arlosoroff/Cohen para Hanotaiah, 4 de junho de 1933, NA T-120 rolo 4887, L319147 (trad. GZ).

33. Carta, A. M. Hyamson, Departamento de Imigração do Governo da Palestina, para Executiva da Agência Judaica, 19 de maio de 1933, WA.

34. Ver Cartas, "President of the State Finance Office/Office of Foreign Currency Control, to prospective emigrants to Palestine" em 2, 7 e 12 de junho de 1933, CZA S7/92.

35. Carta, Landauer para Jacobsohn, 9 de junho de 1933, CZA S7/92 (trad. DD/GZ).

36. *Ver* Joseph Schechtman, *Fighter and Prophet: The Vladimir Jabotinsky Story, the Last Years* (Nova York: Thomas Yoseloff, 1961), 164-66.

37. Ver Walter Laqueur, *A History of Zionism* (Nova York: Holt, Rinehart & Winston, (972), 281, 318, 326-27, 332-33; Esco Foundation, *Palestine: A Study of Jewish, Arab and British Policies* (New Haven: Yale, 1947), I: 349-51, 359-63: ver editorial, M. Smilansky, "The Happy Isle", *Boustani*, 8 de fevereiro de 1933, em ata confidencial, Comitê Executivo do Comitê Econômico Americano para a Palestina, 20 de março de 1933, BPM em AJA.

38. Laqueur, 351-53; ver Schechtman, 231-37; Esco, II: 749, 1135, n. 64.

39. Schechtman, 158.

40. Laqueur, 318, 359-62; ver "The Facts About Revisionism", *JC*, 14 de julho de 1933, 28; Davar e Doar Hayom, 18 de abril de 1933, em "Confidential Review of

the Press", Alexander Sloan, Cônsul Americano em Jerusalém 19 de junho de 1933, NA 867N. 9111/100.

41. Ver Esco, II: 749; Schechtman, 235, 248; ver "Make Palestine a Land of Fulfillment", *JDB*, 22 de agosto de 1933, 4; ver "Unfinished Business Prolongs Session of Zionist Congress", *JDB*, 31 de agosto de 1933, 4.

42. Laqueur, 318-19; Esco, I: 362-63; ver Schechtman, 237.

43. *Imperial and Foreign News*: "Latvia", *JC*, 5 de maio de 1933, 34; ver Schechtman, 248.

44. Schechtman, 214.

45. *Haaretz*, 12 de maio de 1933, em Esh, 58, 74; carta, Wolff para RFM, 16 de maio de 1933, NA T-120 rolo 4887, L319035 (trad. GZ).

46. Carta, Wolff para RFM, "Jewish Boycott and How to Fight It", 17 de maio de 1933, NA T-120 rolo 4887, L015493 (trad. GZ).

47. Editorial, *Kol Israel*, n. 31 (549), 18 de maio de 1933, NA T-120 rolo 4028, L015546 (trad. GZ); Werner E. Braatz, "German Commercial Interests in Palestine: Zionism and the Boycott of German Goods, 1933-1934", *European Studies Review* (SAGE, Londres e Beverly Hills), IX (1979): 497.

48. Ver Susan Lee Hattis, *The Bi-National Idea in Palestine During Mandatory Times* (Haifa: Shikmona, 1970) 64, 86-98; Christopher Sykes, *Crossroads to Israel* (Cleveland: World, 1965), 122-24, 126; ver *Falastin* e *Al Jamia Al Arabia*, 22 de abril de 1933, em "Confidential Review of the Press", Sloan, Cônsul Americano em Jerusalém 19 de junho de 1933, NA 867N. 9111/100.

49. Hattis, 90-91, 117; ver "Mizrachi Asks Removal of Dr. Arlosoroff Over Transjordan Negotiations", *JDB*, 27 de abril de 1933.

50. Carta, Brodetsky para A.C.C. Parkinson, 14 de fevereiro de 1933, PRO-FO 371/E963/257/31-1933, em Hattis, 122.

51. *Falastin* e *Al Jamia Al Arabia*, 22 de abril de 1933, em "Confidential Review of the Press", Sloan, Cônsul Americano em Jerusalém, 19 de junho de 1933, NA 867N. 91111/100.

52. "Mizrachi Asks Removal of Dr. Arlosoroff Over Transjordan Negotiations", *JDB*, 27 de abril de 1933; *Palestine Post*, 29 de abril de 1933, in "Confidential Review of the Press", Sloan, Cônsul Americano em Jerusalém, 19 de junho de 1933, NA 867N. 9111/100.

53. Ata, Comitê de Ações do ZO, primeira sessão, 17 de agosto de 1933, CZA Z4/287/1 (trad. GB); ver também Edwin Viscount Samuel, *A Lifetime in Jerusalem* (Londres: Abelard Schuman, 1970), 137-38.

54. *Haaretz*, 27 de abril de 1933, em "Confidential Review of the Press", Sloan, Consulado Americano em Jerusalém, 19 de junho de 1933, NA 867N. 9111/100; ver carta, Neumann para Szold, 27 de abril de 1933, BPM em AJA, 2-3.

55. Relatório confidencial, "Proposed Settlement of Arab Villagers on Household Plots Provided by Jewish Auspices", Alexander Sloan, Cônsul Americano em Jerusalém, 1º de maio de 1933, NA 867N.oo/174.

56. "Transjordan Leaders Invite Jewish Agency to Buy Land Here", *JDB*, 26 de maio de 1933; ver Haaretz, 24 de maio de 1933 (trad. GB).

57. "Transjordan Leaders Invite Jewish Agency to Buy Land Here", *JDB*, 26 de maio de 1933; ver "Pro-Zionism in Trans-Jordan", *Palestine Post*, 26 de maio de 1933.

58.-62. "Strictly Secret-Confidential Minute of a Conversation between Mr. W. J. Johnson and Mr. Emanuel Neumann on 24 de maio de 1933", em carta, Neumann para Szold, 25 de maio de 1933, BPM em AJA.

63. Panfleto, Comitê de Defesa dos Revisionistas Presos na Palestina, *I Can't Keep Quiet!* (Nova York, 1933), II; ver Schechtman, 158.

64. Laqueur, 369.-63; ver Schechtman, 216: ver "Sicarii", *Encyclopaedia Judaica* (Jerusalém: Keter, 1972), XIV: 1491-92.

65. Chaim Arlosoroff, *Writings in Six Volumes*, I:5; ver Hattis, 84-85.

66. Chaim Arlosoroff, *Jerusalem Diary* (MAPAI Publications, 1948), 334, 341, em Hattis, 101-2.

67. Ver *Haaretz*, 24 de maio de 1933 (trad. GZ): "Two Forces in Transjordan are Continually Fighting Between Themselves", *Doar Hayom*, 25 de maio de 1933; "Pro-Zionism in Transjordon", *Palestine Post*, 26 de maio de 1933; "A Plan for Helping German Jewry", *Palestine Post*, June 12, 1933; ver "The Stalin-Ben-Gurion-Hitler Alliance", *Hazit Haam*, 16 de junho de 1933 (trad. GB); Die Welt (Poland), 9 de junho de 1933, em Teveth, cap. 5 (trad. GB); *Hazit Haam*, 9 de junho de 1933, em Teveth, cap. 5 (trad. GB).

68. Sima Arlosoroff, em *Chaim Arlosoroff: A Selection of His Writings and Biographical Chapters*; em Teveth, cap. 6 (trad. GB).

69.-70. Teveth, cap 4.

71. *Ibid.*; Entrevista, Shaul Arlosoroff com o autor, janeiro de 1982.

72. Teveth, cap. 4.

73. *Ibid.*; "Rewards Are Posted for Capture of the Slayers of Dr. Arlosoroff", *JDB*, 19 de junho de 1933.

74. "The Stalin-Ben-Gurion-Hitler Alliance", *Hazit Haam*, 16 de junho de 1933 (trad. GB); ver "100,000 At Funeral of Dr. Arlosoroff", *Palestine Post*, 16 de junho de 1933: Teveth, cap. 5.

75. Samuel, 137-38; Teveth, cap. 5.

76. Teveth, cap. 8: "Attention Focused on Jaffa As Evidence Mounts Against Arlosoroff-Suspects", *JDB*, 11 de agosto de 1933, 2.

77. Teveth, cap. 8; "Attention Focused on Jaffa", *JDB*, 11 de agosto de 1933; Sima Arlosoroff, em *Chaim Arlosoroff: A Selection of His Writings and Biographical Chapters* (trad. GG).

78. Teveth, cap. 8.

79. *Ibid.*; "Rewards Are Posted", *JDB*, 19 de junho de 1933.

80. Teveth, cap. 8: "Attention Focused on Jaffa", *JDB*, 11 de agosto de 1933, 2.

81. Teveth, cap. 8; "Attention Focused on Jaffa", *JDB*, 11 de agosto de 1933, 2; "100,000 At Funeral of Dr. Arlosoroff, *Palestine Post*, 16 de junho de 1933.

82-83. Teveth, cap. 8.

84. *Ibid.*; Entrevista com Shaul Arlosoroff na TV de Israel, janeiro de 1981.

CAPÍTULO 16

1. "Rewards Are Posted for the Capture of the Slayers of Dr. Arlosoroff" e "British House of Commons to Make Issue of Murder of Dr. Chaim Arlosoroff", *JDB*, 19 de junho de 1933; "100,000 at Funeral of Dr. Arlosorof", *New Palestine*, 16 de junho de 1933; "Warsaw in Mourning" e "Funeral at Tel Aviv", *JDB*, 20 de junho de 1933.

2. "Revisionist Held in Arlosoroff Murder", *JDB*, 21 de junho de 1933; ver "The Stalin-Ben-Gurion-Hitler Alliance", *Hazit Haam*, 16 de junho de 1933 (trad. GB).

3. "Revisionist Held in Arlosoroff Murder", *JDB*, 21 de junho de 1933; "Two Revisionists Charged With Stavsky in Murder Conspiracy", *JDB*, 4 de agosto de 1933; "Resume Arlosoroff Murder Trial", *JDB*, 25 de agosto de 1933; Joseph Schechtman, *Fighter and Prophet: The Vladimir Jahotinsky Story, the Later Years* (Nova York: Thomas Yoseloff, 1961), 184-85.

4. Ver "Jaffa Police to Ask to hold Stavsky at Arraignment", *JDB*, 6 de julho de 1933; ver Cartas ao Editor, Yosef Ahimeir e Dr. Dov Joseph, "The Arlosoroff Affair", *Jerusalem Post*, 17 de junho de 1979.

5. Ver "Arlosoroff Assassin Escaped to Lebanon, Arab Paper Reports", *JDB*, 28 de junho de 1933; ver "Sephardic Jew's Arrest Leads to Rumor He Has Clue to Murder of Arlosoroff", *JDB*, 5 de julho de 1933; "Net for Dr. Arlosoroff Slayer is Spread Wide", *JDB*, 10 de julho de 1933; relatório, Consulado Geral Americano, Jerusalém, ao Secretário de Estado, "The Legacy of Dr. Arlosoroff", 29 de junho de 1934, NA 867N.00/197; relatório, Consulado Geral Americano, Jerusalém, ao Secretário de Estado, "Aquittal of Stavsky in Conclusion of Arlosoroff Murder Trial", 7 de agosto de 1934, NA 867N.00/203; ver Schechtman, 197-205.

6. Ver "Was Arlosoroff Murdered by the British?" *Canadian Daily Hebrew Journal*, 27 de junho de 1958; ver Schechtman, nota em 202-3; ver Cartas ao Editor, Yosef Ahimeir e Dr. Dov Joseph, "The Arlosoroff Affair", *Jerusalem Post*, 17 de junho de 1979; ver Hesi Carmel e Jaques Derogy, *The Untold History of Israel* (Nova York: Grove, 1979), 44-49; "Official Probe Into Arlosoroff Affair", *Jerusalem Post*, 15 de março de 1982; ver "People Who Remember" e Menachem Begin, "Anatomy of Incitement", *Jerusalem Post*, 19 de março de 1982.

7. Schechtman, 185.

8. *Ibid.*; *Our Voice*, julho de 1934, e *Die Welt*, 16 de novembro de 1933, em Schechtman, 186.

9. Kaunas, *Lithuania Yiddische Stimme*, n. 1418, em Schechtman, 189.

10. Ver "Zionists and Laborites Mourn Dr. Arlosoroff Memorial Meeting" e "Tension in Poland", *JDB*, 23 de junho de 1933; Schechtman, 189-90.

11. Schechtman, 190; Eitan Haber, *Menachem Begin: The Legend and the Man* (Nova York: Dell, 1978), 71.

12. Haber, 71-72.

13. Shaul Esh, *Studies in the Holocaust and Contemporary Jewry* (Jerusalém: ICJ 1973), 75 (transcrição do autor 32); "To Aid German Immigrants", *Doar Hayom*,

19 de julho de 1933 (trad. GB); ata, Assembleia da Conferência de Representantes de Instituições, 2 de julho de 1933, CZA S-25/9706 (trad. YC).

14. Ata, Assembleia da Conferência de Representantes de Instituições, 2 de julho de 1933, CZA S-25/9706 (trad. YC).

15. Carta, Wolff para RFM, 15 de junho de 1933, NA T-120 rolo 4954, L368939 e ss. (trad. GZ).

16. *Ibid.*; ver relatório, Consulado Geral Americano, Jerusalém, ao Secretário de Estado, "Suspension of the Newspaper 'Doar Hayom'", 29 de janeiro de 1931, e adjunto "Memorandum on the Suspension of the Doar Hayom", NA 867N.918 DOAR HAYOM/II.

17. Carta, Wolff para RFM, 15 de junho de 1933, NA T-120 rolo 4954, L368939 e ss. (trad. GZ).

18. Ver carta, Moses A. Leavitt ao Juiz Brandeis, 24 de maio de 1933, BPM em AJA; Industrie & Handel, 19 de junho de 1933, NA T-120 rolo 4956, L370302/3 (trad. GZ); ver Great Britain Colonial Office, *Palestine and Trans-Jordan for the Year 1932* (Londres: HMSO, 1933), 165, 167.

19.-27. Carta, Wolff para RFM, 15 de junho de 1933, NA T-120 rolo 4954, L368939 e ss. (trad. GZ).

28. *Ibid.*; Francis R. J. Nicosia, "Germany and the Palestine Question, 1933-1939" (tese de doutorado não publicada, Departamento de História, McGill, 1977), 87--88; ver n. 2 em 88; Ernst Marcus, "The German Foreign Office and the Palestine Question in the Period 1933-1939", *Yad Washem Studies on the European Jewish Catastrophe and Resistance*, II (Jerusalém: Yad Washem, 1958): 181, 183-84; ver *JDB*, 5 de julho de 1933, 4.

29. Telegrama, Organização Sionista em Londres para Agência Judaica em Jerusalém, 9 de junho de 1933, CZA L-9/441.

30. Carta, Landauer para Jacobsohn, 9 de junho de 1933, CZA S7/92 (trad. GZ/DD).

31. Carta e memorando anexo, Landauer ao Ministério da Economia, 20 de junho de 1933, CZA K-II/180-2 (trad. DD).

32. Ver carta, Wolff para RFM, 15 de junho de 1933, marcada como recebida em 20 de junho; NA T-120 rolo 4954, L368939 (trad. GZ).

33.-34. Sam Cohen, "Note Concerning the Transfer Agreement", 9 de outubro de 1933, CZA Z4/3434 (trad. DD).

35. Sam Cohen, "Note Concerning the Transfer Agreement", 9 de outubro de 1933, CZA Z4/3434 (trad. DD).

36. *Ibid.*; carta, Landauer para L. Pinner, 3 de julho de 1933, CZA S7/92 (trad. GZ/DD); ver telegrama, Ulrich para Wolff, 24 de julho de 1933, NA T-120 rolo 4954, L369000/01 (trad. GZ).

37.-39. Carta, Landauer para Pinner, 3 de julho de 1933, CZA S7/92 (trad. GZ/DD).

40. Carta, Wolff para RFM, 24 de junho de 1933, NA T-120 rolo 4954, L368959 e ss. (trad. GZ); carta, Ussischkin para Sam Cohen, 25 de junho de 1933, NA T-120 rolo 4028, L015518/19 (trad. GZ).

41. Carta, Ussischkin para Sam Cohen, 25 de junho de 1933, NA T-120 rolo 4028, L015518/19 (trad. GZ).

42. Carta, Ussischkin para Fundo Nacional Judaico, Berlim, 25 de junho de 1933, NA T-120 rolo 4028, L015520 (também em CZA K-11/180-1; trad. GZ/DD).

43.-47. Carta, "Urgent", Wolff para RFM, 24 de junho de 1933, NA T-120 rolo 4954, NA T-120 rolo 4954, L368959 e ss. (trad. GZ).

CAPÍTULO 17

1. Marvin Lowenthal, *The Jews of Germany: A Story of Sixteen Centuries* (Nova York: Longmans, Green, 1936), 224-26, 234, 242-48; Jehuda Reinharz, *Fatherland or Promised Land: The Dilemma of the German Jew, 1893-1914* (Ann Arbor: Universidade do Michigan, 1975), 8.

2. Donald L. Niewyk, *The Jews in Weimar Germany* (Baton Rouge: Universidade da Louisiana, 1980), 98-103.

3.-4. Reinharz, 172-176.

5. Reinharz, 102-5, 210-17; ver Jacob Boas, "The Jews of Germany: Self-Perceptions in the Nazi Era as Reflected in the German Jewish Press, 1933-1938" (tese de doutorado não publicada, história, Universidade da Califórnia, Riverside, 1977), 142.

6. Lowenthal, 285; Isaiah Friedman, *Germany, Turkey and Zionism, 1897-1918* (Oxford: Clarendon, 1977); 340, 343-44; Niewyk, 152-57; ver Francis R. J. Nicosia, "Germany and the Palestine Question, 1933-1939" (tese de doutorado não publicada, história, McGill, 1977), 62-63.

7. Reinhsrz, 141-42; Niewyk, 149, 156; "Zionism", *Encyclopaedia Judaica* (Jerusalém: Keter, 1971), XVI: 1116.

8. Friedman, 347-53, ver 212-27.

9. Ver Martin Luther, "That Jesus Christ Was Born a Jew", trad. Walther I. Brandt, *Luther's Works*, vol. 45, "The Christian in Society", II, ed. Walther I. Brandt (Filadélfia: Muhlenberg, 1962): 199; ver Louis Israel Newman, *Jewish Influence on Christian Reform Movements* (Nova York: Columbia, 1925), 619-21, 625-27.

10. Martin Luther, "On the Jews and Their Lies", trad. Martin H. Gertram, *Luther's Works*, vol. 47, "The Christian in Society", ed. Franklin Sherman (Filadélfia: Fortress, 1971): 157, 172, 264.

11. *Ibid.*, 266.

12. *Ibid.*, 276.

13. *Ibid.*, 265, 288.

14. *Ibid.*, 268-269, 288.

15. *Ibid.*, 269-270, 272.

16. *Ibid.*, 272.

17. *Ibid.*, 292.

18. Roland H. Bainton, *Here I Stand: A Life of Martin Luther* (Nova York: Abingdon--Cokesbury 1940), 324-25, 373.

19. Uriel Tai, *Christians and Jews in Germany: Religion, Politics, and Ideology in the Second Reich, 1870-1914*, trad. Noah Jonathan Jacobs (Ithaca: Cornell, 1975), 248--52, 258; Richard Gutteridge, *Open Thy Mouth for the Dumb! The German Evangelical Church and the Jews, 1879-1950* (Oxford: Basil Blackwell, 1976), 4-6; ver Luther, "On the Jews", *Luther's Works*, vol. 47: 265, 275.

20. Gutteridge, 17-18.

21. William L. Shirer, *The Rise and Fall of the Third Reich: A History of Nazi Germany* (Nova York: Fawcett Crest, 1960), 155-59; Gutteridge, 341-42.

22. Gutteridge, 26-27.

23. *Ibid.*, 37-41.

24. Raul Hilberg, *The Destruction of the European Jews* (Nova York: Harper Colophon, 1979), 8-10; Shirer, 326-27; ver entrevista com Eberhard Bethge por Beryl Satter, 24 de dezembro de 1981; entrevista com Ruth Zerner por Beryl Satter, 24 de dezembro de 1981.

25. "Hitler, 'Man With a Holy Mission', Explains Jewish Stand to Ridder", *JDB*, 24 de maio de 1933.

26. Luther, "On the Jews", *Luther's Works*, vol. 47: 264-, 265.

27. Gutteridge, 17.

28. Depoimento de Streicher, Julgamento dos Principais Criminosos de Guerra, XII: 335.

29. *Ibid.*, 318.

30. Nicosia, 67-68.

31. *Ibid.*, 58; Joseph Schechtman, *Rebel and Statesman: The Vladimir Jabotinsky Story, the Early Years* (Nova York: Thomas Yoseloff, 1956), 399.

32. Nicosia, 70.

33. Alfred Rosenberg, *Die Spier*, 153, em Nicosia, 65.

34. Ver carta, Dr. Franz Kahn aos Irmãos de Fé, 5 de março de 1933, CZA S-25/9703; ver carta, "M. Achi-Felix" (Martin Rosenbluth) para Arlosoroff, 6 de abril de 1933, CZA S-25/794; ver Boas, 93-94.

35. Boas, 93; JR, 12 de maio de 1933 (trad. GZ).

36. Alfred Rosenberg, *Der Staatsfeindliche Zionismus* (Hamburg: Deutschvillkfache Verlagsanstalt, 1922), 63, em Nicosia, 65 (trad. GZ).

37. Ver carta, Dr. Franz Kahn para Irmãos de Fé, 5 de março de 1933, CZA S/25, 9703; Martin Rosenbluth, *Go Forth and Serve: Early Years and Public Life* (Nova ork: Herzl, 1961), 247-50.

38. JR, 7 de abril de 1933, em Boas, 111.

39. Discurso, Kurt Tuchler, "Experiences and Observations During the First Four Years of the Hitler Regime", sem data, YVA, 01/24 (trad. GZ); ver série, "Ein Nazi Faehrt Nach Palestina", *Der Angriff*, 26 de setembro – 9 de outubro de 1934.

40. Jacob Boas, "A Nazi Travels to Palestine", *History Today* (janeiro de 1980), 38; Hannah Arendt, *Eichmann in Jerusalem: A Report on the Banality of Evil* (Nova York:

Viking, 1964), 40; Nora Levin, *The Holocaust: The Destruction of European Jewry, 1933-1945* (Nova York: Thomas Y. Crowell, 1968), 105, 290-91, 295-96.

41. Boas, "Jews of Germany", 11, 21-23; "Report from Germany", em protocolo, Sessão Executiva de ZO, 1º de junho de 1933, CZA L-13/138-I (trad. DD).

42. Boas, "Jews of Germany", 25, 37, n. 67.

43. Boas, "Jews Of Germany", 21-26.

44. Marcus, 230, 276, 293; Boas, "Jews of Germany", 89; Nicosia, 118.

45. Declaração de Política de ZVfD, 21 de junho de 1933, em Klaus J. Herrmann, *Das Dritte Reich und die Drotschjeudischen Organisationen 1933-1934* (Munique: 1969), 16 (trad. GZ); o mesmo documento, em Boas, "Jews of Germany", 112-13.

46. Declaração de Política de ZVfD, 21 de junho de 1933, em Herrmann, 16 (trad. GZ).

47.-53. "Wear It With Pride, the Yellow Spot!" JR, 4 de abril de 1933 (trad. GZ).

54. Ver Lowenthal, 371-72; ver 414; ver Bolkosky, 15, 17, 172-73; Niewyk, 164; Ludwig Pinner, "Vermoegenstransfer nach Palestina 1933-1939", em Zwei Welten, *Siegfried Moses Zum Funfundsiebzigsten Geburtstag* (Tel Aviv: Verlag Bitaon, 1962), 133-38 (trad. EF); ver entrevista com Dr. Dolf Michaelis pelo autor, 1º de setembro de 1980, transcrição do autor 3.

CAPÍTULO 18

1. "'Horribly Mutilated': The Terror That Still Goes on", *JC*, 19 de maio de 1933, 15; "Report Another Example of Nazi Torture Methods", *JDB*, 11 de maio de 1933.

2. "Refugees Reach Warsaw", *JC*, 9 de junho de 1933, 16.

3. "The Terror Receives New Impetus", *JC*, 30 de junho de 1933, 18.

4. "Murdered Jews Ordered Buried in Non-Jewish Cemeteries in Future", *JDB*, 5 de maio de 1933; "Report Another Example of Nazi Torture Methods", *JDB*, 11 de maio de 1933; "More Suicides", *JC*, 19 de maio de 1933, 14.

5. "Refugees Reach Warsaw", *JC*, 9 de junho de 1933, 16; ver "Frommer Returns Home from Investigation of Reports of Persecution", *NYT*, 13 de agosto de 1933.

6. Ver *JC*, 23 de junho de 1933, 22; "The Terror Receives New Impetus", *JC*, 30 de junho de 1933, 18; ver carta/diário, James McDonald à Associação Policial Internacional,

3 de abril de 1933, BPM em AJA; carta, "The Charge in Germany (Gordon) to the Acting Secretary of State", 8 de julho de 1933, *FRUS*, 1933 (Washington, D.C.: Imprensa Oficial do Governo dos Estados Unidos, 1949) II: 354-56; ver "Persecution Stories True, Southern Minister Says", *JDB*, 15 de agosto de 1933.

7. "Hitler Compares His Curbs to Ours", *NYT*, 23 de junho de 1933.

8. "To Kill All German Jews if War Occurs, Nazi Warns" e "Danzig Nazis Promise Final Punishment of Jews", *JDB*, 2 de junho de 1933.

9. "Should Sterilize Jews, Nazi Doctor Advises", *JDB*, 2 de junho de 1933.

10. '"Not Quite Siegfried", *NYT*, 20 de junho de 1933.

11. "Australia Raises a Fund", "Polish Jewry Unites" e "Manchester's Gigantic Protest", *JC*, 5 de maio de 1933; "The Wearside Protests", "No Uncertain Voice", "A Civic Demonstration", "Leeds Youth Protest Meeting", "An Appeal by Dr. Barnes" e "Great Demonstration in Queen's Hall", *JC*, 19 de maio de 1933; "German Jews in France", *JC*, 9 de junho de 1933, 18.

12. *JC*, 5 de maio de 1933.

13. "London May Bar German Film; Jews are Reported Boycotting all Reich Liners", *JDB*, 22 de maio de 1933.

14. "The Argentine Boycott" e "The Boycott in France Goes on", *JC*, 19 de maio de 1933, 16, 18.

15. "Anti-Nazi Stamps Shown", *NYT*, 24 de maio de 1933; Werner E. Braatz, "German Commercial Interests in Palestine: Zionism and the Boycott of German Goods, 1933-1934", *European Studies Review* (SAGE, Londres e Beverly Hills), IX (1979); 494; "Boycott Stamps Issued", *NYT*, 22 de maio de 1933.

16. "Intensifying the Boycott" e "Textile Trade's Meeting", *JC*, 26 de maio de 1933, 30.

17. Relatório, "Movement in the Netherlands to Boycott German Goods", Roberts para Simon, 18 de maio de 1933, PRO-FO 371/17405-1556.

18. Francis R. J. Nicosia, "Germany and the Palestine Question, 1933-1939" (tese de doutorado não publicada, história, McGill, 1977), 76-77.

19. "The Anti-German Boycott Works", *JC*, 19 de maio de 1933, 14.

20. Carta, Câmara de Comércio, Velbert, 6 de junho de 1933, NA T-120 rolo 4954, L370296 (trad. GZ): "Egypt's Organized Protest", *JC*, 2 de junho de 1933, 12.

21. "Silent Boycott Goes On", *JC*, 23 de junho de 1933, 22.

22. "Foreign Trade Up for Reich in May", *NYT*, 17 de junho de 1933.

23. "Diamond-Cutting Trade in Antwerp Booms Because Jews Won't Send Gems to Reich", *NYT*, 2 de junho de 1933; ver "Diamond Merchants' Vigorous Boycott", *JC*, 28 de julho de 1933, 14, 26.

24.-26. Carta, "Directorate of the Reichsbank to the Reich Chancellor", 6 de junho de 1933, DGFP, 1918-1945 (Londres: HMSO, 1957), série C, I: 528-530.

27. "Memorandum by the Foreign Minister", 7 de junho de 1933, DGFP, 531-32.

28.-29. Carta, "John Foster Dulles to Hjalmar Schacht", 3 de junho de 1933, e memorizador adjunto, DGFP, 538-542.

30. "Berlin Counters Boycott in Latvia", *NYT*, 11 de junho de 1933.

31. "German Embassy to Sue Anti-Nazi Students", *JDB*, 24 de maio de 1933; "Rip Swastika Off German Ship" e "Latvian Jews Proclaim Boycott", *JDB*, 6 de junho de 1933; "Berlin Counters Boycott in Latvia", *NYT*, 11 de junho de 1933; "Reich and Latvia Agree", *NYT*, 17 de junho de 1933; "Latvia Combats Jewish Boycott of German Goods", *JDB*, 19 de junho de 1933; ver "World Jewish Economic Conference", *JC*, 30 de junho de 1933, 38.

32. "Intensifying the Boycott", *JC*, 26 de maio de 1933, 21, 30; ver "The 'Silent Boycott' Goes On", *JC*, 23 de junho de 1933, 22; ver "Nazis Evolve New Sign", *NYT*, 25 de junho de 1933.

33. "Intensifying the Boycott", *JC*, 26 de maio de 1933, 21, 30; "Big Boycott to Start July 1st", *JC*, 9 de junho de 1933, 19; "Captain Webber at the Cenotaph", *JC*, 16 de junho de 1933, 32; "Captain Webber's Boycott Certificate", *JC*, 14 de julho de 1933, 32; ver 19; "Anglo-Jewry Closes It's Ranks", *JC*, 28 de julho de 1933, 26; "Anti-Nazi Ban Enforced", *NYT*, 23 de julho de 1933.

CAPÍTULO 19

1. "Nazis to Tolerate Fund to Aid Jews", *NYT*, 21 de maio de 1933; "Nazis Block Payment of Jewish Relief Funds in Virtual Confiscation", *JDB*, 13 de julho de 1933; "Bulletin", *JDB*, 18 de julho de 1933.

2. "Importers to Use 'Blocked' Mark Balances", *NYT*, 20 de maio de 1933.

3. "Nazi Government Aids Crippled Film Industry", *JDB*, 7 de junho de 1933.

4. "London May Bar German Film", *JDB*, 22 de maio de 1933; ver "Tel Aviv Boycotts German Film", *JDB*, 5 de junho de 1933; ver "London Theatre Withdraws Expensive German Film: Disorders Mar Premiere", *JDB*, 20 de julho de 1933.

5. Ver "Rumania Retaliates on Reich by Tariff and Curb on Imports", *NYT*, 23 de março de 1933.

6. "Memorandum on the German Economic Situation for the Week Ending 16th May, 1933", F. Thelwell, PRO-FO 371/16695-1527, pp. 4-6.

7. Ver Raul Hilberg, *The Destruction of the European Jews* (Nova York: Harper Colophon, 1979), 93.

8. "Nazis to Tolerate Fund to Aid Jews", *NYT*, 21 de maio de 1933; ver "Nazi Interference Imperils Business", *NYT*, 26 de abril de 1933.

9. Carta, "Sir H. Rumbold (Berlin) to Sir J. Simon", 14 de junho de 1933, DBFP, 1919-1939 (Londres: HMSO, 1956) série 2, V: 1933; 351-52; ver "American Jewish Congress Endorses Boycott, Move to Adopt German Jewish Children Here", *JDB*, 22 de agosto de 1933.

10. Carta, "Sir H. Rumbold (Berlin) to Sir J. Simon", 30 de junho de 1933, DBFP, 384-90, ver 390.

11. Ver "Boycott on Reich Extended Here", *NYT*, 16 de maio de 1933; ver "Plans Being Made for World Parley to Boycott Reich", *JDB*, 5 de junho de 1933; "World Boycott Issue Up at Jewish Groups Parley", *JDB*, 12 de junho de 1933.

12. "Extract from the Minutes of the Conference of Ministers", 23 de junho de 1933, DGFP, 1918-1945 (Londres: HMSO, 1957), série C, I: 598-99.

13. "Untermyer Celebrates 75th Birthday, Plans to Attend Boycott Parley", *JDB*, 7 de junho de 1933; "World Boycott Issue Up at Jewish Groups Parley", *JDB*, 12 de junho de 1933.

14. "World Jews Plan to Widen Boycott", *NYT*, 19 de julho de 1933; "World Jews Push Boycott of Reich for 'Inhuman' Acts", *NYT*, 21 de julho de 1933; "Untermyer Assails Wise as Preliminary Boycott Meeting is Opened in Amsterdam", *JDB*, 21 de julho de 1933.

15. "Parley in London Put Off by Jews", *NYT*, 15 de julho de 1933.

16.-18. Carta, Wolff para RFM, 24 de junho de 1933, NA T-120 rolo 4954, L368959 e ss. (trad. GZ).

19. Carta, Ministério da Economia do Reich, 24 de junho de 1933, citado em R. J. Nicosia, "Germany and the Palestine Question, 1933-1939" (tese de doutorado não publicada, história, McGill, 1977), 96 (trad. GZ).

20. Carta, Wolff para Prufer, 27 de junho de 1933, em Nicosia, 95 (trad. GZ); a mesma carta, em Shaul Esh, *Studies in the Holocaust and Contemporary Jewry* (Jerusalém: ICJ, 1973), 65 (transcrição do autor 25) e nota de rodapé 24 (transcrição do autor 78).

21. Ata, Assembleia da Conferência de Representantes de Instituições, 2 de julho de 1933, CZA S-25/9706 (trad. YC).

22.-26. Carta, Wolff para RFM, 3 de julho de 1933, NA T-120 rolo 4954, L368972/77 (trad. GZ).

27. John P. Fox, "Great Britain and the German Jews, 1933", WLB XXVI (1972 n. 1-2 n.s. 26-27); 40-45; "Wise Hails British for Scoring Nazis", *NYT*, 21 de julho de 1933; *ver* "Lead on the Boycott", *JC*, 21 de julho de 1933, 28.

28. "London Jews Hold Anti-Nazi Parade", *NYT*, 21 de julho de 1933; ver "British Board of Deputies in Secret Session Decides Against Boycott Sponsorship", *JDB*, 25 de julho de 1933; ver "Move for Boycott Gaining in London", *NYT*, 25 de março de 1933.

29. Bernard Wasserstein, *Britain and the Jews of Europe, 1939-1945* (Oxford: Clarendon, 1979), 38; Colin Holmes, *Anti-Semitism in British Society, 1876-1939* (Nova York: Holmes & Meier, 1979), 200; Walter Laqueur, *A History of Zionism* (Nova York: Holt, Rinehart & Winston, 1972), 184, 193-94, 400; ver "Jews in Hiding", *JC*, 14 de julho de 1933, 11; ver "London Jews Hold Anti-Nazi Parade", *NYT*, 21 de julho de 1933; ver "Lead on the Boycott", *JC*, 21 de julho de 1933, 28; ver também carta, Wise ao Comitê Administrativo do Congresso Judaico Americano, 28 de julho de 1933, anexo a ata, AJCAdCom, 29 de junho de 1933, AJHS, 3; ver "Our Leaders; A Mockery of Democracy, "*JC*, 28 de julho de 1933, 16.

30. Carta ao Editor, *Manchester Guardian*, 1º de julho de 1933; "English Jewry Against Boycott", *Frankfurter Zeitung*, 5 de julho de 1933; ver ata, Comitê Estrangeiro Conjunto, 30 de junho de 1933, BDBJ-A; ver "Frankfurter Zeitung on the Boycott in England", *JEF*, 7 de julho de 1933.

31. Ver JEF, 30 de junho de 1933; "World Boycott Issue Up at Jewish Groups Parley", *JDB*, 12 de junho de 1933; "The Conference", *JEF*, 7 de julho de 1933.

32. Ata, Comitê Estrangeiro Conjunto, 21 de julho de 1933, BDBJ-A; Wasserstein, 38; "Jewry in Great Britain Moves for United Action", *JDB*, 17 de julho de 1933.

33. Ata, Comitê Estrangeiro Conjunto, 12 de julho de 1933, BDBJ-A; "Sudden Crisis At the Deputies", *JC*, 14 de julho de 1933, 7; "Jewish Unity", *JEF*, 14 de julho de 1933; "Jewry in Great Britain Moves for United Action", *JDB*, 17 de julho de 1933.

34. Ata, Comitê Estrangeiro Conjunto, 12 de julho de 1933, BDBJ-A; "Sudden Crisis at the Deputies", *JC*, 14 de julho de 1933, 7; ver "Jewry in Great Britain Moves for United Action", *JDB*, 17 de julho de 1933.

35. "World Jewry to Deliberate", *JC*, 21 de julho de 1933, 7; "British Board of Deputies Accepts Proposal to Enlarge Joint Foreign Committee", *JDB*, 21 de julho de 1933.

36. "Sudden Crisis at the Deputies", *JC*, 14 de julho de 1933, 7; "World Jewry to Deliberate" e "Federation of Synogogues", *JC*, 21 de julho de 1933, 7, 26; ver "Jewry in Great Britain Moves for United Action", *JDB*, 17 de julho de 1933; ver "London Confirms Report", *JDB*, 13 de julho de 1933.

37. "London Confirms Report", *JDB*, 13 de julho de 1933.

CAPÍTULO 20

1. Ver Paul Seabury, *The Wilhelmstrasse: A Study of German Diplomats under the Nazi Regime* (Berkeley: Universidade da Califórnia, 1954).

2. Carta, Landauer para Hoofien, 19 de julho de 1933, CZA S-25/9706 (trad. GB); ver Sam Cohen, "Note About the Transfer Agreement", 9 de outubro de 1933, CZA Z4/3434 (trad. EF).

3. Carta, Landauer para Hoofien, 19 de julho de 1933, CZA S25/9706 (trad. GB).

4. Nota, Dr. Reichhardt pelo Ministro da Economia para Sam Cohen, 18 de julho de 1933, CZA Z4/3434 (trad. DD); ver carta, Wolff para RFM, 24 de junho de 1933, NA T-120 rolo 4954, L368959 e ss. (trad. GZ); ver cartas, Landauer para Hoofien, 19 e 21 de julho de 1933, CZA S-25/9706 (trad. GB).

5. Nota, Dr. Reichhardt pelo Ministro da Economia para Sam Cohen, 18 de julho de 1933, CZA Z4/3434 (trad. DD).

6. Carta, Landauer para Hoofien, 19 de julho de 1933, CZA S-25/9706; ver ata, Comitê Político do 18º Congresso Sionista, 5ª assembleia, 29 de agosto de 1933, CZA Z4/232/4 (trad. GB).

7. Carta, Landauer para Hoofien, 19 de julho de 1933, CZA S-25/9706 (trad. GB); nota, Dr. Reichhardt pelo Ministro da Economia para Sam Cohen, 18 de julho de 1933, CZA Z4/3434 (trad. DD).

8. Carta, Landauer para Hoofien, 19 de julho de 1933, CZA S25/9706 (trad. GB); Memorando, Landauer para REM, "Transfer of the Capital of Jewish Immigrants from Germany to Palestine Through Export of Goods", 19 de julho de 1933, NA T-120 rolo 4954, L369080 (trad. GZ); ver carta e memorando adjunto, Landauer para REM, 20 de junho de 1933, CZA K-11/180-2 (trad. DD).

9. Carta, Landauer para Hoofien, 19 de julho de 1933, CZA S-25/9706 (trad. GB); memorando, Landauer para REM, "Transfer of the Capital of Jewish Emigrants", 19 de julho de 1933, NA T-120 rolo 4954, L369080.

10. Carta, Landauer para Hartenstein, 14 de julho de 1933, NA T-120 rolo 4954, L369009 (trad. GZ); carta, Landauer para Hoofien, 19 de julho de 1933, CZA S25/9706 (trad. GB); memorando, Landauer para REM, "Transfer of the Capital of Jewish Emigrants", 19 de julho de 1933, NA T-120 rolo 4954, L369080 (trad. GZ).

11. Carta, Landauer para Hoofien, 19 de julho de 1933, CZA S25/9706 (trad. GB); memorando, Landauer para REM, "Transfer of the Capital of Jewish Emigrants", 19 de julho de 1933, NA T-120 rolo 4954, L369080.

12. Ver cartas, Landauer para Jacobsohn, 9 de junho de 1933, e Landauer para Pinner, 3 de julho de 1933, CZA S7/92 (trad. GZ); ver carta, Wolff para RFM, 27 de julho de 1933, NA T-120 rolo 4954, L369010/20 (trad. GZ); carta, Margulies para Hoofien, 27 de julho de 1933, CZA S-25/9706 (trad. DD); carta, Hermann Ellern para Schmidt-Roelke, 27 de julho de 1933, NA T-120 rolo 4954, L369051/2 (trad. GZ).

13. Carta, Landauer para Hartenstein, 14 de julho de 1933, NA T-120 rolo 4954, L369009 (trad. GZ); carta, Landauer para Hoofien, 19 de julho de 1933, CZA S-25/9706 (trad. GB); ver memorando, Landauer para REM, "Transfer of the Capital of Jewish Emigrants", 19 de julho de 1933, NA T-120 rolo 4954, L369080 (trad. GZ).

14. Karl A. Schleunes, *The Twisted Road to Auschwitz: Nazi Policy Toward German Jews, 1933-1939* (Urbana: Universidade de Illinois, 1970), 188; ver Werner Rosenstock, "Exodus 1933-1939: A Survey of Jewish Emigration from Germany", *Middle Eastern Studies* (outubro de 1969), 379; ver 380 n. 6; Jacob Boas, "The Jews of Germany: Self--Perceptions in the Nazi Era as Reflected in the German Jewish Press, 1933-1938" (tese de doutorado não publicada, história, Universidade da Califórnia, Riverside, 1977), 84--85; ver "Merchants Lured Back to Germany", *London JC*, 14 de julho de 1933, 30; ver carta, "Ambassador in Germany (Dodd) to the Acting Secretary of State", 28 de julho de 1933, *FRUS*, 1933 (Washington, D.C.: Imprensa Oficial do Governo dos Estados Unidos, 1949), II: 248-49; ver "Jewish Telegraphic Agency Closed", *JC*, 28 de julho de 1933, 14.

CAPÍTULO 21

1. "About Ourselves", *JEF*, 2 de junho de 1933.

2. Ata, Comitê Estrangeiro Conjunto, 14 de julho de 1933, BDBJ-A; ver "Sudden Crisis at the Deputies", *JC*, 14 de julho de 1933.

3. Ata, Comitê Estrangeiro Conjunto, 12 de julho e 14 de julho de 1933, BDBJ-A.

4. "Jewish Unity", *JEF*, 14 de julho de 1933; ver *JEF*, 21 de julho de 1933.

5. "Jewry in Great Britain Moves for United Action", *JDB*, 17 de julho de 1933.

6. Ver "Textile Trades Meeting", *JC*, 26 de maio de 1933, 30; carta, Henry (Melchett) para Chaim Weizmann, 29 de maio de 1933, WA; ver *JEF*, 2 de junho de 1933.

7. Ver "Lord Melchett Becomes a Jew", *Manchester Guardian*, 17 de julho de 1933; "World Jews Plan to Widen Boycott", *NYT*, 19 de julho de 1933; ver "The Road Back", *JC*, 28 de julho de 1933, 9; ver "Imperial and Foreign News", *JC*, 11 de agosto de 1933, 22.

8. Ver Carta ao Editor, *Manchester Guardian*, 30 de junho de 1933, em ata, Comitê Estrangeiro Conjunto, 30 de junho de 1933, BDBJ-A; ver ata, Comitê Estrangeiro Conjunto, 30 de junho de 1933, BDBJ-A.

9. Martin Rosenbluth, *Go Forth and Serve: Early Years and Public Life* (Nova York: Herzl, 1961), 267-68.

10. Ver "Federation of Polish Jews", *JC*, 21 de julho de 1933, 12.

11. Ver ata, Comitê Estrangeiro Conjunto, 16 de julho de 1933, BDBJ-A; ver ata, Comitê Político do 18º Congresso Sionista, 6ª assembleia, 30 de agosto de 1933, CZA Z4/232/4, pp. 32-34 (trad. GB).

12. "World Jewish Economic Conference", *JC*, 21 de julho de 1933, 30.

13. "Bulletin", *JDB*, 6 de julho de 1933; Ata, AJCAdCom, 23 de setembro de 1933, AJHS, 5; comunicado de imprensa, AJC, 25 de setembro de 1933, BPM em AJA, 5-6.

14. Carta, Wise ao AJCAdCom, 28 de julho de 1933, AJHS, 3; "Dr. Wise's Report on His Activities in Europe, Verbatim Record", em ata, AJCAdCom, 23 de setembro de 1933, AJHS, 4-6.

15. "World Boycott Issue Up at Jewish Groups Parley", *JDB*, 12 de junho de 1933.

16. Carta, Wise ao AJCAdCom, 28 de julho de 1933, AJHS, 1-2; "Dr. Wise's Report", em ata, AJCAdCom, 23 de setembro de 1933, AJHS, 4-5; comunicado de imprensa, AJC, 25 de setembro de 1933, BPM em AJA, 5-6.

17. Carta, Wise ao AJCAdCom, 28 de julho de 1933, AJHS, 3; "Dr. Wise's Report", em ata, AJCAdCom, 23 de setembro de 1933, 5-6, 13.

18. "Polish Boycott Group Prepares for World Parley", *JDB*, 14 de julho de 1933.

19. "Anglo-Jewish, German Embassy Pact, Press Asserts; Hits Failure to Uphold It", *JDB*, 13 de julho de 1933; ver "Frankfurter Zeitung on the Boycott in England", *JEF*, 7 de julho de 1933; ver "English Jewry Against Boycott", *Frankfurter Zeitung*, 5 de julho de 1933, p. 3.

20. "London Confirms Report", *JDB*, 13 de julho de 1933.

21.-22. "Economic Conference Postponement: Continental Rumours of Pressure", *JC*, 21 de julho de 1933, 30.

23. "World Jewry to Deliberate" e "Federation of Synogogues", *JC*, 21 de julho de 1933, 7, 26; ver ata, Comitê Estrangeiro Conjunto, 12 de julho e 14 de julho de 1933, BDBJ-A; ver também "Dr. Wise's Report", em ata, AJCAdCom, 23 de setembro de 1933, AJHS, 5.

24. "World Jewish Economic Conference: Mr. Untermyer's Preliminary Plans", *JC*, 21 de julho de 1933, 30; "World Jews Plan to Widen Boycott", *NYT*, 19 de julho de 1933.

25.-26. "World Jews Plan to Widen Boycott", *NYT*, 19 de julho de 1933.

27. *Ibid.*; ver Walter Laqueur, *A History of Zionism* (Nova York: Holt, Rinehart & Winston, 1972), 355, 359.

28. "World Jews Plan to Widen Boycott", *NYT*, 19 de julho de 1933; "World Jewish Economic Conference: Mr. Untermyer's Preliminary Plan", *JC*, 21 de julho de 1933, 30.

29. Ver "Untermyer Assails Wise as Preliminary Boycott Meeting is Opened in Amsterdam", *JDB*, 21 de julho de 1933; ver "World Jews Push for Boycott of Reich for 'Inhuman' Acts", *NYT*, 21 de julho de 1933; ver "Boycott Exceeds Untermyer's Hope", *NYT*, 1º de agosto de 1933; ver "Reception Planned Sunday for Untermyer Returning From Boycott Conference", *JDB*, 3 de agosto de 1933; ver "Untermyer Back, Greeted in Harbor" e "Text of Untermyer's Address", *NYT*, 7 de agosto de 1933; ata, AJCAdCom, 3 de agosto de 1933; AJHS, 3-8: ver "The Boycott in America: Public Demands a Lead", *JC*, 28 de julho de 1933, 14; ver "American Jewish Congress to Consider Boycott Action", *JDB*, 16 de agosto de 1933.

30.-34. Carta, Wise ao AJCAdCom, 28 de julho de 1933, AJHS, 1-4.

35. "World Jewish Economic Conference Meets: The Boycott 'Reaffirmed'", *JC*, 28 de julho de 1933, 27; "World Jews Push Boycott of Reich for 'Inhuman' Acts", *NYT*, 21 de julho de 1933.

36. "World Jewish Economic Conference Meets", *JC*, 28 de julho de 1933, 27; "World Jews to Push Boycott", *NYT*, 21 de julho de 1933.

37. Ver "World Jews Plan to Widen Boycott", *NYT*, 19 de julho de 1933; ver "World Jews Push Boycott of Reich", *NYT*, 21 de julho de 1933.

38.-40. "World Jews Push Boycott of Reich", *NYT*, 21 de julho de 1933.

41. "World Jews Plan to Widen Boycott", *NYT*, 19 de julho de 1933.

42. "World Jews Push Boycott of Reich", *NYT*, 21 de julho de 1933.

43. *Ibid.*; "World Jewish Economic Conference Meets: The Boycott 'Reaffirmed'", *JC*, 28 de julho de 1933, 27.

44. "Ecomomic Conference Postponement: Continental Rumours of 'Pressure'", *JC*, 21 de julho de 1933, 30; ver "Likewise-Contrariwise!", *JC*, 28 de julho de 1933, 27; "World Jews Push Boycott of Reich", *NYT*, 21 de julho de 1933.

45. "Likewise-Contrariwise!", *JC*, 28 de julho de 1933, 27; "World Jews Push Boycott", *NYT*, 21 de julho de 1933.

46. "Likewise-Contrariwise!", *JC*, 28 de julho de 1933, 27; "World Jews Push Boycott", *NYT*, 21 de julho de 1933.

47. Ata, AJCAdCom, 3 e 17 de agosto de 1933, AJHS; ver "Dr. Wise's Report", em ata, AJCAdCom, 23 de setembro de 1933, AJHS; ver "Enthusiastic Crowds Greet Untermyer Who Urges Boycott Spread in Broadcast", *JDB*, 8 de agosto de 1933; ver "Text of Untermyer's Address", *NYT*, 7 de agosto de 1933; ver "Rabbi Wise Breaks Silence on Boycott: Calls It Duty of All Self-Respecting Jews", *JDB*, 15 de agosto de 1933; ver "Rabbi Wise Backs Boycott on Nazis", *NYT*, 15 de agosto de 1933.

CAPÍTULO 22

1. "London Jews Hold Anti-Nazi Parade", *NYT*, 21 de julho de 1933; *ver* "30,000 March in London", *JDB*, 21 de julho de 1933; *ver* "The March Through London" e "Our Leaders: 'A Mockery of Democracy'", *JC*, 28 de julho de 1933, 6, 16.

2. "London Jews Hold Anti-Nazi Parade", *NYT*, 21 de julho de 1933; "Monster Jewish Protest Demonstration", *JC*, 21 de julho de 1933, 10; "The Great Protest Demonstration", *JC*, 28 de julho de 1933, 20; "30,000 March in London", *JDB*, 21 de julho de 1933.

3. "London Jews Hold Anti-Nazi Parade", *NYT*, 21 de julho de 1933; ver "30,000 March in London", *JDB*, 21 de julho de 1933; ver "The March Through London" e "Our Leaders; 'A Mockery of Democracy'", *JC*, 28 de julho de 1933, 6, 16.

4. "British Labor Orders Boycott of Germany; Seeks to Make Her People Repudiate Hitler", *NYT*, 20 de julho de 1933

5. Ver Werner Senator, "Strictly Confidential Memorandum on the Transfer of Jewish Capital from Germany", 24 de julho de 1933, CZA S-25/9706; ver também "The Deputies: Boycott Discussed In Camera", *JC*, 28 de julho de 1933, 15.

6. Ata, Comitê Estrangeiro Conjunto, 19 de julho de 1933, e declaração, Comitê Estrangeiro Conjunto, 20 de julho de 1933, BDBJ-A.

7.-9. Ata, Comitê Estrangeiro Conjunto, 19 de julho de BDBF-A.

10. Ata, Comitê Estrangeiro Conjunto, 12 de julho de 1933 e "Draft Heads of Proposals", 13 de julho de 1933, BDBJ-A; ata, Comitê Estrangeiro Conjunto, 14 de julho de 1933 e "Confidential Statement of the Joint Foreign Committee", 14 de julho de 1933, BDBJ-A; carta, Wise ao AJCAdCom, 28 de julho de 1933, AJHS, 3.

11. Declaração, Comitê Estrangeiro Conjunto, 20 de julho de 1933, BDBJ-A.

12. Ata, Comitê Estrangeiro Conjunto, 26 de julho de 1933, BDBJ-A; *JEF*, 21 de julho de 1933.

13. "The Deputies: Boycott Discussed in Camera" e "Our Leaders; 'A Mockery of Democracy'", *JC*, 28 de julho de 1933, 15, 16; ver "Wasting Time at Deputies' Meeting", *JC*, 11 de novembro de 1933, 16.

14. "The Deputies; Boycott Discussed", *JC*, 28 de julho de 1933, 15; ata, Conselho de Delegados de Judeus Britânicos Reunião do Conselho, 23 de julho de 1933, BDBJ-A.

15. "The Deputies; Boycott Discussed", *JC*, 28 de julho de 1933, 15; ata, Conselho de Delegados de Judeus Britânicos, Reunião do Conselho, 23 de julho de 1933, BDBJ-A.

16.-18. "The Deputies; Boycott Discussed", *JC*, 28 de julho de 1933, 15.

19. *Ibid.*, 15-16; ver ata, Conselho de Delegados de Judeus Britânicos, Reunião do Conselho, 23 de julho de 1933, BDBJ-A, 2-3.

20. Carta, Neville Laski para Sir Robert Vansittart, 25 de julho de 1933, PRO-FO 371/16727-1527; ver ata, Comitê Estrangeiro Conjunto, 19 de julho de 1933, BDBJ-A, 2; "The Deputies; Boycott Discussed", *JC*, 28 de julho de 1933, 16.

21. Carta, Laski para Vansittart, 25 de julho de 1933, PRO-FO 371/16727-1527; "The Deputies; Boycott Discussed", *JC*, 28 de julho de 1933, 16; "The Deputies and the Official Boycott; 'Farcical Proceedings'", *JC*, 4 de agosto de 1933.

22. Ata, Conselho de Delegados de Judeus Britânicos, Reunião do Conselho, 23 de julho de 1933, BDBJ-A; "The Deputies; Boycott Discussed", *JC*, 28 de julho de 1933, 16.

23. Carta, Dr. Nahum Goldmann para Sam Cohen, 25 de julho de 1933, acervo pessoal de Esther Aharony (trad. GZ).

CAPÍTULO 23

1. "Oust Jewish Traders From Market Places", *JDB*, 2 de junho de 1933; "Jewish Trade at a Standstill", *JC*, 30 de junho de 1933, 19; "All Jews to Be Dismissed", *JC*, 16 de junho de 1933, 14; ver "The 'Silent Boycott' Goes On", *JC*, 23 de junho de 1933, 22; "Dismiss Jews from Chemical Trust", "Other Jewish Dismissals" e "Jews Can't Advertise in Berlin Phone Book", *JDB*, 22 de junho de 1933; ver carta, "The Charge in Germany (Gordon) to the Acting Secretary of State", 8 de julho de 1933, *FRUS* 1933 (Washington, D.C.: Imprensa Oficial do Governo dos Estados Unidos, 1949), II: 354-56.

2. "Frankfurt Disturbances", *JDB*, 28 de junho de 1933; "Nazis Arrest Scores for 'Economic Sabotage", *JDB*, 27 de junho de 1933.

3. "Map of Berlin Torture Centers", *Sunday Referee*, reproduzido no *JC*, 16 de junho de 1933, 18.

4. Carta, "Mr. Newton (Berlin) to Sir J. Simon", 11 de julho de 1933, DBFP, 1919--1939, série 2 V: 1933, 409-14; carta, "The Chargé in Germany (Gordon) to the Acting Secretary of State", 8 de julho de 1933, *FRUS*, 276-277; "Nazis Arrest Scores" e "Jews Moving Business are Traitors, Say Nazis", *JDB*, 27 de junho de 1933.

5. Carta, "The Chargé in Germany (Gordon) to the Acting Secretary of State", 24 de junho de 1933, *FRUS*, 236-39; carta, "The Chargé in Germany (Gordon) to the Acting Secretary of State", 30 de junho de 1933, *FRUS*, 239-44; carta, "The Chargé in Germany (Gordon) to the Acting Secretary of State", 10 de julho de 1933, *FRUS*, 244-45.

6. "War on Jews to Go On, Goebbels Assures Nazis: 'Worse Still in Store'", *JDB*, 26 de junho de 1933.

7. Carta, "The Chargé in Germany (Gordon) to the Acting Secretary of State", 10 de julho de 1933, *FRUS*, 245-46.

8. "Checking the Nazi Revolution", *London Times*, 15 de julho de 1933.

9. Ver carta, "Sir H. Rumbold (Berlin) to Sir J. Simon", 30 de junho de 1933, DBFP, 384-87; Arthur Schweitzer, *Big Business in the Third Reich* (Bloomington: Universidade de Indiana, 1964), 120-25; "Hitler Threatens the Nazi Radicals", *NYT*, 2 de julho de 1933; "Check to Nazi Extremism" e "Nazis and Department Stores", *London Times*, 12 de julho de 1933; "Mr. Newton (Berlin) to Sir J. Simon", 11 de julho de 1933, DGFP, 409-14; carta, "The Chargé in Germany (Gordon) to the Acting Secretary of State", 10 de julho de 1933, *FRUS*, 245-47.

10. Carta, "Sir H. Rumbold (Berlin) to Sir J. Simon", 30 de junho de 1933, DBFP, 386-89.

11. Carta, "Mr. Newton (Berlin) to Sir J. Simon", 11 de julho de 1933, DBFP, 409--14; carta, "The Chargé in Germany (Gordon) to the Acting Secretary of State", 10 de julho de 1933, *FRUS*, 246.

12. Carta, "The Chargé in Germany (Gordon) to the Acting Secretary of State", 10 de julho de 1933, *FRUS*, 246; carta, "Mr. Newton (Berlin) to Sir J. Simon", 11 de julho de 1933, DBFP, 411.

13.-14. Carta, "Mr. Newton (Berlin) to Sir J. Simon", 11 de julho de 1933, DBFP, 413.

15. Carta, "The Chargé in Germany (Gordon) to the Acting Secretary of State", 8 de julho de 1933, *FRUS* , 354-56; "Jewish Merchants Liquidate Businesses in Face of Nazi Drive", *JDB*, 12 de julho de 1933; "Anti-Jewish Boycott Intensified", *JC*, 14 de julho de 1933, 14-15; "New Assault on Jewish Workers", *JC*, July 21,1933, 14.

16. Helmet Genschel, *Die Verdragung der Juden aus der Wirtschaft im Dritten Reich* (Berlim: Musterschmidt-Verlag), 115 (trad. GZ); Heinrich Uhlig, *Die Warenhauser im Dritten Reich* (Koln-Opladen, 1956), 115 (trad. GZ); "'Coordinated' Tietz Firm Gets Nazi Gov't Subsidy", *JDB*, 1º de agosto de 1933.

17. Carta, "The Chargé in Germany (Gordon) to the Acting Secretary of State", 10 de julho de 1933, *FRUS*, 246-47; Adolf Hitler, discurso realizado na Chancelaria do Reich aos Comissários do Reich, 6 de julho de 1933, em Norman H. Baynes, trad. e ed., *The Speeches of Adolf Hitler* (Londres: Oxford, 1942). I: 865.

18. Carta, "The Chargé in Germany (Gordon) to the Acting Secretary of State", 10 de julho de 1933, *FRUS*, 245-47.

19. Ordem, Dr. Frick ao Statthalter, Governos de Estado, Premiê da Prússia e Ministro do Interior da Prússia, em "Check to Nazi Extremism", *London Times*, 12 de julho de 1933; ver carta, "The Ambassador in Germany (Dodd) to the Acting Secretary of State", 17 de julho de 1933, *FRUS*, 277-78.

20. *Communique*, Rudolf Hess, em "Nazis and Department Stores", *London Times*, 12 de julho de 1933.

21. Schweitzer, 122-24; ver James Pool e Suzanne Pool, *Who Financed Hitler: The Secret Funding of Hitler's Rise to Power, 1919-1933* (Nova York: Dial, 1979), 354-55; ver William L. Shirer, *The Rise and Fall of the Third Reich: A History of Nazi Germany* (Nova York: Fawcett Crest, 1960), 265-66.

22. Schweitzer, 124-25; "Hitler Invokes Aid of Business Heads", *NYT*, 16 de julho de 1933; "The Ambassador in Germany (Dodd) to the Acting Secretary of State", 17 de julho de 1933, *FRUS*, 279.

23.-24. Schweitzer, 117-19, 124-27, 136-37.

25. *Ibid.*, 249; Adolf Hitler, discurso, 13 de julho de 1933, em Baynes, 484-85, ver 867-68.

26. *Ver* Schweitzer, 134-38.

27. Carta, "The Ambassador in Germany (Dodd) to the Acting Secretary of State", 28 de julho de 1933, *FRUS*, 248-49; ver Erika Martens, *The Phenomenology of the Press in a Totalitarian Regime* (Cologne, 1972), 19 (trad. GZ).

28. Carta, "The Ambassador in Germany (Dodd) to the Acting Secretary of State", 28 de julho de 1933, *FRUS*, 1933, 248.

29. *Ibid.*; carta, "The Ambassador in Germany (Dodd) to the Acting Secretary of State", 17 de julho de 1933, *FRUS*, 279-80.

30.-31. "Hitler Invokes Aid of Business Heads", *NYT*, 16 de julho de 1933.

32. Carta, "The Ambassador in Germany (Dodd) to the Acting Secretary of State", 17 de julho de 1933, *FRUS*, 277-80.

33. Carta, "The Ambassador in Germany (Dodd) to the Acting Secretary of State", 28 de julho de 1933, *FRUS*, 248-49; ver carta, "The Ambassador in Germany (Dodd) to the Secretary of State", 12 de agosto de 1933, *FRUS*, 252-53.

34. Carta, "The Ambassador in Germany (Dodd) to the Acting Secretary or State", 28 de julho de 1933, *FRUS*, 248-50.

35. "No Cessation of Physical Violence" e "Cold Pogrom a Frost?", *JC*, 28 de julho de 1933, 13; "Nazis Round Up 300 Jews in Nuremberg: Businessmen are Paraded Through City", *NYT*, 21 de julho de 1933; "160 Nuremberg Jews Freed by Nazis After Mass Arrest", *JDB*, 25 de julho de 1933.

36. Ver carta, "Mr. Newton (Berlin) to Sir J. Simon", 11 de julho de 1933, DBFP, 413.

37. Carta, "Ambassador in Germany (Dodd) to the Acting Secretary of State", 28 de julho de 1933, *FRUS*, 250.

CAPÍTULO 24

1. Jessie Sampter, "Jewish Colonization Before 1917", em Jessie Sampter, ed., *Modern Palestine: A Symposium* (Nova York: Hadassah, 1933), 96; Eliezer S. Hoofien, "Currency, Banking and Insurance in Palestine", em Sampter, *Modern Palestine*, 252; Bernard A. Rosenblatt, "The Jewish National Fund and the Jewish Colonial Trust", em Jessie Sampter, ed., *A Guide to Zionism* (Nova York: ZOA, 1920), 68-70.

2. Ver "Growing With the State", *Jerusalem Post* edição internacional, suplemento *Bank Leumi*, 30/mar-5/abr de 1980.

3. Cartas, G. Landauer para Hartenstein e Schmidt-Roelke, 14 de julho de 1933, NA T-120 rolo 4954, L360009 (trad. GZ).

4. Carta, Landauer para Hartenstein, 14 de julho de 1933, NA T-120 rolo 4954, L369009 (trad. GZ).

5. *Ibid.*; Shaul Esh, *Studies in the Holocaust and Contemporary Jewry* (Jerusalém: ICJ, 1973), 69, n. 40 (transcrição do autor 81).

6. Ver carta, Wolff para RFM, 3 de julho de 1933, NA T-120 rolo 4954, L368972 (trad. GZ); carta, Landauer para Pinner, 3 de julho de 1933, CZA S7/92; Esh, 67 (transcrição do autor 26); Sam Cohen, "Note Concerning the Transfer Agreement", 9 de outubro de 1933, CZA Z4/3434 (trad. DD).

7. "Protocol on the Situation of the Jews in Germany", Beilinson e Julius Berger, 14 de julho de 1933, protocolos *Histadrut*, ALM; protocolo, Assembleia do *Histadrut*, 31 de julho de 1933, ALM (trad. GG).

8. Memorando, Landauer para REM, "Transfer of the Capital of Jewish Emigrants from Germany to Palestine Through Export of Goods", 19 de julho de 1933, NA T-120 rolo 4954, L369080 (trad. GZ); carta, Landauer para Schmidt-Roelke, 20 de julho de 1933, NA T-120 roll 4954, L369080 (trad. GZ).

9.-10. Carta, Landauer para Hoofien, 19 de julho de 1933, CZA S25/9706 (trad. GB).

11. Ver Werner Senator, "Strictly Confidential Memorandum on the Transfer of Jewish Capital from Germany", 24 de julho de 1933, CZA S-25/9706.

12. Mr. Williams (Colonial Office) para Mr. Rendel, "Proposed facilities for Dr. W. Senator", 25 de julho de 1933, PRO-FO 371/16927-1556.

13. Carta, Landauer para Hoofien, 21 de julho de 1933, CZA S-25/9706 (trad. GB); carta, Ellern para RFM, 21 de julho de 1933, NAT-120 rolo 4954, 1369041 e ss. (trad. GZ).

14. Carta, Landauer para Hoofien, 21 de julho de 1933, CZA S-25/9706 (trad. GB); nota, Ministro da Economia para Hanotaiah, 18 de julho de 1933, CZA Z-4/3434 (trad. DD/EF); ver "Ministro da Economia para Hanotaiah, Ltd., Tel Aviv", 18 de julho de 1933, DGFP, 1918-1945 (Londres: HMSO, 1957): série C, I: 661-611.

15. Nota, Ministro da Economia para Hanotaiah, 18 de julho de 1933, CZA Z4/3434 (trad. DD/EF).

16. *Ibid.*; carta, Landauer para Hoofien, 21 de julho de 1933, CZA S-25/9706.

17.-19. Nota, Ministro da Economia para Hanotaiah, 18 de julho de 1933, CZA Z4/3434 (trad. DD/EF).

20.-23. Carta, Landauer para Hoofien, 21 de julho de 1933, CZA S255/9706 (trad. GB).

24. Carta, Ellern para RFM, 21 de julho de 1933, NA T-120 rolo 4954, L369041 e ss. (trad. GZ).

25.-26. Carta, Landauer para Hoofien, 21 de julho de 1933, CZA S-25/9706 (trad. GB).

27.-31. Carta, Ellern para RFM, 21 de julho de 1933, NA T-120 rolo 4954, L369042 e ss. (trad. GZ).

32.-33. Carta, Hartenstein para Schmidt-Roelke, 22 de julho de 1933, NA T-120 rolo 4954, L368997 (trad. GZ).

34. Telegrama para Wolff, assinado "Ulrich", 24 de julho de 1933, NA T-120 rolo 4954, L369000/01 (trad. GZ).

CAPÍTULO 25

1. Carta, Heinrich Margulies para E. S. Hoofien (assinado Landauer), 27 de julho de 1933, CZA S-25/9706 (trad. DD).

2. Carta, Wolff para RFM, 27 de julho de 1933, NA T-120 rolo 4954, L369010 e ss. (trad. GZ).

3.-9. Carta, Margulies para Hoofien, 27 de julho de 1933, CZA S-25/9706, (trad. DD).

10. Carta, Ellern para Schmidt-Roelke, 27 de julho de 1933, NA T-120 rolo 4954, L369041/2 (trad. GZ).

11.-15. Carta, Margulies para Hoofien, 27 de julho de 1933, CZA S-25/9706.

16. *Ibid.*, pt. 24, ver pt. 1; ver telegrama, Margulies para Hoofien, 27 de julho de 1933, CZA S-25/9706 (trad. YC).

17.-21. Carta, Wolff para RFM, 27 de julho de 1933, NA T-120 rolo 4954, L369010/20 (trad. GZ).

22. Telegrama, Margulies para Hoofien, 27 de julho de 1933, e carta, Margulies para Hoofien, 28 de julho de 1933, pts. 3, 4, 5, CZA S-25/9706 (trad. GZ/YC).

23. Carta, Margulies para Hoofien, 28 de julho de 1933, CZA S-25/9706, pts. 7, 8.

24. Telegrama, Margulies para Hoofien, 27 de julho de 1933, CZA S-25/9706 (trad. YC).

25. Telegrama, Hoofien para Margulies, sem data, CZA S-25/9706 (trad. VC).

26. Carta, Câmara de Comércio para Agência Judaica, 17 de julho de 1933, CZA S-25/9706 (trad. VC).

27. Carta, Margulies para Hoofien, 28 de julho de 1933, CZA S-25/9706, pts. 1, 2 (trad. GZ); ver carta, Margulies ao Cônsul Geral em Jerusalém (Wolff), 28 de julho de 1933, CZA S-25/9706 (trad. GB).

28. Carta de Apresentação, Margulies ao Cônsul Geral Alemão, 28 de julho de 1933, CZA S-25/9706 (trad. GB).

29.-32. Carta, Margulies ao Cônsul Geral em Jerusalém, 28 de julho de 1933, CZA S-25/9706 (trad. GB).

33.-36. Carta, E. S. Hoofien para Landauer, 28 de julho de 1933, NA T-120 rolo 4954, L369085/88 (trad. GZ).

37. Carta de Apresentação, Landauer para Schmidt-Roelke, 31 de julho de 1933, e carta, Hoofien para Landauer, 28 de julho de 1933, NA T-120 rolo 4954, L369084/88 (trad. GZ).

38.-45. Carta, Hoofien para Landauer, 28 de julho de 1933, NA T-120 rolo 4954, L369085/88 (trad. GZ).

46. Carta de Apresentação, Landauer para Schmidt-Roelke, 31 de julho de 1933, NA T-120 rolo 4954, L369084.

47.-56. Carta, Sam Cohen para Dr. Eberl, 1º de agosto de 1933, NA T-120 rolo 4954, L369093/5 (trad. GZ).

CAPÍTULO 26

1. "The Ministry of Economics to the Foreign Ministry", 10 de agosto de 1933, e anexo, "The Minister of Econmics to Herr S. Hoofien", DGFP, 1918-1945 série C, I (Londres: HMSO, 1957): 732-36: ver notas manuscritas, E. S. Hoofien, sem data, CZA A-95/19; Alex Bein, ed., *Arthur Ruppin: Memoirs, Diaries, Letters* (Londres: Weidenfeld & Nicolson, 1971), 264: ver ata, Comitê político do 18º Congresso Sionista, 5ª assembleia, 29 de agosto de 1933, CZA Z4/232/4, 30 (trad. GB).

2. Ver carta, Sam Cohen para Dr. Eberl, 1º de agosto de 1933, NA T-120 rolo 4954, L369093/5 (trad. GZ): ver "Ministry of Economics to the Foreign Ministry", 10 de agosto de 1933, DGFP, 733; ver também fotografia, Sam Cohen, arquivo do autor.

3. "Ministry of Economics to the Foreign Ministry" e anexo, "The Minister of Economics to Herr S. Hoofien", 10 de agosto de 1933, DGFP, 732-36.

4. *Ibid.*, 734; ver carta, Landauer para Hoofien, 20 de julho de 1933, CZA S-25/9706 (trad. GB).

5. Ver Werner Senator, "Strictly Confidential Memorandum on the Transfer of Jewish Capital from Germany", 24 de julho de 1933, CZA S-25/9706.

6. Ver carta, Sam Cohen para Dr. Eberl, 1º de agosto de 1933, NA T-120 rolo 4954, L369093/5; ver também carta, Margulies para Hoofien, 27 de julho de 1933, CZA S-25/9706.

7. Ver carta, Hoofien para Landauer, 28 de julho de 1933, NA T-120 rolo 4954, L369085/88 (trad. GZ).

8. "The Ministry of Economics to the Foreign Ministry", 10 de agosto de 1933, DGFP, 734; carta, Landauer para Hoofien, 21 de julho de 1933, CZA S-25/9706; carta, Hartenstein para Schmidt-Roelke, 22 de julho de 1933, NA T-120 rolo 4954, L368997.

9. Telegrama, Wolff para RFM, 7 de agosto de 1933, NA T-120 rolo 4954, L369064/5.

10. *Ibid.*: ver "The Ministry of Economics to the Foreign Ministry", 10 de agosto de 1933, DGFP, 734.

11. "The Ministry of Economics to the Foreign Ministry", 10 de agosto de 1933, DGFP, 734.

12. Ver Ernst Marcus, "The German Foreign Office and the Palestine Question in the Period 1933- 1939", em Shaul Esh, ed., *Yad Vashem Studies in the European Jewish Catastrophe and Resistance*, II (Jerusalém: Yad Vashem, 1958), 181; ver Francis R. J. Nicosia, "Germany and the Palestine Question, 1933-1939" (tese de doutorado não publicada, história, McGill, 1977), 110.

13.-14. Telegrama, Wolff para RFM, 7 de agosto de 1933, NA T-120 rolo 4954, L369064/5.

15. *Ibid.*: ver "The Ministry of Economics to the Foreign Ministry", 10 de agosto de 1933, DGFP, 733; ver também Shaul Esh, *Studies in the Holocaust and Contemporary Jewry* (Jerusalém: ICJ, 1973), 77 (transcrição do autor 34).

16. Esh, *Studies in the Holocaust*, 77; ver telegrama, Wolff para RFM, 7 de agosto de 1933, NA T-120 rolo 4954, L369064/5; ver "The Ministry of Economics to the Foreign Ministry", 10 de agosto de 1933, DGFP, 735; ver também carta, Hartenstein para Schmidt-Roelke, 22 de julho de 1933, NA T-120 rolo 4954, L368997.

17. "The Ministry of Economics to the Foreign Ministry" e anexo, "The Minister of Economics to Herr S. Hoofien", 10 de agosto de 1933, DGFP, 732-36.

18. *Ibid.*, 735-36: ver circular n. 54/33, Ministério da Economia, 28 de agosto de 1933, em "Financial Arrangements Between German Government and Certain Organizations in Palestine for the Promotion of the Emigration of German Jews to Palestine", 14 de setembro de 1933, PRO-FO 371/16757-15117; ver Dolf Michaelis, "The Economic and Political Development of the Emigration and Transfer Question in National-Socialist Germany", em Werner Feilchenfeld, Dolf Michaelis e Ludwig Pinner, *Haavara-Transfer Nach Palestina Und Einwanderung Deutscher Juden, 1933--1939* (Tubingen: Mohr Verlag, 1972), 27 (transcrição do autor 14); ver também Dr. Werner Feilchenfeld, *Five Years of Jewish Immigration from Germany and the Haavara-Transfer, 1933-1938* (Tel Aviv: "Haavara" Ltd., n.d.), 5, 16-18.

19.-20. "The Ministry of Economics to Herr S. Hoofien", 10 de agosto de 1933, DGFP, 735.

21. *Ibid.*, 736, ver n. 8; ver carta, Ministério da Economia (Scheuerl) ao Ministério das Relações Exteriores, 25 de agosto de 1933, NA T-120 rolo 4954, L369117 (trad. GZ); ver circular n. 54/33, Ministério da Economia, 28 de agosto de 1933, em "Financial Arrangements Between German Government and Certain Organizations in Palestine", 14 de setembro de 1933, PRO-FO 371/16757-1527.

CAPÍTULO 27

1. Werner Senator, "Strictly Confidential Memorandum on the Transfer of Jewish Capital from Germany", 24 de julho de 1933, CZA S-25/9706, 2 pt. 6.

2. *Ibid.*, pts. 8, 9.

3. Ludwig Pinner, "The Meaning of the Immigration from Germany for Palestine", em Werner Feilchenfeld, Dolf Michaelis e Ludwig Pinner, *Haavara-Transfer Nach Palestina Und Einwanderung Deutscher Juden, 1933-1939* (Tubingen: Mohr Verlag, 1972), 100-2 (transcrição do autor 61-62).

4. Senator, "Strictly Confidential Memorandum on the Transfer of Jewish Capital", 24 de julho de 1933, CZA S-25/9706, 2 pts. 13, 14.

5. *Ibid.*, pt. 16.

6. *Ibid.*, 3, pts. 17, 18.

7. *Ibid.*, pt. 20.

8. *Ibid.*, 3-5, pt. 21.

9. Leo Motzkin, memorando, 27 de julho de 1933, CZA L9/441, 1.

10. *Ibid.*, 7.

11.-14. Motzkin, memorando, 27 de julho de 1933, CZA L9/441, 8-10.

15. Paltreu ao Ministério da Economia, Mr. von Heinz, 30 de agosto de 1933, CZA S/97 (trad. NS): ver carta, Marcus para Marguelies, 18 de setembro de 1933, CZA S-7/84 (trad. YC).

16. Shaul Esh, *Studies in the Holocaust and Contemporary Jewry* (Jerusalém: ICJ, 1973), 104, n. 36 (transcrição do autor 99).

17. Ata Confidencial, Assembleia do Comitê Executivo em Exercício do Comitê Econômico Americano para a Palestina, 1º de setembro de 1933, BPM em AJA, 3.

18.-19. Protocolo do Histadrut, 31 de julho de 1933, ALM (trad. GG).

20.-22. Carta, Landauer para Hartenstein, 17 de agosto de 1933, CZA S-7/84 (trad. EF).

23.-24. Dr. Chaim Weizmann, "The German-Jewish Tragedy and Palestine", *Palestine Post*, 5 de julho de 1933.

25. "Australian Gov't Considers German Jewish Settlement to Check Japanese Influx", *JDB*, 13 de julho de 1933; "A Refugee Colony in North Australia", *London JC*, 21 de julho de 1933, 18.

26. "Crimea, Ukraine Settlement Carried Out for Year, Bureya Fails of Quota", *JDB*, 18 de julho de 1933.

27. "Zionists Rejected Manchuria as Jewish Refuge in 1933", *Jerusalem Post* edição internacional, 24-30 de janeiro de 1982; ver também carta, Maurice William para Juiz Brandeis, 23 de outubro de 1933, BPM em AJA; ver Marvin Tokayer e Mary Swartz, *The Fugu Plan: The Untold Story of the Japanese and the Jews During World War II* (Nova York: Paddington, 1979), 9-10, 53, 63-64, 68-69.

CAPÍTULO 28

1. "Limiting of Jews in Trades and Professions Divides Austrian Press", *JDB*, 24 de julho de 1933; "Nazi Terror Continues in Austrian Province", *JDB*, 3 de agosto de 1933; "Silent Boycott Against Jews Revealed in Vienna", *JDB*, 15 de agosto de 1933.

2. "Nazi Boycott Protest Reported Winning Backing of Mexican Government", *JDB*, 27 de julho de 1933; "Mexican Anti-Semitism Takes Nationalistic Tinge as it Revives in Interior", *JDB*, 23 de agosto de 1933, 6.

3. "Nazis Boo Appointment of Kelsen to Prague Post", *JDB*, 2 de junho de 1933.

4. "Dutch Bar Uniformed Nazis", *NYT*, 24 de agosto de 1933.

5. "Demand Swastika Fly on World Fair Building Repulsed by Germans", *JDB*, 30 de julho de 1933; "Investigate Nazi Leaflets 'Bombing' of N.J. Meeting", *JDB*, 10 de agosto de 1933.

6. "Ban Roumanian Paper for Criticism of Cuzists", *JDB*, 22 de junho de 1933; "Roumanian Official Denies Anti-Semitic Numerus Clausus Plan", *JDB*, 16 de agosto de 1933.

7. "Huge Sign Barring Jews Arouses Ire in Hamilton", *JDB*, 12 de julho de 1933; "Swastika at Ball Game Provokes Toronto Riot with 8,000 Participating", *JDB*, 18 de agosto de 1933.

8. "Budapest Curbs Nazis", *NYT*, 29 de agosto de 1933.

9. "30,000 March in London Anti-Hitler Protest Parade; Police Balk Fascist Disorder", *JDB*, 21 de julho de 1933; "Accuse Mosley of Conducting Raid on Rival Fascist Outfit", *JDB*, 24 de julho de 1933; "Hitler and Nazi Regime Acclaimed in British Press, Goebbels' Attack Reprinted", *JDB*, 1º de agosto de 1933; "Lord Rothermere Swallows Hitler Whole", *JC*, 14 de julho de 1933, 8.

10. "Anonymous Appeal Calls on Brazilians to Create a Fascist Fatherland", *JDB*, 10 de agosto de 1933.

11. Telegrama, Wolff para RFM, 31 de março de 1933, em Francis R. J. Nicosia, "Germany and the Palestine Question, 1933-1939" (tese de dissertação não publicada, história, McGill, 1977), 162 (trad. GZ); "Templars as Nazis", *Palestine Post*, 5 de junho de 1933.

12. "Brown Shirt Disorders in Poland", *JDB*, 16 de agosto de 1933; "Jail Polish Anti-Semites for Attacks on Jews", *JDB*, 22 de agosto de 1933.

13. "Iraq Disorders Involve Anti-Jewish Campaign, London Paper Reports", *JDB*, 24 de agosto de 1933.

14. "Reports Huge Nazi Drive", *NYT*, 11 de junho de 1933; "Nazis Active in Sweden", *NYT*, 22 de agosto de 1933.

15. "Aryan World Congress Urged by Nazi Press", *JDB*, 22 de junho de 1933.

16. "Jews Throughout Germany Dismissed Wholesale, Bank Head Flees to Switzerland", *JDB*, 5 de julho de 1933.

17. Carta, Wise ao AJCAdCom, 28 de julho de 1933, AJHS, 2; ata, AJCAdCom, 3 de agosto de 1933, AJHS, 3; ver carta, Wise para Mack, 19 de julho de 1933, BPM em AJA.

18. Ver carta, Wise para Mack, 20 de agosto de 1933, em Carl Hermann Voss, ed., *Stephen S. Wise: Servant of the People* (Filadélfia: JPSA, 1969), 192-93.

CAPÍTULO 29

1. "Philadelphia Record Points Out Effects of Spontaneous Boycott Against Germany", *JDB*, 30 de julho de 1933; "Germany; 'Blindfolded'", *Time Magazine*, 7 de agosto de 1933.

2. "Philadelphia Record Points Out Effects of Spontaneous Boycott", *JDB*, 30 de julho de 1933.

3. "German Trade Languishing: The Price of Barbarism", *London JC*, 4 de agosto de 1933; "German Steel Gains in Domestic Market", *NYT*, 14 de agosto de 1933.

4. "Correspondent Hails Genius of Hitler as Wrecking Crew Boss", *JDB*, 5 de setembro de 1933.

5. "Hitler Invokes Aid of Business Heads", *NYT*, 16 de julho de 1933; "German Exports Drop", *NYT*, 14 de agosto de 1933; "Reich Loses Again on Trade Balance", *NYT*, 16 de agosto de 1933; "Reich Fails to Gain Under Nazi Rule", *NYT*, 21 de agosto de 1933.

6.-7. "Nazi Rule Menace to Wine Growers", *NYT*, 24 de agosto de 1933.

8. "Nazis Oust Jewish Metallurgists, Then Name Them as Advisors", *JDB*, 12 de julho de 1933; "Nazification of Jewish Firms", *JC*, 21 de julho de 1933, 14.

9.-10. "Germans Squealing at the Boycott", *JC*, 21 de julho de 1933, 30.

11. "Hitler Hard Up", *JC*, 11 de agosto de 1933.

12-13. Carta, "The Consul General at Berlin (Messersmith) to the Secretary of State", 1º de setembro de 1933; *FRUS* 1933, (Washington, D.C.: Imprensa Oficial do Governo dos Estados Unidos, 1949), II: 448-50.

14. Carta, "The Ambassador in Germany (Dodd) to the Secretary of State", 14 de setembro de 1933, *FRUS*, 450-51.

15. "German Ship Lines Protest New Ban" e "Freight Restrictions Reported", *NYT*, 16 de agosto de 1933.

16. "Reich Fails to Gain Under Nazis' Rule", *NYT*, 21 de agosto de 1933; "Germany's Cotton Business Improves", *Wall Street Journal*, 23 de agosto de 1933.

17.-18. "Minute by an Official of the Economic Department", 5 de setembro de 1933, DGFP, 1918-1945, série C, (Londres: HMSO), 1957 I: 777-78.

19. "Minute by an Official of the Economic Department: Supplement to Today's Memorandum on a German-Rumanian Compensation Transaction", 5 de setembro de 1933, DGFP, 779.

20. Memorando, Davidson, "Meeting of the Reich Chancellor with the Americans Mann and Behn", 2 de agosto de 1933, NA T-120 rolo 5689, L495447 (trad. GZ).

21. "German Trade Languishing; The Price of Barbarism", *JC*, 4 de agosto de 1933.

22. "The Success of the Boycott; Dr. Goebbels' Admission", *JC*, 8 de setembro de 1933, 14.

23. "Reich Fails to Gain under Nazis' Rule", *NYT*, 21 de agosto de 1933; "Germany Reports Big Cut in Jobless", *NYT*, 24 de agosto de 1933.

24. "Reich Fails to Gain", *NYT*, 21 de agosto de 1933; "Germany Reports Big Cut in Jobless", *NYT*, 24 de agosto de 1933.

25. "Germany Reports Big Cut in Jobless", *NYT*, 24 de agosto de 1933.

26. *Ibid.*; "Reich Fails to Gain", *NYT*, 21 de agosto de 1933.

27. Relatório, "Mr. Newton (Berlin) to Sir J. Simon", 11 de julho de 1933, DBFP, 1919-1939, série 2, V: 1933; (Londres: HMSO, 1956), 413-14.

28. "Reich Fails to Gain Under Nazi Rule", *NYT*, 21 de agosto de 1933.

29.-30. Relatório, "Mr. Newton (Berlin) to Sir J. Simon", 11 de julho de 1933, DBFP, 413.

31. "Reich Fails to Gain", *NYT*, 21 de agosto de 1933.

32. "Germany Reports Big Cut in Jobless", *NYT*, 24 de agosto de 1933.

33. "Report Schacht Escapes Death by Assassins", *Chicago Daily News*, 24 de agosto de 1933.

CAPÍTULO 30

1. Ver carta, Samuel Untermyer para B. Dubovsky, 11 de maio de 1939, AJA, Pasta 8, JBC; carta, Lipsky para Weizmann, 24 de setembro de 1933, CZA L-13/150.

2. Ver "Coordinating World Boycott", *London JC*, 4 de agosto de 1933; *ver* "Zionist Leadership", *JC*, 11 de agosto de 1933.

3. Ver "Untermyer Back, Greeted in Harbor" e "Text of Untermyer's Address", *NYT*, 7 de agosto de 1933; ver "World Boycott of German Goods", *JC*, 4 de agosto de 1933; *ver* ata, AJCAdCom, 3 de agosto de 1933, AJHS; ver "Samuel Untermyer: A Character Sketch", *Chicago Sentinal*, 28 de setembro de 1933.

4. "Boycott Exceeds Untermyer's Hope", *NYT*, 1º de agosto de 1933; "World Boycott of German Goods", *JC*, 4 de agosto de 1933.

5. "Untermyer Back, Greeted in Harbor" e "Text of Untermyer's Address", *NYT*, 7 de agosto de 1933; ver "World Boycott of German Goods", *JC*, 4 de agosto de 1933; ver "Boycott of German Products Launched at N.Y. Conference", *Boston Jewish Advocate*, 12 de setembro de 1933.

6. "German Exports Drop", *NYT*, 14 de agosto de 1933.

7. "Text of Untermyer's Address", *NYT*, 7 de agosto de 1933.

8. "Boycott Exceeds Untermyer's Hope", *NYT*, 1º de agosto de 1933.

9.-20. Ata, AJCAdCom, 3 de agosto de 1933, 1-14.

21. "Untermyer Back, Greeted in Harbor", *NYT*, 7 de agosto de 1933; "Enthusiastic Crowds Greet Untermyer Who Urges Boycott Spread in Broadcast", *JDB*, 8 de agosto de 1933.

22. "Untermyer Back", *NYT*, 7 de agosto de 1933.

23.-24. "Enthusiastic Crowds Greet Untermyer", *JDB*, 8 de agosto de 1933.

25.-31. "Text of Untermyer's Address", *NYT*, 7 de agosto de 1933.

32. Ata, AJCAdCom, 17 de agosto de 1933, AJHS, I; ver "American Jewish Congress to Consider Boycott Action", *JDB*, 16 de agosto de 1933.

33.-34. Ata, AJCAdCom, 17 de agosto de 1933, AJHS, 1.

35. Cabograma, Wise para Deutsch, em ata, AJCAdCom, 17 de agosto de 1933, AJHS, 1-2.

36. "Rabbi Wise Breaks Silence on Boycott; Calls it Duty of All Self-Respecting Jews", *JDB*, 15 de agosto de 1933; "Rabbi Wise Backs Boycott on Nazis", *NYT*, 15 de agosto de 1933.

37. "Rabbi Wise Breaks Silence", *JDB*, 15 de agosto de 1933; "Rabbi Wise Backs Boycott", *NYT*, 15 de agosto de 1933.

38.-40. Ver ata, AJCAdCom, 17 de agosto de 1933, AJHS, 2-3.

41. Moshe Gottlieb, "The Anti-Nazi Boycott Movement in the American Jewish Community, 1933-1941" (tese de dissertação não publicada, Estudos Judaicos e do Oriente Próximo, Brandeis, 1967), 103.

42. Comunicado de imprensa, *AJC*, 21 de agosto de 1933, BPM em AJA; ver "Jews Here to Push Boycott on Hitler", *NYT*, 21 de agosto de 1933.

43. "American Jewish Congress Endorses Boycott, Move to Adopt German Jewish Children Here", *JDB*, 22 de agosto de 1933; "Resolution on Boycott Presented by Dr. Joseph Tenenbaum", 20 de agosto de 1933, *Tenenbaum Collection*, Pasta 19, YIVO; comunicado de imprensa, *AJC*, 21 de agosto de 1933, BPM em AJA; ver cartas, Wise para Mack, 15 de abril e 14 de julho de 1933, em Carl Hennann Voss, ed., *Stephen S. Wise: Servant of the People* (Filadélfia: JPSA, 1969), 184-85, 191-92; ver Morris Frommer, "The American Jewish Congress: A History, 1914-1950" (tese de dissertação não publicada, história, Universidade de Ohio, 1978), 324-26; ver Gottlieb, 99.

44.-50. Comunicado de imprensa, *AJC*, 21 de agosto de 1933, BPM em AJA, 2-9.

51.-53. "Samuel Untermyer Salutes American Jewish Congress Upon (Its) Joining the Boycott Movement", *Der Morgan Journal*, 21 de agosto de 1933 (trad. N. Stampfer e B. Nadel).

54.-56. "Excerpts from Address by Rabbi Jacob Sonderling at the National Executive Committee", 20 de agosto de 1933, BPM em AJA.

57. "Samuel Untermyer Salutes", *Der Morgan Journal*, 21 de agosto de 1933 (trad. B. Nadel); "American Jewish Congress Endorses Boycott", *JDB*, 22 de agosto de 1933; comunicado de imprensa, *AJC*, 21 de agosto de 1933, BPM em AJA, 13.

58. "Samuel Untermyer Salutes", *Der Morgan Journal*, 21 de agosto de 1933 (trad. B. Nadel); "American Jewish Congress Endorses Boycott", *JDB*, 22 de agosto de 1933; "Jews Here Push Boycott of Reich", *NYT*, 21 de agosto de 1933; comunicado de imprensa, *AJC*, 21 de agosto de 1933, BPM em AJA, 13.

CAPÍTULO 31

1. Ver "Zionist Convention Ratifies Hadassah Share in Naming Prague Delegates", *JDB*, 7 de julho de 1933; ver cartas, Wise para Mack, 13 e 21 de julho de 1933, BPM em AJA.

2. Joseph Schechtman, *Fighter and Prophet: The Vladimir Jabotinsky Story, the Last Years* (Nova York: Thomas Yoseloff, 1961), 215; ver "Make Palestine a Land of Fulfillment, Sokolow Urges", *JDB*, 22 de agosto de 1933, 4.

3. Ver "Revisionist Split Complete", *JC*, 11 de agosto de 1933; ver "Laborites Demand Voice in Actions Committee in Proportion to Strength", *JDB*, 16 de agosto de 1933; ver "Make Palestine Land of Fulfillment", *JDB*, 22 de agosto de 1933, 2.

4. Ver *Stenographisches Protokoll der Verhandlungen Des XVIII Zionistenkongresses Und Der Dritten Tagung Des Council Der Jewish Agency Fur Palastina* (Wien: Fiba-Verlag, 1934) 23 (trad. GZ); ver Walter Laqueur, *A History of Zionism* (Nova York: Holt, Rinehart & Winston, 1972), 318; Schechtman, 191.

5. Schechtman, 191-92; ver "General Zionists Protest Actions Committee Delay on Laborite Demands", *JDB*, 17 de agosto de 1933; "Zionist Congress Awaits Weizmann", *NYT*, 29 de agosto de 1933; "Laborites Renew Drive on Revisionists", *JDB*, 29 de agosto de 1933, 4.

6. Ver Selbstwehr, 18 de agosto de 1933, n. 33, p. 3 (trad. HG); ver carta, Wise para Mack, 18 de agosto de 1933, em Carl Hermann Voss, ed., *Stephen S. Wise: Servant of the People* (Filadélfia: JPSA, 1969), 192; ver "Weizmann Neither Denies Nor Confirms Reports He'll Attend Zionist Congress", *JDB*, 25 de agosto de 1933; Schechtman, 194.

7. "New Yorkers Cable Prague to Recall Dr. Weizmann", *JDB*, 24 de agosto de 1933.

8. Carta, Wolff para RFM, 3 de julho de 1933, NA T-120 rolo 4954, L368972/77 (trad. GZ).

9. Carta, Landauer, Leibenstein, Sereni e Skolnik, 4 de agosto de 1933, CZA L-8/441 (trad. EF).

10. Ver "German Zionists Plead for Restraint, Practical Measures at Congress", *JDB*, 17 de agosto de 1933.

11. Carta, "The Ministry of Economics to the Foreign Ministry", 10 de agosto de 1933, DGFP, 1918-1945, série C, 1 (Londres: HMSO, 1957): 733.

12. Cordell Hull, *The Memoirs of Cordell Hull* (Nova York: Macmillan, 1948), I: 240; "Memorandum by the Secretary of State of a Conversation with the German Charge (Luther)", 11 de agosto de 1933, *FRUS* 1933; (Washington, D.C.: Imprensa Oficial do Governo dos Estados Unidos, 1949), II: 357.

13. Ver "Zionists Attacked", *JC*, 21 de julho de 1933, 15; "German Zionists Plead for Restraint", *JDB*, 17 de agosto de 1933.

14. "Hitlerites Bar German Zionists From Attending Congress", St. Louis *Modern View*, 24 de agosto de 1933; "Refusal to Grant Visa to Jabotinsky Stirs Zionist Congress Circles", *JDB*, 16 de agosto de 1933; ver "Zionist Leader's Appeal to League", *JDB*, 23 de agosto de 1933, 5, 7; "World Jewish Plea Urged on Zionists", *NYT*, 22 de agosto de 1933; Martin Rosenbluth, *Go Forth and Serve: Early Years and Public Life* (Nova York: Herzl, 1961), 269.

15. "Reprisals Against German Zionists for Congress Acts Threatened by Rosenberg", *JDB*, 18 de agosto de 1933; "Germany Watches Zionist Congress", *NYT*, 20 de agosto de 1933.

16.-17. "Germany Watches Zionist Congress", *NYT*, 20 de agosto de 1933.

18. "German Zionist Paper Banned After Answering Attack by Rosenberg", *JDB*, 21 de agosto de 1933.

19. "Laborites Want Coalition for Zionist Organization Excluding Revisionists", *JDB*, 9 de agosto de 1933.

20. "Refusal to Grant Visa to Jabotinsky Stirs Zionist Congress Circles", *JDB*, 10 de agosto de 1933; "Grant Visa to Jabotinsky to Attend Prague Congress", *JDB*, 18 de agosto de 1933; ver "General Zionists Protest Actions Committee Delay on Laborite Demands", *JDB*, 17 de agosto de 1933.

21. "Refusal to Grant Visa to Jabotinsky Stirs Zionist Congress Circles" e "Laborites Demand Voice in Actions Committee in Proportion to Strength", *JDB*, 16 de agosto de 1933; ver "Laborites Want Coalition for Zionist Organization Excluding Revisionists", *JDB*, 9 de agosto de 1933.

22. "General Zionists Protest", *JDB*, 17 de agosto de 1933.

23. "Actions Committee Reaches Compromise with Labor", *JDB*, 18 de agosto de 1933; ata, Comitê de Ações de ZO, primeira sessão, 17 de agosto de 1933, CZA Z4/287/1 (trad. GB); ver "Zionists Act to Aid 250,000 Reich Jews", *NYT*, 21 de agosto de 1933; ver "Reich Believed Ready to Allow Jews Seeking Homes in Palestine to Export Goods and Thousand Pounds in Capital", *JDB*, 24 de agosto de 1933, 4.

24. Ata, Comitês de Ações de ZO, primeira sessão, 17 de agosto de 1933, CZA Z4/287/1, 9 (trad. GB); carta, Wise para Mack, 18 de agosto de 1933, em Voss, 192.

25.-27. Ata, Comitê de Ações de ZO, primeira sessão, 17 de agosto de 1933, CZA Z4/287/1, 11-13 (trad. GB).

28. Carta, Wise para Mack, 18 de agosto de 1933, em Voss, 192.

29.-30. Ata, Comitê de Ações de ZO, primeira sessão, 17 de agosto de 1933, CZA Z4/287/1, 13-14 (trad. GB).

31. Carta, Wise para Mack, 18 de agosto, em Voss, 192.

32. Selbstwehr, 18 de agosto de 1933, n. 33, 3 (trad. HG); ver "Make Palestine Land of Fulfillment", *JDB*, 22 de agosto de 1933, 4.

33. Ver "Congress-and After", *JC*, 8 de setembro de 1933, 7; ver carta, Wise para Brandeis, 19 de setembro de 1933, BPM em AJA; ver "Observations of Jacob de Haas", 25 de setembro de 1933, BPM AJA; ver Schechtman, 197.

34. "Congress and the German Jews" e "Dr. Ruppin's Address", *JC*, 1º de setembro de 1933, 7, 20; Arthur Ruppin, "Settling German Jews in Palestine", em Arthur Ruppin, *Building Israel: Selected Essays, 1907-1935* (Nova York: Schocken, 1949), 269-82.

35. Ruppin, 278; ver carta, Landauer para Hartenstein, 17 de agosto de 1933, CZA S-7/84 (trad. EF).

36. Ver "Make Palestine Land of Fulfillment", *JDB*, 22 de agosto de 1933, 2; Schechtman, 214-18; ver "Zionist Congress Ends with World Appeal for Palestine Upbuilding", *JDB*, 6 de setembro de 1933, 3; 18° ZC, 505 (trad. EF).

37. "18th World Zionist Congress Opens Today", *JDB*, 21 de agosto de 1933.

38. *Der Morgen Journal*, 21 de agosto de 1933, em Moshe Gottlieb, "The Anti-Nazi Boycott Movement in the American Jewish Community, 1933-1941" (tese de doutorado não publicada, Estudos Judaicos e do Oriente Próximo, Brandeis, 1967), 116-17; ver "Urges Congress Boycott Nazis", *JDB*, 22 de agosto de 1933.

39.-40. *Der Morgen Journal*, 21 de agosto de 1933, em Gottlieb, 116- 17.

41. "Zionist Leader's Appeal to League", *JDB*, 23 de agosto de 1933, 3.

CAPÍTULO 32

1. Joseph Wechsberg, *Prague: The Mystical City* (Nova York: Macmillan, 1971), 29, 50-53; Hans Kohn, "Before 1918 in Historic Lands", em *The Jews of Czechoslovakia: Historical Studies and Surveys* (Filadélfia: JPSA, 1968), I: 14.

2. Felix Weltsch, "Masaryk and Zionism", em *Thomas G. Masaryk and the Jews: A Collection of Essays*, trad. Benjamin R. Epstein (Nova York: B. Pollak, 1945), 82-83; ver Weschberg, 14-15; ver "President Masaryk and the German Jews", *JC*, 1º de setembro de 1933.

3. "The Jewish Olympiad", *JC*, 1º de setembro de 1933; "Prague Mayor Greets World Zionist Women", *JDB*, 14 de agosto de 1933; "German Tongue Unused as Signs in 6 Languages Greet Congress Delegates", *JDB*, 15 de agosto de 1933.

4. "18th Zionist Congress Opens-Mr. Sokolow's Address", *JC*, 25 de agosto de 1933; fotografia, "World Zionist Conference (sic)", *Boston Post*, 4 de setembro de 1933; 13; "End Jewish Problem by Making Palestine Land of Fulfillment Instead of Promise", *JDB*, 23 de agosto de 1933.

5. Ver relatório confidencial, Mr. Gurney para Sir John Simon, 21 de setembro de 1933, PRO-FO 371/16927-1556; "End Jewish Problem by Making Palestine Land of Fulfillment", *JDB*, 23 de agosto de 1933.

6. "End Jewish Problem", *JDB*, 23 de agosto de 1933, 2; "Grant Visa to Jabotinsky to Attend Prague Congress", JDS, 18 de agosto de 1933.

7. "End Jewish Problem", *JDB*, 23 de agosto de 1933; "Day to Day Story of the Congress", *New Palestine*, 20 de setembro de 1933, 3; relatório confidencial, Mr. Gurney para Sir John Simon, 21 de setembro de 1933, PRO-FO 371/16927-1556.

8. "End Jewish Problem", *JDB*, 23 de agosto de 1933, 2, 4, 8; "18th Zionist Congress Opens", *JC*, 25 de agosto de 1933; "Day to Day Story of the Congress", *New Palestine*, 20 de setembro de 1933.

9. "End Jewish Problem", *JDB*, 23 de agosto de 1933, 2; ver relatório confidencial, Mr. Gurney para Sir John Simon, 21 de setembro de 1933, PRO-FO 371/16927-1556.

10. "The Opening Speech", *JC*, 25 de agosto de 1933; "End Jewish Problem", *JDB*, 23 de agosto de 1933.

11. "End Jewish Problem", *JDB*, 23 de agosto de 1933, 2.

12. "The Opening Speech", *JC*, 25 de agosto de 1933; "End Jewish Problem", *JDB*, 23 de agosto de 1933, 4; "World Jewish Plea Urged on Zionists", *NYT*, 22 de agosto de 1933.

13. "The Opening Speech", *JC*, 25 de agosto de 1933; "End Jewish Problem", *JDB*, 23 de agosto de 1933, 4.

14. "The Opening Speech", *JC*, 25 de agosto de 1933; "End Jewish Problem", *JDB*, 23 de agosto de 1933.

15. "End Jewish Problem", *JDB*, 23 de agosto de 1933, 4.

CAPÍTULO 33

1.-2. "Make Palestine Land of Fulfillment", *JDB*, 22 de agosto de 1933, 2.

3. *Ibid.*; "World Jewish Plea Urged on Zionists", *NYT*, 22 de agosto de 1933.

4. "Make Palestine Land of Fulfillment", *JDB*, 22 de agosto de 1933, 4.

5. "End Jewish Problem by Making Palestine Land of Fulfillment Instead of Promise", *JDB*, 23 de agosto de 1933, 8; "18th Zionist Congress Opens", *JC*, 25 de agosto de 1933, 17.

6. "Reich Believed Ready to Allow Jews Seeking Homes in Palestine to Export Goods and Thousand Pounds in Capital", *JDB*, 24 de agosto de 1933, 4; "Zionist Leader's Appeal to League", *JDB*, 23 de agosto de 1933, 3.

7. "Zionist Leader's Appeal", *JDB*, 23 de agosto de 1933, 1, 3; "Professor Brodetsky's Political Report", *JC*, 25 de agosto de 1933, 17.

8. "Professor Brodetsky's Political Report", *JC*, 25 de agosto de 1933, 17; "Zionist Leader's Appeal", *JDB*, 23 de agosto de 1933, 3.

9. "Zionist Leader's Appeal", *JDB*, 23 de agosto de 1933, 3.

10. *Ibid.*, 3, 5, 7; "Jewish Claims in Palestine", *London Times*, 23 de agosto de 1933.

11. "Zionist Leader's Appeal", *JDB*, 23 de agosto de 1933, 5.

12. *Vossische Zeitung*, 23 de agosto de 1933 (trad. GZ).

13. "Reich Believed Ready to Allow Jews Seeking Homes in Palestine to Export Goods", *JDB*, 24 de agosto de 1933, 2; "Presidium Elected", *JC*, 25 de agosto de 1933, 17.

14. "Reich Names Bank as Trustee for Funds of Jews It May Allow to Migrate to Palestine", *JDB*, 24 de agosto de 1933; *Vossische Zeitung*, 23 de agosto de 1933 (trad. GZ).

15.-16. "Reich Believed Ready", *JDB*, 24 de agosto de 1933, 2.

17. "Reich Names Bank", *JDB*, 24 de agosto de 1933.

18. "Accord with Reich Reported", *NYT*, 24 de agosto de 1933; "Reich Believed Ready", *JDB*, 24 de agosto de 1933; "Zion Congress Plans New Palestine Colony", *Chicago Daily News*, 24 de agosto de 1933.

19. "Accord with Reich Reported", *NYT*, 24 de agosto de 1933; "Reich Believed Ready", e "Reich Names Bank", *JDB*, 24 de agosto de 1933; "Zion Congress Plans

New Palestine Colony", *Chicago Daily News*, 24 de agosto de 1933; "Agreement with Germany for Taking Out of Jewish Property to Palestine", *Haaretz*, 24 de agosto de 1933 (trad. GB).

20.-22. "Mr. Sokolow Reviews World Jewry", *JC*, 25 de agosto de 1933, 17; "Zionist Urges U.S. Administration Open Doors to German Jewish Exiles", *JDB*, 25 de agosto de 1933, 2-3.

23. Arthur Ruppin, "Settling German Jews in Palestine", em Arthur Ruppin, *Building Israel: Selected Essays, 1907-1935* (Nova York: Schocken, 1949), 269.

24. *Ibid.*, 269-80. "Dr. Ruppin's Address", *JC*, 1º de setembro de 1933, 20.

25.-26. Ruppin, 278.

27. *Stenographisches Protokoll Der Verhandlungen Des XVIII Zionistenkongresses Und Der Dritten Tagung Des Council Der Jewish Agency Fur Palastina* (Wien: Fiba-Verlag, 1934), 190 (trad. GZ).

28. "Zionist Urges U.S. Administration Open Doors", *JDB*, 25 de agosto de 1933, 1, 2.

29. Ver "Speech by Ruppin", 18° ZC, LBI e compare Ruppin, 269-82.

CAPÍTULO 34

1. "Zionists Reject Boycott of Reich", *NYT*, 25 de agosto de 1933.

2. "Day to Day Story of the Congress", *New Palestine*, 20 de setembro de 1933, 4.

3. "Resolution on the Persecution of the Jews in Germany", PRO-FO 371/16927-1556. "The Resolutions on Germany", *JC*, 1º de setembro de 1933.

4.-5. "Resolution on the Persecution of the Jews in Germany", PRO-FO 371/16927-1556.

6. *Stenographisches Protokoll Der Verhandlungen Des XVIII Zionistenkongresses Und Der Dritten Tagung Des Council Der Jewish Agency Fur Palastina* (Wien: Fiba-Verlag, 1934), 198-99 (trad. GZ).

7. *Ibid.*, 200-1; "The Resolutions on Germany", *JC*, 1º de setembro de 1933.

8. Joseph Schechtman, *Fighter and Prophet: The Vladimir Jabotinsky Story, The Last Years* (Nova York: Thomas Yoseloff, 1961), 194; "Zionists Reject Boycott of Reich", *NYT*, 25 de agosto de 1933.

9. Rasswyet, 2 de setembro de 1933, em Schechtman, 194; XVIII *Zionistenkongresses*, 202.

10. XVIII *Zionistenkongresses*, 202 (trad. GZ); "Zionists Reject Boycott of Reich", *NYT*, 25 de agosto de 1933.

11. XVIII *Zionistenkongresses*, 202(trad. GZ).

12. "Zionists Reject Boycott of Reich", *NYT*, 25 de agosto de 1933; "Zionist Assails Pact with Reich", *NYT*, 26 de agosto de 1933; "Wife of Leader Shoved; 2 Zionist Factions Scrap", *Chicago Daily Tribune*, 25 de agosto de 1933; Schechtman, 196-97.

CAPÍTULO 35

1. "Runschau Will Reappear After Official Shutdown", *JDB*, 25 de agosto de 1933; "The Congress' Germany Resolution", JR, 29 de agosto de 1933 (trad. GZ).

2. *Der Deutsche*, 25 de agosto de 1933, em "Germans Favor Emigration", *NYT*, 26 de agosto de 1933; "Nazis in Agreement with Zionists That Jews Must Give Up Homeland", *Chicago Daily News*, 26 de agosto de 1933.

3. "The Transfer of Capital Belonging to Jewish German Citizens to Palestine", *Deutsche Allgemeine Zetung*, 25 de agosto de 1933 (trad. GZ); ver "Transfer of Jewish Property to Palestine", *Selbstwehr*, 25 de agosto de 1933, XXVII, n. 35 (trad. EF); *Haaretz*, 27 de agosto de 1933 (trad. GB); "German Capital for Palestine", *Palestine Post*, 25 de agosto de 1933.

4. Telegrama, Pierre Dreyfus e Max Klang pelo Comitê de Defesa de Judeus Alemães Perseguidos, 25 de agosto de 1933, CZA L-9/101 (trad. DD).

5. Telegrama, Sindicato Central de Comerciantes, Sindicato Central de Artesãos Judeus, Sindicato Central de Varejistas, 26 de agosto de 1933, CZA L-9/101 (trad. DD).

6. Telegrama, *Untermyer*, 26 de agosto de 1933, CZA L-9/101.

7. "General Debate Opens", *London JC*, 1º de setembro de 1933, 21.

8. Walter Laqueur, *A History of Zionism* (Nova York: Holt, Rinehart & Winston, 1972), 326-28, ver 335, 487.

9. Ver Chaim Arlosoroff, "Report from Germany", em ata, Sessão Executiva de ZO, 1º de junho de 1933, CZA L-13/138-1 (trad. DD).

10. Arthur Ruppin, "Settling German Jews in Palestine", em Arthur Ruppin, *Building Israel: Selected Essays, 1907-1935* (Nova York: Schocken, 1949), 278.

11. "The General Debate Opens", *JC*, 1º de setembro de 1933, 21.

12.-14. *Stenographisches Protokoll Der Verhandlungen Des XVIII Zionistenkongresses Und Der Dritten Tagung Des Council Der Jewish Agency Fur Palastina* (Wien: Fiba--Verlag, 1934), 244 (trad. GZ).

15. "General Debate Opens", *JC*, 1º de setembro de 1933, 21.

16. "Mr. Jabotinsky's Statement", *JC*, 1º de setembro de 1933, 25; Joseph Schechtman, *Fighter and Prophet: The Vladimir Jabotinsky Story, the Last Years* (Nova York: Thomas Yoseloff, 1961), 194-95.

17. "Mr. Jabotinsky's Statement", *JC*, 1º de setembro de 1933; Schechtman, 194-95, 218-19.

18.-22. XVIII *Zionistenkongresses*, 248 (trad. GZ).

23. "Day by Day Account", *New Palestine*, 20 de setembro de 1933, 4-5; "Possible Composition of the Executive", *JC*, 1º de setembro de 1933, 22; "Scene at the Zionist Congress", *Palestine Past*, 28 de agosto de 1933.

24. "Possible Composition of the Executive", *JC*, 1º de setembro de 1933, 22; "Scene at the Zionist Congress", *Palestine Past*, 28 de agosto de 1933.

25. "The Labor-Revisionist Fight", *JC*, 1º de setembro de 1933, 22; ver Schechtman, 196.

26. Schechtman, 196; ver "The Labor-Revisionist Fight", *JC*, 1º de setembro de 1933, 22.

27. Schechtman, 196.

28. *Ibid.*; "Laborites Renew Drive on Revisionists", *JDB*, 29 de agosto de 1933.

CAPÍTULO 36

1. "Zionists' Resolution on Germany Riles Beobachter", *JDB*, 28 de agosto de 1933; Joseph Schechtman, *Fighter and Prophet: The Vladimir Jabotinsky Story, the Last Years* (N.Y.: Thomas Yoseloff, 1961), 217.

2. "Congress Dawdles", *London JC*, 1º de setembro de 1933, 25; ver Schechtman, 218-19: ver memorando, Jabotinsky para todos os Comitês Centrais de Revisionistas Sionistas, 30 de outubro de 1933, *JABA*, arquivo 2/23/2, H-14 (trad. SS).

3. Schechtman, 218; carta, Jabotinsky para Elias Ginsberg, 8 de setembro de 1933, em Schechtman, 218.

4.-8. "Untermyer urges B'nai B'rith Join Boycott: Criticizes Zionist Congress for Nazi Deal", *JDB*, 29 de agosto de 1933.

9. Ver *Financial News of Palestine*, n. 10, 5 de junho de 1933, BPM em AJA; ver *Great Britain Colonial Office, Palestine and Trans-Jordan for the Year 1932* (Londres: HMSO, 1933), 166-67; ver *Great Britain Colonial Office, Palestine and Trans-Jordan for the Year 1933* (Londres: HMSO, 1934), 197, 203.

10. *Financial News of Palestine*, n. 10, 5 de junho de 1933, BPM em AJA; ver *Great Britain Colonial Office, Palestine, 1932*, 166; *Great Britain Colonial Office, Palestine, 1933*, 197-98.

11. "The Future of Citrus", *Palestine Post*, 7 de julho de 1933; ver ata, Comitê Econômico Americano para a Palestina, 9 de outubro de 1933, BPM em AJA, 15-16; "New Season, What of the Citrus Crop?" *Palestine Post*, 28 de setembro de 1933; ver "Reich Facilitates Exodus to Palestine", *NYT*, 1º de setembro de 1933.

12. Ver "Palestine Trade with the Nazis", *Palestine Post*, 30 de agosto de 1933; ver declaração manuscrita, Herr Erwin Schuster, sem data (início de setembro de 1933), CZA S-25/9706 (trad. EF): ver cabograma, Hoofien, 8 de setembro de 1933, CZA S-25/9706 (trad. EF/YC).

13. Ver "British, Palestine Govt's, Zionists Deny Reports as Nazis Reveal Orange Deal", *JDB*, 29 de agosto de 1933; ver "The Labour-Revisionist Fight", *JC*, 1º de setembro de 1933; ver "Nazis Report Deal with Palestine", *NYT*, 29 de agosto de 1933.

14. "British, Palestine Govt's, Zionists Deny Reports", *JDB*, 29 de agosto de 1933; "Labor-Revisionist Fight", *JC*, 1º de setembro de 1933; "Nazis Report Deal with Palestine", *NYT*, 29 de agosto de 1933.

15. "British, Palestine Govt's, Zionists Deny Reports", *JDB*, 29 de agosto de 1933; "Nazis Report Deal with Palestine", *NYT*, 29 de agosto de 1933.

16. "Boycott Chief Doubts Barter", *NYT*, 29 de agosto de 1933.

17. "The Zionist Congress", *London Times*, 29 de agosto de 1933; "Loan to Settle German Jews in Palestine Urged", *Chicago Daily Tribune*, 29 de agosto de 1933; "Wise Attacks Weizmann", *JC*, 1º de setembro de 1933.

18. "Nazis Report Deal with Palestine", *NYT*, 29 de agosto de 1933.

19. "Palestine Trade with The Nazis", *Palestine Post*, 30 de agosto de 1933.

20. "British, Palestine Govt's, Zionists Deny Reports", *JDB*, 29 de agosto de 1933.

21. "On the Question of the Agreement for an Orange Shipment to Germany", *Haaretz*, 29 de agosto de 1933.

22.-25. "Untermyer, Rabbi Silver Denounce Deals Reported Negotiated with Germany", *JDB*, 30 de agosto de 1933.

26. *Ibid.*; ver "Untermyer Urges B'nai B'rith Join Boycott", *JDB*, 29 de agosto de 1933.

27. "New Yorkers Cable Prague to Recall Dr. Weizmann", *JDB*, 24 de agosto de 1933.

28. Ver "Congress News Item", *JC*, 1º de setembro de 1933; ver cartas, Louis Lipsky para Weizmann, 12 e 24 de setembro de 1933, CZA L-13/150.

29. Ver "Wise Attacks Laborites, Weizmann Urges Zionist Congress to Elect Leaders Who Will Carry On Fight for Jewish State", *JDB*, 30 de agosto de 1933; ver "Weizmann Neither Denies Nor Confirms Reports He'll Attend Zionist Congress", *JDB*, 25 de agosto de 1933; ver carta, Wise para AJCAdCom, 28 de julho de 1933, AJHS; ver "Congress – and After", *JC*, 8 de setembro de 1933, 7; ver "Dr. Wise's Report on His Activities in Europe, Verbatim Record", em ata, AJCAdCom, 23 de setembro de 1933; AJHS, 8-9.

30. "Wise Attacks Laborites", *JDB*, 30 de agosto de 1933; "Wise Attacks Weizmann", *JC*, 1º de setembro de 1933; 25.

31. *Stenographisches Protokoll Der Verhandlungen Des XVIII Zionistenkongresses Und Der Dritten Tagung Des Council Der Jewish Agency Fur Palastina* (Wien: Fiba-Verlag, 1934), 314-19 (trad. GZ); ver "Wise Attacks Laborites", *JDB*, 30 de agosto de 1933; "Wise Attacks Weizmann", *JC*, 1º de setembro de 1933, 25; ver "Unfinished Business Prolongs Session of Zionist Congress", *JDB*, 31 de agosto de 1933, 2, 4.

32. XVIII *Zionistenkongresses*, 314-19 (trad. GZ); ver "Wise Attacks Laborites", *JDB*, 30 de agosto de 1933; ver "Unfinished Business Prolongs Session of Zionist Congress", *JDB*, 31 de agosto de 1933.

33.-40. XVIII *Zionistenkongresses*, 322-24 (trad. GZ).

41. *Ibid.*; ver "Wise Attacks Laborites", *JDB*, 30 de agosto de 1933, 2.

CAPÍTULO 37

1. "Hoofien, Eliezer Siegfried", *Encyclopaedia Judaica* (Jerusalém: Keter, 1972), VIII: 968-69.

2. Carta, Hoofien para Motzkin, 24 de agosto de 1933, CZA L-9/101 (trad. GB/DD).

3.-12. Notas manuscritas, E. S. Hoofien, sem data, CZA A-95/19 (trad. DD/GZ).

13. *Ibid.*; ver ata, Comitê Político do 18º Congresso Sionista, Quinta Assembleia, 29 de agosto de 1933, CZA Z-4/232/4 (trad. GB).

14. Ata, Comitê Político do 18º Congresso Sionista, Quinta Assembleia, 29 de agosto de 1933, CZA Z-4/232/4, 26-27 (trad. GB).

15. *Ibid.*, 27-28; ver notas manuscritas, Hoofien, CZA A-95/19 (trad. GZ/DD); ver "Dr. Wise's Report on His Activities in Europe, Verbatim Record", em ata, AJCAdCom, 2 de setembro de 1933, AJHS, 9-10.

16. Ata, Comitê Político do 18º Congresso Sionista, Quinta Assembleia, 29 de agosto de 1933, CZA Z-4/232/4, 28 (trad. GB); "Wise Repudiated"; "The Three Million Mark Agreement", *JC*, 1º de setembro de 1933, 26.

17.-19. Ata, Comitê Político do 18º Congresso Sionista, Quinta Assembleia, 29 de agosto de 1933, CZA Z-4/232/4, 29 (trad. GB).

20. *Ibid.* "Wise Repudiated", *JC*, 1º de setembro de 1933, 26.

21.-22. Notas manuscritas, E. S. Hoofien, CZA A-94/19 (trad. DD/GZ).

23. "Unfinished Business Prolongs Sessions of Zionist Congress", *JDB*, 31 de agosto de 1933.

24.-25. *Stenographisches Protokoll Du Verhandlugen Der XVIII Zionistenkongresses Und Der Dritten Tagung Des Council Der Jewish Agency Fur Palastina* (Wien: Fiba-Verlag, 1934), 329-36, ver 334-338 (trad. EF).

26. *Ibid.*, 342; "Unfinished Business Prolongs Session", *JDB*, 31 de agosto de 1933, 4.

27. XVIII *Zionistenkongresses*, 342; "Unfinished Business Prolongs Session", *JDB*, 31 de agosto de 1933, 4.

28-31. XVIII *Zionistenkongresses*, 350-52 (trad. EF).

32. Ata, Comitê Político do 18º Congresso Sionista, Sexta Assembleia, 30 de agosto de 1933, CZA Z-4/232/4, 32-35 (trad. GB).

33. Ver "Zionist Congress Vote Inquiry Commission for Palestine Terrorist Group", *JDB*, 1º de setembro de 1933, 4.

34. *Ibid.*; "Dr. Wise's Report on His Activities in Europe, Verbatim Record", em ata, AJCAdCom, 23 de setembro de 1933, AJHS, 10.

35. "Zionist Congress Votes Inquiry Commission", *JDB*, 1º de setembro de 1933, 4.

36.-38. XVIII *Zionistenkongresses*, 382-83 (trad. EF).

39. "Plea for Unity at Congress", *Palestine Post*, 1º de setembro de 1933.

CAPÍTULO 38

1. "Zionist Congress Votes Inquiry Commission for a Palestine Terrorist Group", *JDB*, 1º de setembro de 1933.

2. *Ibid.*; "Actions Committee Resolution Adopted", *JC*, 8 de setembro de 1933, 20; *Stenographisches Protokoll Der Verhandlungen Des XVIII Zionistenkongresses Und Der Dritten Tagung Des Council Der Jewish Agency Fur Palastina* (Wien: Fiba-Verlag, 1934), 397-98 (trans GZ/EF).

3. "Zionist Congress Votes Inquiry", *JDB*, 1º de setembro de 1933; "Actions Committee Resolution Adopted", *JC*, Sep. 8. 1933, 20; XVIII *Zionistenkongresses*, 397-98; Joseph Schechtman, *Fighter and Prophet: The Vladimir Jabotinsky Story, the Last Years* (Nova York: Thomas Yoseloff, 1961), 195-96.

4. "Zionist Congress Votes Inquiry", *JDB*, 1º de setembro de 1933; "Actions Committee Resolution Adopted", *JC*, 8 de setembro de 1933; "Zionists Will Sift Palestine 'Terror'" *NYT*, 1º de setembro de 1933; "World Zionists to Probe Alleged 'Terror'", *Chicago Daily Tribune*, 1º de setembro de 1933; XVIII *Zionistenkongresses*, 402.

5. Ver "Jewish Oranges for Germany", *JC*, 1º de setembro de 1933; *ver* "British, Palestine Govt's. Zionists Deny Reports", *JDB*, 29 de agosto de 1933; "Nazis Report Deal with Palestine, *NYT*, 29 de agosto de 1933.

6. "The Ambassador in Germany (Dodd) to the Secretary of State", 7 de setembro de 1933; *FRUS*: 1933, (Washington, D.C.: Imprensa Oficial do Governo dos Estados Unidos, 1949), II: 356-58; ver report, Mr. Newton, Berlim, "Financial Arrangement Between German Government and Certain Organizations in Palestine", 14 de setembro de 1933, PRO-FO 371/ 16757-1527.

7. Ver "Reich Facilitates Exodus to Palestine", *NYT*, 1º de setembro de 1933; ver "German Jews' Emigration to Palestine", *London Times*, 2 de setembro de 1933; "Palestine-German Agreement", *Palestine Post.*, 3 de setembro de 1933.

8. Ver "The Palestine-German Orange Agreement", *Palestine Post*, 2 de setembro de 1933; "Reich Facilitates Exodus to Palestine", *NYT*, 1º de setembro de 1933.

9. "Warsaw Community Protests Palestine-German Agreement" e "U.S. Jewish War Veterans Condemn Nazi-Palestine Deal", *JDB*, 1º de setembro de 1933.

10. "The Emigration Agreement", *JC*, Sep. 8. 1933, 15-16.

11. Ata, Comitê Político do 18º Congresso Sionista, Nona Assembleia, 2 de setembro de 1933, CZA Z-42/232/4, 39-40 (trad. GB).

12. *Ibid.*; *ver* "Dr. Wise's Report on his Activities in Europe, Verbatim Record", em ata, AJCAdCom, 23 de setembro de 1933, AJHS, 10.

13. Ata, Comitê Político do 18º Congresso Sionista, Nona Assembleia, 2 de setembro de 1933, CZA Z-4/232/4, 40 (trad. GB).

14. *Ibid.*, 40-41; ver "Dr. Wise's Report", em ata, AJCAdCom, 23 de setembro de 1933, AJHS, 10.

15. Ata, Comitê Político do 18º Congresso Sionista, Nona Assembleia, 2 de setembro de 1933, CZA Z-4/232/4, 41 (trad. GB); "Re-Election of Dr. Nahum Sokolow Looms as World Zionist Congress Draws to a Close", *JDB*, 5 de setembro de 1933.

16.-20. Ata, Comitê Político do 18º Congresso Sionista, Nona Assembleia, 2 de setembro de 1933, CZA Z-4/232/4, 41.

21. *Ibid.*; "Dr. Wise's Report", em ata, AJCAdCom, 23 de setembro de 1933, AJHS, 10; XVIII *Zionistenkongresses*, 505 (trad. EF); ver "Zionist Congress Ends", *JDB*, 6 de setembro de 1933, 3.

22. Ata, Comitê Político do 18º Congresso Sionista, Nona Assembleia, 2 de setembro de 1933, CZA Z-4/232/4, 43 (trad. GB).

23. "Political Resolutions of the 18th Zionist Congress", PRO-FO 371/16927-1556.

24. Ver *Comite Executif de Congrès Juif Mondial*, ed., *Protocole de la IIe Conférence Juive Mondiale* (Genebra), 82-87, ver 83 (trad. GZ).

25. "Getting Down to Work", *JC*, 8 de setembro de 1933, 20-21; "Zionist Congress Ends with World Appeal for Palestine Upbuilding", *JDB*, 6 de setembro de 1933, 4; XVIII *Zionistenkongresses*, 435-39.

26. "Getting Down to Work", *JC*, 8 de setembro de 1933, 20-21; "Zionist Congress Ends", *JDB*, 6 de setembro de 1933, 4; XVIII *Zionistenkongresses*, 435-39.

27. "The Final Proceedings", *JC*, 8 de setembro de 1933, 21; ver "Zionist Congress Ends", *JDB*, 6 de setembro de 1933; XVIII *Zionistenkongresses*, 440 e ss.

28. *Ibid.*, I; ver "Weizmann as Leader?" *JC*, 1º de setembro de 1933, 25; "The End in Sight", *JC*, 8 de setembro de 1933, 21; ver protocolo, conferência, em Moran, 19 de setembro de 1933, CZA S-25/9809.

29. "Zionist Congress Ends", *JDB*, 6 de setembro de 1933, I.

30. Ver "Rothenberg and Lipsky Back from Prague Tell of Zionist Congress and German Situation", *New Palestine*, 20 de setembro de 1933.

31. XVIII *Zionistenkongresses*, 505 (trad. EF/ GZ); ver "Political Resolutions of the 18th ZC", PRO-FO 371/16927-1556.

32. XVIII *Zionistenkongresses*, 505 (trad. GZ/ EF); "Zionist Congress Ends", *JDB*, 6 de setembro de 1933; 3.

33. XVIII *Zionistenkongresses*, 505; "Zionist Congress Ends", *JDB*, 6 de setembro de 1933, 3.

34.-39. XVIII *Zionistenkongresses*, p. 505-7.

40. "Zionist Congress Ends", *JDB*, 6 de setembro de 1933, 3; "The Final Proceedings", *JC*, 8 de setembro de 1933, 22; XVIII *Zionistenkongresses*, 517-18.

CAPÍTULO 39

1. Ver "Those German Trading Agreements", *JC*, 10 de outubro de 1933, 8; ver "Rothenberg and Lipsky Back from Prague, Tell of Zionist Congress and German Situation", *New Palestine*, 20 de setembro de 1933; ver coletiva de imprensa com Stephen Wise, em comunicado de imprensa, *AJC*, 16 de setembro de 1933, BPM em AJA; ver "Lipsky Back from Prague", *JDB*, 25 de setembro de 1933; ver "The Nazi-Palestine Deal", *New Orleans Jewish Ledger*, 8 de setembro de 1933.

2. "Those German Trading Agreements", *JC*, 13 de outubro de 1933, 8.

3. "The Congress Must Speak Out", St. Louis *Modern View*, 14 de setembro de 1933.

4. Coletiva de Imprensa com Stephen Wise, em comunicado de imprensa, *AJC*, 16 de setembro de 1933, BPM em AJA, 4.

5. "Rothenberg and Lipsky Back from Prague", *New Palestine*, 20 de setembro de 1933.

6. "Storm in Zionist Actions Committee as Factions Charge Plot on Inquiry", *JDB*, 6 de setembro de 1933.

7. "Those German Trading Agreements", *JC*, 13 de outubro de 1933, 8.

8. *Comite Executif de Congrès Juif Mondial*, ed., *Protocole de la IIe Conférence Juive Mondiale* (Genebra), 5-7.

9. "World Jewry and Herr Hitler", *London Times*, 6 de setembro de 1933.

10. *Congrès Juif Mondial*, 9-20.

11.-15. *Ibid.*, 23-24.

16. Ver "The Anti-Nazi Boycott", St. Louis *Modern View*, 7 de setembro de 1933; ver "Palestine Oranges and Germany", Omaha, Nebraska Jewish Press, 8 de setembro de 1933; ver telegrama, Organização Central de Acadêmicos da Polônia ao 18° ZC, 1º de setembro de 1933, CZA L-9/101 (trad. DD); ver "Boycott in Toronto", *JDB*, 5 de setembro de 1933; "Texas Young Judeans Join Boycott" e "Chicago Boycott Leader Gets Threatening Letter", *JDB*, 7 de setembro de 1933; "Boycott of German Goods", *London Times*, 7 de setembro de 1933.

17. Ver Jacob Katz, *Tradition and Crisis: Jewish Society at the End of the Middle Ages* (Glencoe: Free Press of Glencoe, 1961), 99-101.

18.-21. "Orthodox Rabbis Pronounce Excommunication", *JDB*, 7 de setembro de 1933; "Orthodox Rabbis Vote Boycott", *NYT*, 7 de setembro de 1933; "Orthodox Jews Boycott 'All Things German'", *Chicago Daily Tribune*, 7 de setembro de 1933.

22. Ver *Congrès Juif Mondial*, 31-39 (trans, GZ); "League of Nations Ready to Defend Jews", *JDB*, 7 de setembro de 1933, 2.

23. Ver *Congrès Juif Mondial*, 37; "League of Nations Ready", *JDB*, 7 de setembro de 1933.

24. Ver *Congrès Juif Mondial*, 37.

25. *Ibid.*, 41-50, ver 50 (trad. GZ).

26.-28. *Ibid.*, 60-63.

CAPÍTULO 40

1. *Comité Exécutif du Congrès Juif Mondial*, ed., *Protocole de la IIe Conférence Juive Mondiale* (Genebra), 67-68 (trad. GZ); ver "Geneva Conference Delegates Protest Nazi Deals, Criticize Zionists for Entering Them", *JDB*, 8 de setembro de 1933.

2. *Congrès Juif Mondial*, 68; "Geneva Conference Delegates Protest", *JDB*, 8 de setembro de 1933.

3.-7. *Congrès Juif Mondial*, 68-69.

8. *Ibid.*, 72-75; ver Walter Laqueur, *A History of Zionism* (Nova York: Holt, Rinehart & Winston, 1972), 318-19; *ver* Joseph Schechtman, *Fighter and Prophet: The Vladimir Jabotinsky Story, the Last Years* (Nova York: Thomas Yoseloff, 1961), 237.

9.-12. *Congrès Juif Mondial*, 75-77.

13. "The Zionist Congress", *London Times*, 7 de setembro de 1933; "Jewish Delegates Back Nazi Boycott", *NYT*, 8 de setembro de 1933; "World Jewish Conference Votes to Support Anti-German Boycott", St. Louis *Modern View*, 14 de setembro de 1933; ver "Jewish Delegates at Geneva Back Nazi Boycott", *Philadelphia Jewish Exponent*, 15 de setembro de 1933.

14. "Jewish Delegates Back Nazi Boycott", *NYT*, 8 de setembro de 1933; "Jewish Delegates at Geneva Back Nazi Boycott", *Philadelphia Jewish Exponent*, 15 de setembro de 1933; "World Jewish Conference Votes to Support Anti-German Boycott", St. Louis *Modern View*, 14 de setembro de 1933.

15. Relatório, Consulado Americano em Genebra ao Secretário de Estado, "Second World Jewish Conference", 22 de setembro de 1933, NA 540.16 JEWISH CONFERENCES/1, 3-4; ver *Congrès Juif Mondial*, 89; "Jewish Delegates Back Nazi Boycott", *NYT*, 8 de setembro de 1933; ver "Official Boycott on German Goods", *Boston Post*, 8 de setembro de 1933.

16.-18. *Congrès Juif Mondial*, 82-87 (trad. GZ).

CAPÍTULO 41

1. *Comité Exécutif du Congrès Juif Mondial, Protocole de la IIe Conférence Juive Mondiale* (Genebra), 89-90 (trad. GZ).

2. *Ibid.*, 89-92.

3. *Congrès Juif Mondial*, 92-93.

4.-6. *Congrès Juif Mondial*, 93.

7. Ver "Jewish Delegates Back Nazi Boycott", *NYT*, 8 de setembro de 1933; ver "League Aid Asked for German Jews", *NYT*, 9 de setembro de 1933.

8. *Congrès Juif Mondial*, 62.

9. *Ibid.*, 94.

10. "League Aid Asked for German Jews", *NYT*, 9 de setembro de 1933.

11. *Congrès Juif Mondial*, 94-101.

12. *Ibid.*, 101-2; ver Louis Lipsky, *Memoirs in Profile* (Filadélfia: JPSA, 1975), 140--44; ver Oscar I. Janowsky, *The Jews and Minority Rights, 1898-1919* (Nova York: Columbia, 1933), 309-18.

13.-17. *Congrès Juif Mondial*, 101-2.

18. *Ibid.*, 102-103; "League Aid Asked for German Jews", *NYT*, 9 de setembro de 1933.

19. "World Jewish Conference Votes to Support Anti-German Boycott", St. Louis *Modern View*, 14 de setembro de 1933; "How Many Voices", *JC*, 15 de setembro de 1933, 8; ver "Jewish Delegates at Geneva Back Boycott", *Philadelphia Jewish Exponent*, 15 de setembro de 1933; "League Aid Asked for German Jews", *NYT*, 9 de setembro de 1933; "World Jewry and Hitlerism", *London Times*, 9 de setembro de 1933; ver *Congrès Juif Mondial*, 102.

CAPÍTULO 42

1.-4. "Dr. Wise's Report on His Activities in Europe, Verbatim Record", em ata, AJCAdCom, 23 de setembro de 1933, AJHS, 4.

5. *Ibid.*; coletiva de imprensa com Dr. Wise, em comunicado de imprensa, *AJC*, 16 de setembro de 1933, BPM em AJA.

6. "Dr. Stephen S. Wise Says League Will Review Hitler Menace to World", *Philadelphia Jewish Exponent*, 15 de setembro de 1933; Coletiva de Imprensa com Stephen Wise, em comunicado de imprensa, *AJC*, 16 de setembro de 1933, BPM em AJA.

7. "Dr. Stephen S. Wise Says League Will Review Hitler Menace", *Philadelphia Jewish Exponent*, 15 de setembro de 1933; Coletiva de Imprensa com Stephen Wise,

em comunicado de imprensa, *AJC,* 16 de setembro de 1933, BPM em AJA; "Nazi Threat to Jews More Grave Than World Knows, Says Wise on Return", *JDB,* 18 de setembro de 1933.

8.-13. Coletiva de Imprensa com Stephen Wise, em comunicado de imprensa, *AJC,* 16 de setembro de 1933, BPM em AJA, 2-4.

14. *Ibid.*, 7.

15.-20. "Dr. Wise's Report on His Activities in Europe, Verbatim Record", em ata, AJCAdCom, 23 de setembro de 1933, BPM em AJA, 1-13.

21.-25. Ata, AJCAdCom, 23 de setembro de 1933, BPM em AJA, 14-16.

26. Comunicado de imprensa, *AJC,* 25 de setembro de 1933, BPM em AJA, 3.

27.-29. *Ibid.*, 5.

30. "Swedish Unions Order German Boycott", *NYT,* 7 de setembro de 1933; "$500,000 Sought for Nazi Boycott", *NYT,* 11 de setembro de 1933; ver "Nazi Press Lashes Einstein, Laski, Zionists; Warns Britain Against Boycott", *JDB,* 13 de setembro de 1933.

31. "Nazi Press Lashes Einstein", *JDB,* 13 de setembro de 1933.

32. "Hitler and Goebbels Plead for Winter Relief Move", *Chicago Daily News,* 13 de setembro de 1933.

33. *Ibid.*; "Unemployed in Germany", *London Times,* 14 de setembro de 1933; "German Winter Relief", *London Times,* 15 de setembro de 1933.

34. "Hitler and Goebbels Plead", *Chicago Daily News,* 13 de setembro de 1933; "Unemployed in Germany", *London Times,* 14 de setembro de 1933; "German Winter Relief", *London Times,* 15 de setembro de 1933.

35. "Unemployed in Germany", *London Times,* 14 de setembro de 1933; ver "Winter Relief for Jews", *JC,* 10 de novembro de 1933, 12.

36. "$500,000 Sought for Nazi Boycott", *NYT,* 11 de setembro de 1933.

37. *Ibid.*; "1,500 Honor Untermyer at Testimonial Dinner; Boycott Conference Organizes for Work", *JDB,* 12 de setembro de 1933; "Boycott Movement Against the Nazis", *Boston Jewish Advocate,* 12 de setembro de 1933; "American Jewish Bodies Move to Strengthen Boycott, Curb Nazi Activities Here", *Boston Jewish Advocate,* 26 de setembro de 1933.

38. "$500,000 Sought for Nazi Boycott", *NYT,* 11 de setembro de 1933.

39. "The Boycott Movement Against the Nazis", *Boston Jewish Advocate,* 12 de setembro de 1933; "American Jewish Bodies Move to Strengthen Boycott", *Boston Jewish Advocate,* 26 de setembro de 1933.

40. "1,500 Honor Untermyer", *JDB,* 12 de setembro de 1933.

41. "Smith Denounces Nazis as 'Stupid'", "Smith's Talk at Untermyer Dinner" and "$500,000 Sought for Nazi Boycott", *NYT,* 11 de setembro de 1933; "1,500 Honor Untermyer", *JDB,* 12 de setembro de 1933; ver "To Raise $500,000 Fund for Boycott", *Philadelphia Jewish Exponent,* 15 de setembro de 1933; ver "Untermyer to Take Helm of Boycott Movement", *Omaha Jewish Press,* 15 de setembro de 1933; "Boycott of German Products Launched at N.Y. Conference", *Boston Jewish Advocate,* 12 de setembro de 1933; "Anti-Nazi Boycott in America", *Palestine Post,* 11 de setembro de 1933.

42. Ver "German-Made Goods Listed for Boycott", *NYT,* 12 de setembro de 1933; ver "Nazi Boycott Plans Widen", *NYT,* 18 de setembro de 1933; ver "American Jewish Bodies Move to Strengthen Boycott", *Boston Jewish Advocate,* 26 de setembro de 1933.

43. "Chicagoans Press Anti-Nazi Boycott", *NYT,* 16 de setembro de 1933.

44. "Anti-Nazi Boycott Plans Widen", *NYT,* 18 de setembro de 1933; "Untermyer Will Address Hartford Anti-Nazi Rally", *Boston Jewish Advocate,* 26 de setembro de 1933.

ÍNDICE

A

B

C

D

E

Escritório de Auxílio à Emigração, 150, 206, 216, 219, 223, 407

F

G

H

I

J

K

L

M

N

O

P

R

S

Sozial Demokraten, Praga, 428

T

U

V

W

Y

Z

ideaeditora.com.br

dialogpress.com

Made in the USA
Monee, IL
07 November 2026

68105235R00409